国家"十三五"重点出版规划项目

全媒体青少年科技教育活动资源大全

《全媒体青少年科技教育活动资源大全》编写组 编

上海科技教育出版社

图书在版编目(CIP)数据

全媒体青少年科技教育活动资源大全/《全媒体青少年科技教育活动资源大全》编写组编. —上海：上海科技教育出版社,2020.12

ISBN 978-7-5428-7407-8

Ⅰ.①全… Ⅱ.①全… Ⅲ.①科学技术—活动课程—中小学—教学参考资料 Ⅳ.①G634.73

中国版本图书馆CIP数据核字(2020)第230742号

文字编辑	王慧敏 石 皓 叶 锋 刘世洁 刘颖丽 张 沛
	张伟琼 张嘉穗 范本恺 宁嘉炜 胡 杨
新媒体编辑	范本恺 刘颖丽
封面设计	杨 静
版式设计	杨 静
美术编辑	杜一光 吴晓芸
技术编辑	丁国朝 陈 良 杨颖皓

全媒体青少年科技教育活动资源大全

《全媒体青少年科技教育活动资源大全》编写组 编

出版发行	上海科技教育出版社有限公司
	（上海市柳州路218号 邮政编码200235）
网 址	www.sste.com www.ewen.co
经 销	各地新华书店
印 刷	上海盛通时代印刷有限公司
开 本	889×1194 1/16
印 张	29.5
插 页	4
版 次	2020年12月第1版
印 次	2020年12月第1次印刷
书 号	ISBN 978-7-5428-7407-8/N·1111
定 价	328.00元

主　编

倪闽景

副主编

张莉琴　叶　锋

撰稿人

（按姓氏笔画排序）

马　骏	马小草	马承刚	王　海	王建华	王俊如	王美霞
王桂星	王程杰	毛伟勇	叶侃骥	成洁瑶	刘　帅	刘　伟
刘　慧	刘育太	刘育蓓	刘艳琴	汤晶璐	许　锋	孙宗华
孙翔宇	孙黎颖	李　昂	李立纪	李伟号	李桂林	吴　祺
吴青茂	吴春辉	汪旦琦	汪玥辉	张　封	张　鑫	张万强
张卫良	张亚军	张明晓	陆雯丽	陈　书	陈　岭	陈　莹
陈宇新	陈秀雯	范晶晶	季　隽	周建中	孟　梁	荆林晓
段玉文	姜俊杰	姜巍巍	秦斐然	顾宁叶	顾建雄	钱连英
徐冬寅	高晓骏	黄见远	黄欣艺	曹　翊	梁　起	巢匡昀
葛　芳	董　欣	董训跃	傅　瑛	焦鑫鑫	瞿　超	

温 馨 提 示

本书活动须在专业教师指导下开展,并请注意活动安全。

扫码观看配套视频

前 言

创新,在中国现代化建设全局中已居核心地位;科技自立自强,已成为国家发展的战略支撑。习近平总书记在党的十九大报告中指出:"创新是引领发展的第一动力,是建设现代化经济体系的战略支撑。""培养造就一大批具有国际水平的战略科技人才、科技领军人才、青年科技人才和高水平创新团队"是当前的重要任务。党的十九届五中全会通过的《中共中央关于制定国民经济和社会发展第十四个五年规划和二〇三五年远景目标的建议》也提出,要深入实施科教兴国战略、人才强国战略、创新驱动发展战略,完善国家创新体系,加快建设科技强国。

深入实施科教兴国战略,离不开教育,特别是青少年科技教育。青少年科技教育是通过科学教育与技术教育的协同组合,培养学生的科学意识、科学态度、科学思维和科学实践能力的教育活动。青少年科技教育的首要目标并非培养未来的科学家,其实质是培养青少年科技素养,激发、唤醒青少年在学习、应用自然科学技术的过程中形成知识、能力、观念、方法,养成科学品质与科学精神等方面的内在禀赋。青少年科技教育是现代教育体系的重要组成部分。加强对中小幼学生的科技教育,是落实立德树人根本任务、发展素质教育、培养德智体美劳全面发展的社会主义建设者和接班人的重要途径;对于实施"科教兴国"战略、人才强国战略、创新驱动发展战略,加快建设科技强国,具有深远意义。

科技教育活动是青少年科技教育的重要载体。为了推进青少年科技教育活动工作,20世纪末,中国科协青少年部"青少年科技教育活动项目的研究与设计"课题组,会同长期致力于青少年科技教育活动传播的上海科技教育出版社，在全国范围内召开了上百次调研会，并邀请了一批在青少年科技活动方面具有丰富经验的科技教师和辅导员，对所收集到的项目进行归纳、整理、验证，将其中具有代表性的、有益于引导学生树立科学思想、掌握科学方法、学习科学知识的内容汇编成了《青少年科技活动大全》一书。该书是当时我国青少年科技活动内容的集中展示，迅速成为深受广大科技辅导员喜爱的科技教育实用工具书。

从20世纪末至今的20多年间，我国科技发展日新月异，创新驱动发展战略大力实施，天宫、蛟龙、天眼、悟空、墨子、大飞机等重大科技成果相继问世，青少年科技教育也随着我国科技、社会的进步而得到了长足的发展，大批优秀的青少年科技教育活动案例涌现。为满足当前广大中小学校开展包括跨学科教育、创客教育等新兴教育模式在内的丰富多彩的科技教育活动的需求，本书编者组织全国各地的科技教育专家，对优秀的青少年科技教育活动项目进行收集、归纳、整理、提炼和总结，将其中最具有代表性、一般学校有条件实施的活动资源汇集成本书。

本书定位于工具书，共收集了约330个活动项目，以条目式呈现。按活动领域分为理化篇，生物篇，环境篇，天文、气象、地理篇，模型篇，科技影像篇，跨学科活动篇，现代技术篇，创造发明篇等9篇。

本书的每一个活动项目均由"引言"（标题隐现）、"工具与材料"、"活动过程"、"说明与延伸"四部分组成。"引言"部分简要阐述了活动目的，便于教师和学生明白开展活动的科学意义，并有目的地查找有关资料，进一步弄清知识的来龙去脉。"工具与材料"为方便教师组织活动，对活动中所需的工具及有关材料均一一列明。"活动过程"分步骤撰写，尽量避免拖沓的陈述，力求简明扼要，对活动中应出现的现象做了必要的说明。最后的"说明与延伸"就整个活动的注意事项作了补充说明，一些项目还设计了多种方案，以适应不同条件组织者的需要。

本书具有以下特点：

一是创新引领。20多年前的《青少年科技活动大全》开了先河，在全国范围内率先系统整理青少年科技教育活动。在创新引领发展的今天，本书作为《青少年科技活动大全》的继承者，再次在青少年科技教育活动领域走在前列，根据《全民科学素质行动计划纲要实施方案（2016—2020年）》等文件精神，汇集上海乃至全国近20年的最新科技教育活动成果，大多内容具有很强的实践性和可实现可操作性，能为中小幼学校提供具有时代特色、符合新时代教育需求的科技教育资源，依然在全国范围内独树一帜。

二是全媒体融合出版。本书的创新型还集中体现在，顺应信息技术与科技教育的全方位融合带来的社会发展潮流，本书具有鲜明的"全媒体""融合出版"的特色，即除纸质图书外，还有配套视频资源，读者只需扫描封底的二维码，即可方便查看，而且配套视频是开放的，也更灵活，可随着青少年科技活动的发展进一步补充和完善，也可扩充其他数字资源，大大提升了本书的实用性和延展性。

三是注重培养学生核心素养和跨学科素养，助力学校开展素质教育。本书在选材和编写过程中，努力通过一个个项目化主题活动，培养学生适应终身发展的必备品格和关键能力，注重通过活动"做中学"，突出活动过程、活动体验，可助力学校开展过程性评价，适应新时代素质教育需求。当前，学科融合发展已成为教育热点，相应地，跨学科素养也成为学生的必备素养。本书虽以领域划分，但并不局限于学科划分，如"理化篇"，没有分为"物理篇"和"化学篇"，就是考虑到理化的学科整体性和融合性，考虑到要培养学生理化跨学科综合能力和素养、理化学科所通有的实验动手能力。而"跨学科活动篇""现代技术篇"更是打破学科边界，通过极具实践性、应用性的活动案例，在项目化活动中培养学生跨学科综合能力和素养。

四是选择有代表性的活动。本书名为"大全"，并不是指活动内容无所不包的大全，而是指选择适合新时代素质教育需求、适合发展学生核心素养和跨学科素养的关键活动，助力学生能力和素养"全面"发展的大全。

我们要感谢在我们编写时给予大力支持的教育主管部门、各地青少年科技辅导机构和科技教育工作者，以及《青少年科技活动大全》的编者们。他们的智慧和努力，是本书能问世的前提和基础，我们的很多工作参考、借鉴了他们的工作成果。在此表示敬意。

由于时间紧、任务重，本书难免存在各种不足，恳请专家、读者给我们多提宝贵意见，以便再版时完善。

《全媒体青少年科技教育活动资源大全》编写组
2020年12月

目录

第1篇 理化篇

物理 ……………………………………… 003

1. 地磁场发电 ……………………………… 003
2. 简易验电器 ……………………………… 004
3. 几种自制莱顿瓶的比较 ………………… 005
4. 静电实验 ………………………………… 007
5. 用身边的材料做原电池 ………………… 008
6. 消失的电 ………………………………… 010
7. 奇特的磁现象 …………………………… 012
8. 简易直流电动机模型 …………………… 014
9. 磁力小火车 ……………………………… 015
10. 磁性枪实验 ……………………………… 017
11. 简易动圈式扬声器 ……………………… 018
12. 磁流体推进实验 ………………………… 019
13. 楞次定律演示仪 ………………………… 020
14. 金属中的涡流 …………………………… 021
15. 生理光学实验 …………………………… 022
16. 弯曲的光线 ……………………………… 026
17. 隐币魔盒 ………………………………… 027
18. 色光的混合 ……………………………… 028
19. 全反射魔术实验 ………………………… 029
20. 简易分光镜 ……………………………… 031
21. 用偏振光观察光弹性现象 ……………… 032
22. 消失的光 ………………………………… 033
23. 3D幻影成像 ……………………………… 034
24. 莫尔条纹动画 …………………………… 035
25. 声音显示器 ……………………………… 036
26. 超声波悬浮实验 ………………………… 037
27. 观察物体的微小形变 …………………… 038
28. 称取微小物体的重量 …………………… 040
29. 惯性实验 ………………………………… 041
30. 鸡蛋碰地球 ……………………………… 041
31. 不可思议的平衡 ………………………… 042
32. 制作欹器 ………………………………… 044
33. 密度与温度的关系 ……………………… 044
34. 液体的表面张力 ………………………… 045
35. 用波意耳定律测物体的体积 …………… 047
36. 液体压强实验 …………………………… 048
37. 浮沉子 …………………………………… 049
38. 虹吸实验 ………………………………… 050
39. 液体的热胀冷缩 ………………………… 051
40. 大气压强趣味实验 ……………………… 052
41. 揭秘弧线球的实验 ……………………… 053
42. 马格努斯滑翔机 ………………………… 055
43. 奇特的斯特林发动机 …………………… 056
44. 有趣的非牛顿流体 ……………………… 057

化学 ……………………………………… 059

1. 自制"晴雨花" …………………………… 059

2. 茶水变色 …………………………… 059
3. 石膏模的制作 ……………………… 060
4. 固体酒精 …………………………… 061
5. 蜡制品浇制 ………………………… 061
6. 自制晒图纸 ………………………… 062
7. 自制洗洁精 ………………………… 063
8. 汽水"炸弹" ………………………… 063
9. 化学暖袋 …………………………… 064
10. 化学冰袋 ………………………… 064
11. 自制肥皂 ………………………… 065
12. 自制银镜 ………………………… 065
13. 自制湘妃竹 ……………………… 066
14. 化学破冰 ………………………… 067
15. 葡萄糖溶液发酵 ………………… 068
16. 番茄酸性检测 …………………… 069
17. 柿霜的成分 ……………………… 069
18. 蛋白质趣味实验 ………………… 070
19. 维生素C的实验 ………………… 071
20. 纸的趣味实验 …………………… 072
21. 智取指纹 ………………………… 073
22. 水中花园 ………………………… 073
23. 培养大体积单晶 ………………… 074
24. 点火成"蛇" ……………………… 075
25. 会变色的果冻 …………………… 076
26. 用电写字 ………………………… 077
27. 会发响的气泡 …………………… 077
28. 奇妙的红蓝瓶子 ………………… 078
29. 大飞泡 …………………………… 079
30. 烛灭镁燃 ………………………… 080
31. 破译密信 ………………………… 080
32. 铜变"银","银"变"金" …………… 081
33. 盐水发电 ………………………… 082
34. 配制广泛灵敏的酸碱指示剂 …… 082
35. 用红热的氧化铜丝检测乙醇含量 …… 084
36. 醋除水垢 ………………………… 085
37. 自制润唇膏 ……………………… 085
38. 乙醇检测的数字化实验 ………… 086
39. 泡腾片的趣味实验 ……………… 087
40. 电解反应中离子在磁场中的定向运动 …… 088
41. 水凝胶实验 ……………………… 089
42. 用紫外-可见分光光度法探究不同果汁中维生素C的含量 …… 090
43. 大象牙膏 ………………………… 091
44. 胶水变弹球 ……………………… 092
45. 纳米银胶体的丁铎尔现象 ……… 093
46. 缤纷化学"树" …………………… 094
47. 自制护手霜 ……………………… 095
48. 图灵斑图 ………………………… 096
49. 神奇的荧光棒 …………………… 097
50. 人造"细胞" ……………………… 098
51. 蜡烛趣味实验 …………………… 099
52. 浓差电池 ………………………… 099
53. 滴水成冰 ………………………… 100
54. 自制除锈剂 ……………………… 101

第2篇 生物篇

植物 …………………………………… 105
1. 制作叶脉书签 ……………………… 105
2. 制作贴花书签 ……………………… 106
3. 干制花卉标本 ……………………… 106
4. 制作腊叶标本 ……………………… 107
5. 自制简易花盆 ……………………… 108
6. 植物的播种 ………………………… 109
7. 植物的盆栽 ………………………… 111
8. 多肉植物的扦插 …………………… 112
9. 月季的扦插 ………………………… 112
10. 制作瓶栽植物 …………………… 114
11. 简易树桩盆景的制作 …………… 115
12. 水仙球雕刻 ……………………… 115
13. 番茄的整枝 ……………………… 117
14. 种子的萌发 ……………………… 118
15. 种子的休眠 ……………………… 119

16. 自发无"根"豆芽 …………… 120
17. 马铃薯发芽的探究 …………… 121
18. 叶片留影 …………………… 122
19. 光波与光合作用 ……………… 123
20. 两色花实验 …………………… 123
21. 植物的向光性 ………………… 124
22. 盐水土豆探究 ………………… 124
23. 籼稻和粳稻的对比探究 ……… 125
24. 寻找春天的踪迹 ……………… 126
25. 制作自然笔记 ………………… 128

动物 ……………………………… 130
1. 制作昆虫贴翅标本 …………… 130
2. 制作昆虫展翅标本 …………… 131
3. 制作幼虫吹胀标本 …………… 132
4. 制作人造琥珀 ………………… 133
5. 制作鸟蛋标本 ………………… 133
6. 水蚤心率的对比观察 ………… 134
7. 探究饲料对白玉蜗牛生长的影响 …… 135
8. 蚯蚓再生能力的探究 ………… 136
9. 鸡蛋无缝吗 …………………… 137
10. 招引果蝇 …………………… 138
11. 灯光诱虫 …………………… 138
12. 采集昆虫 …………………… 139
13. 饲养昆虫 …………………… 141
14. 探究小蝌蚪的成长过程 …… 142
15. 鸡蛋的人工孵化 …………… 142
16. 饲喂野鸟 …………………… 143
17. 观察鸟类,监测环境 ……… 145
18. 寻找校园生态食物链 ……… 146

微生物 …………………………… 147
1. 制作斜面培养基 ……………… 147
2. 自制酸牛奶 …………………… 147
3. 自制泡菜 ……………………… 148
4. 探究酵母菌 …………………… 148

5. 观察霉菌的生长 ……………… 149
6. 校园野生菌菇调查 …………… 150
7. 制作菌菇标本 ………………… 151

第3篇 环境篇

水 ………………………………… 155
1. 水样的采集和保存 …………… 155
2. 水质的现场测定 ……………… 156
3. 水体富营养化现象观察 ……… 157
4. 水中悬浮固体的去除 ………… 158
5. 水中悬浮固体含量的测定 …… 159
6. 酸雨的监测 …………………… 160
7. 有色废水的脱色 ……………… 161
8. 洗涤剂的生物降解 …………… 162
9. 活性炭吸附法净化饮用水 …… 162
10. 水体透明度的测定 ………… 163
11. 水体浊度的测定 …………… 164
12. 水中细菌总数的测定 ……… 165
13. 水中大肠杆菌群数的测定 … 166
14. 水体异味嗅味层次分析 …… 167
15. 水中石油类物质含量的测定 …… 169
16. 水中硝基苯类化合物含量的测定 …… 170
17. 水体硬度的测定 …………… 171
18. 水体碱度的测定 …………… 172
19. 水体溶解氧的测定 ………… 173
20. 水体化学需氧量的测定 …… 176
21. 水体氨氮的测定 …………… 177
22. 水中余氯的测定 …………… 178
23. 水质总氮的检测 …………… 179
24. 水质总磷的检测 …………… 180
25. 水体硝酸盐氮的检测 ……… 181
26. 家庭废水净化装置的设计和制作 …… 181
27. 自来水厂工艺模拟实验 …… 183
28. 水质污染危害动物生长实验 …… 184
29. 污水处理模拟实验 ………… 184

30. 河流环境考察 …… 186

气 …… 187
1. 大气能见度的观察测定 …… 187
2. 测算空气中的尘埃粒子 …… 188
3. 测算汽车尾气中的尘埃粒子 …… 189
4. 大气中氮氧化物的含量测定 …… 190
5. 大气中二氧化硫的含量测定 …… 192
6. 绿化覆盖率的测算 …… 193
7. 室内空气中甲醛含量的测定 …… 194

土 …… 196
1. 土壤样品的采集和制备 …… 196
2. 检测土壤中的生物多样性 …… 197
3. 酸雨污染土壤的检测及修复 …… 199
4. 重金属污染土壤的检测及修复 …… 199
5. 水土保持模拟实验 …… 201
6. 制造再生纸 …… 202
7. 制作、观察生态瓶 …… 203
8. 生活垃圾的有效利用 …… 204

第4篇 天文、气象、地理篇

天文 …… 209
1. 观测太阳黑子 …… 209
2. 观测日食 …… 210
3. 观测月球 …… 212
4. 观测行星 …… 213
5. 观测星座 …… 214
6. 观测流星雨 …… 217
7. 观测深空天体 …… 218
8. 制作月球模型 …… 220
9. 制作简易圭表 …… 220
10. 制作简易日晷 …… 222
11. 制作简易漏刻 …… 223
12. 制作太阳系模型 …… 224
13. 模拟哈勃定律 …… 225
14. 测量太阳高度角 …… 226
15. 测量天体周日视运动轨迹 …… 228
16. 拍摄天体照片 …… 229
17. 通过天体识方向 …… 231
18. 使用Stellarium软件认识星空 …… 233

气象 …… 235
1. 建造校园气象站 …… 235
2. 观测气温 …… 236
3. 观测云 …… 237
4. 观测风 …… 241
5. 绘制风玫瑰图 …… 244
6. 制作简易雨量筒 …… 245
7. 制作简易气压计 …… 246
8. 制作简易棉球湿度计 …… 248
9. 利用资料图预报天气 …… 249
10. 考察小气候 …… 250
11. 调查城市热岛效应 …… 251
12. 收集和验证气象谚语 …… 252
13. 制作"天气瓶" …… 253
14. 考察天气要素对空气质量的影响 …… 254
15. 观察气候变化下的物候反应 …… 255

地理 …… 257
1. 制作地球运动仪 …… 257
2. 绘制校园平面图 …… 260
3. 绘制"土豆山"分层设色地形图 …… 261
4. 探究湿地净水能力小实验 …… 262
5. 辨识矿物 …… 263
6. 识别岩石 …… 266
7. 采集和收藏化石 …… 268
8. 调查河流水文特征 …… 270
9. 调查身边的小河湾 …… 271
10. 城市社区养老服务设施的空间布局优化设计 …… 272

11. 住宅小区布局的优化设计 ………… 273
12. 为社区便利店选址 ………………… 274
13. 设计未来城市模型 ………………… 277
14. 设计制作抗震建筑模型 …………… 278

第5篇 模型篇

车辆模型 …………………………… 283
1. 弹射赛车 …………………………… 283
2. 重力滑坡车 ………………………… 284
3. 风帆车模型 ………………………… 285
4. 橡筋动力轿车模型 ………………… 287
5. 空气螺旋桨橡筋动力车辆模型 …… 289
6. 摩擦传动电动车辆模型 …………… 291
7. 火箭动力赛车模型 ………………… 292
8. 太阳能动力车辆模型 ……………… 294
9. 六轮遥控越野车模型 ……………… 296

舰船模型 …………………………… 299
1. 独木舟和筏模型 …………………… 299
2. 木板船模型 ………………………… 300
3. 简易小帆船 ………………………… 302
4. 构架式遥控游艇模型 ……………… 304
5. 沙船模型 …………………………… 307
6. "绿眉毛"帆船模型 ………………… 310
7. 橡筋动力竞速艇 …………………… 313
8. 橡筋动力明轮船模型 ……………… 314
9. 塑（竹）木结构自航潜艇模型 …… 316
10. 空气螺旋桨小快艇 ……………… 317
11. 全垫升气垫船模型 ……………… 318
12. 小水线面单体水翼船模型 ……… 320
13. 穿浪双体船模型 ………………… 322

航空航天模型
1. 简易风筝 …………………………… 325
2. 简易回旋器 ………………………… 326
3. 弹射模型滑翔机 …………………… 327
4. 直线距离型手掷模型滑翔机 ……… 328
5. 手掷特技模型飞机 ………………… 330
6. 牵引模型滑翔机 …………………… 332
7. 竹蜻蜓 ……………………………… 334
8. 橡筋动力模型直升机 ……………… 335
9. 杆身橡筋模型飞机 ………………… 337
10. 简易室内模型飞机 ……………… 339
11. 橡筋动力模型扑翼机 …………… 341
12. 电动线操纵模型飞机 …………… 342
13. "飞行者一号"仿真飞机模型 …… 344
14. 无线电遥控特技模型飞机 ……… 345
15. 无线电遥控模型伞翼机 ………… 347
16. 气动火箭模型 …………………… 349
17. 悬挂飞行的电动航天飞机模型 … 351

创意模型 …………………………… 353
1. 四轴飞行救援系统 ………………… 353
2. 3D打印模型——照明手套 ……… 355
3. CAM设计制作纸模型头盔 ……… 356

第6篇 科技影像篇

摄影 ………………………………… 361
1. 使用数码照相机 …………………… 361
2. 拍摄全景照片 ……………………… 362
3. 拍摄微距照片 ……………………… 362
4. 拍摄高速摄影照片 ………………… 363
5. 拍摄水下摄影照片 ………………… 365
6. 使用无人机摄影 …………………… 366
7. 拍摄夜景照片 ……………………… 367
8. 照片后期处理 ……………………… 368

摄像 ………………………………… 370
1. 使用摄像机 ………………………… 370
2. 拍摄一场室内演出 ………………… 372

3. 拍摄一场足球赛 …………………… 374
4. 拍摄一场校园运动会 ……………… 375
5. 拍摄一堂微课 ……………………… 376
6. 剪辑和渲染视频 …………………… 377

第7篇 跨学科活动篇

1. 古法造纸 …………………………… 381
2. 我的农场我做主 …………………… 382
3. 制作校园植物二维码身份证 ……… 384
4. 自制简易净水器 …………………… 385
5. 探究PM$_{2.5}$与楼层高度的关系 …… 387
6. 给鸟建一个屋 ……………………… 389
7. 自制雨量器 ………………………… 390
8. 自制音乐阶梯 ……………………… 392
9. 自制赤道式日晷 …………………… 394
10. 机器人表演皮影戏 ………………… 395

第8篇 现代技术篇

1. 设计制作拍手控制的风扇 ………… 411
2. 设计制作自动开盖的垃圾箱 ……… 412
3. 设计制作空气质量检测器 ………… 414
4. 制作VR眼镜与全景图片 …………… 417
5. 物物相连的智慧农场大棚 ………… 418
6. 3D创意花盆 ………………………… 421
7. 人脸识别 …………………………… 423
8. 人工智能分类器 …………………… 424

第9篇 创造发明篇

1. 学习用品的改进 …………………… 431
2. 书桌的改进 ………………………… 434
3. 伞具的改进 ………………………… 436
4. 分类垃圾桶的创意设计 …………… 437
5. 卫生设施改造方案 ………………… 440
6. 养宠物的相关发明 ………………… 441
7. 残障人士用品的发明 ……………… 443
8. 助老用品发明 ……………………… 445
9. 公交车设施的改进 ………………… 447
10. 应对雾霾的发明 …………………… 449
附：创造发明技法 ……………………… 452
　　创造发明的判断标准 ……………… 453
　　专利申请 …………………………… 455

扫码观看配套视频

第1篇 理化篇

物理

1. 地磁场发电

地球本身是一个巨大的磁体,但是地磁极和地理上的两极并不重合,所以磁针所指的方向并不是某一点的正北向,磁针静止时所在的竖直平面叫作这个地方的磁子午面,磁子午面和水平面的交线叫作磁子午线(图1-1-1-1)。根据电磁感应原理,可以设计几种方法通过使用闭合导线垂直切割磁子午线,实现地磁场发电。

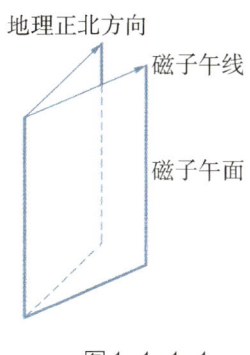

图1-1-1-1

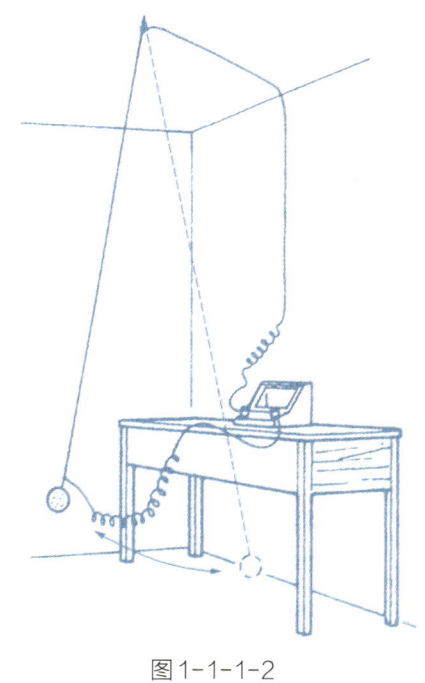

图1-1-1-2

工具与材料

电烙铁,钳子,锤子,灵敏电流表。
铜丝,软导线,钉子,重物,漆包线,铜芯双绞线。

活动过程

一、重力摆在地磁场中发电

1. 在长2~3 m的铜丝上悬挂一重物成摆(以房屋高度而定),铜丝上下两端各用软导线引出与灵敏电流表相连(图1-1-1-2)。

2. 使摆以1~1.5 m的振幅在地磁场内摆动,观察电流表指针变化,发现电流表指针发生偏转。当摆的振动平面与磁子午面相垂直时(接近东西方向),电流表示数最大。

上述现象说明地磁场使摆动的铜丝产生了感应电动势。

二、框形线圈在地磁场中发电

1. 按图1-1-1-3所示,在门的四角钉上钉子,用直径为0.3~1 mm的漆包线沿门框边缘绕一个圈数为几十匝的框形线圈,将线圈两端的引出线接灵敏电流表。

2. 转动门,观察电流表指针变化,会发现电流表指示电路中有电流产生。

三、摇绳在地磁场中发电

1. 将长约15 m的铜芯双绞线两端接在灵敏电流计上,拉开形成一个长回路。

2. 两个人面对面,像摇绳一样摇动铜芯双绞

说明与延伸

1. 如果电流表的灵敏度不够高,可按图1-1-1-5的电路做一个简单的半导体电流放大器。图中P是灵敏度为500 μA的电流表,调节R_1、R_3使电流表指针指在刻度盘中间;T为半导体收音机输出变压器。将铜丝两端引出线分别和放大器输入端连接即可。有了这个放大器,当摆在垂直于磁子午面的面内振动时,电流表指针会有偏转。

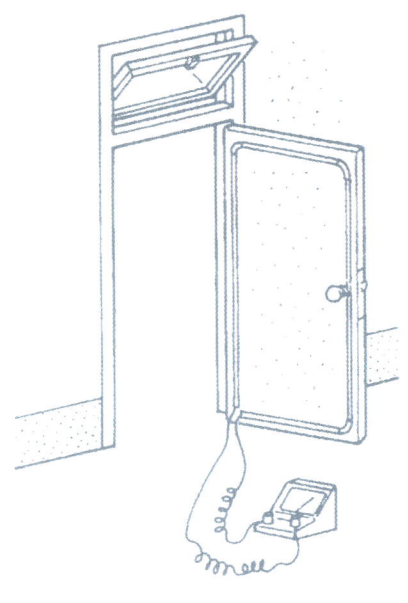

图1-1-1-3

线,观察电流表指针变化(图1-1-1-4),会发现灵敏电流表指针偏转。这说明利用地磁场能够发电。

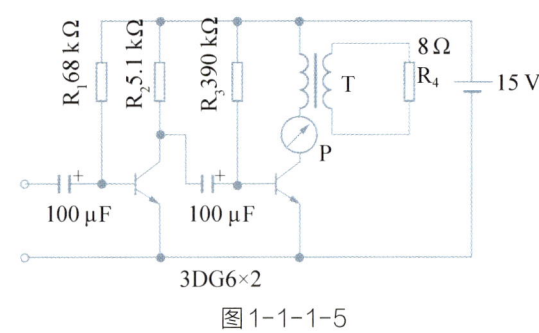

图1-1-1-5

2. 在活动二中,如果墙面正好与磁子午面相垂直,而门又能作180°的转动,那么电流表指针偏转就比较明显。

3. 活动二也可以用DIS(数字化信息系统)实验方便地得出相同的实验现象:用比较小的线圈和微电流传感器,以及数据采集器、计算机等,在实验室中连接好电路,让线圈与磁子午面相垂直,转动线圈,能直接显示出电流的大小。

图1-1-1-4

4. 活动三中,摇动摇绳的两个人沿东西方向站立时,东西方向与地球的磁场方向垂直,摇绳发电效果较好,灵敏电流表的指针摆动角度大。

2. 简易验电器

用验电器进行静电实验时,主要是通过验电器箔片张角的变化来显示结果。箔片上电荷的多少决定了箔片所受静电力的大小,也决定了它张角的大小,并可借此辨别正、负电荷。可以使用一些简单的材料制作一个简易验电器来理解这一原理。

工具与材料

透明饮料瓶,纸巾,PVC塑料管,铜丝,铝箔。

活动过程

1. 在饮料瓶盖上钻 1 个小孔,把铜丝穿过瓶盖的小孔,铜丝上段弯成螺旋状,下端弯成勾状。

2. 剪两条长约 1 cm、宽为 0.5 cm 的铝箔,每条铝箔上端开一个小孔,铝箔上的小孔直径要大于铜丝直径,使得铝箔能够自由地在铜丝上移动。将两条铝箔挂在铜丝下端的钩上,放进饮料瓶,把瓶盖拧紧,简易验电器制作完成。

3. 一手握纸巾,一手拿 PVC 塑料管快速在纸巾上来回摩擦,产生静电。把摩擦后的 PVC 塑料管接触铜丝上端,可以看到两条铝箔张开一定角度,说明两条铝箔带上了同种电荷。制作过程中所有的材料要保持干燥,尤其是纸巾和塑料管,否则不容易产生静电。

说明与延伸

1. 制作简易验电器时要保持瓶内干燥。空气干燥时,实验现象较为明显;空气潮湿时,实验效果较差。

2. 带电体再增加同种电荷时,箔片分开的角度会变大;带电体增加异种电荷时,如果正、负电荷数值正好相等,此时箔片不再受力的作用,箔片闭合;如果电荷抵消完原有异种电荷还有剩余,箔片会先闭合而后张开。

3. 要判断物体带电性质,可以先将带电体与验电器接触,使验电器带上与该带电体相同性质的电荷,再用与丝绸摩擦过的玻璃棒靠近验电器,如果验电器箔片夹角张开更大,说明该带电体带电性质和玻璃棒相同,都是正电荷;反之,如果验电器箔片夹角减小,或先闭合而后张开,说明该带电体带电性质和玻璃棒相反,即为负电荷。

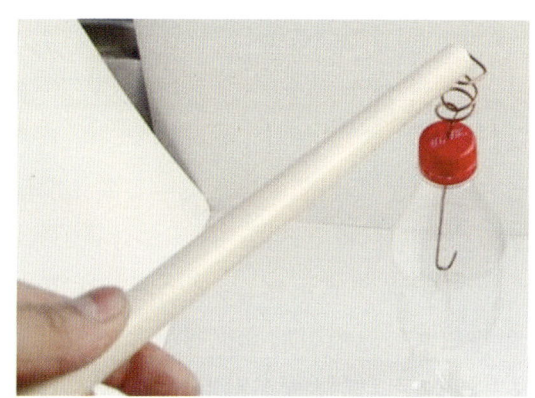

图 1-1-2-1

3. 几种自制莱顿瓶的比较

典型的莱顿瓶是一个内壁和外壁都贴有导电金属箔的玻璃瓶,内壁和外壁上的金属箔就相当于平板电容器的两个极板。在进行电学实验的时候,可以用简单的方法和常见的材料自制简易的莱顿瓶,通过比较几种自制莱顿瓶的电容值来了解决定电容器电容大小的因素。

工具与材料

电容表。

一次性纸杯,铝箔,塑料瓶,铁钉,铝制易拉罐。

活动过程

一、纸杯莱顿瓶

1. 把两个一次性纸杯的外表面用铝箔包裹,并将其中一个套在另一个中,制成一个纸杯莱顿瓶。它的结构跟经典莱顿瓶一样,两层铝箔就相当于两个极板,间距是一个纸杯的厚度。

2. 用专用的电容表测量纸杯莱顿瓶的电容量(图 1-1-3-1)。

二、塑料瓶莱顿瓶

1. 在塑料瓶中装满自来水,瓶盖上插入一根铁钉,瓶身用铝箔包裹。水相当于一个极板,铝箔作为另外一个极板,两者的间距为塑料瓶壁的厚度。

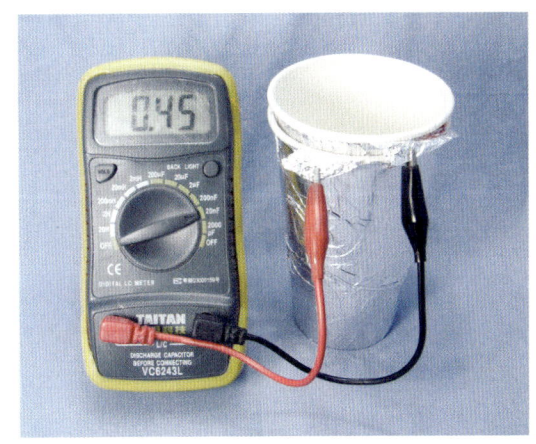

图 1-1-3-1

2. 用电容表测量塑料莱顿瓶的电容量(图 1-1-3-2)。

图 1-1-3-2

三、易拉罐莱顿瓶

1. 用砂纸把铝制易拉罐口周围的绝缘膜打磨掉，露出能够导电的金属铝。易拉罐外面用铝箔包裹，铝箔作为一个极板，铝罐体是另外一个极板，二者的间距是易拉罐上的那层绝缘薄膜。

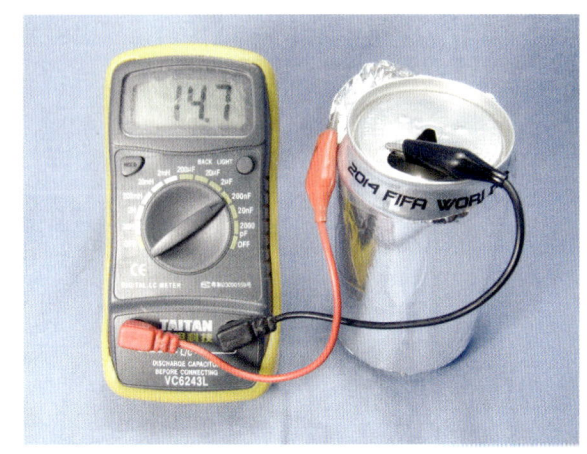

图 1-1-3-3

2. 用电容表检测易拉罐莱顿瓶的电容(图 1-1-3-3)。

说明与延伸

1. 可以发现，塑料瓶莱顿瓶的电容要比纸杯莱顿瓶大。参考平行板电容器的电容量计算公式：电容量与极板的面积成正比，与极板间的距离成反比。塑料瓶莱顿瓶极板的面积明显大于纸杯莱顿瓶，因为塑料瓶壁的厚度小于纸杯厚度，所以极板间距要小很多。从这两个关键因素考虑，塑料瓶莱顿瓶的电容量都应该大于纸杯莱顿瓶。

2. 易拉罐莱顿瓶的电容远高于另外两种。在影响电容量的两个因素中，易拉罐莱顿瓶的极板面积是最小的，但是因为两个极板的间距远小于前面两种，导致了它的电容量最高。

3. 在进行电学实验的时候，可以根据自己的情况选用三种自制莱顿瓶。值得注意的一点是，因为电学实验经常使用高压静电，因此电容量大小不是唯一要考虑的因素，有时还要考虑到耐压性能。易拉罐莱顿瓶因为两个极板间距很小，因此耐压性能最差，容易被高压电击穿；最耐高压的反而是电容量最小的纸杯莱顿瓶。

4. 静电实验

秋冬时节,人们梳头时经常越梳越乱,与人握手时也时常"触电",这些都是静电现象。静电虽然给人们的生活带来许多困扰,但同时静电技术也被广泛地应用于生产实践,为人们带来很大方便。可以通过几个静电实验来了解静电以及如何利用静电。

工具与材料

静电感应起电机,鳄鱼夹导线。

矿泉水瓶,蚊香(或其他可产生烟雾的物体),粗、细铜丝,塑料薄片,面粉,铁质易拉罐,缝衣针,塑料制品。

活动过程

一、弯曲的水流

1. 打开水龙头,调整水流,使水流变得细小。
2. 取一个塑料制品,在头发上摩擦数次。
3. 把塑料制品靠近水流,可以发现竖直向下的水流变弯曲了。

二、静电风车

1. 取一只铁质易拉罐,剪下罐身铁皮,把铁皮弄平整。
2. 画风车的叶轮。找一张白纸,先用圆规画一个圆,然后用直尺画两条互相垂直的直径。在水平直径圆心两侧,距圆心 5 mm,左右各取一点。分别连接垂直直径与圆周交点到这两个点,得到4个叶轮图案(图1-1-4-1)。

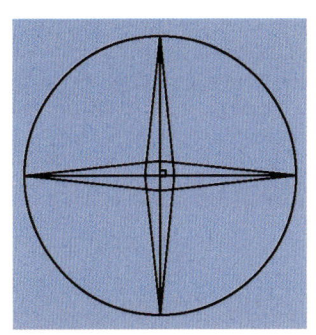

图1-1-4-1

3. 把画好的图案贴到易拉罐铁皮上,按照图案剪下叶轮。用圆规的针尖,在叶轮中心的位置扎一个小洞。注意洞不要大,甚至可以不扎透铁皮,只留一个能容下针尖的小坑即可。
4. 将4个叶轮的尖端向同一侧弯折,最好用钳子在弯的地方夹一下。最后使叶轮平整(图1-1-4-2)。

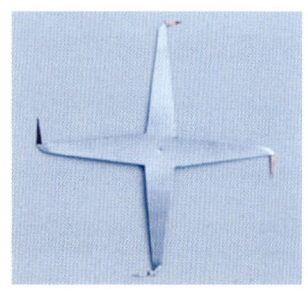

图1-1-4-2

5. 找一枚大号缝衣针,将针头竖直插进一块肥皂,针尖顶住叶轮中心的小坑。肥皂作为底座,可以用其他物品代替。叶轮保持水平,使其轻轻一碰就能十分顺滑地旋转。
6. 用鳄鱼夹导线连接缝衣针和静电感应起电机,可以看到风车开始旋转。

三、静电除尘

1. 截去矿泉水瓶瓶底,修剪平整切口边缘。用细铜丝在瓶外稀疏地绕若干圈,在瓶盖的中心钻一孔,边缘再钻若干小孔。将粗铜丝穿过瓶盖中心的孔,瓶口处的铜丝弯成一个圈,调整粗铜丝,使其垂直悬挂在瓶内(可在末端悬挂一个绝缘重物)。
2. 点燃蚊香,将蚊香放在蚊香架上,再罩上矿泉水瓶。很快,瓶内充满烟雾,且有少许烟雾从瓶盖上的小孔中冒出。
3. 用导线将起电机的一极与瓶外铜丝相接,另一极与瓶盖的铜丝相接,按下开关,起电机开始工作(图1-1-4-3)。可以看到,瓶内的烟雾变得越来越稀薄,最后慢慢消失(图1-1-4-4)。

图1-1-4-3

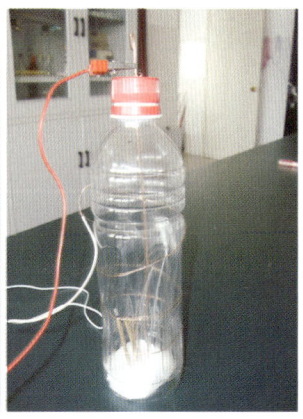
图1-1-4-4

四、静电复印

1. 取一张塑料薄片，用绸布快速摩擦，从而使薄片带上静电。

2. 用手指在薄片上写几个字。

3. 取少量面粉，将面粉轻轻均匀地吹到薄片上。薄片因为带有静电吸附了较多面粉，而用手指"写"过的位置上面粉较少，于是手指在薄片上"写"的字就隐约显现出来了。

说明与延伸

1. 在静电风车实验中，叶轮上带满了静电感应起电机的静电。导体表面的电荷分布与导体的表面曲率有关，导体的曲率半径越小（即越尖），导体表面附近的电场强度就越大，因此叶轮尖端挤满了电荷，并使得周围的空气发生电离。空气电离后与导体上异号电荷中和，同号电荷被排斥而发生运动，叶轮受到反作用力，向相反方向旋转。只要叶轮持续得到静电供应，静电风车就会不断旋转。

2. 活动三装置中的粗、细铜丝分别连接了起电机的正负极，起电机开始工作后，在两者之间形成高压电场，而且距粗铜丝越近，电场越强。粗铜丝附近的空气在强电场的作用下发生电离，电离产生的正负离子在强电场的作用下发生运动。其中正离子跑向接负极的粗铜丝，而负离子奔向缠有接正极的细铜丝的

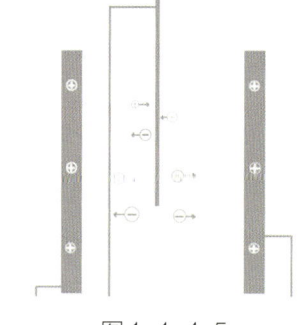
图1-1-4-5

瓶壁。正负离子在运动的过程中遇到烟尘颗粒，使烟尘颗粒也带上电荷。在电场的作用下，带不同电荷的烟尘颗粒被分别沉积在瓶壁和中心铜线上，因而瓶内的空气开始变得清洁透明，并最终达到除尘的效果。现在的火力发电厂中都普遍装设了静电除尘装置。

3. 在静电复印机中，硒鼓的作用和活动四中的塑料薄片相同，但字是通过光"写"的。当硒鼓充电后，经光照的位置，电荷会消失，就如手指在塑料薄片上写字一样，而文字、图像等遮光的地方，电荷不会消失。当复印的黑粉撒到硒鼓上时，有文字、图像的地方由于硒鼓上相对应的位置带电，可以吸引黑粉，从而将原稿上的文字或图像转印到白纸上。

5. 用身边的材料做原电池

物理学家伏打确定了金属接触带电序列：铝、锌、铁、锡、铅……铜、银、金等。按这个序列，将任意两种金属接触或浸入某种导电液即可制成电池。通过利用身边的材料来制作一些简单的原电池，有助于了解电池的基本原理。

工具与材料

万用表，鳄鱼夹导线。

米醋，红色发光二极管，铜片，锌片，纸杯，食盐，铁质易拉罐，可乐。

活动过程

一、米醋电池

1. 在纸杯中倒入米醋,紧贴左边杯壁的是铜片,右边的是锌片,制成米醋电池,铜片是电池的正极,锌片是负极。从万用表读出,米醋电池电压是 0.889 V(图1-1-5-1)。

图1-1-5-1

2. 将4个米醋电池用导线串联起来,可以产生约3.5 V的电压,足以点亮一只红色发光二极管(图1-1-5-2)。一般2 V左右的电压就可以点亮发光二极管,但是由于米醋电池能够提供的电流很小,发光二极管的亮度不足。(注意:发光二极管的长引脚接电源正极,短的接负极,接反了就不会发光)

图1-1-5-2

二、饱和食盐水电池

1. 在纸杯中倒入精盐自制的饱和食盐水,电极仍然是铜片和锌片,测得饱和食盐水电池产生了 0.743 V的电压(图1-1-5-3)。

图1-1-5-3

2. 将4个饱和食盐水电池串联(图1-1-5-4),给一个家用的温湿度计供电,24 h后仍然没有缺电的迹象。

图1-1-5-4

三、可乐电池

1. 将铁质易拉罐剪开,用砂纸把易拉罐内壁的镀膜打磨掉,露出金属铁,用作电池的负极。

2. 正极使用多芯的细铜丝,剥掉外皮,里面的细铜丝用一截筷子悬在易拉罐正中,注意不要接触易拉罐内壁。

3. 在罐内倒入可乐。测量可乐电池的输出电压为 0.747 V(图1-1-5-5)。

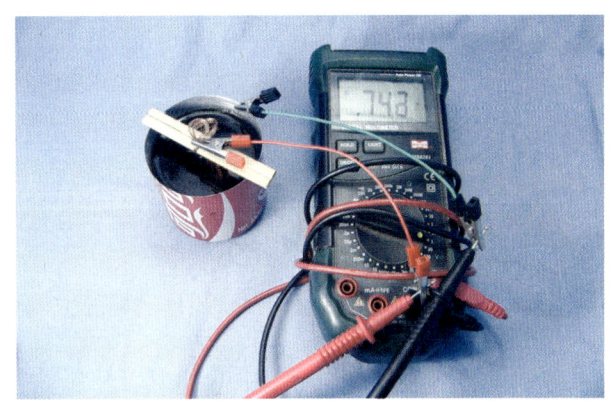

图 1-1-5-5

四、人体电池

1. 取一块铜板和一块锌板,分别与灵敏电流表的两接线柱相连。

2. 将带有汗水或湿的双手分别放在铜板和锌板上(图 1-1-5-6),观察电流表的变化。经实测,发现电路中有电路流过。

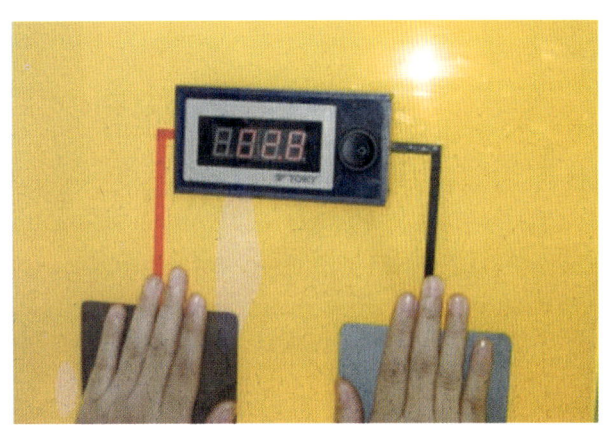

图 1-1-5-6

说明与延伸

1. 米醋电池中,理论上醋酸溶液中的氢离子带正电荷,从铜片那里得到电子,还原成氢气,可以看到浸泡在米醋里的铜片表面有气泡产生。但实验中却观察到锌片表面附着了更加密集的气泡。这是因为金属锌化学性质活泼,会直接与醋酸中的氢离子发生置换反应,产生氢气,这个反应比原电池的反应更强烈。金属锌不断失去电子,变成了锌离子,所以金属锌的数量不断减少。

另外,因为氢离子得到电子的能力很强,导致一部分金属铜也失去电子,变成了铜离子。这些铜离子运动到锌片表面,被锌重新置换成金属铜。经过长时间的反应后,可以发现右侧浸泡在醋里的锌片表面完全变黑,这是因为锌片表面覆盖了一层铜和铜的氧化物(铜是有光泽的金属,但是极细微的铜颗粒是黑色的,溶解在醋里的氧气也会让一部分铜单质发生氧化)。

2. 食盐的主要化学成分是氯化钠,溶液呈中性。在电解液内部,铜片的电子与水和氧气发生反应,生成了带负电荷的氢氧根离子。氢氧根离子向锌片一方运动,与金属锌发生反应,重新失去电子,生成了氧化锌和水。在中性电解液的原电池反应里,只消耗氧气和锌,氯化钠和铜都没有变化。由于该电池的反应中,空气中的氧气参与了反应,因此也被称为"空气电池"。当溶解在液体里的氧气快消耗完的时候,饱和食盐水电池输出的电力就开始减弱。这时搅拌饱和食盐水溶液,让更多的氧气溶解进去,电力的输出会重新变强,直到锌片用光。因为作为正极的铜片并不参与反应,所以也可以用碳棒来代替。

6. 消失的电

当通电线圈中的电流发生变化时,它周围的磁场就会随着变化,并由此产生磁通量的变化,在通电线圈中会产生阻碍原来电流变化的感应电动势,这就是自感电动势。通过这个趣味实验可以更加直观地了解自感电动势的特点。

工具与材料

学生实验低压交流电源,万用表。

线圈,小灯泡(额定电压3.8 V),导线。

活动过程

1. 连接电路。电路由电源、小灯泡(3.8 V)和一个线圈串联而成,万用表测量小灯泡两端的电压(图1-1-6-1)。电源选用12 V的交流输出端。

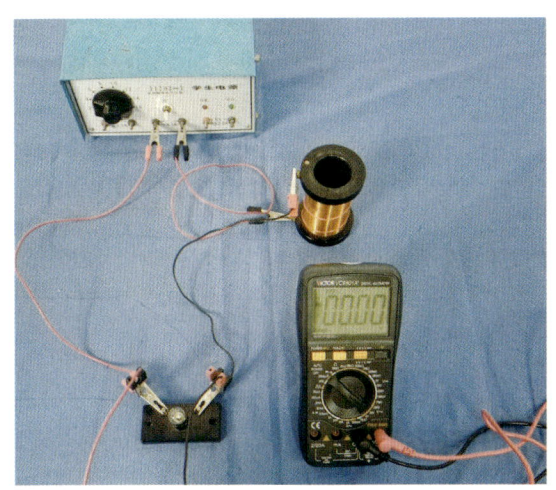

图1-1-6-1

2. 接通电源,小灯泡发光,小灯泡两端的电压约为3.5 V(图1-1-6-2)。

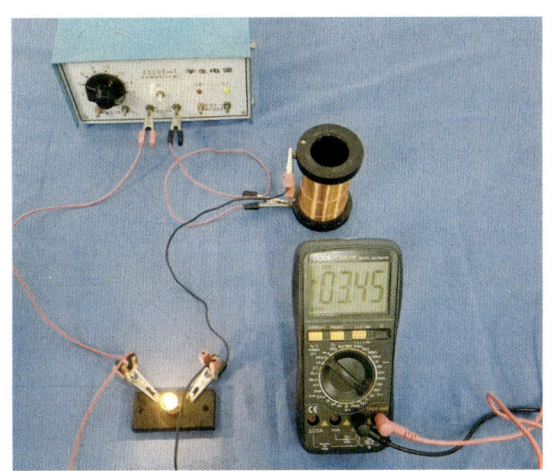

图1-1-6-2

3. 在线圈内部插入一根铁棒,在这个过程中,发现小灯泡两端的电压随着铁棒的插入而下降,小灯泡的亮度变暗,当铁棒完全插入线圈内部之后,小灯泡两端的电压降至约1 V(图1-1-6-3),小灯泡几乎不发光。

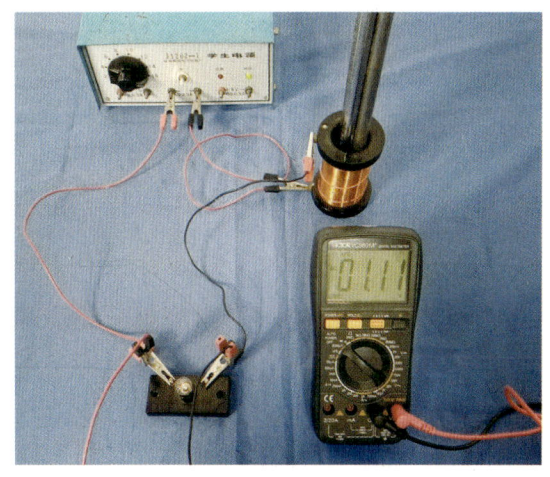

图1-1-6-3

说明与延伸

1. 接通电源后,在交流电路中的线圈由于自身感抗的存在,使得小灯泡两端的电压约为3.5 V。当线圈中慢慢插入铁棒时,线圈的感抗增加,使线圈的反向自感电动势增加,因此串联的小灯泡两端的电压明显下降,并由于电压过低而几乎不发光。

2. 铁棒插入线圈一段时间后,温度会升高,因为在交变磁场中,铁棒中也产生了感应电动势和感应电流。

3. 利用类似的实验器材,可以做出一个效果"相反"的实验现象。如图1-1-6-4所示,交流电源和大线圈组成闭合回路,小灯泡(额定电压1.5 V)和小线圈组成另一个闭合回路。当把小线圈放在大线圈内,在线圈内部插入铁棒,打开电源,可以看到大线圈里变化的电流通过电磁场在小线圈内产生感应电动势,此时小灯泡两端的电压约为0.7 V(图1-1-6-5),有明显但微弱的光线发出。当拔出大、小线圈内部的铁芯时,可以看到小灯泡两端的电压降低,亮度变暗,最终铁芯完全拔出后小灯泡两端电压降到0.1 V以下,小灯泡不发光(图1-1-6-6)。

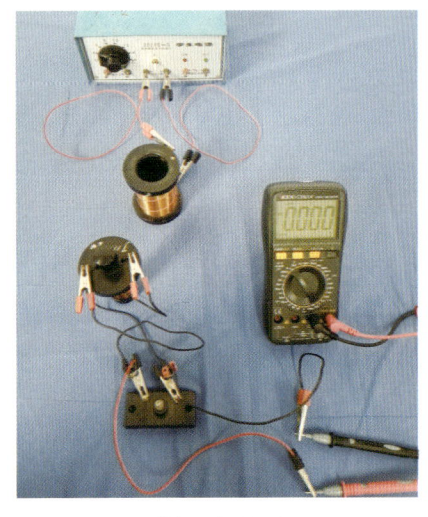
图1-1-6-4

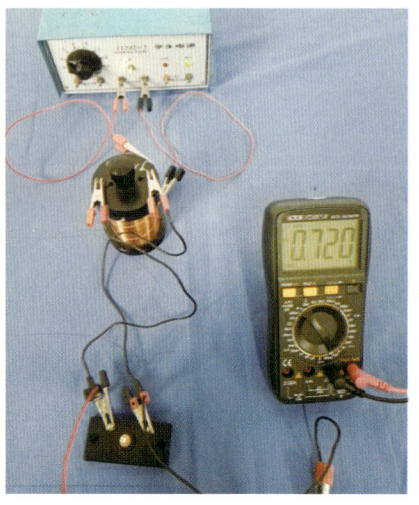
图1-1-6-5

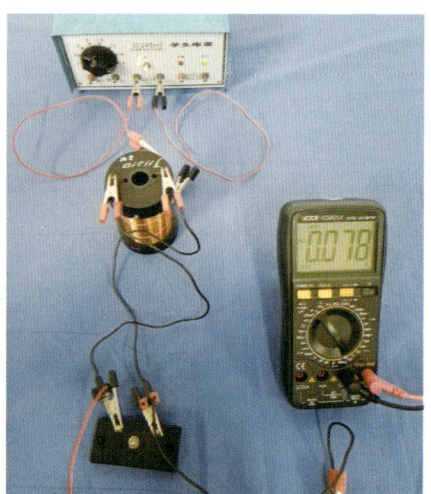
图1-1-6-6

7. 奇特的磁现象

磁性物质有其特殊的性质：磁铁有两极（N极和S极），且同名磁极相互排斥，异名磁极相互吸引；磁体周围存在磁场，磁场对磁铁产生力的作用；磁体各部分的磁性强弱是不同的，磁极表面的磁感应强度与其表面曲率大小有关；铁磁性物质在高温下会失去磁性。利用磁性物质的这些性质可以做一些有趣的磁现象实验。

工具与材料

条形磁铁，圆柱形小磁块，镍片，钢珠，细线，回形针，细漆包线，粗铜丝，螺丝刀，酒精灯，书，小磁针，铁屑，木板，图钉。

活动过程

一、"同名"磁极相吸引之一

1. 手持条形磁铁，使磁铁的N极缓缓靠近小磁针的N极，观察小磁针。发现小磁针的N极受排斥而转动。

2. 当小磁针停止转动后，使条形磁铁的N极从侧面迅速靠近小磁针的N极，观察小磁针。发现小磁针的N极非但没被排斥开，反而会被吸引过来。

二、"同名"磁极相吸引之二

1. 在水平桌面上，把2根条形磁铁甲和乙相隔一定距离平行放置，并使两磁铁N极对N极，S极对S极。

2. 使条形磁铁丙的S极从甲、乙两磁铁间隙处缓缓靠近它们的S极，观察现象。发现磁铁甲和乙对丙非但不排斥，反而相吸引（图1-1-7-1）。

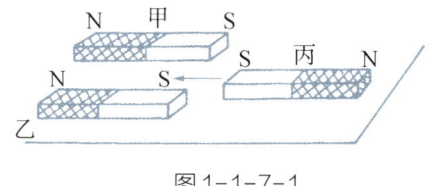
图1-1-7-1

3. 对换条形磁铁丙的两极位置，重复上述操作，观察现象。发现丙受到甲和乙的排斥。

4. 用小磁针辨别5个圆柱形小磁块的N、S极，并分别作上标志。

5. 把其中4个磁块在桌面上平摆成正方形，且各磁块的N极都朝上。用细线把它们系在一起(图1-1-7-2)。

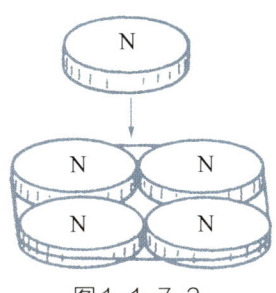

图1-1-7-2

6. 将余下的一个磁块的S极朝下,从4个磁块的中央空隙处缓缓放下去,观察现象。发现磁块之间非但不相互吸引,反而相互排斥。

7. 将上方磁块的N、S极反转后重复上述操作。发现上方的磁块一下就被下方的4个磁块吸住了。

三、磁性强弱与曲率有关

1. 把一只小钢珠放置在磁铁N(或S)极的端面上。

2. 如图1-1-7-3所示,把一支原来不带磁性的螺丝刀触及小钢珠顶部并慢慢向上拉,观察现象。发现刚刚被磁化的螺丝刀的磁性居然比永久磁铁还强,它竟然能使小钢珠脱离磁铁端面,并克服钢珠的重力把它吸起来。

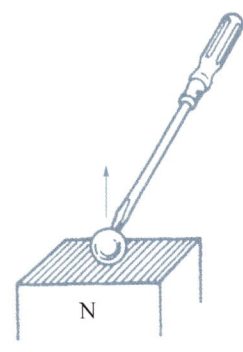

图1-1-7-3

3. 用磁铁的磁极去吸引铁屑,观察铁屑在磁极各处的分布情况。发现在磁极的平整端面处,铁屑少而疏;在磁极的边缘棱角处,铁屑多而密。

四、居里效应摆

1. 取一段窄长条状的镍片,将其卷成螺旋状"镍卷"。

2. 用细漆包线把镍卷悬挂起来,调节条形磁铁和镍卷的间距,使镍卷处于近乎临界平衡状态。

3. 用酒精灯焰加热镍卷,观察现象(图1-1-7-4)。发现不一会儿,镍卷的平衡便遭破坏,镍卷下落并脱离火焰区。但镍卷刚往下移过一段距离后又重新被磁铁吸引,回到原来位置,再次被灯焰加热……如此周而复始,构成一奇特的"居里效应摆"。

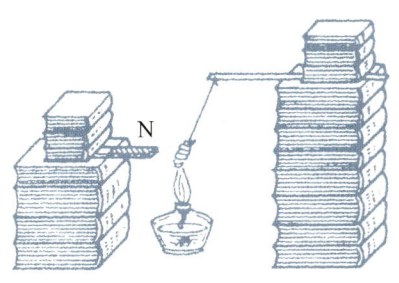

图1-1-7-4

4. 把镍卷换成回形针,重复上述操作,观察有关现象,并比较镍卷及回形针从开始加热到失去平衡所需时间的长短。

五、电磁秋千

1. 将漆包线绕成直径约2 cm的线圈,使各匝线圈缠紧,并在两端分别留出15 cm的漆包线。

2. 将线圈调整为正方形,线圈两端分别处于长方形短边的中点上,并垂直线圈平面。刮去两端漆包线的漆皮,并弯成环状。

3. 用粗铜丝、图钉和模板制作电磁秋千的支架。将线圈的两端挂在支架上。在线圈的正下方放好磁铁(图1-1-7-5)。

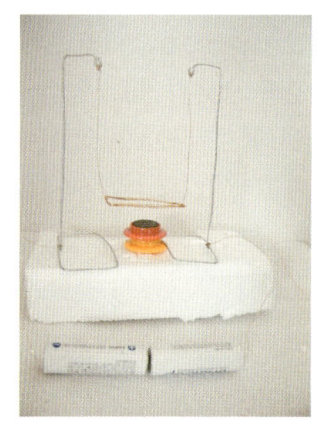

图1-1-7-5

4. 在粗铜丝的下方接上导线，与电池形成回路。接通电路，可以看见线圈像秋千一样不停地荡来荡去。

说明与延伸

1. 活动一中，因为条形磁铁的磁性较强，当将它迅速靠近磁针时，由于惯性，磁针尚未来得及被排斥开就已在条形磁铁的磁场中重新被磁化，靠近条形磁铁的一端被磁化成S极，从而呈现出"同名"磁极相吸引的假象。

2. 活动二中的甲、乙两磁铁外部的磁感线分布情况大致如图1-1-7-6所示。在甲、乙两磁铁之间可等效看作有一个如虚线所示的条形磁铁丁存在。磁铁丁与磁铁丙之间的磁场力作用是遵循"同名磁极相斥，异名磁极相吸"的规律。

3. 磁极表面的磁性强弱与其曲率有关。在磁极的平整端面处，曲率小，磁性较弱；在磁极边缘棱角处，曲率大，磁性较强。在活动三中，已磁化的螺丝刀与钢珠接触处的曲率比钢珠与磁铁端面接触处的曲率大，因此螺丝刀能够"反宾为主"，将小钢珠吸起来。

4. 铁、镍等铁磁性物质在高温下会失去磁性，温度降低后又会恢复磁性。人们把铁磁性物质失去铁磁性时的临界温度称为居里温度（或居里点）。铁的居里温度为770 ℃，镍的居里温度为358 ℃。因此，用自制的镍卷完成居里效应摆实验，较易获得成功。日常生活中常见的电饭煲就是一种利用铁磁性物质在一定温度下失去磁性的原理制成的温控装置。

5. 活动五中，线圈通电后产生磁场，磁场的磁性刚好和磁铁的磁性相互排斥，秋千向一边摆动。当秋千摆到一定高度的时候，线圈由于重力又回到原来的位置。这时，又发生相互排斥，秋千由于惯性，于是摆向另一边。如此往复。

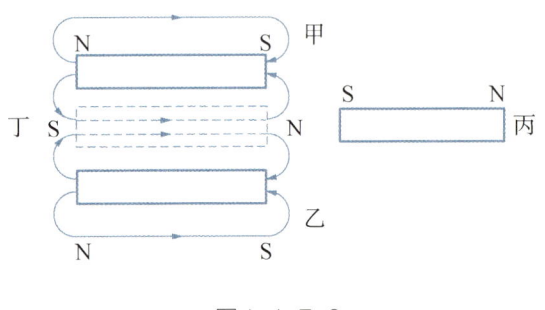

图1-1-7-6

8. 简易直流电动机模型

通电线圈在磁场中受到磁场力矩的作用后会发生转动，电动机就是利用这一原理设计的。利用简单的材料，可以制作一个简易的直流电动机模型，并生动地演示通电线圈在磁场中能受力转动、电能转化为机械能的过程。

工具与材料

尖嘴钳，小刀。

小磁铁，漆包线，裸铜线，木板，胶带纸，铜片，干电池。

活动过程

1. 以一长约16 cm、宽约10 cm的长方形木板为底座，在底座上放置小磁铁，磁铁两侧各用一根直径1~2 mm、长约12 cm的裸铜线做一线圈支架并兼作线圈与电源间的连线，如图1-1-8-1所示。

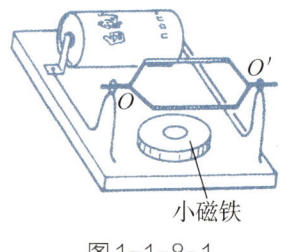

图1-1-8-1

2. 剪2块铜片,弯成L形作为电池夹,用螺丝将铜片固定在底座一端的两侧,并使铜片分别与2个线圈支架相连。

3. 将直径约0.2 mm、长约100 cm的漆包线在火柴盒上绕10~12圈,两端各留2 cm作为引出线。2根引出线从线圈的正中引出,且两引出线的连线OO'基本通过线圈的重心,使两引出线作转轴时能保证线圈平稳转动,用胶带纸将线圈扎紧(线圈也可以做成图1-1-8-1中所示的六角形)。

4. 把线圈平放在桌面上,用锋利的小刀将线圈一端引出线(兼作转轴)上的绝缘漆全部刮去,另一端引出线的绝缘漆只刮去上半圈(注意:贴近桌面的下半圈上的绝缘漆要保留着),即制成"自动通断电装置"。

5. 把线圈的两引出线分别装在裸铜线支架上方的圆环中,使其可以灵活转动。如发现线圈两侧不平衡,可略为移动轴OO'的位置或在轻的一侧粘贴胶带纸作为配重。调整线圈与磁铁间的距离,找到一个最佳位置,使线圈不仅能转动,而且能转得较快。

6. 接通电源,稍稍拨动线圈,观察现象。发现线圈能连续转动。改变电池极性,线圈转动方向随之改变;改变磁铁极性(上下倒置),线圈转动方向亦随之改变。

说明与延伸

1. 在调整线圈与磁铁间的距离的过程中,如果发现线圈和磁铁处在某一相对位置时,经拨动转起来的线圈很快停止,则可反向拨动线圈,再行调整。也可以把磁铁的两极交换位置,仍按原方向拨动线圈,进行调整。

2. 由于线圈的一端引出线有半圈绝缘漆未刮去,当这一半与支架接触时,便没有电流进入线圈。因此,当线圈静止在这一半周位置时通电是不能起动的,线圈只有在另外的半周才受到转动力矩,且线圈平面处于竖直平面中时所受转动力矩最大,这时静止线圈最易起动。线圈能连续转动主要靠惯性。

3. 另一种转子线圈的绕制方法。取直径约为1 mm、长约50 cm的漆包线一段,如图1-1-8-2所示把漆包线在互相垂直的两平面上弯成两个"日"形,并用小刀把两端引出线(兼作转轴)四周的绝缘漆都刮去。要求绕制的线圈在通电时,a、b、c、d四条边上的电流方向都相同。

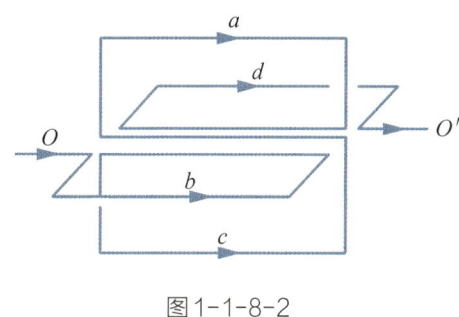

图1-1-8-2

与图1-1-8-1所示装置中的线圈不同的是,图1-1-8-2所示线圈在转动过程中始终有电流通过,并一直受到相同磁场力矩的作用,因而不需要在转轴处设置"自动通断电装置"。

使用图1-1-8-2所示转子线圈时应注意:

(1)接通电源后,如果转子不动,可先用嘴吹动。

(2)由于这种转子电阻很小,转子电流很大,故电动机工作时间不能太长。

9. 磁力小火车

利用两个扁圆柱形磁铁、一个柱状的电池以及一段铜螺线管,可以制作一个趣味的磁力小火车实验。通过分析磁力小火车的受力情况可以了解通电螺线管的磁场分布。

工具与材料

老虎钳，透明胶带。

硬铜导线，PVC水管，干电池，钕磁铁。

活动过程

1. 将硬铜导线在PVC水管上绕制成螺线管（也可使用专门的绕线工具绕制），绕制的螺线管越长，磁力小火车就能在越长的轨道上运行。

2. 将绕好的螺线管从PVC水管上取下，用透明胶带固定在水平地面上，螺线管的每一匝之间自然地分离开一个很小的间距，约每隔10 cm用一段胶带进行固定。

3. 分别将两块圆柱形钕磁铁同名磁极的一端（即都是N极或S极）吸在干电池的正极和负极上，制成小火车。把小火车放入螺线管轨道内部，当正负极的两块磁铁都接触到轨道后，小火车会自动进入轨道并开始运行直至滑出轨道。如果小火车放入轨道后立即退出轨道，说明车头和车尾的方向放反了，取出小火车后掉头重放即可。

4. 如果绕制了足够长的螺线管，可以在小火车进入轨道之后把轨道的出口和入口对接（图1-1-9-1），这样小火车就会在这样一个环形的轨道内不停地运行下去，直至将轨道断开让小火车开出轨道，或者电池的电用完才会停下。

图1-1-9-1

5. 可以把螺线管制成的轨道做成各种形状，让小火车在轨道内运行。还可以并排放置两根铜线圈轨道，让小火车在轨道的上方运行（图1-1-9-2）。

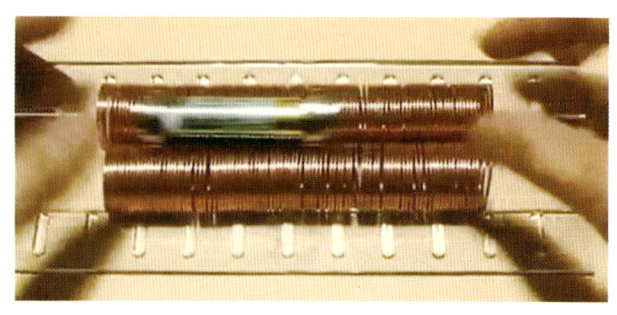

图1-1-9-2

说明与延伸

1. 如图1-1-9-3，电池的正负极通过与之相连的两块钕磁铁，与铜导线轨道形成一个闭合回路。铜导线内流过电流，相当于通电螺线管，在周围空间产生磁场，其中左端为S极，右端为N极；而电池两端的磁铁靠近电池正负极一侧为N极，外侧为S极，电磁场与磁铁磁场相互作用，电池受到向右合外力，产生向右的加速度，使电池开始向右加速运动。

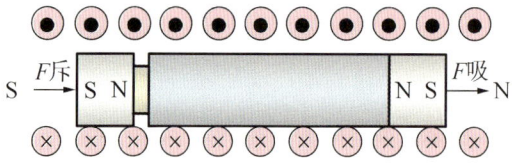

图1-1-9-3

2. 如果绕制不同密度的螺线管作为轨道，或者使用不同规格的干电池、钕磁铁，可以发现磁力小火车运行的速度也会有所不同。

可以做如下定性分析：只考虑磁力小火车在前进方向（同向和反向）上受到的最主要的三个力：牵引力F（由钕磁铁的磁场和通电轨道产生的磁场相互作用产生）、滑动摩擦力$f_{滑}$（由磁力小火车和轨道间的挤压和摩擦产生）、电磁感应阻力$f_{电}$（即感应电流所受安培力，由感应电流在磁场中受力产生）。其中，牵引力$F \propto B^2 S$，其中B为通电轨道在钕磁铁处产生的磁感应强度，S为钕磁铁的截面积，滑动摩擦力$f_{滑} \propto \mu N$，其中μ为滑动摩擦系数，N为小火车与导轨间正压力。因此，小火车的运行速度主要与钕磁铁的磁场强度、截面积以及轨道的电阻、单位长度内匝数有关。

10. 磁性枪实验

根据能量守恒和转化定律可以知道,能量既不会凭空产生也不会凭空消失,它只能从一种形式转化为另一种形式,比如利用电动机和发电机可以实现电能与机械能的转化。通过磁性枪实验可以直观地演示磁能和机械能之间的转换。

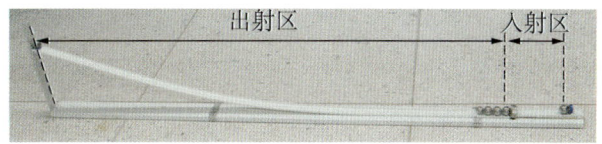

图1-1-10-1

工具与材料

小钢球,强磁铁,弱磁铁,轨道,带有升降槽的支撑架,升降螺栓,铁螺钉,底板。

活动过程

1. 按图1-1-10-1,搭建一个轨道,右侧入射区轨道稍有坡度,右高左低;左侧出射区轨道做成弧形上翘。在轨道上固定几枚铁螺钉,使弱磁铁、强磁铁吸附在一侧。

2. 取走导轨上的弱磁铁1,原来被弱磁铁1吸住的小钢球2向右侧慢慢滚动,强磁铁被撞,处于强磁铁另一侧最外端的小钢球1,以较大的速度射出,小钢球1上升碰到弱磁铁2被吸住。

说明与延伸

1. 如图1-1-10-2,取走弱磁铁1后,小钢球2沿导轨向右滑动,并在强磁铁的磁力作用下,开始加速向强磁铁方向运动,由于磁力的大小与强磁铁和小钢球2的距离平方成反比,所以在运动过程中磁力急剧增大,小钢球2的加速度和速度也急剧增大,使得小钢球2在与强磁铁碰撞前的一瞬间其实已经获得了较大的速度,只是人眼难以观察到。

2. 如果小钢球2与强磁铁的质量相等,它们之间的碰撞也可以近似认为是一种弹性碰撞,那么速度可交换,即小钢球2撞击强磁铁时,速度可转换成强磁铁另一侧最外端的小钢球1射出时的速度,且由于此速度较大,足以使射出的小钢球1沿斜面爬上一定高度。从功能转换的原理来分析,强磁铁的引力对小钢球2做功,使小钢球2获得动能,小钢球2与强磁铁、强磁铁与另一侧的小钢球之间依次发生能量传递,使速度依次传递,最后小钢球1得以高速射出。小钢球1具有的动能在斜面上转化为重力势能,最后被斜面顶端的弱磁铁吸住而停留在斜面顶端。在整个实验过程中仍然遵守功能原理和动量守恒定律。

3. 小钢球2运动的导轨要稍有坡度,以提升效果。要达到最好的实验效果,小钢球2与强磁铁的距离、强磁铁右侧小钢球的数量应根据使用的磁铁经反复实验得出。如本实验中得出,强磁铁右侧的小钢球数为4个时,小钢球1射出的速度最大。

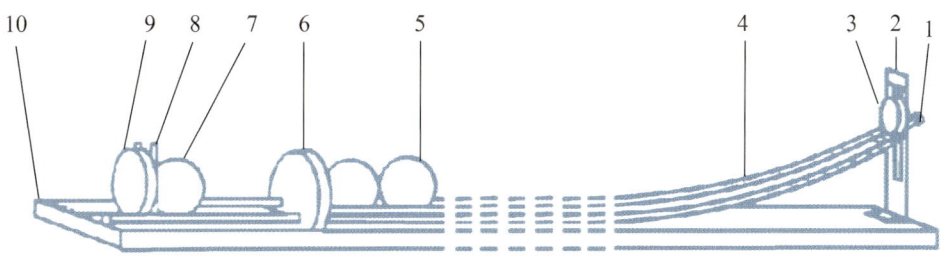

1.升降螺栓 2.带有升降槽的支撑架 3.弱磁铁2 4.轨道 5.小钢球1
6.强磁铁 7.小钢球2 8.铁螺钉 9.弱磁铁1 10.底板

图1-1-10-2

11. 简易动圈式扬声器

扬声器是一种把电信号转换成声音信号的装置，根据原理不同分成很多种类，其中动圈式（也叫电动式）扬声器是最常见的一种，它的基本结构是把一个线圈（音圈）放在磁铁的磁场中，当有音频电流通过线圈时，线圈会产生随音频电流变化的磁场，这个变化的磁场与磁铁产生的磁场相互作用（吸引或排斥），使线圈产生振动。线圈与扬声器的纸盆是连接在一起的，从而带动纸盆一起振动，纸盆又使周围的空气也随着振动，从而发声。可以通过制作一个简易动圈式扬声器来了解它的工作原理。

工具与材料

剪刀，小刀。

木板，硬纸片，普通的耳机插头，细漆包线，钕磁铁，双面胶带，透明胶带，空塑料瓶，纸桶。

活动过程

1. 用小刀把塑料瓶的颈部切下来，中间最细的区域可以用来缠绕线圈。

2. 用细漆包线在瓶颈上绕 80～100 圈，制作扬声器的音圈。根据所使用的漆包线直径不同，线圈的匝数有所差异。线圈绕完后，用万用表测得直流电阻约为 3.5 Ω，说明线圈匝数比较合适。用小刀把线圈两端的绝缘漆各刮掉约 2 cm，露出里面光亮的铜丝。

3. 普通耳机插头一般有 3 根导线，分别是左声道、右声道、公共端。把自制音圈的一极与耳机公共端连接，左右声道并联在一起，再与音圈的另外一极接通。把刮掉绝缘漆的漆包线与去掉绝缘外皮的耳机线拧在一起。用透明胶带把连接处缠紧，达到绝缘的目的，扬声器的音圈部分制作完成。

4. 找一个桶装方便面的空纸桶，用双面胶把音圈粘在桶底正中央。动圈式扬声器初步完成（图1-1-11-1）。

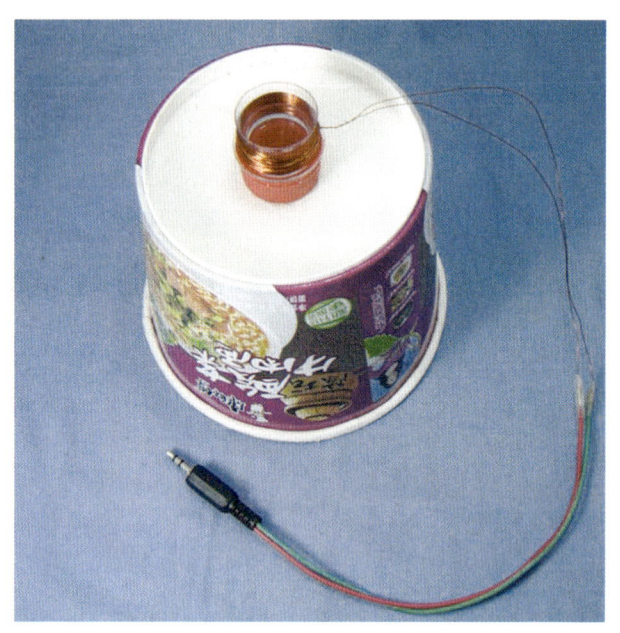

图 1-1-11-1

5. 把耳机插头插进收音机的耳机插孔里，手拿磁铁伸进线圈，调整收音机的音量，会发现，纸桶里传来清晰的声音，且拿磁铁的手会感到有轻微的振动，这是音圈与磁铁之间的电磁相互作用产生的（图1-1-11-2）。

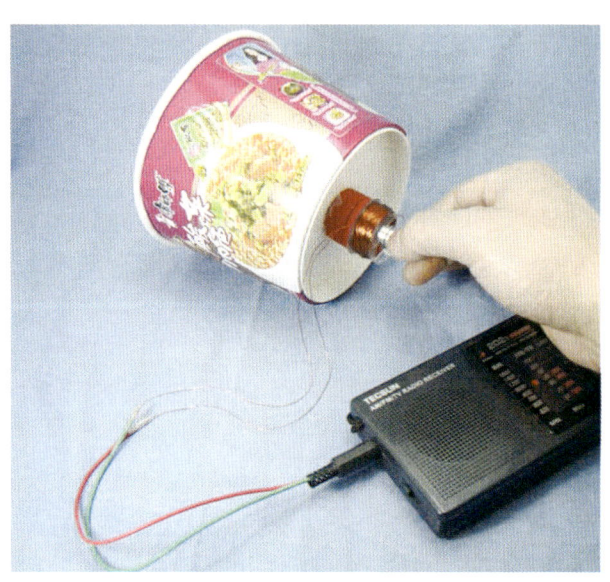

图 1-1-11-2

6. 剪2条硬纸板,分别折成L形,对称地粘在纸桶的两侧,使纸板的底面比音圈的底缘高出约5 mm。把磁铁用双面胶粘到木板的正中。把L形硬纸板粘到木板上,作为纸盆的支架。磁铁处在音圈正中,且不能有接触,音圈下缘要比木板高2~5 mm,也不能有接触,动圈式扬声器完成(图1-1-11-3)。

说明与延伸

因为这个动圈式扬声器音圈部分较重,因此需要较大的电流才能驱动,不是接在所有的收音机上都能成功发声的。使用音响功放,例如电脑有源音箱上的耳机插孔,成功的概率会大一些。

图1-1-11-3

12. 磁流体推进实验

通电导线在磁场中会受到安培力的作用。如果用通电电解液代替通电导线,电解液也会在电磁力的作用下运动,其规律也可用左手定则描述。通过两个简单的实验来直观感受一下导电流体与磁场之间的相互作用。

工具与材料

剪刀。

食盐水,指示材料(痱子粉、胡椒粉),干电池,铜导线,钕磁铁,一次性杯子,泡沫塑料,9 V电池,铜片。

活动过程

一、磁流体

1. 将一次性杯子剪下2 cm高杯底部分。在杯底中倒入1 cm深度的食盐水,并撒上指示材料(便于观察食盐水的流动情况)。

2. 将杯底部分放在钕磁铁上方,注意放平稳。

3. 从干电池正负极上引出2根铜导线。将引出的导线裸露的铜丝部分,间距1 cm左右放在食盐水中。

4. 当导线在钕磁铁正上方附近时可以通过指示材料看到食盐水在持续流动(图1-1-12-1)。

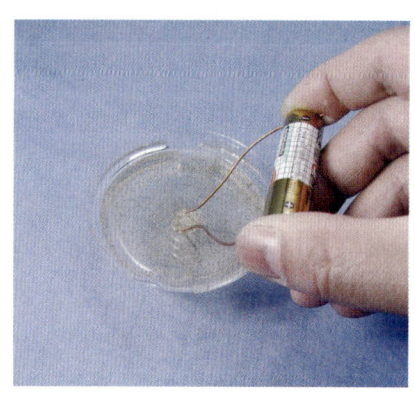

图1-1-12-1

二、磁流体推进模型船

1. 用泡沫塑料做成一个简易的船模型,把磁铁放进模型船体后方挖好的小孔里固定;再把铜片从磁铁两侧穿过泡沫,但是不要与磁铁相互接触(图1-1-12-2)。

2. 用双面胶把9 V电池粘在船上。一片铜片与电池正极连接,另一片与负极连接,制成一艘磁流

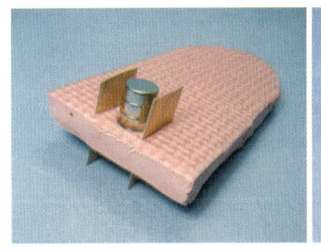 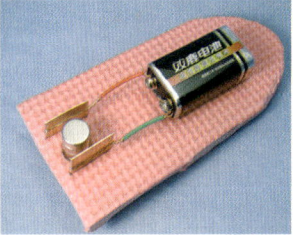

图 1-1-12-2　　　图 1-1-12-3

体推进船的模型。

3. 把模型船放进食盐水里进行试验。因为这个模型船的推进力非常微弱，因此要轻轻地把船模放进水里，尽量不要让水面发生波动。可以看到船缓慢地开始航行。如果发现船是倒退的，可以改变磁极或者电流的方向。

说明与延伸

1. 活动一中，电流在食盐水中从一根铜丝流向另一根铜丝，磁铁的磁场方向为竖直向上，根据左手定则可以判断出食盐水流动的方向，并和实际观察到的现象互相印证。改变电流或磁场的方向，食盐水的流动方向也会发生改变。干电池的节数、导线入水部分的深度和间距、盐水的浓度、磁场的强弱都可以改变食盐水的流速。

食盐水流动速度比较微弱，但假设有足够大的磁场和电流，导致大量的食盐水从电极之间高速流过，就会产生足以推动轮船前进的推动力，这就是磁流体推进船的原理。

2. 活动二中，把船模放进食盐水后，会发现两铜片之间有气泡冒出。这是因为在进行电解食盐水的反应，接电池正极的铜片上有氯气产生，负极产生氢气。由于氯气是有毒的，因此船模放在水里的时间不应过长，建议在 30 s 以内，而且需要选择在通风良好的环境下进行。另外 9 V 电池的电压衰减很快，这是因为放电电流很大，对电池有损害，这也要求船模的航行时间限制在 30 s 以内。

13. 楞次定律演示仪

英国物理学家法拉第发现磁和电之间存在相互转化的关系（楞次定律），磁场内部的闭合线圈或金属板磁通量发生变化时会产生感应电流，感应电流产生的磁场又与原磁场之间存在着力的关系。利用这一原理可以制作一个有趣的楞次定律演示仪。

工具与材料

0.5 mm 左右直径漆包线若干，50 V 1000 μF 电解电容，直流升压模块，锂电池，电压表头，水泥电阻，导线，电键，晶闸管。

活动过程

1. 如图 1-1-13-1 所示连接电路，选用的是 2 节 3.7 V 的锂电池作为电源，接入直流升压模块后升至直流 450 V。为了防止升压模块过热，可以将 4 个 10 kΩ 20 W 的水泥电阻并联（并联阻值 2500 Ω）后再与升压模块串联。将 2 个 450 V 1000 μF 电解电

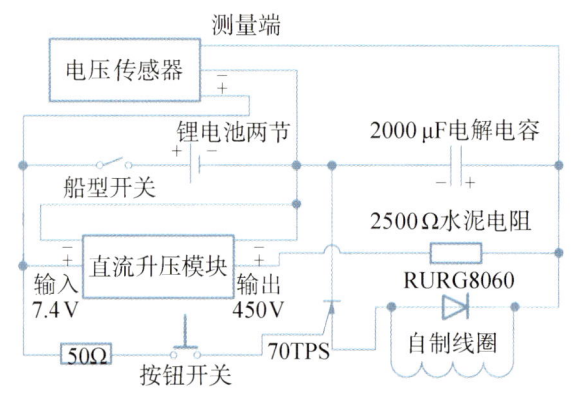

图 1-1-13-1

容并联,通过电压表头实时监控电压,电压表头、电容、晶闸管共负极。再将锂电池串联上50 Ω的电阻后控制晶闸管,为了防止反向电流,线圈先并联上大功率RURG8060二极管再通过晶闸管70TPS连入电路。

2. 自制线圈,可以3D打印一些线圈轴,用漆包线绕成多个规格的线圈,用于产生不同电磁脉冲。

3. 用3D打印装置外壳,将所有的电路置于其中。按照电路图,将电池、船型开关和直流升压电路串联构成充电模块;再把充电模块与电压表头和电容连接,构成储能模块;最后将电容通过按钮开关与外部线圈连接,构成发射模块。外部线圈,可以随意替换,通过卡扣与外壳连接在一起(图1-1-13-2)。

图1-1-13-2

4. 将2节锂电池接入电路,拨动船型开关,闭合电路,电压表头随即亮起并显示电容实时电压。电压仅需达到450 V左右(充电60 s左右),按动接触开关便可产生明显的效果:在线圈上方放置的硬币、线圈、铜片、金属环会被弹飞。

说明与延伸

1. 电池经过直流升压模块后将电压上升到约400 V,给电容充电,待电容充满后按动开关,将线圈与电容直接相连。此时电容被短路,在线圈中产生极大的瞬时电流,因此线圈中的磁场迅速发生变化。放在线圈上方的铝环、硬币等金属内部随之产生感应电流。由楞次定律可知,此时感应电流产生的磁场方向与原磁场方向相反,即上方金属环、硬币与下方线圈之间产生了斥力,当金属环、硬币自身重力小于这个斥力时,就会被弹飞。

2. 金属环弹飞的高度与多个因素有关,可以通过控制变量的方法,逐步找到弹跳高度最高的方案。也可以采用数据仿真的方法,通过虚拟实验进行快速迭代。

14. 金属中的涡流

当成块的金属在变化的磁场中,或在磁场中运动时,金属内将产生感应电流。这种电流在金属内形成闭合回路,犹如水的旋涡,故称涡流。涡流的本质是电磁感应现象,它同样遵循电磁感应定律。可通过这个小实验来了解涡流的存在。

工具与材料

锤子,万能胶。

铝制的易拉罐,木板底座(固定2根粗铜丝,作为转轴),水性笔笔杆,钕磁铁,泡沫塑料,金属按扣。

活动过程

1. 拿一枚铁钉在易拉罐的底面正中用锤子猛敲一下,钻一个小孔,孔径略大于木板上事先安装的粗铜丝。

2. 把金属按扣用万能胶粘在易拉罐上表面的正中。注意只把按扣的边缘粘在铝皮上,按扣的凹坑要对着中心位置的开口,不能被挡住。胶水也要少用,不能流进凹坑里。

3. 把易拉罐穿在铜丝上。作为转轴的粗铜丝穿过易拉罐底面的小孔,尖端正好顶在金属按扣的凹坑里,易拉罐可以自由地在转轴上转动(图1-1-14-1)。

4. 用小刀在泡沫塑料上开孔,把它穿到水性笔笔杆上。2块磁铁对着吸在泡沫塑料的两侧,因为钕磁铁的磁性非常强,所以能够很稳固地与笔杆组合在一起。

5. 把笔杆穿在另一侧的转轴上。适当调节两边转轴，使得它们转动的阻力越小越好。用手指转动笔杆，笔杆带动磁铁快速转动。此时会发现，易拉罐也随着之转动，好像被磁铁吸引一样，越转越快。改变磁铁转动的方向，易拉罐的转动方向也会发生改变（图1-1-14-2）。

说明与延伸

1. 铝不能被磁铁吸引，但它却是良好的导体。当靠近铝制易拉罐的磁铁快速转动时，在易拉罐周围形成一个快速变化的磁场，通过铝皮的磁通量不断变化，于是铝皮内就感生出涡流。涡流同样也产生磁场，这个磁场与磁铁的磁场方向相反，相互排斥，易拉罐在这个作用力之下随着磁铁转动。

2. 利用涡流的特性，人们生产出了"涡流分拣机"：垃圾中的铜、铝等金属内感应出涡流，涡流产生与原磁场方向相反的磁场，于是在与原磁场发生相互排斥的作用下"跳"出来，这样就无须费力地进行人工分拣了。

图1-1-14-1

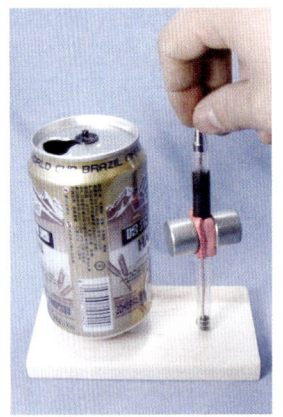
图1-1-14-2

15. 生理光学实验

眼睛的构造如图1-1-15-1所示，它近似是一个球体。房水、晶状体、玻璃体的共同作用相当于一个凸透镜。从物体表面反射进入眼里的光线经这个凸透镜折射后，在视网膜上形成倒立、缩小的实像。视网膜上的感光细胞按形状分为锥状细胞和杆状细胞。在光亮条件下，锥状细胞能分辨物体的细节和颜色（明视觉）；在昏暗条件下，杆状细胞能产生视觉，但不能分辨细节和颜色（暗视觉）。视网膜的中央凹大约3°视角范围内视觉最敏感，称为黄斑区。视神经汇集处没有感光能力，称为盲点。

眼睛是一个精巧的变焦距系统，当物距改变时，它能靠改变晶状体表面的弯曲度改变眼睛的焦距，这是眼睛的调节能力。眼睛的调节能力是有限度的，当晶状体变得最凸时，能看清的最近点叫眼睛的近点，正常人眼的近点约为10 cm。可以通过系列生理光学实验来了解一些与眼睛相关的光学现象和原理。

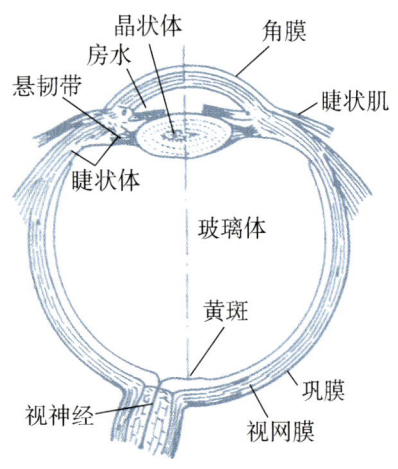
图1-1-15-1

工具与材料

剪刀，调压变压器，缝衣针，刀片，毫米刻度尺，三角尺,灯(25~60 W)。

黑色和白色卡纸,邮票,老式火柴盒,牙膏盒,大头针,小平面镜,锡(铝)箔,胶带,铅笔,彩色笔,胶水,白纸,书。

活动过程

一、针孔视觉

1. 剪一张宽1 cm、长约5 cm的卡纸条,用缝衣针在纸条上戳一排直径从0.2 mm到3 mm逐次增大的圆孔(图1-1-15-2)。

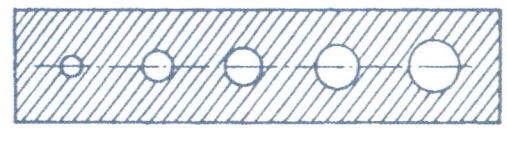

图1-1-15-2

2. 取一张邮票,把它放置在距眼睛10 cm以内,看到的是模糊的画面。

3. 闭上一只眼,另一只眼透过卡纸上直径为0.2~0.8 mm的小孔,观察邮票。发现原来模糊不清的邮票画面不仅变得清晰可辨,而且孔愈小,画面愈清楚,并似乎被"放大"了些。

4. 将戳有圆孔的卡纸贴在瞳孔前,依次透过各孔观察一盏点亮的电灯。发现孔愈小,灯的像愈暗,但是愈清楚。随着孔径渐渐增大,灯逐渐变亮,但当孔径超过2 mm后,像的亮度就不再增加。

二、九孔幻景

1. 用缝衣针在空的老式火柴盒一端戳1个直径约为0.3 mm的小孔,在盒的另一端戳3个直径约为0.3 mm的小孔,各孔间距约1.5 mm,组成"品"字形(图1-1-15-3)。将孔的毛边用刀片细心地切去。

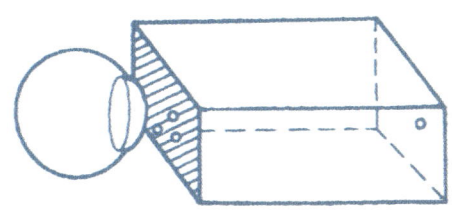

图1-1-15-3

2. 将盒端"品"字形孔贴近眼睛瞳孔前,透过另一端的小孔向亮处看。观察到的不是一个小孔,而是个倒立的"品"字形光斑。

3. 在空的火柴盒相对的两端中央部位各戳3个小孔(孔径约0.3 mm,各孔相距约1.5 mm),组成"品"字形,将一端的"品"字形孔贴近瞳孔,透过另一端的"品"字形孔向亮处看。观察到的是一个由9个小孔组成的倒置三角形亮斑。

4. 换用一个长度超过10 cm的牙膏盒重复1、2两步操作。观察到的是一个小孔的像而不是倒立"品"字形光斑。

三、倒立之谜

1. 将图1-1-15-4所示孔屏置于眼前(10 cm之内),在瞳孔前贴近眼睛处竖直放上一枚大头针,隔着大头针与小孔向亮处看。观察到的是大头针的黑色倒立像。若把大头针向左移,黑色像就在圆孔中向右移动。而且圆孔的孔径愈小,大头针的像愈大。

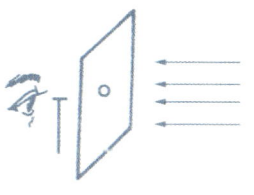

图1-1-15-4

2. 保持大头针与瞳孔间距不变,将孔屏由近而远慢慢移动,观察大头针像的变化。发现大头针的像愈来愈小。当孔屏大约在10 cm以外时,像就开始模糊并逐渐消失。

四、测试盲点

1. 按图1-1-15-5所示尺寸,在一黑色卡纸上贴上白色"十"字形、圆形和方形纸片,制成盲点测试图。

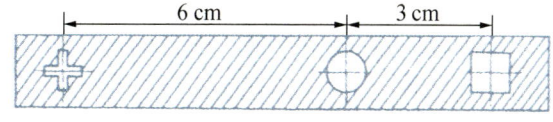

图1-1-15-5

2. 右手持测试图，使纸片平面位于竖直方向并和双眼位置齐平，距双眼约 50 cm 处。遮住左眼，用右眼注视左边的白"十"字，这时借助眼的余光应能看到右边的白色圆和方块。

3. 将测试图缓缓移近双眼，在移动过程中，右眼始终盯住左边的白"十"字。发现当测试图距眼约 30 cm 处时，白色圆仍存在，而方块却隐而不见；当测试图距眼约 20 cm 处时，白色圆隐而不见，而方块却又映入眼帘。

4. 图 1-1-15-6 是白色圆的像落入盲点时相应位置示意图，测出这时测试图距眼的距离 L，并估算盲点与黄斑（中央凹）的角距离。（注意：当我们注视某个目标时，眼球会自动转动将黄斑中心对着这个目标瞄准，形成这个目标的实像。这时目标、瞳孔、黄斑中心这三点在同一直线上）

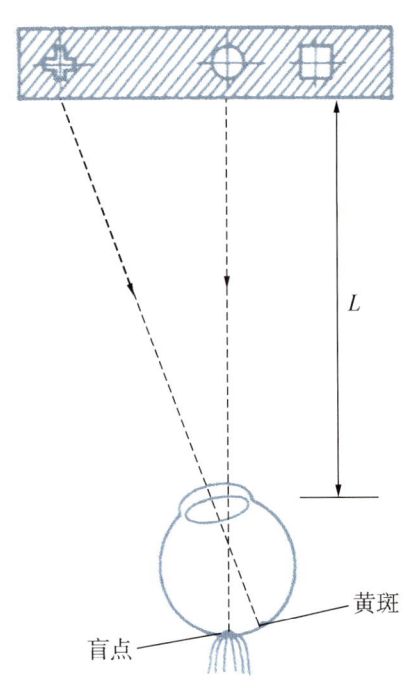

图 1-1-15-6

五、双目视觉

1. "飞鸟入笼"。如图 1-1-15-7 所示，在白纸上画上相隔较远的飞鸟与笼子，用一张名片大小的卡纸竖直隔在两者当中，将鼻梁靠近卡纸边，左、右眼分别去看笼和鸟。凝视一会儿发现：鸟渐渐向笼子移动，最后飞到笼里。

图 1-1-15-7

2. 双目效应实验。如图 1-1-15-8 所示，在白纸上画 2 个半圆。在它们中间竖直放一卡纸，用两眼分别看 2 个半圆。适当移动眼的观察距离，发现 2 个半圆逐渐相向接近，并重合成一完整的圆。上述这种现象在生理光学中叫"双目视觉效应"，是视觉产生双像引起的。

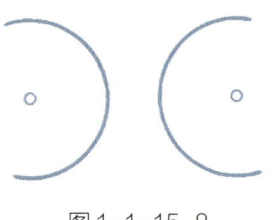

图 1-1-15-8

六、视觉暂留

1. 直线变圆。将宽约 1 cm 的 6 条白色胶带布条粘贴在圆形卡纸上，如图 1-1-15-9 所示排列成扇形。使卡纸绕穿过中心处的铅笔杆旋转，注意观察。发现当转速适当时，呈现在眼前的是 3 个白色同心圆环。

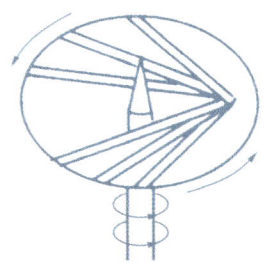

图 1-1-15-9

2. 双环飞转。在卡纸上画一个大环和个小圆，尺寸如图1-1-15-10所示，剪下后涂以红、黄、蓝3种不同颜色。取一支铅笔插入小圆中心，并在铅笔插入处涂上一些胶水，使两者连为一体。把铅笔放在两手掌间来回搓动，注意观察。发现当转速适当时，大环离开小圆，并围绕小圆旋转起来。

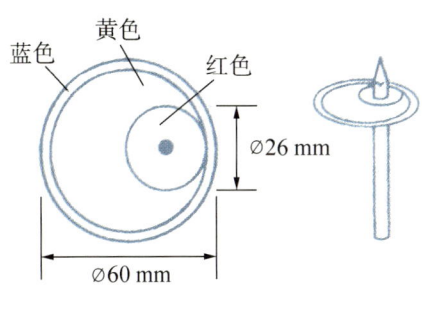

图1-1-15-10

七、形象错觉

1. 观察图1-1-15-11中个各幅图，凭视觉直接判断：

（1）图(a)中的线段AB和$A'B'$、图(b)中的帽高和帽檐的直径是否一样长短？

（2）图(c)中方框的4条边是不是直线？

（3）图(d)、(e)中的AB和$A'B'$是不是直线？相互是否平行？

2. 用刻度尺、三角尺进行具体测量后，再对上述问题做出判断。

对比两次判断的结果可以发现：（1）单凭感觉器官直接判断并不完全可靠；（2）上述各图形给人以视错觉并不是偶然现象，而是在特定情况下出现，受物理规律和心理因素支配，对正常人眼都起作用的现象。

说明与延伸

1. 活动一中，当物体位于人眼的近点（10 cm）以内时，它表面2个靠近的发光点在视网膜上形成2个亮圆斑，且亮斑的边缘相互重叠，因而观察到的像是模糊的。遮上带有圆孔的卡纸后，每个发光点的光束变得很狭窄，这时在视网膜上可以形成2个孤立的亮斑，使人眼能分辨清楚（图1-1-15-12）。人观察到灯丝亮度变化是因为眼的瞳孔是个调节入射光量的装置（相当于光圈）。瞳孔放大时直径2 mm左右，如瞳孔前有小于2 mm的孔，那么入射光束就会受到这个圆孔的限制；如果圆孔比瞳孔大，瞳孔本身就直接限制了光束。

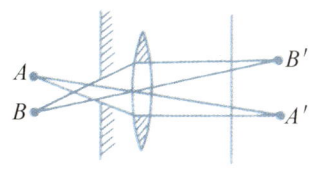

图1-1-15-12

2. 活动二中，产生这种"九孔幻景"的原因与人眼晶状体有限的调节功能及生理视觉特点有关。现以火柴盒另一端某个小孔S为例［图1-1-15-13(a)］加以说明：由于S是处于人眼的近点（10 cm）之内，那么把S当作一点光源，其发出的光线经人眼前"品"字形小孔遮挡后，将有3条光束进入人眼，经人

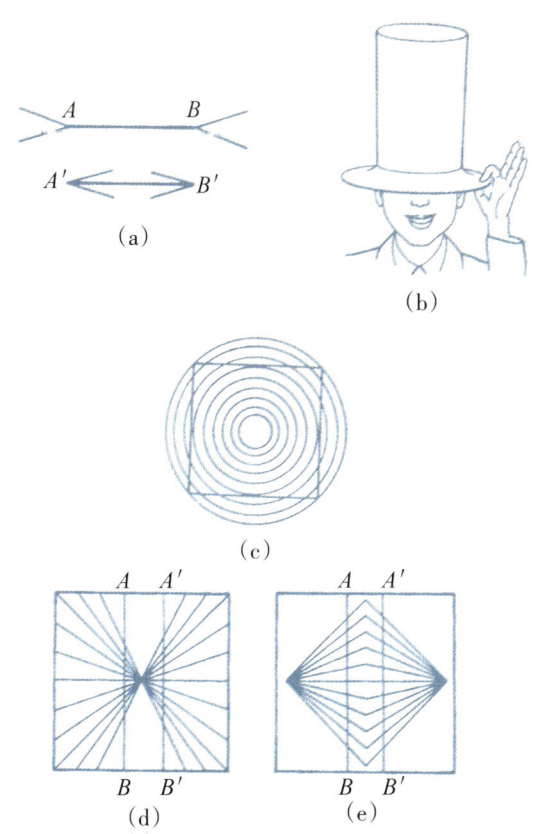

图1-1-15-11

眼晶状体折射后所成的像 S'，只能位于视网膜后面。这样，由 S 点发出的光将在视网膜上形成一个"品"字形光斑。同样，另 2 个发光点也会在视网膜上各形成一个"品"字形光斑，这 9 个光斑同时刺激视神经，从而使人观察到一幅"九孔幻景"的奇异景象[图 1-1-15-13(b)]。

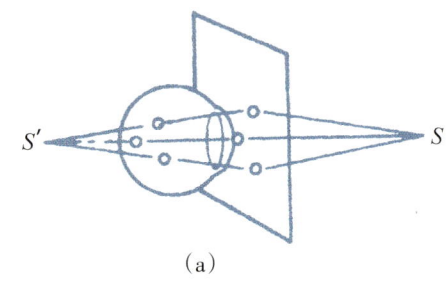

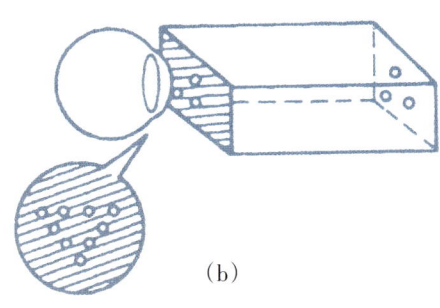

图 1-1-15-13

当用长度超过 10 cm 的盒观察时，由于孔到眼的距离已超过近点，因此眼内晶状体可以将单孔的 3 条光束在视网膜上调节成一单孔的像。

3. 对活动三中的"正变倒"现象有多种理解。其中一种说法是，眼睛观察到的黑色倒立像，实际上是大头针的正立阴影。说明其原理的光路如图 1-1-15-14 所示，由于小孔、大头针、瞳孔大致在同一直线上，以及人眼有限的调节功能，大头针在视网膜上形成的应是正立的阴影。这表明，从视网膜

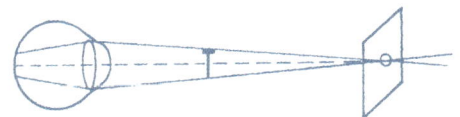

图 1-1-15-14

接受大头针反射出的光的刺激到将其转换为主观视觉过程中，物体的倒正已被颠倒过了。因此可推论：虽然我们平时对其他观察物的主观感觉是正立的，但它们在视网膜上的像却是倒立的。

4. 关于"暗适应"。杆状细胞和锥状细胞另一重要区别是：它们对光线亮度变化的适应速度不同。当人从明亮处刚跨入暗室（如进入电影院内），会感到眼前一片漆黑，过 10 min 后视觉就会明显提高，这叫作"暗适应"过程。关于产生上述现象的原因，人们通常用"瞳孔来不及收缩"加以解释，这是一种误解。其真正原因是：人刚进入黑暗处，能觉察微光的杆状细胞要经 10~15 min 才能适应和"工作"，经 30 min 以上才能充分发挥作用。

5. 活动六中，白色圆和方块时隐时现，确证了眼睛盲点的存在。平时用双眼同时观察不能觉察到盲点的存在，是因为一只眼睛视网膜上某一部位的缺陷可以由另一只眼睛来弥补。即使只用一只眼睛观察时，盲点一般也不易为人觉察。人眼盲点的存在一直到 17 世纪才为法国物理学家马略特所发现。

6. 视觉暂留是人类视觉的一种特性，是指外界景物消失以后，视神经对它的映像还要延续约 0.1 s 的时间（视觉暂留时间的长短与光的强度及色调有关，通常在 1/30 ~ 1/5 s）。日常生活、物理实验以及影视娱乐活动中，许多现象都与视觉暂留有关。

16. 弯曲的光线

当光从光密介质射入光疏介质时，会同时发生折射和反射。当入射角增大到某一角度，使折射角达到 90°时，折射光线完全消失，只剩下反射光，这就是全反射。借助全反射现象，可以让光线的传播方向发生改变。

工具与材料

透明容器,激光笔,白糖,水。

活动过程

1. 在容器内灌满水,用激光笔从容器侧面照射,观察激光光束在水中的传播路径。
2. 倒入大量的白糖,不要搅拌,静置一段时间。
3. 用激光笔从容器侧面照射,观察激光光束在水中的传播路径。
4. 可以发现,没有放白糖的时候,光束在水中的传播路径是沿直线传播的。而在放入白糖静置一段时间后的溶液当中,光束在水中传播的路径发生了明显的弯曲(图1-1-16-1)。

说明与延伸

1. 由于重力的原因,容器下部的糖溶液浓度高、密度大,越往上糖溶液浓度越低,密度越小。而糖溶液的密度与折射率有关,较浓的糖水折射率较高,从表面到底层,折射率逐渐增大。因此,根据光的折射规律可得,从容器侧面照射入溶液的激光,会向溶液底部偏转弯曲,与实验观测结果相同。

2. 光在均匀介质中沿直线传播,但有时我们可以看到通过光纤和水流时,光变"弯"了,这其实都是光在传播过程中发生多次的全反射造成的,但分割到每一小段,光其实还是沿直线传播(图1-1-16-2)。

图1-1-16-1

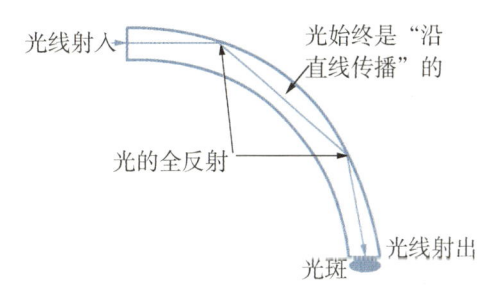

图1-1-16-2

17. 隐币魔盒

物体在平面镜里成的是虚像,像与物对于平面镜的镜面是对称的。利用平面镜成像特点,可以制作一些趣味的视觉魔术实验。

工具与材料

无色透明玻璃,深色不透明有机玻璃,方格纸,黏合剂,硬币,平面镜。

活动过程

1. 如图1-1-17-1所示,将5块6 cm×6 cm的深色不透明有机玻璃黏合成一正方体盒子,沿盒内对角线嵌入一块6 cm×8.4 cm的平面镜(即图中的ABCD),使镜面斜朝下。盒内底面及两侧均贴有红黑相间的方格纸。盒子正前方嵌上一块6 cm×6 cm无色透明玻璃,在盒顶开一狭缝。

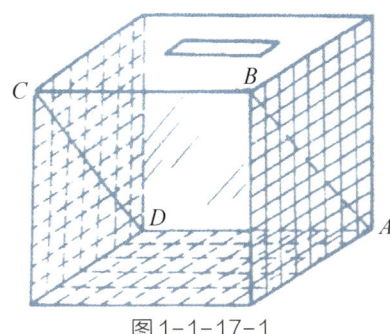

图1-1-17-1

2. 将一枚硬币从盒顶狭缝处投入盒中,能听到硬币落入盒内的声音,但从窗口处却看不到硬币。再投入一枚硬币,依然如此。

说明与延伸

1. 从正面透明玻璃进行观察,会发现室内是正方体空腔。实际上看到内部结构的并不是真的。整个正方体空腔实际上是被一个斜板分成上下两个部分,而在斜板的下侧面有一块平面镜,看到的"整体"其实有一半是下半部分腔体在平面镜中所成的像。而将一枚硬币从盒子上方的小孔投入其中,硬币只是丢进了空腔的上半部分,所以根本看不到硬币的运动过程,盒底也当然不会有硬币。

2. 为防止硬币下落时损坏盒内的平面镜,可在平面镜背面加一张厚的硬纸板(最好是加盒子外壳同种材质的板,声音更逼真一些)。

3. 窗口处的玻璃若选灰色或蓝色的有色玻璃则更能增加演示效果。

18. 色光的混合

自然界绝大多数的彩色光,都可以利用红、绿、蓝这3种颜色的光按不同比例混合而成,这就是色光混合的三原色原理。色光的混合通常采用3种方式:一是直接混色方式,即将单色光同时射到同一空间位置上直接叠加复合;二是时间混色方式,即利用人眼的视觉暂留效应将单色光加以复合;三是空间混色方式,人眼的空间细节分辨能力有限,将3种色光在同一平面的对应位置充分靠近,且光点足够小,人眼就只能看到3种色光混合后的颜色。

工具与材料

锯子,剪刀,直尺。

PVC 管,红、绿、蓝彩色卡纸,红、绿、蓝 LED, 200 Ω 电阻,导线,电源 3 V,螺丝,螺帽,圆形塑料薄片,白纸,纸巾。

活动过程

一、直接混色方式

1. 截三段长 10 cm 左右、内径约 1.5 cm 的 PVC 管。将红、绿、蓝三种颜色的 LED 利用纸巾塞在管内(图1-1-18-1)。

2. 将三根管子呈"品"字固定(图1-1-18-2)。

 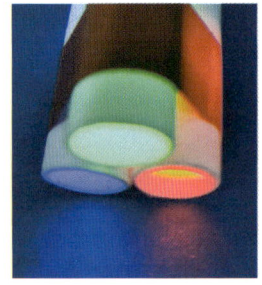

图1-1-18-1　　　　图1-1-18-2

3. 打开 LED,使光线照到白纸上,适当调节灯与纸之间距离,使三种颜色的光斑有重叠。观察三种颜色的色光混合形成的新的色光(图1-1-18-3)。

4. 也可以找一张纸巾作为光屏,LED 直接照射在纸巾上,透过纸巾观察实验现象(图1-1-18-4)。

图1-1-18-3　　　　图1-1-18-4

二、时间混色方式

1. 找红、绿、蓝三种颜色的卡纸，制作3个圆盘（图1-1-18-5）。

2. 用螺丝、螺帽和圆盘做一个简单陀螺（图1-1-18-6）。

3. 把三色盘安在陀螺上，且拨动圆盘时能调节红、绿、蓝这3个扇形面积的大小（图1-1-18-7）。把3个圆盘沿槽口交错地插在一起，组成三色盘。

图1-1-18-5

图1-1-18-6

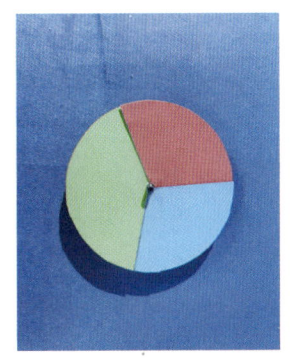

图1-1-18-7

4. 拨动三色盘，使它只露出红色和绿色，且先让红色占绝大部分，逐次增加绿色所占比例，每改变一次比例，让陀螺旋转一次，观察三色盘颜色的变化。发现随着红、绿的比例不同，依次能看到橙红、黄和黄绿这几种颜色。

5. 拨动三色盘，使它只露出绿色和蓝色，且先让绿色占绝大部分，逐次增加蓝色所占比例，每改变一次比例，让陀螺旋转一次，观察三色盘颜色的变化。发现随着绿、蓝的比例不同，圆盘依次呈绿、绿蓝（孔雀蓝）、蓝等颜色。

6. 任意改变3种颜色的比例，观察三色盘颜色的变化。发现三色盘可呈现多种颜色，且把红、绿、蓝3种颜色按一定比例混合后，可得到灰白色。

说明与延伸

1. 要做好色光的混合实验，必须创造两个条件：一是能获得适当强度的某种色光；二是采用某些改变光路的装置，使色光叠加在一起。在活动一所示装置中能获得足够强度的光，只要三色深浅调配合适，就能复合出白光；而活动二所示装置中常因光的强度不够，色光复合时呈灰白色。

2. 时间混色方式依据的是人眼的视觉暂留效应。

3. 人眼要看清并区分开物体上的两点，必要条件之一是：该两点对人眼所张视角必须大于人眼的最小区分阈限。通常，人眼的最小区分阈限约为1′，1 cm长的线段在离开眼睛34 m处，视角约为1′。倘若被观察的两所张视角小于1′，人眼将不能区分，而把它们视为一个点。当2个不同的色点（或有色线条）对人眼所张视角小于最小区分阈限时，人眼所观察到的将是这两种色光的复合色点，这是空间混色方式的基本依据。彩色电视所以能呈现出绚丽多彩的画面，亦是采用空间混色方式。如果透过放大镜观察彩色的电视画面，可发现它们均由靠得很近的红、绿、蓝3种色点按各种排列所组成。

19. 全反射魔术实验

应用光的全反射现象，可以完成一些有趣的科学魔术实验，通过这些有趣的魔术实验有助于理解全反射发生的条件。

工具与材料

细线，带挂钩的金属小球，装了机油的"酒精灯",烧杯(或透明的玻璃杯),硬币,有图案的白色卡片,密封袋。

活动过程

一、黑球变色

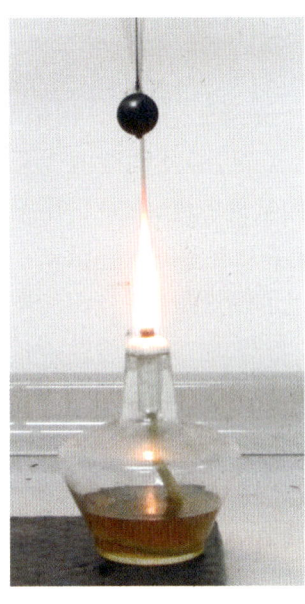

图1-1-19-1

1. 细线穿过金属小球上的挂钩后悬挂起来。点燃装有机油的"酒精灯",用浓烟熏处于火焰上方的金属球,直至金属球表面因覆盖了一层油烟而完全变黑(图1-1-19-1)。

2. 将熏黑的金属小球浸入盛水的烧杯中,从侧面观察水中的金属小球,发现黑色金属小球发出银白色的光泽(图1-1-19-2)。

图1-1-19-2

二、硬币隐身

1. 在桌子上放一枚硬币。取一个装满水的烧杯,将烧杯放在硬币上方。

2. 从烧杯的侧面看向置于杯底的硬币,会发现硬币不见了。但如果从烧杯的上方,则依然能够看到硬币。

三、消失的图像

1. 将有图案的卡片竖直放入盛有水的烧杯中,从烧杯的上方观察,可以清晰地看到卡片上的图案。

2. 将卡片放入透明的密封袋中,封紧袋口。再将密封袋竖直放入盛水的烧杯中。会发现卡片位于水面下的图案消失了。

说明与延伸

1. 活动一中,被熏黑的金属小球表面覆盖着一层油烟,这层油烟对水来说是不浸润的。熏黑的金属小球放入水中时,在其外表面上会形成一层很薄的空气膜。当有光线在水中照射到水和小球外表面空气膜的界面上时,就会发生全反射现象,光线从空气膜表面完全反射回来,看起来金属小球就好像是镀了一层反射膜,看上去好像有银色光泽。此时我们若改用单色光照射,则金属小球将会呈现出与单色光相同颜色的光泽。同理,荷叶上的水珠显得特别晶莹也是由光的全反射现象造成的。

2. 活动二中,光从空气经玻璃杯底进入水中时发生折射,折射后的光线相当于以较大的入射角射向杯壁,因而在杯壁上发生全反射。全反射的光线折回水中,从杯口射出(图1-1-19-3),因此从烧杯的侧面无法看到硬币,但从杯口却能看见。

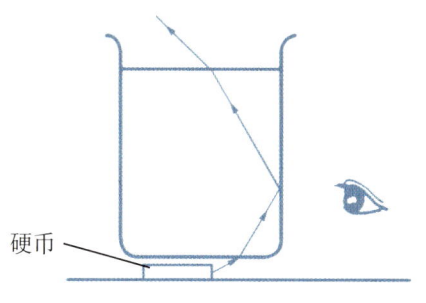

图1-1-19-3

3. 活动三中,将卡片装入塑封袋放入水中,光由袋中的空气进入水中时发生折射,因此当光线抵达水面时入射角便会大于临界角,在水面发生全反射,光线不能从水面射出。于是从水面往下看,就无法看到卡片上的图案了。

20. 简易分光镜

将复色光分解成单色光的过程称为光的色散。对同一种介质,光的频率越高,介质对这种光的折射率就越大。利用色散元件(光栅或三棱镜),可以将复色光分解成单色光,制作成简单的分光器件。

图1-1-20-2

图1-1-20-3

工具与材料

直尺,铅笔,胶水,小刀,剪刀。
A4大小的硬纸板,DVD或CD光盘。

活动过程

1. 如图1-1-20-1所示,在硬纸板上绘出样图。图中分别给出了DVD和CD两种光盘的插槽位置。沿图中实线剪下,用小刀将狭缝、光盘插槽和视窗挖开。

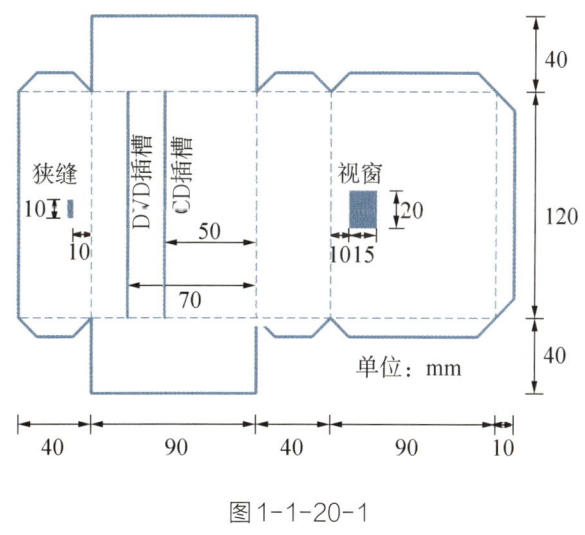

图1-1-20-1

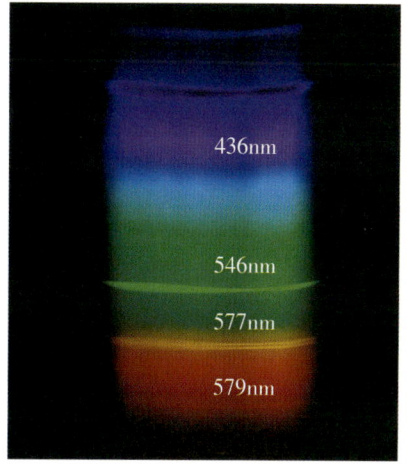

图1-1-20-4

1-1-20-4的光谱图(数码相机拍摄)。红、橙、黄、绿、蓝、靛、紫渐变的连续光谱由日光灯中的荧光物质发光形成;其中几条特别明亮的谱线(线状光谱)由日光灯中填充的汞蒸气激发产生。

说明与延伸

2. 将裁剪好的硬纸板沿虚线折叠,粘贴成盒状。

3. 将光盘从盒体的对应的光盘插槽处斜向下插入,直至抵住盒体的一条棱,简易的分光镜制作完成(图1-1-20-2、图1-1-20-3)。

4. 将分光镜的狭缝对准日光灯,可以得到如图

1. 为了防止环境光的影响,可以用毛巾作为遮光套,将盒体带有视窗的一侧包住,从遮光套里观察,效果更好。可以用连接计算机的摄像头对准视窗,通过计算机显示得到的光谱;也可用数码相机的镜头对准视窗,将光谱拍摄下来。

2. CD或DVD上有很多细密的刻痕,因此可作为光栅。由于DVD的刻痕宽度比CD更窄,所以用DVD制作的简易分光镜能够达到更高的分辨率。

21. 用偏振光观察光弹性现象

光在通过各向异性晶体时会发生双折射现象，如透过方解石我们可以看到物体发生的重影现象。一些非晶体透明物质，如玻璃、赛璐珞等，当存在内应力时，也能呈现出双折射现象，这种现象被称为光弹性效应。将具有双折射效应的透明物体置于偏振光场中，加上外力后，由于各处的应力不同，引起的折射率变化也不同，因此在透明物体上出现干涉条纹，通过这个现象可以观察物体的受力情况。

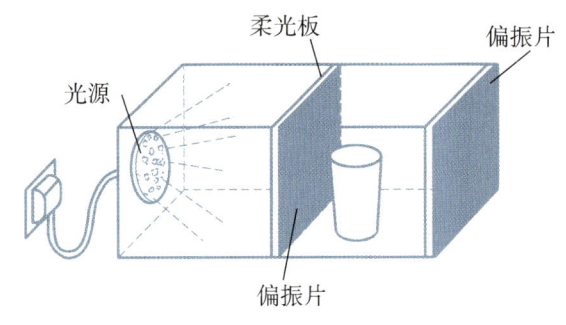

图 1-1-21-1

工具与材料

热熔胶枪，胶带。

硬质纸盒，圆偏振片（左旋和右旋各1张），LED平面光源，柔光板（白色亚克力板或者白色泡沫塑料垫均可）。

活动过程

1. 取一个纸盒，在纸盒底部穿孔，将LED光源的电源线从孔中穿出。接通电源，确认LED光源可正常发光后，用热熔胶将光源固定在纸盒底部。

2. 将偏振片置于纸盒顶部，根据偏振片的尺寸在纸盒上画好线，沿着画线裁切出一个框，框的尺寸略小于偏振片尺寸。将柔光板用双面胶贴在纸盒顶部框的内侧，盖紧盒盖。

3. 接通LED光源测试，光线透过柔光板分布更加均匀柔和。将偏光片固定在纸盒顶部开的框的外侧，圆偏光片的四分之一波片朝外。

4. 再取一个同规格的纸盒，同样在纸盒顶部开一个大小相近的框。将该纸盒底部展开，套在前一纸盒上，用热熔胶或胶带将两个纸盒固定在一起。将另一片偏振片贴在第二个纸盒顶部开的框的内侧，圆偏光片的四分之一波片朝内（图1-1-21-1）。

5. 将通过热加工生产出来的塑料制品，如一次性塑料杯、塑料尺、饮料瓶等放在装置中观察。如图为一次性塑料杯放在装置中，可以观察到塑料杯上显示出彩色条纹（图1-1-21-2）。将亚克力板放在其中，然后用手挤压使其发生轻微形变，可以观察到因为亚克力板内部应力变化产生的光学现象（图1-1-21-3）。

图 1-1-21-2　　　　图 1-1-21-3

说明与延伸

1. 可以用普通的2片线偏振片代替圆偏振片，不过光点区域只有圆偏振片的一半，而且光点的形状、分布会随物体摆放姿态的变化而变化。

2. 塑料杯在装置中出现彩色条纹，是由于其在生产过程中的热加工冷却时的不均匀收缩产生了复杂的应力，从而导致出现了光弹性现象。

22. 消失的光

当自然光入射到介质表面时,反射光和折射光都是部分偏振光。其中反射光中振动方向垂直入射面的成分比平行入射面的成分占优势;折射光中振动方向平行入射面的成分比垂直入射面的成分占优势。当入射角 i_b 达到 $\tan i_b = n_2/n_1$ 时,反射光的振动方向完全垂直于入射面,折射光仍为振动方向平行于入射面的成分占优势的部分偏振光,此时的入射角 i_b 称为布儒斯特角。通过这个实验可以清楚地了解布儒斯特角。

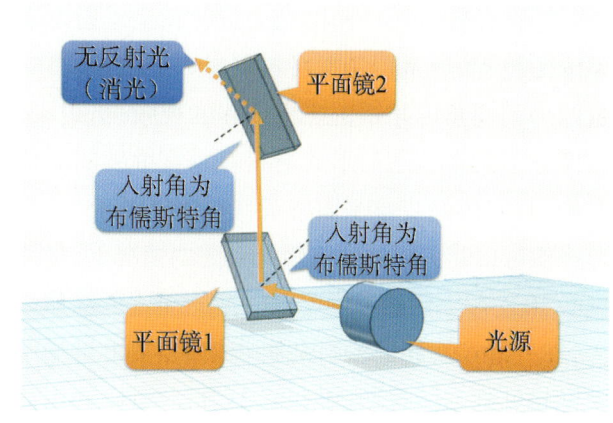

图 1-1-22-2

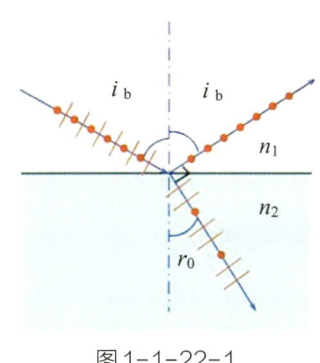

图 1-1-22-1

工具与材料

铁架台,铁夹,量角器,光源,平面反射镜。

活动过程

1. 查询或者计算平面镜入射光的布儒斯特角,可以用公式 $\tan i_b = $ 玻璃折射率/空气折射率进行计算(约为 56.3°)。

2. 如图 1-1-22-2 放置光源、平面镜,调节平面镜与入射光的夹角为布儒斯特角。并使经过第一个平面镜的反射光竖直向上。

3. 使平面镜 2 的法线方向与竖直方向夹角为布儒斯特角,以竖直方向为轴水平旋转平面镜 2,观察反射光的强弱变化。可以发现,反射光的强弱在不断地变化,在某一特殊位置出现反射光强度为 0,即消光现象。

说明与延伸

1. 自然光以布儒斯特角 i_b 入射时,反射光将是光偏振方向与入射面垂直的完全偏振光,这就是反射起偏的原理,与偏振片的效果类似。平面镜 1 相当于起偏器,平面镜 2 相当于检偏器,当平面镜 1 的入射平面(入射光与反射光构成的平面)与平面镜 2 的入射平面垂直时,相当于两个偏振方向垂直的偏振片,此时会有消光的效果。反之,当这两个平面镜的入射平面共面时,反射光的光强达到极大值。

2. 用量角器测量时可能会出现一些误差,如果无法实现完全消光,可采用简化方案:用偏振片替代平面镜 2,使反射光垂直进入偏振片,旋转偏振片,观察反射光的强弱变化。

3. 注意布儒斯特角和全反射角的区别:全反射对两种介质的折射率 n_1、n_2 有要求,必须满足 $n_1 > n_2$,布儒斯特角对此无要求;入射角大于全反射角时都会发生全反射,但只有入射角为布儒斯特角时,反射光才是完全线偏振光。

23. 3D幻影成像

幻影成像是一种利用光的折射和全反射形成虚像的技术，通常用透明材料制成一个四面锥体，由四个不同角度拍摄的二维物体的视频，折射45°成像并汇集在一起后形成更具有感官维度的立体影像，其实质是二维平面镜成像原理转了45°。幻影成像可以让人们在完全没有束缚的情况下，尽情观看3D幻影立体显示特效，给人以视觉上的强烈冲击，在一些展示馆、博物馆、科技馆、档案馆等场馆中常能见到它的身影（图1-1-23-1）。可以利用身边的材料做一个简单的3D幻影成像实验。

图1-1-23-1

工具与材料

剪刀，美工刀，量角器，透明胶，笔，智能手机或平板电脑，透明有机玻璃板。

活动过程

1. 首先确定智能手机或平板电脑屏幕的宽度，以某款宽度为12 cm平板电脑为例，在白纸上画一个底边长为12 cm，底角为54.7°的等腰三角形。

2. 对照该等腰三角形尺寸，从有机玻璃板上裁下4个相同尺寸的等腰三角形。

3. 在等腰三角形上距离顶角1 cm的位置裁去一个小三角形，最终获得4个等腰梯形，用锉刀将有机玻璃板的边缘处理平整。

4. 用透明胶带纸将四枚等腰梯形的腰拼接在一起，最后黏合成一个倒金字塔状的四面体。

5. 在平板电脑上搜索"手机全息投影素材视频"，并打开视频，然后将制作的四面体放置在视频的中心位置，从侧面就可以观看精彩的三维投影了（图1-1-23-2）。

图1-1-23-2

说明与延伸

1. 幻影成像其实就是将屏幕上的视频源文件反射在倒四面体上。可以看到，视频源文件分为前、后、左、右4个不同的角度拍摄的画面，4个画面分别通过制作的倒四面体的四个面反射，最终形成了具有感官维度的立体三维影像效果。但是由于反射光线的是透明的物体，也能同时看到后面的东西，于是就有了三维投影的效果。即这个让人误以为是三维的立体成像，实际上只是通过45°角平面镜成像在倒四面体中央，看起来像是浮在空中。

2. 在开始制作时，需要先确定等腰梯形的边长和夹角等参数。这些参数取决于所使用的智能手机或平板电脑的尺寸，在制作四面体时只要保证屏幕宽度等于等腰三角形的底边长，且倒四棱锥的每个面与地面的夹角为45°，根据计算，可以获得对应的等腰三角形的底角为54.7°。

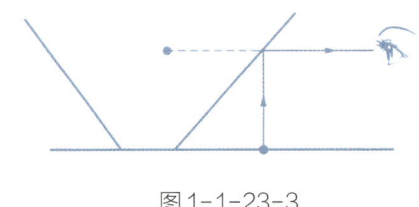

图1-1-23-3

24. 莫尔条纹动画

莫尔干涉是一种常见的光学干涉现象，比如两层纱窗或蚊帐纱网叠合在一起时，就会出现明暗相间、纹路各异的莫尔条纹。在生活中我们经常看到多层纱网或丝袜形成的条纹，用手机去拍摄电脑屏幕，也往往会拍出许多彩色的条纹，这些都是莫尔条纹。利用莫尔条纹可以制作出动画的效果。

工具与材料

电脑，Potoshop软件，打印机。

活动过程

1. 以制作"物理"字样的4帧动画为例，在Potoshop中建一个图层，制作等间距条纹图像（动画帧数-1=不透明条纹宽度/间距宽度），黑条纹6 cm，间距2 cm，制成黑白光栅（图1-1-24-1）。

图1-1-24-1

2. 另外新建4个图层，4个图层中分别为依次变大的"物理"字样，即后一个图层中的"物理"字样比前一个图层的"物理"字样稍微往右移动，且字体稍大于前一图层的字体（图1-1-24-2）。

3. 用魔棒工具选择黑白光栅的空白部分，并选择反向，建立光栅选区（图1-1-24-3）。然后选择第一个"物理"字样图层，删除选区内的图案（图1-1-24-4），然后将选区向右移动2 mm，选择第二个"物理"字样图层，删除选区内的图案，依次类推。最后将四个"物理"字样图层拼合在一起。

图1-1-24-2

4. 将拼接好的图案和黑白条纹1:1打印出来，并将黑白条纹的白色部分切除，将光栅覆盖在图案上，慢慢移动观察现象。可以发现，随着条纹纸的左右移动，"物理"字样出现周期性的大小变化。

图1-1-24-3

图1-1-24-4

说明与延伸

1. 莫尔条纹是由两个周期性结构图案重叠时所产生的差频或拍频图案。

2. 水平移动黑白光栅,光栅覆盖由关键帧合成的图片时,交织区域便会出现动画的效果。其中黑白光栅相当于所有帧的一个共有部分,它的移动填充了关键帧图形中每帧动画的大部分内容,并使前一帧的图片迅速消失让位于下一帧图画。由于每帧对应一条光栅的间距,因此,当光栅每移动一个单位时,下一帧的图像便迅速出现取而代之,这样人眼就看到了动作连贯的动画效果。

3. 动画可分解成若干个单位帧,分解的帧越多,动画就越流畅。

25. 声音显示器

两列沿相反方向传播的振幅相同、频率相同的波叠加时形成的波叫作驻波。驻波是自然界一种十分常见的现象,例如水波、树梢震颤等都与驻波有关,常见的弦乐器和管乐器分别是利用了弦上的驻波和管中的驻波进行发声。利用驻波的特点,可以制作声音显示器。

工具与材料

气球,塑料桶(直径20 cm左右),塑料管(直径5 cm左右),细绳或橡皮筋,盐或细沙,纸盆喇叭,功率放大器(功放),亚克力板,导线,螺丝螺帽,PVC管(直径略小于纸盆喇叭中心部分直径),热熔胶枪。

活动过程

一、声音显示器

1. 将气球蒙在塑料桶上,绷紧并用细绳或橡皮筋固定住。

2. 根据塑料管的直径在塑料桶侧面开孔,再将塑料管插入塑料桶中,用热熔胶固定。并在筒壁对称位置开孔,用来通气。

3. 将盐或者细沙均匀地撒在气球上,用嘴或者手机喇叭口对着塑料管发出声音。可以发现,当声音从塑料管传入塑料桶中时,气球会随之发生振动,如果声音的频率保持稳定,气球表面的盐或者细沙,可以形成稳定的图形,不同频率的声音,出现不同的图形(图1-1-25-1)。

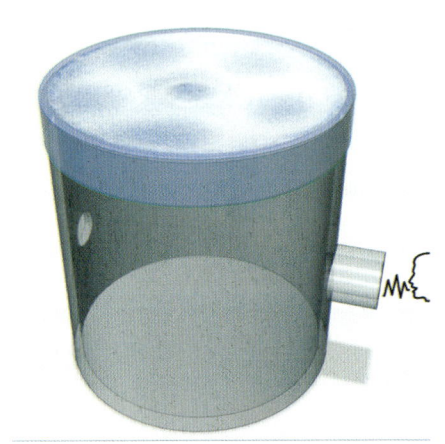

图1-1-25-1

二、音箱版声音显示器

1. 将亚克力板切割成两块,尺寸分别为450 mm×450 mm和60 mm×60 mm,并在两块亚克力板的中心位置打孔(固定用,孔径大小符合螺丝的直径)。其中小尺寸的亚克力板作为底座,通过PVC管和纸盆喇叭相连;大尺寸的亚克力板作为实验平台(图1-1-25-2,圆圈为PVC管)。

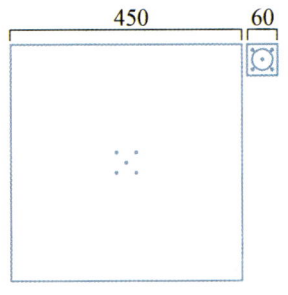

图1-1-25-2

2. 截一小段PVC管，PVC管的长度要求在振动过程中，使底座和平台碰不到纸盆喇叭。将PVC管一端用热熔胶固定在底座上，将另一端用热熔胶固定在纸盆喇叭的中心部位上（图1-1-25-3）。

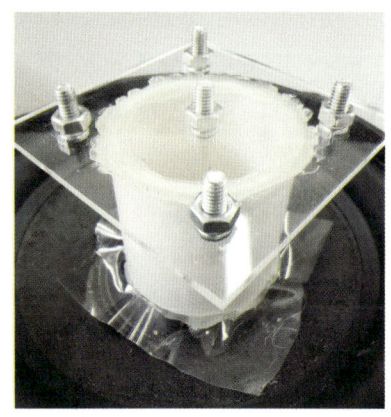

图1-1-25-3

3. 固定实验平台，将大块的亚克力板（实验平台）的孔对准底座上的螺丝，放在底座上，用螺帽固定（图1-1-25-4）。调节实验平台处在水平位置。

图1-1-25-4

4. 用导线连接纸盆喇叭和功放，并把功放连接到音频信号源（电脑 Audio SweepGen 或手机 phy-phox 等软件均可作为信号源）。

5. 在实验平台上撒上细沙或其他小颗粒。

6. 利用软件播放音频信号，调节声音频率和响度，使实验平台产生明显振动，细沙在平台上分布形成图案（图1-1-25-5）。

图1-1-25-5

说明与延伸

1. 这种现象有一个专有名字，叫作克拉尼图形，其原理是薄膜的振动可以看成二维驻波，平面上部分振幅被加强（波腹），部分振幅被减弱（波节），波节的分布会呈现出一定的规律。当平面上撒有细沙等小颗粒时，它们会在板的振动下最终停留在各个波节所在位置，形成克拉尼图形，且图形随振源的频率变化。

2. 活动二中所用亚克力板的厚度、大小、形状、材料的均匀性、弹性等参数，以及板的固定方式等因素，都会对亚克力板的共振频率发生变化，对应出现克拉尼图形的频率也会变化。

3. 声音显示器用的细沙质量不宜太重也不宜太轻，太重难以被振源带动"推"至波节处，太轻又容易在振动过程中被摩擦产生的静电吸附在板上。

26. 超声波悬浮实验

声波属于机械波，因此声波携带着能量，能使传播介质上的质点在其平衡位置附近做往复运动。沿相反方向传播的两列声波形成驻波时，在两个声源连线上的波节处，空气分子保持静止。此时如果在驻波波节处放上轻质物体，可以看到有趣的悬浮现象。

工具与材料

16 mm超声波发射器(40 kHz)，Arduino nano单片机，导线，泡沫塑料小球，电脑。

活动过程

1. 通过电脑在Arduino nano中载入程序，使得单片机通电时能在Arduino nano的A0、A1和A2、A3端口产生两组频率均为40 kHz，但相位相反的方波信号，用以驱动超声波发射器。

2. 短接D10和D11端口，将A0、A1、A2、A3端口分别接在两个超声波发射器上。

3. 如图1-1-26-1所示，将两个超声波发射器相对放置，不断调节它们之间的距离，当两者相距15 mm左右时，可以在它们的中心连线处悬浮起1~2个泡沫塑料小球。

说明与延伸

1. 不是任意大小的小球都能悬浮在这个装置中，只有体积小于波节宽度的小球才可以。波节宽度是波长的一半，可以用"波速=波长×频率"来计算，波长=340 m/s÷40000 Hz=8.5 mm，即波节=4.25 mm。一般来说小球的直径不能大于4 mm。

2. 改变上下的相位和频率可以改变波节的相对高度和波节之间的距离。这可以通过单片机编程实现，但是超声波发射器的额定频率是40 kHz，偏离这个频率越多，功率越小，偏离太多会造成升力不足的现象。

3. 想要做大型悬浮装置，可以通过增加超声波发生器的数量、运用驱动板放大方波信号的方法实现（图1-1-26-2）。

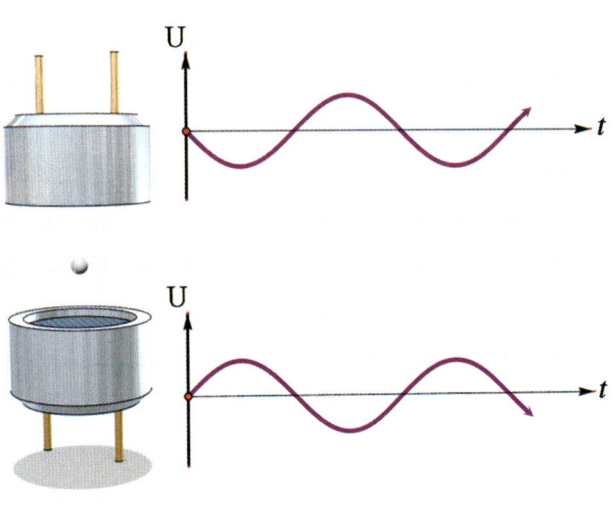

图1-1-26-1

图1-1-26-2

27. 观察物体的微小形变

任何物体在外力的作用下都会产生一定的形变，只是形变的明显程度不同。一些物体的形变不明显，比如玻璃、桌面等，我们可以通过一些间接的方法观察物体的微小形变。

工具与材料

椭圆形截面的大号玻璃墨水瓶，单孔橡皮塞，细玻璃管，白色卡纸，红色水，激光灯、平面镜，刻度尺。

活动过程

一、利用数学原理观察

1. 往椭圆形墨水瓶内注满红色水，塞上带玻璃管（内径为1~2 mm）的橡皮塞，调整塞子的松紧程度使玻璃管中的液柱具有一定高度，在玻璃管后用白色卡纸做一背景屏（图1-1-27-1）。

图1-1-27-1

2. 用手沿墨水瓶横截面的短轴方向挤压瓶子（图1-1-27-2），观察玻璃管中液面的升降情况。

3. 用手沿墨水瓶横截面的长轴方向挤压瓶子（图1-1-27-3），观察玻璃管中液面的升降情况。

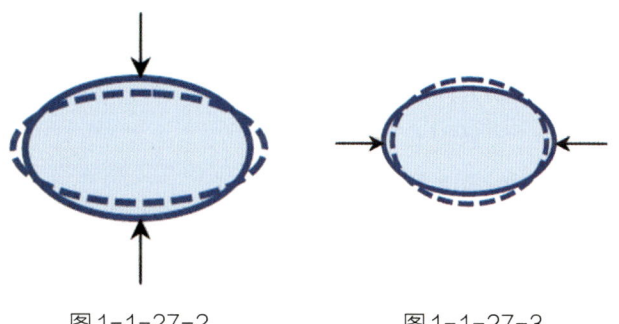

图1-1-27-2　　　　图1-1-27-3

4. 用双手捂住墨水瓶，观察玻璃管中液面的升降情况。

二、利用光的反射观察

通过光的多次反射，可以把微小变化放大以利于观察。

1. 将两平面镜面对面竖直放置在水平桌面上。

2. 用固定好位置的激光笔照在桌面平面镜上，调整两平面镜之间位置，使激光经两次反射后照在墙上刻度尺位置。

3. 用力压桌面，观察墙上激光光点移动的情况（图1-1-27-4）。

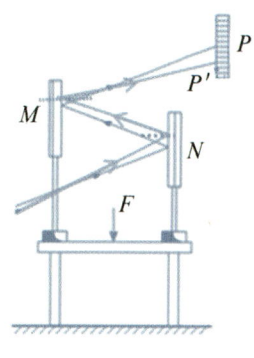

图1-1-27-4

说明与延伸

1. 墨水瓶中必须装满水，不能留有气体，否则玻璃管中液面升降变化不明显。

2. 两次从不同方向挤压墨水瓶时，玻璃管中液面发生不同的变化：第一次实验时，在瓶的截面短轴方向（图1-1-27-2所示方向）施加压力，水柱上升，说明瓶体微小形变使容积减小；撤去压力，水柱下降到原位。第二次在瓶的长轴方向（图1-1-27-3所示方向）施加压力，水柱下降，说明瓶的容积变大；撤去压力，水柱升到原处。说明液面的升降确实是由于玻璃受力形变引起瓶子容积发生了变化，而并非由于手触及瓶时传递热量使水发生热膨胀引起的。

3. 当双手捂住墨水瓶时,可观察到玻璃管中的液面先下降后上升。这是由于墨水瓶本身先受热膨胀,然后是瓶中的水受热膨胀,且水的膨胀系数又比玻璃大的缘故。

4. 用力按压桌面后,激光光点会发生明显偏移,说明桌面受外力而产生形变。根据光的反射定律,光反射时,反射角等于入射角,光依次被这两个平面镜反射,最后射到刻度尺上形成一个光点 P。如果当用力向下压桌面,使桌面发生形变,M、N 将向中间倾斜,则 M、N 的位置升高,M、N 上的入射角减小,光束的位置相对降低。由光的反射定律可知,光点会在刻度尺上从 P 点移动到 P' 点,即刻度尺上光点将会向下移动。

28. 称取微小物体的重量

一般的天平横梁是一种等臂杠杆,当天平平衡时,砝码的质量等于被测物体的质量。但常见的学生用托盘天平精确度为 0.2 g,要称量微小物体的质量,只能使用电子天平等精密仪器。但利用光杠杆原理可以简便直观地显示角度的微小变化,通过改装学生用托盘天平,也可以称量头发、纸片等微小物体的质量。

工具与材料

托盘天平,与平衡螺母同规格螺母,小圆镜,双面胶,激光笔,铁架台,记号笔,白纸,刻度尺。

活动过程

1. 将 1 角硬币大小的小圆镜用双面胶粘在螺母上,确保镜子与螺母同心。如图 1-1-28-1 所示,再将该螺母拧在平衡螺母外侧。

2. 通过调节平衡螺母、游码或者在左盘添加砝码的方式使天平平衡。

3. 将激光笔固定在铁架台上,使激光可以经小圆镜反射到远处墙壁上,并标记位置。

4. 在天平一侧放上发丝、纸片等轻质物体,观察远处墙壁上的光点位置变化(图 1-1-28-2)。

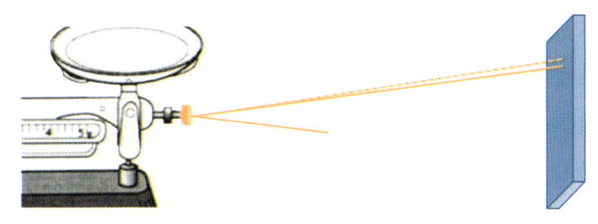

图 1-1-28-2

图 1-1-28-1

说明与延伸

1. 毫克砝码的制作:剪取一根长方形纸条,使剪得的长方形纸条的质量为 0.1 g。用尺将长方形纸条的每边 10 等分,将纸条分成 100 格,这样每一小格纸片的质量就是 1 mg(图 1-1-28-3)。

2. 光斑位置的刻度标注:将制作的毫克砝码逐一添加在天平一侧,并在光斑位置做好标记,并用刻度尺在墙壁上画出不同质量的刻度。

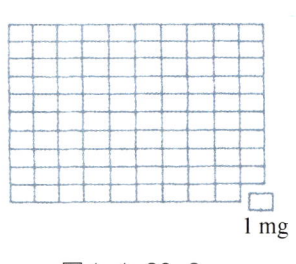

图 1-1-28-3

29. 惯性实验

物体保持静止状态或匀速直线运动状态的性质,称为惯性。物体的惯性可以用其质量来衡量,质量越大,惯性也越大。可以通过一个简单的实验直观地了解物体的惯性。

工具与材料

饮料瓶(2 L装可乐瓶),金属球,泡沫塑料球,水。

活动过程

1. 在饮料瓶中放入金属球和泡沫塑料球并灌满水,将大饮料瓶水平放置(图1-1-29-1)。

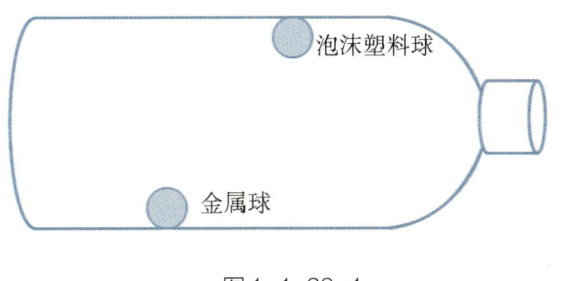

图 1-1-29-1

2. 让饮料瓶由静止状态开始向水平方向加速,或者由水平方向运动状态开始减速,观察瓶中金属球和泡沫塑料球相对瓶子的运动情况。

说明与延伸

1. 可以发现,当饮料瓶水平向右加速的时候,金属球相对瓶向左运动,而泡沫塑料球相对于瓶向右运动。这是因为当瓶向右加速时,金属球、水、泡沫塑料球都因为惯性而保持原有的静止状态,因此都相对于瓶有向左的运动趋势。但惯性的大小与质量有关,金属球的密度比水大,同体积的质量和惯性大于同体积的水,而泡沫塑料球的质量和惯性小于同体积的水,因此相对于瓶向左的运动中,金属球"挤"走了水,水又"挤"走了泡沫塑料球,造成了金属球与泡沫塑料球的运动方向相反。

2. 通过在桌面上转一下鸡蛋,可以辨别熟鸡蛋和生鸡蛋:容易转动的是熟的,不容易转动的是生的。这种方法就是对惯性的应用,因为生蛋里面的蛋黄和蛋白是液体,转动时,蛋壳虽然转动起来了,但是里面的液体却由于惯性要保持原来的静止状态,阻碍蛋壳的转动,所以不容易转动。

30. 鸡蛋碰地球

设计一个装置,要求鸡蛋与装置一起从五楼落下后蛋壳不能破碎或者仅有裂痕,并且落下后的位置要尽量靠近给定的目标点。

工具与材料

生鸡蛋,其他根据各自设计而定。

活动过程

1. 公布要求与规则:

在比赛中,评比的客观参量包括如下几点:

(1) 鸡蛋是否安全:鸡蛋保存完好或只有细小的轻微裂痕才能参加评分,否则只能参加创意综合印象的评比。

(2) 落点是否准确:比赛时会在释放点正下方设定一个目标点,当鸡蛋随装置着地且静止后,测量目标点距离整个装置上最远端的直线距离并作为评分依据进行计算并计入总分。

(3) 装置质量大小:2 kg以内,评分时质量大小也作为评分依据计入总分。

(4) 创意综合印象:根据结构设计、造型创意、制作工艺等综合因素对装置进行评比,设立一个单项奖。

2. 分组进行设计与制作。

3. 现场比赛、评比。当场进行创意综合印象评分并拍照留样,随后进行称重、释放及落点距离测量,赛后将距离、质量和外观等评分项综合,得出每个装置的总分并排名,选出排名靠前的装置,对创意综合印象优秀的装置进行奖励。

可根据下列要求设奖:

(1)质量最轻、体积最小和再用性高的设计奖;

(2)最突出和最能运用物理原理奖;

(3)构思新颖、奇特,效果明显奖。

4. 利用带传感器的智能手机做定量分析实验:下载手机 App——PhysicsToolboxSuite。打开 App,设置测量的量——线性加速计,用保护鸡蛋的方法保护好手机后,将手机从高处释放,手机可以直接记录下落过程中的加速度数值。

说明与延伸

1. 要使一个生鸡蛋从十几米高处抛下并安全着陆,从物理学的角度分析,可考虑几个因素:利用空气的阻力和浮力,减低鸡蛋着陆前的速度;利用支架的承托,减小鸡蛋着陆过程中所受的冲击力(延长相互作用时间,减小冲力);利用容器的保护,使作用力平均分布于蛋壳表面;利用包装材料的物理特性吸收或转移能量。

2. 这种比赛类科技活动,没有统一的答案,旨在使学生把想象力和创造力与课本知识相结合,通过实践达到学以致用的目的。

上述竞赛要求、分组形式及规则可根据具体情况加以调整。

3. 通过智能手机定量测量出的加速度数值,可以直观反映出下落时的速度变化,加速度越小,落地时的受到的冲量越小,鸡蛋越安全。

31. 不可思议的平衡

要使物体保持平衡,就要考虑它的重心的位置。当物体的重心在竖直方向的投影落在物体的支撑面内或支撑点上(力矩为零)时,物体才能保持稳定的平衡,且物体的重心位置越低,物体的稳定程度越高。利用平衡的原理可以设计一些不可思议的平衡现象。

工具与材料

火柴,棉线,瓶装水,桌子。

活动过程

1. 将棉线首尾相连打个结,组成一个绳圈,下端绑在一瓶水的瓶口上,上端挂在一根火柴上,把这根火柴水平放在桌面上,让绳子紧贴桌面边缘垂下,手指托在火柴桌面外的一端(图1-1-31-1)。

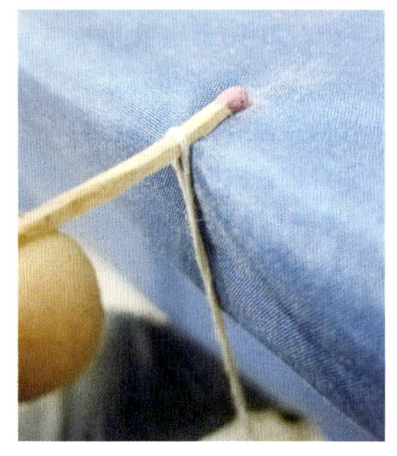

图1-1-31-1

2. 将这个绳圈的两根绳用第二根火柴水平撑开,然后上下移动,停在合适的位置,让这根火柴与上方第一根火柴之间的距离略小于一根火柴的长度(图1-1-31-2)。

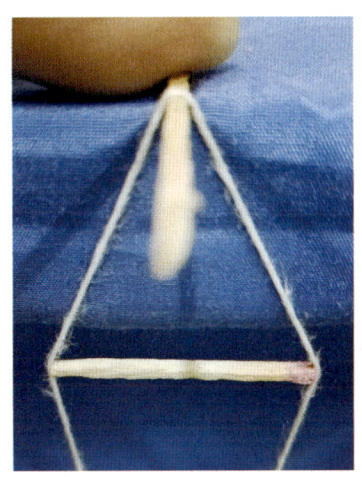

图1-1-31-2

3. 取第三根火柴，如图斜着卡在前两根火柴之间，一端顶在第二根火柴中间位置，另一端与竖直方向略微倾斜地抵住第一根火柴露在桌面外的部分上。此时支架的大体结构已经完成，最后，把整个支架向桌面方向稍稍推动，让绳绷紧，三根火柴之间紧紧抵住（图1-1-31-3）。可以看到通过3根火柴将瓶装水稳稳地悬挂在桌子上。

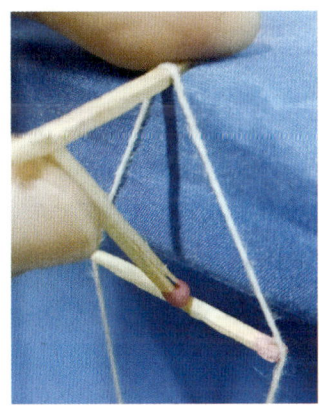

图1-1-31-3

说明与延伸

1. 第一根火柴受到桌面支持力 N_1、桌面摩擦力 f_1、绳子拉力合力 T_1、第三根火柴对它的弹力和摩擦力的合力 N_{21}，这四个力的方向和作用点如图1-1-31-4所示，达到共点力平衡，同时火柴在这四个力的作用下达到力矩平衡。此外，T_1 较大但对于转轴 O 点的力臂很小，N_{21} 的力臂较大但力较小，因此这第一根火柴保持受力平衡和力矩平衡的同时，很难被折断。

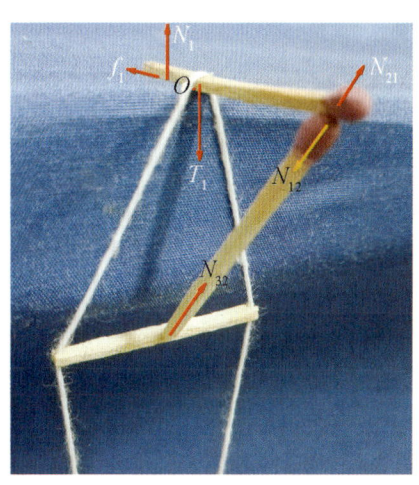

图1-1-31-4

2. 第三根火柴受到第一根火柴对它的弹力和摩擦力的合力 N_{12}、第二根火柴对它弹力和摩擦力的合力 N_{32}（图1-1-31-4），这两个力满足共点力平衡和力矩平衡的条件，作用方向正好沿着火柴自身的方向对其进行挤压，因此这根火柴也很难被压断。

3. 从侧面观察第二根火柴和这个整体的受力情况，第二根火柴受到第三根火柴对它的弹力和摩擦力的合力 N_{23}、绳对它向上的合力 T_3、绳对它向下的合力 T_3'，由于搭建装置时最后将整体向桌面内轻推，所以 T_3 的方向略微向桌外而不是完全竖直，使得这三个力能够成为平衡力（图1-1-31-5），并且 N_{23} 还不会很大，这样第三根火柴也不易折断。而对于整体而言，可以明显地看出，整体即重物（火柴质量忽略）所受重力的作用线，恰好在桌面边缘里边一点，所以是不会从桌面掉落的。

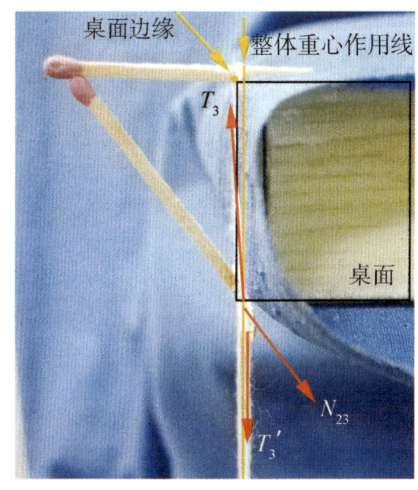

图1-1-31-5

32. 制作欹器

欹器是我国古代的一种汲水陶罐,它有一种奇妙的本领:如果往该容器中倒水,水到一半时,容器正好是垂直地吊挂;将水倒满后,容器却自动翻转,把水倒出。水全部倒出后,容器就又自动偏向一方而静止下来。

工具与材料

洗洁精塑料瓶,铁丝,支架。

活动过程

1. 将2根铁丝在空的洗洁精塑料瓶外各绕半圈后绞合在一起,成为2个支承轴,并使支承轴上部容器的容积略大于下部的容积。在塑料瓶底部绕上适量的铁丝(作为配重),使空瓶支起后能保持口朝上且略为前倾的状态(图1-1-32-1)。

2. 缓缓向瓶内注入清水,并仔细观察塑料瓶的状态变化。发现当瓶内盛有部分水时,瓶口竖直向上且瓶子保持直立状态(图1-1-32-2)。当瓶内的水快灌满时,该装置会自动倾倒(图1-1-32-3),待瓶内水全部流出后,瓶子又会自动恢复原样。

说明与延伸

1. 确定好支撑轴在塑料瓶上的位置是顺利完成本实验的关键。我们可以运用实验法确定它的最佳位置,即先确定绕轴的大致位置,再通过边实验边调节的方法确定其最佳位置。

2. 欹器应用的是物体稳度与重心偏移的原理。在瓶内未注入水之前,调节配重,使瓶口朝上且略前倾,这时整个装置的重心仅略低于支承轴。当往瓶内注入少量水后,容器和水的整体重心下降,装置处于稳定平衡状态。随着瓶内水面的上升,装置的重心亦上升,当水即将灌满时,其重心已上升到支承轴之上,呈不稳定平衡状态,此时只要稍有一些干扰,装置便会倾覆将水倒出。

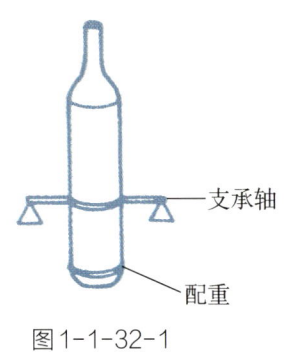

图1-1-32-1

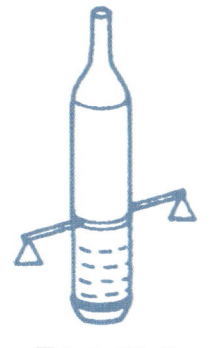

图1-1-32-2

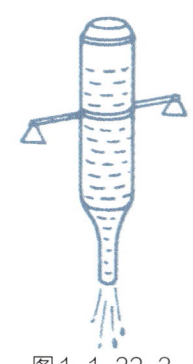

图1-1-32-3

33. 密度与温度的关系

密度是物质本身的固有属性,一般情况下,物质是热胀冷缩的,即温度越高,物质的密度越小。可以用一个简单的冷热水实验验证密度和温度的关系。

工具与材料

矿泉水瓶,红墨水,冷水,热水,塑料薄板。

活动过程

1. 将瓶子分别装上 20 ℃冷水和 50 ℃热水,并通过红墨水对热水进行染色标记。

2. 用塑料薄板,封闭住装热水的瓶子,并将其倒置,置于冷水瓶口上方,两个瓶子的瓶口完全对齐,然后小心地抽出塑料薄板观察现象(图1-1-33-1)。

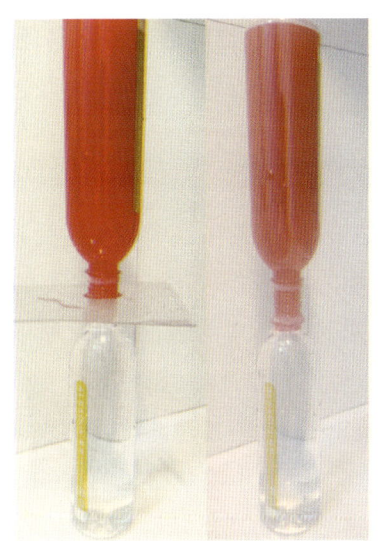

图 1-1-33-1

3. 同样的方法再用塑料薄板封闭住装冷水的瓶子,并将其倒置,置于热水瓶上方,小心地抽出塑料薄板观察现象(图1-1-33-2)。

4. 比较两次实验发现,当上方是热水,下方是冷水时,上下瓶内的水基本不会混合在一起,长时

图 1-1-33-2

间保持稳定。如果下方是热水,而上方是冷水,可以看到,上下方的水会慢慢地混合在一起。

说明与延伸

1. 水在4 ℃时密度最大,温度低于或高于4 ℃时,密度都会减小。因此,当热水在上,冷水在下的时候,热水会浮在上方,上下之间没有流动,并在较长一段时间内保持稳定状态。而当冷水在上,热水在下时,热水因为密度小会浮到上方,冷水因为密度大会沉到下方,形成了对流,从而较快地混合在一起。

2. 热水在上,冷水在下时,仔细观察还是可以看到有少量颜色慢慢扩散的现象,这是由分子的无规则热运动引起的。

34. 液体的表面张力

液体表面好像张紧的橡皮膜一样,具有收缩的趋势,并且尽可能收缩到最小面积,这就是表面张力。在自然界和日常生活中,液体的表面张力常会引起各种各样有趣的现象。表面张力尽管微小,但是我们能够通过实验真实地感受到它的存在。

工具与材料

硬卡纸或泡沫塑料板,肥皂或洗洁精,脸盆,剪

刀,清水,滴管、棉线,牛奶,玻璃皿。

活动过程

一、肥皂船

1. 用剪刀把硬卡纸或泡沫塑料板剪出小船的外形,并在小船尾部剪一缺口(图1-1-34-1)。

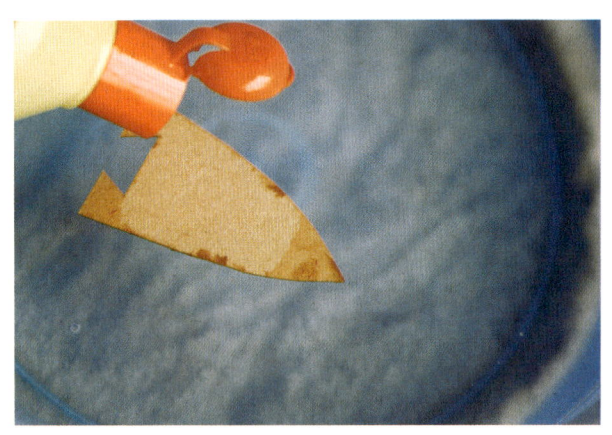

图1-1-34-1

2. 在脸盆中倒入清水,将小船轻轻放入水中,并在缺口处滴一点洗洁精或是放上一小块肥皂,观察小船的运动。可以发现小船一开始运动较快,随着时间的推移,小船速度逐渐减慢,趋于静止。

二、牛奶画

1. 把牛奶倒进玻璃皿中,用滴管在牛奶中依次滴入各种颜色的颜料。

2. 用棉签蘸取一点洗洁精,在颜料中间点一下(图1-1-34-2)。牛奶中原本静止的颜料立刻起了变化,最明显的运动趋势就是向外扩展。再在玻璃皿中滴入几滴洗洁精,可以发现颜料在牛奶中翻滚一般迅速运动。

三、自动变圆的棉线

1. 把一根棉线围成一个圈,放入水中。此时无论你怎么操作,都无法让漂浮在水面上的棉线形成一个圆形。

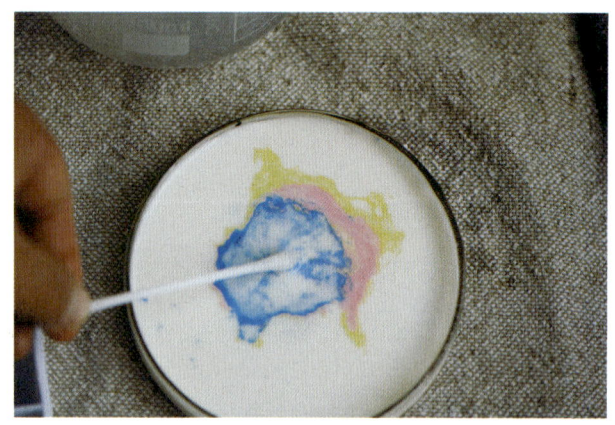

图1-1-34-2

2. 用棉花棒蘸一点洗洁精或肥皂,然后触碰一下棉线圈中的水面,棉线圈马上就自动变成圆形。

说明与延伸

1. 活动一中,放置在水中的小船受到水的表面张力的作用。由于肥皂、洗洁精之类的表面活性剂,能够显著地减小水的表面张力,所以当船尾滴上洗洁精或放入肥皂之后,船尾部分受到的表面张力就显著减小了,小船其他部位受到表面张力的合力朝船头方向,因此小船获得了前进的动力。随着时间流逝,整盆水的洗洁精或肥皂浓度大致均匀,小船周围水分子的受力,都降低到同一级别,表面张力的合力再次为0,小船趋于静止。

2. 活动二中,由于牛奶的表面张力较强,就像泡泡膜一样可以使一部分颜料聚集在它上面。洗洁精具有破坏表面张力的能力,所以当沾有洗洁精的画笔进入牛奶时,会快速破坏周围的表面张力,导致牛奶表面就像被戳破的泡泡膜一样向四周扩散开,而颜料也伴随着向四周扩散。

3. 活动三中,棉线圈内水表面的张力被洗洁精或肥皂破坏之后,圈外水的表面张力仍然很大,从各个方向上拉着线圈,所以棉线圈就自动变圆了。

35. 用玻意耳定律测物体的体积

利用排水法能够测量物体的体积,但有很多物体因为形状的原因,不适用排水法,比如多孔的物体、粉末状物体、不宜遇水的物体等,此时可以应用波意耳定律来测量此类物体的体积。

工具与材料

DIS系统,压强传感器,数据采集器,计算机,待测物体。

活动过程

1. 如图1-1-35-1连接DIS实验装置,然后将待测物体装入注射器内。

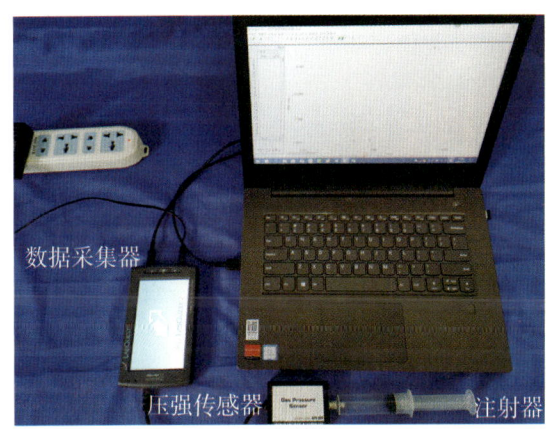

图1-1-35-1

2. 缓慢推动注射器活塞至某一位置,记录活塞所在位置的容积刻度V_1,通过DIS系统读取此时气体的压强P_1。

3. 重复步骤2,记录活塞在另一位置的容积刻度V_2和读取相应的气体的压强P_2,以此类推。

4. 处理记录的数据(表1-1-35-1):

表1-1-35-1

实验序号	1	2	3	4	5	6	7	8
$P(10^5 Pa)$								
$V(10^{-5} m^3)$								
$1/P(1/10^5 Pa)$								

5. 选取合适的坐标刻度作V-$1/P$图像(图1-1-35-2),读出截距(如图1-1-35-3所示为某次实验的数据点图像)即是待测物体体积V。

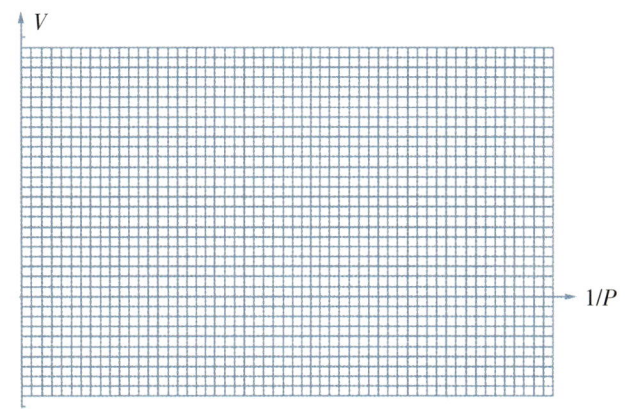

图1-1-35-2

图1-1-35-3

说明与延伸

1. 设待测物体体积为V_x,注射器度数V。理想情况下PV乘积是常数:$PV=k$,实际情况$P(V-V_x)=k$,$V=k/P+V_x$,所以V-$1/P$的截距就是待测物体的体积。

2. 实验中注射器和压强传感器的连接处,有一部分气体,无法直接读出,这部分气体体积对实验结果会有影响。

36. 液体压强实验

由于液体受到重力作用,因此在液体内部就存在着由于本身重力而引起的压强,根据液体的压强公式 $p=\rho gh$ 可知,液体内部的压强只与液体的密度、液体深度有关,而与容器的形状、底面积、液体的体积、液体的总重无关。通过几个实验可以清楚地了解液体压强与液体深度之间的关系。

工具与材料

锯子,钉子,锤子,密封胶,木板,长水管,不同大小的容器,软管。

活动过程

一、裂桶实验

1. 用木板制作一个水箱,在木板连接处涂上密封胶以防止漏水。在箱子的顶部的木板上开一孔,孔径根据水管的粗细选择。也可在箱子顶部装一个阀门,用来连接水管(图1-1-36-1)。

图1-1-36-1

2. 将木桶置于底楼,可提前灌满水。

3. 水管拉到4楼的高度(图1-1-36-2),往水管中灌水(根据实验允许的条件选定高度,一般需要3楼或以上)。随着水管内水位开始上升,木桶可能出现漏水或者破裂现象。记录此时水位大致高度。

二、负压鱼缸

1. 将小容器开口朝下倒扣着固定在大容器内,顶部高出大容器,底部留有空间。

2. 在大容器里装满水,水面需要高过小容器的开口部位。

3. 将软管一头从下部伸入小容器上方,从软管另一头抽出小容器上方的空气。

4. 可以发现倒扣的小容器内水位逐渐上升,直至充满。将观赏鱼放入水中,就可以看到鱼在高于水面的小容器中游动的有趣场景(图1-1-36-3)。

图1-1-36-2

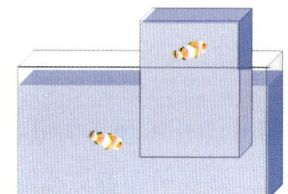

图1-1-36-3

说明与延伸

1. 与固体放在桌面上产生压强的原理不同,液体的压强与其质量并无直接关系。活动一中,水的密度 ρ 不变,但深度 h 一再增加,因此木桶内的液体压强越来越大,木桶内外表面压强差持续增大。当超出其所能承受的上限时,木桶随之裂开。用裂桶实验可以很好地证明液体压强与液体的深度有关,而与液体的质量无关。

2. 活动二中,根据 $p=\rho gh$ 计算,一个标准大气压可以托起10 m高的水,即理论上负压鱼缸中小容器中的水位可以高于大容器的水面约10 m。

3. 将装满水的杯子倒置在盛水的容器中,杯底倒提起来(不要脱离水面),水不会从杯中流出,就是一个简易的负压鱼缸。

37. 浮沉子

根据物体的沉浮条件可知,在液体内,当物体受到的浮力大于重力时,物体上浮;当浮力与重力相当时,物体悬停在液体中的任意位置;当浮力小于重力时,物体下沉。物体受到的浮力大小和它排开的水的体积成正比。利用沉浮条件可以制作一个有趣的浮沉子实验。

工具与材料

塑料瓶,塑料吸管,回形针,剪刀。

活动过程

1. 截取一小段吸管,对折,用一枚回形针把吸管的两个管口夹在一起,把回形针推到底,制成一个浮沉子(图1-1-37-1)。用同样方法做几个相同的浮沉子。

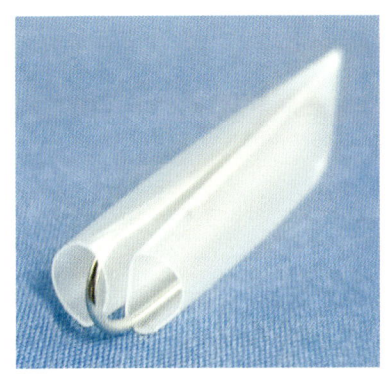

图1-1-37-1

2. 取一个塑料瓶,装满水后稍稍倒出一点。把浮沉子浸入瓶中,挤压吸管排出里面的空气,把水吸进吸管里。保证各个浮沉子吸入的水的体积不同,并且放手后能够恰好漂浮在水面上。确保最后水没有完全装满塑料瓶,盖紧瓶盖(图1-1-37-2)。

3. 逐渐用力握紧瓶子,会发现管子里空气较少的浮沉子较先下沉,空气较多的浮沉子较后下沉。而当握住瓶子的力达到一定程度后,所有浮沉子均会沉到瓶底。然后再逐渐松手,会发现管子里空气较多的浮沉子较先上浮,空气较少的浮沉子较后上浮,最终完全松手后所有浮沉子也将全部浮在水面上。

图1-1-37-2

说明与延伸

1. 握紧塑料瓶时,塑料瓶内部上方的气体体积减小,于是它的压强增大,导致浮沉子中的气体压强也增大,于是浮沉子中的空气体积减小,导致有更多的水被吸进管子里。此时整个浮沉子排开水的体积减小,所受浮力减小,当浮力小于重力时,它就下沉了。上浮过程可以用类似的方法进行分析并得出结论。

2. 同时增加夹在浮沉子上的回形针数量和浮沉子内部空气的体积,这样在气体压强变化的时候,体积变化引起的浮力变化就会更加显著。

3. 瓶子上方气体的体积尽量地小,这样在挤压瓶子的时候容易产生更加大的压强变化。

38. 虹吸实验

容器中的水可以自动通过高于容器水面的弯管流出,出现水往高处流的现象,这就是虹吸现象。本质上而言,虹吸现象的原理就是连通器原理。可以通过几个实验来了解一下虹吸现象。

工具与材料

透明一次性杯子,弯头吸管,热胶枪,剪刀,水,水槽。

活动过程

一、公道杯实验

1. 用剪刀将一次性杯子底部剪出一个小洞,大小与弯头吸管直径相仿。

2. 如图1-1-38-1,将弯头吸管裁剪,并用热胶枪固定在一次性杯子底部洞上,需要确保密封性。

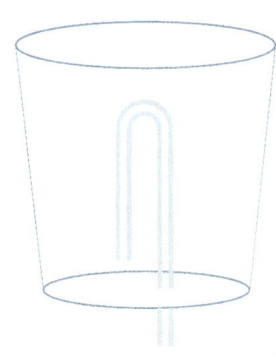

图1-1-38-1

3. 将杯子放在水槽上方,逐渐向杯中加水,观察杯中水位变化。可以发现,当杯中水位不超过吸管顶部的时候,没有水从弯头吸管底部流出,但是水位超过吸管顶部时,整个杯子内的水会持续通过弯头吸管流出,直至杯中液面低于弯头吸管开口处。

二、毛细管产生虹吸

1. 如图1-1-38-2所示,截取一段棉纱鞋带的中段,将其两端剪齐后浸在盛有清水的玻璃杯中。鞋带的两端留在杯外,自由下垂,使A端与杯内水面相平(或稍高),B端比杯内水面略低1~2 cm,注意观察。发现由于鞋带中的棉纤维形成许多毛细管,杯中的水会沿鞋带上升,使未浸入水中的鞋带也逐渐湿润,且B端每隔1~2 min会形成一个水滴滴下,而A端却没有这种现象。

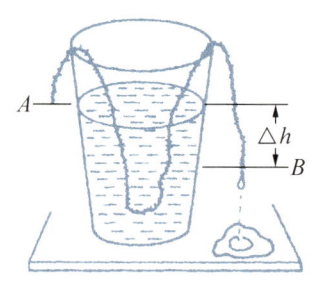

图1-1-38-2

2. 逐渐增加鞋带B端与杯内水面的高度差$\triangle h$,观察B端在单位时间内滴下的水滴数n与高度差$\triangle h$的关系,并记录有关数据。发现B端滴水速度随高度差$\triangle h$的增大而加快。

3. 以高度差$\triangle h$为横坐标,B端单位时间内滴下的水滴数n为纵坐标,在直角坐标系中画出两者关系的实验图线。

说明与延伸

1. 虹吸现象是生活中常见的物现象之一。如图1-1-38-3所示,将一软管灌满水后,使其两端A和B分别同时浸入水面高度不同的a、b两容器的水中。在开始时刻,取弯管最高处的竖直液片C为研究对象。液片C受到向右的压强$p_1=p_0-\rho g h_1$,受到向左的压强$=p_2-\rho g h_2$,p_0表示大气压强。由于$h_1<h_2$,因此$p_1>p_2$,液片C所受的向右的压力大于向左的压力,液体就在压力差的作用下流向水面较低的b容器,直到两容器内的水面相平为止,这种现象叫作虹吸。

我国古代的一种酒器——公道杯就是利用虹吸原理制作的,杯中的酒不可倒太满,否则会全部

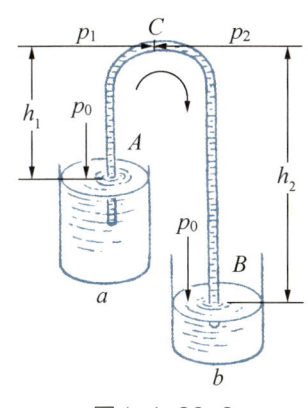

图 1-1-38-3

漏光,一滴不剩。

2. 虹吸管的应用在我国始于汉代,在有电力灌溉设备之前,它与龙骨水车为我国古代两种主要灌溉器械。对于用来灌溉的大型虹吸管来说,我们的祖先除采用加热法产生虹吸外,还巧妙地采用下述灌水排气法产生虹吸。在虹吸管的最高部位设置如图 1-1-38-4 所示的装置,这种装置通常由瓦、砖砌成,乙、丙两口连入虹吸管。使用时,先关闭乙、丙两处阀门,从甲口处灌水,到该装置中灌满水后,封闭甲口(不能漏气),然后打开乙、丙两处阀门,借助灌水排气法使虹吸管工作。

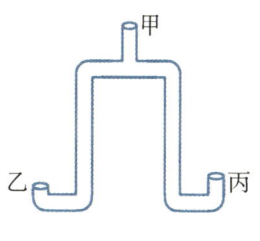

图 1-1-38-4

39. 液体的热胀冷缩

物体内部由大量分子或原子组成,它们无时无刻不在做无规则运动。一般来说,温度越高,分子之间的平均距离则越大,直接导致物体宏观体积的增大,即发生热胀冷缩现象。气体的热胀冷缩现象比较常见,液体和固体同样存在热胀冷缩现象。液体温度计就是利用液体的热胀冷缩现象制成的。通过一个实验来了解一下液体温度计的工作原理。

工具与材料

酒精,红墨汁,透明塑料瓶,透明吸管(在空塑料瓶的外壳上标上刻度),水。

活动过程

1. 在酒精中滴入几滴红墨汁,将酒精染成红色。将酒精倒入塑料瓶中,达到大约四分之一体积的塑料瓶高度。

2. 将吸管从瓶盖中穿过,并用蜡密封瓶盖和吸管四周,盖紧瓶盖。

3. 用手握住塑料瓶身片刻,会发现红色的酒精沿着吸管慢慢向上升(图 1-1-39-1)。将实验中的酒精换成水,观察是否会出现类似的情况。可以尝试再换用其他的液体来进行实验比较。

说明与延伸

图 1-1-39-1

1. 虽然液体都存在热胀冷缩现象,但每种液体热膨胀系数不同。比如水的热膨胀系数为 2.1×10^{-4} /℃,酒精的热膨胀系数为 1.1×10^{-3} /℃。同样体积的液体都升高 1 ℃,酒精膨胀的体积约是水的 5 倍。因此当瓶中的酒精换成水时,并不能明显地看到液体沿着吸管上升。

2. 常见的液体温度计有酒精温度计、水银温度计。液体温度计不选用水作为测温物质有几个原因：(1)水的热膨胀系数小，随着温度变化，体积变化不明显。(2)水的比热容较大，差不多是水银的30倍，相同质量的水和水银，吸收相等的热量，水银升高的温度是水的30倍，可见用装水的温度计对于被测物体的温度影响大，特别是测量比较小的物体，如果温度计对它有影响，其温度的测量值就不准确了。(3)水在0~4 ℃时存在反常的热缩冷胀现象，而且的它的熔点和沸点范围较小。

40. 大气压强趣味实验

大气压强是由空气重力产生的。只要选择一个空气相对稀薄的空间，用比较的方法就可明显地显示出大气压强的作用。根据玻意耳定律，一定质量的气体，在温度不变时，气体的压强与气体体积成反比。可以通过一些简单的趣味实验了解大气压强。

工具与材料

生土豆，吸管，圆柱筒，蜡烛，哈勃瓶，注射器，小橡皮帽，润滑油。

活动过程

一、吸管穿土豆

1. 实验A：用一般方法握住吸管（如图1-1-40-1），猛地扎向准备好的土豆，观察吸管能否穿透土豆。多尝试几次，将实验结果记录下来。

2. 实验B：手握住吸管的同时，用大拇指按住吸管的一端（如图1-1-40-2），再用力扎向土豆，观察现象，多尝试几次，记录实验结果。注意事项：尽量保证两组实验都是尽可能快速地扎向土豆，不要有明显的速度差异。

实验记录如表1-1-40-1（可填：穿透情况，如完全穿透、基本穿透、无法穿透等；吸管情况，如吸管弯折、吸管完好等）。

表1-1-40-1

实验次数	1	2	3	4	5
组别A记录					
组别B记录					

3. 根据记录情况，归纳哪种方式更容易使吸管穿透土豆。

二、有趣的哈勃瓶

哈勃瓶是个底部有圆孔，瓶颈很短的平底烧瓶，其瓶口中套一个气球，气球的吹气口反扣在瓶口上，瓶底圆孔配有一橡皮塞（图1-1-40-3）。

1. 将哈勃瓶的底部圆孔用实心橡皮塞塞住，瓶口用带孔橡皮塞塞住，孔内插入玻璃管，再与抽气装置相连。可以发现，抽气前底部的实心橡皮塞可随意拔出；抽气后，则底部实心橡皮塞很难拔出。

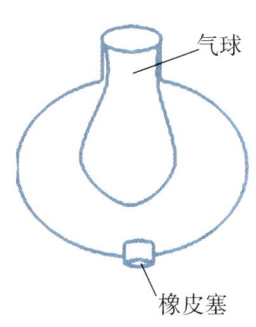

图1-1-40-3

2. 塞好底部橡皮塞，发现无论如何用力吹瓶口反扣的气球，都只能吹大一点点。将底部的橡皮塞

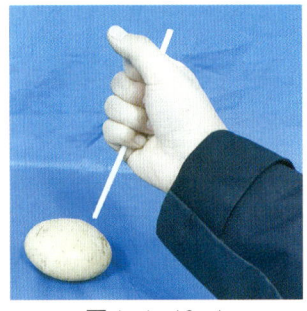

图1-1-40-1

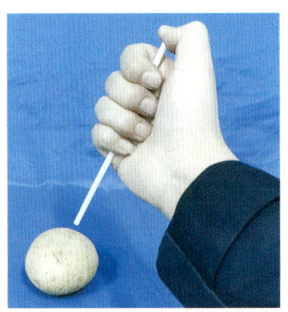

图1-1-40-2

拔掉，用力吹瓶口的气球，等气球膨胀到一定体积后，塞紧底部的橡皮塞，可以发现，就算气球的口是敞开的，气球也并没有缩小。

三、用注射器估算大气压强

1. 把 50 ml 注射器的活塞推到顶端，用涂有少许凡士林的眼药水瓶的小橡皮帽将针筒注射口密封。用手竖直握住针筒，在活塞颈上逐步增加槽码，直到活塞开始匀速下滑（图1-1-40-4）。

2. 用刻度尺量出针筒上0~50刻度线之间的距离。由活塞面积=容量/距离，计算出活塞面积。

3. 由大气压强=槽码所受总重力/活塞面积，估算大气压强的值。

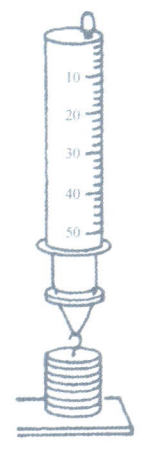

图1-1-40-4

说明与延伸

1. 活动一中，用大拇指按住吸管一端插入土豆时，手指和土豆分别封住吸管的两端，吸管内部的空气被堵在管内不能排出。由于扎向土豆时速度较快，管内空气被压缩，体积减小，压强增大，因而穿透土豆的成功率也随之增大。

2. 往哈勃瓶内的气球吹气，当气球稍微变大，瓶内的气体被压缩，体积变小，压强增大，当瓶内气体的压强大于口腔吹气的压强后，气体很难再进入气球，气球体积也就不会再变大了。

同样，当吹了气的气球体积刚缩小后，瓶内的气体体积增大，压强变小，直至与外界的大气压相等时，气球体积便不再减小。

3. 活动三中，橡皮帽与针筒之间不能漏气；针筒必须竖直；如针筒与活塞之间摩擦力较大，可加少许润滑油（同时起到密封的作用）。

41. 揭秘弧线球的实验

当流体（包括液体和气体）流动时，流速越大的地方压强越小，流速越小的地方压强越大。这是流体力学中的一个基本规律——伯努利原理。如图1-1-41-1所示，当一个球体在空气中一边旋转，一边向下运动时，由于旋转的球体表面与空气间有黏滞力作用，会使球周围的空气形成与球旋转方向相同的环流。若球作逆时针旋转，球体左半部形成的空气环流与迎面来的气流方向相反，空气对球来说流速减慢；而球的右半部空气环流同迎面来的气流方向相同，使空气流速加快。根据伯努利原理，球的左半部受到的压强会大于右半部受到的压强，球将受到一个自左向右的侧向力，从而向右发生偏转，这就是"弧线球"会自动转弯的力学依据。

工具与材料

刻度尺，剪刀。
薄纸，卡纸，细线，胶水。

活动过程

一、压强与流速关系的演示

1. 剪一薄纸条，长约30 cm，宽约3 cm。将纸条一端放在下嘴唇下方，纸条呈自由下垂状态。

2. 沿水平方向吹气，注意观察。发现原来下垂

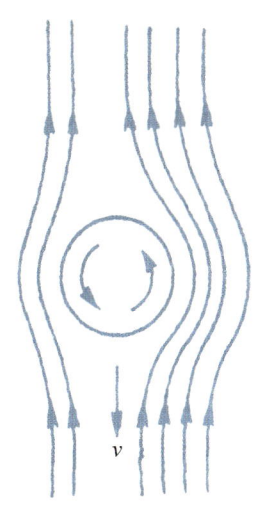

图1-1-41-1

的纸条飘然而上,达到接近水平位置,并随气流抖动。这是由于当纸条上方的空气突然流动时,空气压强减小,纸条上、下表面的压力差使纸条上升到水平位置并随气流振动。

3. 剪2条同样的纸条,使它们相距约5 cm,纸面相对平行地悬挂在空中,呈自由下垂状态[图1-1-41-2(a)]。

4. 沿水平方向向两纸条间吹气,注意观察。发现两纸条"吸"在一起[图图1-1-41-2(b)]。这是由于两纸条内外两侧的气流速度不同,导致两侧的空气压强不同,压力差将它们压在了一起。

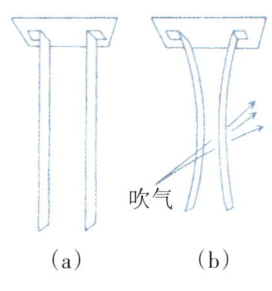

图1-1-41-2

二、旋转方向与偏离方向关系的演示

1. 用纸卷一个直径约为3 cm、长约25 cm的圆柱筒,手持纸筒两端,使其处于水平位置,让圆纸筒自由下落,观察现象。发现圆纸筒下落的轨迹基本上是直线。

2. 取2根长约0.5 m的细线,按同一绕向绕在圆纸筒上,线的末端悬挂在同一高度处(图1-1-41-3),释放后观察纸筒运动情况。发现纸筒边旋转边下落,开始时基本沿直线运动,但随着旋转速度及下落速度加快,纸筒沿弧线向一侧偏转。画出这种情况下圆筒旋转方向与偏离方向的示意图。

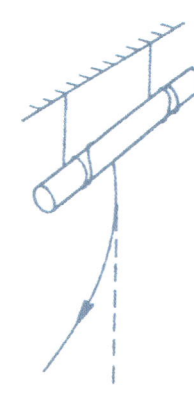

图1-1-41-3

3. 改变细线在圆纸筒上的缠绕方向,重复上述操作,观察圆纸筒的下落情况。发现这时圆纸筒仍沿弧线下落,但向另一侧偏转。画出这种情况下圆筒旋转方向与偏离方向的示意图。

4. 分析2张示意图,总结"弧线球"在空中自动转弯的方向与其旋转方向的关系。

三、模拟"弧线球"运动

1. 将卡纸裁成长18 cm、宽约2.5 cm的长纸条,把它的4个角剪成圆弧形,正反面涂成不同的颜色。在图纸条两端的正反面分别对称地粘上2个半圆形的纸片(其直径比纸条宽度略小些),如图1-1-41-4所示。

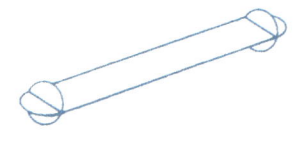

图1-1-41-4

2. 双手持纸条两端,使纸条平面与地面平行,释放后观察纸条下落情况。发现纸条基本沿直线飘落而下,只有平动而无转动。

3. 双手持纸条两端使其在同一面内,且使纸条平面约与地面垂直,观察释放后纸条的下落情况。发现纸条边旋转边下落,运动轨迹是偏向某一侧的一条弧线。

4. 多次重复上述操作,观察现象并归纳规律。发现纸条沿某一方向旋转时,运动轨迹总是偏向某一侧;当纸条沿相反方向旋转时,它的运动轨迹总是偏向另一侧。其旋转方向与偏离方向的关系与活动二所示的实验是相同的。

说明与延伸

1. 分析活动二和活动三实验现象时要注意:圆纸筒或卡纸条下落时,可看作圆纸筒或卡纸条不动,气流相对于它们向上运动。

2. 活动三中的卡纸条两端所安装的半圆形纸片可用稍薄的纸制作,它们相当于飞机上的垂直尾翼,能起到维持运动方向的作用。

3. 高速行驶的高铁沿线都建有隔离栏，地铁站画有安全线，其中重要的原因是防止列车高速行驶时，会产生较低的压强，外侧较高的压强对位于附近的人产生推向列车的压力，将人"吸"向列车，产生危险。

4. 伯努利原理常用来解释飞机的升力。机翼的形状和倾角，会使得机翼上方的气流流速大于下方的气流流速，导致机翼下方的压强比机翼上方的大，从而使飞机飞起。

42. 马格努斯滑翔机

当一个物体一边旋转一边飞行时，由于物体旋转会带动周围的流体旋转，使得物体一侧的流体速度增加，另一侧的流体速度减小。根据伯努利原理，流体的速度增加将导致压强减小，流体的速度减小将导致压强增加，这样就导致了旋转物体出现横向的压力差，并形成横向力，在这个横向力的作用下，物体的飞行轨迹将发生偏转，这个现象被称为马格努斯效应。

图1-1-42-1

工具与材料

一次性纸杯，透明胶，橡皮绳（或多根橡皮筋串接起来），剪刀。

活动过程

1. 把两个相同、重量适中的一次性杯子（重量过大会使滑翔机飞出后快速下坠，重量过小会使滑翔机在飞行过程中受到侧向扰动后失去稳定性）的杯底背靠背紧贴在一起，用透明胶粘起来，做成滑翔机的机身（把杯口和杯口相贴也能做成机身，可以尝试和比较这两种不同做法滑翔机的飞行情况）。

2. 用一根橡皮绳绕着滑翔机的中心绕几圈，然后对着前上方将滑翔机弹出，发现滑翔机会一边绕轴旋转一边向前滑翔。从飞行方向的侧面观察滑翔轨迹，比较滑翔机的形状大小、质量、释放初速度和角度等参数对于滑翔轨迹的影响。

说明与延伸

1. 这个简易制作的滑翔机，叫作马格努斯滑翔机，因为当它在滑翔的过程中会受到马格努斯效应的影响，使得滑翔机的上下两侧有压力差，这个压力差会推动滑翔机往其中一侧偏转。

2. 马格努斯效应还被用于设计推进器。比如风动力船（图1-1-42-2）上不装帆，但却安装着利用马格努斯效应收集气流推动力的圆柱，这种圆柱也被称为旋筒风帆。

图1-1-42-2

43. 奇特的斯特林发动机

斯特林发动机是英国的一位牧师罗伯特·斯特林于1816年发明的，所以被命名为"斯特林发动机"。斯特林发动机是独特的热机，因为它的实际效率几乎等于理论上的最大效率，称为卡诺循环效率。斯特林发动机是通过气体受热膨胀、遇冷压缩而产生动力的，这是一种外燃发动机，使燃料连续地燃烧，蒸发的膨胀氢气（或氦）作为动力气体使活塞运动，膨胀气体在冷气室冷却，反复地进行这样的循环过程。

工具与材料

木板，金属丝，酒精灯，带橡胶塞的试管，玻璃注射器，玻璃球，橡皮筋，自行车气门芯。

活动过程

1. 在试管的橡胶塞的正中钻一个小孔，穿过一根细铜管，铜管尾端向下弯曲。

2. 用一小段气门芯将铜管尾端与玻璃注射器连接在一起。连接完成后，先推拉注射器的活塞，检查气路是否通畅，然后用手指堵住细铜管的另一端，再推拉活塞，检查气密性。

3. 试管内装入几颗玻璃球（玻璃球的直径要略小于试管内径），塞上橡胶塞，斯特林发动机的主体完成。

4. 将金属丝拗成门框状，固定在木板上作为支架，用一根橡皮筋从中间位置将试管固定在支架上，用双面胶把玻璃注射器的活塞底面粘在木板上。

5. 进行调试。初始状态要让试管几乎保持水平，只略微向橡胶塞一侧倾斜。拔出橡胶塞，调节注射器活塞伸出的长度，然后再塞紧橡胶塞，反复调节，直到试管保持很小的倾角。初始状态调节完毕后如图1-1-43-1，试管以支架为轴，略微向橡胶塞一侧倾斜，因此玻璃球都滚动到了橡胶塞一侧。

6. 用酒精灯加热试管的另一端，试管内的空气

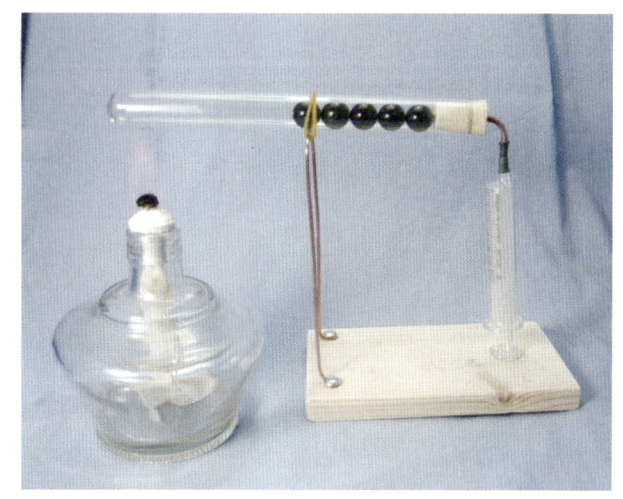

图1-1-43-1

受热后体积膨胀，通过细铜管，推动注射器。注射器的套筒被推动向上运动，改变试管的倾角，超过平衡位置以后，玻璃球就会向试管的另一端滚动。用酒精灯加热试管要符合实验室操作规范，先用酒精灯外焰均匀预热试管，防止炸裂，再把酒精灯放在固定位置。

7. 图1-1-43-2是玻璃球都滚动到试管另一端的情形。如果经过较长时间的加热，试管的倾角仍然没有改变，说明空气膨胀所产生的推动力不足以推动橡胶塞一侧向上运动。这时可以在注射器下面垫一些硬纸板，让试管水平倾角更小一些，这样

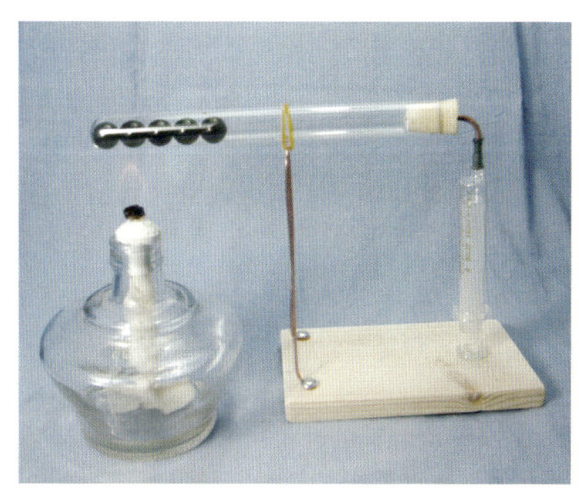

图1-1-43-2

需要的推动力也就更小。反复调整,直到注射器开始向上运动。

在玻璃球滚到酒精灯一侧时,因为玻璃球把试管内的空气都"挤"到另一侧了,此时虽然酒精灯仍然在加热试管,但是无法加热空气。试管内的空气会散热降温,体积收缩,压力降低,导致注射器套筒向下运动,试管重新向橡胶塞一侧倾斜,玻璃球重新滚动回来,整个装置回到步骤6的状态。

重新进入步骤6的状态以后,酒精灯能够再次加热空气,于是空气体积膨胀、压力增加,推动注射器,装置第二次回到步骤7的状态,往复循环。

说明与延伸

1.实际的斯特林发动机的工作气体是密封在气缸内部的,不与外界进行气体交换。气缸具有一个加热端(酒精灯一侧),一个制冷端(橡胶塞一侧,可以看作外界空气制冷)。工作气体在加热端和制冷端之间来回运动,加热时气体体积膨胀做功,冷却时气体体积收缩也做功,因此它的热效率很高。这种让工作气体在冷、热端之间来回运动的装置,叫作"气体置换活塞"(实验中的玻璃球,靠重力来回滚动,同时推动工作气体运动)。

2.斯特林发动机有很多种类型,这里介绍的只是其中最容易制作的一种。斯特林发动机的优点是热效率高,工作温度和压力低,运转噪声小,因此可以应用在潜艇上。例如利用碱金属与海水化学反应产生热量,不但不需要氧气,而且红外和噪声辐射都很低,不容易被敌舰发现。

44. 有趣的非牛顿流体

流体可以分为两种基本类型:牛顿流体和非牛顿流体。牛顿流体的黏度主要和温度有关,与施加的压力无关,在受到拍打或撞击时,其黏度不会发生改变,水、酒精等大多数纯液体、轻质油等均为牛顿流体。而非牛顿流体在受到某种力的时候,比如击打时,其黏度会发生改变,或是黏度降低变得更加容易流动,或是黏度增加变得像固体一样坚硬。可以通过一个实验来体验非牛顿流体的特点。

工具与材料

玉米淀粉,水,容器,汤匙,大口径扬声器(音箱),保鲜膜。

活动过程

1.在容器中加入一些水,然后在水中缓慢加入玉米淀粉,一边加一边用汤匙搅拌,直至用汤匙用力插入淀粉溶液时感觉碰到了硬物。一份非牛顿流体就做好了。

2.将适量的玉米淀粉溶液放到包裹有保鲜膜的扬声器上,接通电源,播放音乐。可以发现,播放音乐时,扬声器上的纸盆不停振动,当音量较低的时候,玉米淀粉溶液贴着纸盆上下运动。随着音量提高,轻轻拨动溶液,会发现它们缩成一个个小球,并随着音乐做无规则跳动,但是不会溅出。作为对比,可以用水代替玉米淀粉溶液进行试验。

说明与延伸

1.非牛顿流体是指不满足牛顿黏性实验定律的流体,即其剪应力与剪切应变率之间不是线性关系的流体。非牛顿流体广泛存在于生活、生产和大自然之中。人体身上血液、淋巴液、囊液等多种体液,以及像细胞质那样的"半流体"都属于非牛顿流体。

2.非牛顿流体的类型很多,特性也不一样。比如番茄酱,不受力时黏度很高,而受到打击振动时,黏度反而会减弱。还有像蜂蜜或者奶油这样的非牛顿流体，它们的黏度随着受力时间发生变化。可以尝试在扬声器上放上各种不同类型的非牛顿流体，观察它们的黏度随音量变化和时间变化的规律。

3.利用非牛顿流体的特性还可以做一些有趣的小实验，比如没有嚼过的口香糖也是一种非牛顿流体，把它捏成圆锥形，拿起椰子用力砸下去，就可以砸开椰子。因为当突然受到较大的压力时，口香糖会变得像固体一样坚硬。沼泽也算是非牛顿流体，越搅拌越稀，因此陷在沼泽里时，越动就越容易陷进去。

化学

1. 自制"晴雨花"

无水氯化钴($CoCl_2$)是蓝色的,当它吸收了水分变成含结晶水的六水合氯化钴($CoCl_2 \cdot 6H_2O$)时却是粉红色的。根据氯化钴的这一性质可自制"晴雨花",即用氯化钴溶液浸润花朵形的折纸,将其放在室内,"晴雨花"的颜色根据空气中湿度的不同会发生变化。

工具与材料

烧杯,玻璃棒,滴管,滤纸(硬卡纸),电吹风。

六水合氯化钴晶体,无水乙醇。

活动过程

1. 在烧杯中注入 30 mL 无水乙醇,逐次少量加入粉红色的六水合氯化钴晶体,用玻璃棒搅拌,一直到加入的晶体不能再溶解为止,即制成氯化钴-乙醇的饱和溶液(深蓝色)。

2. 将滤纸或硬卡纸折成花朵形状。

3. 用滴管取氯化钴-乙醇饱和溶液,逐滴浸润"晴雨花"。此时"晴雨花"为浅蓝色。

4. 将"晴雨花"晾干或用电吹风吹干,放于室内即可探测湿度。图1-2-1-1所示为浸润了氯化钴-乙醇溶液的"晴雨花",晾干后在室内放了一段时间的效果。

图1-2-1-1

说明与延伸

我们可以在一些干燥剂和受潮易变质的物质中添加一点无水氯化钴,根据氯化钴的颜色变化来确定这些物质是否受潮或变质。同理,我们还可用无水硫酸铜来检验一瓶酒精究竟是含水酒精还是无水酒精。

2. 茶水变色

茶水中含有鞣酸,它与Fe^{3+}能生成黑色的鞣酸铁,而草酸能与鞣酸铁发生反应,从而使鞣酸铁的黑色完全褪尽。据此可以做一个茶水变色的实验,通过在茶水中加入不同的化学物质,观察发生的颜色变化,了解鞣酸以及铁化合物的相关性质。

工具与材料

250 mL 无色透明烧杯若干(或家用无色透明的水杯),玻璃棒,药匙。

绿茶包或乌龙茶包,蒸馏水,氯化铁(或硫酸亚铁),氢氧化钠,草酸,稀硫酸。

活动过程

1. 将绿茶包泡入水中,得到浅黄色茶水。取半杯茶水,滴加1~2滴2%(指质量分数,全书同)的氯化铁溶液,茶水立刻就变成黑色,如图1-2-2-1(a)~(c)。或取半杯茶水,投入一小粒硫酸亚铁晶体,搅拌一下茶水,片刻后茶水的颜色会慢慢变深,最后呈黑色。

2. 在黑色茶水中加入几粒芝麻大小的草酸固体并搅拌。随着草酸的溶解,茶水又慢慢变为浅色,最后恢复为比最初茶水还要浅一些的颜色,如图1-2-2-1(d)。

3. 在步骤2变浅的茶水中加2~3滴10%的氢氧化钠溶液,茶水又变成了深色"墨水",这颜色不是纯黑,也不是纯红棕色,如图1-2-2-1(e)。

4. 再加几滴稀硫酸,茶水又变成了清亮的浅黄色,如图1-2-2-1(f)。

图1-2-2-1

说明与延伸

1. 用绿茶、乌龙茶都可以做这一实验。有些乌龙茶茶色偏深,效果会与活动过程所述有差异。本实验不宜选用苦丁茶。

2. 注意步骤1中的黑色茶水和步骤3中的深色"墨水"之间的差异,两者的组分不同,但颜色非常接近。因为在步骤3中Fe^{3+}和氢氧化钠发生了反应,且茶水的其他成分在碱性条件下也可能发生显色反应。

3. 石膏模的制作

石膏又称生石膏,是一种矿物,在自然界里含量非常丰富。石膏($CaSO_4 \cdot 2H_2O$)加热到150~170 ℃时,会失去所含的大部分结晶水变成熟石膏($2CaSO_4 \cdot H_2O$)。而熟石膏跟水混合成糊状物后会很快凝固,重新变成石膏。根据这些性质可以制作石膏模。

工具与材料

卡纸,透明胶,一次性杯子,一次性筷子,塑料尺,毛笔,玩具车。

熟石膏粉,机油,滑石粉。

活动过程

1. 用卡纸和透明胶制作两个大小一样的小盒(小盒的大小要比玩具车至少大一圈)。

2. 小盒内壁用毛笔蘸着机油涂抹,备用。

3. 在一次性杯子里加入熟石膏粉,按照熟石膏粉与水质量比为3∶4的比例加入冷水,用一次性筷子搅拌均匀。

4. 迅速将调好的石膏糊倒入一个小盒,用塑料尺将表面刮平。

5. 将玩具车表面涂抹机油,侧向压入石膏糊,车身进入一半,在车尾部用一次性筷子压一个小口,用塑料尺将表面其他部分刮平。

6. 等待约30 min,待石膏凝固,在石膏表面涂抹一些滑石粉。

7. 重复步骤3、4,用凝固的石膏块覆盖到这个石膏模具上,将外露的另外一半小车压入新的石膏糊中。

8. 继续等待30 min，分开两个小盒，剥离卡纸，取出小车，石膏模制作完成。

说明与延伸

1. 把熟石膏粉调成石膏糊之前，要将制作模具的准备工作做好。在制作时动作要迅速，否则石膏糊易凝固，影响模子的质量。

2. 机油和滑石粉都是为了方便石膏脱模时使用，机油可以用其他较厚重的油代替，如花生油，滑石粉可以用痱子粉等代替。卡纸需要选用相对厚实、难透水的。如果要复制的玩偶比较小，可以直接用一次性杯子剪去一半作为外盒，效果也很好。

4. 固体酒精

乙醇能跟水以任意比例互溶，而醋酸钙却只溶于水，难溶于乙醇。据此可制作固体酒精。

工具与材料

烧杯，玻璃棒，药匙，滴管，电子天平，量筒。
无水乙醇，醋酸钙晶体，蒸馏水，蜡烛。

活动过程

1. 量取40 mL的无水乙醇，注入烧杯中。

2. 在另一个烧杯中，放入2 g白色醋酸钙晶体，逐滴滴入蒸馏水，边滴边用玻璃棒搅拌，直到晶体几乎全部溶解为止，即制得醋酸钙饱和溶液。

3. 把上述醋酸钙饱和溶液慢慢倒入盛有无水乙醇的烧杯里，并用玻璃棒不断搅拌。当溶液开始出现浑浊时，点燃蜡烛。向烧杯中滴入几滴熔化的蜡滴，观察到溶液逐渐浓稠且不再流动，最后凝成一个整块。

4. 把烧杯倒过来，用手轻轻拍打烧杯底，即可从烧杯中倒出一块固体酒精（图1-2-4-1）。

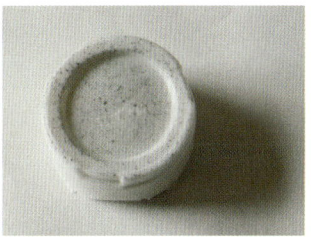

图1-2-4-1

说明与延伸

1. 在2 g醋酸钙晶体中，逐滴滴入的蒸馏水的量约为6 mL。如用不饱和的醋酸钙溶液，将会导致实验失败。

2. 石蜡可以作为固化剂，实验中加入少量熔融状蜡烛的作用是促使乙醇-醋酸钙溶液成为固体酒精。

3. 制得的固体酒精所含的水和醋酸钙的量较少，因此不会影响燃烧。

5. 蜡制品浇制

石蜡熔化后可以利用模具进行蜡制品的浇制。为了增加活动的趣味性，在熔蜡过程中加入金属盐，制作彩色火焰蜡烛，了解焰色反应的原理。

工具与材料

电磁炉，金属锅具，硅胶模具，棉纱线（漂白），细铁丝，玻璃棒，电子天平，药匙。

石蜡块,硬脂酸,煤油,蜂蜡,硝酸锶,硫酸铜,碳酸钠,氯化铵溶液。

活动过程

1. 准备烛芯。将洁白棉纱线用 1.4 mol/L 的氯化铵溶液浸泡 24 h 取出,放在通风处晾干备用。

2. 固定烛芯。将一根细铁丝对折,夹住烛芯,穿过硅胶模具底部的小孔。将玻璃棒移至硅胶模具上方,烛芯的一端绑在玻璃棒上。

3. 熔蜡。按照配方(红色火焰蜡烛配方:石蜡 15 g,硬脂酸 5 g,蜂蜡 1 g,硝酸锶 0.7 g。绿色火焰蜡烛配方:石蜡 16 g,硬脂酸 6 g,硫酸铜 0.4 g。黄色火焰蜡烛配方:石蜡 16 g,硬脂酸 4 g,碳酸钠 1.2 g),把石蜡和硬脂酸放入锅具中熔化,混合均匀,同时根据活动需要加入金属盐。

4. 定型。用布蘸煤油,把硅胶模具内外擦净,再用干布擦干。将熔好的蜡液迅速灌满硅胶模具(一次灌满,不可稍停)。灌好以后,放在桌上,自然冷却。待蜡液完全凝固后剪去头尾的烛芯,轻轻地把蜡烛从模具中敲出,彩色火焰蜡烛制作完成。

说明与延伸

1. 熔化石蜡时一定要用小火加热。浇制时蜡液的温度不宜太高,否则将影响浇制制件的质量。

2. 实验过程中不能在熔化的石蜡中滴入水,否则容易爆溅。

6. 自制晒图纸

柠檬酸铁铵遇紫外线会发生还原反应产生亚铁离子,且亚铁离子可与铁氰化钾进一步反应,生成一种名为普鲁士蓝的物质。可用柠檬酸铁铵与铁氰化钾为原料制作晒图纸,利用晒图纸为底片制作影像,了解这一光化学反应的原理。

工具与材料

刷子,天平,量筒,烧杯,药匙,玻璃棒,透明亚克力板,夹子,试剂瓶(2个,其中一个为棕色)。

柠檬酸铁铵(绿色),铁氰化钾,蒸馏水,黑纸,需复制的图案或图纸,白卡纸。

活动过程

1. 取 4 g 柠檬酸铁铵和 20 mL 蒸馏水放入烧杯中,搅拌使柠檬酸铁铵完全溶解,装入棕色试剂瓶内备用。

2. 取 2 g 铁氰化钾和 20 mL 蒸馏水放入烧杯中,搅拌使铁氰化钾完全溶解,装入试剂瓶内备用。

3. 取等体积的上述两种溶液,混匀后,在暗室或晚间用刷子均匀地涂在光洁、吸水性较好的白卡纸上,即制成晒图纸。待纸在暗室中晾干后,用黑纸包好备用。

4. 晒图时,在避光处拿出晒图纸,在晒图纸上覆上植物叶片或其他图案,用两片透明亚克力板压好,用夹子固定,放在太阳光下照晒 15~20 min。避光取出晒图纸,用清水洗 3~5 min,晾干,压平,即得所需复制的蓝白相间的图案(图 1-2-6-1)。

图 1-2-6-1

说明与延伸

1. 如果将上述混合溶液涂在白色手帕上，并附上图案，就可晒出带蓝色花纹的手帕。

2. 在纸上涂溶液和覆盖图案时，应尽可能做到避开阳光。

7. 自制洗洁精

洗洁精是常用的厨房清洁用品，主要成分有烷基磺酸钠、脂肪醇醚硫酸钠、香精等。据此可自制洗洁精，了解洗洁精中的表面活性剂去除油污的原理。

工具与材料

烧杯，玻璃棒，水浴加热装置，温度计，pH计，玻璃瓶或塑料瓶。

蒸馏水，十二烷基苯磺酸钠，十二醇硫酸钠，氯化钠，无水乙醇，食用香精。

活动过程

1. 向烧杯中逐一加入250 mL蒸馏水、21 g十二烷基苯磺酸钠、12 g十二醇硫酸钠。随后加热、搅拌，使烧杯中的药品全部溶解。

2. 向烧杯中加入3 g氯化钠，搅拌后保持溶液温度为90 ℃左右30 min。

3. 让溶液自然冷却至40 ℃，加入5 mL无水乙醇及少量香精，搅拌均匀。

4. 静置，冷却至室温，用pH计测定此时混合物的pH，若pH在6~8，则表明洗洁精制作成功，可封装入玻璃瓶或塑料瓶中。

说明与延伸

1. 活动中使用的烧杯和玻璃棒一定要清洗干净，否则会影响洗洁精的品质。

2. 若在上述洗洁精中再加2~3 mL甘油，则质量更佳。

3. 自制的洗洁精中未加防腐剂，因此不能储存过久。

4. 洗洁精中常用的表面活性剂，其分子中既有亲油基团又有亲水基团。洗涤时，表面活性剂的亲油基团与油滴结合在一起，亲水基团与水结合在一起。原本不溶于水的油污因此溶解在水中并被水冲走，达到去除污渍的效果。

8. 汽水"炸弹"

食用柠檬酸和小苏打溶于水后，能发生化学反应，产生二氧化碳气体。据此可设计汽水"炸弹"的趣味实验。

工具与材料

电子天平，药匙，长3~5 cm的塑料小盒。

小苏打，食品级柠檬酸，矿泉水，餐巾纸。

活动过程

1. 在小塑料盒中加入小半勺小苏打粉，加水至1/3处，轻轻晃动使小苏打粉尽量溶解。

2. 取半张餐巾纸，剥离出一层，放入和小苏打粉同等质量的柠檬酸，把餐巾纸包裹起来。

3. 将包裹好的纸包迅速投入小塑料盒，立刻盖紧盖子,将小塑料盒倒置在地上。

4. 静待1 min,小塑料盒被撑开,盒身高高弹起(图1-2-8-1)。

图1-2-8-1

说明与延伸

1. "汽水炸弹"的原理是小苏打粉和柠檬酸混合在一个密闭的小盒中发生反应,盒内气压增大使小盒弹开。

2. 实验成功的关键是动作要迅速,及时将盖子密闭。

3. 实验时应注意安全,防止小盒弹到周边人员。

9. 化学暖袋

铁粉氧化能放出热量,活性炭具有吸附、蓄热的功能。利用这些性质,可制作化学暖袋,通过感受温度变化,了解放热反应的相关知识。

工具与材料

电子天平,烧杯,量筒,玻璃棒,塑封袋,封口机,布袋,大头针。

还原铁粉,食盐,活性炭,木屑,蒸馏水。

活动过程

1. 称量1.5 g食盐,加入8.5 mL水搅拌均匀。

2. 分别称量50 g铁粉、7 g活性炭和3 g木屑,置于烧杯中搅拌均匀,加入步骤1所得的食盐溶液并迅速搅拌。

3. 将混合物尽快装入塑封袋中,排出空气,用塑封机封口,装入布袋外套。化学暖袋制作完成。

4. 使用时,用大头针隔着布袋在塑封袋上扎几个小孔,双手轻轻搓动,暖袋的温度会逐渐升高。

说明与延伸

1. 各种药品混合后应及时装入塑封袋密封,暴露在空气中时间过长,会导致铁粉失效。

2. 揉搓5~8 min后,暖袋温度可达60~70 ℃,发热的速度和保持发热的时间跟铁粉的纯度、粒度及其他试剂的配比有关。

3. 最好选纯度98%以上的多孔质还原铁粉。

10. 化学冰袋

一些可溶性无机盐溶于水后吸热,使溶液温度迅速降低。据此原理可制作化学冰袋,通过感受温度变化,了解某些盐类物质溶解吸热的性质。

工具与材料

电子天平,量筒,牙签,塑封袋,保鲜袋。

硝酸铵,蒸馏水。

活动过程

1. 量取10 mL水,倒入保鲜袋,把口扎紧。

2. 称取8 g硝酸铵,装入塑封袋,将有水的保鲜袋和一根牙签也装入塑封袋,封口,化学冰袋制作完成。

3. 使用时,隔着塑封袋用牙签戳破保鲜袋,让硝酸铵溶于水中,塑封袋内的温度开始急速下降。

说明与延伸

1. 化学冰袋也可用硫氰酸钾制作。每 10 mL 水中需要加入大约 12 g 硫氰酸钾。

2. 为保证降温时效,可以在布袋内垫一点棉花,再将冰袋装入。

11. 自制肥皂

肥皂是高级脂肪酸金属盐类的总称。用天然的动、植物油脂为原料,经碱皂化即可制得肥皂。以硬脂酸三甘油酯的皂化反应为例,发生的皂化反应如下:

$$\begin{array}{l} H_2C-O-\overset{O}{\underset{\|}{C}}-C_{17}H_{35} \\ HC-O-\overset{O}{\underset{\|}{C}}-C_{17}H_{35} + 3NaOH \longrightarrow 3NaO-\overset{O}{\underset{\|}{C}}-C_{17}H_{35} + \begin{array}{l}H_2C-OH \\ HC-OH \\ H_2C-OH\end{array} \\ H_2C-O-\overset{O}{\underset{\|}{C}}-C_{17}H_{35} \end{array}$$

据此可制作肥皂,了解油脂的化学性质以及皂化反应的原理。

工具与材料

烧杯,玻璃棒,酒精灯,石棉网,三脚架。

猪油,40%的氢氧化钠溶液,无水乙醇,饱和食盐水。

活动过程

1. 在 150 mL 烧杯里,盛 6 g 猪油和 5 mL 无水乙醇,加 10 mL 的 40%的氢氧化钠溶液。用玻璃棒搅拌,使其溶解(可用微火加热,加快溶解)。

2. 把烧杯放在石棉网上(或热水浴),用小火加热,并不断用玻璃棒搅拌。在加热过程中,乙醇和水因蒸发而减少应随时补充,以保持原有体积。为此可预先配制乙醇和水的混合液(体积比为 1∶1)20 mL,以备添加。

3. 加热约 20 min 后,皂化反应基本完全。

4. 将 20 mL 热的蒸馏水慢慢加到烧杯中,搅拌使之互溶。然后将该黏稠液慢慢倒入 40 ℃左右的 150 mL 饱和食盐水中,边加边搅拌。静置后,肥皂便盐析上浮。待肥皂全部析出、凝固后可取出,压入模具挤压成型即可。

说明与延伸

1. 若检验皂化反应是否完全,可用玻璃棒蘸取几滴步骤 2 中的混合液放入试管,在试管中加入 5~6 mL 蒸馏水,加热并振荡。静置时,若有油脂分离出,说明皂化不完全,可在烧杯中滴加碱液继续皂化。

2. 动物油类和植物油类皂化时需要的碱的量是不同的。油脂不易溶于碱水,加入乙醇是为了增加油脂在碱液中的溶解度,加快皂化反应速度。

12. 自制银镜

一定浓度的硝酸银溶液和氨水可以配制成银氨溶液,与葡萄糖溶液混合后,在适当的碱性条件下,常温即发生银镜反应。在这一过程中,银氨络合离子被还原成单质银。据此可自制银镜,并了解相关化学反应的原理。

工具与材料

小试管，护目镜，一次性手套，天平，量筒，烧杯，药匙，玻璃棒，滴管。

硝酸银，氨水，氢氧化钠，葡萄糖。

活动过程

1. 分别配制 0.15 mol/L 硝酸银溶液，体积分数 2% 的稀氨水，0.15 mol/L 氢氧化钠溶液，0.2 mol/L 葡萄糖溶液。

2. 取一根干净的小试管，在试管中滴加 1 滴管硝酸银溶液。

3. 在试管中逐滴滴入新鲜配制的稀氨水。滴加 1 滴氨水，混匀 1 次，快速再加 1 滴氨水，混匀 1 次。重复操作，直到沉淀恰好溶解消失，溶液变澄清为止。

4. 向试管中滴加 5 滴氢氧化钠溶液和 1 滴管葡萄糖溶液。

5. 用大拇指捂住试管口，上下颠倒 3 次，然后用手心捂住小试管，约 1 min 后松开手，将试管中的废液倒掉，观察小试管中的银镜效果（图 1-2-12-1）。

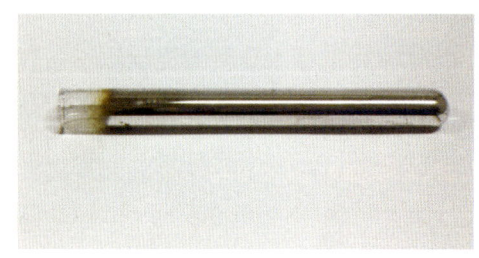

图 1-2-12-1

说明与延伸

1. 硝酸银溶液和稀氨水要现配现用。

2. 试管内壁应保持洁净，如有油污，则无法形成银镜，可以用碱性溶液先进行洗涤，除去油污后再进行实验。

3. 若在较大的容器中做本实验，必须水浴加热且温度控制在 70 ℃ 左右，如果水浴温度过低，那么银镜反应较慢，易形成黑色的银镜。本实验用小型试管，用体温代替水浴加热，提高实验的便捷性。

13. 自制湘妃竹

浓硫酸具有氧化、脱水性能。当稀硫酸在竹子上被烘干后，稀硫酸就变成了浓硫酸，浓硫酸使竹子表层纤维脱水炭化。据此可自制湘妃竹，通过在竹子表面绘制文字或图案，学习硫酸的相关性质。

工具与材料

纸张，即时贴，烧杯，毛笔，电吹风。

竹子，0.1 mol/L 的稀硫酸，蒸馏水。

活动过程

1. 挑选一段干净的青毛竹，加工成所需的形状。用刮刀轻轻刮去毛竹上的毛疵，并将表层的竹青和污垢去除，用砂纸打光竹子表面。

2. 用事先刻好图案的即时贴覆盖，镂空部分用 0.1 mol/L 的稀硫酸涂抹。

3. 用电吹风高温档对着毛竹上的镂空部分加热。一般需要 3~5 min，如有特殊需要可以调整吹烘时间。

4. 等镂空部分变黑，剥下即时贴，即可得到湘妃竹成品。

说明与延伸

1. 稀硫酸的浓度控制在不高于 0.1 mol/L。

2. 一般选用干燥的竹子制作湘妃竹，否则将影响成品的效果。

3. 可以用胶合板等木质材料代替竹子，因为竹、木纤维都可被硫酸炭化。

14. 化学破冰

醋酸钙和醋酸镁是可溶性盐,将其覆盖在冰面上,能促进冰的消融。氯化钠、氯化镁等氯盐的水溶液也可促进冰融。可用醋酸钙、氯化钠、冰块设计一系列探究实验,通过观察现象,了解两种盐对水的凝固点的影响及其水溶液对金属腐蚀性的区别。

工具与材料

烧杯,药匙,玻璃棒,表面皿,天平,温度计,带塞试管,粗棉线,新铁钉2枚。

冰块,蒸馏水,醋酸钙粉末(可用醋酸镁代替),食盐。

活动过程

一、醋酸钙破冰

1. 在2个洁净烧杯中,分别放入100 g碎冰块,将烧杯编号为1号、2号。

2. 在2号烧杯中放入2 g醋酸钙粉末(可视为2%的醋酸钙溶液),用玻璃棒稍搅拌一下。

3. 将2个烧杯盖上表面皿(图1-2-14-1),记下当时的室温(实验时为9 ℃),观察烧杯中冰块的变化。发现3 min后,2号烧杯中的冰块开始融化。20 min后,1号烧杯中的冰块才稍有融化,这时2号烧杯中的冰块已融化了一半左右。90 min后,2号烧杯中的冰块全部融化,而1号烧杯中不放醋酸钙的冰只融化了一半。

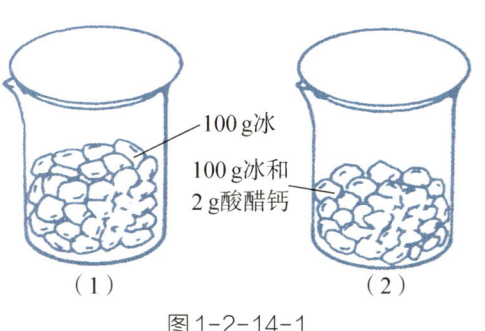

图1-2-14-1

4. 从上述实验可以看出,醋酸钙加入冰中后,会使水的凝固点降低,以致在较低温度下,冰也易于融化。

二、两种破冰剂的腐蚀性比较

1. 取2支干净试管,在1号试管中注入2%食盐溶液,2号试管中注入2%醋酸钙溶液。

2. 在2支试管中分别放入一枚中等大小的新铁钉,使试管中的溶液浸没铁钉。

3. 用橡皮塞或软木塞紧紧塞住试管口(图1-2-14-2),观察试管内溶液的变化。发现4 h后,1号试管中的溶液呈棕黄色。24 h后,1号试管底部沉积着一些暗褐色的固体小颗粒,而2号试管中不出现沉淀物,溶液仍是无色透明的。

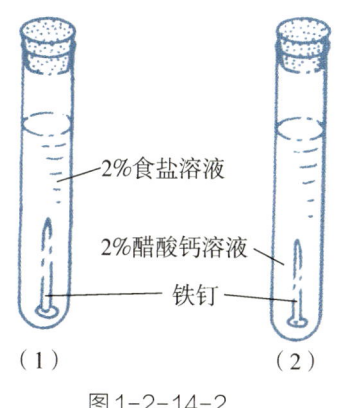

图1-2-14-2

三、棉线吊冰块

1. 从冰格中取一冰块放置在表面皿中。

2. 将粗棉线平放到冰块表面,在棉线和冰块接触的地方加一些食盐[图1-2-14-3(a)]。

 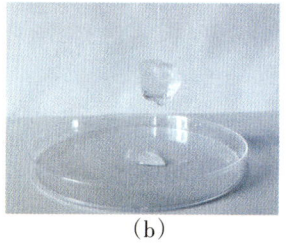

(a)　　　　(b)

图1-2-14-3

3. 静置30 s,轻轻提起棉线的一端,冰块就被吊起来了[图1-2-14-3(b)]。

说明与延伸

1. 活动一的2个烧杯中放入的碎冰块的大小要基本相同,否则将会影响实验结果。

2. 在冰块上撒了食盐后,食盐能使冰块加速融化,一部分冰融化会吸收周围的热量,使冰块表面的温度急剧下降,因此融化的水会再冻成冰,使棉线和冰块冻在一起。提起棉线,冰块就被吊起来了。

15. 葡萄糖溶液发酵

在无氧或氧气含量极低的条件下,酵母菌会把葡萄糖转化为乙醇和二氧化碳。据此可设计葡萄糖溶液的发酵实验,通过观察实验现象,理解这一化学反应过程。

工具与材料

长胶头滴管,锥形瓶,棉花,双球导管,矿泉水瓶,木条,火柴。

葡萄或葡萄糖,酵母粉,澄清石灰水,蒸馏水。

活动过程

1. 取适量葡萄,洗净,剥皮。把葡萄肉和葡萄皮放入矿泉水瓶中,体积大约1/3瓶。如果没有葡萄,可以用10%的葡萄糖溶液代替。

2. 加入少量的水和2~3勺酵母粉,摇匀。如果是葡萄糖溶液,就不需要再加水。

3. 用棉花团塞紧瓶口。瓶子的温度保持在25~40 ℃。25 ℃室温需放置24 h。40 ℃则放置5~20 min。仔细观察,发现瓶子里有大量的气泡产生。

4. 拔掉棉花团塞,扇闻瓶子里的气味,可以闻到酒精味,说明产物中有乙醇。

5. 用带火星的木条伸入瓶内,发现火星熄灭。

6. 在小试管中装入约1 mL澄清的石灰水。用长胶头滴管吸取发酵瓶内溶液上方的气体,再把气体注入石灰水的底部,反复操作几次。仔细观察,发现澄清的石灰水变浑浊,说明这种气体是二氧化碳。

说明与延伸

1. 棉花团没有完全密封水瓶,因此能使瓶中产生的二氧化碳气体逸出。如果将瓶子完全密闭则容易爆瓶。

2. 检验二氧化碳气体时,胶头滴管里不要吸入发酵的溶液。

3. 如果发酵过度,产生的乙醇会进一步被氧化为乙酸。

4. 可采用一个比棉花团更精密的双球装置,棉花团可以用气球或者双孔小球导管代替,如图1-2-15-1所示。反应开始后,左边小球中的液面会逐渐上升。如果左右两边小球中的液面始终一样高,那么说明这套装置漏气。

图1-2-15-1

16. 番茄酸性检测

番茄中含有柠檬酸、苹果酸等有机酸,这些物质具有羧酸的性质。据此可设计一系列实验,探究番茄的酸性,了解酯化反应的原理。

工具与材料

纱布,滤纸,漏斗,滴管,烧杯,试管,量筒,试管夹,酒精灯,毛笔,蓝色石蕊试纸,pH 试纸,白纸。

大的半熟番茄(2只),0.1 mol/L 氢氧化钠溶液,锌粒,无水乙醇,浓硫酸。

活动过程

一、测酸性

1. 取一只大的半熟番茄,洗净后去皮,切成小块包入两层纱布中挤压。挤出的液体用滤纸或多层纱布过滤,得到纯净新鲜的番茄汁。

2. 用滴管吸取一些番茄汁,滴 1~2 滴到蓝色石蕊试纸上,观察现象,发现试纸变成淡红色。

3. 在试管中盛大约 5 mL 的番茄汁,逐滴滴入 0.1 mol/L 氢氧化钠溶液,并不断用 pH 试纸测溶液的酸性。可发现汁水逐渐由酸性变为中性。

4. 在另一个盛有 5 mL 番茄汁的试管中,放入少量锌粒。把试管放在酒精灯火焰上稍稍加热,观察现象,发现试管中有气泡冒出。上述现象说明番茄汁有酸性。

二、测有机酸

1. 用毛笔蘸取番茄汁,在白纸上写字或画画,让纸自然晾干,这时白纸上几乎看不出痕迹。

2. 将纸放在酒精灯的火焰上方烤一下,观察现象。发现白纸上很快出现焦黄色的字迹或图案。

3. 在试管中注入 3 mL 番茄汁、2 mL 无水乙醇,再慢慢地滴加 3 mL 浓硫酸,充分振荡。

4. 把试管放在酒精灯火焰上小心加热 5 min,发现在试管口可以闻到水果香味。

说明与延伸

1. 把涂有番茄汁的白纸放在酒精灯火焰上烘烤时,要注意用内焰烘烤,否则容易使纸烧起来。

2. 番茄汁中的有机酸在浓硫酸的作用下,与乙醇发生了酯化反应,生成具有水果香味的酯类物质。

17. 柿霜的成分

柿子放在太阳下晒,水分蒸发后,柿子的表面会形成一层白色的粉,即柿霜。通过费林反应实验,可以验证柿霜的主要成分是葡萄糖,并了解费林反应可用于检测含醛基的还原糖。

工具与材料

烧杯,玻璃棒,量筒,滤纸,漏斗,漏斗架,试管,试管夹,酒精灯。

带柿霜的柿饼,蒸馏水,10% 的氢氧化钠溶液,2% 的硫酸铜溶液。

活动过程

1. 制取柿霜溶液。

(1) 取一只柿饼,放在烧杯中,注入 15~20 mL 蒸馏水,用玻璃棒不断翻动,使柿饼表面的柿霜溶解于蒸馏水中。

(2) 在漏斗架上搭装过滤装置。把折好的滤纸放在漏斗中,用蒸馏水湿润。漏斗下端紧贴烧杯的内壁。把柿霜溶解液倒入漏斗中,过滤后得到浅黄色近乎透明的柿霜溶液。

2. 费林反应。

(1) 取一支试管,加入约 4 mL 的 10% 的氢氧化钠溶液,再逐滴滴入 5 滴 2% 的硫酸铜溶液,仔细观察现象,发现有蓝色的氢氧化铜沉淀生成。

(2) 在试管中加入约 2 mL 的柿霜溶液,然后把试管放在酒精灯上加热[图 1-2-17-1(a)]。观察现象,发现试管中蓝色的沉淀慢慢变为黄绿色[图 1-2-17-1(b)],然后形成砖红色沉淀[图 1-2-17-1(c)],即生成了氧化亚铜。

说明与延伸

1. 市售柿饼品质不一,而柿霜的成分又较为复杂,有些柿霜的滤液仍然是浑浊的,达不到良好的实验效果。这时可以用 10% 的葡萄糖溶液替代柿霜溶液。

2. 葡萄糖是一种可溶性的还原糖,分子中的醛基(—CHO)具有弱还原性,在水浴加热条件下其可与氢氧化铜发生氧化还原反应,将 Cu^{2+} 还原成砖红色的氧化亚铜。这个反应要求氢氧化钠溶液过量,所以不要过多加入硫酸铜溶液。

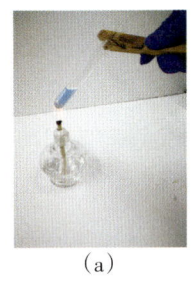  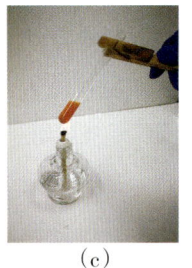

(a)　　　　(b)　　　　(c)

图 1-2-17-1

18. 蛋白质趣味实验

蛋白质在某些化学因素作用下,如遇到强酸、强碱、重金属盐类物质,其结构会被破坏,发生变色反应或生成沉淀。据此,可用鸡蛋、牛奶等富含蛋白质的食物为实验材料,通过观察它们与强酸或重金属盐的反应现象,了解蛋白质变性的相关知识。

工具与材料

毛笔,烧杯,白纸,量筒,吸管。

鸡蛋,稀硝酸,蒸馏水,冰醋酸,硫酸铜。

活动过程

一、蛋清写字

1. 取一枚鸡蛋,用吸管吸取约 2 mL 蛋清于烧杯中,加入 10 mL 水搅拌均匀。

2. 用毛笔蘸取混合液在白纸上书写或绘图,晾干。

3. 另取一支毛笔蘸取稀硝酸在白纸上涂抹,观察到纸上有黄色字迹显现。

二、蛋白留痕

1. 用铅笔在鸡蛋上画好图形,再用吸管吸取少量醋酸,在鸡蛋壳上用醋酸临摹刚才画好的图形。

2. 配制 1 mol/L 的硫酸铜溶液。待蛋壳上的醋酸蒸发后,把鸡蛋放在硫酸铜溶液里煮熟(图 1-2-18-1)。

3. 待鸡蛋冷却后,剥去蛋壳,洁白的鸡蛋白上出现了清晰的蓝色印记。

图 1-2-18-1

说明与延伸

1. 硝酸的稀释工作由教师完成,活动一中的硝酸浓度应不高于 0.1 mol/L。

2. 醋酸溶解了蛋壳后,会少量渗入鸡蛋白内。

鸡蛋白在弱酸性条件下会发生水解,生成多肽等物质。这些物质中的肽键,遇Cu^{2+}发生络合反应,蛋白上出现的蓝色沉淀其实就是这一络合反应的产物。

3. 无机重金属离子(如Cu^{2+}、Pb^{2+}、Zn^{2+}、Cd^{2+}、Hg^{2+})对人体有很大的危害性。因为蛋白质能与重金属离子牢固地结合,形成不溶于水的蛋白质重金属化合物,从而使重金属离子从溶液中析出,所以牛奶、蛋清都可用来解重金属离子之毒。

19. 维生素C的实验

维生素C即抗坏血酸,是一种白色晶体。维生素C显酸性,遇热不稳定,有较强的还原性。据此可设计一系列实验,探究维生素C的酸性和还原性,并利用其还原性粗略测定新鲜蔬菜和水果中的维生素C含量。

工具与材料

试管,量筒,玻璃棒,滴管,烧杯,石棉网,铁架台,铁圈,酒精灯,试管夹,玻璃片,pH试纸。

维生素C(药用100 mg片剂,2片),蒸馏水,稀三氯化铁溶液,硫氰化钾溶液,铁氰化钾溶液,淀粉,碘酒,梨汁,大白菜汁,青菜汁,橘子汁,浓绿茶水。

活动过程

一、酸性测试

1. 在一支大试管中放入2片维生素C,用玻璃棒轻轻捣碎。注入20 mL蒸馏水,使维生素C溶解,试管中的液体略显浑浊。

2. 把pH试纸放在玻璃片上,用滴管吸取大试管中的少量上层清液,滴在pH试纸上,测定溶液的pH。

3. 测得溶液的pH约为2.5。说明维生素C在水中的溶解度不大,但其酸性较强。

二、还原性实验

1. 取洁净试管2支,第一支注入上述维生素C清液2 mL,第二支注入蒸馏水2 mL。

2. 在2支试管中各滴入棕黄色的稀三氯化铁溶液3滴,振荡试管,观察现象。发现第一支试管中的溶液基本上仍显无色,第二支试管中的溶液显浅棕黄色。

3. 将第一支试管中的溶液平均分在2支大小相同的试管内,并给试管编号。

4. 在1号试管中滴加硫氰化钾溶液,2号试管中滴加铁氰化钾溶液,观察现象。发现1号试管中的溶液不显红色,2号试管中的溶液变成蓝色。上述实验现象都证实维生素C把Fe^{3+}还原成Fe^{2+}。

三、维生素C含量的简易测定

1. 在6支洁净试管内分别加入1 mL梨汁、大白菜汁、青菜汁、橘子汁、浓绿茶水及维生素C清液。

2. 各滴加淀粉-碘酒溶液6滴,充分振荡,观察现象。将显色结果记录在表1-2-19-1中。

表1-2-19-1

待测液	梨汁	大白菜汁	青菜汁	橘子汁	浓绿茶水	维生素C清液
滴加淀粉-碘酒溶液后显色情况						

说明与延伸

1. 实验用的维生素C溶液要随用随配,暂不用时,盛放维生素C溶液的容器口一定要密封好,以防止其氧化变质。

2. 梨汁、大白菜汁、青菜汁、橘子汁等应新鲜榨取,如较浑浊,可用多层纱布或滤纸过滤。

3. 在制取亚铁盐溶液或制取、贮备易氧化物质时,也可以添加些维生素C来防止其氧化。

20. 纸的趣味实验

纸的化学成分主要是纤维素（书写纸、打印纸表面还会涂有淀粉）。纤维素、淀粉、葡萄糖等属于糖类（又称作碳水化合物）。根据纤维素、淀粉的水溶性不同，可用水洗法、沉淀法等方法将它们分离。纤维素、淀粉都为可燃物，如果隔绝空气对它们加热，则会发生分解反应。据此可设计检验纸张中的淀粉、纸张受热分解的探究实验，了解纸张的成分及其性质。

工具与材料

试管，打火机，剪刀，铝片（从易拉罐上剪下一小片即可），镊子，酒精灯，滴管。

废报纸，A4纸，纯净水，碘酒。

活动过程

一、分离、检验纸上的淀粉

1. 撕取一张 5 cm×18 cm 的 A4 白纸，卷成圆筒后插入小试管中，再注入 70~80 ℃ 的纯净水浸没白纸。浸泡 2 min，其间可振荡试管。再用镊子取出纸，留下略浑浊的水。静置 30 min 后，试管底部可见到少许白色沉淀。

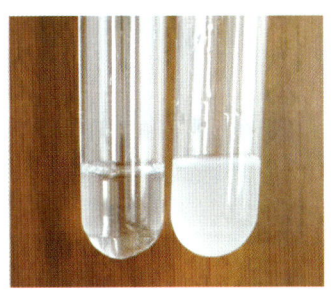

图 1-2-20-1

2. 用滴管分别吸取试管内上层清液及底部带有沉淀物的浑浊液各 2 mL（图 1-2-20-1）。向这两种溶液中分别滴加等量的稀碘水（可用 1 滴碘酒加入 5 mL 水配制）。在上层清液中滴加碘水后溶液变为蓝色（图 1-2-20-2 左）；有沉淀物的浑浊液中滴加碘水后，溶液变为紫褐色（图 1-2-20-2 右）。

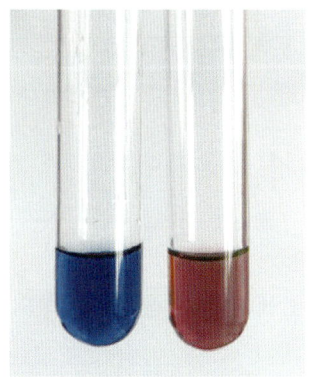

图 1-2-20-2

二、纸"变"可燃气体和黑炭

1. 撕一条长约 25 cm、宽约 2.5 cm 的废报纸，将纸条裹卷起来，卷成一个高约 2.5 cm 的棒状纸柱。

2. 用剪刀剪取一块边长约 4 cm 的正方形铝片，用铝片把步骤 1 所得的纸柱裹卷起来，卷好后用镊子将一端折叠起来，将口封死，另一端不封口。

3. 点燃酒精灯，用镊子夹住步骤 2 所得的铝卷的封口端，将铝卷放在火焰上灼烤。10~20 s 后，铝卷不封口的一端会冒出大量白烟。将酒精灯灯焰靠近白烟，白烟会被引燃，形成一束明亮的火苗（图 1-2-20-3）。

图 1-2-20-3

4. 等铝卷冷却后，慢慢拆开，可以看到铝卷内的纸柱变成了黑棒。

5. 用镊子夹起步骤 4 所得的黑棒，置黑棒一端于酒精灯火焰上灼烧，发现黑棒能再次燃烧，燃烧端有发红现象，但没有白烟产生。

说明与延伸

1. 普通面粉（淀粉）中含有不同分子结构的淀粉。直链淀粉能溶于水，而支链淀粉难溶于水。直链淀粉遇稀碘水会变蓝色，支链淀粉遇稀碘水会变紫褐色。

2. 纸被隔绝空气灼烤会生成可点燃的白烟和黑棒，其中白烟含有液、固态可燃小颗粒和气态可燃物，黑棒就是炭。因为纸被隔绝空气灼烤时没有氧气助燃，纸中部分碳元素就形成了炭。

21. 智取指纹

碘晶体易升华，在常压下加热，可直接变成紫色蒸气。脂肪能吸附溶解碘，当碘蒸气冷却在摁有指纹的白纸上时，紫褐色指纹便会呈现出来。502胶中含有氰基丙烯酸乙酯（ECA）。人的汗液中含有少量氨基酸。ECA和汗液中的氨基酸阴离子可以生成乳白色聚合物。可设计两种提取指纹的趣味实验，了解碘单质和502胶的相关性质。

工具与材料

金属小盒（易拉罐剪去2/3也可），酒精灯，镊子，白纸，透明小器皿。

碘酒，502胶。

活动过程

一、碘酒显踪迹

1. 准备一张不太光滑的白纸。用肥皂洗净手指并用毛巾擦干，将手指在白纸上用力摁一下。

2. 将碘酒倒入金属小盒中，用镊子夹着小盒，用酒精灯加热底部。

3. 加热片刻，碘酒开始蒸发。当有紫色蒸气冒出时，将按有手印的白纸放在小盒上方约5 cm处，使摁有指纹的那面朝下。

4. 加热约1 min，指纹就显现出来了。

二、502胶显指纹

1. 准备一个透明的小器皿，在里面按上指印。

2. 在器皿里滴入几滴502胶，密封起来。5 min后，就能看见指纹清晰地显现出来。

说明与延伸

1. 碘易升华，所以时间一长纸张上紫褐色的指纹便会消失。

2. 碘蒸气有毒，要用小火加热金属小盒，且操作时脸部不能对着小盒，有条件应在通风橱中进行实验。

3. 502胶在未加热情况下挥发出的化学物质很少，所以应选择较小的透明器皿，且按指纹处靠近胶为佳。

22. 水中花园

氯化钴、氯化铁、硝酸钙等物质都能与硅酸钠发生化学反应，生成不同颜色的胶状的金属硅酸盐。由于渗透作用，这些金属硅酸盐可以在溶液中不断长成芽状或树枝状。由此可设计水中花园实验，通过观察有趣的实验现象，了解相关化学反应过程和渗透作用的原理。

工具与材料

广口瓶,镊子,天平,量筒,药匙。

硅酸钠,蒸馏水,三氯化铁,氯化锰,氯化钴,硝酸铅,硝酸镍,硝酸钙,硫酸亚铁。

活动过程

1. 在广口瓶中加入20%硅酸钠溶液(或市售水玻璃),至瓶子容积的3/4左右。静置排气泡。

2. 用镊子夹取绿豆大小的数粒三氯化铁、氯化锰、氯化钴、硝酸铅、硝酸镍、硝酸钙、硫酸亚铁固体,依次轻轻地放入盛有硅酸钠溶液的广口瓶底(分别放在瓶底的不同位置处)。

3. 当看到"水生植物"慢慢生长到快接近液面时,用长滴管小心翼翼地将广口瓶中的溶液吸出来,以免"水生植物"继续生长。当溶液基本吸完后,将清水沿着玻璃棒缓慢地注入广口瓶中,一个美丽的水中花园便制成了。

说明与延伸

1. 水分子或其他溶剂分子从低浓度的溶液通过半透膜进入高浓度溶液中的现象叫作渗透作用。本实验中生成的金属硅酸盐表面如同半透膜,水分子等小分子能进出,大的金属离子如铜离子等会被半透膜拦住。如此,各种金属硅酸盐才能不断生长。

2. 各种金属盐固体要用镊子小心地放在广口瓶底的预定位置,相互间需保持一定距离,挤在一起效果不好。固体颗粒不宜过大,绿豆大小即可,也不易过小,粉末态固体难以生长出"花园"。

3. 在操作过程中及移动广口瓶时,要尽量使液体保持静止,避免晃动,否则会使"水生植物"折断。

4. 几种金属盐类进入硅酸钠溶液生成不同颜色的金属硅酸盐固体:三氯化铁固体,成品为棕黄色,生长快,开出的"花"极易倒塌,最好把该固体放在容器边缘,使其沿壁生长;氯化锰固体,成品为粉红色,生长速度快;氯化钴固体,成品为紫色,形成速度很慢;硝酸铅固体,成品为白色,很难形成;硝酸镍固体,成品为绿色,能形成;硝酸钙固体,成品为白色,形成速度很慢;硫酸亚铁固体,成品为浅绿色,比较难形成。

23. 培养大体积单晶

晶体都具有天然的规则几何形状。虽然同一种晶体的外形看起来很不一样,但它们却有共同的特点,即各相应晶面间的夹角恒定不变。这条规律称为晶面角守恒定律,是鉴别各种矿石的重要依据。据此可设计培养大体积单晶的实验,通过观察硫酸铜单晶、明矾单晶的生长过程和晶体形状,理解晶面角守恒定律。

工具与材料

烧杯,培养皿,锥形瓶,温度计,加热装置,玻璃棒,滤纸,脱脂棉。

硫酸铜(分析纯),明矾,蒸馏水。

活动过程

一、大体积硫酸铜单晶的培养(自然结晶法)

1. 在室温下配制200 mL硫酸铜的饱和溶液,加热到约50 ℃,使其完全溶解,过滤。

2. 待溶液冷却到约30 ℃时,将滤液分装在多个100 mL锥形瓶中,用脱脂棉塞住瓶口。静置1~2周(图1-2-23-1为生长中的晶体),在这期间仔细观察瓶内的变化。最后如出现多个晶体,可以保留形状较好的晶体（图1-2-23-2）。

图1-2-23-1　　　　图1-2-23-2

二、大体积明矾单晶的培养（悬挂法）

1. 配制50~60 ℃饱和明矾溶液200 mL，趁热过滤，冷却至室温，分装在两个培养皿中自然结晶（为避免灰尘影响结晶，可在培养皿上盖一张滤纸）。放置24~48 h，待溶液自然蒸发，培养皿内会出现许多明矾小结晶。

2. 选取外形好且比较完整的明矾小晶体作为晶种，用细线系住晶种，线的上端固定在横跨烧杯口的玻璃棒上，使晶种悬垂在明矾溶液中间，不与杯壁、杯底接触（图1-2-23-3）。在烧杯上盖一张滤纸。静置1周后，观察到生成一个体积大的明矾单晶，晶体呈八面体形（图1-2-23-4）。

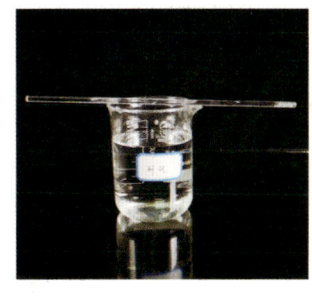 

图1-2-23-3　　　　图1-2-23-4

说明与延伸

1. 若晶体放置在溶液中的时间较长，且晶体生长较缓慢，所得晶体的形状就较好；若溶液过饱和，室温过高，溶液蒸发快，晶体生长太快，所形成晶体的质量就差，且容易出现晶簇。一般20~30 ℃生成的晶体较好。

2. 如无恒温设备，则应注意制取的饱和溶液的温度与室温不能相差太悬殊，较高温度下制得的饱和溶液，建议冷却至室温再进行下一步实验。

24. 点火成"蛇"

糖是一种有机物，直接点燃时不能燃烧。但有烟灰存在时，糖就能燃烧。由此可设计"点火成蛇"趣味实验，将糖、小苏打、烟灰混合后点燃。糖熔化生成的黏性物质，可使小苏打受热分解放出的二氧化碳气体不易逸出，生成疏松弯曲的蛇状物质。

工具与材料

酒精灯，研钵，石棉网，药匙，滴管，天平。
白砂糖，浓硫酸，烟灰，小苏打，无水乙醇。

活动过程

1. 将白砂糖和小苏打按照质量比8∶1称取，放到研钵中，研细，混合均匀。

2. 取一张新的石棉网，在石棉网上放一层烟灰，尽量将烟灰摊平。

3. 将步骤1中准备好的白砂糖和小苏打的白色混合物堆放在烟灰上，尽量堆得尖些。

4. 用滴管取1~2 mL无水乙醇滴在白

图1-2-24-1

色混合物四周的烟灰上。点火引燃烟灰上的酒精。开始是酒精被引燃,之后糖堆也起燃,同时还有熔化、炭化、膨胀等现象,随后糖堆中徐徐爬出一条灰黑色的"蛇",3~5 min糖燃烧完成,"蛇"完全爬出,火熄灭(图1-2-24-1)。

说明与延伸

1. 点火成"蛇"实验中的糖及小苏打要干燥。

实验成功的关键是烟灰要平铺在石棉网上,滴加的酒精要滴在烟灰上,尽量不要加在糖和小苏打的混合粉末上。

2. 烟灰中的稀有金属离子是一种催化剂,它能加快反应速率,使糖可以燃烧。它自身在反应前后的质量和化学性质不变,因此烟灰在反应后还可继续使用。

25. 会变色的果冻

制作果冻时,可在琼脂溶液中加入不同的酸碱指示剂,随后设计电解果冻的实验。制成的果冻中的水不再流动,电解果冻实际上是在电解果冻中的水。通过观察指示剂的颜色变化,并与酸碱值对照表比对,就能直观地看到电解水过程中两端电极的pH变化。

工具与材料

果汁机,滤布,滤纸,烧杯,玻璃棒,石墨棒,学生电源,电子天平,磁力搅拌加热仪。

蒸馏水,琼脂粉,紫甘蓝,酚酞,硫酸钠。

活动过程

1. 制作果冻。

(1)称取50 g紫甘蓝,撕碎并倒入果汁机中,再倒入50 g水,用果汁机充分搅拌,过滤后得到紫甘蓝汁。

(2)称取两份实验材料,每份1 g琼脂粉和44 g水,分别放入两个烧杯中,加热制作成果冻溶液。在果冻溶液凝固前分别向两个烧杯中倒入5 mL的紫甘蓝汁、酚酞试剂及1 mol/L的硫酸钠溶液(增强导电性能)。用玻璃棒搅拌,以减少气泡的产生,然后放在冷水中使其快速凝固。静置片刻,紫甘蓝果冻和酚酞果冻就分别做成了。

2. 电解果冻。

(1)准备石墨棒作为电极。将两根石墨棒插在紫甘蓝果冻的两端。

(2)将电极分别夹在两根石墨棒的端头,电压为12 V。开始电解并计时,电解后阴极和阳极的pH发生变化,致使果冻中的紫甘蓝汁颜色变化。直到红色和黄绿色完全交会时停止电解。表1-2-25-1为紫甘蓝汁在不同pH环境下的颜色。

(3)用同样的方法电解酚酞果冻。电解过程中,观察到红色从阴极向阳极移动到中间部位停止,说明阴极周围的液体呈碱性。

说明与延伸

制作果冻时还可以加入甲基橙、橙皮汁等材料,再进行电解实验。通过观察它们的颜色变化,得知电解水时H^+、OH^-的移动情况。

表1-2-25-1

pH	1~2	3	4	5	6	7	8	9~10	10~11	11~13	>13
紫甘蓝汁颜色	红	粉红	粉紫	淡蓝紫	蓝紫	紫青	青绿	翠绿	草绿	黄绿	深黄

26. 用电写字

电解食盐水时，正负极的pH将发生变化。若在食盐水中加入酚酞试剂，正负极附近的溶液将会有明显的颜色变化。据此可设计用带电的铅笔写字的趣味实验（图1-2-26-1）。

工具与材料

烧杯，玻璃棒，直流电源，导线，白纸，锡箔，两头削尖的铅笔。

蒸馏水，无色酚酞溶液，食盐。

活动过程

1. 在烧杯中放入5 g食盐，注入150 mL蒸馏水和十几滴无色酚酞溶液，用玻璃棒搅拌使食盐溶解，得无色透明的食盐-酚酞溶液。

2. 取A3大小的锡箔铺在桌面，白纸放在锡箔上。把步骤1制得的溶液涂在白纸上，使其湿透。

3. 直流电源电压调到15 V左右。电源负极接在两头削尖的铅笔的一头。电源正极连在锡箔上。

4. 用铅笔的另一头轻轻地在浸湿的白纸上写字或画画，发现铅笔所到之处，出现了红色的痕迹

图1-2-26-1

说明与延伸

1. 选用的直流电源电压在10~20 V为宜。若电压太小，显色不明显。

2. 本实验中，铅笔经过之处所显出的红字一段时间后可能会慢慢褪去，这是由于电解后生成的氢氧化钠溶液会向四周扩散，当氢氧化钠的浓度过低时，就不能使酚酞显红色了。

3. 若用碘化钾-淀粉溶液浸透白纸，把铅笔与电源正极相连，锡箔与负极相连，就能写出蓝色的字。如把白纸放在碘化钾、淀粉、酚酞的混合液中浸透，根据需要随时改变铅笔与锡箔的电极，便能写出红、蓝双色的字。可利用以上实验现象来确定一个标记不清的直流电源的正、负极。

27. 会发响的气泡

水能在直流电作用下分解成氢气和氧气。据此可设计趣味电解水实验。设计一个巧妙的实验装置，将产生的氢氧混合气体通入洗洁精中，产生可以点燃的气泡。

工具与材料

直流稳压电源（0~24 V），导线，烧杯或培养皿，火柴，酒精灯，空塑料眼药水瓶，回形针，细橡胶管，干净的输液管，塑料滴管，木条，耳塞。

0.4 mol/L的硫酸钠溶液，洗洁精。

活动过程

1. 制作反应装置。

把回形针一边拉直，插入装有0.4 mol/L硫酸钠溶液的塑料眼药水瓶里，瓶子的左右各插一支回形针。两根回形针不能相碰。细橡胶管的一端连接眼药水瓶口，另一端连接干净的输液软管。剪下塑料滴管的捏头，滴管的细口和输液管连接，给输液管加一个"小喇叭"。

2. 搭装电解装置。

红色导线一端连接直流电源的正极,另外一端连接回形针。黑色导线一端连接直流电源的负极,另外一端连接另一个回形针。电压调至直流12 V。

3. 混合。

在培养皿中加入水和洗洁精,混合均匀。

4. 打开直流稳压电源开关。

30 s后,把导管的小喇叭插在培养皿中。培养皿中有气泡生成(图1-2-27-1)。

5. 点燃气泡。

关闭电源开关。把带火苗的木条插入培养皿中鼓出的气泡中(图1-2-27-2),听到像放鞭炮一样的爆鸣声。

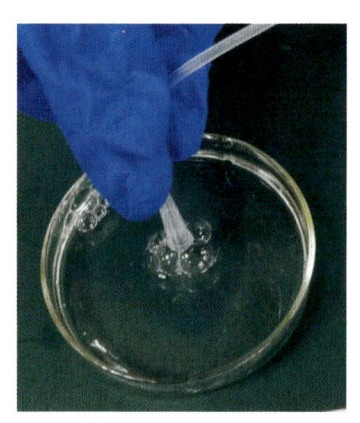

图1-2-27-1

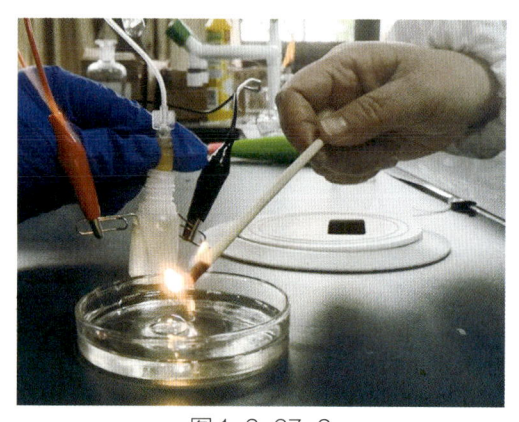

图1-2-27-2

说明与延伸

1. 本实验中,电解池是装有硫酸钠溶液的塑料眼药水瓶,电极是回形针。注意,塑料瓶中的两个回形针不能接触,否则容易短路。反应一段时间后,回形针表面的闪亮金属色变成灰色,就不能再继续使用。

2. 不要点燃导管或眼药水瓶中的混合气体,以免发生眼药水瓶爆炸。点燃的气泡不宜过大,直径不要超过1 cm。点燃气泡时,爆鸣声很响,建议戴耳罩。

28. 奇妙的红蓝瓶子

葡萄糖在碱性条件下可作为还原剂被氧化。瓶子静止时,葡萄糖使蓝色的亚甲基蓝(氧化还原指示剂)由氧化态被还原成无色的还原态。瓶子被振荡后,瓶内空气中的氧又将还原态的亚甲基蓝氧化成蓝色的氧化态。酚酞遇碱变红,因此滴入碱性溶液后呈红色。据此可设计红蓝瓶子的实验,通过观察颜色变化,理解葡萄糖氧化还原反应的相关知识。

工具与材料

滴管,量筒,烧杯,天平,药匙,透明塑料瓶。

亚甲基蓝溶液,葡萄糖,氢氧化钠,蒸馏水,酚酞溶液。

活动过程

1. 称取葡萄糖、氢氧化钠各2 g,分别溶于50 mL水中。

2. 将上述氢氧化钠溶液和葡萄糖溶液转移到透明塑料瓶中并滴加3~4滴亚甲基蓝溶液。盖上瓶盖,振荡,溶液呈蓝色[图1-2-28-1(a)]。静置,观

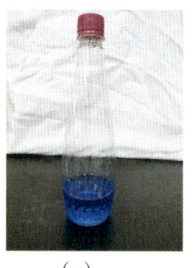 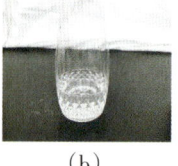 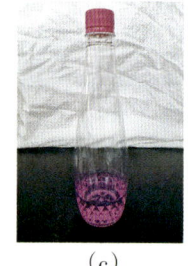

(a)　　　(b)　　　(c)

图1-2-28-1

察溶液颜色的变化。

3. 待瓶中溶液由蓝色变为无色时[图1-2-28-1(b)],再振荡溶液,静置,观察溶液颜色变化。

4. 当瓶中溶液再次由蓝色变为无色时,打开瓶盖,滴加5~6滴酚酞溶液。盖上瓶盖,振荡,静置,观察溶液颜色变化,此时溶液变为玫红色。[图1-2-28-1(c)]。

说明与延伸

1. 本实验温度过低时反应速度很慢,温度过高时药品消耗又太快,最佳温度宜控制在30 ℃左右。

2. 蓝瓶子变色反应并不能一直进行下去,当葡萄糖完全被氧化成葡萄糖酸钠盐后,蓝瓶子变色反应即终止。

29. 大 飞 泡

十二烷基硫酸钠是一种表面活性剂,可用作发泡剂。氯化铵可调节发泡剂溶液的黏稠程度,增强发泡剂形成泡膜的能力。将上述药品按一定浓度混合,可设计制作大飞泡的趣味实验。

工具与材料

直径20 cm圆盘,带手柄的塑料圈,量筒,250 mL烧杯,电子天平,称量纸,玻璃棒。

十二烷基硫酸钠,氯化铵,甘油,蒸馏水。

活动过程

1. 称取2 g十二烷基硫酸钠,放入烧杯中。

2. 量取100 mL水,倒入烧杯中,轻轻地搅拌,加速十二烷基硫酸钠的溶解。

3. 称取1 g氯化铵加入到烧杯中,搅拌,使其完全溶解。

4. 量取10~20 mL甘油,加入到烧杯中,搅拌均匀。

5. 将配制好的肥皂泡水倒入圆盘中,用手拿起塑料圈,借助空气阻力将肥皂泡吹起,即可吹出一个个大飞泡(图1-2-29-1)。

图1-2-29-1

说明与延伸

1. 在冬季配制时,氯化铵的用量应随温度的降低而相应减少,否则会使高效发泡剂过于黏稠,使制得的飞泡效果变差。

2. 甘油中的三羟基能促进水与有机物分子的结合,可调节肥皂泡的表面张力,增加泡膜的韧性。液体胶水中含有聚乙烯醇,其作用与甘油相似,如没有甘油,可以用液体胶水代替。

30. 烛灭镁燃

小苏打与白醋反应生成的二氧化碳气体能使点燃的蜡烛熄灭。金属镁是强还原剂,能夺取二氧化碳中的氧,将二氧化碳还原成单质碳。据此可设计烛灭镁燃实验,理解置换反应的相关知识。

工具与材料

烧杯,酒精灯,镊子,药匙。

镁带,小苏打,短蜡烛,白醋。

活动过程

1. 在烧杯底部放一支短蜡烛,在蜡烛周围放几药匙小苏打。

2. 点燃蜡烛后,沿烧杯壁倒入白醋(图1-2-30-1),小苏打与白醋立即发生剧烈反应,蜡烛熄灭。

图1-2-30-1

3. 用镊子夹住镁带,放在酒精灯上点燃,镁带燃烧发出耀眼白光,同时放出大量的热。

4. 将点燃的镁带放入上述烧杯中(图1-2-30-2),镁带继续燃烧,并有黑烟生成。

图1-2-30-2

说明与延伸

本实验中,镁能在二氧化碳气体中燃烧,说明燃烧不一定要有氧气参加。

31. 破译密信

很多化学反应都伴随着颜色的变化,例如硫氰化钾溶液遇到Fe^{3+}反应生成血红色的硫氰化铁,醋酸溶液能与纸张中的木质纤维素发生反应,生成醋酸纤维素,使纸张燃点降低,受热时易分解炭化。据此可设计破译密信的活动,观察不同的显色现象,理解其中的化学原理。

工具与材料

毛笔,一次性杯子,电吹风,酒精灯。

普通白纸,面汤(米汤或2%淀粉溶液),碘酒,无色酚酞溶液,0.4%氢氧化钠溶液,5%硫氰化钾溶液,5%三氯化铁溶液,体积分数30%的醋酸溶液。

活动过程

1. 将学生分成两组,每人一张白纸、一支毛笔。

2. 请每个学生在酚酞溶液、面汤(米汤或2%淀粉溶液)、硫氰化钾溶液、醋酸溶液中任选一种,书写一封密信。

3. 将密信晾干后,两组同学互相交换信件。

4. 剪取部分密信的纸片,依次将氢氧化钠溶液、碘酒溶液、三氯化铁溶液涂在纸片上,观察是否有颜色变化。

5. 若无颜色变化,则将纸片靠近酒精灯灯焰烘烤,观察是否有炭化的字迹出现。

6. 根据纸片颜色的变化，确定密信是用哪种溶液书写的，并破译出密信的内容。

说明与延伸

1. 若用市售碘酊，需要加水稀释，否则其颜色过深会影响面汤的显色效果。

2. 淀粉的种类不同，实验效果不同。面汤中的直链淀粉含量较高，蓝色更明显一些。米汤中支链淀粉含量较高，蓝色字迹中可能带一些紫色。面汤或米汤如果浓度较高，熬煮的时间较长，或者温度较高，也可能出现棕色。

32. 铜变"银"，"银"变"金"

金属锌在不同酸碱度的溶液中会发生不同的反应，如在强碱性的氢氧化钠溶液中生成 Na_2ZnO_2，ZnO_2^{2-} 可与铜反应生成铜的化合物，并在铜片上析出单质锌；而在弱酸性的硫酸铵溶液中，锌条和铜片可构成铜锌原电池。据此可以设计铜变"银"（单质锌），"银"变"金"（铜锌合金）的实验，理解在不同酸碱性溶液中，物质的氧化还原能力会发生相应的变化。

工具与材料

蒸发皿，铁架台，酒精灯，药匙，玻璃棒，镊子，量筒，烧杯，铁圈。

锌粉，紫铜片，氢氧化钠，蒸馏水，硫酸铵（或氯化铵）。

活动过程

一、强碱性条件下热法镀锌

1. 取 1~2 药匙锌粉放在蒸发皿中，加入 5~10 mL 的 10%~20% 氢氧化钠溶液。

2. 把 3~5 片紫铜片浸没在上述锌粉和氢氧化钠溶液的混合物中。

3. 将蒸发皿放在酒精灯上加热（图1-2-32-1），并不断用玻璃棒轻轻翻动铜片。待溶液中有气泡产生时，立即移开酒精灯。

4. 用镊子取出一片铜片，用水冲洗干净，紫红色的铜片已变成了白色的"银"片。若"银"片不够白或仍有局部地方没有变色，将其放回蒸发皿中，

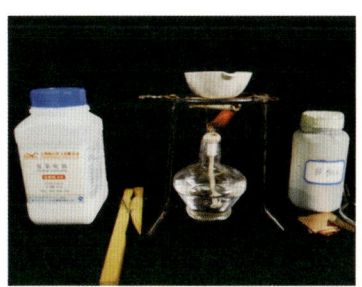

图1-2-32-1

继续反应一会，直至完全变成"银"片为止。

5. 将"银"片用水冲洗干净，用布吸干"银"片上的水滴，把它放在石棉网上用酒精灯加热。待白色的"银"片变成黄色时，停止加热，此时"银"片已变成了金光闪亮的"金"片。图1-2-32-2中从左到右依次为铜片，"银"片，"金"片。

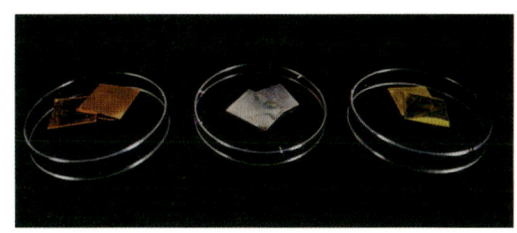

图1-2-32-2

二、弱酸性条件下热法镀锌

1. 将 50 mL 的 20% 的硫酸铵溶液加热到沸腾，加入 1~2 药匙锌粉。

2. 把 3~5 片紫铜片浸没在上述锌粉和硫酸铵溶液的混合物中。

3. 将蒸发皿放在酒精灯上加热，并不断用玻璃棒轻轻翻动铜片。待铜片表面出现均匀的银色时，

停止加热。

4. 如活动一的步骤5。

说明与延伸

1. 硫酸铵水溶液呈弱酸性,锌粉在其中发生反应:$Zn+2H^+\rightarrow Zn^{2+}+H_2\uparrow$。铜锌原电池的阴极反应:$Zn^{2+}+2e\rightarrow Zn$;阳极反应:$4OH^--4e\rightarrow 2H_2O+O_2\uparrow$。

2. 氢氧化钠溶液有一定腐蚀性,在加热过程中,有气泡生成时,应立即停止加热,以免溶液溅出。溶液冷却后可再行加热。

3. "银"片在加热变成"金"片后应立即投入水中。若加热时间过长,则会使"金"片变暗、变黑。

33. 盐水发电

氯化钠的水溶液能导电。用半透膜隔开氯化钠溶液和蒸馏水,可产生一个电势差,整个装置就形成了一个渗析电池。据此可做一个盐水发电的实验,理解渗析电池的原理。

工具与材料

漏斗,玻璃棒,烧杯,药匙,试管夹,万用电表。

肠衣(可用其他半透膜代替),氯化钠,铜丝,蒸馏水。

活动过程

1. 确认所用半透膜不漏水。将一段25 cm的肠衣对折,用漏斗小心地沿着肠衣口灌入饱和氯化钠溶液(不要灌得太满,更不能使肠衣的外壁沾上氯化钠溶液)。

2. 用试管夹夹住肠衣口,将灌有氯化钠溶液的一段肠衣浸入烧杯内的蒸馏水中。

3. 把2根铜丝分别插入蒸馏水和肠衣腔内的饱和氯化钠溶液中。

4. 经过一段时间,取一只万用电表,把电表旋钮旋到50 μA档,将红表棒与插在蒸馏水中的铜丝相连接,黑表棒与插在氯化钠溶液中的铜丝相连接(图1-2-33-1),测得电流为7~10 μA。

5. 将万用电表的表棒互换,观察指针偏转情况。发现表头指针发生倒转。可见,浸在蒸馏水中的铜丝为正极,浸在氯化钠溶液中的铜丝为负极。

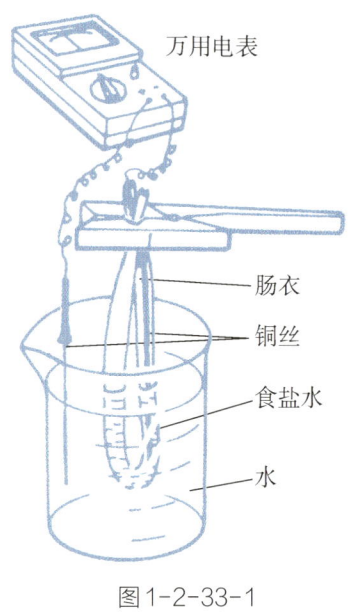

图1-2-33-1

说明与延伸

在上述盐水形成的渗析电池中,由于氯化钠溶液中的Na^+可以顺利地通过肠衣进入蒸馏水,使得蒸馏水中的正电荷数大于负电荷数,而氯化钠溶液中的负电荷数大于正电荷数,因此浸在蒸馏水中的铜丝为正极,浸在肠衣腔内的氯化钠溶液中的铜丝为负极。

34. 配制广泛灵敏的酸碱指示剂

从各种植物的花、果、叶、根、茎中榨取或萃取出来的汁液,往往可以作为天然的酸碱指示剂,用于测定溶液的酸碱度。将若干种比较灵敏的天然指示剂按一定比例混合，就可以配伍成广泛灵敏的复合指示剂。通过配制不同的酸碱指示剂并观察其对不同pH溶液的显色情况，了解不同的酸碱指示剂变色范围和灵敏程度的差异。

工具与材料

量筒，烧杯，玻璃棒，滴管，试管。

3.59%盐酸溶液，3.85%氢氧化钠溶液，蒸馏水，天然酸碱指示剂若干种（自制）。

活动过程

一、制备各种不同pH的溶液

1. 将3.59%盐酸溶液标为pH=0。取pH=0的溶液10 mL、蒸馏水90 mL，在烧杯中混合均匀，标为pH=1。取pH=1的溶液10 mL、蒸馏水90 mL，在烧杯中混合均匀，标为pH=2。仿此，依次制得pH为3、4、5、6、7的溶液。

2. 将3.85%氢氧化钠溶液标为pH=14。取pH=14的溶液10 mL、蒸馏水90 mL，在烧杯中混合均匀，标为pH=13。取pH=13的溶液10 mL、蒸馏水90 mL，在烧杯中混合均匀，标为pH=12。仿此，依次制得pH为11、10、9、8、7的溶液。

二、测试各种指示剂对不同pH溶液的显色情况

1. 测试每种天然指示剂对以上15种不同pH的溶液的显色情况，记于表1-2-34-1中。各种pH的溶液每次取5 mL，各种指示剂每次取用的滴数应相同。以上配制的pH=7的溶液有两份，任何一种指示剂对两者应显示相同的颜色。

2. 确定各种天然指示剂的变色范围并加以比较。

三、配制复合指示剂，并筛选出较优者

1. 将变色范围差别较大的两种指示剂或多种指示剂混合配伍，制得若干种复合指示剂。按指示剂各自的显色效果，可以等体积混合，也可以按一定体积比混合。

2. 测试每种复合指示剂对以上15种不同pH溶液的显色情况，记于表1-2-34-1中。

3. 经过反复试验，筛选出变色较灵敏、测定pH范围较广泛的复合酸碱指示剂。

说明与延伸

1. 制备不同pH的溶液时，每次浓溶液加水稀释、混匀后，都要用制得的稀溶液反复冲洗装取浓溶液的量筒和滴管，洗液需倒回稀溶液中再次混匀。

2. 本实验所制备的系列溶液，其pH是比较粗略的：其一，pH只取了整数；其二，10 mL浓溶液加90 mL水并不精确地等于100 mL稀溶液；其三，操作误差不可避免。但是，只要认真细致，尽可能做到准确操作，其误差不会给实验结果带来严重干扰。

3. 酸溶液或碱溶液在稀释的过程中，溶液中的H^+和OH^-的浓度比逐渐接近纯水中两者的比，因此在常温下，将酸或碱稀释到最后，其pH都是7，即都是中性溶液。

表1-2-34-1

天然指示剂	显示的颜色														
	pH=0	pH=1	pH=2	pH=3	pH=4	pH=5	pH=6	pH=7	pH=8	pH=9	pH=10	pH=11	pH=12	pH=13	pH=14

35. 用红热的氧化铜丝检测乙醇含量

紫红色的铜丝在火焰上灼烧时，表面会生成一层氧化铜。这种灼热的铜丝能将乙醇氧化成乙醛，同时自身被还原成铜。据此可设计用红热的氧化铜丝检测乙醇含量的探究实验，通过观察不同浓度的乙醇溶液将氧化铜还原成铜所需时间的差异，粗略测出溶液中乙醇的含量。

工具与材料

砂纸，酒精灯，玻璃棒，试管，移液管（1 mL、2 mL、5 mL 各一支），洗耳球。

漆包线（直径约为 0.5 mm），蒸馏水，无水乙醇。

活动过程

1. 取一段 20 cm 长的漆包线，用砂纸磨去漆包线表面的漆层，露出红色的铜。将漆包线在玻璃棒上绕成螺旋线圈，并留出 10 cm 左右作柄。

2. 将无水乙醇配成体积分数分别约为 90%、80%、70%、60%、50%、40%、30%、20%、10% 和 1% 的乙醇溶液各 5 mL。

3. 把铜质螺旋线圈放在酒精灯上加热，待其表面变成黑色后（为了使氧化反应趋于完全，应使螺旋线圈在空气中暂留一会），插入上述 10 种不同体积分数的乙醇溶液中，仔细观察铜质螺旋线圈颜色的变化，并将变色所需时间记录在表 1-2-35-1 中。

说明与延伸

1. 当溶液中乙醇体积分数逐渐减小时，铜质螺旋线圈由黑变红所需时间逐渐增加。当乙醇的体积分数低于某一值时，铜质螺旋线圈仍为黑色。

2. 根据实验得出的数据，以乙醇的体积分数为纵坐标，还原时间为横坐标进行作图，可以直观地看出反应进行的趋势。

3. 不同直径的铜丝及红热铜丝在空气中暂留时间的长短都会影响还原反应的时间。

4. 本实验的化学反应式为：

$$2Cu + O_2 \xrightarrow{\triangle} 2CuO$$

$$CH_3CH_2OH + CuO \xrightarrow{\triangle} CH_3CHO + Cu + H_2O$$

表 1-2-35-1

乙醇体积分数%	90	80	70	60	50	40	30	20	10	1
无水乙醇体积数(mL)	4.7	4.2	3.7	3.2	2.6	2.1	1.6	1.1	0.5	0.05
水体积数(mL)	0.3	0.8	1.3	1.8	2.4	2.9	3.4	3.9	4.5	4.95
总体积数(mL)	5	5	5	5	5	5	5	5	5	5
铜制螺旋线圈变色所需时间(s)										

36. 醋除水垢

热水瓶用久了,在瓶胆内壁上会留下一层黄白色的水垢,用一般洗涤方法难以洗去。醋酸能与水垢发生反应,从而将水垢除去。

工具与材料

量筒,滴管,精密pH试纸。
结有水垢的旧热水瓶,白醋。

活动过程

1. 用滴管吸取少量白醋,滴1~2滴于pH试纸上,与标准比色板对照,确定白醋的pH。
2. 将有水垢的旧热水瓶倒空,加入30~40 mL白醋,盖好瓶塞,平放瓶身,放置15 min。
3. 每隔15 min,转动一次瓶身,让白醋浸没瓶胆内壁其他部分。
4. 约1 h后,倒出白醋,观察其颜色的变化,并测定pH。
5. 热水瓶胆用水冲洗几次,比较内壁在白醋清洗前后光亮度的变化,将结果记录在表1-2-36-1中。

表1-2-36-1

状态	白醋		瓶胆光亮度
	pH	颜色	
清洗前			
清洗后			

说明与延伸

热水瓶用久了,水中Ca^{2+}、Mg^{2+}的附着于胆壁上,因而形成水垢。醋除水垢过程中发生的主要化学反应:

$CaCO_3 + 2CH_3COOH \rightarrow Ca(CH_3COO)_2 + CO_2\uparrow + H_2O$

$Mg(OH)_2 + 2CH_3COOH \rightarrow Mg(CH_3COO)_2 + 2H_2O$

37. 自制润唇膏

润唇膏是一种常用的护肤品。用蜂蜡、橄榄油、维生素等原料可自制润唇膏,了解这些物质的化学性质及保护皮肤的原理。

工具与材料

天平,烧杯,玻璃棒,滴管,电磁炉,水浴锅,唇膏管。
蜂蜡,橄榄油,维生素E油,玫瑰香精。

活动过程

1. 蜂蜡用刨子刨成小薄片。称量蜂蜡5 g,橄榄油15 g。
2. 将橄榄油和蜂蜡混合,在80 ℃水浴加热,其间用玻璃棒搅拌使蜂蜡融化。
3. 蜂蜡完全融化后,滴入维生素E油5滴,香精若干滴,搅拌均匀。
4. 将上述润唇膏液倒入唇膏管中,注意一气呵成,倒满停下。等待15 min左右,凝固后,盖上盖子,润唇膏制作完成。

说明与延伸

1. 润唇膏一般由蜡和油脂、防腐剂、添加剂(功效性物质)等物质组成,本实验选择了基本的原料。蜂蜡是脂肪酸和一元醇所合成的酯,不溶于水。橄榄油是一种植物油,主要成分为油酸甘油酯。维生素E是一种脂溶性的维生素,具有抗氧化作用。这几种原料都广泛应用于护肤品制造业中。

2. 润唇膏中的蜡和油脂类物质覆盖在人嘴唇上,形成一层保护膜,减少唇部水分流失。某些功能性添加剂,如维生素E能被唇部吸收,起到保湿、防裂的效果。

38. 乙醇检测的数字化实验

色度传感器是一种通过测量溶液发射或吸收有色光的能力来测量溶液浓度的仪器。在硫酸介质中,乙醇可以被重铬酸钾(橙黄色)氧化成乙醛,其方程式为:

$K_2Cr_2O_7 + 3C_2H_5OH + 4H_2SO_4 \rightarrow Cr_2(SO_4)_3 + K_2SO_4 + 3CH_3CHO + 7H_2O$

上述反应生成的Cr^{3+},其吸光度与浓度成正比。Cr^{3+}浓度越大,吸光度越大。据此原理,可用色度传感器定量检测样品中的乙醇含量。通过这一探究实验,了解溶液吸光度和透光率之间的关系及朗伯比尔定律。

工具与材料

色度传感器,数据采集器,移液枪,容量瓶,比色皿,试管,试管架,擦镜纸。

无水乙醇,重铬酸钾,浓硫酸,氢氧化钾,蒸馏水。

活动过程

1. 溶液配制。

(1) 取1 mL无水乙醇至100 mL容量瓶中,加蒸馏水定容至刻度,即得到体积分数1%的乙醇溶液。同法配制体积分数20%的乙醇溶液。

(2) 先配制250 mL的0.1 mol/L重铬酸钾溶液,然后向其中加100 mL的浓硫酸。

2. 色度传感器实验。

(1) 将色度传感器与数据采集器连接后,选用635 nm作为检测波长。打开软件,将加有2 mL酸性重铬酸钾溶液和1 mL蒸馏水的比色皿放入色度传感器中,盖上盖子。按CAL按钮,开始校准程序。当红灯开始闪烁时,松开CAL按钮,此时吸光度为0.000。当红灯停止闪烁时,校准工作完成,可以开始采集数据。

(2) 准确吸取2 mL酸性重铬酸钾溶液于1支洁净的比色皿中,向其中加入1 mL体积分数1%的乙醇溶液,迅速将比色皿放入色度传感器中,于波长635 nm处测吸光度。随着反应的进行,生成的绿色的Cr^{3+}逐渐增多,溶液的吸光度也逐渐增大,反应完全时吸光度趋于稳定。

(3) 标准溶液的配制。在1~8号洁净干燥的100 mL容量瓶中,分别按照表1-2-38-1中的剂量,

表1-2-38-1

标准溶液序号	1	2	3	4	5	6	7	8
体积分数20%的乙醇溶液体积(mL)	1	2	3	4	5	6	7	8
乙醇标准溶液体积分数(%)	0.2	0.4	0.6	0.8	1.0	1.2	1.4	1.6

取不同体积的20%乙醇溶液,配制系列标准溶液。

(4) 绘制标准工作曲线。按步骤2(2)的方法,分别测定2 mL酸性重铬酸钾溶液与1 mL不同体积分数的乙醇标准系列溶液反应完全时的吸光度。反应完全时,1~8号比色皿中溶液的颜色越来越深,溶液的吸光度越来越大。以乙醇体积分数与对应的吸光度绘制关系曲线,获得标准工作曲线。

(5) 酒样中乙醇含量的测定。分别取2种酒样各2 mL于2个100 mL容量瓶中,加蒸馏水定容。分别取1 mL样品稀释液,测定完全反应时溶液的吸光度,再通过查找标准工作曲线计算乙醇浓度,将结果填在表1-2-38-2中。

表1-2-38-2

样品序号	样品标示乙醇体积分数(%)	本法测得吸光度	本法测得乙醇体积分数(%)
白酒1			
白酒2			

说明与延伸

1. 在检测前,用蒸馏水校正仪器,利用色度传感器给定的4个检测波长(430、470、565、635 nm)测试酸性重铬酸钾溶液和酸性硫酸铬溶液的吸收情况。结果发现,Cr^{3+}分别在565 nm和635 nm波长处吸收较大,且吸光度几乎一致,而酸性重铬酸钾溶液在635 nm波长处几乎无吸收。为了减少反应后溶液中重铬酸钾对Cr^{3+}的干扰,本实验中选用635 nm作为检测波长。

2. 溶液吸光度(A)与透光率(T)之间的关系为:$A=\lg(1/T)$,吸光度可由色度传感器直接测得。根据朗伯比尔定律:$A=\varepsilon bc$(ε为摩尔吸光系数,b为液层厚度)。因此,在一定的浓度范围内,吸光度与溶液浓度呈线性关系。

3. 硫酸除了使重铬酸钾在酸性条件下生成绿色的硫酸铬$Cr_2(SO_4)_3$外,还阻止了重铬酸钾转变成铬酸钾K_2CrO_4($K_2SO_4 + K_2Cr_2O_7 + H_2O \rightleftharpoons 2K_2CrO_4 + H_2SO_4$),以防止对前一个反应颜色变化的干扰。

39. 泡腾片的趣味实验

有机酸和碳酸氢盐在水溶液中反应会生成二氧化碳气体,溶液的pH也会发生相应变化。花青素是一种天然的酸碱指示剂,存在于很多植物中,如黑枸杞、火龙果、绣球花等。可用泡腾片(含有小苏打和酒石酸、柠檬酸等物质)和黑枸杞设计趣味探究实验。

工具与材料

透明水杯。

小苏打,柠檬酸,蒸馏水,黑枸杞,洗洁精,食用油,泡腾片,色素。

活动过程

一、"水下岩浆"

1. 将水和油以体积比1:1的比例分别倒入杯中,先倒水后倒油,随后看到油层和水层分离。

2. 滴入几滴色素,可观察到色素穿过油层,沉到水里。

3. 将泡腾片投入杯中,随着泡腾片的分解,产生的二氧化碳气体将推动色素液滴在杯中翻涌(图1-2-39-1)。

二、彩色"奶昔"

1. 将10颗黑枸杞加入水中,搅拌片刻后静置。

图1-2-39-1

2. 待溶液变成紫色，取出黑枸杞，然后将溶液等量分在3个透明水杯中，并给它们编号。此时3杯紫色溶液一模一样。

3. 在1号杯中加柠檬酸，直至杯中溶液变为红色。在3号杯中加小苏打，直至杯中溶液变为蓝色。2号杯为对照实验，图略。

4. 随后在1号杯中加入洗洁精和小苏打。在3号杯中加入洗洁精和柠檬酸。

5. 两杯溶液中都发生着柠檬酸和小苏打的化学反应，pH发生变化。1号杯中液体变为蓝色，3号杯中液体变为红色。洗洁精的加入使得杯中产生了大量泡沫，仿佛彩色奶昔（图1-2-39-2）。

图1-2-39-2

说明与延伸

水和油互不相溶，油会浮在水上。色素（或彩色墨水）和油也不相溶，色素会穿过油层进入下层的水中。当将泡腾片放入水中会产生气泡，这些气泡中含有水，水中又有色素，气泡涌入油中时便产生了岩浆喷射一样的现象。

40. 电解反应中离子在磁场中的定向运动

电解硫酸钠溶液时，阴极附近的溶液中有大量的OH^-。在磁场的作用下，洛伦兹力使OH^-的运动偏转。溴甲酚紫试剂在酸性溶液中为黄色，在中性和碱性溶液中为紫色。据此可将电解反应装置和电磁场电路结合在一起，通过酸碱指示剂的变化，理解电解反应中离子的运动以及磁场对它的影响。

工具与材料

离子定向运动仪器盒（螺线管，滑动变阻器1.5 A，0~20 Ω，直径90 mm的培养皿，透明支架，双刀双掷开关），薄铜片，导线，玻璃棒，小烧杯，量筒。

1%的溴甲酚紫试剂，0.4 mol/L硫酸钠溶液，1 mol/L稀硫酸。

活动过程

1. 用小烧杯取40 mL硫酸钠溶液，滴入5~6滴溴甲酚紫试剂，用玻璃棒搅拌，溶液呈紫色。再逐滴滴入稀硫酸，滴一滴就搅拌一次，使溶液恰好酸化呈黄色。

2. 如图1-2-40-1所示搭好装置：接好电磁场电路，滑动变阻器调至10 Ω。培养皿两侧的边缘竖直插上铜片电极，连接导线。培养皿的阴极放在螺线管的正上方。

图1-2-40-1

3. 电解装置和磁场装置并联在直流稳压电源上，稳压电源调至16 V。

4. 把黄色的硫酸钠溶液倒入培养皿中，静置片刻，打开电源，关闭磁场电路。仔细观察发现，黄色溶液中,阴极附近有紫色的溶液,像两片花瓣向外扩散(图1-2-40-2)。

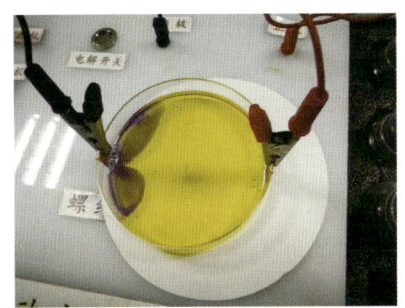

图1-2-40-2

图1-2-40-3

5. 另取一培养皿,重复操作步骤4,打开磁场电源。仔细观察发现,黄色溶液中,阴极附近有紫色溶液,向阳极逆时针螺旋状运动(图1-2-40-3)。

6. 转换双刀双掷开关,改变磁场方向。

此时紫色溶液改变方向,变为向阳极顺时针螺旋状运动(图1-2-40-4)。

图1-2-40-4

说明与延伸

本实验把物理中的电磁场和化学中的电解反应结合在一起,探究了带电离子在磁场中的运动,带电离子因磁场方向变化而改变运动方向。这也反映了质谱仪的工作原理。质谱仪分析样品时,将样品分子气化,用高能电子束轰击气态分子,使其成为带正电的离子,质谱仪中的磁场会改变阳离子的运动轨迹,从而分析出样品的化学结构。

41. 水凝胶实验

水凝胶是一种白色粉状的聚合物,吸水后可以迅速膨胀。据此可做一个探究水凝胶吸水率的实验。

工具与材料

剪刀,烧杯,培养皿,滴管,电子天平。
蒸馏水,尿不湿,食用色素,氯化钠。

活动过程

1. 剪开尿不湿,取出其中的粉状颗粒。
2. 在培养皿中加入少量的粉末状水凝胶,称重并记录数据。
3. 用滴管向水凝胶中加水(可在水中滴入色素,让水凝胶颜色好看),直到水凝胶不再吸水为止(图1-2-41-1)。观察现象,发现固体水凝胶吸水膨胀。

4. 称量吸水后水凝胶和培养皿的质量,计算水凝胶的吸水率。

图1-2-41-1

5. 取部分吸水后的水凝胶,用力挤压,观察是否能把水挤干净。

6. 取部分吸水后的水凝胶,加入适量氯化钠粉末,观察膨胀的水凝胶是否会收缩。

说明与延伸

1. 本实验所用尿不湿中水凝胶的主要成分是聚丙烯酸钠的聚合物。干燥的水凝胶在水中电离出氢离子后带负电荷。负电荷相互排斥,聚合物被伸长,极性的水分子被吸引到聚合物的负电荷上,所以尿不湿可以吸收水分,体积迅速膨胀,这是个化学平衡反应。加氯化钠后,钠离子取代了极性水分子,膨胀的水凝胶迅速收缩。

2. 这个实验可粗计算聚丙烯酸钠的吸水率。干燥的聚丙烯酸钠的质量记为 m_1,吸水后聚丙烯酸钠的质量记为 m_2,按式 (m_2-m_1/m_2) 计算吸水率。

42. 用紫外-可见分光光度法探究不同果汁中维生素C的含量

紫外-可见分光光度法是根据分子对紫外-可见光谱区的辐射的吸收特性所建立的一种定性、定量及结构分析的方法,其定量分析基础是朗伯-比尔定律。维生素C在水溶液中易被氧化,且会吸收部分紫外线,据此可设计用紫外-可见分光光度法检测不同样品中维生素C含量(本实验中以质量浓度表示)的实验,了解维生素C的相关化学性质和紫外分光光度计的使用方法。

工具与材料

紫外分光光度计,离心机,榨汁机,石英比色皿,移液管。

猕猴桃,橙子,橘子,维生素C,盐酸,氢氧化钠,蒸馏水。

活动过程

1. 维生素C吸收曲线和标准曲线的绘制。

(1) 维生素C标准溶液的配制:称取 0.05 g 维生素C标准样品,加入 10 mL 体积分数 10% 的盐酸溶液溶解,用蒸馏水定容至 500 mL,混匀,即得 100 μg/mL 的维生素C标准溶液。

(2) 吸收曲线的绘制:用 10 mL 移液管移取 10 mL 维生素C标准溶液于 50 mL 容量瓶中,稀释至刻度,混匀。用 1 mL 石英比色皿,以蒸馏水为参比,在 200~300 nm 波长范围内用紫外分光光度计自动扫描。绘制吸光度与波长关系曲线,以最大吸收波长作为测定波长(本实验中维生素C的最大吸收波长为 242.4 nm)。

(3) 标准曲线的绘制:分别准确移取 100 μg/mL 的维生素C标准溶液 0.5、1、1.5、2、2.5、3、4、5 mL 于 50 mL 容量瓶中,定容至刻度,得到质量浓度分别为 1、2、3、4、5、6、8、10 μg/mL 的一系列标准维生素C溶液。以蒸馏水为参比,在 242.4 nm 处测定吸光度,以维生素C质量浓度为横坐标、吸光度为纵坐标,绘制标准曲线。在本实验设置的浓度范围内,维生素C质量浓度与吸光度符合朗伯-比尔定律,呈良好的线性关系,可得到一线性回归方程。

2. 维生素C含量的测定。

(1) 取新鲜橙子、猕猴桃、橘子,洗净晾干后榨汁。分别在榨汁后的 0、1、2、3、4、6 h 取 10 g 果汁,各加入 10 mL 体积分数 1% 的盐酸溶液,转移到 50 mL 容量瓶中定容,摇匀。取部分果汁离心,上层清液为待测果汁样品液。

(2) 分别取 1 mL 待测果汁样品液、2 mL 体积分数 10% 的盐酸溶液放入 50 mL 容量瓶中,用蒸馏水定容,摇匀。在 242.4 nm 处测定其吸光度,所得吸光度值即为酸处理吸光度,记录在表 1-2-42-1 中。

(3) 分别取 1 mL 待测果汁样品液、10 mL 蒸馏水和 4 mL 的 1 mol/L 氢氧化钠溶液放入 50 mL 容量瓶中,摇匀;静置 20 min 后加入 4 mL 体积分数 10% 盐酸溶液,用蒸馏水定容,摇匀。在 242.4 nm 处测定其吸光度,所得吸光度值即为碱处理吸光度,记录在表1-2-42-1中。

（4）果汁样品中维生素C的真实吸光度为酸处理吸光度与碱处理吸光度之差，记录在表1-2-42-1中。测得样品中维生素C的吸光度后，依据标准曲线方程，即可计算出果汁中维生素C的含量。

3. 果汁中维生素C的稳定性测定。

（1）榨汁后第一次测定得到的吸光度认为没有损失，记为100%；将不同时间段测得的吸光度与第一次进行比较，得到不同时间段样品吸光度变化百分比，即果汁样品的维生素C保留率。

（2）以时间为横坐标，维生素C保留率为纵坐标，绘制不同果汁样品维生素C的稳定性曲线。

说明与延伸

1. 维生素C质量浓度的计算方法：

$$维生素C质量浓度 = \frac{c \times V_{总} \times V_{待测总} \times 100}{V_1 \times W_{总} \times 1000}$$

式中：c为依标准曲线方程计算得到的维生素C浓度；V_1为测吸光度时吸取样品溶液的体积；$V_{总}$为吸取样品定容总体积；$V_{待测总}$为待测样品总体积；$W_{总}$为果汁质量。

2. 维生素C在盐酸溶液中较稳定，在氢氧化钠溶液中会被破坏。本实验中分别测定了果汁样品酸处理和碱处理后的吸光度，其差值可认为是维生素C的真实吸光度。

表1-2-42-1

时间(h)	橙子			猕猴桃			橘子		
	酸处理吸光度	碱处理吸光度	实际吸光度	酸处理吸光度	碱处理吸光度	实际吸光度	酸处理吸光度	碱处理吸光度	实际吸光度
0									
1									
2									
3									
4									
6									

43. 大象牙膏

过氧化氢可以分解为水和氧气，但在常温下并不容易自行分解。加入碘化钾后，过氧化氢可在常温下放出大量的氧气和热量。果蔬、动物肝脏中含有活性酶，也可催化过氧化氢在常温下分解产生氧气。据此可设计两种"大象牙膏"的趣味实验，理解相关化学反应的原理。

工具与材料

烧杯，玻璃棒，胶头滴管，研钵，试管，试管架，电子天平，量筒，搅拌机。

碘化钾，洗洁精，30%、15%、5%的过氧化氢溶液，芹菜，猪肝，紫薯，土豆，大蒜，洋葱，番茄。

活动过程

一、经典"大象牙膏"实验

1. 在量筒中倒入 50 mL 的 30% 的过氧化氢溶液,然后加入少量洗洁精。

2. 在量筒中倒入少量配制好的饱和碘化钾溶液。瞬间,大量的泡沫源源不断地涌出量筒(图1-2-43-1)。

图 1-2-43-1

二、新版"大象牙膏"实验

1. 筛选最佳浓度的过氧化氢溶液。

(1)称取芹菜、猪肝和洋葱各 50 g。

(2)将称量好的 3 类食材分别放入搅拌机中搅成汁液状。

(3)取 3 份各 10 mL 的芹菜汁,分别加入相同体积(50 mL)的 30%、15%、5% 的过氧化氢溶液中。猪肝汁、洋葱汁也进行同样的操作。发现 3 种材料均与 5% 的过氧化氢溶液反应的效果最明显。

2. 探究不同材料与过氧化氢溶液的反应程度。

(1)取 5 支试管分别放置在试管架上。称取土豆、大蒜、猪肝、紫薯、番茄各 2.5 g。

(2)将称量好的食材分别放入研钵中磨碎,并各加入 5 mL 蒸馏水,充分搅拌。把搅拌好的液体分别倒入五支试管中,静置。

(3)将五支试管中的上层清液分别倒入装有等量 5% 的过氧化氢溶液的试管中,观察现象并记录在表 1-2-43-1 中。

表 1-2-43-1

试管号	1	2	3	4	5
实验材料	番茄	紫薯	猪肝	大蒜	土豆
5%的过氧化氢溶液体积(mL)					
是否有气泡					
快或慢					
多或少					
气泡高度(cm)					

(4)选取与过氧化氢溶液反应最剧烈的材料,搅拌成汁状,并取 300 g 置于量筒中,加入少量洗洁精。

(5)在量筒中倒入 100 mL 的 5% 的过氧化氢溶液。瞬间,大量的泡沫源源不断地涌出量筒。

说明与延伸

在做经典"大象牙膏"实验时,反应过程中会放出大量高温的水蒸气,注意保持一定的距离,避免烫伤;反应过程中还会生成单质碘,碘易升华且有刺激性气味,务必做好实验保护措施。

44. 胶水变弹球

胶水的主要成分是聚乙烯醇,分子中含有大量的羟基,具有良好的水溶性。硼砂是一种强碱弱酸盐,溶于水后会产生硼酸根离子,硼酸根离子与聚乙烯醇混合后会脱去聚乙烯醇中的水,使聚乙烯醇分子交联在一起,形成具有弹性的聚合物。据此可设计"胶水变弹球"的趣味实验,了解交联反应的原理以及聚合物的结构特点。

工具与材料

滴管,玻璃棒,一次性手套,烧杯,盆,电子天平。

胶水,食用色素,硼砂,蒸馏水。

活动过程

1. 称量50 g 50 ℃左右的热水于烧杯中,再称取2 g硼砂倒入烧杯中,搅拌均匀,制成硼砂溶液。

2. 将40 mL胶水加入另一烧杯中,滴入一滴食用色素,搅拌均匀。

3. 将加入色素的胶水倒入盆中,再把硼砂溶液也倒入盆中,用棍子使劲搅拌,盆中的混合物逐渐变成了一块一块的黏液团(图1-2-44-1)。

4. 把黏液团捏在一起,然后放在手心上搓成一个小圆球,即制成弹性小球(图1-2-44-2)。

说明与延伸

因为聚乙烯醇中的羟基也会与水分子形成氢

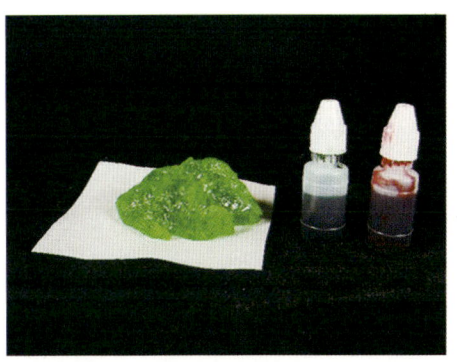

图1-2-44-1

图1-2-44-2

键,干扰硼酸根离子与聚乙烯醇结合,所以加入水量过多,弹性球会变软,弹性差。

45. 纳米银胶体的丁铎尔现象

在一定条件下,硝酸银溶液在柠檬酸钠作用下,被还原成纳米银胶体溶液。利用丁铎尔现象的原理可以验证实验的产物是否为纳米银胶体微粒。根据这一探究实验,了解胶体溶液的相关理化性质。

工具与材料

加热装置(电热盘,内置电炉或加热型磁力搅拌器等),10 mL量筒,激光笔或手电筒,试管,250 mL烧杯。

0.05 mol/L的硝酸银溶液,2%的柠檬酸钠溶液,硫酸铜溶液。

活动过程

1. 在250 mL烧杯中,加入150 mL的蒸馏水。然后把烧杯放在电热盘上或水浴锅中,加热到80 ℃左右。

2. 滴入1.5 mL 0.05 mol/L的硝酸银溶液,再加入3 mL的2%的柠檬酸钠溶液。

3. 持续加热,直至溶液变淡黄色。用激光笔或手电筒照射溶液,观察现象。当溶液中有清晰的光路出现时停止加热。

4. 冷却溶液到室温,纳米银胶体溶液制作完成。

5. 取两支小试管,分别加入黄色的纳米银胶体溶液和硫酸铜溶液。用激光笔或手电筒照射,观察现象。发现黄色纳米银胶体溶液中出现一道清晰的光路(图1-2-45-1),而硫酸铜溶液中未观察到(图1-2-45-2)。

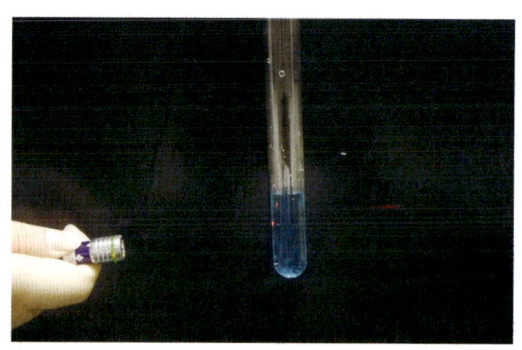

图1-2-45-2

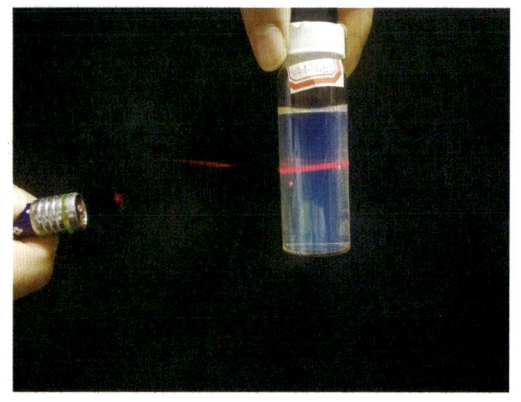

图1-2-45-1

说明与延伸

胶体溶液中分散微粒的线性大小一般在1~100 nm,小于可见波长。当一束强光射入胶体溶液时,因胶体粒子对光线的散射作用,可以观察到胶体溶液里产生一道很清晰的光径的现象,称为丁铎尔效应。

46. 缤纷化学"树"

化学实验室中有很多五颜六色的溶液。有些是溶质本身的颜色,有些是指示剂变色,还有些是化学反应产生的颜色。据此可制作缤纷化学"树",了解对应化学药品的颜色或相关化学反应的颜色变化。

工具与材料

锥形瓶若干,烧瓶若干,试管若干,铁架台,铁夹若干。

硫酸铜,三氯化铁,硫酸亚铁,高锰酸钾,甲基橙,酚酞,石蕊,溴甲酚紫,亚甲基蓝,硫氰化钾,铁氰化钾,0.1 mol/L盐酸溶液,0.1 mol/L氢氧化钠溶液,铁粉。

活动过程

1. 在锥形瓶或烧瓶中配制各种有色溶液。本活动使用的是硫酸铜、高锰酸钾、亚甲基蓝溶液,分别加入甲基橙、石蕊、酚酞、溴甲酚紫等酸碱指示剂的稀酸和稀碱溶液,三氯化铁和硫氰化钾反应生成的血红色溶液,硫酸亚铁和铁氰化钾反应生成的普鲁士蓝溶液等(图1-2-46-1)。

图1-2-46-1

2. 在铁架台上,搭好化学"树"的骨架。在竖直的铁杆上,从下向上夹上多个铁夹,铁夹呈螺旋状上升,半径越来越小,使外观形如一棵树。

3. 在铁夹上挂上装有彩色溶液的锥形瓶或烧瓶。为防止"树"翻倒,可以在铁架台的底座上压上重物,如砝码。可以在"树"尖上贴五角星,还可以缠上彩带,加上拉花、分子模型等装饰物(图1-2-46-2),缤纷化学"树"就做成了。

说明与延伸

1. 硫酸亚铁溶液极易被氧化,所以在配制溶液时加入一些铁粉,防止溶液被氧化。

2. 在三氯化铁溶液中滴入几滴稀盐酸,防止其水解生成氢氧化铁的沉淀。

图1-2-46-2

47. 自制护手霜

护手霜的主要成分一般包括油脂(如椰子油、橄榄油)、蜡类原料、乳化剂、甘油、香精、防腐剂等,它们能帮助软化手部皮肤的角质层,保持水分,防止燥裂。选用基本原料可自制护手霜,了解主要成分的性质和作用。

工具与材料

护手霜软管,注射器,塑料烧杯,玻璃棒,塑料吸管,一次性手套。

甘油,玻尿酸,抗菌剂,氨基酸,乳化剂,香精,维生素E,精油,纯净水。

活动过程

1. 把甘油、玻尿酸、抗菌剂、氨基酸倒入量杯中,再加入250 mL纯净水。用玻璃棒将上述混合物搅拌均匀(约5 min)。

2. 加入乳化剂(不要多加,如果观察到液体有点稀,可以再适当少加一些乳化剂),再搅拌15 min。

3. 向搅拌好的液体中加入一瓶精油、几滴维生素E油、香精3~5滴,搅拌均匀。

4. 用针筒把搅拌好的护手霜吸入护手霜软管内,并盖好瓶盖,贴上标签,注明制作日期,一支护手霜制作完成。

说明与延伸

1. 纯净的甘油是白色晶体,但在17 ℃时就会融化。浓度适宜的甘油能保护皮肤,预防干裂,但高浓度甘油的吸水性很强,它一方面从空气中吸收水分,另一方面也从皮肤中吸收水分,因此护肤品中甘油的浓度不宜过高。甘油是重要的化工原料,可以用来制造塑料、合成纤维、炸药等。

2. 玻尿酸、氨基酸起到保湿的作用。抗菌剂是防止护手霜被细菌污染变质,起到保鲜的作用。精油、维生素E则起到抗氧化的作用。

48. 图灵斑图

图灵斑图是指在反应-扩散体系中，物质的稳定均态会在某些条件下失稳，并自发产生的空间定态图纹。这样的现象在自然界大都发展很慢，不易观察，但有一些化学实验可以直观地演示图灵斑图的产生。利用葡萄糖、果蔬汁等常见的材料，控制相应的实验条件，可以观察到图灵斑图的现象并探究相关形成规律。

工具与材料

锥形瓶，培养皿，烧杯(100、250 mL)，玻璃棒，一次性滴管(3 mL)，量筒，电子分析天平。

蒸馏水，葡萄糖(分析纯)，2%的碱性藏红花溶液，氢氧化钠(分析纯)，2%的亚甲基蓝溶液，碳酸钠，紫甘蓝。

活动过程

一、"红、蓝瓶子"的图灵斑图实验

1. 在锥形瓶中加100 mL蒸馏水、2 g葡萄糖、2 g氢氧化钠，再逐滴滴入8~10滴2%的亚甲基蓝，振荡至溶液呈蓝色，即蓝瓶子。

2. 另取一个锥形瓶，加100 mL蒸馏水，2 g葡萄糖，2 g氢氧化钠，滴入8~10滴2%的碱性藏红花溶液，振荡至溶液呈红色，即红瓶子。

3. 把两种溶液分别倒入培养皿中，静置1 min左右，出现蓝色和红色的图灵斑图。

二、探究外界条件对图灵斑图形成的影响

1. 温度影响(红瓶子实验)。见表1-2-48-1。

表1-2-48-1

碱性藏红花	氢氧化钠(g)	葡萄糖(g)	温度(℃)	完全形成时间(s)
8滴	4	2	10	381
8滴	4	2	20	237
8滴	4	2	30	29
8滴	4	2	40	21

20~30 ℃时形成的图灵斑图案明显，此区间温度是适宜的实验温度。

2. 浓度影响(红瓶子实验，水温30 ℃)。见表1-2-48-2。

表1-2-48-2

碱性藏红花	氢氧化钠(g)	葡萄糖(g)	开始出现时间(s)	完全形成时间(s)	图灵斑图的特点
8滴	5	2	39	120	颜色深，条点都有
8滴	4	3	50	145	颜色浅，条状
16滴	4	4	60	150	条状中间发散
16滴	4	2	30	29	条状中间发散
8滴	8	2	—	—	褪成无色，没有图案

3. 光照影响(蓝瓶子实验，水温20 ℃)。见表1-2-48-3。

表1-2-48-3

光照	亚甲基蓝	氢氧化钠(g)	葡萄糖(g)	开始出现图案(s)	图案特征
无	8滴	2	2	65	密斑点图形
投射蓝光	8滴	2	2	95	禾苗形状

光照会影响图灵斑图的形状，可观察到表面皿中的图灵斑图呈现三维效果。

4. 磁场影响(红瓶子实验，水温15 ℃)。见表1-2-48-4。

用交互线圈来产生磁场，并把培养皿放在线圈的上方，这样就会有磁场通过培养皿。也可以用两个条形磁铁来提供磁场。

表1-2-48-4

磁场	碱性藏红花	氢氧化钠(g)	葡萄糖(g)	开始出现图案(s)	图案特征
无	8滴	4	2	155	密斑点图形
有	8滴	4	2	120	花形斑图

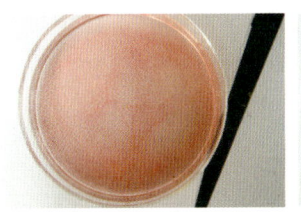 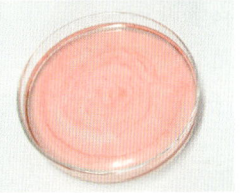

图1-2-48-1　　　图1-2-48-2

无磁场影响的情况下，形成斑点状的图灵斑图（图1-2-48-1）。在有磁场影响的情况下，形成花朵状图灵斑图（图1-2-48-2）。

5. 电场影响(蓝瓶子实验，水温30~40 ℃)。

把蓝瓶子溶液放在电场中（手摇发电感应器），静置。15 s后，表面皿中形成2个运动方向相反的螺旋。30 s后形成了2个方向相反的螺旋图案（图1-2-48-3）。

图1-2-48-3

三、果蔬汁的图灵斑图实验

1. 取30 mL紫甘蓝汁于锥形瓶中。加入20 mL饱和碳酸钠溶液。可观察到锥形瓶中出现层次分明的"彩虹"现象。将锥形瓶水浴加热至60 ℃左右，滴入10滴亚甲基蓝溶液，锥形瓶中的液体变为黄褐色，振荡后变为墨绿色。反复振荡和静置，墨绿色和黄褐色也会反复出现。

2. 把做过2~3次颜色循环变化的溶液倒入培养皿中，静置1~4 min，观察液面上出现的图案。再摇晃培养皿，观察溶液颜色变化。静置片刻，观察图案结构。循环反复多次，记录实验现象。

说明与延伸

1. 从热力学角度观察，自然界的斑图可分为两类：一类是存在于热力学平衡态条件下的斑图，如无机化学中的晶体结构；第二类为非热力学平衡态条件下产生的斑图，如水面上的波浪。

2. 不同果蔬汁的图灵斑图形状不同。如猕猴桃汁和紫甘蓝汁液面上的图案是点状的，橙汁液面上的图案是发散的。

49. 神奇的荧光棒

荧光棒中装满了液体。液体的主要成分是某些酯类化合物、过氧化氢和荧光染料。

工具与材料

烧杯，试管，圆底烧瓶，U型管。

双(2,4,5-三氯水杨酸正代酯)草酸酯，邻苯二甲酸二丁酯，30%过氧化氢溶液，叔丁醇，醋酸钠，各色荧光染料。

活动过程

1. 配制荧光棒中的A溶液。A溶液的主要成分是某种酯类，本实验采用的是双(2,4,5－三氯水杨酸正代酯)草酸酯，简写为CPPO。取25 g CPPO放入烧杯中，待用。再取大约60 mL的邻苯二甲酸二丁酯(DBP)加入盛有CPPO的烧杯中。把装有混合液的烧杯在70~90 ℃下水浴加热，边加热边用玻璃棒搅拌，直至CPPO完全溶解。这时候A液就制作完成了，放在一边备用。

2. 配制B溶液。B液的主要成分是过氧化氢。取50 mL的30%的过氧化氢溶液，与50 mL的叔丁醇混合均匀。在混合液中加入微量的醋酸钠作为催化剂，B液制作完成。

3. 取少量A液和B液按体积比1∶1混合,摇匀。加入不同颜色的荧光染料,放在黑暗中,就能够看到试管发出不同颜色的荧光了(图1-2-49-1)。

图1-2-49-1

说明与延伸

1. 过氧化氢把CPPO氧化成酚类物质,在这个过程中会产生一个高能量的中间物,这个中间物会把能量传给染料。电子激发态的染料不稳定,通过发光而回到稳定基态。这种光是由化学反应而产生,称为化学发光,即冷光。

2. 荧光棒的发光时间为4～48 h,发光时间的长短与环境温度成反比,环境温度越高,荧光棒的发光时间越短;与荧光棒的初始亮度成反比,荧光棒初始亮度越高,发光时间就越短。把已经发光的荧光棒放在低温环境中(如冰箱、冷柜),可以抑制荧光棒中两种液体的化学反应,取出后可继续使用。

3. 荧光棒是一种仿生学的产物,它模拟了某些生物(例如萤火虫)的发光原理。冷光不产生热量,因此发光的效率很高。荧光不仅可以用于娱乐,在生产、生活中用途广泛,可以作为夜间信号、军事照明、易燃易爆场所的照明等。

50. 人造"细胞"

亚铁氰化钾晶体与硫酸铜溶液会生成囊状的亚铁氰化铜薄膜,这层薄膜相当于一种选择性很好的半透膜,能够使水分子自由地透过,而K^+、Fe^{2+}、Cu^{2+}、CN^-和SO_4^{2-}离子则不能透过。据此可设计人造"细胞"的趣味实验,通过观察亚铁氰化铜薄膜的生成过程,了解半透膜的原理。

工具与材料

培养皿,药匙。

硫酸铜(分析纯),亚铁氰化钾(分析纯),蒸馏水。

活动过程

1. 配制3%的硫酸铜溶液。
2. 在培养皿中加入大约一半容积的硫酸铜溶液。
3. 往溶液中加入一粒粒的亚铁氰化钾颗粒。片刻后,可观察到培养皿中产生的"细胞"(图1-2-50-1)。

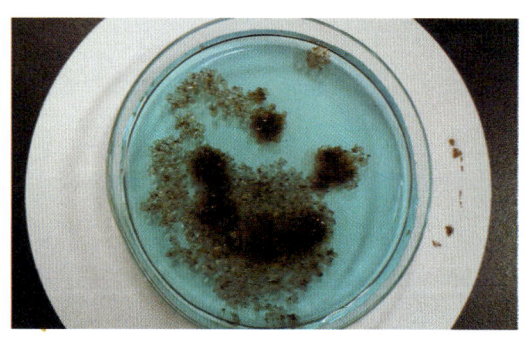

图1-2-50-1

说明与延伸

随着反应的进行,硫酸铜溶液内的水分子不断进入囊状薄膜内,使膜内产生了很大的渗透压力,压力增大到一定程度,这层薄膜就会被胀破,于是亚铁氰化钾溶液就从膜内钻出来,它遇到硫酸铜溶液，又会发生反应，生成一层新的囊状亚铁氰化铜薄膜。这样一来，旧的薄膜不断破裂，新的薄膜不断产生，使人造"细胞"不断长大。

51. 蜡烛趣味实验

蜡烛主要由石蜡制成。石蜡是几种高级烷烃混合物的俗称，常温下为白色。可利用蜡烛做一系列有关燃烧的趣味探究实验，了解石蜡的化学性质以及燃烧所需的条件。

工具与材料

玻璃导管，滤纸，滴管，小试管，火柴。
蜡烛，白磷，二硫化碳。

活动过程

一、一烛两焰

1. 点燃一支蜡烛，用镊子夹取一支内径约5 mm、长约5 cm的玻璃导管，与蜡烛成45°插入焰心。很快可看到玻璃导管内有一缕缕白烟生成。

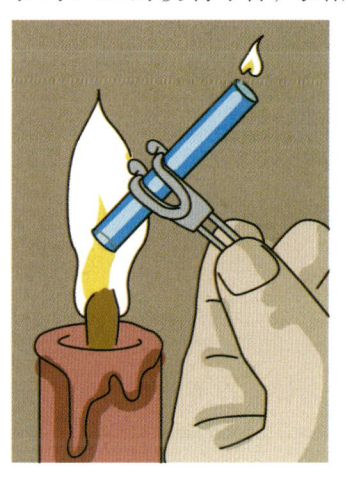

2. 在导管口引燃白烟，也会形成一个火苗，产生了一支蜡烛同时有两个火焰的奇妙现象，即"母子焰"现象（图1-2-51-1）。

图1-2-51-1

二、一吹即燃的蜡烛

1. 用镊子取一粒绿豆大小的白磷，用滤纸吸除水分后放在小试管中，再加入约1 mL二硫化碳使之溶解。

2. 取一支蜡烛，用手捻一下烛芯，使之散开，滴上几滴溶有白磷的二硫化碳溶液。

3. 片刻后向蜡烛芯上吹气，蜡烛随即被引燃。

说明与延伸

1. 烛焰是石蜡蒸气在空气中燃烧的现象。如果将正在燃烧的烛焰突然熄灭掉，会看到烛芯上有缕缕白烟冒出，这白烟就是石蜡蒸气在空气中冷凝而成的。

2. 因为二硫化碳极易挥发，长吹一口气可使其挥发尽。当二硫化碳挥发完以后，烛芯上的白磷暴露在空气中，因被氧化而升温，达到40 ℃时即自燃，从而将蜡烛引燃。

3. 木炭燃烧是一种"表面燃烧"，这种燃烧在燃料表面进行，当温度达到燃料着火点以上，燃料本身就被引燃了。而石蜡的燃烧属于"蒸发燃烧"，蒸发燃烧是指燃料受热后产生的蒸气与空气接触、引燃而形成的燃烧。食用油、酒精、汽油、煤油等的燃烧通常都属于"蒸发燃烧"。

52. 浓差电池

浓差电池是指由于两极间电解质浓度不同或电极上反应物的浓度不同而产生电动势的一类电池。用两种不同浓度的硝酸铜溶液，可以设计一个浓差电池，通过观察实验现象，理解浓差电池的原理。

工具与材料

试管,橡皮塞,烧杯,玻璃棒,容量瓶,电子天平,长颈漏斗,滴管,铁架台。

铜丝,硝酸铜(分析纯),蒸馏水。

活动过程

1. 先配制 1 mol/L 和 0.25 mol/L 两种不同浓度的硝酸铜溶液。注意,配制时需加入 2~3 滴浓硝酸,防止水解。

2. 取一支试管(70~80 mL),配上一个橡皮塞或软木塞,塞子的中央钻一个细孔,再在孔内插入一根粗铜丝(可用刮掉漆膜的漆包电线代替)。

3. 在试管中装入 20 mL 的 0.25 mol/L 硝酸铜溶液,用长颈漏斗向溶液中加入 20 mL 的 1 mol/L 硝酸铜溶液。切勿使这两种浓度不同的溶液混合起来。浓的硝酸铜溶液比较重,下沉在试管的下半部;稀的硝酸铜溶液比较轻,在试管的上半部。两种溶液间有明显的分界面。

4. 小心地把带有塞子的粗铜丝插到试管中。

5. 静置 4~7d 后,把铜丝从溶液中取出,用水洗净,铜晶体的形状就清晰可见了。这一过程相当于在原来铜的表面镀上了一层新铜(图 1-2-52-1)。

图 1-2-52-1

说明与延伸

1. 本实验的浓差电池因电解质硝酸铜浓度不同而形成,负极和正极都是由同一种金属(铜丝)做成的,铜丝起着传导电流的作用。实验过程中只是试管上方的铜转移到下方,整支试管中硝酸铜的总质量不变。

2. 该浓差电池中,上边的铜丝是负极:$Cu-2e\rightarrow Cu^{2+}$。电子经过铜丝流入下边的铜丝(正极)沉积为金属铜:$Cu^{2+}+2e\rightarrow Cu$。因为过程非常缓慢,所以能形成铜的晶体。

53. 滴水成冰

乙酸钠过饱和溶液遇到杂质(晶种)会迅速凝结。据此可设计"滴水成冰"的趣味实验。

工具与材料

药匙,烧杯,玻璃棒,水浴锅,表面皿,冰箱。

无水乙酸钠,蒸馏水。

活动过程

1. 在烧杯中加入 20 mL 水,将烧杯放在 80 ℃ 水浴锅中加热,一边加热一边加入无水乙酸钠,直到加入的乙酸钠不再溶解。静置片刻,若上层溶液依然是澄清透明的,那么就小心地将溶液转移至一个清洁的烧杯中(不能有肉眼看到的杂质)。烧杯上盖上表面皿或玻璃片放入冰箱冷藏(不可冷冻)。

2. 1~2 h 后若无结晶,即制成稳定的过饱和乙酸钠溶液。

3. 在表面皿上放几粒乙酸钠晶体(极少量即可),将制成的过饱和乙酸钠溶液慢慢倒在晶体上,很快就有"冰柱"在表面皿上不断生长(图 1-2-53-1)。

图 1-2-53-1

说明与延伸

实验所用的无水乙酸钠务必保证未变质。配制饱和乙酸钠溶液所用的仪器均需清洗干净,未冷却的过饱和乙酸钠溶液非常不稳定,遇微小的杂质就易形成晶核而导致整杯结晶。

54. 自制除锈剂

铁制品在潮湿环境中久置,表面会生成褐色物质,称为"铁锈",其主要成分为水合氧化铁。酸性物质可以去除铁锈,利用这一原理可以自制除锈剂。

工具与材料

药匙,烧杯,量筒,玻璃棒,水浴加热装置。

80%的磷酸,36%的盐酸,聚乙烯醇,淀粉,硫酸钠,氯化钙,蒸馏水。

活动过程

1. 向烧杯中加入 5 g 聚乙烯醇,再加入 95 mL 水,水浴加热(约 80 ℃)至形成透明均匀的溶液。随后加入 30 mL 磷酸和 20 mL 盐酸,搅拌均匀。

2. 另取一只烧杯,将 2 g 淀粉溶解在 5 mL 水中,搅拌均匀,此时烧杯中的液体呈混浊状。然后边搅拌边加入步骤 1 的热溶液中。

3. 向已混合的溶液中加入 1 g 硫酸钠和 1 g 氯化钙,搅拌至溶解。冷却,除锈剂即制作完成,可装瓶封存。

说明与延伸

配方中采用的磷酸是中强酸,和盐酸按比例配伍,起到缓冲作用,使得除锈剂酸性适中。聚乙烯醇和淀粉可以调节除锈剂的黏度,太稀除锈效果不好。硫酸钙和氯化钠可以防锈,若制作时没有添加这两种试剂,可在除锈后在铁制品表面喷洒小苏打溶液,也有防锈的效果。

第 2 篇
生物篇

植物

1. 制作叶脉书签

叶肉遇到腐蚀性液体就会发生腐烂。如果将腐蚀性液体稍稍加热，它会腐烂得更快。叶脉比较坚韧，不容易被腐蚀。因此，利用这个特性，可以将一些叶片坚硬、叶脉坚韧的叶片制成叶脉书签，成为一种艺术品。

工具与材料

烧杯，三脚架，石棉网，酒精灯，火柴，天平，旧牙刷，玻片，镊子。

水彩颜料，彩色丝线，氢氧化钠，3%过氧化氢溶液，桂花树叶。

活动过程

1. 把约100 ml水倒入烧杯，在水中加入4 g氢氧化钠，把烧杯搁在石棉网上，用酒精灯加热，煮沸溶液，制成腐蚀液。

2. 把树叶浸没在溶液中，继续加热15 min左右，用镊子轻轻搅动，使叶片充分和腐蚀液混合，腐蚀均匀。

3. 当叶片变色、叶肉酥烂时，用镊子取出叶片，放在盛有清水的烧杯内。

4. 从清水里取出叶片，放在玻片上，用旧牙刷在流水中轻轻地刷叶片的正面和背面，刷去因腐蚀而变柔软的叶肉部分，露出浅黄的叶脉。清水冲洗后再把叶脉片浸入体积分数3%的过氧化氢溶液中24 h，使叶脉黄色褪去，变成纯白色，再取出叶脉，用清水洗净，沥去水滴。

5. 把叶脉片平放在旧书或旧报纸里压干。

6. 取出压平的叶脉片，待叶脉干透后，用毛笔在叶脉两面涂上水彩颜料，稍干后再压平，如图2-1-1-1。

图2-1-1-1

7. 取出涂上颜料的叶脉片，在它的叶柄上系一条彩色丝线，就得到了一张精致美丽的叶脉书签。有条件的话，还可以采用塑封的办法保护叶脉片。

说明与延伸

1. 制作叶脉书签的材料除了桂花树叶外，还可用桃叶珊瑚树叶等。

2. 用过的药液可保存在容器中，以便下次再用，一般药液可循环使用4~5次。

3. 如加工处理的叶子过多，可换大烧杯，过氧化氢和水应按体积比1:25增加。

2. 制作贴花书签

将鲜艳的花朵用书签的形式保存起来是一件有趣的事。其方法就是将花的各部分按照花的结构分解后重新粘贴在白卡纸上,用护卡膜封住,制成书签。豌豆花是一种广为栽培的观赏性花卉,本文以豌豆花为例,请你发挥想象力,一起来制作一个精致的艺术品吧。

工具与材料

剪刀,镊子。

豌豆花,白卡纸,胶水,标签,透明胶带纸,护卡膜和塑封机等。

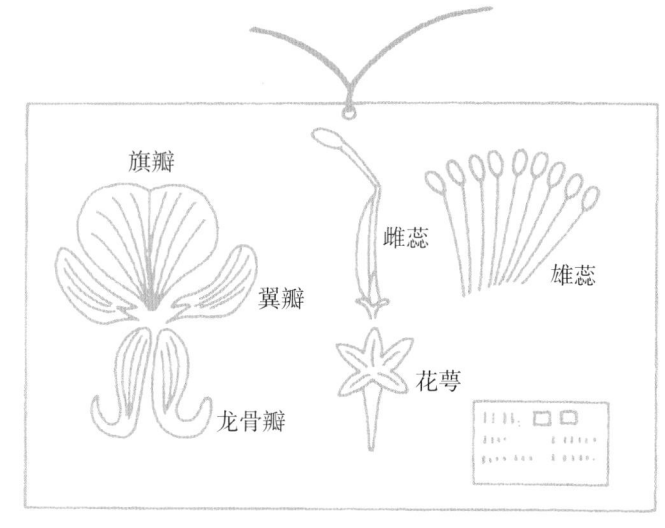

图 2-1-2-1

活动过程

1. 在豌豆花开时节,选择颜色鲜艳的花朵取下备用。

2. 将花分解成花萼、花瓣、雄蕊、雌蕊 4 部分,并放在凉爽、黑暗、干燥的环境中,令其自然风干。

3. 将分解后的花朵各个部分,按图 2-1-2-1 所示,粘贴在白卡纸中央位置。

4. 取一张宽的透明胶带纸(长度根据花分解部分大小而定)固定在桌上。

5. 把贴有花各部分的白卡纸粘贴于透明胶带纸上,在右下方贴上标签,标签上注明植物的名称、花的各部分名称,制作日期和制作者姓名。

6. 取一个长宽与卡纸大小相当的护卡膜,小心地将卡纸插入护卡膜中。

7. 用塑封机小心地将卡纸塑封。

8. 将塑封完成的作品剪出心仪的形状,再在上方中央打个孔,扎上彩色丝线。

说明与延伸

制作花朵标本必须要先将花朵进行干燥处理。常见的干燥处理方法除本活动的自然干燥法外,还有常温压制法、沙干燥法、干燥剂包埋法、甘油干燥法以及微波炉干燥法等。

3. 干制花卉标本

用最普通的脱水材料(黄砂)包埋植物花卉,可以使它脱水并保留包埋时的立体形态,成为栩栩如生的干制标本。干制标本是一门科学与艺术相结合的技艺,它能有效防止植物变色、变质。本活动制作的标本能够更好地展现植物的特征,为我们研究植物提供准确的依据。

工具与材料

烘箱,大烧杯(1000 ml),瓷盘,剪刀,带盖玻璃容器。

黄砂,塑料窗纱,樟脑丸,凡士林,蝴蝶兰,翠雀,天竺葵,孔雀草,标签,水苔。

图2-1-3-1

活动过程

1. 把黄砂放在塑料窗纱上过筛,得到极细的砂粒。将它洗净、晾干,放入瓷盘内。

2. 把瓷盘放入烘箱,在70 ℃条件下烘1 d,使黄砂完全干燥备用。

3. 采集花、叶完整的植物2支,花材一般在上午9点至11点采集为好,采到的花草应放在阴凉处,以保持新鲜状态。剪取上端10～12 cm长的花枝洗净备用。采集的时候要非常小心,切不可损坏花瓣,以免影响标本外观质量。

4. 取大烧杯一只,先倒入一部分细黄砂,再把花枝插入细砂中央,然后慢慢地向烧杯中撒入细黄砂,让细砂自然地填满烧杯中的各个空隙,将整枝花枝包埋起来。

5. 把大烧杯放入烘箱,在50～60 ℃下烘24 h,使被包埋的花枝彻底脱水、干燥。

6. 小心地倒出烧杯内的细砂,完整地取出花枝的干制品,并小心地抖掉花朵中的砂末。

7. 取一只有盖的玻璃容器,先放入一层洁净、干燥的水苔,并放入1～2颗樟脑丸,再把植物的干制品插在容器的中央。然后,在瓶盖和瓶口交接处涂一层薄薄的凡士林作密封剂,盖上瓶盖,使容器内空气完全和外界隔绝。

8. 写一张标签,注明瓶内植物的名称、制作时间和制作者姓名,贴在玻璃容器外。

说明与延伸

1. 用细黄砂包埋花枝这步操作最为关键,稍不谨慎,即会损坏标本形态。

2. 花卉干制标本最好采用小花瓣植物,如矢车菊、金盏菊、雏菊、百日菊等。如果改用大花瓣的牡丹、月季等制作,操作要求更高,难度更大。

4. 制作腊叶标本

腊叶标本又称压制标本,是学习植物知识的传统工具。

制作腊叶标本不仅能帮助我们了解植物根、茎、叶的全貌,还能展现花和果实的关键特征。因此,制作腊叶标本要注意标本的完整性,一般草本植物要制成根、茎、叶、花、果齐全的全草标本(图2-1-4-1);木本植物要尽可能制成一段有花和果实的带叶枝条的标本。

工具与材料

采集箱(或塑料袋),枝剪,小铲,缝衣针和线,标本夹,剪刀。

白卡纸,旧报纸或卫生纸,胶带纸,胶水或糨糊,透明塑料纸,标签。

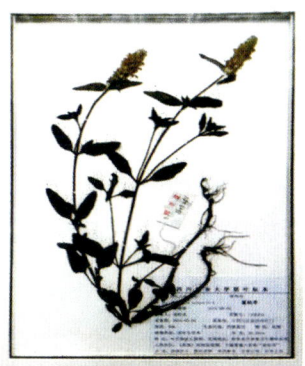

图2-1-4-1

活动过程

1. 挑选正在开花的草本植物,用小铲把它连根挖出,用干抹布擦去灰尘和泥土。

2. 把植物放入干燥的旧报纸或卫生纸中整形。让植物叶的正面向上,并把其中一张叶翻转过来,背面向上。叶片和花要放置平整,尽量避免互相重叠遮盖。对过密的叶片可以适当修剪,修剪时应留下叶柄基部。

3. 一件标本整形完毕后,在上面盖几张报纸或卫生纸,再整理第二件标本。这样一层一层叠起来,直到所有采集的标本全部整形完毕。夹上标本夹(图2-1-4-2),用绳子扎紧,放在通风处,让纸充分地吸收标本内的水分。

图2-1-4-2

4. 前5 d内,1d换一次纸,以后2d换一次纸,直到标本完全干燥。换下的纸,晒干或烘干后可以再用。

5. 取一件已压干的标本放在26 cm×38 cm的白卡纸上。先用毛笔把胶水均匀地涂在标本叶背面,把它粘贴在白卡纸的适当部位,然后轻施压力,直到它全部干燥。接着,用针线将标本粗厚部分(茎、花、果)固定好。

6. 在白卡纸的右下角贴上标签,再在整张白卡纸上盖一层透明塑料纸,然后放入标本橱内保存(图2-1-4-3)。

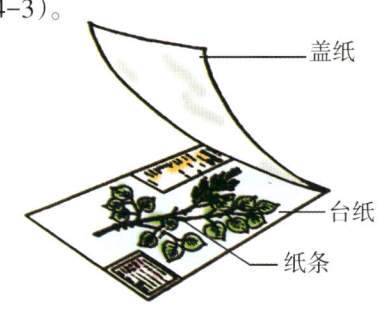

图2-1-4-3

说明与延伸

1. 如压制时无标本夹,可以把标本压在纸内,待达到一定厚度时,放在桌上,压上重物,使枝叶平展不皱。

2. 为了使标本更加具有研究和学习价值,制成后还要贴上标签。标签上应注明编号、学名、采集地点、采集时间、采集者、制作者和用途等。

3. 标本放入橱内陈列时,最好在橱内放些樟脑丸,以防虫蛀。

5. 自制简易花盆

植物种植是中小学校最易开展、最常组织的青少年生物科技活动。种植不同的植物需要选择适合该植物生长特性的花盆。花盆主要的功能是盛放固定植物的基质,盆壁的微细小孔有透气的作用,底部小孔有排涝的功能。生活中常见的花盆有泥瓦盆、陶瓷盆、塑料盆、铁质盆、石材盆等,种植不同的植物应挑选不同的花盆。本活动利用塑料饮料瓶制作成方便实用的栽培容器,可用来培育小型植物。

工具与材料

锥子,螺丝刀,剪刀,记号笔,美工刀,老虎钳,锉刀。

盆底网,4~5 L容量的饮料瓶。

活动过程

一、简单型花盆

原理见图2-1-5-1。

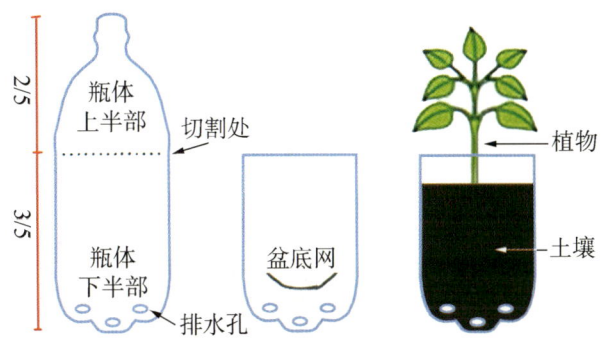

图2-1-5-1

1. 把瓶子外的商标包装去掉。
2. 用美工刀在瓶体1/3～2/5处切开1个口子，插入剪刀把瓶子剪成两个部分，带瓶口的上半部弃之不用。
3. 用锉刀把锐利的下半部切口锉平。
4. 在瓶体底部用锥子钻6个或8个小孔，再用螺丝刀把小孔扩大成5～6 mm的圆孔。
5. 用剪刀剪一块合适大小的盆底网铺在瓶底。
6. 在花盆里填入土壤，并种上植物。

二、自动浇水型花盆

这款花盆设计非常实用，不仅可以作为花盆容器用来养花，还能实现自动浇水的功能。原理见图2-1-5-2。

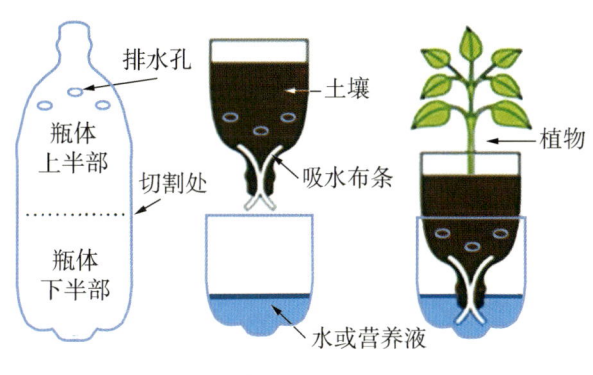

图2-1-5-2

1. 用美工刀在瓶体中间切开一个口子。
2. 插入剪刀把瓶子剪成两个部分。
3. 用锉刀把锐利的切口锉平。
4. 在瓶体上半部瓶口端用锥子钻6或8个小孔，再用螺丝刀把小孔扩大成5～6 mm的圆孔。
5. 将废旧的衣物用剪刀改制成吸水布条，作为花盆中的吸水材料。
6. 每隔1个孔穿一根吸水的布条，一半的小孔用作吸水，一半的小孔用作排水。
7. 将瓶体上半部瓶口朝下插入瓶体下半部。
8. 向瓶口部分填入营养土，并种上植物。
9. 瓶底部分盛水，水位不要没过排水孔。

说明与延伸

透气性是选择花盆的标准之一。现在市场上出售的栽培土因混有疏松材料，其透气性比天然土壤要好，所以不必考虑饮料瓶材料是否透气。

6. 植物的播种

播种就是播撒种子。播种是参与植物生长培育管理的开始，让我们动手做一做。

工具与材料

土铲、土耙、锉刀、直尺、记号笔、美工刀、剪刀、洒水壶。

4～5 L容量的饮料瓶，各种园艺植物种子。

活动过程

1. 准备容器。挑选4-5 L容量的饮料瓶，撕去商标。用记号笔和直尺在瓶身上画好切割线，如图2-1-6-1。用美工刀和剪刀按切割线作业。
2. 设置排水孔。在容器底部打排水孔，并垫上盆底网，如图2-1-6-2。把播种用土放入容器内，放

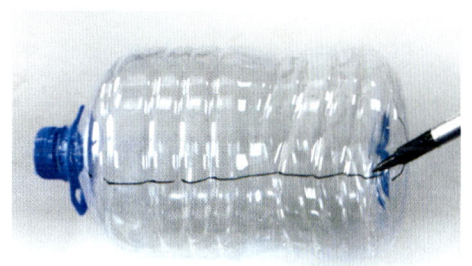

图2-1-6-1

图2-1-6-3

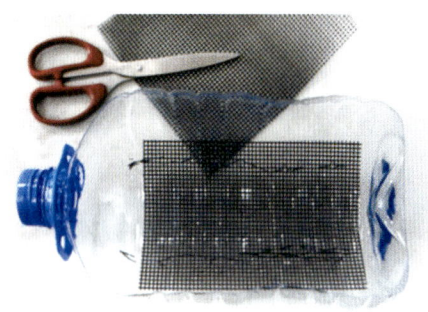

图2-1-6-2

图2-1-6-4

入土壤的厚度不得低于5 cm。用土铲、土耙将土壤耙松、耙平。

3. 准备种子。

(1) 挑选好的种子。从园艺超市中买来各种花卉和蔬菜的种子。一包种子中有很多颗种子,其中有皱纹的、没长全的、颜色不一样的通常被认为是坏种子,而放入水中会沉下去的通常被认为是好种子。

(2) 种子催芽。用湿润的纸包包裹种子一段时间(超过1d)可以让种子发芽。如果种子皮厚,可以先浸1d,再用湿润的纸包住。

4. 播种。

(1) 撒播适用于直径1 mm以下的植物种子,比如菠菜、樱桃萝卜等。把植物种子捏在手里或播种器中,撒播在容器内土壤的表面,再覆盖一层1 cm厚的土壤,适当压实,如图2-1-6-3。

(2) 点播。适用于培育植株和植株间距离较大的植物种子,比如萝卜、白菜、黄瓜等。

① 用手指在土壤上捅出用来播种的穴。深度以第一指关节为宜,2 cm左右;

② 每个穴中用手或播种器播3~4粒种子,如图2-1-6-4。用土填满,适当压实。

(3) 条播。适用于直径1~2 mm的植物种子,比如胡萝卜、青菜等。

① 用土铲或硬纸划出0.5~1 cm深的土沟。

② 把纸对折,把种子放在纸上或播种器内,沿着土沟把种子均匀地撒入沟中,如图2-1-6-5。用土填满,适当压实。

图2-1-6-5

说明与延伸

1. 播种后工作。

(1) 播种后,可分多次向容器内的土壤少量浇水。也可在容器外包上一层湿毛巾,经常洒水,保持容器内的湿度。

（2）种子发芽后,拔去瘦弱的幼苗,保留健壮的幼苗,把长出真叶的壮苗从育苗容器移至栽培容器中培养。

2. 常见园艺蔬菜播种时间如表2-1-6-1所示。

表2-1-6-1

品种	播种期
樱桃萝卜	全年可种
生菜	春播:1—3月;秋播:8—12月
葱	全年可种
豆芽	室内全年可种
黄瓜	10月—次年2月
茄子	11月—次年1月
青菜	全年可种
空心菜	4—10月
芹菜	8—12月
茼蒿	春播:3—4月;秋播:8—9月;冬播:11月—次年2月
菠菜	全年可种

7. 植物的盆栽

植物的种子在苗床上萌发成为健壮的小苗,或者是植物的枝条经过枝插培育,插条已经生根,接下来就应该把小苗或枝条移到花盆中栽种长大。本活动介绍了植物盆栽的制作方法,你可以将盆栽植物放置在家里的阳台或教室窗台、生物角里,起到美化生活和学习环境的作用。

工具与材料

洒水壶。

花盆,盆底网,培养土,健壮的实生苗或者已经生根的枝插插条。

活动过程

1. 在将泥土装入花盆之前,首先要用盆底网盖住盆底的排水孔。这样不仅能防止泥土从排水孔漏掉,还能排出多余的水,并且透气。

2. 在盆底铺一层粗粒土或小石块,再铺上一层培养土,把要种植的植物苗或枝条放在花盆中央,一手扶直植物苗,另一手从四周加入土壤,一边加,一边用手把土压实,土加至离盆口2~3 cm处即可。

3. 用水壶细水慢浇,浇透,防止太急的水流冲击植物苗根边的土壤。刚栽种好的盆花要放在阴凉处,每天浇一次水。

4. 栽种7~10 d后,花苗开始复苏,可把花盆移到阳光下,让它正常生长。

说明与延伸

1. 目前市场上出售的培养土混有珍珠岩之类的疏松材料,透气性和透水性比传统的泥土要好得多,可以不必考虑花盆材料的透气性和透水性。

2. 一般花卉苗木盆栽时间最好选在初春或初秋,容易成活。

3. 如果在校园找个角落,搭个木架,种上几十盆草花,也可以成为校园的一道风景线。

4. 盆栽植物的养护管理,要根据气候、植物生长习性来加以考虑,要因花制宜、因地制宜地进行浇水、施肥、修剪、防止病虫害等管理工作。

8. 多肉植物的扦插

多肉植物也叫多水植物、肉质植物,是现在流行的室内种植植物。多肉植物因其分生组织发达,繁殖比较容易。多肉植物在养护过程中,会收集到许多长得太高的截头和成熟脱落的叶子。本活动以多肉植物为例,介绍植物叶插繁殖的方法。

工具与材料

育苗盒,铲子。

蛭石、多菌灵、百菌清、多肉植物的截头和成熟脱落的叶子。

活动过程

1. 挑选多肉植物的叶片。叶片要选择成熟健康、发育充实的,不能有虫蛀,不能选发黄的叶片。如果是新切下的叶片,要在阴凉处晾置7 d,待伤口充分愈合才能扦插。

2. 将蛭石铺满盒底,厚度约2 cm,在蛭石表面喷上一层多菌灵、百菌清等药剂。

3. 将叶片平放在蛭石上,叶片翘起的地方朝上,尽量模拟野外叶片掉落的情景,(图2-1-8-1),盖上盖。

4. 7~14 d后,观察叶片的生根及生长情况。(图2-1-8-2)。

图2-1-8-1

图2-1-8-2

说明与延伸

1. 很多景天科多肉植物的叶子生命力顽强。只要把它们的叶子随手扔在阳台的阴暗角落里,过一段时间你就会发现叶子全都已经生根发芽了,有些甚至已经长大了。

2. 多肉植物的繁殖除了叶插外,茎插分株和嫁接也是常用的方法,你也可以来试一试。

9. 月季的扦插

扦插繁殖是植物的无性繁殖,是通过截取一段植株的营养器官(茎、叶),插入疏松润湿的土壤或细沙中,利用其再生能力,使之生根抽枝,成为新植株的一种繁殖方式。月季是常见的园艺花卉之一,本活动以月季为例,介绍扦插繁殖的方法和要点。

工具与材料

喷雾器,剪刀。

月季花枝,百菌清,蛭石,珍珠岩,保护膜,生根粉。

活动过程

1. 月季的芽插。

(1)选择健康饱满的芽点,从月季花枝上摘下或用刀割下,如图2-1-9-1。

(2)剪掉重叠的叶子,保留最里面一小对叶,如图2-1-9-2。

(3)将芽点投入稀释2000倍的百菌清内消毒10 s。

(4)准备蛭石珍珠岩基质,比例为2:1。

(5)将芽点埋入基质1/3深度,用喷雾器将芽点插入点喷湿,如图2-1-9-3。

图2-1-9-1

图2-1-9-2

图2-1-9-3

(6)覆盖保护膜后,置于黑暗环境中,大约7 d后即长出愈合组织。

(7)再过7 d,白天打开防护膜通风,晚上继续覆盖保护膜,15 d左右就可生根。

2. 月季的枝插。

(1)准备插条,把月季健康的枝条截成5~10 cm不等的小段。

(2)将插条基部浸泡在浓度为200 mg/L的生根粉溶液中1 h。

(3)把插条插入基质中(图2-1-9-4),注意插条的上下不可颠倒。

图2-1-9-4

(4)在扦插的容器上覆盖玻璃板或塑料薄膜,以保持温度和湿度。

说明与延伸

为促使插条生根,还有一些简便经济的方法处理插条。

1. 将插条基部2 cm浸入100 mg/L浓度的萘乙酸溶液中,24 h后取出扦插;

2. 将插条基部2 cm浸入浓度为0.5%的高锰酸钾溶液中,24 h后取出扦插;

3. 将插条基部2 cm浸入浓度为5%的白糖水溶液中,24 h后取出冲洗干净后扦插;

4. 将插条基部2 cm浸入维生素B12的针剂加1倍凉开水稀释溶液中,5 min后取出,晾干后再扦插。

5. 将插条基部2 cm蘸水湿润后,充分粘匀ABT生根粉插入基质中。

本活动中,月季的芽能够用来扦插繁殖,因为芽是枝或花的雏体,芽插的实质也是枝插。月季的芽插苗长势强,活力旺盛,株型美观,容易成活,且成活后生长健壮。

10. 制作瓶栽植物

将植物种植在密封的玻璃容器里,靠自身循环,就可以很好地生长。本活动根据这个植物生长特征,制作了让人赏心悦目的瓶栽植物。不妨你也来试试(图2-1-10-1)。

图2-1-10-1

工具与材料

可密封的带盖大口瓶或带罩玻璃盘,喷水壶。

轻石,无纺布,培养土,苔藓,网纹草等小型植物,景观小摆件。

活动过程

1. 在玻璃盘内倒入1 cm厚的小颗粒轻石,铺一层无纺布为隔水层,防止培养土由于重力作用慢慢渗透至底层轻石。

2. 在无纺布上填入培养土,用喷水壶将培养土完全喷透,直至底部轻石层有微量积水,积水切勿漫过轻石层。

3. 在培养土适当的地方挖一个洞,把网纹草种在洞中,并盖上土,压实。

4. 去除苔藓表面杂草和杂质,用喷壶把苔藓表面和根部喷湿。用镊子夹着苔藓,缓缓铺设于培养土表面,并摁紧压实。

5. 根据个人喜好,放入沙石、玩偶等装饰摆件。

6. 适量地洒些水,罩上玻璃罩。将植物置于有阳光的窗台上,让其自然生长,再进行观察和管理。

说明与延伸

1. 英国工程师戴夫于1960年在透明的玻璃瓶中栽培了4棵鸭跖草,1972年第二次浇水后瓶子就处于完全密封状态。经过40年的密封时间,这几株植物顽强地生存下来,枝繁叶茂长满了整个玻璃瓶(图2-1-10-2)。

图2-1-10-2

2. 一般情况下,瓶壁上水珠点点,说明瓶内空气湿润温暖。如果瓶壁上无水珠,应适当加水。瓶内植物生长过旺时,可用剪刀整修掉一些。

3. 瓶栽植物制作的要点是瓶子底部没有排水孔。浇水时如果控制不住就会多浇水,多余的水分易使植物的根部缺氧。

11. 简易树桩盆景的制作

盆景制作是融植物学美学为一体的综合性艺术。本活动介绍了将一株人参榕通过整形、缚扎等处理方式,制成了形态优美的树桩盆景。请你也来试一试。

工具与材料

小铁铲,修枝剪,陶瓷浅盆。
新鲜苔藓,人参榕等植物材料,景观小摆件。

活动过程

1. 选择树桩。到园艺超市选购一株造型独特的人参榕。

2. 选择培养土。制作盆景应该选择微酸、疏松、排水良好,又有一定肥力的土壤。

3. 选择栽培容器。选择紫砂浅盆或釉陶浅盆。

4. 上盆。在浅盆底的排水孔上铺一块盆底网,垫上一层培养土,移入人参榕,调整好造型后,在所有裸露的培养土上铺上苔藓,并在苔藓上点缀一些盆景小摆设。

5. 给枝条修剪整形。整形修剪可以控制树木生长,矮化树形,促进分枝使树木枝叶密集,达到小中见大的艺术效果。整形修剪包括摘芽、摘心、摘叶、疏花、疏果、剪枝等,根据美化树形的需要,选择不同的处理方法。

图2-1-11-1

6. 根的处理。制作人参榕树桩盆景时,把根的下端埋入土内而膨大的块根留在土外,可使根部显得苍老奇特。

说明与延伸

1. 人参榕根部形似人参,形态自然,树冠秀茂,风韵独特。观姿赏形,令人妙趣横生,心情愉悦。人参榕深受世界各地园艺爱好者的喜爱,被誉为"中国根"。

2. 人参榕的盆景栽种一般在3—4月进行。制作好的人参榕树桩盆景,天热的时候不要曝晒,天冷的时候不要受冻,3~5 d浇一次水就可以。在生长的旺季,往浅盆边加复合肥或饼肥,过冬温度低就不要施肥。

12. 水仙球雕刻

福建漳州水仙闻名遐迩,水仙花是春节的时令鲜花。摆放一盆造型美观的水仙花,可以为节日增添一份喜气。水仙球雕刻主要是对花和叶进行雕刻,使花、叶达到艺术造型的目的;雕刻好的水仙球需要保持湿度和温度,经过必要的养护后才能种植。

工具与材料

水仙雕刻刀,剪刀,镊子,水仙盆。
水仙球、鹅卵石或玻璃珠子,竹签,餐巾纸。

活动过程

1. 蟹爪水仙雕刻。

（1）净化鳞茎球。将鳞茎球上的外皮剥除，同时把护根泥、枯根及腐烂的杂质清除干净，避免水养时鳞片或根受污染而霉烂。

（2）剥鳞片。从鳞茎球正面动刀，从鳞茎盘的上方1 cm处进刀刻一条弧形线，沿线逐层剥去鳞片，至全部露出淡黄色芽体，去除芽间的鳞片（图2-1-12-1）。

图2-1-12-1

（3）刻芽苞。芽的外面包着两层白色的包衣，用刀从芽苞末端朝基部刻去芽苞片，让幼叶外露。

（4）露花苞。露花苞时，要用手指从叶芽背向前稍施压力，使花芽叶芽分离开，然后从裂缝间下刀，从上到下、从外叶到内叶削开，露出花苞。操作时，千万不能碰伤叶芽中间的花苞（图2-1-12-2）。

图2-1-12-2

2. 蟹爪水仙装盆。蟹爪水仙装盆包括浸泡鳞茎球、冲洗黏液、覆盖餐巾纸和入盆养护4个环节。

（1）浸泡鳞茎球。雕刻后的鳞茎球应将切口朝下，放入清水中浸泡一昼夜。

（2）洗净黏液。在自来水冲洗下将鳞茎球伤口所分泌的黏液冲洗干净。

（3）覆盖餐巾纸。在鳞茎球体雕刻切口处覆盖餐巾纸，保护伤口，同时避免阳光对伤口组织和幼根的刺激（图2-1-12-3）。

图2-1-12-3

（4）入盆养护。把雕刻好的水仙鳞茎球置浅水盆中养护（图2-1-12-4）。

图2-1-12-4

说明与延伸

水仙喜寒怕热，生长期适宜温度为8~12℃，开花后则要求更低。想让水仙在元旦、春节期间开花，并延长花期，可以采用以下方法。

1. 阳光控制。鳞茎球经雕刻，叶、花、鳞茎球均受创伤，先放在阴凉处2~3 d，待伤口逐渐愈合，新根长出时，及时移至阳光充足处。

2. 换水控制。水养初期必须天天换清水，以后每隔3~5 d换一次清水。

3. 花期控制。一般水仙球只要保证水仙水养后，每天有6 h以上的光照时间，室温保持在10~15 ℃，一般45~50 d可如期开花。如遇天气反常，光照不足，温度过低，那就应当采取一些保温措施。

13. 番茄的整枝

番茄是多分枝草本植物。根据番茄的生长、开花和结果的习性，采用人为的方法，有目的地摘除番茄多余的枝叶可以增强植株通风透光的能力，减少番茄病害。本活动以番茄为例，介绍植物生长管理的方式之一——整枝的过程和效果。

工具与材料

竹竿，绳子。

大口径花盆培养土，早、中、晚熟品种的番茄苗（各10株）。

活动过程

1. 把经日光消毒的培养土装入大口径花盆。适时选用本地早、中、晚熟品种的番茄幼苗各10株，分别定植到田里或花盆中，及时套上标签，标明品种和定植时间。

2. 当番茄出现第一花序时，观察、记录花序以下的叶片数，根据表2-1-13-1，区分番茄的生长类型。

3. 用竹竿或树枝搭成人字形或四角形架子，然后用绳子把番茄茎轻轻缚扎在支架上。

4. 每个品种设2棵为对照，不实施整枝，其他8棵分成4组，每组按一种方式进行整枝处理，3个品种的处理排列应是随机的。

（1）单干整枝。用于大果型品种、早熟品种或无限生长类型、高度密植的番茄。单干整枝只留番茄主茎，将其余萌发侧枝的腋芽都及时摘除。主茎上一般品种在出现3~4个花序后去除顶端，晚熟品种在出现5~6个花序后去除顶端。

（2）双干整枝。用于早熟品种、中小果型品种、有限生长类型或植株间距较宽的番茄。具体做法是：将第一花序下的侧枝保留，使它与主茎成双干，其余侧芽都及时摘除。每干在3~4个花序后去除顶端，如图2-1-13-1。

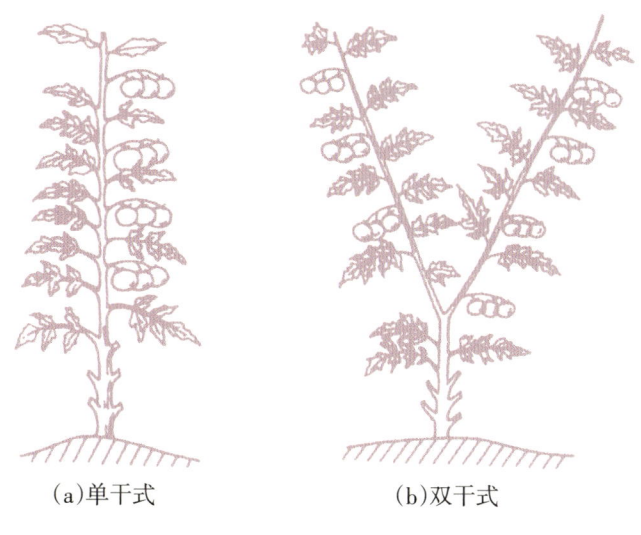

(a) 单干式　　　　(b) 双干式

图2-1-13-1

（3）一干半整枝，用于晚熟品种的番茄，它是介于单干整枝和双干整枝间的一种方法。具体操作可分两种。

① 保留第一花序下的侧枝，待其坐果后对侧枝去除顶端，其他侧枝需及时摘除，主茎去除顶端与单干整枝相同。

② 主茎结3~4串果后留花序下的一个侧枝，使主茎上部形成双干，每干再结1~2串果后摘除，

表2-1-13-1

番茄生长类型	开花结果习性	第一花序的叶位	花序间隔	主茎封顶时花序数	侧枝封顶时花序数
有限生长类型	植型紧凑、开花结果较集中、早熟	主茎7-9叶位	1~2叶	2~3个花序后自行封顶	1~2个花序后自行封顶
无限生长类型	植株高大、花开结果阶段长，产量高	主茎8-10或11-13叶位	2~3叶	全株6~8个花序一般不封顶	

如图2-1-13-2。

5. 按株采摘、称重、记录番茄果实的数据,然后把记录结果汇总后画成柱形图进行如下比较。

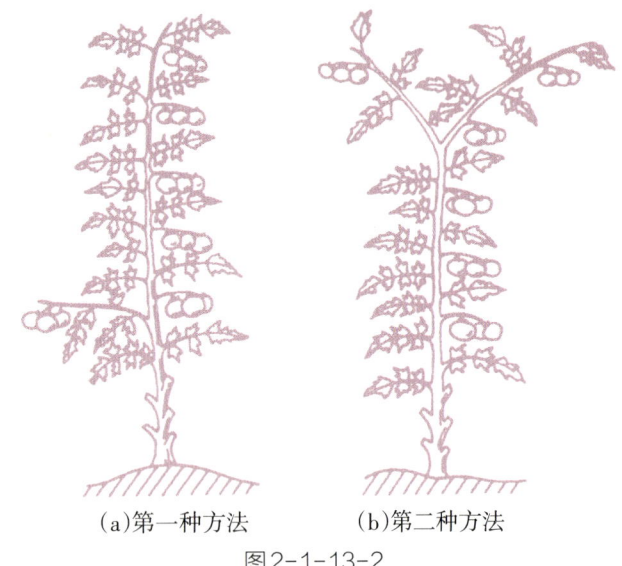

(a)第一种方法　　(b)第二种方法

图2-1-13-2

(1) 对照组与处理组在果实产量与成熟期上的差异。

(2) 同一品种采用何种整枝方法产量高、采果期长。

(3) 不同整枝方法最适合的番茄品种或类型。

说明与延伸

1. 整枝的目的是在果实的数量和质量上找到最佳结合点,即植物的营养生长和生殖生长的人为调节,而整枝的方法又与番茄的品种、土壤的肥力等因素有关。因此,需要综合评估后再进行操作。

2. 本活动中,除整枝方法不同外,其他栽培管理方法要一致,这样才可以确保结果的科学性、可靠性。

14. 种子的萌发

种子的萌发是从种子的吸胀作用开始的。通常,种子萌发时,首先是吸水。种子浸水后使种皮膨胀、软化,使得种皮的通透性增加,这样外界环境中的氧气便可以进入种子的内部,同时二氧化碳透过种皮排出。种子在萌发过程中,种子的内部在进行一系列复杂的生命活动,而适宜的温度能够促进种子的萌发过程。本活动通过实验,展示了选种育种的完整过程,探究温度对种子发芽的影响情况。

工具与材料

培养皿,温度计,喷壶。

小麦种子,吸水纸,清水,1.2 g/mL盐水溶液。

活动过程

1. 选种。

(1) 粗选选种。种子是否健康,首先可以从种子大小、种皮颜色、种子是否饱满这几方面来判断。要选择颗粒大而饱满,颜色润泽的种子。

(2) 盐水选种。将备选种子放入盐水中,可以将干瘪的、小颗粒的种子淘汰掉。为避免种子被盐水浸伤,种子捞出后,要立即用清水冲洗。

2. 浸泡育种。将种子浸泡在25~30 ℃的清水中5~10 h。

3. 培养。在培养皿上铺上吸水纸,做好发芽床,将浸泡后的种子放入发芽床上。种子排列整齐以备计数,粒与粒之间保持一定距离。在发芽床边上贴上标签写明样品名称、种子数和日期。每天喷水保湿。图2-1-14-1展示了种子发芽的过程。

4. 观察测量。每天观察和记录种子变化,记录发芽种子的数量,根的长度和叶的长度,填入表2-1-14-1,并绘制变化曲线图(图2-1-14-2)。

表2-1-14-1

时间	第1天	第2天	第3天	第4天	第…天
根的长度(mm)					
叶的长度(mm)					

图2-1-14-1

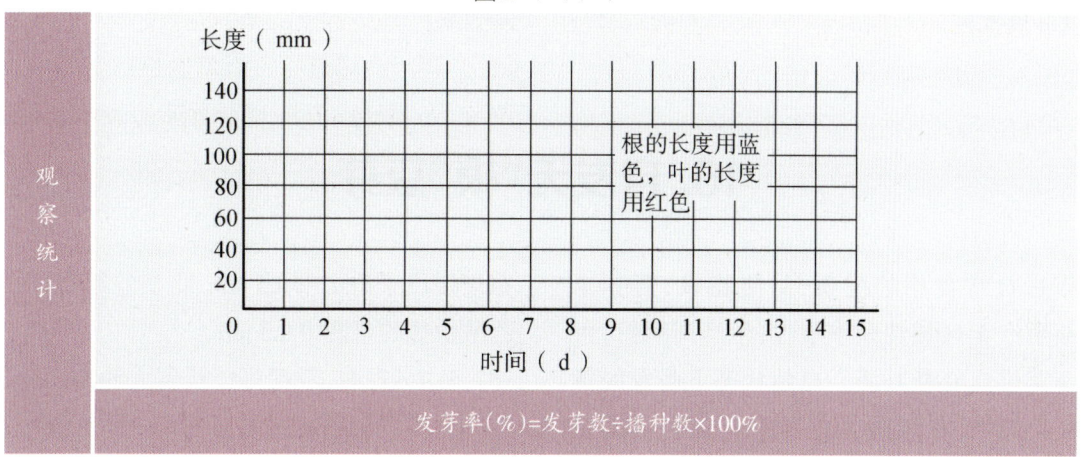

发芽率(%)=发芽数÷播种数×100%

图2-1-14-2

说明与延伸

1. 种子的萌发及生长的速度与环境温度有着非常大的关系。因此，活动得出的数据是在特定温度条件下的结果。

2. 种子的萌发活动可以根据不同植物，采用改变环境、改变处理方式等方法，开展相关的科学实验和探究。

15. 种子的休眠

休眠是植物的一种生存策略，不仅能为种子的传播扩散争取时间，还能为种子在最理想的环境条件下萌发创造条件。比如，许多在夏季或秋季产生的种子，如果它们在冬季结束之前就已经发芽，那么很可能会被冻死。种子休眠具有重要的生态学意义，让我们来探究影响种子休眠的因素吧。

工具与材料

小刀，搪瓷盘，脱脂棉，喷壶，旱金莲种子，苹果，保鲜袋。

活动过程

1. 取一个成熟的苹果，用小刀切取一小片放在搪瓷盘的中央。在上面覆盖薄薄的一层脱脂棉，然后将清水洒在脱脂棉上，保持脱脂棉湿润，再把旱金莲种子均匀地撒在湿润的脱脂棉上，最后用保鲜袋套住整个搪瓷盘。

2. 再取1个搪瓷盘，在搪瓷盘中央放置脱脂棉，洒上清水，将旱金莲种子均匀撒在脱脂棉上，套上保鲜袋。

3. 小心地将2个搪瓷盘放置在温暖的地方。

4. 每天观察和记录盘子里发生的变化，比较两个搪瓷盘中种子的发芽情况。如果脱脂棉干了，可以继续喷水保持湿润。

说明与延伸

1. 影响种子休眠的因素有很多，本实验仅从抑制剂角度开展探究。

2. 苹果片中含有一些会抑制种子萌发的物质。研究人员发现，很多核果的果肉中含有抑制种子萌发的物质。只有当这部分抑制物质不再起作用时，种子才会发芽。在自然状态下，果实从成熟到腐烂，果肉中的抑制物质会慢慢失去作用。

3. 化学物质抑制剂是植物学研究的一大课题。它不仅可以抑制本物种，还可以对其他物种产生抑制效果。

16. 自发无"根"豆芽

豆芽是日常食用的蔬菜，品质脆嫩，营养丰富。豆芽生产无区域性和季节性，生产周期短，可为市场蔬菜供应补缺补淡。自然状态下萌发的黄豆芽胚根长，侧根多，在食用前要逐个去根，费时费力。萘乙酸盐对种子萌发中的下胚轴生长有促进作用，而对根系生长有抑制作用。利用它对刚萌发的大豆进行适当处理，豆芽就会不长或少长根，免除了食用前去根的麻烦。

工具与材料

天平，尺，游标卡尺，烧杯，布袋，大水桶，搪瓷盘和温度计，喷壶。

大豆或绿豆，萘乙酸钠盐。

活动过程

1. 配制10 mg/L萘乙酸钠盐溶液。称取50 mg萘乙酸钠盐，量取5 L水。先将萘乙酸钠盐溶解于烧杯中，然后倒入水桶中，烧杯必须充分冲洗。

2. 称取大豆500 g。用清水冲洗干净，再用20 ℃的温水浸泡6 h。

3. 把大豆平均放入两个布袋中，分别标记对照组和实验组，然后放置在约25 ℃的通风、湿润、黑暗的环境中。保持湿润的方法是每隔2 h用温水喷洒。

4. 待袋中的大豆开始萌发后，每隔4 h将对照组布袋浸没于清水中0.5 min，将实验组布袋浸没在萘乙酸钠盐的溶液中0.5 min。

5. 7 d左右，豆芽可以长到大约6~8 cm，抽样经过两种不同处理方式的豆芽用天平测量质量、用直尺量取长度、用游标卡尺测量直径，分别求平均值，记录于表2-1-16-1中。

表2-1-16-1

组别	豆芽质量(g)	豆芽长度(cm)	豆芽直径(mm)
实验组			
对照组			
增加或减少			

说明与延伸

1. 萘乙酸是促进植物根系生长的植物生长调节剂，能促进细胞分裂与扩大，诱导形成不定根，增加坐果，防止落果，改变雌、雄花比率等。萘乙酸可经叶片、树枝的嫩表皮、种子进入到植物体内，随同营养流输导到作用部位。通常用于小麦、水稻、棉花、茶、桑、番茄、苹果、马铃薯等，是一种良好的植物生长刺激素。

2. 无"根"豆芽不是没有根，而是利用植物激素抑制根的生长。

17. 马铃薯发芽的探究

我国高寒地区生产的马铃薯质优价廉,然而在长距离运输和储藏过程中,会因为其容易发芽,产生损耗而影响经济收益。一般须用生长抑制剂延长休眠期,防止其发芽。反之,为了生产的需要,我们也可以利用其块茎发芽的特性,用生长激素打破块茎的休眠期,促使它提前发芽。本活动在实验室中模拟进行了这两个过程,你也可以来试试。

工具与材料

恒温箱,容器,电子天平,量筒,移液管,小刀,烧杯,吸耳球等。

萘乙酸,萘乙酸甲酯,赤霉素,硫脲,蒸馏水,细土,马铃薯块茎。

活动过程

一、抑制马铃薯发芽

1. 挑选薯形整齐、芽眼明显、表皮光滑的马铃薯为种块,按图2-1-17-1所示切块。每块必须有1或2个芽眼。

2. 用移液管吸取 1 mL 50%的萘乙酸原液,加入5000 ml 蒸馏水,配制成0.01%的萘乙酸水溶液,待用。清洗移液管后,用它吸取 1 ml 50%的萘乙酸甲酯原液,加 5000 ml 蒸馏水,配制成0.01%的萘乙酸甲酯水溶液,待用。

3. 分别用0.01%的萘乙酸水溶液和萘乙酸甲酯水溶液喷洒到两盆质地、数量相同的细土中,然后把两份供试薯块分别拌入经处理的细土中贮藏,另一盆细土不洒化学药剂,直接把薯块拌入其中做对照。3盆分别做好标记。30 d、60 d、90 d后分别检查、记录两实验组及对照组的发芽情况,并把结果填入表2-1-17-1。

表2-1-17-1

观察天数	发芽情况	萘乙酸喷洒	萘乙酸甲酯喷洒	对照
30天	发芽数(个)			
	发芽率(%)			
60天	发芽数(个)			
	发芽率(%)			
90天	发芽数(个)			
	发芽率(%)			
结论				

二、催化马铃薯发芽

1. 挑选与活动一中要求相同的马铃薯为种块,把所切的块茎放在通风背阴处稍晾干,使伤口愈合后再均分成3份。其中两份备做药剂处理,一份做对照。

2. 用电子天平称取 5 mg 的赤霉素,加入5000 mL 蒸馏水,配制成 1 mg/L 的赤霉素溶液,再用分析天平称取 1 mg 硫脲晶体,加 2000 mL 蒸馏水,配制成0.5 mg/L 的硫脲溶液,再备 2000 mL 的清水。分别把2000 mL 赤霉素溶液、硫脲溶液和清水放入同样大小的3个容器中。

3. 把每份切块分别投入3个容器中,浸泡 1 h,取出沥干后分别放置在阴凉湿润处,分别标清各盆作何种处理及对照组。10 d、20 d、30 d后分别记录发芽情况,并把结果填入表2-1-17-2。

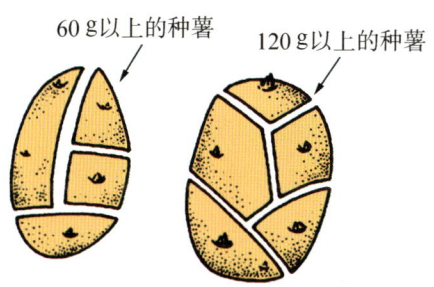

图2-1-17-1

表2-1-17-2

浸泡液体		赤霉素溶液	硫脲溶液	清水
观察 10 d	发芽数(块)			
	发芽率(%)			
观察 20 d	发芽数(块)			
	发芽率(%)			
观察 30 d	发芽数(块)			
	发芽率(%)			
结论				

说明与延伸

1. 配制极低浓度试剂时,可以先配制低浓度试剂,再逐渐稀释。

2. 抑制马铃薯发芽的实验可在秋收后进行,促进马铃薯发芽的实验放在春播前做。无论是抑制还是促进发芽,都必须用同期收获的马铃薯块茎做对照或处理,除了处理的药剂和浓度不同之外,其他条件都必须相同。

18. 叶片留影

生活中你能买到一种"印字"水果,如印有一个"福"字的苹果,这不是什么魔术,而是利用了植物的光合作用,通过长时间的遮光处理将字迹留在了水果表面。本活动采用同样的方式,在植物叶片上留下想要的影像,请你也来试试吧。

工具与材料

剪刀,回形针,烧杯,培养皿,水浴锅。

盆栽植物天竺葵,黑卡纸,碘液,体积分数75%乙醇溶液。

活动过程

1. 将天竺葵放置在黑暗处2~3 d。

2. 再在经过黑暗处理的天竺葵中,选择一片比较平整的叶片,把准备好的有镂空五角星的一张黑卡纸放在叶片正面,另一张黑卡纸放在叶片的背面。用回形针把它们夹在叶片上,要夹紧夹平(图2-1-18-1)。再把植物移到阳光下,接受光照2~3 h。

3. 将水浴锅温度调节至90 ℃,摘下实验的叶片,放入烧杯,再倒入体积分数为50%的乙醇,乙醇的作用是溶解叶绿体中的色素,待酒精淹没叶片,再将烧杯放入水浴锅中2-1-18-2。

4. 待叶片由绿色变成黄白色时,取出叶片,用清水冲洗,放入培养皿,在叶片上滴上碘液即可看到呈现蓝紫色的五角星形状2-1-18-3。

图2-1-18-1　　图2-1-18-2　　图2-1-18-3

说明与延伸

1. 实验前把植物移放到黑暗处,目的是让叶片停止制造淀粉,并消耗掉前期制造的淀粉。

2. 适于留影的植物除了天竺葵外,还有牵牛花等。

3. 为了长时间保持留影叶片,可用一张较阔的透明胶带纸粘贴在叶子的背面,再在正面盖上一张涤纶片。这样封装好的叶片就可以保存很长时间。

19. 光波与光合作用

光合作用是绿色植物利用光能,将二氧化碳和水合成储存能量的有机物并放出氧气的过程。不同频率、波长的光颜色不同,对植物光合作用的影响也不同,本活动以金鱼藻为例,探究不同颜色的光对光合作用强弱的影响,让我们一起来试试吧。

工具与材料

1000 mL 大烧杯,150 W 的白炽灯,计时器。

3 株金鱼藻,清水,0.25%碳酸氢钠溶液,红色与绿色玻璃纸。

活动过程

1. 将 3 株金鱼藻放入大烧杯中,在烧杯中加入 650 mL 清水,再加入 100 mL 0.25%碳酸氢钠溶液,使得溶液完全浸没于金鱼藻。

2. 将烧杯移到白炽灯旁,并记下白炽灯和烧杯间的位置。

3. 打开台灯的开关,使白炽灯的光投射到烧杯上,观察和记录何时开始有气泡产生。

4. 观察和记录 5 min 内金鱼藻产生的气泡数,填入表 2-1-19-1。

5. 分别用红色、绿色玻璃纸遮住白炽灯,观察记录 5 min 内金鱼藻产生的气泡数。

表 2-1-19-1

组别	对照组	红色玻璃纸处理	绿色玻璃纸处理
出现第一个气泡所需时间			
5 min 内记录到的气泡数			

说明与延伸

1. 光是光合作用的必要条件,植物对不同波长的光的利用效率是不同的,通常是对红橙光和蓝紫光的利用效率更高。

2. 对光合作用研究,还可以从原料的供给、产物的生成和环境条件等多角度开展。

3. 白炽灯灯泡温度较高,注意保持一定距离。

20. 两色花实验

在植物的根和茎的中央存在着输导组织,输导组织中有一种被称为导管的结构,它能将根从土壤里吸收来的水分源源不断地向上输送,使植物体的其他部分得到水分和营养。本活动利用这个原理,让同一株枝条上开出两种颜色的花。

工具与材料

剪枝钳或剪刀,小刀。

小玻璃杯,稀释的红墨水和蓝墨水,开着白花的枝条。

活动过程

1. 准备两只盛有清水的小玻璃杯,分别滴入数滴红墨水和蓝墨水。

2. 选择一株开着白花的枝条,用剪枝钳将其剪下。然后再用小刀沿枝条的中心线,小心地将枝条纵向劈开,注意着花处不劈开,最后把劈开的两部分枝条分别插入上述两个小玻璃杯中,如图 2-1-20-1。

3. 一段时间后,白花变成了红、蓝两色花。

图2-1-20-1

说明与延伸

1. 为使实验现象快速和明显呈现,可以将植物在挖出土壤后,暴露在空气中一段时间,使植物因缺水而略呈萎蔫。

2. 运用这一原理,可以在受病虫害危害的植物茎部钻个洞,把装有除病虫害试剂的试剂瓶瓶口对准洞口,扎缚牢固。这样,药水会随导管输送到叶、花等处,使病虫害得到控制。

21. 植物的向光性

向日葵的头状花序能随着日光而转动,已倒伏的小麦植株的茎的前端部分能离地向上弯曲生长,山崖壁上的松树等植物的枝条总是向阳光方向伸展,这些都是由于植物向光生长的特性使然。向光性是绿色植物的一个重要生长特性,不妨试着验证一下。

工具与材料

不透光的纸盒,花盆。
豌豆(或其他豆类种子),园土。

活动过程

1. 把豌豆的种子播入盛有园土的花盆里,把花盆放在温暖、潮湿的地方,让种子萌发。

2. 种子萌发后把花盆移到不透光的纸盒里,在纸盒一面壁上开一个小孔,使光线通过小孔透入纸盒内。花盆里的园土要保持湿润。

3. 观察和记录幼苗生长的情况(图2-1-21-1)。

图2-1-21-1

4. 在纸盒位置不变的情况下,把里面的花盆水平转动180°后再观察和记录幼苗的顶端生长情况。

说明与延伸

1. 除用豌豆等豆类植物种子萌发幼苗观察外,还可用大麦或小麦种子萌发幼苗来做此实验。

2. 在不使用纸盒情况下,还可按下面方法进行实验:将种子播种在两只花盆里,放在温暖、潮湿的地方,让它们萌发,等幼苗长到3~4 cm时,把一盆幼苗搬到窗台上,另一盆幼苗放在黑暗处。1~2 d后观察,做比较。

22. 盐水土豆探究

土豆是马铃薯的俗称,是该植物的块状茎。在植物细胞内的物质中,水是含量最多的成分。当植物细胞处于不同盐分浓度的溶液中时,会出现吸水和失水两种不同的表现。在外界溶液浓度高的条件下,细胞内的水分就会向细胞外渗透,即细胞失水,而当外界溶液浓度小于细胞液的浓度时,细胞会从外界溶液中吸收水分即细胞吸水。我国传统食品酱腌菜就是利用这个原理来制作的。本活动以土豆为原材料,探究了盐水浓度对植物细胞失水程度的影响。

工具与材料

打孔器,量筒,试管,解剖针,天平,尺。

土豆,盐水,清水,吸水纸。

活动过程

1. 取数个新鲜的土豆,用打孔器取等同直径的土豆条,再用小刀将土豆条切成长度5 cm大小,并分别用手触摸和称量,将结果记录于表2-1-22-1中。

2. 取4个50 mL的量筒,分别编号为1—4号。在4个量筒中分别加入20 mL的清水、5%、15%、30%的盐溶液。

3. 将4个土豆条分别放入上述4个量筒中,静置15 min。将土豆条从量筒中取出,尽量使土豆条外的清水或盐的盐溶液不带出量筒,并用吸水纸加以处理。

4. 观察比较土豆条的外形,触摸土豆条的质感,并分别称重和测量土豆条的长度,最后观察量筒内的体积变化,记入表2-1-22-1。

说明与延伸

实验材料除选用土豆外,新鲜含水量大的萝卜也是较为理想的实验材料。本实验是个体水平上对植物细胞吸水和失水的探究,其实还可以从细胞水平上做类似的实验,如洋葱表皮细胞的质壁分离和质壁分离复原实验。

表2-1-22-1

溶液	土豆条质感		土豆条长度		土豆条质量		量筒内液体体积	
	处理前	处理后	处理前	处理后	处理前	处理后	处理前	处理后
清水								
5%盐溶液								
15%盐溶液								
30%盐溶液								

23. 籼稻和粳稻的对比探究

水稻原产于中国,是我国主要的粮食作物之一。我国栽培稻可分成籼稻、粳稻两个亚种,我们日常所吃的稻米,就是水稻成熟后去除果皮和种皮的部分。本活动对两种稻米的外观、煮成米饭的口感以及淀粉含量做了比较,你也可以来试一试。

工具与材料

放大镜,镊子,尺,食品粉碎机,烧杯,酒精灯,电子天平,量筒(200 mL),电饭煲。

籼稻,粳稻,碘液。

活动过程

1. 观察比较两种稻米。

(1) 观察、比较、记录两种类型稻米的外部形态,比较米粒的长度、宽度、色泽,并记录于表2-1-23-1。

表2-1-23-1

稻米类型	籼稻	粳稻
长度、宽度		
色泽		
100粒的质量		
100粒的体积		
米饭粒的长度、宽度		
米饭的口感		

（2）分别取市售的籼稻米和粳稻米各100粒，用天平分别称取其质量，记录于表。

（3）用差值法计算百粒籼米和粳米的体积，并计算为每粒的平均体积，记录于表。

2. 品尝两种稻米煮出的米饭。量取两罐籼稻米和粳稻米，分别放入2个电饭煲中，放入相同的水量煮成米饭，观察比较米饭成熟后饭粒的长度、宽度，闻一闻它们煮成饭后的气味，尝一尝它们的口感，记录于表。

3. 对比两种稻米的淀粉含量。分别取籼米饭和粳米饭少许，滴上碘液，观察其呈现的颜色，若颜色上难以区分，可适当稀释碘液的浓度，直到有明显的显色区分。

说明与延伸

1. 市场所售的稻米，从大类上分为籼稻和粳稻，这些稻米产自于不同的地区，育种过程不一定相同，即使是同一种水稻，在形态、口感上也有着较大的差异。

2. 根据本活动的实验方法，你还可以设计实验，对不同地区的同类水稻进行对比，看看是否价格越贵的米，口感越好。

24. 寻找春天的踪迹

物候指生物长期适应温度条件的周期性变化，形成与之相适应的生长发育节律，这种现象称为物候现象。物候季节是根据当地的物候现象而划分的季节。物候季节从表面上看是植物的花开花落、候鸟的春来秋去以及农作物的播种收获等，然而这些物候现象却是当地的天文、自然天气和气候的各个因素综合结果的客观反映。观察和记录当地的物候现象是一件有趣的也是有意义的活动。

工具与材料

百叶箱、最高最低温度计、直尺、笔、记录本。

活动过程

1. 选定观测对象。认识校园初春的指标植物，准备校园植物地图，按小组选择一种植物（如迎春花、石楠、日本珊瑚树、八仙花等）进行长期观察。

2. 在观测对象附近安置百叶箱（图2-1-24-1），在百叶箱内安置最高最低温度计（图2-1-24-2）。

 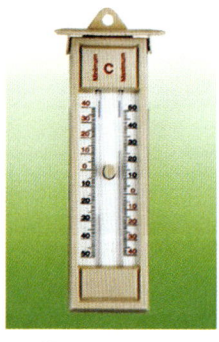

图2-1-24-1　　　　图2-1-24-2

3. 调查记录。利用课间时间、午休时间，根据"上海地区自然历"，对观察对象进行连续的长周期的观察、拍照、记录气温，每个小组根据所选植物填写下列任务单。

植物观测任务单

观测物种_____ 观测内容 开花日期
文献查询平均日期_____ 最早日期_____ 最晚日期_____

日期	是否开花	最高气温(℃)	最低气温(℃)	平均气温(℃)	天气情况
	是/否				
	是/否				
	是/否				
	是/否				
	是/否				
	是/否				
	是/否				
	是/否				
	是/否				
	是/否				

4. 每次记录气温后，必须按照使用说明，将温度计恢复到准备测量的初始状态。

说明与延伸

1. 活动中要坚持不断统计植物的生长阶段与持续周期，同时要结合这一段时间内的天气情况一并加以记录与分析。

2. 物候意义的春天和气象意义的春天是不一样的，如在上海地区，物候意义的春天到来时平均气温只有3 ℃，当气象意义的春天到来时，平均气温已经过了10 ℃，早是百花齐放，莺歌燕舞了。表2-1-24-1是上海地区物候季节划分表(选表)，表2-1-24-2是上海地区自然历(选表)。

3. 全国各地的"物候季节划分表"和"自然历"，基本上都可以在《中国自然历选编》和《中国自然历续编》中找到。

表2-1-24-1

季节	季段	主要物候指标	日均气温(℃)	多年平均起止日期	季段天数	季节天数(d)
春季	初春	迎春花始花	≥3	2/8-2/23	15	约100
	仲春	榆树、结香始花	≥5	2/24-3/27	32	
	季春	家燕始见	≥10	3/28-5/18	52	

表2-1-24-2

月份	物候现象	平均日期	最早日期	最晚日期	多年变幅时间(d)
2月	迎春花始花	2/13	1/21	2/24	34
	石楠叶芽开放	2/14	2/10	2/21	11
	珊瑚树叶芽开放	2/22	2/15	3/6	19
	八仙花开始展叶	2/21	2/9	3/13	32

25. 制作自然笔记

自然笔记,简单来说,就是用图画、文字等形式来为大自然写日记,记录下我们与大自然之间的故事,记录下大自然留给我们最深刻的印象,如图 2-1-25-1。带上笔和纸,走进大自然,记录下它的一花一草、一颦一笑,抒发对它的赞美与敬意。

工具与材料

速写本或者画夹,绘图铅笔或彩铅,水笔,放大镜,小镊子,小瓶子,小网兜,参考图谱和图鉴。

活动过程

1. 细心观察和记录。自然笔记的观察时间应该比较长。到达调查地点后,先要安安静静地观察——不管是静坐,还是漫步,用心去感受自己的四周环境,找到记录的灵感。

季节更替会给生物带来变化,应该用不同的视角去观察要记录的物种。拿着纸和笔,一边记,一边画。甚至可以将树叶粘在上面,也可以把豆荚夹在纸间。条件允许可以用数码相机或智能手机帮助记录一些画面。

需要提醒的是,做物种记录的时候要格外注意安全,一些漂亮的果实可能含有毒素或者喷过农药,不能轻易去品尝;对那些不了解的动物,或它们的遗留物不要随便触摸,以免发生危险。

2. 制作笔记。简单的物种特征在野外现场就可以完成笔记;复杂的物种特征就需要把野外的初

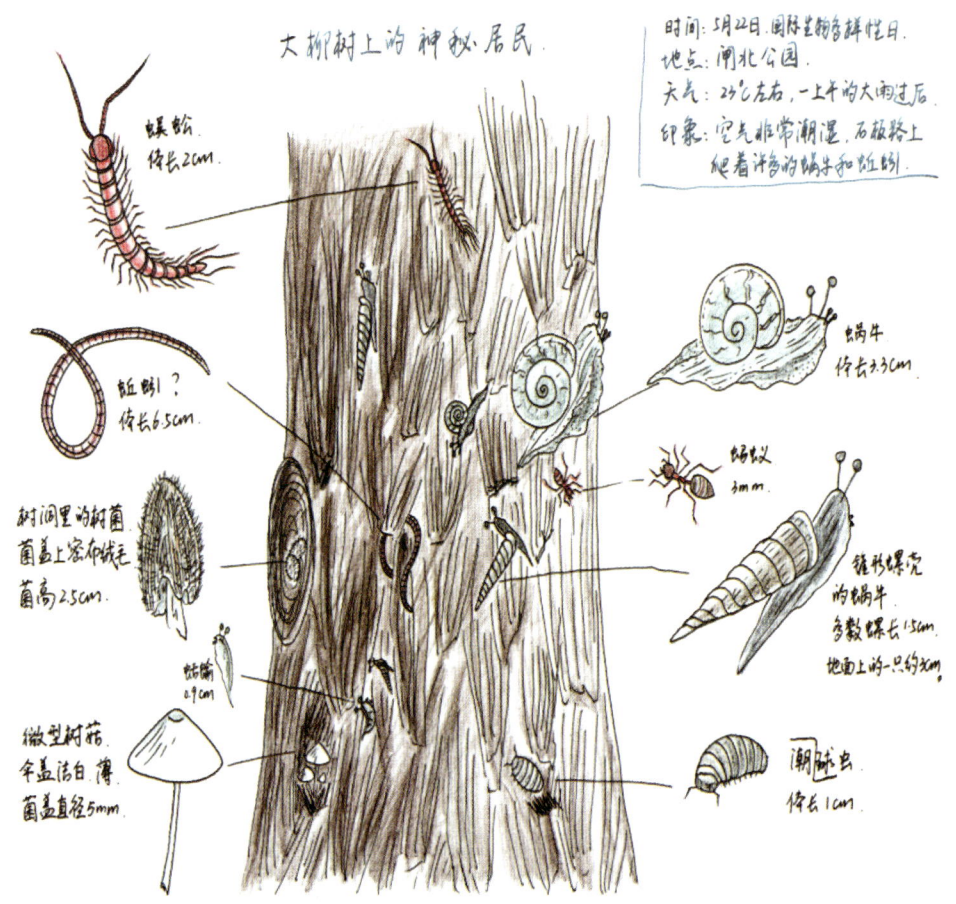

图 2-1-25-1

步记录带回到学校或家里,并在他人的帮助下一起来完成。笔记内容要保持着自己的独特感受,文字记录要准确,图画表现注意细节,画面设计要合理美观。

自然笔记要记录生物物种的形态特征和行为特征,可以用任何方式、任何文体去表达。可以是散文或者是诗歌,或者仅仅是几个短语;也可以描述一朵花的香气,可以记录一个动物怎样吃掉它的猎物;还可以表达这些景象让你想到了什么,有了什么感觉。

3. 根据自己的笔记,继续做研究。查找自然图鉴,找到某种植物、鸟儿或昆虫的名称;翻翻地图,弄清楚自己当时所在的位置;也可以和社团其他同学交流,去发现新的灵感。

说明与延伸

1. 自然笔记的必须要素。

(1) 观察和记录的时间、地点、天气状况,以文字的形式记录。

(2) 观察到的事物以及自己的所思所想,以图画和文字相结合的方式进行记录。

(3) 记录者的学校、年级、班级以及姓名,以文字形式进行记录。

2. 自然笔记以生物学知识为基础,用文字、绘画把所见所思所感记录下来。通过自然笔记的描绘和描述,我们能认识到身边存在着各种各样的生命形式,观察它们的生物习性和生命周期,并认真思考它们之间互为依存的链索关系。

动物

1. 制作昆虫贴翅标本

制作和保存昆虫展翅标本需要花费较多精力，对昆虫的采集要求也较高，翅面稍有损坏就不适合做。相比之下，制作贴翅标本对虫体材料的要求要低得多。

制作蝴蝶、蛾子贴翅标本，只需将两对翅和一对触角取下，把它们与人工画的假身躯一起封闭在透明的胶带纸中，使翅膀和触角与空气隔绝，从而起到防霉、防蛀作用（图2-2-1-1）。

图2-2-1-1

工具与材料

水彩笔，剪刀，镊子等。

蝴蝶、蛾子标本，白卡纸，透明胶带纸（8～10 cm宽），涤纶片。

活动过程

1. 画制假身躯。

（1）仔细观察蝴蝶或蛾子的外部特征。

（2）用水彩笔在白卡纸上画一个和蝴蝶或蛾子身躯同样大小、同样颜色的假身躯的腹面。

（3）用剪刀把画好的假身躯腹面剪下，翻过来，再画上假身躯的背面。如果没有彩色笔，也可以用黑墨水画一个全黑的假身躯。

2. 贴翅。

（1）剪一段8~10 cm宽的透明胶带纸（10～12 cm长），将有黏性的一面向上，用4条窄胶带纸把它的4个角粘在桌面上备用。

（2）用镊子小心地把假身躯腹面朝下、背面向上粘在胶带纸的中央。

（3）从蝴蝶或蛾子背上完整地摘下一对后翅，把它们的基部对准假身躯的后胸部的左右两侧，贴在胶带纸上。

（4）摘下一对前翅，把它们的基部对准假身躯中胸部的左右两侧，贴在胶带纸上。注意：前翅的部分后缘要重叠在后翅的前缘上。前翅的后缘必须和假身躯的中轴线成直角，翅的正反面必须和假身躯的正反面一致。

（5）摘下一对触角，把它们粘在假身躯头部的上端两侧。若触角损坏或缺少，可用长短相宜的头发代替。

（6）剪一条白卡纸，写上蝴蝶或蛾子的名称，贴在粘胶纸的右下角。

3. 封闭。剪一张和透明胶带纸一样宽的涤纶片，慢慢覆盖在蝴蝶或蛾子的翅片上，和胶带纸黏合，把蝴蝶或蛾子的翅膀和触角完全封闭住。封闭时，要避免黏合部分中出现小气泡。如果发现气泡，可以用手指将气泡碾到黏合部的边缘排除掉。

说明与延伸

1. 贴翅标本是一种十分简易而有效的标本制

作方法。凡是翅较大的昆虫(如蝴蝶、蛾子、蜻蜓等大型昆虫)都可以制成贴翅标本。即使翅片有些破损,也能在贴翅过程中修复。

2. 在制作过程中,不能用手指直接触摸翅的表面,以免损坏翅上的鳞片。

3. 如果把贴翅标本沿翅的边缘剪下,并在触角的正上方钻一个洞,穿上一根丝带,就可做成一个漂亮的书签或挂件。

2. 制作昆虫展翅标本

昆虫是动物界中种类、数量最多的一类动物,约占地球上已知动物的三分之二。捕捉昆虫,目的是便于经常观察和研究,或用于陈列展览。这就需要把捕来的昆虫及时加工成昆虫标本。展翅标本是最经典的昆虫标本,即把昆虫成虫的翅充分展开固定(图2-2-2-1)。

图2-2-2-1

工具与材料

展翅板,昆虫针,大头针,镊子。
蝴蝶或蛾子,玻璃纸,昆虫标本盒。

活动过程

1. 在昆虫成虫的胸部中央,自背面向腹面插入昆虫针,将它们一同移到展翅板上。把成虫身体嵌入展翅板的槽内,将针尖插进槽底固定牢。用相当于翅面宽的玻璃纸条或白纸条压住前翅。

2. 在压纸下,将左右两前翅轻轻向上挪动,使前翅后缘与身体中轴线相垂直。用大头针定位,不让翅发生位移。

3. 轻轻将后翅送到前翅后缘下,使前翅后缘稍稍盖住后翅前缘。用纸条把前后翅定形,固定在展翅板上,保持左右两侧的翅对称一致。

4. 调整好触角的位置后,各用两根大头针交叉将触角定位。

5. 将展翅标本放在避光通风处彻底阴干。

6. 阴干定形后,去掉定形用的大头针和纸条,把标本随同昆虫针一起从展翅板上拔下来,转移至昆虫标本盒中保存,在标本盒上注明该标本的学名及其采集地点、时间等。

说明与延伸

1. 刚捕捉的新鲜蝶、蛾成虫,一般可按上述方法直接放在展翅板上制作标本。如果捕捉到的虫体因在三角纸袋中存放时间较长而干透了,展翅前则需进行软化处理。软化的方法有很多:对体形较大的蝶、蛾成虫,可用注射器往虫体胸部反复注射少量90 ℃的热水3~5次,软化翅的基部;也可小心捏住对合起来的双翅,让虫体乃至翅的基部在沸水中浸10 s左右,翅的基部同样会软化。经软化后的蝶蛾成虫更容易制作。

2. 用大头针定位时,要防止压纸移动。因此,大头针常以45°角斜插定位。

3. 制作幼虫吹胀标本

在野外采集考察时,经常会发现一些非常美丽的"毛毛虫"。实际上,它们是某些蝴蝶或蛾子的幼虫。这些幼虫体壁薄且柔软,适宜采用吹胀法做成标本。吹胀法做成的干制标本能较真实地还原幼虫原貌,方便识别研究。

工具与材料

酒精灯或电炉,煤油灯玻璃灯罩(或大烧杯),注射器,针头,血压计的打气皮球(带橡皮管),玻璃棒。

皮虫幼虫或其他昆虫的幼虫,快干胶。

活动过程

1. 把幼虫放在草纸或能吸水的废纸上,用玻璃棒压住虫体慢慢地从头部滚压到尾部,把粪便挤干净,使肛门外翻。

2. 把医用注射针头插入翻出的肛门,在肛门与针头连接处滴少量快干胶,或用纱线缚扎在翻出的肠子上,不使针头滑出,并保证不漏气。

3. 把打气皮球橡皮管与虫体尾端的针头连接好,慢慢挤压打气皮球,向虫体内注入空气。

4. 等幼虫虫体充气后胀到原来的形态,即停止注入空气。

5. 把恢复原形的虫体置于灯罩或烧杯内,在酒精灯或电炉上继续加热,直到烘干。

6. 去掉胶块,或剪去扎线,轻轻拔出针头。如果虫体褪色,可用油画颜料适当描绘复原。

7. 把幼虫体粘在 2 cm×5 cm 的白卡纸上,然后放入标本盒内保存,也可把虫体粘在一根枝条上,模仿幼虫真实的动作,这也被称为姿态标本,如图 2-2-3-1。

图 2-2-3-1

色斑和线纹。体躯一般由头部及13个环节组成,这些环节称为体节,如图2-2-3-2。身体亦分为头、胸、腹3个体段,每一体段由若干体节组成。制作幼虫吹胀标本对研究不同幼虫的结构非常有帮助。

2. 幼虫的取材范围很广,除家蚕、皮虫外,当地的各种蝴蝶、蛾子的幼虫都可以制作成姿态标本。

3. 有些幼虫的体表有伤害皮肤的物质,操作时应佩戴手套,避免与皮肤接触。

4. 用玻璃棒挤压虫体内脏时,不能挤压到虫体的头部,因为幼虫头部很脆,受压易破碎。

说明与延伸

1. 幼虫体形大致呈圆柱形,身体柔软,有各种

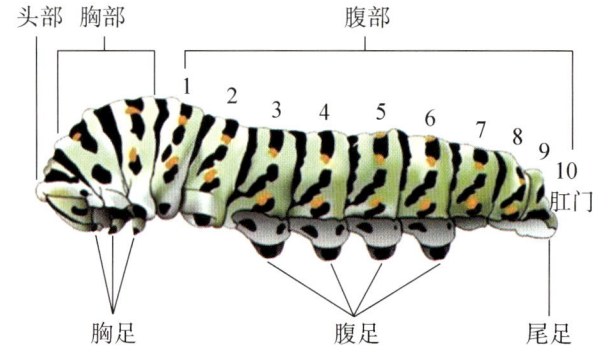

图 2-2-3-2

4. 制作人造琥珀

昆虫被松树流出的新鲜树脂包裹后,埋入地下,经过千万年的演变,最后形成了琥珀(图2-2-4-1)。琥珀是研究物种进化和分布的宝贵资料。要想找到一块真正的琥珀很难,但自己动手做一块"人造琥珀"却并不难。本活动介绍了"人造琥珀"的简单制作方法,你也不妨来试试吧。

图2-2-4-1

工具与材料

酒精灯,三脚架,烧杯,石棉网,玻璃棒。

特级白松香,乙醇,白卡纸,小型鞘翅目昆虫。

活动过程

1. 用白卡纸折一个5 cm×3 cm×3 cm的纸盒。
2. 在盒子内壁涂一层薄薄的凡士林或食用油,把事先准备好的小型鞘翅目昆虫标本固定在盒子正中。
3. 把松香放入烧杯中,再加上少量乙醇,一般10份松香加入1份乙醇。放在酒精灯上慢慢加热,加热时用玻璃棒不断搅动,直到松香融化。待烧杯中酒精大部分蒸发完后,取下烧杯稍稍冷却。
4. 把黏稠的松香慢慢地浇入事先放好昆虫的纸盒内,避免产生气泡。浇制最好一次性完成。
5. 当松香凝结变硬后,小心去掉纸盒,用快刀削去标本四周的多余松香。这时,"琥珀"标本仅上面一个面是光滑透明的,其他5个面均呈粗糙半透明状。
6. 用手指蘸少许酒精,快速地把5个面分别摩擦到透明为止。

说明与延伸

1. 加热过程以松香融化、酒精刚好蒸发完最合适,这样做出来的人造琥珀更加通透。
2. 松香的熔点较低,人造琥珀宜放置在室温低于35 ℃的环境中。

5. 制作鸟蛋标本

鸟类产下的蛋不易长期保存。不同的鸟产下的蛋是不一样的,不但大小不同,表面的颜色和斑点也不同。鸟蛋做成标本后就能长期保存(图2-2-5-1)。收集和制作各种各样的鸟蛋标本,不仅能让我们学会识别各种鸟蛋,研究鸟类的生长习性,还能为调查濒危鸟类的分布和数量提供帮助。

工具与材料

注射器及针头,锥子,细塑料管。

鸟蛋(鸡蛋、鸭蛋),胶水,漂白粉。

图2-2-5-1

活动过程

1. 在新鲜鸟蛋的小头一端，用锥子轻轻戳一个小洞，插入一根细塑料管，将蛋黄表面的膜戳破，并在蛋壳内轻轻搅拌。

2. 通过细塑料管向蛋壳内吹气，把蛋黄吹散，使蛋黄和蛋清混合成均匀的液体。

3. 用不带针头的注射器，插入蛋壳上的小洞，抽取蛋壳内的液体，或用带针头的注射器向小孔朝下的蛋内缓慢注入空气。空气对蛋内的蛋液施加压力，使蛋液从小孔内全部流出。

4. 用注射器向蛋壳内注入10%的漂白粉溶液，静止10 min，做防腐处理。

5. 从小洞中倒出漂白粉溶液，用注射器注入清水清洗，然后阴干。

6. 在蛋壳小孔这头涂上胶水，将它粘在小瓶盖上，再将小瓶盖粘在木板或卡纸上。最后，把写有鸟蛋名称的标签贴在蛋壳基座上。

说明与延伸

1. 制作鸟蛋标本的关键是完整保留蛋壳，彻底清除蛋壳内容易变质的蛋黄、蛋清。

2. 鸟蛋标本必须保持完整的蛋壳和原来的颜色。如果制作了数量较多的鸟蛋标本，不妨在蛋壳外用彩笔画上各种卡通脸谱或者京剧脸谱，那它就成了美丽的彩蛋了。

6. 水蚤心率的对比观察

水蚤为甲壳纲动物，身体透明，体长不足5 mm。水蚤因为极易采集和培养，而且在显微镜下能够很容易看清楚身体内部的各种结构及其生理活动，因此常被作为观察和研究小型活体动物的材料。水蚤的心脏呈白色，位于背部中央偏上部位，心脏每跳动一次，包括一次舒张和一次收缩两个动作。水蚤的心率（1 min心跳的次数）范围在100~350次。

本活动以水蚤为对象，探究不同物质对生物机体的影响。

工具与材料

滴管，显微镜，载玻片，计数器（或用打点计数法），计时器。

水蚤，咖啡，可乐，纯净水，阿司匹林，乙醇溶液。

活动过程

1. 测量常态下水蚤心跳。

（1）用滴管把一只水蚤从烧杯里移到载玻片上。

（2）将装有水蚤的载玻片放置在显微镜下观察，找到水蚤心脏的部位，并记录下心率。

（3）重复步骤1和2的过程两次，进行3次心率计数，计算出常态下水蚤心率的平均数。

2. 测量非常态下水蚤的心跳

（1）在载玻片上加一滴咖啡稀释液，用滴管把一只水蚤从烧杯里移到载玻片上。

（2）将装有水蚤的载玻片放置在显微镜下观察，找到水蚤心脏的部位，并记录下心率（图2-2-6-1）。

（3）重复（1）和（2）的过程两次，计算水蚤心率的平均数。

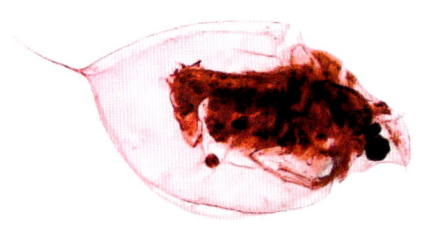

图2-2-6-1

（4）用同样的方法,得到在乙醇、可乐、阿司匹林溶液中水蚤心跳的平均值,填入表2-2-6-1。

表2-2-6-1

实验次序	不同溶液中的水蚤心率				
	清水	咖啡	乙醇	可乐	阿司匹林
第一次测试					
第二次测试					
第三次测试					
平均					

说明与延伸

影响水蚤心率的因素有很多。在实验中,为确保实验结果的科学性,还需要考虑以下的因素:①水蚤的大小。一般同种的水蚤,年幼的个体比成年的个体心率要快;小的水蚤比大的水蚤心率要快。②温度的影响。在水温偏高的情况下水蚤的心率比水温低的要快。③水体的影响。氧含量高的水体中的水蚤的心跳比缺氧的要慢。④营养状况的影响。饱食的水蚤心率快,饥饿的水蚤心率慢。这些因素都会对实验结果产生影响。

7. 探究饲料对白玉蜗牛生长的影响

白玉蜗牛,因其头、腹、足洁白如玉,故称为"中华白玉蜗牛",简称"白玉蜗牛"。它是我国独有品种,以人工养殖为主。本活动介绍了科学饲养白玉蜗牛的方法,特别是对白玉蜗牛生长情况的观察和记录,你也不妨来试一试。

工具与材料

有盖小木盘(25 cm×15 cm×10 cm),喷雾器,塑料窗纱,卡尺,天平,温度计,湿度计,细绳,研钵。

小蜗牛,菜园土,黄砂,菜叶,蛋壳粉,麦片,婴儿营养粉。

活动过程

1. 消毒土壤。把曝晒3 d后的菜园土捣碎,放入小木盘内用沸水浸泡,加盖封闷12 h,然后倒出搓碎,掺入用水洗除盐分后的黄砂(土与黄砂质量比2:1),再放入木盘内,厚度2~3 cm。

2. 调节湿度。用喷雾器在土壤上喷水,上下搅拌均匀,湿度控制在30%~43%为宜。

3. 取材。选取出壳后14 d、健壮、大小一致的小蜗牛10只为一组,共5组。

4. 称重。用天平分别给一组10个蜗牛称重,取他们的平均值并加以记录。

5. 量身高。用卡尺逐个由壳底到壳顶量它的高度,取它们的平均值并加以记录。

6. 数壳层。逐个观察壳底到壳顶的螺壳层数,取它们的平均数并加以记录。

7. 饲养。5组分别用不同饲料喂养,每周记录一次平均体重、身高、壳层数,填入表2-2-7-1。

8. 画出生长曲线。3至5个月后,根据记录数字以体重为纵轴,以日期为横坐标,用不同颜色线条以示不同组别,画多条曲线。

说明与延伸

1. 控制温度和湿度。蜗牛生长期间,最适宜的温度是22~32 ℃,最适湿度为75%~90%。

2. 防逃、防晒。饲养蜗牛的木盘上要加盖或窗纱防蜗牛逃跑,要放置在阴湿处。

3. 调制饲料。蛋壳粉要在研钵中充分研碎,混合饲料都要加适量的水调成糊状,均匀地涂在菜叶

表2-2-7-1

组别	饲养配方(g)	时间	体质量(g)	身高(cm)	壳层数(圈)
一	菜叶	第一周			
		第二周			
		第三周			
		第…周			
二	蛋壳粉 菜叶	第一周			
		第二周			
		第三周			
		第…周			
三	麦片	第一周			
		第二周			
		第三周			
		第…周			
四	麦片 菜叶	第一周			
		第二周			
		第三周			
		第…周			
五	蛋壳粉 麦片 菜叶 婴儿营养粉	第一周			
		第二周			
		第三周			
		第…周			

上,以利于它们自由取食。

4. 清洁卫生。定时去除剩余饲料和粪便,饲养土经30 d左右或发现有不洁现象时,要及时更换,保持蜗牛生活环境的清洁和卫生。

8. 蚯蚓再生能力的探究

在自然界中,有些低等动物具备超强的再生能力,比如涡虫被切成两半,每一部分都会长成一个完整的个体;壁虎尾巴断了还能再长出来;蚯蚓切成两段,两段都可能继续活下去。但哺乳动物不具备这种再生能力。

本活动以蚯蚓为例,对动物神奇的再生能力进行探究。你也来试一试吧。

图2-2-8-1

工具与材料

刀片,小盘子,笔,记录本,滤纸,玻璃杯。

蚯蚓,菜叶。

活动过程

1. 在4只小盘子上分别标上A、B、C、D,并在每盘中各放3张滤纸,洒些水湿润。

2. 选4条大而粗壮的蚯蚓(图2-2-8-1),用清水洗净,放入玻璃杯内,盖上杯盖。

3. 区别蚯蚓的前后端(前端较尖,后端较钝),对每条蚯蚓分别做切割。第一条切去后端的5个环节,放入A盘;第二条切去前端的5个环节,放入B盘;第三条切去前端的10个环节,放入C盘;第四条切去蚯蚓前端的16个环节,放入D盘。

4. 在各盘内分别放上几小片菜叶,扣上玻璃杯,把蚯蚓放在阴暗处,每天观察一次,做好记录,一个月后比较蚯蚓的再生结果。

说明与延伸

1. 蚯蚓又名地龙,在自然界中很常见,它是环节动物门寡毛纲的陆栖无脊椎动物。全世界有3000余种蚯蚓,其中我国分布有200多种。蚯蚓挖穴松土、分解有机物,为土壤微生物生长繁殖创造良好条件,在土壤改良、消除公害、生物环保等方面发挥着特殊作用。

2. 在观察过程中,时刻保持滤纸的湿润,保证食物的供给。

3. 活动中,不仅需要观察蚯蚓的身体有无再生,还可以比较再生的部分有何异同。

9. 鸡蛋无缝吗

鸡蛋是人们日常的一种食物,其营养丰富,尤其是蛋白质含量高,且蛋白质中氨基酸比例很适合人体生理需要,容易被人体吸收和利用,深受人们的喜爱。鸡蛋壳的主要成分是碳酸钙,它摸上去坚硬光滑,没有一点裂缝,事实真的如此吗? 让我们一起来做实验探究一下吧。

工具与材料

放大镜,探针,注射器,铁架台,酒精灯,培养皿或小烧杯,石棉网。

鸡蛋,红墨水或蓝墨水,干黄砂。

活动过程

一、蛋壳漏了

1. 用放大镜仔细观察蛋壳,可以看到蛋壳表面粗糙,有许许多多极细微的小孔。

2. 取一只鸡蛋,先用探针小心地在蛋的一端钻一个小孔。再把探针伸进蛋壳内,以小孔为轴心作顺时针和逆时针的旋转搅动,将蛋黄和蛋清混合在一起。

3. 用注射器插入小孔内抽取蛋液,直到抽完为止。

4. 再用注射器吸取墨水,从小孔注入蛋壳内,直到灌满为止。

5. 再用注射器慢慢地向小孔内注射空气,观察蛋壳表面的变化。

二、鸡蛋砂浴

1. 在烧杯中装入黄砂,把一个完整的鸡蛋的钝端插在砂子中,蛋体的一半露出黄砂外。

2. 把烧杯放置在铁架台上,点燃酒精灯,慢慢加热烧杯,仔细观察烧杯中蛋壳表面的变化。可以看到,蛋壳表面会渐渐出现细小的水珠。

3. 用手指沾一些水珠,感受一下小水珠的黏性,想一想这些水珠是从哪里来的。

说明与延伸

1. 活动中选择鸡蛋钝端插入砂浴，是因为鸡蛋的钝端有气室，实验效果明显。

2. 加热的过程要缓慢均匀。

3. 蛋壳是天然形成的，蛋壳中的碳酸钙一般占83%~85%。蛋壳是多孔结构，蛋壳内与蛋壳外可以交换空气，提供受精卵成长需要的氧气。

10. 招引果蝇

果蝇是研究遗传学的经典实验材料，因为果蝇容易采集和培养，繁殖率高，生活周期短，一般10~14 d可以繁殖一代。摩尔根学派在研究果蝇遗传的基础上，开创了细胞遗传学的新时代。本活动介绍了招引果蝇的简单方法，为进一步开展昆虫实验提供方便。

工具与材料

广口瓶。

橡皮筋，滤纸，保鲜袋，香蕉等。

活动过程

1. 在温暖的季节里，取一小段剥了皮的香蕉或其他腐烂发酵的水果放入干燥的广口瓶内，在瓶口用滤纸折成漏斗状，漏斗的底部留一小口，使得比果蝇大的诸如苍蝇、蜜蜂等不能进去，而果蝇能够进入，如图2-2-10-1。

2. 待果蝇的数量有20个左右时，可以将瓶口的滤纸撤除，改用保鲜袋盖住瓶口，刺上几个小孔，再用橡皮筋扣住瓶口，将此广口瓶放到阴凉处。

3. 在适宜的环境里，瓶内的雌雄果蝇会进行繁殖，过一段时间瓶内还可能出现会蠕动的类似小蛆的个体。

图2-2-10-1

4. 思考究竟是水果的香味吸引果蝇，还是腐烂后产生的酒味吸引力更大。

说明与延伸

1. 招引果蝇是开展果蝇实验的第一步。为了提高招引果蝇的成功率，还可以使用甜酒（糟）来招引和培养果蝇，既简便，又经济。

2. 果蝇是许多生物学经典实践的必备材料，需要量比较大，所以在招引成功后还要进行培养繁殖。

11. 灯光诱虫

有不少夜行性种类的昆虫会对光产生向光的活动反应，这类昆虫主要是蛾类、蝼蛄、叶蝉和金龟甲等成虫。其中蛾类成虫就是蛾子，它们是一个很庞大的家族。蛾子对黑暗中的亮光非常敏感，会不顾危险地飞向亮光处，"飞蛾扑火"说的就是这个现象。本活动根据昆虫的这一习性，设计了简单的诱虫装置,可以诱捕各种趋光性昆虫。

工具与材料

螺丝刀,钢丝钳,镊子,毒瓶,绳子,125 W 或 250 W 高压汞灯。

竹竿(5根),白布(1.5 m×1 m)。

活动过程

1. 夜晚,在晒台上或绿化地带里,间隔2 m牢固地竖起2根竹竿。在竹竿上端拉一根绳子,挂上一块白布,再用绳子把白布四角扎紧固定。一般来说,白布的正面应该向着树木较多的地方。

2. 在白布面向植物一边的中间,也竖起一根竹竿,竹与布间隔一定距离。在竹竿上端和挂白布的绳子中间再拉一根绳子,在绳子上挂1盏高压汞灯。灯和白布至少保持0.5 m距离,以免烤燃白布(图2-2-11-1)。

3. 耐心等待一段时间,可以在白布上捕捉到不同种类的昆虫。如果是用来制作标本,那就用镊子将个体抓住投入毒瓶,捕捉时要注意安全,避免用手直接触碰。

图2-2-11-1

说明与延伸

1. 趋光性昆虫大都是农林害虫,灯光诱虫是实现农产品质量安全的最佳生物保护方法。

2. 一般情况下,晚上9点钟以后,蛾子开始活动,并扑向亮光处。起初,飞来的大多是些小型个体,大型个体往往在黎明前活动。

3. 诱捕昆虫时,不要使用昆虫网,以免不小心砸碎灯泡,但可以用瓶口较大的毒瓶直接在白布上套取昆虫,并杀死它们。

4. 不同的昆虫对灯光频率的趋向性不同,可以查阅资料,针对不同的昆虫选择不同频率的灯光。

12. 采集昆虫

昆虫是生物界的最大家族。丰富多彩、形态多样的昆虫,对生命世界的循环、发展起着举足轻重的作用。虽然许多世纪以来,人们已经描述鉴定出100多万种昆虫,但是在已知种类中,还有许多未解之谜。对于那些对昆虫充满好奇心的人来说,学习捕捉昆虫是探索昆虫世界的第一步必备技能。

工具与材料

捕虫网,三角纸包,毒瓶,采集盒。

活动过程

1. 观察虫情。初到采集现场,先要冷静观察虫情。尤其是在虫量不多的情况下,更应仔细观察动静,摸清昆虫飞动的规律,包括飞动的高度、速度、方向等。

2. 顺势兜捕。摸清虫情后,可用目测方法判断昆虫的飞临方向、高度和速度以及风向、风速等具体条件,手握网柄、瞄准方位,待其进入有效距离后,顺势举网挥虫入网。

3.翻封网口。一旦虫入网,要立即翻转网袋,把网底甩向网口,封住网口后,入网的昆虫才不致逃逸。(图2-2-12-1)。

基取出,用三角纸袋包住。三角纸袋应用能防水的薄纸折叠(图2-2-12-2),每只三角纸袋只包一只昆虫。包好后将它集中放入采集盒。

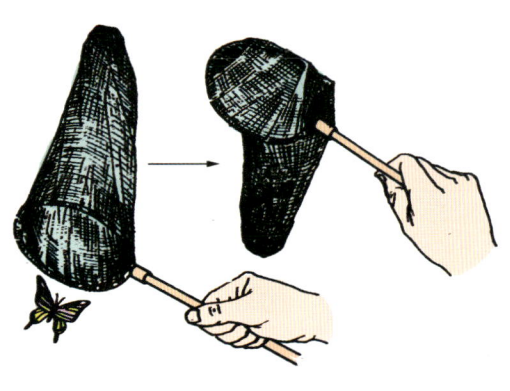

图2-2-12-1

图2-2-12-3

4.入袋取虫。入网的昆虫需立即取出。取虫时先慢慢收缩网袋,缩小它在网内挣扎活动的范围,再安全取出。

（1）三角纸袋包虫。为了让捕到的蝴蝶蛾子这类大翅膀的昆虫翅膀免遭损坏,必须及时隔着网袋轻捏虫胸,使它静止,再用镊子伸进网内,夹住其翅

（2）采到一般昆虫后需要及时放入毒瓶内致死,否则其附肢易因挣扎或互相攻击而损坏。常用的毒瓶一般选用带塞子的试管,封口严密,毒气不致外溢,塞子不易脱落,使用安全。还可利用罐头玻璃瓶加配塑料盖来制作毒瓶,也很经济实用,如图2-2-12-3。

说明与延伸

1. 挥网扑虫,尤其是捕捉快速飞行的蝴蝶时,既要心神镇静,又要动作敏捷。在发现目标的一瞬间,必须迅速环顾一下四周环境能否毫无障碍地挥动捕虫网,同时还要注意脚下高低,是否容许安全活动。如果环境不合适,或脚下高低不平,就应停止捕虫活动。

2. 拿取蝴蝶,应养成用手指轻捏蝴蝶胸部的习惯,不要随意捏翅片,因为翅片上的鳞片极易脱落,从而使标本失去科学价值和观赏价值。

图2-2-12-2

13. 饲养昆虫

在探索昆虫世界奥秘活动中,昆虫饲养是很重要的一环,通过饲养昆虫,我们可以仔细地观察昆虫的结构,认识昆虫的生长发育过程和生活习性。有的昆虫经过驯化饲养还能为人类提供必要的生产生活原料,如蜜蜂、蚕、地鳖虫等。

工具与材料

昆虫饲养箱,花圃网室。
各种昆虫,饲料,植物。

活动过程

1. 选择昆虫。一般初级饲养可以选择蝴蝶和蛾子的幼虫、蟋蟀、面包虫、竹节虫;水平提高后可以选择锹形甲成虫、独角仙成虫;相对较难的是饲养天牛、螳螂、锹形甲幼虫、独角仙幼虫。

2. 选择适合昆虫的食物。在准备昆虫的食物前,要先查找资料了解它的食性。

3. 设置饲养环境。每一种昆虫的栖息环境不同,查找资料,了解适合的饲养环境,并通过观察,不断调整,最终掌握环境设置的方法。

(1) 昆虫饲养箱。一般常见的昆虫饲养都是用昆虫饲养箱饲养,竹节虫、蟋蟀、螳螂、独角仙、锹形甲都很适合,如图2-2-13-1。

图2-2-13-1

(2) 花圃网室。蝴蝶终龄幼虫的食量很大,最好能直接把幼虫放在饲料植株或蜜源植株上,就能有较充足的食物。如果经费允许,在校园花圃搭上架子,覆上网纱,空间就会更大,能同时饲养更多的蝴蝶种类,如图2-2-13-2。饲料植株和蜜源植株要多种几盆轮流替换,以免被昆虫吃光。

图2-2-13-2

说明与延伸

昆虫是从卵孵化出来的,在它们成熟过程中会改变形态。这个改变过程称为变态。常见的昆虫发育方式有不完全变态(图2-2-13-3)和完全变态(图2-2-13-4)两类。

图2-2-13-3

图2-2-13-4

14. 探究小蝌蚪的成长过程

蝌蚪是两栖类动物青蛙或蟾蜍的幼体。小蝌蚪全身黑色,大头小尾,灵活好动,受到广大青少年的喜爱。它的成长过程是典型的两栖类变态发育。本活动以蟾蜍的卵为实验对象,探究无尾两栖类动物的繁殖规律。

工具与材料

玻璃水槽,体积分数5%～10%甲醛溶液。蟾蜍卵。

活动过程

1. 3月下旬到4月下旬是蟾蜍产卵盛期,到河沟里捞取蟾蜍的卵带(图2-2-14-1)。

图2-2-14-1

2. 将蟾蜍卵带分成3份,置于3个水槽内进行观察。

3. 在第1天、第3天、第5天、第7天、第9天、第11天、第13天、第15天、第17天、第21天、第27天、第33天、第34天、第40天,观察水槽中的个体生长情况,用文字和图片记录个体的生长情况(图2-2-14-2),有兴趣的话,还可以从水槽内采集制作标本。

4. 确定蟾蜍在常温下的胚胎发育时间和蝌蚪变态发育时间,绘制蟾蜍变态发育时间表。

图2-2-14-2

说明与延伸

1. 蟾蜍蝌蚪发育成熟后,于6月份前后全部上岸,以草籽、昆虫等为食。一般到农历立秋后,长成蟾蜍成体,再陆续回到水中生活。

2. 采集其他蛙(常见的有雨蛙、黑斑蛙、泽蛙等)的幼体,可以观察对比了解无尾两栖动物的变态发育过程。

15. 鸡蛋的人工孵化

鸟类是通过产卵、孵卵来繁殖后代的。孵卵能否成功是鸟类繁衍过程中最重要的环节。孵卵过程分为自然孵化和人工孵化。母鸡孵蛋的适宜温度一般为38.5℃左右。人工孵化是指通过制造适宜的环境,人为模仿鸟类孵蛋的行为,对鸟卵进行孵化。本活动以鸡蛋为例,介绍人工孵蛋过程中温度、湿度等要素的控制方法,以及鸡蛋孵化的一般规律。你可以来试一试。

工具与材料

瓷盘,自制照蛋器,恒温培养箱(恒温,恒湿)等。受精卵,棉花。

活动过程

1. 自制照蛋器。取一纸盒，在纸盒内安装一白炽灯，确保灯泡不与纸盒直接接触。在纸盒的一边挖一个略小于鸡蛋的洞，使得纸盒内的灯光仅能通过此洞照到外面。

2. 采购种蛋。选择经过受精的、新鲜的鸡蛋。

3. 照蛋处理。将采购来的种蛋放在照蛋器上观察，若见蛋壳内浑浊，则不可选用。

4. 在瓷盘上铺上薄薄的棉花，再将经过挑选的种蛋放在棉花上。把恒温恒湿箱调节到38 ℃，60%相对湿度后，将种蛋放进恒温恒湿箱开始培养。

5. 每天观察培养箱内的情况，用照蛋器观察种蛋的内部，如果看到种蛋中有很多红红的小血管，这表明鸡蛋是活着的。

6. 一般经过约19 d左右的培养，将种蛋拿到耳边的时候，有可能会听到小鸡仔在里面发出声音，并且伴有啄蛋壳的行为。一般在21 d左右，小鸡便破壳而出了，如图2-2-15-1。

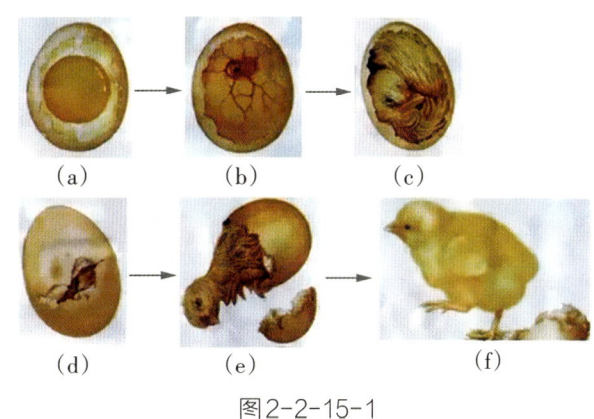

图2-2-15-1

说明与延伸

1. 本活动的顺利与否，很大程度上与种蛋的质量有关。从母鸡产下种蛋后到开始人工孵化，间隔的时间越短，成功的概率越高。

2. 人工孵化的过程是模拟鸟类自然孵化的行为，因此，人工所营造的环境是建立在对自然孵化环境的观察和研究的基础上。理论上来说，只要掌握了某种鸟卵的孵化数据，就能够人工孵化该鸟类的鸟蛋。

16. 饲喂野鸟

秋冬季节，许多留鸟仍居留在原地。这些留鸟一般不怕寒冷，但如果遇到食物不足，就会因挨饿、不敌严寒而死亡。人工饲喂野鸟通常采用设置人工食槽（图2-2-16-1）和人工水源的方式。人工饲喂野鸟的目的，就是增强这些留鸟的抗寒能力，使它们安全度过严冬。

工具与材料

锤子，钢丝钳，木锯，钢丝锯，油漆刷，梯子，人工水槽。

木板（厚1.0～1.5 cm），铁钉，木螺丝，铰链，油漆，绳子，饲料。

活动过程

1. 设置人工食槽。

（1）按图2-2-16-2所示，制作人工食槽；亦可去专业商店选购成品人工食槽（图2-2-16-3）。

（2）将人工食槽安置在合适的地点。食槽安置

图2-2-16-1

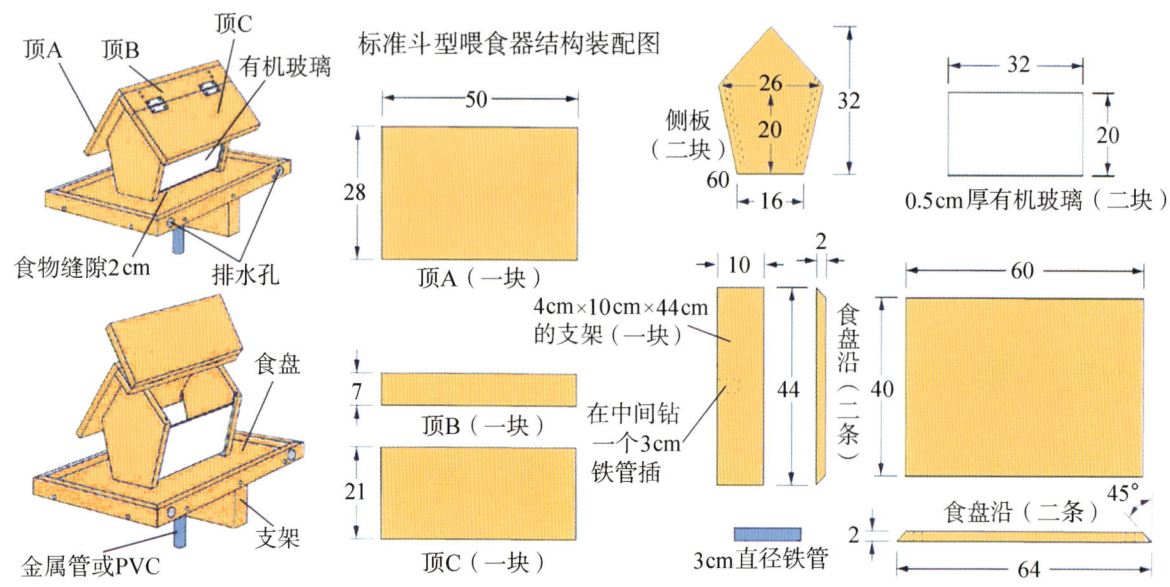

图 2-2-16-2

的高低、方向以能遮蔽风雨、便于鸟类啄食为标准。

（3）经常给人工食槽补充饲料，饲料要选用当地各种留鸟喜欢吃的食物。

2. 设置人工水源。

（1）按图 2-2-16-4 制作人工水源。

（2）将人工水源安置在合适的地点，具体操作要求同步骤 1。

说明与延伸

人工饲喂留鸟首先要学会观察，了解这个区域附近有哪些留鸟，然后根据这些留鸟的习性选择饲料。选择放置食槽的位置时，既要避开人多的区域，同时也要方便操作者添加饲料。有条件的还可以进行视频记录，进一步研究这些鸟类的生活习性。

图 2-2-16-3   图 2-2-16-4

17. 观察鸟类,监测环境

鸟类是一种对环境污染很敏感的动物,鸟类种数的多少,直接反映了环境生态状况的优劣程度,因而鸟类可以被视为环境的指示动物。我们在观鸟过程中,不管是绿地、小区,还是校园,可以通过本活动介绍的方法对环境的好坏做出科学判断。

工具与材料

8倍以上的双筒望远镜,笔记本,笔,本地区鸟类图鉴。

活动过程

1. 寻找一块有野生鸟类出没的绿地。这个绿地必须在你学习或生活地点的附近,方便你持续观察。记录这块绿地的特征,画出它的平面图。

2. 观察、记录所看到的野鸟的形态特征。查阅鸟类图鉴,识别鸟种,记录数量,填入任务单。

任务单

地点:_____ 海拔:_____ 时间:_____ 天气:_____

种名	数量 ×看到,△听到	附记 栖息地、行为及其他

3. 按14种鸟的计分标准(鸮10分、啄木鸟8分、树莺6分、绣眼鸟5分、云雀5分、山雀4分、灰喜鹊3分、斑鸠2分、鹎2分、燕子2分、乌鸦1分、椋鸟1分、麻雀1分、家鸽-4分),观察到一种鸟就计入它的分数(图2-2-17-1),然后把全部观察到鸟的相应分数加起来,就是我们周围环境的总分数。

4. 参照表2-2-17-1,通过比较可以知道我们周围的环境状况。

表2-2-17-1

分数值	环境状况及建议
-4~5	交通噪声严重,环境不佳
6~10	街道热闹,绿化一般
11~25	有零碎的绿化环境,有改善空间
26~35	自然环境有很强的恢复潜力,如再种植多种树木,可把环境搞得更好
36~50	适宜健康生活的环境,应长久保持

说明与延伸

1. 不管是绿地、小区或是校园,我们在做记录时应该仔细描述该区域的环境状况。

2. 本活动对鸟类识别能力有一定要求,可以参考前人对该区域鸟种情况的记录表,以保证识别过程的准确性和速度。

图2-2-17-1

18. 寻找校园生态食物链

校园生态食物链调查是校园生物多样性调查中最精彩、最重要的内容。完成食物链调查,我们不仅要认识校园内不同的植物、昆虫和鸟类,还要知道它们之间的生态关系。本活动介绍了生态食物链调查的两种方法,你也可以来试一试。

工具与材料

植物图谱,昆虫图谱,鸟类图谱,真菌图谱。
照相机,纸,笔。

活动过程

校园生态食物链调查记录以"植物-昆虫""昆虫-鸟类""植物-大型真菌"和"植物-鸟类"为主要对象。

1. 食物链的直接观察法。在校园食物链调查过程中,尽可能仔细观察动物的食性。例如,观察到樟青凤蝶的幼虫吃樟树叶,基本可以确定这个食物链中,樟树是生产者,樟青凤蝶是初级消费者;捕食樟青凤蝶动物都是次级消费者,把观察结果记录下来,填入表2-2-18-1。

2. 食物链的文献查阅法。在校园食物链调查过程中,只发现某种动物而没有观察到食性,就只能借助查阅文献来了解这种动物的食性。例如,在校园内发现玉带凤蝶和柑橘凤蝶,由于没有观察到它们幼虫的食性,可查阅昆虫文献,得知玉带凤蝶和柑橘凤蝶的幼虫均以柑橘类植物叶为食,而校园内栽有橘树,基本可以确定这个食物链中,橘树是生产者,玉带凤蝶和柑橘凤蝶是初级消费者,捕食玉带凤蝶和柑橘凤蝶的动物都是次级消费者,把查阅结果记录在表2-2-18-1上。

说明与延伸

如果校园内有类似天然河道的水域,这可能是校园生态食物链最为丰富的地方。天然河道的生态系统的自然食物链一般包括5个环节:浮游生物(浮游植物和浮游动物)、底栖动物、高等植物、鱼类(滤食性鱼类、植食性鱼类和肉食性鱼类)和微生物。可以组织水生生物调查小组,通过浮游生物、底栖动物、高等植物、鱼类的调查,完成校园水域食物链的调查。

表2-2-18-1

记录者				调查区域							
日期 年 月 日	气温(℃)	生产者名称	初级消费者名称	次级消费者名称	三级消费者名称	顶级消费者名称	分解者名称	发现地点	生态行为	信息来源
										观察/文献
										观察/文献
										观察/文献
										观察/文献
										观察/文献
										观察/文献

微生物

1. 制作斜面培养基

斜面培养基是固体培养基的一种形式。在玻璃试管中制作斜面培养基,不仅扩大了细菌培养所需的表面积,还方便接种操作。制作斜面培养基是微生物实验的一项基本技术,常用于菌种扩大转管及菌种保存。

工具与材料

高压锅,天平,漏斗,烧杯,试管,乳胶管,铁架台,止水夹,小刀。

氢氧化钠,乳酸,pH试纸,棉花,纱布,牛皮纸,绳子以及马铃薯,琼脂,葡萄糖。

活动过程

1. 配制培养基。

(1)用天平称取去皮马铃薯200 g,切成薄片放入烧杯中,注入清水1000 mL,加热煮沸后,温火维持20 min,至马铃薯熟而不烂。稍冷却后,用4层纱布过滤,取其滤汁。

(2)在马铃薯滤汁中加入琼脂20 g,置于烧杯中用温火加热至琼脂彻底溶化,并补充加入开水,使其保持1000 mL的体积。

(3)在上述胶体中加入葡萄糖或蔗糖20 g。

(4)用5%的氢氧化钠溶液或5%的乳酸溶液将其pH值调至5.5~6.0。

2. 分装和捆扎。趁热将上述培养基注入试管,每支试管的装入量为试管长度的1/5左右。每10支试管扎成一捆,试管口需用棉塞塞好。

3. 灭菌。

(1)将成捆的试管直立于灭菌锅内,加热灭菌锅,将灭菌锅内部在107.8 kPa压强下,持续30 min。待自然降压后,打开锅盖,取出试管。

(2)将取出的试管解开包扎,逐个斜搁在木条上,使培养基表面倾斜于试管横截面,倾斜角度以形成的斜面长度不超过试管长度的一半为宜。静止冷却后,即制成了斜面培养基。

说明与延伸

取已灭菌的和未灭菌的斜面培养基各两支,置于恒温箱中,调温至30 ℃,培养3~4 d后观察两者有何不同,并分析其原因。

2. 自制酸牛奶

酸牛奶又称酸牛乳,是牛奶在乳酸菌的微生物作用下产生的优质发酵奶制品,它的营养价值高,深受大众欢迎。

本活动在制作酸奶的过程中加入蔗糖,一方面可为乳酸菌代谢提供养料,另一方面也可提升酸奶的口味。你也试一试吧。

工具与材料

恒温箱,温度计,搅拌棒,容器(100 mL、1000 mL各1个)。

鲜奶或奶粉,酸牛奶,蔗糖。

活动过程

1. 将需使用的物品洗涤干净,再用开水冲洗一遍,冷却后备用。

2. 取鲜奶 500 mL,加入蔗糖 30 g,煮沸后冷却至约 45℃备用。在 1000 mL 容器中加入 100 mL 含有活性乳酸菌的酸牛奶,缓缓加入加糖的牛奶,并用搅拌棒搅拌,使两者充分混合。

3. 将上述 600 mL 混合物分装到 6 个小杯子中,置于恒温箱中,在 35～45℃ 条件下保存 8~10 h。

说明与延伸

1. 整个操作过程必须保持容器的清洁和卫生。

2. 发酵完毕取出后,盖上杯盖,在 40℃冰箱内冷藏 10～12 h 口味更佳。

3. 自制泡菜

将蔬菜浸泡在一定浓度的食盐水中,蔬菜中的糖类、蛋白质和氨基酸等会渗入食盐水。这些物质经过乳酸菌的发酵,便产生了大量的乳酸。蔬菜变成了酸脆、香嫩可口的泡菜。泡菜中的乳酸能够抑制其他细菌的繁殖,因此,泡菜能保存较长时间。你也来做做试试吧。

工具与材料

泡菜坛或密封性好的玻璃大口瓶,菜刀,砧板,台秤。

新鲜蔬菜(如白菜、卷心菜、黄瓜、胡萝卜等),凉开水,食盐,生姜片,辣椒,炒熟的花椒。

活动过程

1. 将新鲜蔬菜洗净,切成丝状、条状或片状等,晾干待用。

2. 将泡菜坛或玻璃大口瓶用自来水洗净,再用凉开水冲洗一遍,晾干备用。

3. 在泡菜坛内加入其容积2/3的凉开水,再按照 1 L 水 50~60 g 食盐的比例加入食盐,并将适量的花椒、生姜片和辣椒加入其中。适当搅拌后,将待制的蔬菜慢慢加入,加入量以到达离坛口约 2 cm 处为好。最后,盖上坛盖,用凉开水密封坛口。

4. 5～7 d 后,打开坛盖,即可食用。

说明与延伸

1. 在制作泡菜的过程中,清洁泡菜坛、封闭泡菜坛的口和加入适量的食盐是关键因素。切忌油类物质进入坛内。

2. 本活动可选择小型容器,分别针对关键因素开展对比实验,例如,在显微镜下观察泡菜坛内液体中的微生物繁殖情况等。

4. 探究酵母菌

酵母菌是人类文明史中被应用得最早的微生物,它被广泛应用于面食、奶制品、茶叶、酒类制品的生产过程中。酵母菌是一种单细胞真菌,在有氧和无氧环境下都能生存,目前世界上已知有 1000 多种酵母菌。

本活动是酵母菌分解糖的简单实验,从中你可以看到酵母菌呼吸作用产生的现象。

工具与材料

天平，橡皮筋，温度计，温水，气球，饮料瓶（350 mL）、水浴锅。

酵母粉，白砂糖。

活动过程

1. 将气球多次吹大后再放气，检查气球的气密性。

2. 用天平称取酵母 15 g，白砂糖 15 g，放入空的饮料瓶中。

3. 将温水（40 ℃左右，不能超过 46 ℃）倒入饮料瓶中，数量大概是饮料瓶的一半。

4. 适当地摇晃饮料瓶，使酵母粉、白砂糖与温水充分混合。

5. 将气球的口套在饮料瓶的口上，用橡皮筋紧紧地扣住，使得饮料瓶内的气体只能进入气球而不能溢出饮料瓶外。

6. 在水浴锅内注入温水（40 ℃左右，不能超过 46 ℃），再将上述装置放在锅内，以便饮料瓶内的温度能较长时间地保持。

7. 观察气球的体积变化情况，记录气球体积变化至最大的时间。

8. 增加白砂糖至 30 g，重复步骤 1~7，比较时间的差异情况。

说明与延伸

1. 在有氧条件下，酵母菌能通过有氧呼吸高效地将环境中的糖分解成二氧化碳和水，并获取分解过程中产生的能量。在无氧条件下，酵母菌能通过无氧呼吸产生酒精和二氧化碳。

2. 环境温度的不同，糖溶液的浓度不同和糖的种类不同，都会明显地影响活动的结果。

5. 观察霉菌的生长

霉菌在我们的生活中很常见，它比较喜欢温暖潮湿的环境，而且繁殖力很强。有的霉菌能让食物变质，对人体健康造成极大的危害。本活动以橘子皮为研究对象，观察霉菌的生长繁殖情况，从而对霉菌有更直观的认识。

工具与材料

喷水壶，清水，培养皿，滤纸，镊子，护目镜，放大镜，显微镜，口罩。

橘子皮，乳酸石碳酸棉蓝染色液。

活动过程

1. 霉菌的培养。

（1）取一洁净的培养皿，在培养皿的内侧底部垫上滤纸，再取新鲜的橘子皮，切成合适的大小，最后将橘子皮放置在滤纸上。

（2）用喷水壶朝培养皿内喷上少许清水，使得滤纸和橘子皮湿润，再将培养皿的盖子合上。

（3）将合上盖子的培养皿放置在温暖的地方。

（4）每天观察培养皿内的变化，若发现滤纸干了，可以适当喷水，保持培养皿内的环境湿润，直到橘子皮上长出明显的菌落（图2-3-5-1）。

图2-3-5-1

2. 霉菌的观察。

（1）观察前需要做好个人的防护，戴上口罩和护目镜，操作时使用镊子，不直接用手触碰。

（2）用放大镜观察菌落的颜色，注意菌落的中央和边缘的颜色差异。

（3）用滴管取一滴乳酸石碳酸棉蓝染色液滴在洁净的载玻片上，再用镊子把霉菌取一点放在载玻片中间，轻轻地打散开来制成临时装片。

（4）将临时装片放在显微镜下观察，对照青霉和曲霉的形态差异，判断视野中的霉菌种类。

说明与延伸

1. 霉菌是真菌的一种，霉菌对食物的危害很大，常见的食物防霉办法有以下几种。

（1）干燥防霉。收割后的粮食要及时晾晒、烘干，储存在通风、干燥的环境中。

（2）低温防霉。低于0℃的环境不利于霉菌的繁殖。

（3）加热杀菌。对于大多数霉菌，加热至80 ℃，持续20 min即可杀灭，但对于已经发霉的食物，加热并不能去除掉霉菌产生的有害物质。

2. 霉菌的生命力极强，可以长期潜伏在不利于自身生长的环境中，一旦遇到合适的环境，就会立刻大量繁殖。当我们肉眼能看到霉变时，就意味着已经有很多霉菌在食物中繁殖生长了。

3. 温度是影响霉菌生长的主要因素，但是霉菌多种多样，从冰箱中的保鲜温度到通常的室温，都有不同的霉菌可以生长。例如，米饭、馒头、水果存放冰箱的时间过久也容易发生霉变。

4. 食物发霉以后，很多人本着"勤俭节约"的原则，会把发霉的部分去掉，剩下的继续吃，这种做法对身体有害，是不可取的。

6. 校园野生菌菇调查

校园生物多样性是学校开展生物多样性教育或生态教育非常重要的资源，校园野生菌菇是校园生态系统中的分解者（图2-3-6-1），是其中不可缺少的重要环节。本活动的调查区域为校园的绿地或树林，调查对象为野生菌菇。

图2-3-6-1

工具与材料

雨靴，手套，小刀，小篮子，当地常见菇类图鉴，笔记本，笔。

活动过程

1. 由指导教师带领学生巡视校园，并认识校园内野生菌菇。

2. 将参加调查的人员分组。建议2~3人为一组，每组负责校园内的某一块区域。

3. 每组分工记录好所负责区域内的野生菌菇分布状况，画出野生菌菇分布草图，将不认识的野生菌菇重点记录，并做记号。

4. 在做记录的同时，拍摄每一种野生菌菇的子实体的照片。

5. 调查结果填入任务单中。

任务单

记录者_____ 调查区域_____ 气温____℃
调查日期_____ 调查时间□早上 □中午 □下午 □晚上
调查区域地点和环境_____

野生菌菇名称	发现数量	习性环境								生态行为				
		地上	腐木	腐枝	腐叶	枝叶	立木	粪堆	地下	其他	单生	散生	群生	簇生	其他

注：菇类记录方法如下。
1. 发现的地点是指菇类所在的位置，例如在校园一区、校园二区……
2. 时间用打"√"记录。
3. 调查记录表：一次调查用一张，一种菇类记录一栏，一共发现几种菇类就记录几栏。
4. 数量以"正"字画记。

说明与延伸

1. 校园野生菌菇调查应该确保人员的稳定，因不同调查人员对环境和野生菌菇物种的熟悉程度不同，对野生菌菇调查的结果会产生偏差，应尽可能减少这种情况的发生。

2. 野生菌菇出菇需要较高的湿度，春夏两季的降雨量比秋冬季多，因此春夏两季是野生菌菇调查的好时机。调查的次数为3—10月份，每月一次。调查日最好选择连续下雨过后的放晴日，黄梅季节也是不错的选择。有些菇类清晨出菇，不到1 d就干枯了，因此菇类调查以早晨至上午为佳。

3. 调查方法用眼睛辨识为主，触摸菌菇应当佩戴手套，避免直接接触。

7. 制作菌菇标本

树叶和蝴蝶都是很容易做成标本的，菌菇也能做成标本。菌菇不但有精美的外形，而且色彩斑斓（图2-3-7-1）。这里介绍一种简单易行的制作菌菇标本的办法。

图 2-3-7-1

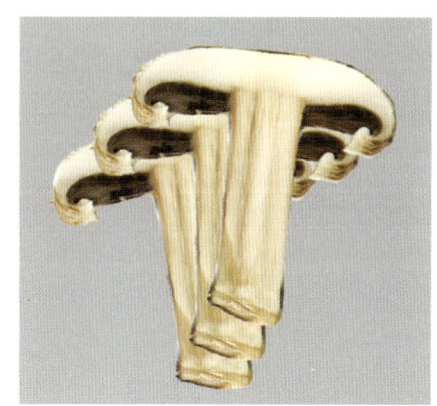

图 2-3-7-2

工具与材料

保鲜袋，手提袋，小铲子，刀片，干燥箱或吹风机，标本盒。

小包的硅胶干燥剂。

活动过程

1. 标本的采集。

（1）先要找到一株自己喜欢的菌菇，用相机把菌菇连同周围的环境一同拍摄下来，记录它的生长环境。

（2）用小铲子将菌菇连同根部的土壤或是腐木一起挖下来。

（3）将菌菇子实体的各个部位的特征都记录下来。

（4）用软吸水纸将菌菇包好带回。

2. 标本的制作。首先选择适合的干燥方法处理样本。

（1）自然干燥法，将菌菇标本放在通风处令其自然干燥。

（2）电器烘干法，将菌菇标本置于干燥箱烘干，但要注意温度不可过高，低于 50 ℃ 为适，也可以用吹风机吹干。

（3）切片吸水法，用薄而快的刀片，将新鲜标本的子实体纵切成 2~3 mm 的薄片，这样基本上可将子实体的形态、结构和附属物保存齐全（图2-3-7-2），然后放在标本夹内的吸水纸上吸干压平。在压制标本期间要经常换纸，直到菌菇片干燥为止。

3. 标本的保藏。

（1）将干燥的菌菇标本安置在标本盒内（图2-3-7-3），贴上标签，注明菌菇名、采集地、采集日期和采集人等。

图 2-3-7-3

（2）为了防潮，还可以在其中放置一些小包的硅胶干燥剂。硅胶干燥剂可防潮、防霉、除湿，即使菌菇中还有少许残余的水分，标本也不会发霉或是腐烂。

说明与延伸

1. 为了减轻菌菇标本的变形和变色，不要用火烤或是放在太阳下面曝晒。

2. 吸水饱和的硅胶干燥剂可以在 120 ℃ 温度下烘干再生，重复使用。

第 3 篇
环境篇

水

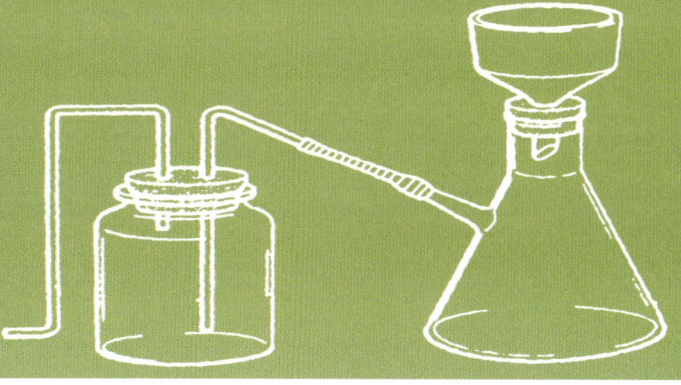

1. 水样的采集和保存

水样的采集和保存是水质分析的重要环节。要想获得准确、全面的水质分析资料，首先必须使用正确的采样方法和水样保存方法，并及时送样分析化验。以下活动将让大家了解水样的采集和保存的方法。

采样的原则：一是水样必须具有足够的代表性，即能反映被测水体的真实情况；二是水样不受任何意外的污染。为了得到具有真实代表性的水样，就必须选择恰当的采样位置、合理的采样时间和先进的采样技术。

工具与材料

采样器（取水器），盛水器。

活动过程

一、水样的采集

1. 采集表层水。用桶、瓶等容器直接采取。一般将容器沉至水下 0.3~0.5 m 处采集。

2. 采集深层水。将带有重锤的具塞采样器（图3-1-1-1）沉入水中，达到所需深度后（从拉塞子的绳子标度上看出），拉动瓶口塞子上连接的细绳，打开瓶塞，待水样充满后提出来。也可使用带温度计、可快速读取水温的取水器（图3-1-1-2）。

3. 采集自来水或带抽水设备的地下水（井水）。先排放 2~3 min，让积存的杂质流去，然后用瓶、桶等采集。

图3-1-1-1

图3-1-1-2

二、水样的保存

1. 冷藏或冷冻。其作用是抑制微生物活动，减慢物理挥发和化学反应速度。

2. 加入化学试剂。加入酸或碱调节 pH，能使一些化学成分在水样中保持稳定；加入生物抑制剂，可抑制微生物的氧化还原；加入氧化剂或还原剂，可使一些待测成分转化为稳定的化学物质，而且不干扰以后的分析测定。

说明与延伸

1. 采集瓶或装水容器必须事前洗净烘干，以免杂质进入水样中，影响水样质量。采样前，先用水样洗涤容器 2~3 次。

2. 供卫生细菌学检验用的水样采集容器必须先进行灭菌处理。

3. 有些测定项目对时间、温度的变化非常敏感，最好现场测定，或使用带温度计的取水器。

4. 采集水样的保存是为了对水样进行测定。常用的水样保存方法见表3-1-1-1。

表 3-1-1-1

测定项目	保存方法	分析地点	保存时间	建议
温度、pH		现场		
气味（臭）		实验室	6 h	最好现场测定
色度		实验室	24 h	最好现场测定
溶解氧	加高锰酸钾、碘化钾、氢氧化钠，现场固定	实验室	4~8 h	最好即时测定
化学需氧量	加硫酸酸化至pH<2，2~5℃冷藏	实验室	7 d	尽快测定
总氮（TN）	加氢氧化钠调至pH>12	实验室	24 h	
酚	加硫酸铜+磷酸，控制pH<2	实验室	24 h	
细菌总数	冷藏	实验室	6 h	

2. 水质的现场测定

水质一般用温度、色度、气味（臭）等物理性能指标来表征。这些指标可以用物理和化学方法来测定。

工具与材料

水银温度计（或酒精温度计），采样容器（瓶或桶），比色管（50 mL），白瓷板，烧杯，锥形瓶，pH试纸。

活动过程

一、水温的测定

在温度计上系一细绳，插到水面以下20 cm处，静置5 min，提出水面后，立即读取温度值。如用带温度计的取水器采集水样，也可直接读取取水器上温度计的数值。

二、色度的测定

1. 按《水样的采集和保存》介绍的方法，采集5000 mL水样。放置一段时间（或离心分离），使水中的悬浮颗粒充分沉淀。

2. 分别取上层澄清水样10份，每份各50 mL，用水稀释成不同倍数（5倍、10倍、15倍、20倍、25倍、30倍、35倍、40倍、45倍、50倍）。各取50 mL稀释水样于比色管中。管底部衬一块白瓷板，由上向下观察稀释后水样的颜色，并与蒸馏水比较。当稀释的水样刚好看不出颜色时（与蒸馏水无区别），记录此时的稀释倍数，此数值即为色度。

三、气味的测定

1. 取100 mL水样于250 mL锥形瓶中，用温水或冷水在瓶外调节水温至20 ℃±2 ℃。

2. 振荡瓶内水样，从瓶口闻水的气味，并与无臭水（蒸馏水）比较。

3. 根据表3-1-2-1定性描述臭的强度，记录于表3-1-2-2的"气味"项中。

四、pH的测定

用洁净的玻璃棒蘸取水样，或用吸管吸取水样，滴一滴于pH试纸上，与标准色卡比较，确定水样的pH（图3-1-2-1）。或者用pH计，取适量水样放入烧杯，将探测棒放入，读取水样的pH（图3-1-2-2）。数据记入表3-1-2-2中。

表3-1-2-1

等级	强度	说明
0	无	无任何气味
1	微弱	一般饮用者难以察觉
2	弱	一般饮用者刚能察觉
3	明显	已能明显察觉,不加处理不能用
4	强	有很明显的臭味
5	很强	有强烈的恶臭

表3-1-2-2

取样编号	现场水源	温度(℃)	色度	气味	pH
0					
1					
2					
3					
...					

 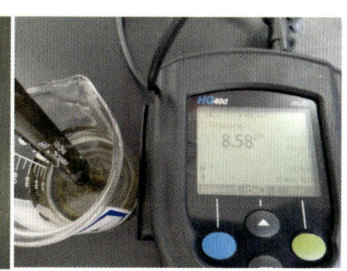

图3-1-2-1　　　　图3-1-2-2

说明与延伸

1. 水样的颜色(色度)分真色和表色,此处测定的是水样的真色。真色指去除悬浮物后澄清水样的颜色。

2. 如要测定水样表色,则静置水样3~5 min,待大颗粒悬浮物沉降后即可测定。

3. 因各人嗅觉感受程度不同,得出的臭的强度等级会有出入。

4. 当水样色度较大时,可取 10 mL、5 mL 或 0.5 mL 水样,用蒸馏水稀释成 50 mL,然后按上述活动步骤测定色度,把测定的色度乘上稀释倍数作为最后结果。

5. 测定水样气味时,不可直接对准瓶口嗅,必须用手轻轻扇动,让气味飘进鼻中。

3. 水体富营养化现象观察

氮、磷是水生植物生长必需的营养元素。水体所含氮、磷过多,且这类物质在水中停留时间过长时,将使藻类及浮游生物过量生长而引起水体的富营养化,出现水体变色、气味难闻等现象。

通过本活动可以观察水体富营养化带来的影响,知道什么会造成水体富营养化。

工具与材料

量筒,鱼缸,塑料板,量杯。

水藻,小鱼,含氮、磷的肥料(如化肥等)。

活动过程

1. 用量筒向3只鱼缸内加入等量的水,并分别编号a、b、c。

2. 在a号缸中用量杯加入一定量的肥料,b号缸内加入a号缸所用一半的肥料,c号缸内不加肥料。

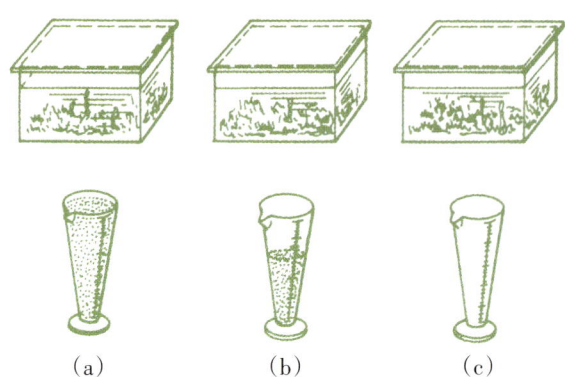

(a)   (b)   (c)

3. 在3只鱼缸内放入相同数量的水藻,盖上塑料板,放在有阳光照射的地方。

4. 持续观察鱼缸内水藻生长情况,至某一鱼缸中水藻全部死亡为止,结果填入表3-1-3-1。

5. 另取一个鱼缸,放入等量的水,再放入水藻、小鱼。按a号缸放入的肥料量,放入肥料。观察鱼缸中水、水藻和小鱼的变化情况,与表3-1-3-1记录的现象做比较。

表3-1-3-1

时间	鱼缸a	鱼缸b	鱼缸c
第1天			
第2天			
第3天			
……			

说明与延伸

1. 此活动最好在夏天进行,此时光照充足,植物生长迅速,最易观察结果。

2. 加入肥料的量以多于水藻生长所需的量为宜,这样结果明显。

4. 水中悬浮固体的去除

水体中过多的悬浮物质会影响水生生物的生长发育,对生产和生活带来不同程度的危害,所以水中悬浮固体的去除非常有必要。过滤是去除水中的悬浮固体的主要方法。

工具与材料

漏斗,铁架台,铁圈,烧杯若干,玻璃棒,中速定量滤纸,含泥沙的水。

活动过程

1. 将滤纸对折两次,叠成90°圆心角形状,把叠好的滤纸装入漏斗内(折法见图3-1-4-1)。滤纸边要低于漏斗边。用少量水将滤纸润湿,挤压掉气泡,使滤纸紧贴漏斗壁。

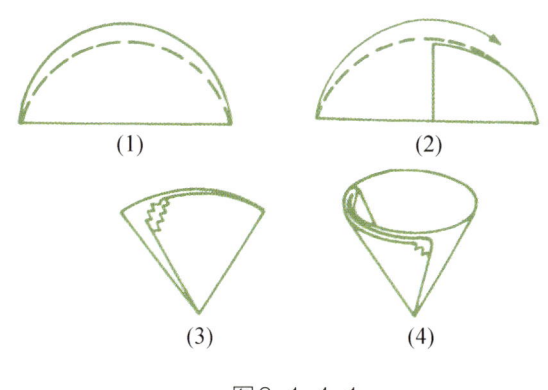

图3-1-4-1

2. 搭建过滤装置。把漏斗置于铁圈上,在漏斗颈下放接纳过滤液的烧杯,并使漏斗颈尖端靠于烧杯壁上(图3-1-4-2)。

3. 过滤操作。向漏斗里注入需要过滤的含泥

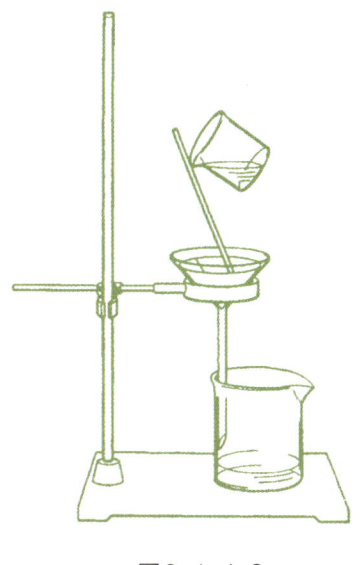

图3-1-4-2

沙的水,一手持盛液烧杯,另一手持玻璃棒,玻璃棒下端靠紧有三层滤纸的一侧,使杯口紧贴玻璃棒,待滤液体沿玻璃棒流入漏斗内,过滤后流入烧杯。流到漏斗里的液体,液面不能超过漏斗中滤纸的高度(图3-1-4-2)。

4. 对照滤液和原液,比较两者的澄清度。亦可以测定两者的悬浮固体含量或者浊度,进行对比。

说明与延伸

1. 过滤时,如滤液几乎不能流出,需要换上一张新的滤纸。

2. 过滤法不能去除水中粒径小于滤纸孔径的悬浮物。

3. 除过滤外,还可以用沉淀、离心分离、加入化学试剂等方法去除水中的悬浮物。

5. 水中悬浮固体含量的测定

水样经过滤得到滤渣,滤渣脱水烘干后称量,即可计算悬浮固体(又称悬浮物,用SS表示)含量。水中的悬浮固体会使水体浑浊。过多的悬浮固体会影响水生生物的呼吸和代谢,甚至造成鱼类等窒息死亡。

工具与材料

烘箱,分析天平,干燥器,中速定量滤纸,玻璃漏斗,玻璃棒,烧杯,带盖子的坩埚,坩埚钳,量筒。

活动过程

1. 称量坩埚和滤纸。将中速定量滤纸折叠好,放入坩埚中(图3-1-5-1)。打开坩埚盖子,放入烘箱,在103~105 ℃下放置2 h。盖好盖子取出,迅速移入干燥器中,冷却到室温(图3-1-5-2),称其重量。反复烘干、冷却、称量,直至恒重(两次称量相差不超过0.0005 g),记录坩埚和滤纸的总质量(记为m_1)。

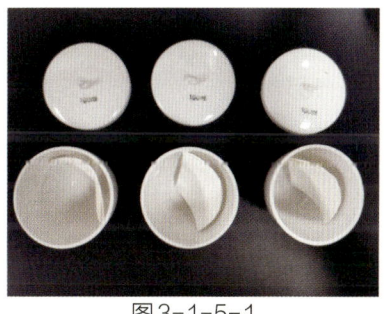 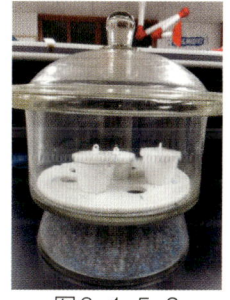

图3-1-5-1　　　　　图3-1-5-2

2. 过滤水样。用量筒量取适量水样(体积记为V)放入烧杯,用玻璃棒搅拌均匀。用步骤1中称至恒重的滤纸进行过滤。最后用蒸馏水洗涤玻璃棒与烧杯3~5次,洗涤的水同样过滤。

3. 称量坩埚和过滤后的滤纸。水样过滤完成后,小心取下滤纸,放入原坩埚内,重复步骤1中的烘干、干燥、冷却,以及称重至恒重的步骤。记录为坩埚、滤纸和水样过滤的悬浮固体的总质量(记为m_2)。

4. 根据下列公式,计算水样中悬浮固体的含量,填入表3-1-5-1。

$$\rho=[(m_2-m_1)\times 10^3]/(V\times 10^{-3})$$

ρ：水中悬浮固体含量(mg/L)

m_1：滤纸及坩埚质量(g)

m_2：悬浮固体+滤纸及坩埚质量(g)

V：水样体积(mL)

5. 再取两份平行样，重复步骤1~4，获得的数据填入表3-1-5-1。

表3-1-5-1

水样	滤纸+坩埚质量(g)	悬浮固体+滤纸+坩埚质量(g)	水样体积(mL)	悬浮固体含量(mg/L)
平行样1				
平行样2				
平行样3				

说明与延伸

1. 树叶、木棒、水草等杂质应先从水样中除去。

2. 水样黏度高时，可加2~4倍蒸馏水稀释，振荡均匀，待沉淀物下降后再过滤。

3. 如待测水样中含有油脂类物质，过滤时要用10 mL石油醚分两次淋洗滤纸上的残留物。石油醚极易挥发，不会影响测定结果。

4. 若水样中悬浮物过少，则会增大称量误差，影响测定精度，必要时，可增加试样体积。一般以5~100 mg/L悬浮固体含量作为量取试样的范围。

5. 为了减少实验误差，保证实验科学性，同一个水样建议进行3次平行实验。

6. 酸雨的监测

自然降水的pH一般呈中性。在工业生产集中区域，工厂排放烟气中的污染物（如二氧化硫）在氧气和光照、闪电等的作用下，生成酸性物质（如硫酸），随雨水降至地面，就形成酸雨。酸雨危害极大，不仅影响地面植物生长和损坏建筑物，而且最终会破坏生态平衡。本活动可以检测厂区内外的酸雨情况。

工具与材料

塑料饮料瓶，剪刀，纱布，精密pH试纸，砂纸。

活动过程

1. 制作雨水收集器。按图3-1-6-1所示，把饮料瓶沿虚线剪开，边缘用砂纸打磨光滑，把上半部分套入下半部分，蒙上纱布，就做成了简易的雨水收集器。

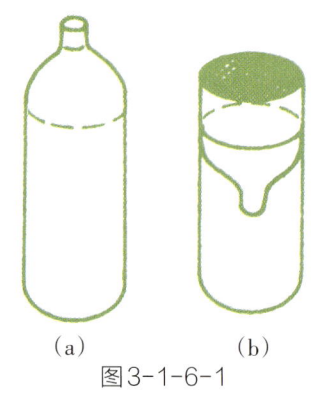

图3-1-6-1

2. 确定取样点。选择污染严重的工厂，在厂区内和厂区外设置10~20个采样点，下雨前放上雨水收集器。

3. 下雨时，做好气象记录。雨停后，收回雨水收集器。

4. 用玻璃棒蘸取雨水，滴在精密pH试纸上，观察颜色变化，读取pH，记入表3-1-6-1。

表 3-1-6-1

编号	采样地点	风向	pH	备注
1				
2				
3				
4				
5				

说明与延伸

1. 雨水收集器在使用前要洗净。

2. 雨水的采集点最好选择在以煤为燃料的工厂附近,效果明显。

3. 除了在厂区内外收集雨水测量外,还可以在空气比较洁净的区域(如公园)采集雨水测量 pH,看看有什么不同。

7. 有色废水的脱色

工业生产(特别是印染工业的生产)经常会产生各种有颜色的废水。有色废水排入水体,不仅影响水体色度,而且消耗水中溶解氧,影响水生生物的生长。

本实验用氧化能力较强的次氯酸钠处理有色废水,使废水中有色物质的分子结构发生改变,从而降低水的色度和化学需氧量(COD)。

工具与材料

烧杯,量筒,移液管,pH 试纸。20% 次氯酸钠溶液,蓝墨水,用浓盐酸与水按 1∶10 体积比配制的盐酸溶液。

活动过程

1. 在 5 只烧杯中各加入 100 mL 自来水和 10 mL 蓝墨水,用盐酸溶液调节 pH 至 6 左右,然后分别在各烧杯中加入 0.2、0.5、1.0、1.5、2.0 mL 次氯酸钠溶液,搅拌均匀,静置氧化 1 h(图 3-1-7-1)。

2. 1 h 后,用《水质的现场测定》中"色度的测定"介绍的方法,测定 5 只烧杯中溶液的色度,结果填入表 3-1-7-1,并因此确定次氯酸钠溶液的最佳用量。

图 3-1-7-1

表 3-1-7-1

编号	1	2	3	4	5
次氯酸钠溶液用量(mL)					
色度					

结论:次氯酸钠溶液的最佳用量_____mL。

说明与延伸

1. 决定次氯酸钠溶液的最佳用量,既要从处理效果上考虑,也要从经济上考虑。

2. 有色废水的脱色,还可采用活性炭吸附等其他方法。

3. 溶液 pH 对处理效果也有影响。可以改变溶液的 pH,加入定量的次氯酸钠溶液,看看 pH 对最后结果的影响。

8. 洗涤剂的生物降解

洗衣粉、洗洁精、洗发精等洗涤剂给人类生活带来了便利,但含有大量洗涤剂的生活污水的排放,会导致水体缺氧,形成不易消失的泡沫,对水生动植物都会造成一定的危害。

微生物在去除污水中洗涤剂的过程中起着巨大的作用,由于其特有的专一性及可控性,生物降解被越来越多地应用于水体净化。我们可以在实验室中模拟并观察洗涤剂的生物降解过程,了解微生物在环境自净方面所起的作用。

工具与材料

试管,量筒,滴管,试管架,分液漏斗。

20%烷基磺酸钠,3%亚甲基蓝溶液,土壤,三氯甲烷。

活动过程

1. 在2支50 mL试管中分别加入30 mL蒸馏水和池塘水;另取一支试管,加入30 mL池塘水和5 g土壤。

2. 3支试管中各加入5 mL阴离子洗涤剂——烷基磺酸钠,充分振摇后,置于试管架上,暗处保存24 h。

3. 24 h后,3支试管中各加1 mL亚甲基蓝溶液,振荡,静置10 min。

4. 将溶液转移至分液漏斗中(注意不要带入土壤),各加入10 mL三氯甲烷,剧烈振荡后,静置,观察下层(三氯甲烷层)颜色,并做比较,结果填入表3-1-8-1。

表3-1-8-1

管号	添加物	颜色
1	蒸馏水	
2	池塘水	
3	池塘水+土壤	

说明与延伸

1. 微生物降解洗涤剂的过程较长,因此必须在暗处保存24 h。

2. 蒸馏水一般不含微生物,池塘水有较多微生物,而土壤则富含微生物。

3. 亚甲基蓝与阴离子洗涤剂作用,生成蓝色化合物,此化合物能被三氯甲烷萃取,其色度与阴离子洗涤剂含量成正比。因此,三氯甲烷层颜色越浅,说明洗涤剂被降解得越充分。

9. 活性炭吸附法净化饮用水

活性炭具有较大的比表面积和微孔,可以吸附水中绝大部分的化学物质和微粒,使水质得到净化。自来水中含有少量余氯,对人体有一定危害。通过活性炭吸附,余氯可以得到有效去除。

工具与材料

活性炭吸附柱(长50 cm、直径1.5 cm,可用酸式滴定管代替),小团棉花,烧杯,天平,棕色瓶,分液漏斗,铁架台。

活性炭(颗粒状),碘化钾,淀粉。

活动过程

1. 显色剂的配制。称取25 g碘化钾,溶于300 mL蒸馏水中;另取10 g淀粉,溶于200 mL蒸馏

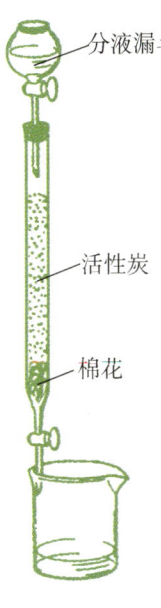

图3-1-9-1

水中。将两溶液充分混合后,贮于棕色瓶中。

2. 颗粒状活性炭用蒸馏水洗涤至中性。

3. 制作活性炭吸附柱。在滴定管活塞处塞一小团疏松棉花,从上管口装填活性炭,使活性炭高度为30 cm左右。装填时轻轻敲打管壁,使活性炭之间不留空隙。

4. 将滴定管固定,上部安装一分液漏斗,内装约200 mL的自来水。打开漏斗活塞,使自来水以5 mL/min的流速流经活性炭吸附柱,下部用烧杯收集滤出液(图3-1-9-1)。

5. 在另两只烧杯中分别装入100 mL自来水和100 mL经活性炭吸附后的滤出液,各加入1 mL显色剂,搅拌,比较两只烧杯中颜色的深浅。

说明与延伸

1. 控制自来水流出速度,是为了使活性炭与水充分接触,吸附更彻底。

2. 余氯与显色剂反应后溶液呈蓝色,其色度与余氯含量成正比。其原理是:$Cl_2+2KI=2KCl+I_2$,碘使淀粉呈现蓝色。

3. 为检验活性炭的吸附作用,还可用有颜色的水通过吸附柱,有色水会变成无色。

10. 水体透明度的测定

水的透明度是反映水质状况的一项指标。本实验用塞氏盘测定水体透明度。

工具与材料

铁皮剪刀,锉刀。

白铁皮(厚0.3~0.8 mm),重物(0.2~0.5 kg),尼龙绳,白漆,黑漆。

活动过程

1. 塞氏盘(图3-1-10-1)的制作。

(1)用铁皮剪刀剪取直径20 cm的圆白铁皮一块作为圆盘,中心打一个3 mm的孔。用锉刀沿铁盘外沿轻轻锉几下,锉去锋利的豁口和毛刺。

(2)在圆盘的一面过圆心画2条相互垂直的直线,将铁盘分成4等份,间隔涂上白漆和黑漆。

(3)等漆干后,把一头系有重物的绳子从未涂漆一面穿过圆盘中心孔,调整重物位置,使圆盘悬空时呈水平状态。然后在绳子贴近盘面处打一个结,使重物与圆盘成为一体。

(4)用黑漆在绳子上涂刷。涂10 cm,间隔10 cm,再涂10 cm……作为长度标记。标记段取150 cm左右。这样,塞氏盘就做好了。

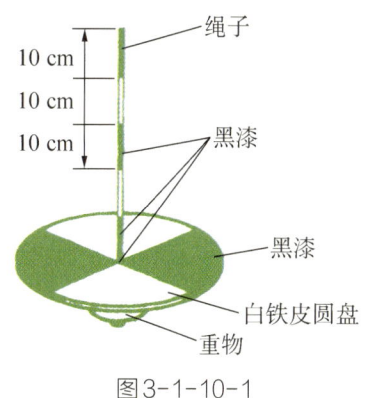

图3-1-10-1

2. 水体透明度的测定。

(1)选择一自然水域作为测定对象,在水体无直射光照射处将塞氏盘缓缓放入水中(注意观察绳子长度标记)。当圆盘下沉到恰好看不见盘面白色时,记录水面以下绳子长度。此数据即代表了水体透明度。反复测几次,以求准确。

(2) 换一个测定地点,重复上述过程,把结果填入表3-1-10-1。

说明与延伸

1. 本方法适用于现场测定水体的透明度。

2. 塞氏盘使用时间较长后,白漆颜色会逐渐变黄,须重新涂漆。

3. 测定水体透明度时,应选择晴朗的天气进行。

表3-1-10-1

位置	编号	透明度 (cm)	平均透明度 (cm)	备注
离岸 0.5 m	1			
	2			
	3			
离岸 2.0 m	1			
	2			
	3			
离岸 5.0 m	1			
	2			
	3			
离岸 10.0 m	1			
	2			
	3			

11. 水体浊度的测定

泥沙、黏土、有机物、无机物、浮游生物等悬浮物质会造成水体浑浊,使水呈现一定的浊度。这不仅会影响阳光的透射,而且还影响水生动植物的生长。1 mg一定粒度的白陶土(或硅藻土)在1 L水中产生的浊度为1 JTU。现在仪器使用散射浊度单位NTU,1 NTU=1 JTU。

本实验利用浊度仪测定水体的浊度。

工具与材料

浊度仪,比色皿。
乙醇,乙醚。

活动过程

1. 仔细检查浊度标准板,如有灰尘、污渍,可用浸有乙醇、乙醚各半混合的清洁液的脱脂棉擦净。比色皿可用清洁剂或洗涤精清洗,然后用清水冲净。两个透光面擦干。浊度仪预热10 min。

2. 选择量程,在试样槽后插入浊度标准板。

3. 进行空气校零。光路中不置入任何物体,调整"调零"旋钮,使显示读数为"0"。

4. 将浊度标准板置入光路,调整校准旋钮,使显示读数为浊度标准板出厂标定值,此后实验中校准旋钮不能再随意变动。取出标准板。

5. 在比色皿内放无浊度水,然后将比色皿放入试样槽前方,被测液放入试样槽后方,调节"零位"钮使显示数为"0"。

6. 样品置入光路(图3-1-11-1),显示值即为被测液浊度(NTU)。

7. 重复实验2~3次,将实验数据填入表3-1-11-1。

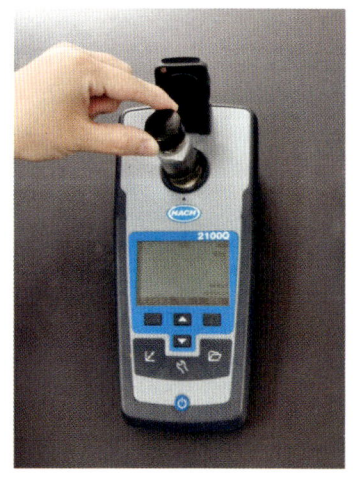

图3-1-11-1

表3-1-11-1

实验编号	浊度(NTU)	平均浊度(NTU)
1		
2		
3		

说明与延伸

1. 比色皿中盛的水，不能超过其容积的四分之三。

2. 量程"1""10"采用30 mm比色皿。量程"100"采用5 mm比色皿。测量中"量程"选择键如需转换，除选用不同比色皿外，无浊度水调零步骤要先重复一次。

3. 浊度仪是较为简便地测量浊度的仪器。如没有该仪器，可以用比色法来确定水样浊度。粉碎白陶土放在105 ℃烘箱中烘3 h，再放入干燥器内冷却后取出，用75 mm标准筛筛出粉末1 g，放入1 L容量瓶中定容，得到浊度为1000 JTU的标准溶液。用此标准溶液稀释配制1~10 JTU的10份标准溶液，各取100 mL放入比色管。待测水样也取100 mL放入比色管，与10个标准溶液比色管并列放在黑纸上，从上往下垂直观察，确定水样浊度。

12. 水中细菌总数的测定

水中细菌总数反映了水体受细菌污染的程度，可以作为水质清洁程度和水净化效果的指标。本实验以1 mL水样在营养琼脂培养基中，于37 ℃培养24 h后所生长的细菌菌落的总数，作为水中细菌总数（CFU/mL）。

工具与材料

培养皿，锥形瓶，移液管，烧杯，恒温箱，高压蒸汽灭菌锅，酒精灯，放大镜，无菌操作台，报纸，橡皮筋。

牛肉浸膏，蛋白胨，琼脂，氯化钠，5%盐酸溶液，4%氢氧化钠溶液。

活动过程

1. 采集水样。采集瓶预先在高压蒸汽灭菌锅内灭菌2 h，然后按本书《水样的采集和保存》介绍的方法，采集2 L水样，盖好瓶盖保存。

2. 培养基的配置。称取3 g牛肉浸膏、10 g蛋白胨、5 g氯化钠、20 g琼脂，加入1 L蒸馏水中，加热、搅拌使之溶解，用盐酸和氢氧化钠溶液调节pH为7.0~7.2。

3. 灭菌。将培养基、培养皿、锥形瓶、烧杯、移液管等用报纸包裹，用橡皮筋扎好，放入高压蒸汽灭菌锅内，灭菌20 min。

图3-1-12-1

4. 细菌总数的测定。在点燃的酒精灯旁，用灭过菌的移液管吸取1 mL待测水样，注入已灭菌的培养皿中，再注入约15 mL温度约45 ℃的液态培养基。旋摇培养皿，使水样与培养基充分混合。同时另外再做一个平行样本。待培养基冷却凝固后，翻转培养皿，使底面向上，置于37℃恒温箱内培养24 h。取出后用放大镜观察，统计菌落数(图3-1-12-2)。

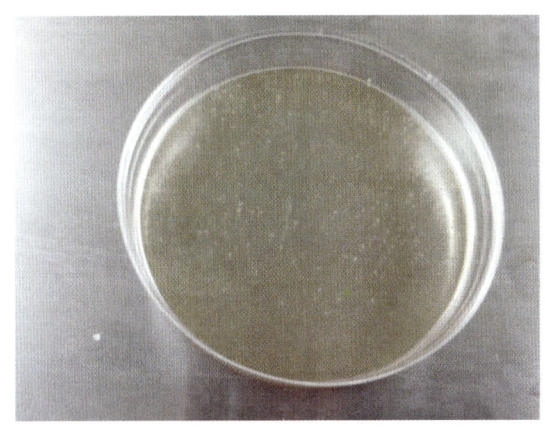

图3-1-12-2

5. 取两个培养皿中菌落数的平均值，计算1 mL水样中的细菌总数。

说明与延伸

1. 若检测自来水水样，应先将水龙头用火焰灼烧3 min灭菌，然后打开水龙头，让水流出5 min后再取水样。

2. 可以选用市场上已经配置好的通用培养基——细菌计数培养基，省略步骤2。

3. 计数时对那些看来相似、距离很近但不接触的菌落，应一一计数。那些紧密接触而外观相异的菌落，也应一一计数。

4. 如果培养基上的菌落数超过300，就要对原水样进行稀释。结果要以测出的菌落数乘以稀释倍数。

5. 水样采集后，应立即检验。如果放置时间过长，检验结果比实际值偏大。

6. 《生活饮用水卫生标准》(GB 5749-2006)规定，饮用水中菌落总数应小于100 CFU/mL。

13. 水中大肠杆菌群数的测定

测定水中的大肠杆菌群数，可检验水体是否被粪便污染以及污染的程度。本实验用发酵法测定大肠杆菌群数。大肠杆菌群在37℃生长时使乳糖发酵，其产物在特定培养基上形成黑色化合物。统计黑色的菌群数，即可计算水中大肠杆菌群的数量。

工具与材料

高压蒸汽灭菌锅，恒温培养箱，生物显微镜，载玻片，培养皿，移液管，抽滤泵，抽滤瓶，布氏漏斗，醋酸纤维素滤膜，镊子，酒精灯，锥形瓶，报纸，橡皮筋。

蛋白胨，乳糖，磷酸氢二钾，琼脂，2%伊红溶液，0.5%美蓝溶液，5%盐酸溶液，5%氢氧化钠溶液。

活动过程

1. 采集水样。采集瓶预先在高压蒸汽灭菌锅内灭菌2 h，然后按本书《水样的采集和保存》介绍的方法，采集2 L水样，盖好瓶盖保存。

2. 培养基的配置。取20 g琼脂，加入900 mL蒸馏水中，加热溶解，然后加入2 g磷酸氢二钾、10 g蛋白胨，搅拌使之充分混合，补充蒸馏水至1000 mL，用盐酸和氢氧化钠溶液调节pH为7.2~7.4。再加入10 g乳糖，混匀后再分装入250 mL的锥形瓶中。在121℃的高温蒸汽灭菌锅内灭菌15 min，贮于冷暗处备用。

3. 灭菌。将培养皿、漏斗、滤膜、抽滤瓶、吸管等用报纸包裹，用橡皮筋扎好，放入高压蒸汽灭菌锅内灭菌20 min。

4. 平板培养基的制作。将贮备的培养基加热融化，用已灭菌的吸管加入5 mL伊红溶液和5 mL美蓝溶液，并充分混匀。立即将约15 mL培养基倾入已灭菌的空培养皿中,冷凝待用。

5. 抽滤。将布氏漏斗在抽滤瓶上固定好,用无菌镊子夹住醋酸纤维素滤膜边缘,使其粗糙面朝上,贴放在布氏漏斗上。把采集的水样 1000 mL 倒入布氏漏斗中,将抽滤装置中的缓冲瓶连上抽气装置,进行抽滤。抽滤装置如图 3-1-13-1。

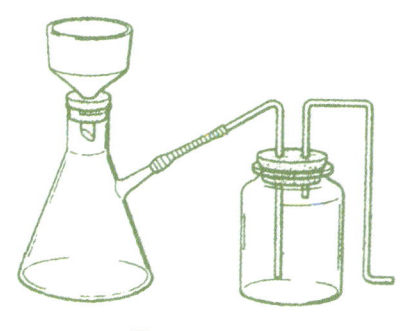

图 3-1-13-1

6. 抽滤结束后,用镊子将附有细菌的滤膜小心取出,放在培养皿中的培养基上,使滤膜与培养基完全紧贴。

7. 将培养皿置于 37 ℃ 恒温箱内培养 24 h,取出后统计培养基上呈黑色的菌群数,填入表 3-1-13-1。

表 3-1-13-1

水样号	水样来源	大肠杆菌群数(个/L)
1		
2		
3		

说明与延伸

1. 培养基的配置可预先由实验室完成,学生可不做这一部分;也可以选用市场上已经配置好的细菌计数培养基。

2. 以每个培养皿内出现 30~300 个菌群为限,若超过 300 个,水样应进行稀释,结果以统计出的菌群数乘以稀释倍数。

3.《生活饮用水卫生标准》(GB 5749-2006)规定,饮用水中不得检出大肠杆菌。

14. 水体异味嗅味层次分析

嗅味是评价水质的主要指标和依据之一。水污染会使水体散发出异常气味,可以用嗅味层次分析法(FPA),通过人工嗅觉闻测,初步判定嗅味强度和类型,确定水体 FPA 等级。

工具与材料

恒温水浴锅(温控精度±1 ℃),微量移液器(20 μL 和 100 μL),温度计,采样瓶,具塞磨口三角瓶。

无嗅水(无异味的超纯水),10%硫代硫酸钠溶液,嗅味闻测簿(宾夕法尼亚大学气味识别能力测试卡)若干。

活动过程

1. 测试人员闻测培训。选择对嗅味比较敏感的人做一定训练,再进行闻测分析。配置含不同浓度、不同种类的嗅味物质的水样,让测试人员参考嗅味闻测簿进行不同水样辨认练习、标准溶液练习、嗅阈值测试、嗅味强度练习和嗅味强度进阶练习。由 4~5 名测试人员组成 FPA 小组,小组成员分别进行闻测。

2. 采集和保存样品。按照本书《水样的采集和保存》介绍的方法,采集水样。注意应使水样溢流而不留气泡,再密封采样瓶。对于含余氯样品,如要分析氯味以外的嗅味,在样品采集时,1 L 样品应加入 1 mL 10%硫代硫酸钠来脱氯。采样后若无法立即闻测,须将样品放置至 4 ℃ 冰箱保存,且在采样后 12 h 内完成分析。

3. 测定。

(1) 样品准备。取 200 mL 水样放入 500 mL 具

塞磨口三角瓶中，塞好瓶盖后再置于45 ℃恒温水浴锅内加热10~15 min。

（2）样品分析。测试人员分别对样品进行闻测。闻测时，一只手托住瓶底，另一只手压紧瓶盖，不要接触瓶颈部位。以画圆圈的方式轻轻摇动样品瓶，然后将玻璃瓶靠近鼻孔，移除瓶盖，进行闻测。一个样品分析结束，进行下一个样品分析之前，应闻下无嗅水，并至少休息0.5 min。

（2）结果记录。参考嗅味闻测簿，根据表3-1-14-1记录闻测的嗅味类型描述，根据表3-1-14-2记录闻测嗅味强度等级。进行闻测时，应记录第一感觉的测试结果；如果嗅味难以描述，测试人员应对此样品进行重新测试。

4. 数据处理及结果表达。FPA小组成员测试结束后，讨论并达成一致。讨论时使用率不到50%

表3-1-14-1

编号	嗅味特性描述	参考物质	闻测浓度（μg/L）
1	腐败胡桃油味	己醛	200
2	草味、蘑菇味	1-辛烯-3-醇	200
3	黄瓜味	2,6-壬二烯醛	10
4	木头味、香草味	Beta-紫罗兰酮	2
5	土霉味	2-异丁基-3-甲氧基吡嗪	0.2
6	腐臭味	二甲基三硫醚	1
7	杏仁味	苯甲醛	250
8	塑料溶剂	甲基丙烯酸甲酯	2
9	皮革味	2,3,6-三氯茴香醚	0.5
10	莴苣味	庚醛	30
11	土味	2-甲基异莰醇	0.2
12	土霉味	土臭素	0.2
13	氯味、漂白水味	次氯酸钠	500
14	烟草味	Beta-环柠檬醛	2

表3-1-14-2

国标等级标准	强度描述	说明	FPA等级标准
0	无	无任何嗅味	0
1	微弱	一般饮用者甚难察觉，但嗅味敏感者可以察觉	2
2	弱	一般饮用者刚能察觉，易分辨出不同的嗅味种类	4
3	中等	已能明显察觉嗅味	6
4	较强	有较强的嗅味，闻测时有刺激性感觉	8
4	强	有很显著的嗅味，长时间闻测难以忍受	10
5	很强	有强烈的恶臭或异味，强度让人无法忍受	12

的描述词语不包含在讨论结果中，强度取各成员结果的平均值，最后将结果填入下面的任务单。

任务单

样品描述：_____ 采样时间：_____

测试人员		评价结果（记录嗅味种类及强度）		
姓名	年龄	嗅味1	嗅味2	嗅味3
成员1				
成员2				
……				
成员n				
小组讨论				

说明与延伸

正规的FPA由专业的分析人员进行，对在水污染事件发生时采取何种应急措施，以及后续精确判定嗅味物质种类具有重要意义。

15. 水中石油类物质含量的测定

在运输、装卸、加工和使用石油的过程中,可能发生泄漏和排放。由于石油比水轻,它会漂浮在水面上,迅速扩散形成油膜,不仅危害水生生物,而且阻碍水体的复氧作用,导致水体富营养化,最终影响整个生态系统。

目前在环境监测领域,主要使用分光光度法测定水中石油类物质的含量。

工具与材料

红外分光光度计(常见型号均可),旋转振荡器,分液漏斗(2000 mL),玻璃砂芯漏斗,具塞磨口锥形瓶,采样瓶,量筒(2000 mL),容量瓶。

浓盐酸,正十六烷,异辛烷,苯,四氯化碳(剧毒,操作需在通风橱内进行),无水硫酸钠,硅酸镁(60~100目),石油类标准品,滴定管(内径10 mm、长200 mm,出口处用少量浸泡过四氯化碳的玻璃棉填塞,填充硅酸镁80 mm)。

活动过程

1. 样品采集与制备。按照本书《水样的采集与保存》介绍的方法,采集1 L水样,并用浓盐酸调节水的pH≤2。若不能在24 h内测定,应在2~5 ℃下保存并在3 d内测定。

将样品转移至分液漏斗中,振荡3 min并经常排气。振荡器如图3-1-15-1。静置分层后将下层有机物转移至已加入3 g无水硫酸钠的具

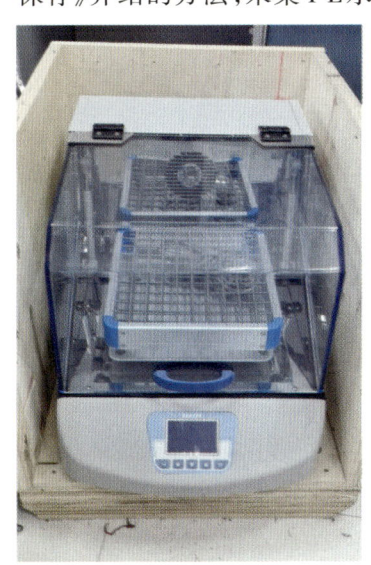

图3-1-15-1

塞磨口锥形瓶中,并摇动几次。如果无水硫酸钠全部结晶,则补加无水硫酸钠,直至有不结晶的无水硫酸钠存在。静置后将上层水相全部转移至量筒,测量记录其体积。

向上述萃取液中加入3 g硅酸镁,用旋转振荡器以200 r/min的转速振荡20 min。静置沉淀后,用玻璃砂芯漏斗将上清液转移至具塞磨口锥形瓶中。

2. 测定校正系数。分别量取2 mL正十六烷、2 mL异辛烷、2 mL苯标准液,置于3个100 mL容量瓶中,用四氯化碳定容。溶液的浓度分别为20 mg/L、20 mg/L和100 mg/L。

用四氯化碳做参比液,使用4 cm比色皿,用红外分光光度计分别测量正十六烷、异辛烷和苯标准液在2930 cm^{-1}、2960 cm^{-1}、3030 cm^{-1}处的吸光度A_{2930}、A_{2960}、A_{3030}。浓度和吸光度符合下列公式:

$$c = xA_{2930} + yA_{2960} + z(A_{3030} - A_{2930}/f)$$

其中f为正十六烷在2930 cm^{-1}与3030 cm^{-1}处的吸光度之比。

利用正十六烷、异辛烷、苯的测定结果建立三元一次方程组,解得x、y、z。

3. 测定。将经过硅酸镁吸附后的萃取液转移至4 cm比色皿中,以四氯化碳为参比溶液,用分光光度计测量萃取液在2930 cm^{-1}、2960 cm^{-1}、3030 cm^{-1}处的吸光度A_{2930}、A_{2960}、A_{3030}。代入公式,计算萃取液中的石油类物质的浓度,再乘以稀释倍数D和萃取液与样品体积之比k,即为实际水样中的石油类物质浓度。

说明与延伸

油类污染主要包括石油类污染和动植物油类污染。在上述实验中,未经硅酸镁吸附的萃取液直接测定的结果即为总油浓度;用它减去实验所测的石油类物质的浓度,即为动植物油的浓度。

16. 水中硝基苯类化合物含量的测定

硝基苯类化合物主要存在于染料、炸药和制革等工业废水中，是毒性较强的有机污染物。常见的硝基苯类化合物有硝基苯、二硝基苯、二硝基甲苯、三硝基甲苯等。

本实验用还原-偶氮光度法测定废水中的硝基苯类（主要为一硝基和二硝基类）化合物。其原理是：在含硫酸铜的酸性溶液中，由锌粉将硝基苯类化合物还原成苯胺类，经重氮偶合反应生成紫红色染料，经过比色，测定其含量。结果以硝基苯表示。

工具与材料

721型分光光度计，比色皿，具塞比色管，容量瓶，移液管，精密pH试纸，锥形瓶，分析天平，慢速滤纸。

浓盐酸，锌粉，硫酸氢钾（粉末状），10%硫酸铜溶液，10%氢氧化钠溶液，5%亚硝酸钠溶液，2.5%氨基磺酸钠溶液，2%盐酸萘乙二胺溶液，乙醇，硝基苯，2%硫酸。

活动过程

1. 硝基苯标准溶液的配制。取10 mL乙醇于25 mL容量瓶中，盖紧瓶塞，称重。加入2~3滴硝基苯，盖紧瓶塞，重新称重，计算加入硝基苯的质量。用2%硫酸稀释到标线，摇匀。计算出溶液中硝基苯的浓度。使用前，再用2%硫酸稀释，配制成硝基苯的质量浓度为0.1000 mg/L的标准溶液。

2. 校准曲线的绘制。

（1）吸取1.00 mL硝基苯标准溶液于50 mL锥形瓶中，加水20 mL，加入2 mL浓盐酸、0.5 g锌粉、2滴硫酸铜溶液，摇匀。放置15 min后，用慢速滤纸过滤，滤液收集于50 mL容量瓶中，用水洗涤滤纸3次，洗涤液也移入容量瓶中，用水稀释至标线，摇匀。

（2）吸取0、1.00、2.00、3.00、4.00、5.00、10.00 mL上述溶液于25 mL比色管中，加水至10 mL，用氢氧化钠溶液调节pH至4~5，加水至标线，摇匀。再用硫酸氢钾调节pH至1.5~2.0，加1滴亚硝酸钠溶液，摇匀，放置3 min后，加0.5 mL氨基磺酸钠溶液，再放置3 min。待气泡除尽后，加入1 mL盐酸萘乙二胺，摇匀，放置。

（3）30 min后，用10 mm比色皿，于545 nm波长处，以水为参比，测定吸光度，结果填入表3-1-16-1。

表3-1-16-1

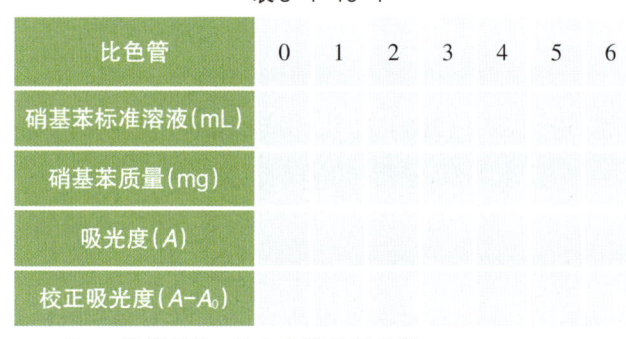

比色管	0	1	2	3	4	5	6
硝基苯标准溶液(mL)							
硝基苯质量(mg)							
吸光度(A)							
校正吸光度($A-A_0$)							

注：A_0即管号为0的空白液的吸光度。

（4）根据表内数据，以校正吸光度为纵坐标，硝基苯质量为横坐标，绘制校准曲线。

3. 水样的测定。当测定还含有苯胺类化合物的废水时，需测定2份样品。一份不经还原测苯胺类吸光度；一份将硝基苯类还原成苯胺类后测定总吸光度，在减去苯胺类吸光度后，计算出硝基苯类化合物的含量。

（1）取适量水样（硝基苯和苯胺的总吸光度不超过0.5）于锥形瓶中，加水至20 mL，加2 mL浓盐酸、0.5 g锌粉、2滴硫酸铜溶液、摇匀。放置15 min后，过滤并将滤液转移至50 mL容量瓶中，用水洗涤锥形瓶和滤纸3次，洗涤液也移入容量瓶，用水稀释至标线，摇匀。

（2）另取相同体积的水样于50 mL容量瓶中，加2 mL浓盐酸、2滴硫酸铜溶液，加水至标线，混匀。

（3）分取上述两种溶液各10.00 mL，分别置于25 mL比色管中，按照与绘制校准曲线相同的步骤，测定吸光度。各减去零浓度空白液的吸光度（表中

A_0)后,得出硝基苯类化合物的吸光度和苯胺类化合物的吸光度。

(4)根据硝基苯类吸光度减去苯胺类吸光度后的数值,从校准曲线上查得硝基苯的质量,根据下式计算水样中一硝基和二硝基类化合物的含量:

$$\rho = \frac{m \times 5 \times 1000}{V} \text{(以硝基苯计)}$$

ρ:水样中一硝基和二硝基类化合物的浓度(mg/L)

m:由硝基苯类吸光度减去苯胺类吸光度后,从校准曲线上查得硝基苯的质量(mg)

V:水样体积(mL)

说明与延伸

1. 测定时,应避免阳光直射和强光照射。

2. 当水样中不含有苯胺类化合物时,步骤3-(2)可略去。

3. 采集水样后,用硫酸调至pH为1~2,并在4 ℃以下保存。

4. 本方法最适宜的显色温度为22~30 ℃,当低于此温度时,校准曲线绘制与水样测定必须同时进行。

5. 由于水样酸化与否对苯胺类测得值有影响,因此测定水样时,步骤3-(1)、3-(2)要同时进行,同时加盐酸及硫酸铜溶液,同时比色。

6. 硝基苯毒性较强,是2B类致癌物。《生活饮用水卫生标准》(GB 5749-2006)规定,饮用水硝基苯限值为0.017 mg/L。

17. 水体硬度的测定

水硬度指水中钙、镁总浓度,是表示水质的一个重要指标。《生活饮用水卫生标准》(GB5749-2006)规定,饮水的总硬度必须不超过450 mg/L。水的总硬度如过高,不利于人的身体健康。硬度单位很多,我国习惯上采用1°相当于10 mg氧化钙在1 L水中引起的硬度。

本实验在pH等于10的条件下,用EDTA溶液滴定Ca^{2+}、Mg^{2+}。滴定前,作为指示剂的铬黑T与Ca^{2+}、Mg^{2+}形成紫色或紫红色的溶液。滴定过程中,Ca^{2+}、Mg^{2+}首先与EDTA反应,到达终点时,由于Ca^{2+}、Mg^{2+}与铬黑T形成的络离子遭破坏,溶液由紫色或紫红色变为亮蓝色。

工具与材料

电子天平(0.1 mg),容量瓶(100 mL、250 mL),移液管(20 mL),酸式滴定管(25 mL),锥形瓶(250 mL)。

0.1mol/L的EDTA($Na_2H_2Y \cdot 2H_2O$),$MgSO_4 \cdot 7H_2O$基准试剂,氨性缓冲溶液($NH_3 - NH_4Cl$,pH=10.0),盐酸(浓盐酸与水按体积比1:1配制),铬黑T指示剂。

活动过程

1. 0.01 mol/L的EDTA标准溶液配制。取25 mL 0.1 mol/L的EDTA于容量瓶中,加水稀释至250 mL,摇匀,备用。

2. 0.01 mol/L镁标准溶液的配制。首先准确称取$MgSO_4 \cdot 7H_2O$基准试剂0.25~0.3 g,置于小烧杯中,加30 mL蒸馏水溶解。然后定量转移到100 mL容量瓶中,加水稀释至刻度,摇匀。计算其准确浓度。

3. EDTA标准溶液浓度的标定。用移液管吸取镁标准溶液20.00 mL置于250 mL锥形瓶中,加5 mL氨性缓冲溶液,加入铬黑T指示剂少许,用EDTA标准溶液滴定至溶液由酒红色恰变为蓝色,即达终点,记录所消耗EDTA的体积V_1。

平行测定3次，数据填入表3-1-17-1。根据消耗的EDTA标准溶液的平均体积，计算其浓度。

表3-1-17-1

平行实验编号	1	2	3
$m(MgSO_4·7H_2O)(g)$			
$c(MgSO_4·7H_2O)(mol/L)$			
$V(MgSO_4·7H_2O)(mL)$			
$V_终(EDTA)(mL)$			
$V_始(EDTA)(mL)$			
$V(mL)$			
$\bar{V}(mL)$			
$\bar{c}(EDTA)(mol/L)$			

$\bar{c}(EDTA)=c(MgSO_4·7H_2O)×20/\bar{V}(mol/L)$
$\bar{V}$：EDTA消耗的体积(3次滴定的平均值)(mL)

4. 水体硬度的测定。移取水样100.00 mL于250 mL锥形瓶中，加入1~2滴盐酸，微沸2~3 min以除去CO_2。冷却后，加氨性缓冲溶液5 mL，铬黑T指示剂少许，用EDTA标准溶液滴定，至溶液由酒红色变为蓝色即达终点，记录所消耗EDTA的体积V_1。平行测定3次，数据填入表3-1-17-2。根据消耗的EDTA标准溶液的平均体积，计算水体硬度。

说明与延伸

1. 氨性缓冲溶液和铬黑T指示剂干粉均可直接购买。配制方法：将64.57 g NH_4Cl溶于200 mL水中，将溶液加入570 mL浓氨水中，定容至1000 mL，得到氨性缓冲溶液。称取0.5 g铬黑T和100 g氯化钠，充分混匀后研细，即为铬黑T指示剂，贮于棕色瓶中。

表3-1-17-2 水体硬度的测定数据记录表

平行实验编号	1	2	3
$V_{H_2O}(mL)$	100.00	100.00	100.00
$\bar{c}(EDTA)(mol/L)$			
$V_终(EDTA)(mL)$			
$V_始(EDTA)(mL)$			
$V_1(mL)$			
$\bar{V}(mL)$			
总硬度(mg/L)			

总硬度=$\bar{V}×\bar{c}(EDTA)×100.08×1000/V_{H_2O}$(mg/L)（以$CaCO_3$计）
$\bar{V}$：EDTA消耗的体积(3次滴定的平均值)(mL)
V_{H_2O}：所取水样的体积(mL)

3. 络合滴定要严格控制溶液的pH，水样应中和后再加氨性缓冲溶液。

4. 水样混浊或含有大量Fe^{3+}、Al^{3+}时，加入氨性缓冲溶液后会形成沉淀，要预先过滤。

5. 重金属离子的存在会使金属指示剂封闭或拖尾，可在酸性溶液中加入三乙醇胺或在碱性溶液中加入铜试剂加以掩蔽而消除干扰。低硬度水的测定也可以采用酸性铬蓝K做指示剂以降低干扰。

6. 水样中含有CO_3^{2-}和HCO_3^-会使终点拖后，可预先加酸煮沸以消除。

7. 本方法适用于原水及循环水。

18. 水体碱度的测定

水的碱度，是表示水吸收质子的能力的参数，通常用水中所含的能与强酸定量作用的物质总量来标定。即用确定浓度的酸与未知碱度的溶液进行反应，从而计算出该溶液的碱度。这里确定浓度的酸就起到定量作用。这类物质包括强碱、弱碱、强碱弱酸盐等。天然水的总碱度一般表征为碳酸钙的浓度值。

本实验采用的测定方法是在水样中加入适当

的指示剂,用酸标准溶液滴定。

工具与材料

滴定台,滴定管,锥形瓶。

盐酸标准溶液(0.0500 mol/L),甲基橙溶液(0.05%)。

活动过程

1. 取水样50.00 mL于150 mL锥形瓶中,加入甲基橙溶液4滴。用盐酸标准溶液滴定。溶液颜色由黄色突变为浅橙色,即为滴定终点。滴定前后见图3-1-18-1。

图3-1-18-1

2. 记录所消耗盐酸标准溶液的体积(mL)。
3. 平行做3次实验,将数据填入表3-1-18-1。

表3-1-18-1

标准盐酸溶液浓度(M):_____

平行实验编号		1	2	3
水样体积 V(mL)		50	50	50
指示剂(d)		4		
HCl标准溶液	初读数(mL)			
	末读数(mL)			
	消耗HCl体积 V_1(mL)			
总碱度	$CaCO_3$ (mg/L)			

碱度(以$CaCO_3$计)= $\dfrac{M \times V_1 \times 100.09}{2V} \times 100$ (mg/L)

M:盐酸标准溶液的物质的量浓度(mol/L)

V_1:消耗盐酸标准溶液的体积(mL)

V:所取水样的体积(mL)

说明与延伸

天然水中形成碱度的物质有HCO_3^-、CO_3^{2-}、OH^-、$H_4BO_4^-$,以及$H_2PO_4^-$、HPO_4^{2-}、NH_3等,而常说的碱度主要指CO_3^{2-}和HCO_3^-含量的总和。它们主要来自集雨区岩石和土壤中碳酸盐的溶解、大气中二氧化碳的溶解转化、有机物的分解、生物的呼吸作用和水源的补给等。

19. 水体溶解氧的测定

溶入水中的氧称作溶解氧。如果水被污染,有机腐败物质和其他还原性物质增加,溶解氧就会被消耗。溶解氧(DO)是衡量水质好坏的一个重要指标。

本实验使用两种测定水中溶解氧的方法。第一种是国标通常采用的碘量法,其原理是在水样中加入硫酸锰和碱性碘化钾,生成的氢氧化锰沉淀,迅速与水中溶解氧化合生成锰酸锰。加入浓硫酸使已化合的溶解氧(以$MnMnO_3$的形式存在)与溶液中的碘化钾发生反应而析出碘,再以淀粉作指示剂,用硫代硫酸钠滴定释放出的碘来计算溶解氧的含量。第二种是用多参数水质测定仪进行测定。

工具与材料

溶解氧瓶(图3-1-19-1,可用带玻璃塞的细口瓶代替),烧杯,棕色瓶,移液管,容量瓶,碱式滴定管,多参数水质测定仪(带LDO电极)。

氢氧化钠,1%淀粉溶液,用浓硫酸与水按体积比1∶5配制的硫酸溶液,20%硫酸锰溶液。

图3-1-19-1

活动过程

一、碘量法测定水体溶解氧

1. 碱性碘化钾溶液的配制。称取500 g氢氧化钠,溶于300~400 mL水中。另称取150 g碘化钾,溶于200 mL水中。待氢氧化钠溶液冷却后,将两溶液合并,混匀,用水稀释至1000 mL,放置12 h后,转入棕色瓶中(如有沉淀,不要带入)。用橡皮塞塞紧,避光保存。

2. 重铬酸钾标准溶液的配制。把重铬酸钾在105~110 ℃的高温下烘2 h,取出后在干燥器内冷却,然后准确称取1.2258 g,用少量水溶解后,转移至1000 mL容量瓶中,加水至标线,摇匀。此溶液中$c\left(\frac{1}{6}K_2Cr_2O_7\right)$为0.02500 mol/L。

3. 硫代硫酸钠标准溶液的标定。称取6.2 g硫代硫酸钠(精确至0.1 mg),溶于煮沸后冷却的水中,加入0.2 g碳酸钠,用水稀释到1000 mL,贮于棕色瓶中。使用前,用重铬酸钾标准溶液标定,方法为:在250 mL锥形瓶中加入100 mL水、1 g碘化钾、10.00 mL重铬酸钾标准溶液和5 mL硫酸溶液,塞紧瓶塞,摇匀。暗处静置5 min后,用待标定的硫代硫酸钠溶液滴定至溶液呈淡黄色,加入1 mL淀粉溶液后,继续滴定至蓝色刚好褪去为止,记录硫代硫酸钠标准溶液的用量,根据下式计算其浓度。

$$c=\frac{c_1 \cdot V_1}{V}=\frac{0.25}{V}$$

c:硫代硫酸钠标准溶液浓度(mol/L)

c_1:以$\frac{1}{6}K_2Cr_2O_7$为基本单元的溶液浓度(mol/L)

V:硫代硫酸钠标准溶液的用量(mL)

V_1:重铬酸钾溶液的用量(mL)

4. 溶解氧的测定。

(1)在溶解氧瓶中盛满待测水样,用移液管插入液面以下,加入1 mL硫酸锰溶液、2 mL碱性碘化钾溶液。盖好瓶塞,颠倒混合几次,静置,待棕色絮状物下降到瓶的一半时,再颠倒混合一次。

(2)轻轻打开瓶塞,用长吸管加入2 mL浓硫酸(插到液面以下),盖好瓶塞,颠倒混合几次,至沉淀物全部溶解后,静置暗处5 min。

(3)吸取100.00 mL上述溶液于250 mL锥形瓶中,用硫代硫酸钠溶液滴定,当溶液呈淡黄色时,加入1 mL淀粉溶液,继续滴定至蓝色刚好褪去,记录硫代硫酸钠溶液的用量,根据下式计算水样中溶解氧的浓度。

$$\rho=\frac{c \cdot V_2 \times 8 \times 100}{100}(以氧气计)$$

ρ:水样中溶解氧浓度(mg/L)

c:硫代硫酸钠标准溶液浓度(mol/L)

V_2:硫代硫酸钠标准溶液的消耗体积(mL)

8:$\frac{1}{4}O_2$的摩尔质量(g/mol)

二、多参数水质测定仪测定水体溶解氧

1. 校准LDO电极(使用水饱和空气进行校准)。

(1)按下多参数水质测定仪上"Calibrate"下面的"BLUE/LEFT"按键,显示屏如图3-1-19-2。如果使用的是接了两个电极的HQ40d测定仪,显示屏必须是单页面显示模式。

(2)干燥电极,然后将其放置到校准室中。此时测定仪显示屏如图3-1-19-3。

(3)按下测定仪"Read"下面的"GREEN/RIGHT"按键,显示屏如图3-1-19-4。注意,将电

极放置到校准室以后,确保电极上没有水。

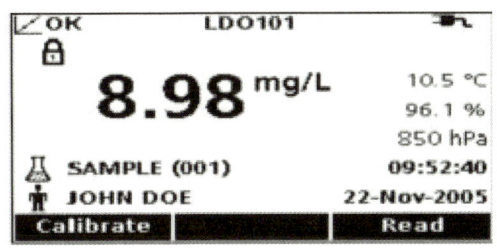

图3-1-19-2

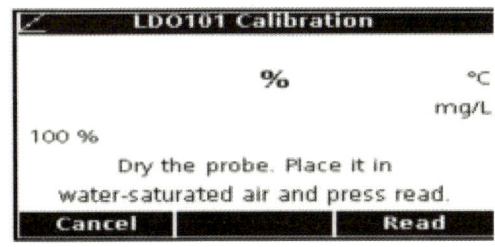

图3-1-19-3

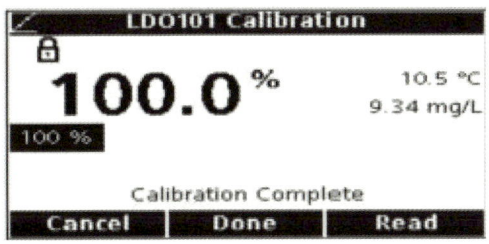

图3-1-19-4

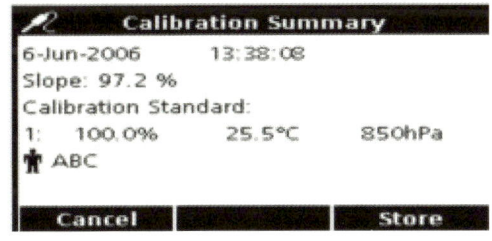

图3-1-19-5

（4）当读数稳定时,标准值将会在页面上被选中,校准读数值将会出现在页面上。按下"Done"下面的"UP"按键。按下"Store"下面的"GREEN/RIGHT"按键接收校准,并返回到测量模式。显示校准概要,校准会存储在测定仪的数据日志中。显示屏如图3-1-19-5。

如果使用的是HQ40d测定仪,校准还可以发送到计算机、打印机或USB存储装置中。

（5）校准成功以后,显示屏的左上角将会显示"OK"。如果校准已经过期,或者检查标准失败,又或被延迟,显示屏上将会显示一个问号。

2. 测定溶解氧。将LDO电极放置到样品中,按下测定仪"Read"下面的"GREEN/RIGHT"按键。显示屏上将会显示"正在稳定",随后,屏幕上会有一个进程条显示稳定的进程。然后会出现锁定光标,结果会自动存储在数据日志中。显示屏还会显示温度和压力。如果输入了盐度修正的话,修正值也会显示在屏幕上。如需进行下一个测量,则重复上述步骤。实验操作如图3-1-19-6。

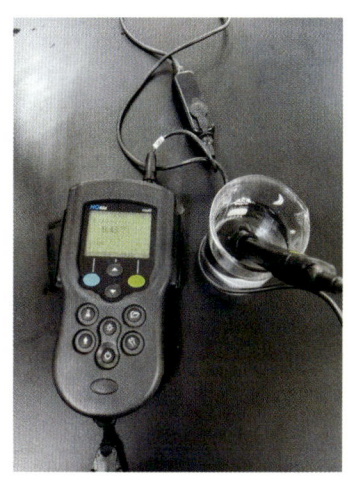

图3-1-19-6

说明与延伸

1. 硫代硫酸钠溶液的浓度随时间会有所改变,因此每次实验前应重新标定。

2. 如果水样中含有氧化性物质(如游离氯大于0.1 mg/L),应预先加入硫代硫酸钠去除。

3. 将水样采集入溶解氧瓶时,可沿瓶壁直接倾注水样,或用虹吸法将细管插到溶解氧瓶底部,注入水样至溢流出瓶容积的1/3左右。整个过程不能曝气或有气泡残留于瓶中。

4. 如水样中含有亚硝酸盐,应预先加入叠氮化钠消除干扰。

5. 20 ℃、100 kPa大气压的条件下,纯水的溶解氧浓度约为9 mg/L。当水中的溶解氧浓度降到5 mg/L时,一些鱼类的呼吸就会发生困难。

20. 水体化学需氧量的测定

化学需氧量（COD）是指在一定条件下，以氧化1 L水样中还原性物质所消耗的氧化剂的量为指标，折算成1 L水样全部被氧化后，需要的氧的毫克数，以mg/L表示。它往往用作衡量水中有机物质含量多少的指标。COD越大，说明水体受有机物的污染越严重。COD的测定方法可采用重铬酸钾滴定法，也可采用比色法，本实验采用的是比色法。如果采用0.7~40.0 mg/L或3~150 mg/L比色法，可以确定Cr^{6+}的残留量，分别用350 nm、420 nm波长，进行比色测定。若采用20~1500 mg/L或200~15 000 mg/L比色法，可以确定Cr^{3+}的生成量，用波长620 nm进行比色测定。实验中的COD消解试剂含有银离子和汞离子，银是催化剂，汞用于复合氯化物，避免其干扰。

工具与材料

磁力搅拌器，紫外分光光度计（哈希DR2800），消解器（哈希DRB200），移液管，移液枪，纸巾。

COD消解试剂（带COD消解反应小管）。

活动过程

1. 水样均质化处理。取100 mL水样，用磁力搅拌器搅匀。如有搅拌机、豆浆机等混合器，可将水样放入混合器中，进行30 s均质化处理。如样品含有大量固体，则要增加均质化时间。对200~1500 mg/L量程，或提高其他量程的精确度和可重复性，将均质化处理后的样品倒入一个250 mL的烧杯，并用磁力搅拌器轻轻搅拌。

如样品不含悬浮固体，可省略此步骤。

2. 仪器预热。打开消解器，预热到150 ℃。除去两个COD消解反应小管上的盖子（注意确定使用的小试管量程合适）。

3. 样品准备。将其中一个COD小试管固定45°角倾斜，用洁净的移液管吸取2.00 mL样品移入小管。对200~1500 mg/L量程的检验，使用移液枪吸取0.20 mL样品移入小管。

4. 空白样准备。将第二个COD小管固定45°角倾斜，用洁净的移液管吸取2.00 mL去离子水移入小管。对200~1500 mg/L量程的检验，使用移液枪吸取0.20 mL去离子水移入小管。

5. 拧紧两个COD小管的管盖，用水冲洗其外壁，并用洁净纸巾擦干。捏住管盖一端，把小管放在水池上方，轻轻地上下颠倒几次以混匀。经混合后，样品小管会变得很热，将其插入预热的消解器中，盖上保护盖。加热2 h。然后关闭消解器，等待大约20 min，使小管冷却到120 ℃或更低温度。在尚有余热时，将小管上下颠倒几次，然后放到试管架上，使其冷却到室温。

本书实验活动所用的消解器都是DRB200数字反应器，如图3-1-20-1。

图3-1-20-1

6. 在紫外分光光度计上选择测试程序。如有必要，插入遮光罩和适配器（图3-1-20-2）。先用湿布擦拭小管外壁，再用干布擦净。将空白样小管插入到16 mm圆形样品池中。按下"Zero"键进行仪器调零，这时屏幕将显示"0 mg/L"。

将样品小管插入16 mm圆形样品池中。按下"Read"键，读取COD结果（单位：mg/L）。如果使用超高量程COD消解小管，要将所得结果乘以10，以得到准确的结果。对于结果在1500 mg/L或15 000 mg/L左右的样品，请稀释样品后重新检测。检测数据填入表3-1-20-1。

表3-1-20-1

样品	空白样	水样
$V_{水样体积}$(mL)		
COD(mg/L)		

说明与延伸

1. 本测定方法适用于水与废水，需要消解。湿地水样宜选择0~150 mg/L量程。

2. 重铬酸钾滴定法是COD测定的国家标准方法，但使用的化学药品都具有较强的腐蚀性，危险性较高，不适合中学生实验活动。如采用重铬酸钾滴定法，最好由老师进行，且务必注意安全。

3. COD高意味着有机污染严重，但也不一定就意味着危害特别大，要具体分析有机物的种类，是否有害等。可2~3 d后对水样再做COD测定，如果对比前值下降很多，说明水中含有的还原性物质主要是易降解的有机物，对人体和生物的危害相对较轻。

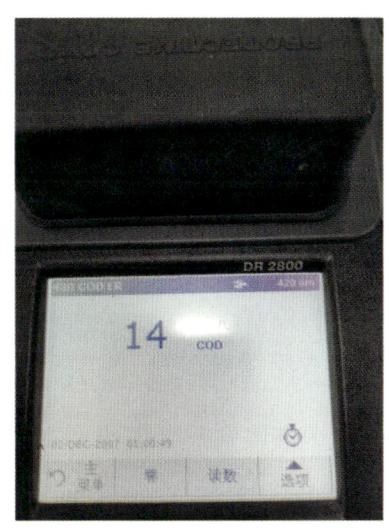

图3-1-20-2

21. 水体氨氮的测定

氨氮（NH_3-N）是指以游离氨（NH_3）或铵盐（NH_4^+）形式存在于水中的氨。水中氨氮主要来源于生活污水中含氮有机物被微生物分解的产物、某些工业废水（如合成氨化肥厂的废水）等。此外，在无氧环境中，水中亚硝酸盐也可能受微生物作用还原为氨。测定水中各种形态的氮化合物，有助于评价水体被污染情况和"自净"状况。

本实验采用分光光度法来测定氨氮。在亚硝基铁氰化钠存在下，铵与水杨酸盐和次氯酸离子反应生成蓝色化合物，其色度和氨氮含量成正比，在波长697 nm处具最大吸收。本方法适用于测定0.4~50.0 mg/L量程的氨氮。

工具与材料

紫外分光光度计（哈希DR2800），移液枪（或1 mL移液管）。

氨氮HR试剂（自带配套的水杨酸铵粉末和氰尿酸铵粉末）。

活动过程

1. 按照《水样的采集与保存》介绍的方法采集水样，取250 mL备用。

2. 取3支氨氮HR试剂管，分别标上编号1、2、3。用移液枪（或1 mL移液管）在1号、2号氨氮试剂管中加0.1 mL水样。为保证实验的准确性，建议进行2次平行实验。用移液枪在3号氨氮试剂管中加0.1 mL无氨蒸馏水，作为空白对照。

3. 往每支试剂管里各加一包水杨酸铵粉末；再往每支试管中各加一包氰尿酸铵粉末。盖上盖子，使劲摇晃，溶解粉末。静置20 min，等待反应充分进行。

4. 打开紫外分光光度计，开机预热，并选择氨氮测试程序。

5. 当试剂管内试剂的反应时间结束后，将3号试剂管放入分光光度计，调零。再将1号、2号试剂管逐一放入仪器，按读数，结果以 NH_3-N 的浓度（mg/L）表示氨氮含量，记录在实验记录单上。

说明与延伸

1. 相关国家标准采用纳氏比色法测定水体中氨氮含量，需要用到碘化汞。该试剂为剧毒物质，中学生实验活动不宜采用。

2. 本方法适用于测定 0.4~50 mg/L 量程的氨氮。若水样中氨氮含量超过 50 mg/L，可进行适当的稀释后再测定，最后结果要乘以稀释倍数。

22. 水中余氯的测定

余氯是指水经过加氯消毒一定时间后，水中所余留的有效氯，作用是持续杀菌，防止水受到再污染。余氯过高会使水体带有刺激性气味，且危害人体健康；余氯过低则会使水失去杀菌的能力，降低供水的卫生安全性。

本实验利用余氯试剂及余氯比色卡快速检测水中余氯的含量。

工具与材料

烧杯，余氯试剂，余氯比色卡。

活动过程

1. 用烧杯从自来水龙头取 20 mL 水样。

2. 向水样中滴入 1~2 滴余氯试剂并摇匀。

图 3-1-22-1

3. 立即对照余氯比色卡，即可得到水样中余氯含量（图 3-1-22-1）。目前市售余氯比色卡上标注的单位为 ppm，1 ppm 相当于 1 mg/L。

4. 重复实验 2~3 次，以提高实验准确性。将实验数据填入表 3-1-22-1。

表 3-1-22-1

实验序号	余氯含量(mg/L)	平均余氯含量(mg/L)
1		
2		
3		

说明与延伸

1. 在取自来水水样时，让水流一会儿（15 s）后再取。

2. 国家标准中余氯的测定常采用以下两种方法：N，N-二乙基对苯二胺（DPD）分光光度法和 3,3',5,5'-四甲基联苯胺比色法。前者可测定游离余氯和各种形态的化合余氯，后者可分别测定总余氯及游离余氯。

23. 水质总氮的检测

总氮(TN)是衡量水质的重要指标之一,包括水中各种形态无机氮(NO_3^-、NO_2^-和NH_4^+等)和有机氮(包括蛋白质、氨基酸和有机胺等)的总量。

本实验利用过硫酸盐氧化法测定水中总氮含量。

工具与材料

消解器(哈希DBR200),紫外分光光度计(哈希DR2800)。

总氮过硫酸盐试剂组(带配套去离子水)。

活动过程

1. 按照《水样的采集与保存》介绍的方法,取一定量的水样。

2. 打开消解器进行预热。

3. 用小漏斗分别向两支低量程消解试剂管中加入一包总氮过硫酸盐试剂。

4. 向一支试剂管中加入2 mL水样。再向第二支试剂管中加入2 mL总氮过硫酸盐试剂组中配套的去离子水,作为空白对照。

5. 将两支试剂管盖上盖子,猛烈摇晃至少30 s,混合均匀。然后将试剂管插入消解器,加热消解30 min。

6. 消解结束后,立即戴着手指护套将热的试剂管从消解器中取出,放置冷却至室温。

7. 打开紫外分光光度计,选择总氮测试程序。

8. 将两支试剂管的盖子打开,分别加入一包总氮过硫酸盐试剂组的A试剂,再盖上盖子,上下颠倒摇晃试剂管15 s。

9. 把试剂管放入消解器,启动定时器,计时反应3 min。结束后,将试剂管取出,打开盖子,分别向两支试剂管中各加入一包总氮过硫酸盐试剂组中的B试剂。盖上盖子,上下摇晃试剂管15 s。此时,试剂管内溶液应开始变成黄色。再放入消解器,启动定时器,计时反应2 min。

10. 计时结束后,取出两支消解处理完成的试剂管。打开两支总氮过硫酸盐试剂组中的总氮C试剂管,将2 mL样品消解液加入一支总氮C试剂管中,再将2 mL样品消解液加入另一支总氮C试剂管中。盖上盖子,翻转试剂管10次以混合均匀。把试剂管放入消解器,启动定时器,计时反应5 min。此时,试剂管内溶液的黄色应该变深。

11. 计时结束后,将空白对照的试剂管擦拭干净,放入紫外分光光度计的16 mm圆形适配器中。按下"Zero"键进行调零。

12. 将装有样品的两支试剂管擦拭干净,放入紫外分光光度计的16 mm圆形适配器中,按下"Read"键,读数(图3-1-23-1)。

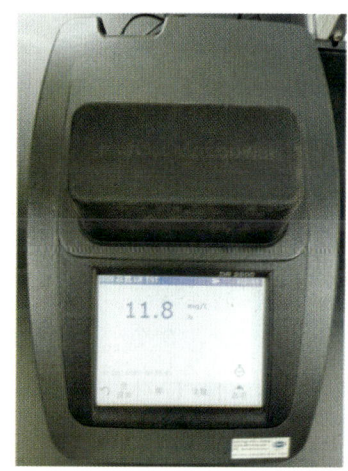

图3-1-23-1

12. 重复实验2~3次,以提高实验准确性。将实验数据填入表3-1-23-1。

表3-1-23-1

实验序号	总氮含量(mg/L)	平均总氯含量(mg/L)
1		
2		
3		

说明与延伸

1. 一组样品只需一个空白值,准备空白值时,只能用完全不含氮的水代替试剂组件中配套的去离子水。

2. 空白值试剂最长可以保存7 d,在此期间可以用此空白值测定同组的多个样品。将空白值试剂保存在阴暗处,温度保持在室温(18 ℃)。如果一周内,空白值试剂出现少量白色絮凝物,须舍弃并重新配制空白值试剂。

3. 加入试剂管的粉状试剂溶解不完全不影响实验结果的准确性。

24. 水质总磷的检测

总磷(TP)是衡量水质的重要指标之一。水中磷以正磷酸盐、缩合磷酸盐、焦磷酸盐、偏磷酸盐和与有机团结合的磷酸盐等形式存在。水样经消解后,各种形态的磷转变成正磷酸盐后测定,所得结果就是总磷。TP高可能导致水体富营养化,引起污染和异味。

本实验利用消解-抗坏血酸法测定水体中总磷含量。

工具与材料

紫外分光光度计(哈希DR2800),消解器(哈希DRB200)。

总磷测试试剂套装(含总磷测试试剂管、过硫酸钾试剂粉枕包、PhosVer3试剂粉枕包、氢氧化钠溶液)

活动过程

1. 按照《水样的采集与保存》介绍的方法,采集水样。

2. 打开消解器,预热。打开紫外分光光度计,选择总磷测试程序。

3. 取一支总磷测试试剂管,用移液枪加入5 mL水样。再用小漏斗加入一包过硫酸钾试剂。盖紧盖子,摇晃试剂管使粉末溶解。

4. 将试剂管插入消解器,盖上防护罩。启动定时器,计时加热30 min。结束后,小心地将热的试剂管从消解器中取出,插在试剂管架上,冷却至室温。

5. 用移液枪向试剂管中加入2 mL的氢氧化钠溶液。盖上盖子,颠倒混合均匀。

6. 先用潮湿的抹布擦拭试剂管,再用干燥的布擦去上面的指纹和其他污渍。将擦干净的试剂管放入紫外分光光度计的16 mm圆形适配器中,按下"Zero"键进行仪器调零。

7. 取出试剂管,用小漏斗加入一包PhosVer3试剂。立即盖紧盖子,摇晃20~30 s,然后放入消解器,启动定时器,计时加热2 min。反应结束后的2~8 min内将试剂管放入紫外分光光度计进行读数。

9. 重复实验2~3次,以提高实验准确性。将实验数据填入表3-1-24-1。

表3-1-24-1

实验序号	总磷含量(mg/L)	平均总磷含量(mg/L)
1		
2		
3		

说明与延伸

1. 粉状试剂溶解不完全不影响实验结果的准确性。

2. 采样后立即检测的结果最可靠。如果采样后不能立即进行检测,用硫酸将样品pH调整至2或者2以下,置于4 ℃环境进行保存,最长可以保存28 d。

25. 水体硝酸盐氮的检测

硝酸盐氮（NO_3^--N）是含氮有机物氧化分解的最终产物，也是衡量水质的重要指标之一。测定方法较多，常用的有酚二磺酸光度法、紫外分光光度法、离子色谱法等。本实验采用的是紫外分光光度法。

工具与材料

紫外分光光度计（哈希DR2800），烧杯，移液管。硝酸盐预制试剂。

活动过程

1. 按照《水样的采集与保存》介绍的方法采集水样，并取适量水样放在烧杯中。
2. 打开紫外分光光度计，选择硝酸盐氮测试程序。
3. 用移液管从烧杯中取10 mL水样，放入一支方形样品试管（图3-1-25-1）中，再加入一包硝酸盐预制试剂，盖上塞子。用力晃动试管1 min。然后设置定时器，让试管内反应进行5 min。如果水样中含有硝酸盐，试管内液体就会变为琥珀色。
4. 另取10 mL水样放入第二个方形样品试管，作为空白对照。擦干试管后放入紫外分光光度计，按"Zero"键调零。
5. 设置定时器，在分光光度计结束运行的1 min内，擦干净第一个样品试管，放入分光光度计，按"Read"读出结果，数据填入表3-1-25-1。

表3-1-25-1

样品	空白	样1	样2
$V_{水样板}$(mL)			
NO_3^--N 含量(mg/L)			

图3-1-25-1

说明与延伸

1. 水样采集后应尽可能快地检测，以得到更为可靠的结果。如果不能立刻检测，可将水样在4 ℃下用清洁的塑料瓶或玻璃瓶存储，最长可存储24 h。为能更长时间地保存样品，可在每升水样中添加2 mL浓硫酸，存储温度4 ℃。开始测试前，先将样品加热到室温，并用4 mol/L的NaOH溶液将pH调至7。
2. 水中过量的硝酸盐氮和亚硝酸盐氮会危害人体健康。硝酸盐可在人体内转化为亚硝酸盐，而亚硝酸盐是致癌物。我国某些地区出现的"癌症村"与地下水中硝酸盐氮严重超标有密切关系。

26. 家庭废水净化装置的设计和制作

目前水污染严重，水资源紧缺。节约用水、净化废水，是应对这一问题的重要措施。设计一套适合家庭使用的废水净化装置，可以减少生活用水的消耗量和废水的排放量，在生活中实行保护环境、绿色生活的理念。

本活动介绍一种家庭废水的净化装置，原理是用不同材料组合成过滤装置,截留去除废水中的污染物。

工具与材料

浊度仪,过滤器外壳,锥形瓶。

陶粒,石英砂,活性炭,麦饭石,滤膜,海绵。

活动过程

1. 结构设计。如图3-1-26-1,用过滤器外壳搭建净化装置的框架。也可用矿泉水瓶等其他管状材料制作类似的结构。

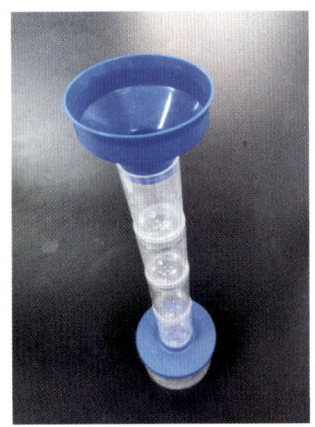

图3-1-26-1

2. 制作滤芯。按照表3-1-26-1,挑选材料,制作净化装置的滤芯。

表3-1-26-1

材料	作用
陶料	一种优质的净水材料,硬度大,质量轻,微孔多,比表面积大,使用寿命长,截污能力强
石英砂	可有效截留去除水中的悬浮物、有机物、胶质颗粒、微生物、氯、嗅味及部分重金属离子等,达到降低水浊度、净化水质的效果
活性炭	可显著吸附水体中有机物、胶体、铁及余氯等,去除异味,降低水体的浊度、色度
麦饭石	对镉、汞、砷、铅等对人体有害的几种元素有较强的吸附能力。对大肠杆菌、痢疾杆菌、金黄色葡萄球菌、白色念珠菌,以及其他致病菌也有较好的吸附能力。对氯丙嗪药物有较强的吸附作用
滤膜	可截留悬浮物、细菌及大分子胶体等
海绵	控制流速

3. 制作净化装置并检验效果。在净化装置中放入不同材料作为滤芯;用锥形瓶采集家庭污水水样。取等量污水,用这些不同的净化装置过滤。净化装置实物如图3-1-26-2。过滤后的水用浊度仪测定浊度(NTU),加海绵和不加海绵的结果填入表3-1-26-2;都加海绵后,不同材料组合的结果填入表3-1-26-3。

图3-1-26-2

表3-1-26-2

实验次数	浊度(NTU)							
	陶粒		石英砂		活性炭		麦饭石	
	不加海绵	加海绵	不加海绵	加海绵	不加海绵	加海绵	不加海绵	加海绵
1								
2								
3								
平均								

表3-1-26-3

滤芯材料	浊度(NTU)			
	实验1	实验2	实验3	平均
陶粒+麦饭石				
陶粒+活性炭				
活性炭+麦饭石				
陶粒+麦饭石+石英砂				
陶粒+活性炭+石英砂				
陶粒+活性炭+麦饭石				

说明与延伸

净化装置所用材料可以根据具体情况自行选择,可增、减或替换。比较不同组合的净化效果,考虑自己家中用水的实际情况,制作一个适合自己家的家庭废水净化装置,并规划一下净化后的水可以做什么。

27. 自来水厂工艺模拟实验

自来水厂将取自湖泊、河流、水井或水库等水源的淡水,经过混凝、沉淀、过滤、消毒等净水工序,一步步处理为符合饮用水标准的供水,最后由机泵通过输配水管道供给居民。这些净水工序采用了物理和化学方法,将水中污染物截留、去除,并进行消毒。

本实验模拟自来水厂的工艺,进行水质净化。

工具与材料

采样器,便携式浊度仪,烧杯。

明矾,消毒液,细砂,棉花,矿泉水瓶。

活动过程

1. 混凝沉淀:在原水中投加混凝剂,使水中胶体粒子和微小悬浮物聚集沉淀。常用混凝剂有三氯化铝、三氯化铁、硫酸铝、硫酸亚铁等。

用采样器采集没有严重污染的地表水或井水。取若干500 mL的烧杯,放入等量水样,投加不同量的市售明矾,搅拌后静置,观察或精确测定水体的浊度变化。结果填入表3-1-27-1。

表3-1-27-1

序号	明矾投加量	混凝沉淀前浊度	混凝沉淀后浊度
1			
2			

2. 砂滤:以石英砂或无烟煤作为滤料,过滤水的工艺。

将500 mL矿泉水瓶底部剪掉并倒置,在瓶口处放置一团棉花,再装入细砂,做成一个过滤装置。填充不同厚度的细砂,做成几个不同的过滤装置。将等量水倒入过滤装置,用浊度仪检测过滤前后水体的浊度,结果填入表3-1-27-2。

表3-1-27-2

序号	填充的细砂厚度	过滤前浊度	过滤后浊度
1			
2			

3. 消毒:加入消毒剂(可用市售的84消毒液)杀灭水中的病原微生物。

在若干个1000 mL烧杯中分别加入500 mL的自来水。可根据消毒液标注浓度换算,加入适量消毒液,使其总氯浓度在0~3 mg/L。放置一星期后,观察不同浓度消毒剂对水中微生物生长的抑制效果,结果填入表3-1-27-3。

表3-1-27-3

序号	消毒剂浓度	观察日数	微生物生长情况
1			
2			

说明与延伸

本实验模拟的自来水净化工艺是大部分自来水厂采用的常用工艺。有条件的可以联络本地的自来水厂参观,了解真实的自来水生产设备和净化工艺。

28. 水质污染危害动物生长实验

污染的水体中可能含有多种有毒、有害的物质,会影响水生动物的繁殖生长,破坏生态平衡,造成极大的危害。

本实验通过观察斑马鱼在废水中的生活情况,了解水污染对动物生长的影响。

工具与材料

鱼缸若干(容积应大于1 L),手表。

斑马鱼若干。

活动过程

1. 根据本书《水样的采集和保存》介绍的方法,采集适量废水。

2. 在两个鱼缸中分别加入等量的清洁水和废水,各放入10条斑马鱼。实验装置如图3-1-28-1。

3. 记录斑马鱼的行为变化,如游动速度、运动轨迹等。同时,记录斑马鱼的存活时间,观察哪个鱼缸中斑马鱼最先开始死亡,哪个鱼缸中10条斑马鱼最先全部死亡。结果填入表3-1-28-1。

图3-1-28-1

表3-1-28-1

实验用水	废水	清水
斑马鱼行为变化		
斑马鱼存活时间(min)		

说明与延伸

1. 选择体质健康、年龄相近的斑马鱼作为实验材料。

2. 为了解不同废水的危害性,可选几种废水进行对比实验。

3. 如有条件,可对废水成分进行分析,更透彻地了解废水中污染物质对动物的危害。

4. 若斑马鱼在鱼缸内存活时间较长,可以适当投喂鱼食,并增加鱼缸内曝气。

29. 污水处理模拟实验

污水处理是保证水环境安全的重要过程。采用物理、化学及生物的方法对生活污水以及工业废水进行处理,分离水中的固体污染物,并降低水中的有机污染物和富营养物(主要为氮、磷化合物)含量,从而减轻污水对环境的污染。污水经过多重净化后,甚至可达到饮用水的标准。污水处理通常包括一级处理和二级处理,有些先进的处理厂还有三级处理。

本实验用日常工具和材料,模拟污水处理厂的工作程序,帮助认识和了解污水在污水处理厂中一步步净化的过程。

工具与材料

过滤网,量筒(100 mL),烧杯(1000 mL),砂石,鱼缸,增氧泵,矿泉水瓶。

市售消毒液。

活动过程

1. 一级处理：将污水中的固体垃圾、颗粒物以及其他可沉淀的物质清除。

（1）过滤：使用格栅去除水中大体积固体垃圾。用不同粒径的砂石按不同比例配制污水（有条件的可采集污水厂的进水）。在家中可以用洗菜盆的过滤网作为格栅；在实验室里可以使用不同目数的滤网。观察对含不同粒径和比例砂石的污水的过滤效果。实验结果填入表3-1-29-1。

表3-1-29-1

序号	滤网目数	砂石粒径	截留重量比
1			
2			

（2）沉淀：使用沉砂池、沉淀池去除水中的固体颗粒物。

采集污水厂曝气池出水，用量筒取100 mL。如果水样采集时间过长，可搅拌后倒入量筒。用玻璃棒搅拌均匀后静置30 min，记录沉淀污泥层与上清液交界处的刻度数值，即为污泥沉降比（沉淀污泥与所取混合液之体积比）。

2. 二级处理：将污水中的有机化合物分解为无机物。

（1）曝气：在水中充入大量氧气，帮助水中的细菌和真菌对有机化合物进行有氧分解。

采集未受严重污染的地表水，模拟一级处理后的污水。在鱼缸中放入1 L污水，用增氧泵对鱼缸中的水进行曝气。分别取增氧前，增氧10 min、30 min、1 h、3 h的水样，检测细菌总数、溶解氧、氨氮。记录实验数据并比较曝气效果。

（2）沉淀。对曝气后的污水进行沉淀，步骤与1-（2）相同。

（3）消毒：加入消毒剂（可用市售84消毒液），或用紫外光照射，杀灭水中的病原微生物。

在若干个1000 mL烧杯中各加入500 mL的污水，再加入消毒液，使其总氯浓度在0~10 mg/L。放置一星期后，观察不同浓度的消毒剂对水中微生物生长的抑制效果，检测细菌总数。实验结果填入表3-1-29-2。

表3-1-29-2

序号	消毒剂浓度	观察日数	细菌总数
1			
2			

3. 三级处理：过滤水中较小的固体颗粒物。

（1）砂滤：以石英砂或无烟煤作为滤料，过滤水中较小的固体颗粒物。

将500 mL的塑料矿泉水瓶底部剪掉并倒置，在瓶口处放置一团棉花，再向瓶中装入不同厚度的细砂，做成一个简易的砂滤装置。将步骤2-（3）处理后的水倒入砂滤装置，记录过滤前后水体的浊度变化，结果填入表3-1-29-3。有条件的可用滴定管代替塑料瓶，用便携式浊度仪测定水体的浊度。

表3-1-29-3

序号	填充的细砂厚度(cm)	过滤前浊度(NTU)	过滤后浊度(NTU)
1			
2			

（2）活性炭过滤：以活性炭作为滤料过滤水。原理同砂滤，操作同3-（1），把滤料换成市售活性炭即可。

说明与延伸

本实验只是对污水处理工序的模拟，与真实的污水处理厂有很大差距。有条件的可以联系本地污水处理厂参观，实地了解真实的污水处理设备和过程。

30. 河流环境考察

河流是非常重要的生态系统,其生态环境质量与我们的生产生活休戚相关。因此,我们应及时发现河流环境问题,并妥善解决。

本活动以河流环境为对象,将水环境知识与河流观察实践联系在一起,调动观察者的感官(包括眼、耳、鼻、手等),观察河流及其周边环境,测量河流水质,发现河流环境问题。

工具与材料

采样器,盛水器,温度计,比色管(50 mL),白瓷板,烧杯,锥形瓶,pH试纸。

活动过程

1. 初步观察河流水体。观察河流水体的颜色,闻河流水体的气味,观察河流上是否有漂浮物质,水体中动植物生长情况,进行简单记录。

2. 查找河流潜在污染源。观察河流的堤岸,查找是否有工厂排污口或者雨水管道排放口。观察河流周边的环境,排查河道附近是否有排污企业,查找是否有污染水体进入河流。

3. 观察河流中的净化装置。观察并认识河流中已有的净水装置,如生态浮床装置、曝气装置等,了解已在该河流开展的净化方式。

4. 检测河流水质。采集河流水样,进行温度、色度、嗅味、溶解氧等指标的现场测定。亦可以保存水样,带回实验室做进一步的水质分析。

5. 完成上述任务,具体操作参照本书相关内容,填写《河流环境问题考察任务单》。

河流环境问题考察任务单

组长_____观察员_____记录员_____发言人_____

天气情况_____观察日期_____

考察与思考的问题

1. 请描述你观察到的河流基本情况(如水体颜色、嗅味,是否有漂浮物,动植物的情况等)。
2. 你观察到的河流有哪些环境问题?
3. 河流里有哪些净水装置?
4. 观察河道周围,是否有污染源?如果有,请详细记录。

考察与测量

任务1:采集河流的水样

任务2:测量河流的水质指标(可根据需要自行设计水质指标)

水质指标	数据记录
水温(℃)	
浊度(NTU)	
溶解氧(mg/L)	
化学需氧量(mg/L)	
氨氮(mg/L)	

气

1. 大气能见度的观察测定

能见度是反映大气质量的一项指标。"能见"指白天能分辨出观测物的形状和轮廓,夜间能清楚地看到观测物——灯的发光点。在一定条件下,能见距离越短,能见度越小,说明大气受污染程度越严重。

本实验在观测点四周不同方向、距离上选定若干固定观测目标,根据这些目标能否看见及清晰程度来确定观测时的能见度。

工具与材料

经纬仪(或指南针),卷尺,测绳仪,地图(也可使用智能手机App中的测距仪、指南针、地图等)。

活动过程

1. 选择观察目标。选择的被观测物应是静止的自然物和建筑物,颜色越深越好,亮度一年四季变化不大。被观测物应尽量以天空为背景,大小以视角表示,一般以0.5°~5.0°的视角为宜。视角用经纬仪测出高度角和宽度角后按下式计算:

$$视角=\sqrt{高度角 \times 宽度角}$$

以水平为准,被观测物的仰角不超过6°。

2. 确定观测物的方位与距离。用经纬仪或指南针测定被观测物的方位;用卷尺量出近距离观测物的距离,用测绳仪或根据地图上的比例尺测出远距离观测物的距离。

确定观测物的方位和距离后,绘制能见度观测物分布图。方法为:以观测点为圆心,分别以0.1、0.2、0.5、1.0、2.0、5.0、10.0、20.0、50.0 km为半径画9个同心圆,然后把所有的观测物按其所在方位、距离分别画在相应的位置上。近距离观测物可单独绘制(图3-2-1-1)。

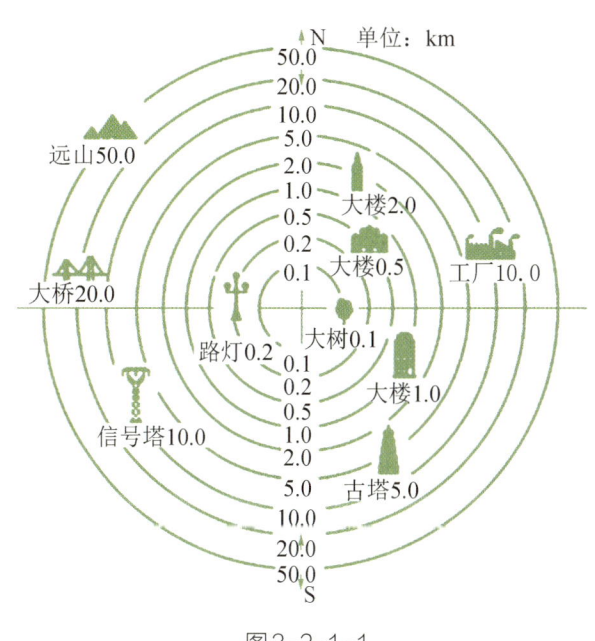

图3-2-1-1

3. 观测能见度。

白天:从观测点向四周看已测定方位及距离的观测物。如果观测到某方位某一观测物"能见",而稍远一点观测物就"不能见"时,那刚好"能见"的观测物的距离,就是该方位的能见距离,也就是能见度。

夜间:用发光体(灯光)作观测物,根据灯光能见距离换算图(图3-2-1-2),查出相应的能见距离。如无灯光可测,可根据天黑前能见度变化趋势,结合当时天气现象和气象要素粗略估计。

4. 记录实验结果。根据大气能见距离与大气污染的关系(表3-2-1-1),填写大气能见度的监测报告(表3-2-1-2)。

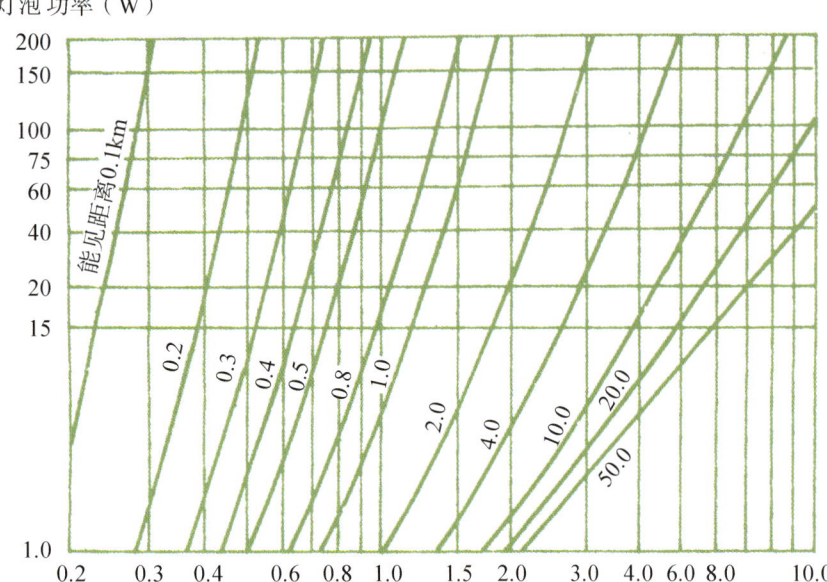

图 3-2-1-2

表 3-2-1-1

大气中总悬浮颗粒的质量浓度(mg/m³)	0.1	0.15	0.3	1.8
能见距离(km)	14.8	9~10	4.5	1

表 3-2-1-2

编号	观测物	方位(°)	视角(°)	距离(km)	大气中总悬浮颗粒的质量浓度(mg/m³)	备注
1						
2						
3						

说明与延伸

1. 不宜选白色、粉红色或浅青色的建筑物或雪山或发光强的物体作观测物。

2. 如果以山、森林等物为背景，它们应离被观测物尽量远一些，以使轮廓清晰。

3. 夜间观测能见度，应先在暗处停留 5 min，待眼睛适应后再观察。并且要在开阔地带，选孤立灯源作观测物，不宜选成群或重叠的灯光。并且要选强度不变、不带颜色、没有灯罩的白色光源。

4. 本活动要求观测者视力正常。

5. 国家大气质量标准规定，大气中总悬浮颗粒含量≤0.15 mg/m³，此时能见度为 9~10 km。

6. 白天进行观测时，如果某一观测物轮廓清晰，但却没有更远的观测物时，可依据下列方法酌情判定：当观测物的细微部分清晰可辨时，能见度定为该观测物距离的 5 倍以上；如隐约可见时，定为该观测物距离的 2.5~5.0 倍；如很难分辨时，能见度定为该观测物的距离的 2.5 倍以下。

7. 测量大气能见度一般可用目测的方法，也可以使用大气透射仪、激光能见度自动测量仪等测量仪器测量。

2. 测算空气中的尘埃粒子

空气污染是由于人类在生产和生活过程中产生的大量废物排入大气所致。本活动通过测算空气中的尘埃粒子，了解空气受污染的程度。

工具与材料

显微镜，凡士林，载玻片，透明胶带，缝衣针，有盖纸盒。

活动过程

1. 加工载玻片。将透明胶带贴在载玻片背后，用缝衣针在透明胶带上画出 20 mm×20 mm 的方格，再分成 2 mm×2 mm 的小方格 100 格。在载玻片正面均匀地涂上薄薄一层凡士林,用以放置待测环境中。

2. 选择一幢靠近马路和一幢周围有较多树木的建筑物,在它们的四面墙根处或窗台上各放置一张采样用载玻片,记录时间。

3. 1~4 h后,回收所有载玻片,放置于有盖纸盒内。

5. 显微镜下计数。载玻片上黏附的尘埃粒子比较细小,需要在显微镜下采用五点采样法计数。选择图3-2-2-1所示的五点20个小格计数,算出这20格的平均粒子数,再乘以100,就可算出所有小方格内的粒子数。数据填入尘埃粒子测算记录表(表3-2-2-1)。

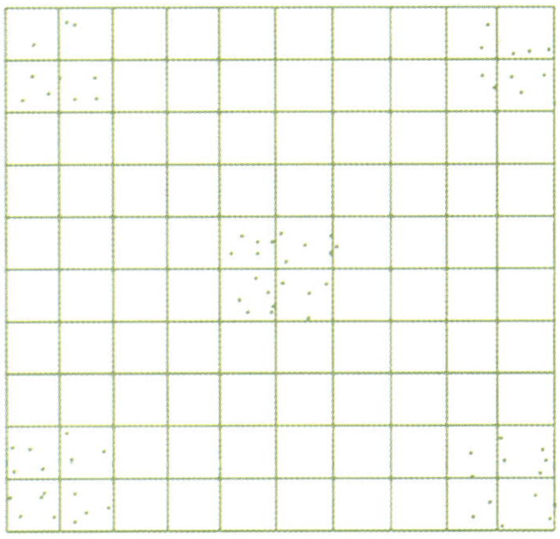

图3-2-2-1

表3-2-2-1

地点	距地面高度(m)	天气情况	时间(采样起止时间)	尘埃数

说明与延伸

1. 本方法测定的是肉眼可见的尘埃粒子。

2. 为最后测算方便,回收载玻片时最好标明放置位置、高度、放置起讫时间。

3. 回收载玻片时,手只能捏边缘,不要碰正面。

4. 贴放的起讫时间以24 h制计,以区别白天和黑夜。

5. 五点取样法:先确定对角线的中点作为中心样点,再在对角线上选择4个与中心样点距离相同的点作为样点。尘埃数以小方格边线以内的计数为准,正好在边线上的只记两条边线的,即计上不计下,计左不计右,要始终保持一致。

6. 选择不同的时间(如周末)、不同的气候情况(如雨后),重复上述过程。

7. 根据结果,比较不同时间、不同地点、不同气候条件下尘埃数量的差异,分析原因。

3. 测算汽车尾气中的尘埃粒子

汽车行驶时会排放大量含有尘粒和化学物质的废气于大气中,不仅降低大气能见度,在逆温期间,还会形成非常有害的光化学烟雾。

本活动用称量法测定汽车尾气中尘粒的含量,了解汽车尾气的危害性。

工具与材料

过滤式真空吸尘器,定量滤纸,橡皮筋,汽车(2辆以上),分析天平。

活动过程

1. 拆下真空吸尘器柄管上的刷子,用预先称量过的滤纸蒙住柄管头子,并用橡皮筋把滤纸固定。

2. 站在停立不动、但未熄火的汽车尾部,把柄管头对准汽车排气管(距离10 cm),打开吸尘器,收集汽车尾气30 s,取下滤纸。

3. 在柄管上另换一张已称量的滤纸同样收集其他汽车尾气30 s。

表 3-2-3-1

编号	车辆名称及吨位	采样距离(cm)	采样距离(s)	滤纸质量(mg)	采样过后滤纸的质量(mg)	尘粒排放量(mg/s)
1						
2						

4. 采样完毕后，称量收集了尘粒的滤纸，减去收集前滤纸质量后，计算每辆汽车 30 s 内排放的尘粒质量，记入汽车尾气中尘粒含量测定表（表3-2-3-1）。

说明与延伸

1. 采样时注意安全，人偏离排气管，也不要用手摸发热的排气管。

2. 根据表 3-2-3-1 中数据，比较不同汽车排放尾气中尘粒含量的差异，并分析原因。

3. 采样时，选择的汽车最好具有代表性，如轿车、卡车、面包车等各一辆。

4. 同法可测定汽车在行驶过程中排放的尘粒质量，比较与停止不动时排放量的差异。

4. 大气中氮氧化物的含量测定

大气中氮氧化物主要指一氧化氮和二氧化氮，它们主要来自煤、石油等化石燃料的燃烧。

本实验用盐酸萘乙二胺比色法测定大气中氮氧化物的浓度。将空气中的一氧化氮转化为二氧化氮，以二氧化氮计氮氧化物浓度。测定吸收瓶中样品的吸光度，计算得到大气中二氧化氮和一氧化氮的总质量浓度，就是大气中氮氧化物的含量。

工具与材料

分光光度计，空气采样器（流量 0.1~1.0 L/min），吸收瓶，氧化瓶，容量瓶，移液管，比色管，烧杯，分析天平。

冰乙酸，盐酸羟胺溶液（浓度为 0.2~0.5 g/L），浓硫酸，高锰酸钾，亚硝酸钠，对氨基苯磺酸，N-(1-萘基)乙二胺盐酸盐，用浓盐酸与水按 1:1 体积比配制的盐酸溶液。

活动过程

1. 实验器材准备。

吸收瓶：可装 10 mL、25 mL 或 50 mL 吸收液的多孔玻板吸收瓶。图 3-2-4-1 为较为适用的 3 种不同大小的多孔玻板吸收瓶。如没有棕色吸收瓶，可在吸收瓶上外罩黑色避光罩。吸收瓶应用盐酸溶液浸泡 24 h 以上，用清水洗净。

氧化瓶：可装 5 mL、10 mL 或 50 mL 酸性高锰酸钾溶液的洗气瓶，液柱高度不能低于 80 mm。图 3-2-4-2 是较为适用的两种氧化瓶。

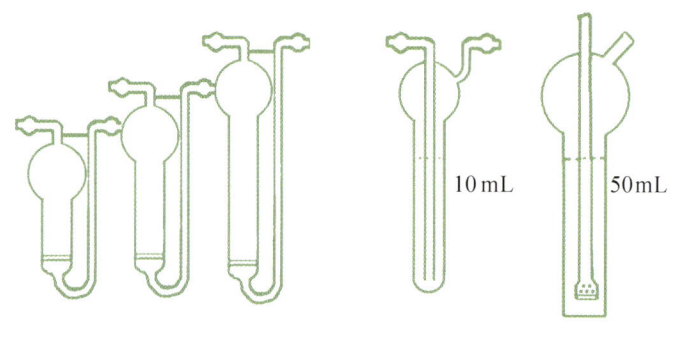

图 3-2-4-1　　　　图 3-2-4-2

N-(1-萘基)乙二胺盐酸盐贮备液（1g/L）：称取 0.50 g N-(1-萘基)乙二胺盐酸盐于 500 mL 容量瓶中，用水溶解稀释至刻度。此溶液贮于密闭的棕色瓶中,在冰箱中冷藏,可稳定保存3个月。

硫酸溶液(1 mol/L):取15 mL浓硫酸,徐徐加入500 mL水中,搅拌均匀,冷却备用。

2. 配制溶液。

(1) 配制显色液及吸收液。称取5 g对氨基苯磺酸溶解于约200 mL的40~50 ℃热水中,待溶液冷却至室温,全部移入1000 mL容量瓶中,加入50 mL的N-(1-萘基)乙二胺盐酸盐贮备溶液和50 mL冰乙酸,用水稀释至刻度。此溶液即显色液,贮于密闭的棕色瓶中,在25 ℃以下暗处存放可稳定保存3个月。使用时将上述溶液和水按4:1体积比例混合,即配制成吸收液。

(2) 配制亚硝酸盐标准工作液。准确称取0.375 g亚硝酸钠(使用前干燥恒重)溶于水,移入1000 mL容量瓶中,用水稀释至标线。从中准确吸取1 mL于100 mL容量瓶中,用水稀释至标线,配制成NO_2^-质量浓度为2.5 μg/mL的标准溶液。

(3) 配制酸性高锰酸钾溶液(25 g/L)。称取25 g高锰酸钾于1000 mL烧杯中,加入500 mL水,稍微加热使其全部溶解,然后加入1 mol/L硫酸溶液500 mL,搅拌均匀,贮于棕色试剂瓶中。

3. 采样。取1支内装10 mL吸收液的多孔玻板吸收瓶和一支内装5~10 mL酸性高锰酸钾溶液的氧化瓶(液柱高度不低于80 mm),用尽量短的硅橡胶管将氧化瓶与吸收瓶串联,连接大气采样器(图3-2-4-3),以0.4 L/min流量采气4~24 L。

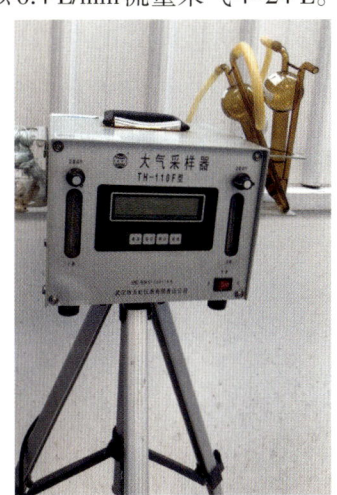

图3-2-4-3

4. 绘制校准曲线。取6支10 mL具塞比色管,按表3-2-4-1分别移取相应体积的亚硝酸钠标准工作液,加水至2.00 mL,加入显色液8.00 mL,制备亚硝酸盐标准溶液系列。

表3-2-4-1

管号	亚硝酸钠标准工作液(mL)	水(mL)	显色液(mL)	NO_2^-浓度(μg/mL)	NO_2^-质量(μg)	吸光度 A
0	0	2.00	8.00	0	0	
1	0.40	1.60	8.00	0.10	1.00	
2	0.80	1.20	8.00	0.20	2.00	
3	1.20	0.80	8.00	0.30	3.00	
4	1.60	0.40	8.00	0.40	4.00	
5	2.00	0	8.00	0.50	5.00	

各管混匀,于暗处放置20 min(室温低于20℃时放置40 min以上),用10 mm比色皿,在波长540 nm处,以水为参比测量吸光度,对应记录在表3-2-4-1中。扣除0号管的吸光度以后,以NO_2^-的质量(μg)为横坐标,吸光度为纵坐标,绘制标准曲线。

5. 测定样品。采样后放置20 min,室温20 ℃以下时放置40 min以上,用水将采样瓶中吸收液的体积补充至标线,混匀。用10 mm比色皿,在波长540 nm处测定样品的吸光度。根据此吸光度减去表中0号管所得吸光度的值,从校准曲线上查出NO_2^-质量。根据下式计算大气中氮氧化物的含量。

$$\rho = \frac{mV_1}{V \times 0.72 \times 10}$$

ρ:大气中氮氧化物的质量浓度(mg/m³)

m:校准曲线上查得的NO_2^-的质量(μg)

V:大气采样体积(L)

0.72:二氧化氮(气)转换为NO_2^-的系数

V_1:采样吸收液的体积(mL)

说明与延伸

1. 若吸收液呈现淡红色,应弃之重配。

2. 若样品的吸光度超过标准曲线的上限,应用实验室空白试液稀释,再测定其吸光度。但稀释倍数不得大于6。

3. 本方法依据《国家环境保护标准》(HJ 479-2009)。

5. 大气中二氧化硫的含量测定

大气中的二氧化硫主要来自煤、石油等化石燃料的燃烧。二氧化硫是大气的主要污染物,对人体呼吸系统有严重危害。

本实验采用碘量法测定大气中二氧化硫的含量。其原理是:用氨基磺酸铵和硫酸铵混合液吸收大气中的二氧化硫,然后用碘标准溶液滴定,计算出其中的二氧化硫的含量。

工具与材料

多孔玻板吸收管(125 mL),锥形瓶,容量瓶,碱式滴定管,移液管,棕色瓶,分析天平。

氨基磺酸铵,硫酸铵,五水合硫代硫酸钠,用浓盐酸与水按体积比1∶10配制的盐酸溶液,10%氨水,0.5%淀粉溶液,碘酸钾,碘,碘化钾,无水碳酸钠,异戊醇。

活动过程

1. 配制吸收液。称取11 g氨基磺酸铵和7 g硫酸铵,加入少量水中,搅拌使其溶解,继续加水到1000 mL,用氨水调节溶液的pH到5.4左右。

2. 配制硫代硫酸钠溶液。称取24.8 g五水合硫代硫酸钠和0.2 g无水碳酸钠,溶于少量煮沸后冷却的水中,转入1000 mL棕色容量瓶内,加入10 mL异戊醇,用煮沸后冷却的水稀释至标线,摇匀,暗处放置3 d。

3. 标定硫代硫酸钠标准溶液。

将碘酸钾在125~140 ℃高温下干燥1.5~2.0 h,在干燥器中冷却后,准确称取0.9~1.0 g(精确至0.1 mg),溶于少量水中,转入250 mL容量瓶内,加水稀释至标线,摇匀。

吸取25 mL此溶液于250 mL瓶中,加2 g碘化钾,溶解后加入10 mL盐酸溶液,摇匀,暗处静置5 min。加入75 mL水,用待标定的硫代硫酸钠溶液滴定,当溶液变为淡黄色后,加入5 mL淀粉溶液,继续用硫代硫酸钠溶液滴定到蓝色恰好消失为止,记下硫代硫酸钠用量。同时取25 mL蒸馏水代替碘酸钾溶液,按上述步骤进行空白滴定,记下硫代硫酸钠溶液用量,根据下式计算硫代硫酸钠标准溶液的浓度。

$$c_1 = \frac{(\frac{m}{35.67}/250) \times 25}{(V-V_0)/1000} = \frac{m \times 100}{(V-V_0) \times 35.67}$$

c_1:硫代硫酸钠标准溶液浓度(mol/L)

m:碘酸钾所用质量(g)

V:滴定碘溶液消耗的硫代硫酸钠溶液体积(mL)

V_0:空白滴定所消耗的硫代硫酸钠溶液体积(mL)

35.67:$\frac{1}{6}$ KIO$_3$的摩尔质量(g/mol)

4. 配制碘贮备液。称取40 g碘化钾和12.7 g碘,加少量蒸馏水溶解后,转入1000 mL棕色容量瓶内,加入3滴盐酸,加水稀释至1000 mL,摇匀,从中准确吸取25 mL于250 mL锥形瓶中,用硫代硫酸钠标准溶液滴定,当溶液由红棕色变为淡黄色后,加入5 mL 0.5%淀粉溶液,继续滴定至蓝色刚好消失为止,记录硫代硫酸钠溶液用量,根据下式计算碘贮备液的浓度。

$$c_2 = \frac{c_1 \cdot V_1}{2V_2}$$

c_2:碘贮备液浓度(mol/L)

c_1:硫代硫酸钠标准溶液浓度(mol/L)

V_2:碘贮备液消耗体积(mL)

V_1:硫代硫酸钠标准溶液消耗体积(mL)

5. 测定大气中二氧化硫含量。将两个多孔玻板吸收管串联,管中各装入 50 mL 吸收液,连接上采样仪,以 0.5~1 L/min 的流量采气 10~20 min。将第一个吸收管内的吸收液倒入第二个吸收管内,用少量吸收液洗涤空的吸收管 1~2 次,洗液并入第二个吸收管内,加吸收液至 125 mL,摇匀。从中准确吸取 25.00 mL 加入锥形瓶,加 5 mL 淀粉溶液,用碘溶液滴定至溶液恰变蓝色,记下消耗的碘溶液体积。同时用 25 mL 吸收液做一空白试验,记取消耗的碘溶液用量,根据下式,计算大气中二氧化硫的含量。

$$c_3 = \frac{c_4(V_4 - V_5)}{2V_3}$$

$$\rho = \frac{c_3 \cdot V_6 \times 1000 \times 64}{V_g}$$

c_3:吸收液中二氧化硫的浓度(mol/L)

V_3:滴定时吸收液的体积(mL)

c_4:碘溶液的浓度(mol/L)

V_4:滴定吸收了二氧化硫的吸收液所消耗的碘溶液体积(mL)

V_5:滴定未吸收二氧化硫的吸收液所消耗的碘溶液体积(mL)

ρ:大气中二氧化硫的质量浓度(mg/m³)

V_6:采样用吸收液(包括洗涤吸收管的洗液)的体积(mL)

V_g:采样的大气体积(L)

64:二氧化硫的摩尔质量(g/mol)

说明与延伸

1. 本方法有效测定范围,二氧化硫浓度 140~5700 mg/m³。

2. 本实验时间较长,溶液的配制等可先由实验室老师完成,学生从采样开始做起即可。

3. 硫代硫酸钠性质较活泼,因此要加入碳酸钠,并用煮沸后冷却的水配制溶液。

6. 绿化覆盖率的测算

绿色植物是一种重要的环境资源。生机盎然的绿色植物不但能美化环境,而且能净化空气、减弱噪声,为人们的生活、工作和学习创造良好条件。绿化分为地面绿化和垂直绿化。除地面绿化外,在居室周围和阳台、屋顶上种草种花,进行垂直绿化,也是提高绿化覆盖率的有效方法。

本活动通过测算某一区域内的绿化覆盖率,了解该区域的绿化情况。

工具与材料

卷尺,指南针,直尺。

活动过程

1. 选择校园、居民小区或工厂等作为测算区域,从相关部门获得该区域的平面图。或者根据画平面图的知识,绘制平面图。

2. 地面绿化调查:调查选定区域内绿地的分布,在平面图上,凡有绿化的地方用绿颜色涂上。根据比例尺计算出区域总面积以及地面绿化总面积。

3. 垂直绿化调查:调查区域内建筑物周围、阳台和屋顶上、高架道路旁等处种植的花草,估算其面积;测量建筑物墙上爬山虎和其他攀缘植物覆盖的面积。两者相加,算出该区域内垂直绿化总面积。

4. 根据下式,计算该区域的绿化覆盖率。

$$\text{绿化覆盖率}(\%) = \frac{\dfrac{\text{地面绿化}}{\text{总面积}} + \dfrac{\text{垂直绿化}}{\text{总面积}}}{\text{区域总面积}} \times 100(\%)$$

说明与延伸

1. 如果测算区域很大,可划分为几个小区,由几个小组分头进行绿化面积调查,最后汇总计算。

2. 为节省时间,平面图可事先由老师绘好后分发给学生。

3. 与地面绿化相比,垂直绿化不占用土地面积,而起到相同的绿化效果,因此在许多城市得到推广。

7. 室内空气中甲醛含量的测定

新装修的房子里,空气中甲醛的含量往往会超标。甲醛是一种无色的气体,对人的眼睛和鼻子有刺激作用,且属于致癌物,对人身体有很大危害。它主要是从新家具和装修材料中释放出来的,我们可以用简单的化学实验,来测一下环境中是否含有甲醛。甲醛易溶于水,能够与一些化学物质的水溶液发生化学反应,生成新的有颜色的物质。通过这些反应产物的颜色,可以判断甲醛的浓度。

工具与材料

100 mL烧杯,100 mL容量瓶,10 mL具塞比色管,玻璃棒,移液枪,天平,大气采样器,大泡吸收管,紫外可见分光光度计。

酚试剂(3-甲基-2-苯并噻唑啉酮腙盐酸盐水合物),硫酸高铁铵[$NH_4Fe(SO_4)_2·12H_2O$],12 mol/L盐酸,甲醛标准溶液(1 μg/L),蒸馏水。

活动过程

1. 配制溶液。

(1)制取甲醛吸收原液。称取0.1 g酚试剂置于100 mL烧杯中,加入约50 mL蒸馏水,用玻璃棒搅拌溶解后转移至100 mL容量瓶中,加蒸馏水定容至100 mL。

(2)制取甲醛吸收液。量取5 mL已制好的甲醛吸收原液,加入95 mL蒸馏水,即得到甲醛吸收液。

(3)制取0.1 mol/L盐酸溶液。在100 mL容量瓶中加入少量蒸馏水,加入0.83 mL的12 mol/L盐酸,再加蒸馏水定容至100 mL。

(4)制取硫酸高铁铵溶液。称量1 g硫酸高铁铵至烧杯中,用0.1 mol/L盐酸溶液溶解,并转移至100 mL容量瓶中,加0.1 mol/L盐酸溶液定容至100 mL。

2. 取9个10 mL具塞比色管,按照表3-2-7-1分别加入相应量的甲醛标准溶液和甲醛吸收液。

表3-2-7-1

管号	标准溶液(mL)	吸收液(mL)	甲醛含量(μg)
0	0	5.0	0
1	0.1	4.9	0.1
2	0.2	4.8	0.5
3	0.4	4.6	0.4
4	0.6	4.4	0.6
5	0.8	4.2	0.8
6	1.0	4.0	1.0
7	1.5	3.5	1.5
8	2.0	3.0	2.0

3. 在上述各个比色管中均加入0.4 mL的硫酸高铁铵溶液,摇匀放置15 min显色。然后,用紫外可见分光光度计在630 nm波长下以水做参比分析,记下相应吸光度值。

4. 以甲醛含量为横坐标,吸光度值为纵坐标,按公式$A=Kc$绘制甲醛的标准曲线(A为吸光度值,c为甲醛含量,K为摩尔吸收系数)。

5. 按照步骤1,配制甲醛吸收液和硫酸高铁铵溶液。

6. 采样。取5 mL甲醛吸收液至大泡吸收管中,大泡吸收管连接大气采样器（图3-2-7-1），设置0.5 ml/L采样流速。把大气采样器置于室内，开启采样20 min。

图3-2-7-1

7. 分析、计算甲醛浓度。采样结束后，取硫酸高铁铵溶液0.4 mL加入大泡吸收管中，放置显色15 min。将显色后的溶液倒入比色皿中，用紫外可见分光光度计在630 nm波长下分析，记下相应吸光度值。将吸光度值代入步骤4得到的甲醛标准曲线公式 $A=Kc$，计算得出甲醛的浓度，即室内空气中甲醛的含量。

说明与延伸

1. 本实验测试空气中甲醛含量的原理：空气中的甲醛在被吸收液吸收后，与酚试剂发生反应，生成嗪，嗪在酸性溶液中被高铁离子氧化成蓝绿色化合物，该化合物的最大吸收波长为630 nm。

2. 甲醛吸收原液有效期为3 d，因此甲醛吸收液须现配现用。

3. 设置采样位置时需避开门窗和中央空调通风口位置；采样位置距离墙面不小于0.5 m，距离地面高度在0.8~1.5 m。

4. 《民用建筑工程室内环境污染控制标准》（GB 50325-2020）要求，采样应在关闭门窗1 h后进行。教室和住宅属于一类民用建筑工程，室内甲醛浓度不得高于0.07 mg/m³。

土

1. 土壤样品的采集和制备

土壤与人类生产、生活密切相关,人类在生产、生活过程中的不当行为会给土壤带来危害,因而对土壤的监测、分析是必要的。土壤样品的采集和制备是土壤分析工作中的一个关键环节。

本实验学习采集和制备土壤样品的科学方法。

工具与材料

铁铲,土样袋(或塑料自封袋),橡皮锤,研钵,记号笔,采样标签纸,20目、60目(或100目)尼龙筛,牛皮纸(或白纸)。

活动过程

1. 确定采样点。在采集土壤样品前,应根据土壤的成土母质、类型、地形、作物种植情况、长期施肥习惯等差异,将土壤划分成不同的采样单元。

（1）面采样。

① 当地形平坦、土壤理化指标和受污染程度较不均匀时,可采用棋盘式采样法,如图3-3-1-1(a)。

② 当调查面积较大、地形不太平坦、土壤理化指标和受污染程度不均匀时,可采用蛇形采样法,如图3-3-1-1(b)。

③ 当土壤由于污水灌溉而受污染时,可采用对角线采样法,如图3-3-1-1(c)。

（2）点采样。当土壤受烟囱等点污染源排放的污染物污染时,采样点的确定方法为:以污染源为中心,分别取烟囱高度的5、10、15、20、50倍距离为半径画圆,在每个圆周上选8~16个点采样,如图3-3-1-1(d)。

2. 采集样品。采样时,一般取深度为0~25 cm

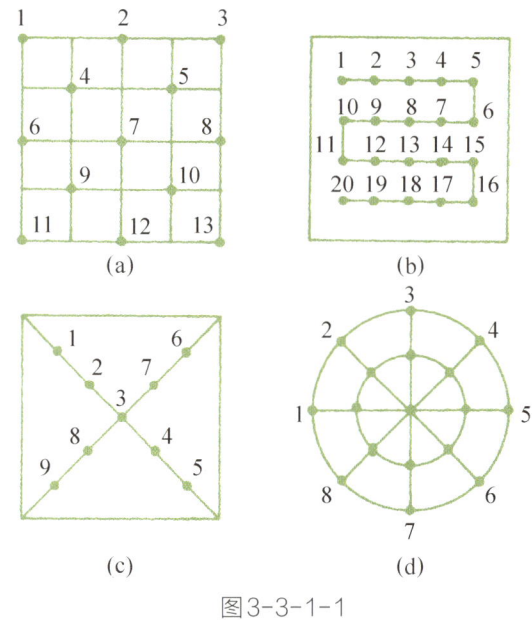

图3-3-1-1

处的表面土壤。每个采样点用土铲取土1~2 kg,放入土样袋(或塑料自封袋),做好标记(包括样品编号、采样地点、经纬度、采样深度、土壤类型、采样人员、采样日期等)后带回实验室,进行后续处理。

3. 制备样品。

（1）湿样晾干。将样品倒在塑料薄膜上,摊成2 cm厚的薄层。如要制备无机样品,则风干并压碎、翻拌,拣出碎石、沙砾及植物残体等杂质。如要制备有机样品,则采用鲜样或冷冻干燥样。

（2）土壤样品粗磨。将处理过的样品用橡皮锤再次压碎,拣出杂质,用四分法分取压碎样(图3-3-1-2),全部过20目尼龙筛(图3-3-1-3),置于牛皮纸上,充分混匀。

（3）土壤样品细磨。将粗磨后的土壤样品再次用研钵研磨,使其全部能过60目(或100目)尼龙筛。

图3-3-1-2

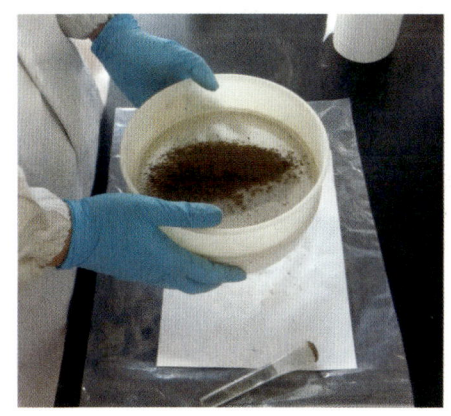

图3-3-1-3

（4）样品混匀缩分。这一步是减少样品量，以利于运输和节省保存空间。将过筛后的土壤样品全部置于牛皮纸上，采用搅拌法、堆锥法或提拉法充分混匀后，采用四分法取舍，缩分至所需质量。

（5）土壤样品分装。将经研磨混匀后的样品，分装于样品袋或样品瓶。填写土壤标签，一式两份，瓶内或袋内放一份，外贴一份。

4. 保存与提取样品。

（1）保存。无机样品应存放在阴凉、避光、通风、无污染处；有机样品则应在采集鲜土壤样品后，在4℃以下避光运输和保存，必要时进行冷冻保存。

（2）提取。样品中金属可用稀酸溶液或络合剂提取（如HCl、HNO_3），有机污染物可用有机试剂提取（如石油醚、环己烷）。

说明与延伸

1. 当要测定样品中的金属含量时，不能用金属网筛，而要用尼龙筛。

2. 样品装瓶后，要避免受阳光、高温、高湿、酸碱性气体的影响。

3. 采集时，无机污染物样品应装入塑料袋或塑料瓶；有机污染物样品要装入棕色密封玻璃瓶；挥发性污染物样品要装满样品瓶。

4. 粗磨样品可直接用于测定土壤pH、土壤代换量、速效养分含量、元素有效性含量；过60目筛的样品用于土壤中农药含量或土壤有机质、全氮量等的分析；过100目筛的样品用于土壤元素全量分析。

2. 检测土壤中的生物多样性

在看不见的地下世界里，有着比地上世界数量更为庞大的生物群体。它们被称为土壤生物，包括土壤微生物和土壤动物。据科学家统计，1 kg土壤中可能含有5亿个细菌、100亿个放射菌和近10亿个真菌。这些肉眼看不见的土壤微生物是地下世界种群数量上的王者，也是土壤中分布最广、地下生态系统中最活跃的生物。

本次实验将对土壤中的动物进行检测，观察土壤中的生物多样性。

工具与材料

2 mm土壤筛，镊子，广口瓶，玻璃漏斗，铁皮漏斗，止水夹，乳胶管，白炽灯（40~60 W），金属筛网（孔径2 mm），白纸，粗纱布。

肥力较高的土壤样品（可采自公园绿地），体积分数80%的乙醇。

活动过程

1. 分离大型土壤动物。

(1) 将土壤样品(约100 g)少量分批地通过土壤筛。

(2) 用镊子将留在土壤筛上的肉眼可见的动物分拣出来,放入装有乙醇的广口瓶内保存,以便鉴定。

(3) 对于大的土粒,用手轻轻掰碎后再从中分拣动物。

2. 分离旱生中小型土壤动物。

(1) 将铁皮漏斗置于白炽灯下方,把土壤样品(约100 g)倒入铁皮漏斗内的筛网上,在漏斗下方放置另一装有乙醇的广口瓶。

(2) 接通电灯电源,持续照射24~28 h(图3-3-2-1)后,切断电源并移去灯具。因为土壤动物有趋暗、趋湿、避光、避高温的习性,持续照射就能让它们向漏斗下端移动,进入广口瓶。

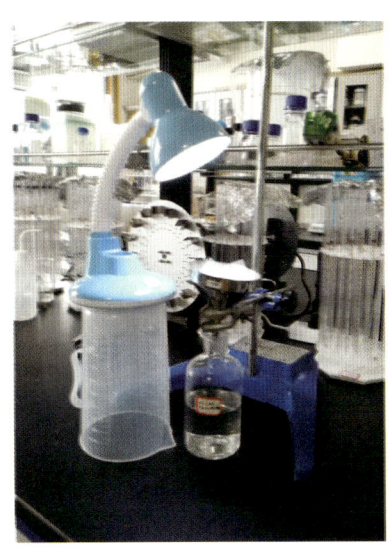

图3-3-2-1

(3) 将广口瓶封口收好。

3. 分离水生中小型土壤动物。

(1) 按2-(1)的步骤搭建分离水生中小型土壤动物的装置,但用玻璃漏斗替代铁皮漏斗。在漏斗下端套上乳胶管,在乳胶管上夹上止水夹。

(2) 将金属筛网铺放在漏斗内,用粗纱布将新鲜土样(约100 g)包好,铺放在金属筛网上。

(3) 检查并确认装置不渗漏后,缓缓向漏斗内注入干净的自来水,使水完全淹没土样(图3-3-2-2)。重复2-(2)步骤。

图3-3-2-2

(4) 在乳胶管下方放置另一装有乙醇的广口瓶,松开乳胶管上的止水夹,集聚在漏斗水中的动物随水流入瓶中。将广口瓶封口收好。

4. 对3个广口瓶中收集的动物进行观察,鉴别种类,统计数量,总结到表3-3-2-1中。

表3-3-2-1

种名	数量	生物多样性 (多/较多/中/较少/少)

说明与延伸

1. 在植被层次、种类丰富的地方采集土壤样品,包括土壤表层较潮湿的枯枝落叶及腐殖质,土壤性质介于粉土和黏土。采集的枯枝落叶及土壤样品不宜久放,应尽快处理,以免其中的土壤动物死亡。

2. 体积分数80%的乙醇防腐效果最佳,可以防止采集的动物样品因腐烂而无法鉴别。

3. 肉眼可见的动物一般有线虫、蚯蚓、蜘蛛、伪蝎、蜈蚣、马陆等;旱生中小型土壤动物有螨、跳虫、原尾虫、双尾虫、蚂蚁等；水生中小型土壤动物有涡虫、线虫、线蚓、桡足类等。

4. 实施步骤3-(4)时，需注意及时补加水，始终保持水没过土样，以免土壤动物死亡。

3. 酸雨污染土壤的检测及修复

酸雨污染土壤，使土壤呈现酸化进而贫瘠化。

本实验通过测定土壤的pH来确定土壤是否受酸雨污染，再用酸碱中和原理对污染土壤进行修复。

工具与材料

50 mL烧杯，玻璃棒，pH计。

生石灰粉。

活动过程

1. 查询并确定采样所在地土壤的背景pH范围。如上海市的土壤背景pH范围为7.0~8.0。

2. 取适量土壤样品（以5 g为佳），置于干燥的50 mL烧杯中，加入25 mL蒸馏水，并混匀。

3. 静置30 min后，用校正过的pH计测定土壤悬液的pH。

4. 将测得的pH与所在地土壤背景pH范围进行比较。若小于背景pH范围，则说明该土壤为受酸雨污染的酸化土壤。

5. 按1 g土壤施加0.5 mg生石灰粉的比例，在实验土壤中翻施生石灰粉末。

6. 静置2 d后，重复步骤2、3、4。若土壤pH在背景值范围内，则说明土壤修复成功；若仍小于背景值最低数值，可继续添加生石灰粉。

说明与延伸

1. 所在地土壤的背景pH范围可以通过中国土壤数据库（http://vdb3.soil.csdb.cn/）查询。

2. 土壤pH分水浸pH和盐浸pH，前者是用蒸馏水浸提土壤测定的pH，代表土壤的活性酸度（碱度），后者是用某种盐溶液浸提土壤测定的pH，大体上反映土壤的潜在酸。本实验测定的是活性酸度。

3. 本实验使用石灰改良剂修复酸雨污染土壤，是传统的改良酸性土壤的方法，能使其酸度显著降低，但也会使土壤复酸化程度加强。因此，用石灰改良酸性土壤时，必须注意不能过于频繁地施用。除此之外，还有利用绿肥及土壤中的一些动物来改良土壤的生物改良方法。如种植格拉姆柱花草，施加木屑木灰、炉渣污泥、秸秆、畜禽粪便等，都能够有效改善土壤酸度，提升肥力。但所需时间长，一般需要3~5年才能见效。

4. 重金属污染土壤的检测及修复

土壤重金属污染指土壤中重金属元素超标，超过土壤能够承受的极限值。重金属超标对土壤的自循环能力有很大的影响。其中，汞、镉、铅、铬等重金属对人体有巨大的毒害作用。本实验将学习检测土壤中重金属镉以及修复镉污染土壤的方法。

工具与材料

电感耦合等离子体发射光谱仪，滤纸，烧杯，量筒，容量瓶，漏斗，120目土壤筛，玻璃棒，滤纸。

盐酸（优级纯），硝酸（优级纯），镉标准使用液

（5 mg/mL），MgCl$_2$溶液（1 mol/L）。

活动过程

一、土壤中镉的测定

1. 土样试液制备。

（1）土壤采样，并对样品进行预处理：研磨后过120目土壤筛。

（2）将1 g土壤样品放入100 mL烧杯，加入少量水，搅拌均匀后再加入5 mL盐酸及10 mL硝酸。

（3）给烧杯盖上表面皿，把它置于电热板上加热至溶解物剩余2~5 mL。

（4）取下烧杯冷却。将表面皿用少量水冲洗，冲洗的水倒入烧杯。将烧杯中溶液移入50 mL容量瓶并定容。

（5）干过滤。用干滤纸、干漏斗过滤溶液。滤液收集到5~10 mL后，可作为土样试液，为测定镉浓度做准备。

（6）同时进行全程序试剂空白实验。

2. 绘制标准曲线。

（1）根据镉标准使用液取用量表（表3-3-4-1），分别吸取相应量的镉标准使用液于6个50 mL容量瓶中，用去离子水定容（使用0.2% HNO$_3$溶液）。所得标准曲线浓度如表3-3-4-2。

表3-3-4-1

镉标准使用液取用量（mL）	0	0.50	1.00	2.00	3.00	4.00

表3-3-4-2

标准系列含镉量（μg/mL）	0	0.05	0.10	0.20	0.30	0.40

（2）用电感耦合等离子体发射光谱仪测定标准系列溶液的吸光度。以镉浓度为横坐标，每一浓度对应的吸光度读数的平均值为纵坐标，绘制标准曲线。

3. 测定土壤镉含量。按照测定标准曲线的条件来测定土样试液的吸光度，去除全程序试剂空白吸光度，从标准曲线查得镉的含量。利用下式，即可计算出土壤中镉的含量。

$$M(mg/kg) = \frac{c \times V}{W}$$

c：标准曲线上查得的试液中镉浓度（μg/mL）
V：试液体积（mL）
W：称量土样干重（g）

二、修复镉污染土壤

1. 土壤采样。将采样得到的土壤干燥后过120目筛，作为土壤样品。

2. 量取2 g土样放入烧杯，加入1 mol/L的MgCl$_2$溶液40 mL。

3. 室温下，用玻璃棒搅拌10~30 min。

4. 过滤，将所得土壤晾干，即为修复后的土壤。

说明与延伸

1. 镉污染的土壤一般可在农田、使用污水灌溉的森林草地、正在开采的金属矿山附近取得。若条件不允许，可在校园采土，人工配制镉污染土壤作为土壤样品。

2. 电感耦合等离子体法测定土壤中镉的原理：土样经HNO$_3$-HCl混酸体系硝化形成硝化液，等离子体提供能量使硝化液蒸发形成气态镉原子，并进一步使气态原子激发而产生光辐射，用检测器检测光谱中谱线的强度而进行镉的定量分析。

3. MgCl$_2$溶液淋洗修复土壤重金属原理：高浓度Cl$^-$溶液淋洗镉污染土壤时，Cl$^-$与Cd^{2+}结合，生成可溶物质（如CdCl$_2$、CdCl$^-$），促进Cd^{2+}从土壤中解离。

4. 修复重金属污染土壤的方法有：热处理修复技术、电动修复技术、淋滤修复技术、固化技术、生物修复法。本实验采用淋滤修复技术，优点在于可直接从土壤中去除重金属，并有利于重金属的回收和后续处理。

5. 洗脱液中含有重金属离子，处理时为防止污染，应加入过量氨水使重金属物质沉淀，再过滤分离出沉淀物。

5. 水土保持模拟实验

水土保持是针对水土流失的发生状况,遵循生态规律而采取的保护水土资源的措施。植树种草就是水土保持的主要措施之一。植被的落叶层和根系能够有效地防止水蚀作用,达到固持水土的目的。

本实验用等量的水流过有植被和无植被的土壤,比较两种情况下土壤出水的体积和浑浊程度,说明植被对水土保持的意义。

工具与材料

土铲,塑料袋,剪刀,塑料饮料瓶(2 L),两个长方托盘(长约40 cm,宽约20 cm,高约5 cm),两个小木块,洒水壶,秒表,滤纸,漏斗,量杯,纸,笔。

活动过程

1. 在校园绿化带用土铲取约 1 kg 长有植被(草)的土壤,再取大致等量的表面无植被的土壤,分别装在两个塑料袋中,带回实验室(图3-3-5-1)。

图3-3-5-1

2. 先用剪刀剪掉塑料饮料瓶的瓶颈,再将饮料瓶纵向剪成两半。

3. 一个半瓶中装入没有植被的土壤,另一个装入有植被的土壤,两边土壤高度保持一致(图3-3-5-2)。

图3-3-5-2

4. 把两个半瓶分别放在两个长方形托盘里。分别用小木块把两个半瓶靠近瓶颈的一侧垫高。调整小木块的位置,使两个半瓶的倾斜角度相同。

5. 用洒水壶把一定量的水均匀地洒在没有植被的土壤顶部。用秒表计时,记录多长时间后出水(图3-3-5-3)。

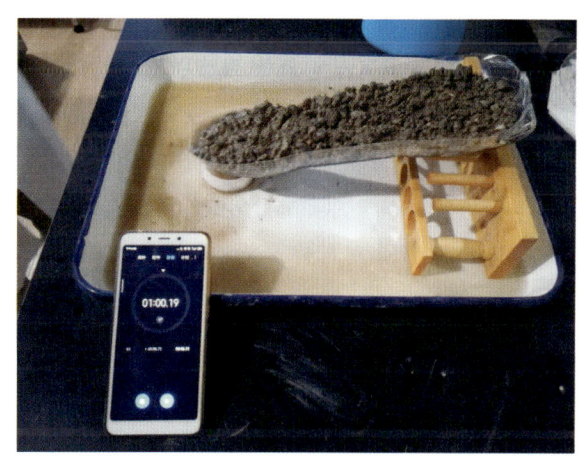

图3-3-5-3

6. 观察并记录托盘中水的浑浊程度。

7. 将托盘中的水用漏斗过滤,倒入量杯中,记录出水量。

8. 再用洒水壶把等量的水均匀地洒在有植被的土壤顶部,按步骤5~7同样做一次。

9. 将实验数据填入表3-3-5-1。

表 3-3-5-1

植被情况	无植被土壤	有植被土壤
洒水量(mL)		
出水量(mL)		
出水时长(min)		
浑浊度		

10. 对比表 3-3-5-1 中的数据，比较两种土壤的蓄水能力以及在泥沙流失上的差异。

说明与延伸

1. 植物覆盖的土壤有机质含量高，孔隙发达，结构稳定，生长和已死亡的根系在土壤中形成各方向的孔隙（向下的孔隙尤为重要），从而使降雨进入地下水的机会增加，对涵养水源、消洪起着重要的作用。而且，对于质地细或间层（充气层）发达的土壤，植物根系生长会产生横向和纵向的通道，促进水分流动，从而提高间层导水率，避免浅层水分蓄积，并且增加土内径流深度，提高土地的稳定性。

2. 取有植被（草）的土壤时，将草与土壤一起移入塑料袋，不要破坏草的根系。

3. 将土壤放入半边饮料瓶时，稍微压压实，注意不要破坏草的根系。

6. 制造再生纸

纸是人们工作、生活必不可少的用品，但造纸会使森林资源减少。据统计，1 t 废纸可以制造再生纸 850 kg，节省木材 3 m³（相当于 26 棵 34 年树龄的树木），节省化工原料 300 kg，节电 600 kW·h，节煤 1.2 t，并可减少大量的固体废弃物。由此可见，制造和使用再生纸，对节约资源、减少污染具有重要意义。

本活动学习再生纸的制作方法，认识到废纸回收再利用的意义。

工具与材料

水盆，玻璃棒，筛网，量杯。

面粉，废纸。

活动过程

1. 把废纸撕碎或剪成尽可能小的碎纸片，放入盆中，加入清水浸泡 1 d。

2. 将浸泡好的碎纸转移到量杯中，加入少量面粉，用玻璃棒搅拌，直至搅成纸浆。

3. 将筛网放进水盆中，水面略高出筛网 1/2 的高度。以均匀转圈的方式把纸浆倒进筛网中，然后将纸浆搅拌均匀（图 3-3-6-1）。

4. 等待纸浆完全静止后，平稳地将筛网提出来。将水沥干后，把筛网放在托盘中，置于通风向阳处晾干（图 3-3-6-2）。待完全干透后，将纸从筛网上揭下来。

图 3-3-6-1

图 3-3-6-2

说明与延伸

1. 本实验原理：将废纸弄碎并分解后，制作成纸浆。将纸浆均匀地铺在网上，让纸浆脱水，便能形成新的纸层。其中面粉起黏合作用。

2. 清水与纸看上去体积的比例约为2:1，且清水与纸的总量要小于半个盆的容量。铺纸浆不宜太厚。

3. 风干过程中，可用颜料轻轻着色或将花叶等装饰物贴到纸浆上。

4. 纸浆未干之前不要去拨弄它。如有破洞，可于隔天再制作少量纸浆填补上去，依然可以黏合得很好。

7. 制作、观察生态瓶

生态瓶是将少量的植物、以这些植物为食的动物，以及微生物和其他非生物物质，一起放入一个密闭的透明容器，形成的一个人工模拟的微型生态系统。这个生态系统虽然微小，但在原理上，与森林、河流、农田那般庞大的生态系统别无二致。我们可以通过制作、观察生态瓶，体会浓缩的自然。

本活动将学习制作生态瓶，并进行观察。

工具与材料

有盖的大广口玻璃瓶（或无色透明的塑料瓶），杯子。

小鱼，小虾（或蝌蚪），小螺蛳（或其他浮游生物），水草（或金鱼草），沙土，砂石，清澈新鲜的河水（或池塘水、井水）。

活动过程

1. 将少量沙土放进洗净的玻璃瓶，平铺瓶底。

2. 将洗净的砂石平铺在沙土上层，厚度约为1 cm。

3. 将河水沿瓶壁缓缓注入瓶中，总量为瓶容积的4/5左右。

4. 放入一些新鲜水草。若是有根水生植物，可用长镊子将植物的根插入砂石中。

5. 放入2~3条小鱼，几只螺蛳、小虾等生物。等待一段时间，瓶中生物能正常存活，再将瓶口密封。贴上标签，注明制作者姓名及日期，生态瓶制作完成（图3-3-7-1）。

6. 将制成的生态瓶放在较强的散射光下，不要频繁移动。

7. 每天定时观察生态瓶内变化，并记录到表3-3-7-1中。

图3-3-7-1

表3-3-7-1

时间(d)	1	2	3	7	15	……
生态瓶内生物存活状况						

说明与延伸

1. 生态瓶的原理：在这个小小的生态系统中，水草是生产者，以水中的无机营养物质和小鱼小虾等水生动物呼出的二氧化碳为养料，同时在光照下通过光合作用释放氧气作为回馈；小鱼小虾等水生动物为消费者，利用生产者释放的氧气维持呼吸作用，同时又以藻类及微生物为食；微生物则是分解者，把鱼虾的排泄物分解成无机营养物，供藻类使用。如此循环，形成了能自给自足的生态体系。

2. 如没有新鲜河水（或池塘水、井水），也可用放置24 h后的自来水代替。加水时动作要缓慢，不要将底层沙土冲出砂石层,以免水变浑浊。

3. 瓶中的生物要选择有很强生命力的种类,不要用金鱼,因为金鱼对新环境适应能力很差。

4. 生态瓶应避免阳光直射,以免瓶内温度过高,影响瓶中生物的存活。

8. 生活垃圾的有效利用

我们在生活中制造了大量的垃圾。它们蚕食空间,污染环境,有些还危害人类身体健康。生活垃圾如果经过正确的处理,并得以循环利用,有助于节约资源,保护生态环境。其中厨余垃圾(湿垃圾)可以用来堆肥,制作有机肥料。

本活动学习垃圾堆肥,以及利用所得肥料种花的方法。

工具与材料

塑料桶,铁丝网,水龙头(或水管),生料带,铲子,花盆。

泥土,各种厨余垃圾(果皮、菜叶、咖啡渣、茶渣、鸡蛋壳、果壳等),红蚯蚓,花籽,土壤。

活动过程

一、厨余垃圾堆肥

1. 在塑料桶底部打洞,并铺上铁丝网。在桶壁底部打一个洞,安装水龙头,并缠上生料带密封,防止漏水。

2. 在塑料桶内铺上6~7 cm的厚土,再铺上3~5 cm厚的剪碎的厨余垃圾。再铺一层土并压实,以免臭味逸出。盖上桶盖并以重物压紧,隔绝空气以及蚊蝇(图3-3-8-1)。

3. 将桶静置约3~5 d后,打开水龙头,排出的液体就是液态肥(图3-3-8-2)。液体肥兑水后,可用来浇花浇菜。桶内剩下的固体是非常理想的有机肥。之后可每隔20 d左右,适当翻动一下桶中的垃圾,有利于加快肥料的发酵速度。一个堆肥周期约40 d。

图3-3-8-2

二、自制生态蚯蚓堆肥桶

1. 按照实验一介绍的方法,制作一个厨余垃圾堆肥桶。在桶中放入约30条蚯蚓,盖上桶盖,就是生态蚯蚓堆肥桶了。将相同数量的蚯蚓放入另一个桶中,桶里只装土壤,作为对照组。两桶内固体物的高度一致。

2. 定时洒水,保持土壤湿润。约60 d后,等桶内土壤表面不见厨余垃圾时,翻桶检查,记录桶中蚯蚓数量并称重。比较、分析差异产生的原因。

三、自制肥料种花

1. 按活动一的步骤自制厨余垃圾堆肥桶,制得液体肥。

2. 用铲子把土壤铲进花盆,土不要装得太满。将液体肥稀释后洒在土中,使肥料与土壤充分混

图3-3-8-1

合,保持土壤湿润。

3. 播种育苗。如果花的种子较大,在下种的时候要用手指在土中挖一个坑。如果花的种子很小,可以不挖坑,撒在土中就可以了。

4. 待出苗后,花盆中保留3株长势良好的花卉苗。将稀释过的液体肥施于土壤。每周施肥1~2次。同时,设置另一个不施加肥料的花盆作为对照组。

5. 每周记录花卉苗的株高和叶宽,比较两个花盆中花卉苗的生长差异。

说明与延伸

1. 有些堆肥时间较慢的厨余垃圾,所用时间更长些。为避免发臭,可先在塑料桶盖上戳出排气孔,积存的液体肥也要及时排出。

2. 骨头、内脏等是很好的堆肥材料,但烹饪过的熟厨余垃圾含有盐分,需单独处理。可以清水浸泡一段时间再放入堆肥桶。粗的、有病害的枯木枝、花草不要放进桶里。

3. 堆肥的原理:利用垃圾或土壤中的细菌、酵母菌、真菌和放线菌等微生物,使垃圾中的有机物发生生物化学反应而降解(消化),形成一种类似腐殖质的物质,可用作肥料及改良土壤。而蚯蚓食用腐烂的食物残渣,排泄物蕴含丰富的微生物和营养,是非常好的天然肥料。

4. 蚯蚓繁殖能力很强,不宜放多,避免影响实验效果。必须用市场上可购买的红蚯蚓,这是原产日本的一个杂交品种,食性杂,不爱外逃。野生蚯蚓不易消化垃圾,不易饲养。

5. 及时关注温度和湿度,避免温度高、湿度大,注意不要让蚯蚓往外爬。两个桶都应装一个水龙头,及时排出液体。

6. 自制的液体肥一定要充分稀释,通常稀释20倍。施肥要少量多次,以免土壤营养过多,烧伤植物根系。

7. 在夏秋季节,花卉虽然也在生长,但对肥料的需求相对下降,可减少施肥。到了冬季的休眠期,可以停肥。施肥后及时进行浇灌,可促使肥料更好地渗进土壤。

第 4 篇
天文、气象、地理篇

天文

1. 观测太阳黑子

"日出黄，有黑气，大如钱，居日中央。"这是世界上最早关于太阳黑子的文字记录，记载于《汉书·五行志》中。太阳黑子是发生在太阳光球层的太阳活动。由于发生区域温度相较于周边要低，所以从地球上看，太阳的表面像出现了一些黑斑，因此被称为太阳黑子。它的出现形式既有单个少量分布，也有多个聚集分布，由于每次从出现到消失，存在时间较长，因此科学家可以通过太阳黑子观测太阳的自转活动。而太阳黑子出现量的多少并不是固定的，存在着一个约 11.2 年的周期性变化，所以太阳黑子并不是任何时间都可以观测到。虽然一些中型太阳黑子的尺寸已经超过地球，但是由于其在太阳表面所占比率过小，肉眼较难观测到，所以我们仍需借助望远镜完成观测（图4-1-1-1）。

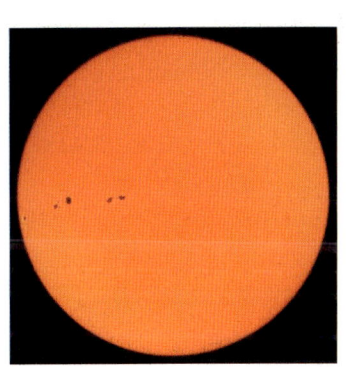

图4-1-1-1

工具与材料

望远镜，直尺，圆规，剪刀，笔。
巴德膜，胶水，纸，卡纸。

活动过程

1. 为望远镜加装太阳罩。

（1）用直尺量取望远镜物镜口的直径后，在卡纸上绘制一个同心圆的圆环，要求外圈直径比物镜口直径多 1 cm，内圈直径为物镜口直径。

（2）另在卡纸上绘制 1 个长方形，要求长度比物镜口的周长多 2 cm，宽度为 3～4 cm。

（3）用剪刀或美工刀将所绘制形状剪下，选择长边剪出锯齿状，并将其粘在圆环上。

（4）将巴德膜剪成正方形，长度与同心圆外圈直径相同。

（5）在圆环上涂上胶水，将正方形的巴德膜粘上后，用剪刀修边，太阳罩就做好了（图4-1-1-2）。

图4-1-1-2

2. 用寻星镜找太阳。在用寻星镜寻找太阳时，需在寻星镜后放一块投影板，将太阳光透过寻星镜在投影板中呈现。注意不得用寻星镜直视太阳。

3. 用目镜进行观测。在观测前，应先将太阳罩置于望远镜的物镜前，然后选择不同焦距的目镜，通过调整焦距，可以看清太阳黑子的更多细节。

4. 绘制太阳黑子。将所观测到的太阳黑子绘制在图纸上。经过连续多日观测，可以发现太阳黑子的位置有变化，这实质是太阳自转的结果，而不是太阳黑子在移动。

说明与延伸

1. 巴德膜，英文名称为AstroSolar，是一种太阳滤光膜，专门用于观测太阳，外观与锡纸相似，透光性极差，反射率高，用它观测太阳，不会对眼睛造成伤害。

2. 太阳虽然离地球非常遥远，但是太阳黑子的活动对地球会产生很大的影响。它能够影响地球磁场，使得指南针等设备不能正确指示方向；能够影响地球的电离层，使得地面无线电通信、雷达接收等出现异常；更有甚者，还会威胁到人类的航天活动。

2. 观测日食

日食是一种特殊天象。当太阳-月球-地球三者位置成一条直线时，在地球上的人会看见太阳被月球挡住。每次发生日食的时间总是在农历初一，但并不是每个月的初一都会出现日食现象，这是因为地球绕太阳的公转轨道（黄道）与月球绕地球的公转轨道（白道）并不是在同一个面上，两者相交却不重合。只有当月球绕行到上述两轨道交点附近且正好处于太阳与地球之间时，才会形成日食。

根据月球遮挡太阳所占的面积，日食可分为日全食、日环食、日偏食三类。就发生概率而言，全球每年都会发生日食，最多5次，最少2次。由于月球相对较小，所以并不是所有的地方都可以观测到同一次日食。就同一地点而言，平均每3年可以看到一次日偏食，而看到一次日全食的机会一般需要300多年。

图4-1-2-1

工具与材料

直尺，剪刀。

卡纸，巴德膜，胶水。

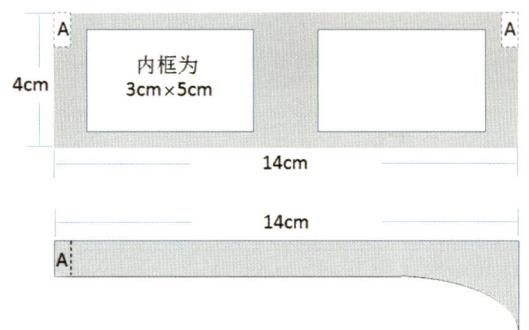

图4-1-2-2

活动过程

1. 制作日食观测镜。最方便的观测设备就是日食观测镜，携带轻巧，操作简单。日食观测镜可以自己动手制作，如图4-1-2-1。

（1）在卡纸上如图4-1-2-2所示绘制图形，并裁剪下，注意：内框需镂空，镜架需做两个。

（2）裁剪4 cm×6 cm巴德膜两块，粘在内框处。

（3）将镜架与镜框A处相黏合即可，注意巴德膜与镜架黏合不在同一面。

2. 选择观测地点。由于月球在地球上的投影面积较小，这使得月影在地球上扫过的范围较窄，所以在每次日食发生前，需要查询日食带的范围以便选择观测地点。图4-1-2-3是不同类型日食的原理图。

3. 查阅当地天气预报与日食各阶段时间。天气是决定能否观测到日食的最主要的因素，因此在观测前必须查询观测地的天气预报,并及时调整出行计划。一次日食一般超过1h,而中心食(日全食、日环食)阶段时间较短,大多数不超过10min。

4. 实地观测。在观测日食时,除食既至生光阶段太阳被月球完全遮挡外,全程都必须佩戴遮光设备。

说明与延伸

1. 当月球运动到太阳与地球之间,月球将原本照射到地球的太阳光挡住,此时月球的影子就在地面上自西向东扫过一段比较长却并不宽的区域,被月影扫过的区域,就都可以看见日食,这段区域被称为日食带。

2. 我国可以观测到的日食的时间和地点如表4-1-2-1所示。

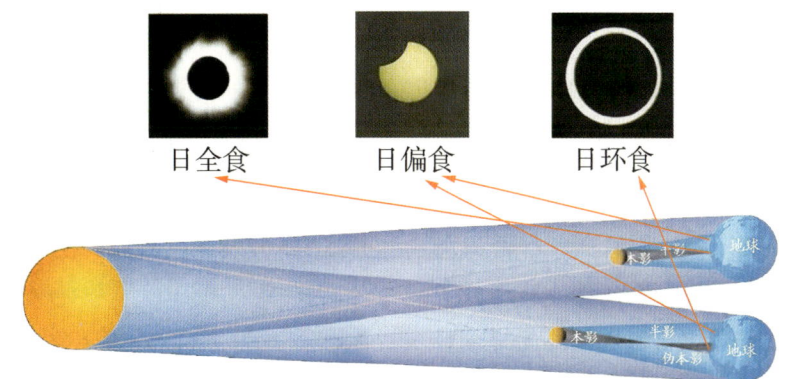

图4-1-2-3

表4-1-2-1

序号	日期	日食类型	我国可见类型	我国可见范围
1	2021年6月10日	日环食	日偏食	北方地区可见
2	2027年8月2日	日全食	日偏食	新疆、西藏、云南可见
3	2028年7月22日	日全食	日偏食	广西、广东、海南可见
4	2030年6月1日	日环食	日环食/日偏食	内蒙古、黑龙江可见环食,其他地区(除南沙地区)可见偏食
5	2031年5月21日	日环食	日偏食	西南地区、南方地区可见
6	2032年11月3日	日偏食	日偏食	除南海个别岛屿外均可见
7	2034年3月20日	日全食	日全食/日偏食	除西藏、青海部分地区见全食外,西部其他地区可见偏食
8	2035年9月2日	日全食	日全食/日偏食	北方部分地区可见全食,其他地方可见偏食
9	2038年12月26日	日全食	日偏食	南海地区可见
10	2041年10月25日	日环食	日环食/日偏食	内蒙古、辽宁、吉林可见环食,其他地区可见偏食
11	2042年4月20日	日全食	日偏食	除新疆西部外全国可见
12	2042年10月14日	日环食	日偏食	南方地区可见
13	2047年1月26日	日偏食	日偏食	除新疆、西藏西部外全国可见
14	2049年11月25日	全环食	日偏食	南方地区可见

注:全环食是一种混合食,指同一时间,全食与环食均出现,只是不同地区的人所看见的日食类型不同。

3. 观测月球

月球是地球唯一的自然卫星,地月平均距离为 384 400 km。这使得站在地球上观测天体时,月球的视星等仅次于太阳,而且看上去月球的表面积与太阳相近。因此在所有天文观测活动中,月球是最常组织观测的天体之一。

月球是人类研究最多的自然天体之一。根据月相的周期性变化,中国古人制定了以朔望月为基础的农历,至今仍在使用。我们观测月球不仅可以观测其表面的环形山,还可以通过观测月相来认识它的运行规律。图4-1-3-1是月相的形成原理图。

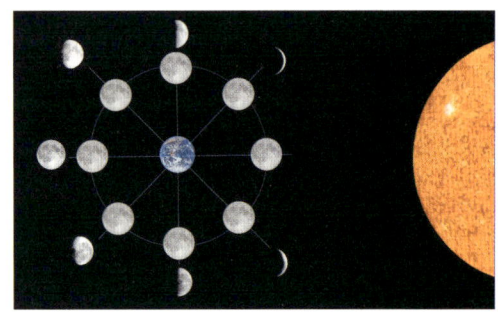

图4-1-3-1

表4-1-3-1

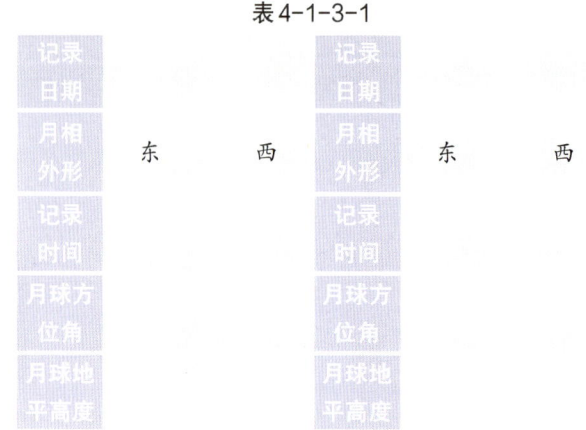

工具与材料

笔,手表,指南针,天文望远镜,相机。
卡纸,圆形瓶盖,黑白两色超轻黏土。

活动过程

1. 设计月相观测记录表。月相不仅有着外形的变化规律,还有着出没的变化规律,所以对月相的观测不应该只停留在对其外形的关注,还应记录观测时间与月球方位。可在卡纸上根据表4-1-3-1完成记录。

2. 完成月相观测记录。

(1) 在完成上表时,可事先将黑色黏土塞入圆形瓶盖后取出,以得到一个圆形黏土,将其粘在月相外形右侧空格内。

(2) 选用白色黏土捏制成所观测到的月相外形,并将其粘在圆形黑色黏土上,注意亮面的方向,还可借助天文望远镜观测月球表面的环形山与月海。

(3) 借助指南针估算月球的方位角。

(4) 可以通过读取天文望远镜上赤道仪的刻度,获取月球的地平高度,如天文望远镜无赤道仪,可借助量角器估算。

(5) 在条件允许的情况下,可以拍摄月相照片留档记录,要求把月面拍摄清楚。

3. 观测月食。月食是一种特殊天象,其过程与日食相近,但是观测方法没有日食复杂,在观测之前除了需要查询月食每个阶段的发生时间外,对地点的选择要求并不高,只要能看见月球的地方在月食发生时皆可见。观测时如果有条件可以拍摄月球被挡住的照片。对比满月时照片,可以发现发生月食时,月球并不是看不见,而是看不清,颜色呈古铜色,而不是平时所见的银白色。

说明与延伸

1. 月球不能自己发光,需要靠反射太阳光才能被地球上的人观测到,当月球公转至与地球、太阳在空间上形成一条直线时,地球会遮挡住太阳光,月球没有被太阳照射到的部分就显得异常黯淡,此时就会发生月食现象。

2. 2050年前我国可观测的月食时间如表4-1-3-2所示。

观测前必须查询观测地的天气预报,并及时调整出行计划。一次日食一般超过 1 h,而中心食(日全食、日环食)阶段时间较短,大多数不超过 10min。

4. 实地观测。在观测日食时,除食既至生光阶段太阳被月球完全遮挡外,全程都必须佩戴遮光设备。

说明与延伸

1. 当月球运动到太阳与地球之间,月球将原本照射到地球的太阳光挡住,此时月球的影子就在地面上自西向东扫过一段比较长却并不宽的区域,被月影扫过的区域,就都可以看见日食,这段区域被称为日食带。

2. 我国可以观测到的日食的时间和地点如表 4-1-2-1 所示。

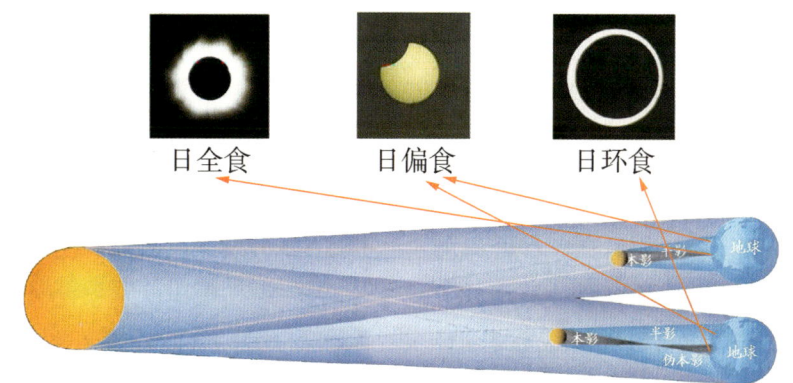

图 4-1-2-3

表 4-1-2-1

序号	日期	日食类型	我国可见类型	我国可见范围
1	2021 年 6 月 10 日	日环食	日偏食	北方地区可见
2	2027 年 8 月 2 日	日全食	日偏食	新疆、西藏、云南可见
3	2028 年 7 月 22 日	日全食	日偏食	广西、广东、海南可见
4	2030 年 6 月 1 日	日环食	日环食/日偏食	内蒙古、黑龙江可见环食,其他地区(除南沙地区)可见偏食
5	2031 年 5 月 21 日	日环食	日偏食	西南地区、南方地区可见
6	2032 年 11 月 3 日	日偏食	日偏食	除南海个别岛屿外均可见
7	2034 年 3 月 20 日	日全食	日全食/日偏食	除西藏、青海部分地区见全食外,西部其他地区可见偏食
8	2035 年 9 月 2 日	日全食	日全食/日偏食	北方部分地区可见全食,其他地方可见偏食
9	2038 年 12 月 26 日	日全食	日偏食	南海地区可见
10	2041 年 10 月 25 日	日环食	日环食/日偏食	内蒙古、辽宁、吉林可见环食,其他地区可见偏食
11	2042 年 4 月 20 日	日全食	日偏食	除新疆西部外全国可见
12	2042 年 10 月 14 日	日环食	日偏食	南方地区可见
13	2047 年 1 月 26 日	日偏食	日偏食	除新疆、西藏西部外全国可见
14	2049 年 11 月 25 日	全环食	日偏食	南方地区可见

注:全环食是一种混合食,指同一时间,全食与环食均出现,只是不同地区的人所看见的日食类型不同。

3. 观测月球

月球是地球唯一的自然卫星,地月平均距离为384 400 km。这使得站在地球上观测天体时,月球的视星等仅次于太阳,而且看上去月球的表面积与太阳相近。因此在所有天文观测活动中,月球是最常组织观测的天体之一。

月球是人类研究最多的自然天体之一。根据月相的周期性变化,中国古人制定了以朔望月为基础的农历,至今仍在使用。我们观测月球不仅可以观测其表面的环形山,还可以通过观测月相来认识它的运行规律。图4-1-3-1是月相的形成原理图。

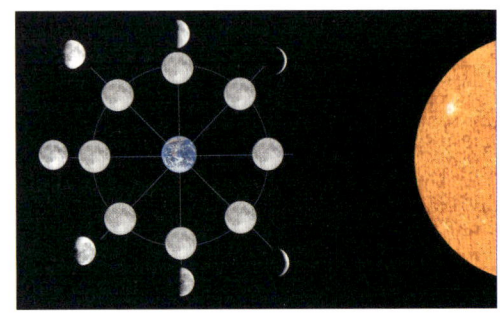

图4-1-3-1

表4-1-3-1

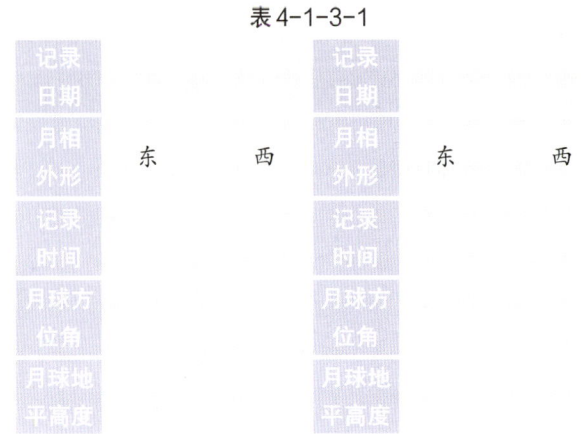

工具与材料

笔,手表,指南针,天文望远镜,相机。
卡纸,圆形瓶盖,黑白两色超轻黏土。

活动过程

1. 设计月相观测记录表。月相不仅有着外形的变化规律,还有着出没的变化规律,所以对月相的观测不应该只停留在对其外形的关注,还应记录观测时间与月球方位。可在卡纸上根据表4-1-3-1完成记录。

2. 完成月相观测记录。

(1) 在完成上表时,可事先将黑色黏土塞入圆形瓶盖后取出,以得到一个圆形黏土,将其粘在月相外形右侧空格内。

(2) 选用白色黏土捏制成所观测到的月相外形,并将其粘在圆形黑色黏土上,注意亮面的方向,还可借助天文望远镜观测月球表面的环形山与月海。

(3) 借助指南针估算月球的方位角。

(4) 可以通过读取天文望远镜上赤道仪的刻度,获取月球的地平高度,如天文望远镜无赤道仪,可借助量角器估算。

(5) 在条件允许的情况下,可以拍摄月相照片留档记录,要求把月面拍摄清楚。

3. 观测月食。月食是一种特殊天象,其过程与日食相近,但是观测方法没有日食复杂,在观测之前除了需要查询月食每个阶段的发生时间外,对地点的选择要求并不高,只要能看见月球的地方在月食发生时皆可见。观测时如果有条件可以拍摄月球被挡住的照片。对比满月时照片,可以发现发生月食时,月球并不是看不见,而是看不清,颜色呈古铜色,而不是平时所见的银白色。

说明与延伸

1. 月球不能自己发光,需要靠反射太阳光才能被地球上的人观测到,当月球公转至与地球、太阳在空间上形成一条直线时,地球会遮挡住太阳光,月球没有被太阳照射到的部分就显得异常黯淡,此时就会发生月食现象。

2. 2050年前我国可观测的月食时间如表4-1-3-2所示。

表 4-1-3-2

序号	日期	月食类型	序号	日期	日食类型
1	2021年5月26日	月全食	13	2036年2月12日	月全食
2	2022年11月8日	月全食	14	2037年1月31日	月全食
3	2023年10月29日	月偏食	15	2039年11月30日	月偏食
4	2025年9月8日	月全食	16	2040年5月26日	月全食
5	2026年3月3日	月全食	17	2040年11月19日	月全食
6	2028年7月7日	月偏食	18	2042年9月29日	月偏食
7	2028年12月31日	月全食	19	2043年3月25日	月全食
8	2029年12月21日	月全食	20	2044年3月14日	月全食
9	2030年6月16日	月偏食	21	2044年9月7日	月全食
10	2032年4月25日	月全食	22	2046年1月22日	月偏食
11	2032年10月19日	月全食	23	2047年7月7日	月全食
12	2033年4月15日	月全食			

4. 观测行星

夜空中的星星大多是闪烁的，但通过实际观测，我们会发现5颗不闪烁的星星——水星、金星、火星、木星、土星，如图4-1-4-1。

工具与材料

天文望远镜，纸，笔。

活动过程

1. 查询行星位置。由于行星与恒星不同，在夜空中没有相对固定的位置，所以在观测行星之前，可以通过Stellarium等星图软件查询行星所在的位置及出没时间。尽量选择行星地平高度角较高时观测，这样可以减少地面光污染对观测的影响。

2. 选择观测时间。金星和水星只能选择凌晨或黄昏观测，其他三颗行星的最佳观测时间则是发生"冲日"现象时。另外，观测行星最好不要选择满月前后，月球的光芒会对观测结果有很大影响。

3. 选择观测地点。除金星和水星需要对观测

图4-1-4-1

地的东面或西面观测角度有要求外,其他三颗行星在一年中均可有机会在中天附近观测到。

4. 观测内容。

(1) 水星和金星。使用高倍率目镜进行多日持续观测,可以发现它们都存在着像月相变化一样的位相变化,图4-1-4-2是金星的位相变化图。但需注意,金星的亮度较高,不可长时间观测。

图4-1-4-2

(2) 火星。虽然普通的天文望远镜较难看清火星两极的白色极冠,但是可以看见火星橙色的表面。

(3) 木星。使用天文望远镜可以观测到伽利略卫星(木卫一、二、三、四),使用高倍率目镜可以观测到木星表面的木纹状的大气层及大红斑。用笔将所看到的大红斑绘制下来,注意绘制清楚大红斑的位置,每隔1 h观测绘制一次,可以发现大红斑的位置有所移动。由于木星的自转速度较快,而大红斑的位置相对是固定的,所以可以通过观测大红斑的位置变化来计算木星的自转周期。

(4) 土星。土星被誉为最壮观的行星,它的光环是太阳系拥有光环的行星(木星、土星、天王星、海王星)中唯一容易观测到的,但是由于土星与地球的赤道面不重合,因此不同年份观测到土星光环的形状是不同的。有些年份当土星光环侧面正对地球时,在地球上甚至看不见光环。

说明与延伸

1. 行星"冲日"现象是指所观测的行星与太阳在空间上分别位于地球两边,且三者大致成180°角,此时在地球上观测该行星整夜可见。对于太阳系而言,在地球上只能看见公转轨道在黄道(地球的公转轨道)以外的行星发生"冲日"现象。

2. 由于地球与其他太阳系行星在同步公转,且每颗行星的公转轨道长度不同,行星公转速度也各有快慢,因此在地球上观测行星存在着"顺""逆""留"的现象。"顺"是指行星视运动方向为自西向东,这与行星真实的公转方向一致;"逆"是指行星视运动方向自东向西,与实际情况相逆;"留"是指行星视运动停滞或在某块天区逗留,从地球上年起来几乎不动。

3. 虽然行星和恒星在夜空中看上去都是一个亮点,但是用天文望远镜观测时就会发现,恒星离地球较远,传输到地球的光线面积很小,这些光线在进入地球大气层时,容易受到大气扰动,形成闪烁的现象;而太阳系的行星离地球更近,行星反射的光线不容易受影响,所以不会闪烁。

5. 观测星座

星座是由人们根据恒星在天球上投影所组成的图形,结合生活经验想象而成的。虽然它并不真实存在,但是在天文学里,星座是认识星空最好的工具。由于地球的公转,我们在每个季节所看见的星空都是不一样的,所能见到的星座也就不同。即使在城市里,每个季节也能在夜空中寻觅到不少星座的踪迹。

工具与材料

星图(活动星图、全天星图等皆可),用红布或红纸包裹的手电筒,指南针,指星笔。

活动过程

1. 选择观测地点。观测星座尽量选择开阔处,视野之内遮挡物越少越好,这样才方便观测。

2. 实地观测。

(1) 使用星图。星图的方向是上北下南左东右西,与习惯看的地图相反,使用时需举过头顶,可以借助指南针,让星图的方位与实际相同。在夜空中观测星座时,应先找到一等星,或拥有一等星的星座及特征明显的星座,以此为坐标基准,再对照星图中所示方位寻找其他星座。

(2) 使用指星笔和手电筒。由于夜间观测光线较暗,直接使用手电筒的光源不利于眼睛在明暗环境中适应,所以需要在手电筒光源处加装一层红布或者红纸,保证照明使用,又可以减少光源对眼睛的刺激。用手电筒照亮星图后,可在夜空中用指星笔指示星座的位置,帮助自己完成识别。注意:指星笔是激光指示器,在漆黑的夜空中可以形成一条明亮的光柱,但功率较大,有些甚至可以点燃火柴,所以切记不可用它照射眼睛。

(3) 春季星空星座识别。在春季夜空中,首先在北方找到北斗七星所在的大熊座,然后顺着"勺柄"找到"大角""角宿一"这两颗一等星,接着顺着这条"春季大曲线"往西,可以找到由星星组成的镰刀形状,在"镰刀"下方有一颗一等星,这是狮子座的"轩辕十四",这个镰刀形也是春季星空的一个特征,被称为"狮子座大镰刀",如图4-1-5-1。找到这些内容后,再根据星图所示,可以在夜空中找到北极星所在的小熊座、乌鸦座、巨爵座、长蛇座等星座。

(4) 夏季星空星座识别。夏夜,虽然观测银河需要在地面光污染程度较弱的地区,但是在中天附近,由围绕着银河的牛郎-织女-天津四这三颗一等星组成的"夏季大三角",非常容易辨识,如图4-1-5-2。找到这三颗一等星,可以依次找到它们所在

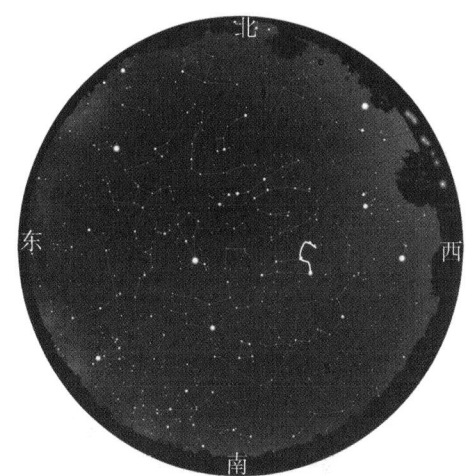

图4-1-5-1

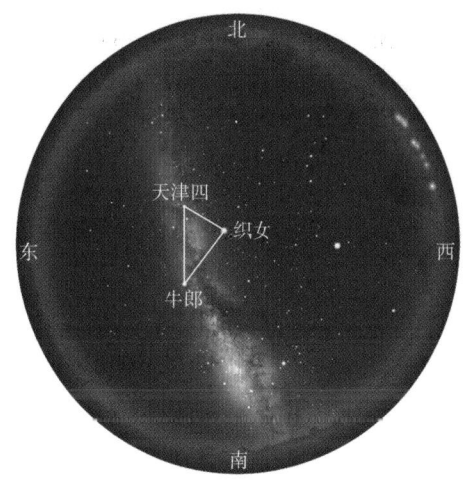

图4-1-5-2

的星座——天鹰座、天琴座、天鹅座,并由此可以在夜空中找到位于"夏季大三角"南方的蛇夫座、天蝎座、人马座等星座,也可以向西找到武仙座等星座。

(5) 秋季星空星座识别。秋季星空较为黯淡,但是在中天附近可以寻觅到一个由三颗二等星、一颗三等星组成的"秋季四边形",因为这四颗星分别是位于飞马座的"室宿一""室宿二""壁宿一",以及仙女座的"壁宿二",所以又被称为"仙女-飞马四边形",如图4-1-5-3。以这个四边形为中心,往北可以找到一个"W"形的仙后座以及"Y"形的英仙座,在四边形的南面可以找到一颗一等星"北落师门"和一颗二等星"土司空",并由此找到它们所在的南

图 4-1-5-3

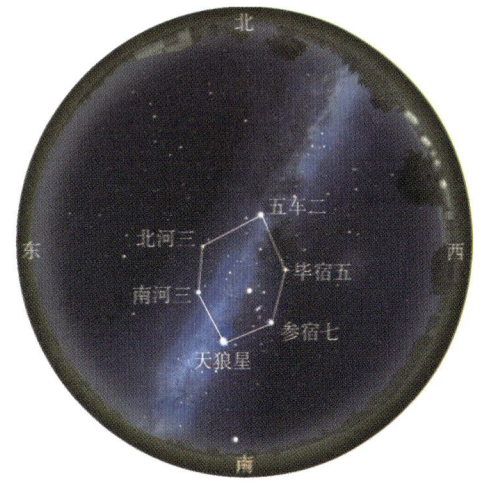

图 4-1-5-4

鱼座与鲸鱼座。

（6）冬季星空星座识别。由于能看到一等星的数量最多，因此冬季星空是四季中最为明亮的，如图4-1-5-4，但要认清这些明亮的恒星并找到它们所在的星座，还是需要有一定的技巧。首先，可以在南方找到拥有由两颗一等星及数颗二等星组成的猎户座，以其中的一颗一等星"参宿七"为中心，逆时针方向可以依次找到"毕宿五"所在的金牛座，"五车二"所在的御夫座，"北河三"所在的双子座，"南河三"所在的小犬座，以及夜空中最亮的恒星——天狼星所在的"大犬座"，将这6颗亮星连起来，就组成了"冬季大钻石"。以这颗钻石为方位基准，就能很容易地找到包括天兔座、麒麟座在内的冬季其他星座了。

说明与延伸

1. 为了准确记录星星的亮度，早在公元前2世纪，古希腊天文学家就提出了星等的概念：星等数值越小，代表星星越亮，星等的数值大，它的光越暗。在不特别说明的情况下，星等一般指视星等。

2. 全天21颗亮星见表4-1-5-1。

表 4-1-5-1

序号	星名	所属星座	视星等	序号	星名	所属星座	视星等
1	天狼星	大犬座	-1.46	12	牛郎星	天鹰座	0.77
2	老人星	船底座	-0.72	13	十字架二	南十字座	0.83
3	南门二	半人马座	-0.27	14	毕宿五	金牛座	0.85
4	大角星	牧夫座	-0.04	15	心宿二	天蝎座	0.96
5	织女一	天琴座	0.03	16	角宿一	室女座	0.98
6	五车二	御夫座	0.08	17	北河三	双子座	1.14
7	参宿七	猎户座	0.12	18	北落师门	南鱼座	1.16
8	南河三	小犬座	0.38	19	天津四	天鹅座	1.25
9	水委一	波江座	0.46	20	十字架三	南十字座	1.25
10	参宿四	猎户座	0.50	21	轩辕十四	狮子座	1.35
11	马腹一	半人马座	0.61				

注：此表所列的，仅为一等及以上星等的恒星，星等取值为四舍五入。

6. 观测流星雨

与单个流星现象的偶发性不同的是,流星雨是可以预报的,天文学家可以通过计算给出较为准确的流星雨来临的时间。这是因为绝大部分的流星雨现象与彗星残骸有关。彗星在靠近太阳时会被蒸发,从而形成很多残骸,散布在其公转轨道上。每当地球绕日公转经过彗星轨道时,这些残骸便进入地球大气层摩擦燃烧,由于数量较多,因此形成了流星雨现象。图4-1-6-1是流星雨的壮观景象。

图4-1-6-1

工具与材料

星图,手电筒,躺卧设备(垫子或躺椅),流星雨观测记录表,笔。

活动过程

1. 选择观测时间。虽然几乎每个月都有流星雨现象,但并不是每场流星雨都适合观测。大部分流星雨都发生在零点之后,因此在进行实地观测前,需要查询本次流星雨极大值的时间,以调整作息。

2. 选择观测场地。流星雨出现时,在夜空中有着对应的辐射点,所以事先在选择场地时,应优先考虑辐射点方向视野开阔且光污染较少的地区。

3. 查看观测日的天气。大多数流星的亮度并不高,因此要观测流星雨对大气的透视度要求较高,所以在查看天气时,不仅要关注云量,还需要查看水汽含量及空气质量。另外,观测流星雨时一定要注意保暖。

4. 实地观测。提前进入观测场地,选择观测角度,放置方便躺卧的设备,并通过星图等工具,对夜空进行辨识,找到流星雨的辐射点位置。当流星雨开始时,做好观测记录,如有多人观测,可选择不同方位分工记录流星数量。流星雨观测记录任务单如下。

流星雨观测记录任务单

姓名 ＿＿＿＿＿＿＿

观测内容 ＿＿＿＿＿＿＿

观测时间 ＿＿＿＿年＿＿＿＿月＿＿＿＿日/＿＿＿＿日
＿＿＿＿时＿＿＿＿分—＿＿＿＿时＿＿＿＿分

时间	颗数	备注	时间	颗数	备注

5. 总结记录。以小时为单位,统计观测结果,除了记录观测到的流星数量外,还可以特别标注出星等较小的流星数量。流星雨观测统计表见表4-1-6-1。

表4-1-6-1

星等	数量	星等	数量	星等	数量
≤-5		-1		3	
-4		0		4	
-3		1		5	
-2		2		6	

说明与延伸

1. 流星雨出现时,流星数量较多,把这些流星划过的痕迹反向延长会发现它们似乎是从夜空中同一点散开,这个点被称为辐射点,一般以辐射点所在星座的名称对流星雨进行命名。

2. 全年可观测的主要流星雨时间表见表4-1-6-2。

表4-1-6-2

流星雨名称	发生时间	流星雨名称	发生时间
象限仪座流星雨	一月上旬	御夫座流星雨	九月上旬
半人马座流星雨	二月中上旬	天龙座流星雨	十月上旬
天琴座流星雨	四月下旬	猎户座δ流星雨	十月下旬
牧夫座流星雨	六月下旬	狮子座流星雨	十一月中旬
英仙座流星雨	八月中旬	双子座流星雨	十二月中旬

7. 观测深空天体

在茫茫宇宙中,有一类天体离太阳系非常遥远,由于它们中的大多数视星等较大,星体较暗,所以在地球上用肉眼难以发现,需要借助天文望远镜才能观其端倪,这就是深空天体。图4-1-7-1即为M42猎户座大星云。这些深空天体像一个个云雾状的斑点,镶嵌在深邃的夜空中。

要想在夜空中找到这些深空天体并不是一件容易的事,观测者不仅需要具备能够在夜空中辨识出星座的能力,还需要有一定的方位感和空间距离判断水平。在18世纪,法国天文学家梅西耶曾公布了他所搜索到的深空天体列表,这就是著名的《梅西耶星云星团表》。直至今日,梅西耶天体几乎已成为深空天体的代名词,吸引着天文爱好者对它们进行观测。

工具与材料

天文望远镜,星图,用红布或红纸包裹的手电筒,指星笔,相机。

活动过程

1. 选择观测时间。深空天体的观测时间应尽量避开农历中旬,因为每到农历中旬,月相较为饱满,也更为明亮,不利于在夜空中搜寻黯淡的深空天体。

2. 选择观测地点。由于深空天体的亮度偏暗,所以在选择地点时,应尽可能选择光污染较少的、视野开阔的地区。

3. 查询天气。湿度较大的大气环境,会使得夜

图4-1-7-1

空中像漂浮着一层薄膜,透明度较差,这使得本来就黯淡难寻的深空天体更难发现。

4. 实地观测。

(1) 对照星图在夜空寻找深空天体所在的星座,根据星图上所标示的深空天体位置,用指星笔对照指出。

(2) 操作天文望远镜时,如在寻星镜中搜寻不到大体位置,可用指星笔辅助。

(3) 不要盲目选用高倍目镜进行观测,原因在于部分深空天体面积较大,高倍目镜不能观其全貌,反而会误导搜寻结果,另外,高倍目镜口径较小,会使得本已黯淡的天体更难看清。

(4) 条件允许的情况下,将相机接在望远镜目镜口,选择长时间(不少于1 s)曝光对深空天体拍摄,通过长时间曝光得出的图像比目镜直视会更清晰。图4-1-7-2即为模拟用肉眼与通过望远镜观测M45所见的不同结果。

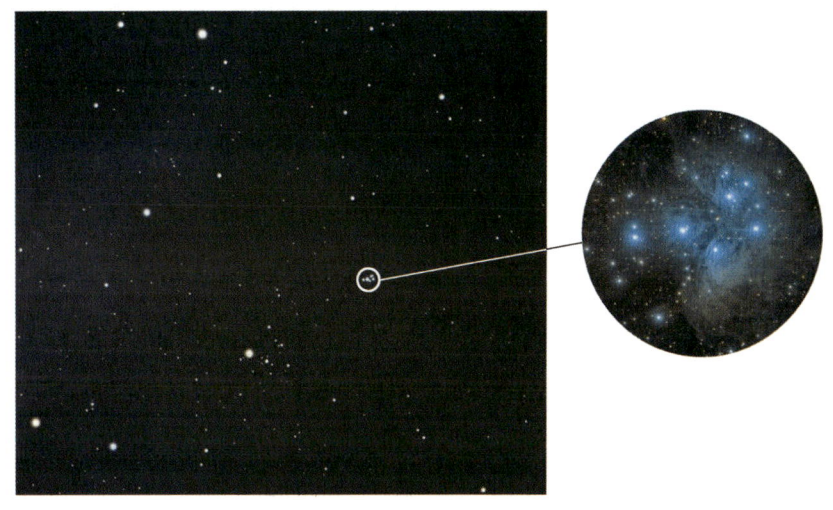

图4-1-7-2

说明与延伸

1. 天体的亮度一般用视星等表示,但是其真实亮度与地球上所观测到的亮度不同。暗弱甚至不发光的星体可以拥有很小的视星等,如满月时的视星等约为-12,而自发光能力很强的星体却看起来很暗,因为它们距离地球很远。

2. 较易观测的梅西耶天体(视星等≤6)如表4-1-7-1。

表4-1-7-1

序号	所属星座	天体类型	视星等	序号	所属星座	天体类型	视星等
M6	天蝎座	疏散星团	5.3	M7	天蝎座	疏散星团	4.1
M8	人马座	发射星云	6.0	M17	人马座	发射星云	6.0
M24	人马座	疏散星团	4.5	M31	仙女座	旋涡星系	4.4
M34	英仙座	疏散星团	5.5	M35	双子座	疏散星团	5.3
M39	天鹅座	疏散星团	5.2	M41	大犬座	疏散星团	5.0
M42	猎户座	发射星云	4.0	M44	巨蟹座	疏散星团	3.7
M45	金牛座	疏散星团	1.4	M46	船尾座	疏散星团	6.0
M47	船尾座	疏散星团	4.5	M48	长蛇座	疏散星团	5.3
M55	人马座	球状星团	4.4	M93	船尾座	疏散星团	6.0

8. 制作月球模型

月球表面长什么样呢？这个疑问始终困扰着人类。谜底在1609年伽利略发明天文望远镜之后被逐步揭开了。原来月球表面高低起伏，密布着大小不一的环形山。而环形山也成了月球的重要特征（图4-1-8-1）。

图4-1-8-1

工具与材料

海洋球，圆形笔头的笔。
黑白两色的黏土。

活动过程

1. 由于月海位于月球表面海拔较低处，从地球上看，这块区域的颜色比周边高海拔的月陆部分要暗，因此在制作月球模型时，先选择黑色的黏土均匀地粘在海洋球表面。

2. 将白色黏土覆盖在黑色黏土层上，由于这层将用来做高低不平的月陆部分，因此需要选择较多材料将此层做厚。

3. 将部分白色黏土层拨开，露出黑色黏土，月陆及月海的效果就可呈现了。

4. 用圆形笔头在白色黏土层上戳洞，做出环形山的效果，月球模型就制作完成了（图4-1-8-2）。

图4-1-8-2

说明与延伸

1. 环形山是指月球表面碗状的凹坑。月球表面最大的赫茨晋龙环形构造直径有590 km。月球上的环形山多以科学家名字命名，以此来彰显他们在人类科学史上的伟大贡献。

2. 我们可以在室内模拟演示月相的变化过程。先将月球模型固定在黑暗的房间内，并在其对面固定一个手电筒，观察者围绕月球模型走动，会发现此时看见的月球模型呈现出月圆月缺的变化，和平时所见月相变化类似。

9. 制作简易圭表

圭表是历史上最早的天文计时工具之一。圭表分为两部分，直立于平地上测日影的标杆和石柱，叫作表；正南正北方向平放的，用来测定表影长度的刻板，叫作圭。当太阳照着表时，圭上呈现出表的影子，根据影子的方向和长度，可以读取时间，根据正午时的影长，可以确定时令。到了汉武帝时期,圭表已经被用来确定"二十四节气"的时间点,成为编撰历法的依据。图4-1-9-1就是南京紫金山天文台的圭表。

图4-1-9-1

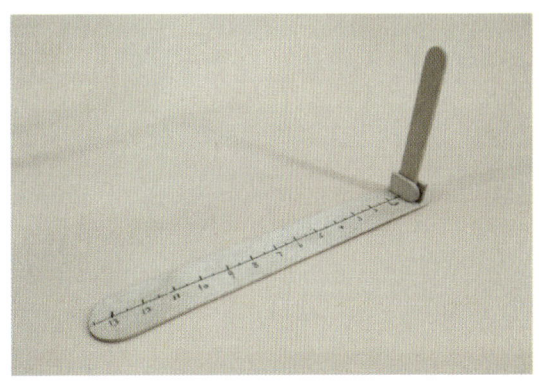

图4-1-9-2

工具与材料

刻度尺、铅笔、美工刀、垫板、砂纸。
粗、细冷饮棒各一根,胶水。

活动过程

1. 用粗冷饮棒作为圭。在粗冷饮棒一端画一条横向线段,并在横向直线上作一条垂直的纵向线段,以两条直线的交点为零刻度,在纵向直线上每隔1 cm画一个刻度。

2. 用细冷饮棒作为表。在垫板上,将细冷饮棒的一端用美工刀截去,并用砂纸将截口处打磨平整。注意:细冷饮棒长度不宜过长。

3. 在细冷饮棒打磨处涂上适量胶水,将其粘在粗冷饮棒的横向线段上。一个简易圭表就制作完成,如图4-1-9-2。

4. 将所制作的圭表,固定在能被太阳照射的位置(比如朝南的窗台),借助指南针将圭按照南北向放置,其中安置表的一端放在南面。

5. 每天中午12时,在圭上标记表所投射影子的终端。

6. 特别关注6月20—24日,12月20—24日这两段时间的记录,此时将得到表的影子最短和最长时的终端,对应的节气分别为夏至、冬至。在这两个端点之间再平均取11个点,就可以根据太阳照射的位置知晓对应的节气(可以在圭表旁另贴纸记录)。

说明与延伸

1. 视运动,顾名思义是指看上去的运动。天体的视运动是天体运动的表面现象,并非其真实运动。周日视运动是以日为周期的视运动,主要与地球自转有关。太阳的周年视运动是以年为单位,以黄道为运动轨迹的周期运动,其形成原因与地球公转相关。

2. 我国古代根据太阳周年视运动规律,将太阳的运动轨迹平均分成24份,每15°为1等份,每1个分割点设置1个节气,以此来指导农业生产。汉武帝时期将其纳入历法之中,至今仍然在为农业生产提供重要帮助。二十四节气始于立春,终于大寒,是中华民族悠久历史文化的重要组成部分,凝聚着中华文明的历史文化精华。

10. 制作简易日晷

在白天，被太阳照射到的物体投下的影子无论是长度还是方向都伴随着太阳的东升西落而变化着，利用太阳投射的影子来测定时刻的装置就被称为日晷。日晷是古代重要的计时工具。无论是中国还是西方都用相同的原理制作出了日晷。但是中国的日晷与西方的日晷在样式上明显不同。在中国用得比较多的是赤道式日晷，而西方用得比较多的是垂直式日晷。从外形上看，赤道式日晷晷针是指向北极星的，晷面与赤道平行；垂直式日晷，晷面与地面平行，晷针垂直于晷面。图4-1-10-1是位于上海世纪大道的日晷。

图4-1-10-1

工具与材料

圆规，量角器，刻度尺，铅笔，剪刀，美工刀，垫板。

一张硬卡纸，一根一次性筷子。

活动过程

1. 制作晷面。在硬卡纸上用铅笔点一个点作为圆心，用圆规画一个半径为5 cm的圆。通过圆心作两条相互垂直的直径。直径与圆的交点按照顺时针方向依次定为0点、6点、12点和18点。

2. 利用量角器，将整个圆24等分，每一等份为15°，代表1 h，依次将剩余的时刻标好。晷面的正面就制作完成了。

3. 在卡纸的反面，用相同的方法将圆24等分，注意0点和12点时刻必须与正面相同。再按照逆时针方向，依次标记好剩余的时刻。晷面的反面也制作完成了。

4. 制作晷针。用美工刀和刻度尺将一次性筷子截取8 cm，并用铅笔和刻度尺在3 cm处做上记号。

5. 组装。在晷面正面的圆心处开一个小孔，将晷针插入小孔，正面露出5 cm，反面露出3 cm。将日晷放在水平桌面上，用量角器测量晷面与水平桌面的夹角，微调晷针在反面的长度，使夹角接近当地纬度即可（图4-1-10-2）。

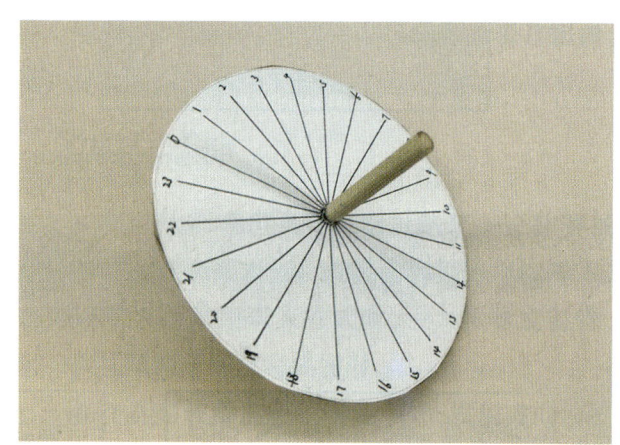

图4-1-10-2

6. 在天气晴朗的时候，利用指南针找出正北方向，将晷面正对北天极，晷面上12点安置在最底端。

7. 读取晷针在晷面上投影指向的时刻，与电脑或手机上显示的时间进行对比，检验日晷的准确程度。

说明与延伸

日晷的调整需要注意以下几点。

1. 可以借助互联网同步电脑或手机上的时间，

获取更精确的时间。

2. 建议选半点或者整点,方便在日晷上读取时间。

3. 在春季、夏季(春分到秋分)读晷面正面的刻度,秋季、冬季(秋分到第二年春分)读反面的刻度。

4. 若制作的日晷误差在 10 min 以内就无须调整;若误差在 0.5 h 以上,则需要再调整晷针在背面的长度。

11. 制作简易漏刻

漏刻是古代重要的计时仪器。由于日晷只能在有阳光时使用,受天气的影响较大,所以必须配合漏刻,才能全天候不间断地计时。漏是带孔的壶。刻是有刻度的浮箭。漏壶用于漏水或装水,刻箭用于标记时刻,使用时置于壶中,随壶内水位变化而上下浮动,读取上面的刻度即可知晓时间。漏刻除了用水作为介质之外,也可以用沙作为介质,称为沙漏。

图 4-1-11-1

在古时,人们通过观测影子的长短变化,找到了太阳周日视运动的周期规律,并据此设立能够满足一天的漏刻用以计时。现存北京故宫博物院的铜壶漏刻,如图 4-1-11-1,就分成了 96 格,每格对应时间间隔为 15 min。

工具与材料

手摇钻或锥子,砂纸,剪刀。

两个完全相同的矿泉水瓶(小瓶),食用盐(细盐),双面胶,透明胶带。

活动过程

1. 将两个瓶子洗干净,并且晾干,瓶内和瓶盖不能有残留水滴或水汽。

2. 取下两个瓶盖,用手摇钻或锥子(选用 4 mm 直径的钻头)在两个瓶盖正中央打孔。用砂纸对瓶盖进行打磨,使两个瓶盖外面能够完全贴合,瓶盖内部没有毛刺。

3. 用双面胶黏合两个瓶盖,并在瓶盖四周缠上透明胶带进行固定(瓶盖中间的开口必须对齐)。

4. 在一个瓶子中装入适量食盐,将两个瓶盖与瓶身旋紧即可。

5. 将沙漏倒放,观察其中的食盐下落是否顺畅(如图 4-1-11-2),若食盐下落不畅,则需打开瓶盖,对两个瓶盖钻孔进行调整,检查钻孔处是否潮湿或不够光滑。

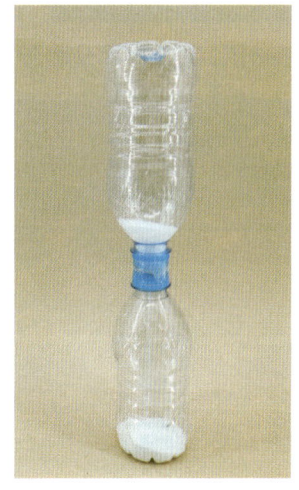

图 4-1-11-2

6. 借助手机或者电脑计时,记录沙漏完全漏完的时间,反复记录 6 次。如果每一次的时间差距在 2 s 以内,则 6 次时间的平均值即为该沙漏每次的计时时长。若每一次的时长相差较大,则需要检查两个瓶盖内部是否有其他阻隔原因导致计时不准的问题。

7. 可以根据沙漏的测量速度添置或减少盐的数量,将其调整为所需要的时长。

说明与延伸

1. 影响沙漏时间准确性的因素有很多,例如填充物的多少、容器内壁的曲线形状、管道的宽度、填充物的类型和质量等。沙漏的计时误差比较大,一般 30 min 的计时沙漏,误差有 1 min,而 1 h 的计时沙漏,误差可能在 5 min 左右。所以相比较而言,沙漏并不是一种精确的计时仪器。

2. 漏刻是古代的一种计时工具,不仅古代中国用,而且古埃及、古巴比伦等文明古国都使用过。我国使用漏刻装置历史悠久,在古籍《周礼》中就有相关记载。漏刻在宋代已经可以精确到秒。这一科技成果,直至机械时钟出现才被超越。

12. 制作太阳系模型

太阳系是一个受太阳引力约束在一起的行星系统,包括大行星、小行星、卫星、矮行星和彗星等。其中地球和其他7颗行星一起构成了太阳系的大行星家族。这些大行星距离太阳的距离远近各不相同,存在着一定的规律性,如图4-1-12-1。

图4-1-12-1

著名的提丢斯·波德定律对行星轨道的平均距离进行了归纳,试图揭开行星分布的规律。根据公式,天文学家找到了小行星带上的谷神星,并由此找到了位于火星与木星之间的小行星带。虽然随着更多太阳系天体被发现,该定律的计算结果显得差异较大,但并不影响它成为人们在认识宇宙道路中的一个重要依据。表4-1-12-1展示了行星与太阳的平均距离(单位:天文单位)。天文单位是计量天体间距离的单位,其数值取地球和太阳之间的平均距离。

表4-1-12-1

水星	金星	地球	火星	木星	土星	天王星	海王星
0.4	0.7	1	1.5	5.2	10	19	30

工具与材料

刻度尺,水彩笔。

泡沫板,牙签九根,细铁丝两根,白色超轻黏土。

活动过程

1. 用尺测量泡沫板长宽距离后,按照天文单位大致同比例用笔标注太阳及行星的位置。

2. 表4-1-12-2为上述天体的直径(单位:km),依据此表按比例用超轻黏土捏制大小不一的九个球体,代表太阳及八大行星,其中用细铁丝十字形穿过体积排名第三的球体,并将铁丝的四个端点用黏土捏制环状相连,如图4-1-12-2。

3. 用水彩笔根据天体的外观特征进行上色。

4. 用牙签将各个天体模型插入泡沫板上对应的

表 4-1-12-2

太阳	水星	金星	地球	火星
$1.392×10^6$	4878	12103	12756	6794

木星	土星	天王星	海王星
142984	120540	51118	49532

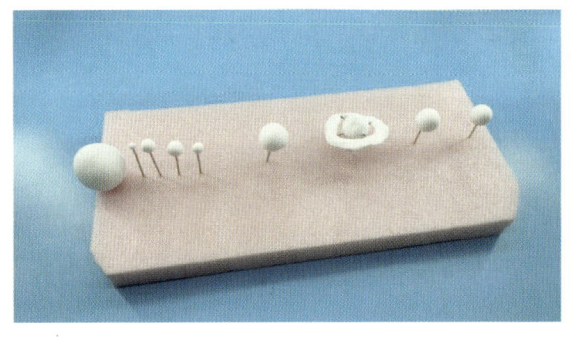

图 4-1-12-2

位置。

5. 可以在泡沫板上标记好行星位置后，绘制同宽弧形轨道，各天体在插入时不用排列成一字，插在弧形轨道上任意一点即可。

6. 在给天体外观着色时，应把握天体的主要特征，比如地球是蓝白相间，木星表面呈条纹状等。

说明与延伸

1766年，德国教师提丢斯根据当时已知的行星和太阳的距离提出了一个设想，后被柏林天文台的台长波德归纳为一个数学公式正式发布，这就是著名的提丢斯·波德定律。

公式可表达为$a=(n+4)/10$，其中a为行星到太阳的平均距离，单位为天文单位，$n=0,3,6,12,24,48,96……$（除了0以外，后一个数为前一个数的2倍），数值的顺序按照行星距太阳的位置由近至远排列。

13. 模拟哈勃定律

早在人类文明诞生之时，人类就对所看见的天体产生了浓厚的兴趣，天文学研究也就是从观测自然天体并掌握它们的出没规律开始的。

宇宙是什么样的？宇宙是怎么诞生的？这些疑问伴随着人类科学知识的发展始终存在。其中宇宙大爆炸学说是最为大家所熟悉的。根据该学说，宇宙是在一次爆炸之后形成的，现在仍然处在爆炸后的膨胀状态。其中宇宙正在膨胀这一现象与美国天文学家爱德文·哈勃在1929年就观测到的现象——河外星系的视向退行速度与距离成正比不谋而合。简单来说，就是离地球越远的星系，它远离地球方向的速度越快。哈勃定律也成为宇宙大爆炸假说的观测证据之一。宇宙大爆炸假想模型见图4-1-13-1。

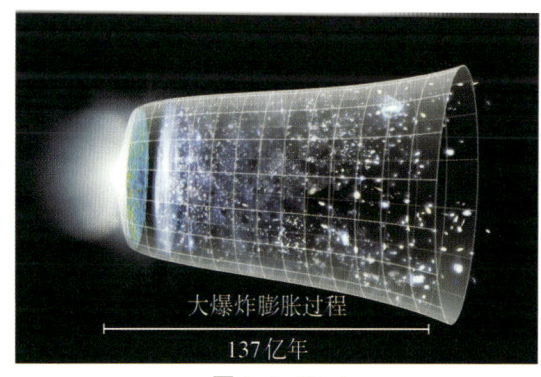

图 4-1-13-1

工具与材料

气球，刻度尺，笔，秒表。

活动过程

1. 在气球表面上寻找三个点并用笔标记，然后用直尺测量标记处到吹气口的距离；

2. 吹气球,观察三点的变化,记录吹气时间。

3. 固定吹气口后,用直尺再次测量标记处到吹气口的距离。

4. 将同一标记处两次记录的距离相减后除以吹气时间,即可得到该点的运动速度。将三点的速度进行比较,看看是否离吹气孔越远的点,运动越快。(注意:为了方便记录膨胀后的气球上标记点的距离,可以将直尺放于气球之下,通过书本或者尺等做垂线的方式读取标记点的长度。)

说明与延伸

1. 宇宙大爆炸理论起源于20世纪20年代,发展于20世纪中叶,在众多关于宇宙起源的假说中支持率最高。这与近几十年来所得到的观测证据密不可分。除了哈勃定律,另一项重要的证据就是宇宙微波背景辐射的发现——宇宙爆炸后有余温,根据观测结果证实,宇宙微波背景辐射为2.7 K(温度单位,开尔文,−273.15 ℃=0 K)。

2. 从地球上来看星星,看到的是星星的亮度,如何可以知道哪颗星离地球近,哪颗星远呢?在天文学上用于判断天体远近最简单的方法是恒星视差法,我们可以通过一个小实验来理解它。

(1)在正前方找一个固定的物体,然后把右手伸直,并且竖起右手食指,闭上左眼,尝试着使右眼、食指、目标呈一条直线。

(2)保持姿势不动,闭上右眼,睁开左眼,会发现手指似乎朝右偏移了。

(3)尝试着把手指移动到眼前,重复上述步骤,会发现手指向右位移的距离变长了。

(4)重复上述实验会发现手指离眼睛越近,位移的距离越长。在宇宙中,地球会绕着太阳进行公转,在不同的角度观测同一颗恒星,这就好比是人只用一只眼观测手指一样,当发现恒星与背景星空偏差越大就说明恒星离地球越近。当然由于太阳系以外的天体离地球较远,所以偏差的角度非常小,几乎以秒计算。

14. 测量太阳高度角

地球上的生物生存与太阳密切相关。早在远古时代,人们就已经观察到太阳存在东升西落的现象,这种运动给地球带来了白昼与黑夜的变化。当然,现代科学知识告诉我们,这是由于地球的自转运动所造成的现象。而太阳在天球上绕黄道进行的周年视运动,则给地球带来了四季的变化,人们不仅可以从气温变化发现这一规律,还可以从每日太阳高度角的变化,尤其是正午太阳高度角的周期变化,找出它的变化规律。这种变化规律还直接影响着建筑行业,我国所规定的楼间距国家标准指出,楼间距根据日照间距计算,所谓日照间距:指前后两排南向房屋之间,为保证后排房屋在冬至日底层获得不低于1 h的满窗日照而保持的最小间隔距离。所以测量太阳高度角不仅有着天文学价值,还有着实际的生活意义。

工具与材料

量角器,剪刀,笔,直尺。

保鲜膜卷筒(30 cm长),硬纸板,细线,螺帽,针。

活动过程

1. 自制太阳高度角测量仪。由于太阳不能直视,所以在测量太阳高度时可以自制太阳高度角测量仪,使用投影法读取角度。

(1) 使用量角器在硬纸板上绘制一个以 O 为中心，直径为 20 cm 的半圆（为了提高精确度，可使用量角器将刻度之间的数值补全，精确到个位数），并沿直边绘制 20 cm×3 cm 的长方形，然后裁下，如图 4-1-14-1。

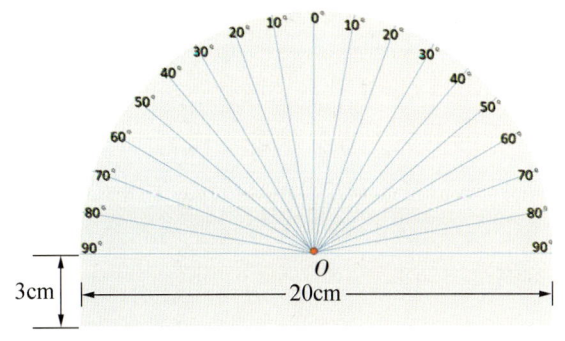

图 4-1-14-1

(2) 用线系上螺母，并穿在针上，然后用针在半圆中心处（上图红点）钻孔，将线穿过并在背面打结。

(3) 将保鲜膜卷筒与硬纸板中长方形部分进行固定，卷筒两头需各超出 5 cm，并且安装于有数字一面，如图 4-1-14-2。

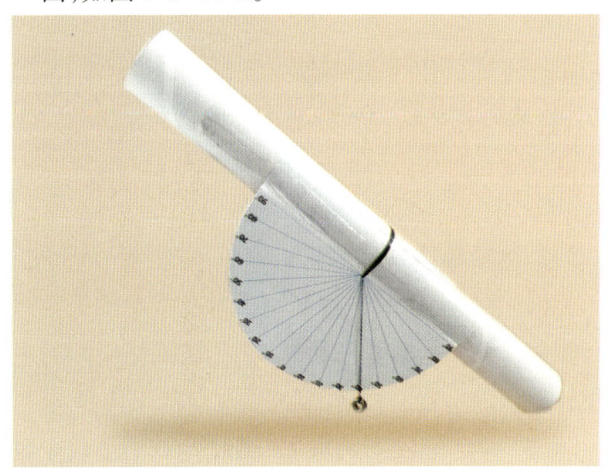

图 4-1-14-2

(4) 再次在半圆中心处穿针引线，将组装好的设备套在家中阳台窗户的搭扣上即可。

2. 测量太阳高度角。将保鲜膜卷筒对准太阳（可以通过观测照射在地面的投影确定是否瞄准），由于系有螺母的细线始终垂直于地面，因此可以随着卷筒举起而指示读数，此时得到的即为太阳高度角。

3. 测算当地纬度。读取夏至日太阳升至当日最高点时的角度，即夏至日太阳正午高度角 $\angle\alpha$，用公式

$$23°26'±(90°-\angle\alpha)$$

即可得到当地纬度。如当地纬度位于北回归线以北用"+"，反之用"-"。

4. 测算太阳直射点的纬度。读取任意日太阳正午高度角 $\angle\beta$，用公式（适用于北回归线以北地区）

$$-(90°-\angle\beta)$$

即可得到该日太阳直射点的纬度，如计算结果为负，则纬度为南纬。

说明与延伸

1. 在地球上观测天体，可以把所有的天体都看作在一个球面上运动。而这个以地球为中心，半径无限大的假想球体被称为天球。许多地球上的地理信息在天球上也有一一对应，比如赤道延伸至天球上形成的圈被称为天赤道，南北极点在天球上的对应点被分别称为南天极与北天极。

2. 测量太阳高度角的方法有很多，其中"立竿测影"法是比较简单实用的。

(1) 选择一处能够一日内始终被太阳照射的地点，将晾衣竿垂直立于地面，并测量其露出地面的长度。

(2) 当太阳照射在晾衣竿上后，会在地面形成一道影子，用卷尺丈量后，与测量时间一起记录下来。

(3) 利用三角函数公式中正切公式（余切公式同样适用），将晾衣竿露出地面的长度与影长相除，即可得到角度的正切值，对照三角函数表，或使用科学计算器即可得到此刻的太阳高度角。

15. 测量天体周日视运动轨迹

由于地球自西向东自转，在地球上所观测到的自然天体基本都存在自东向西的周日视运动规律，但由于各天体在天球上的位置不同，因此它们在天球上的运动轨迹是不尽相同的。并且，由于地球在自转的同时还存在公转，所以每日所见的星空与前一日存在着轻微的变化。虽然在相近的日子里这种变化难以被发现，但是日积月累这些小变化就会在观测中显现。为了方便计算及定位，天文学家在天球上设置了天球坐标系，类似于地球上的经纬网。通过这种坐标系，我们对天体的运动可以有更直观的认识，而对天体周日视运动轨迹（如图4-1-15-1）的测量就是建立这种坐标系的最基础的工作之一。

图4-1-15-1

工具与材料

量角器，笔，指南针，有刻度的指南针，包着红布的手电筒。

细线，吸管，螺帽，玻璃胶，星图，纸。

活动过程

1. 制作天体高度角测量仪。得到天体视运动的轨迹，需要测量两个数据：方位角和高度角，其中方位角可以通过指南针读取，但是高度角通常没有现成的工具可以测得，所以需要在测量之前，自制一个天体高度角测量仪。

（1）将吸管与量角器的直边，用玻璃胶固定（吸管应比量角器的直边长），固定时注意，量角器中间部位先不固定，只需要将边缘处固定即可。

（2）将细线一头系在螺帽上，另一头系在吸管上（此处应与量角器的中心重合），并用玻璃胶将细线固定在吸管口，简易天体高度角测量仪就做好了，如图4-1-15-2。

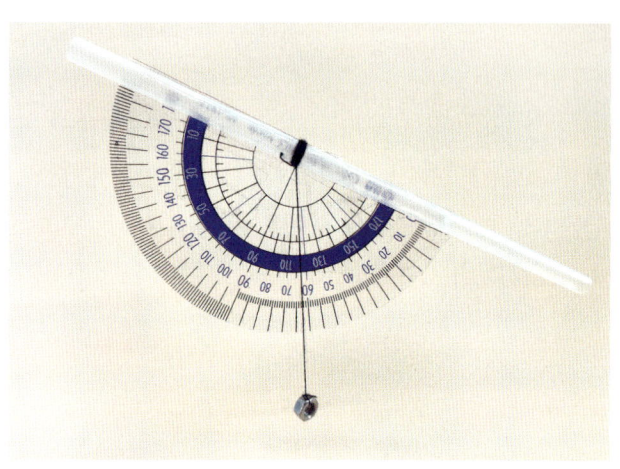

图4-1-15-2

2. 测量天体高度角。

（1）测量前，应先对照星图对夜空中的天体进行识别（具体方法可以参考本书《观测星座》与《利用软件认识星空》），寻找到需要测量的天体。

（2）一人闭上一只眼睛，透过自制测量仪中的吸管观测需要测量的天体，另一人借助手电筒光线（如有灯光可不用）读取此时细线所指示的角度（如读数超过90°，将数值减去90°即为所求角度，如读数少于90°，则用90°减去该数值得到所求角度）。

3. 测量天体方位角。将测量仪上的吸管垂直于指南针前，挪动指南针，使指南针、吸管、天体在同一直线上，并让指南针所指示方位与实际方位重合，即可读取到天体方位角。

4. 记录数据。所读取的天体高度角与方位角，需在第一时间用数字记载。每隔 1 h 至少读取并记录一次该天体的数据，将位置数据绘制在图 4-1-15-3 中，并将标注的点连接起来，就可以得到所测量天体的运动轨迹。

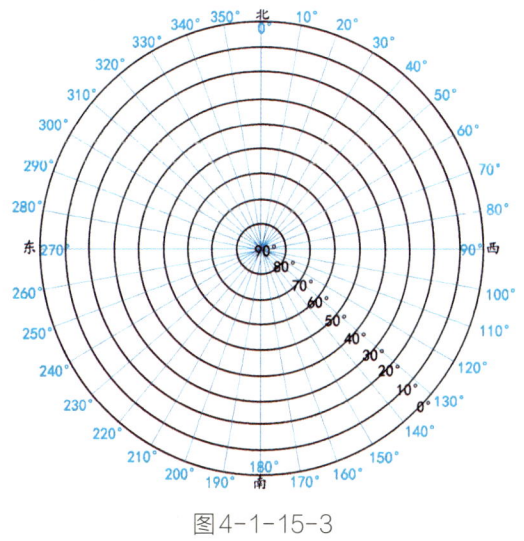

图 4-1-15-3

说明与延伸

1. 与地球坐标系建立原则相同的是，天球坐标系也是选择一条能够通过球心（地球球心）的直线作为基本轴，并选择一个特定的大圆作为基本大圈，两者要相互垂直。常见的有地平坐标系、赤道坐标系和黄道坐标系等。地平坐标系是以观测者所站位置与天球对应点为基本轴，以观测者所在的地平圈为基本大圈；赤道坐标系是以地球赤道对应到天球的天赤道为基本大圈，以地球南北极连线（相当于地球自转轴）延长线为基本轴；黄道坐标系是以太阳周年视运动（实质为地球公转轨道）为基本大圈，与之垂直且过球心的直线为基本轴。选择哪一种坐标系与研究对象有关。

2. 寻找恒星周日视运动轨迹的中心需要注意以下事项。

（1）多人合作同期观测不同方位角的恒星，每隔 0.5 h 测量一次，连续观测 6 h，记录多组恒星视运动轨迹，可以发现越靠近南方的恒星运动轨迹越长（就北半球而言）。

（2）一人在 1 h 内记录不同方位角恒星的数据两次，多人合作，交替记录，连续观测 10 h，可以发现北半球的恒星以北天极为中心做同心圆运动。

（3）比较多时多星记录可以发现，无论恒星如何运动，恒星间的位置关系不发生变化。但是多日或多年记录行星轨迹，会发现行星的位置是会发生变化的，这也是行星名字的来历。

16. 拍摄天体照片

当我们用天文望远镜观测那些璀璨的深空天体时，即便你调好了焦距，也只能在目镜中看见灰色的暗斑，千万别以为自己看错了，这些都是正常现象，因为天体太暗了。

而通过延长相机的曝光时间等技术手段，完全有可能将所看到的天象拍摄下来了。另外，随着数码技术的发展，数码单反相机可以让天文摄影的爱好者进行反复尝试，从而掌握拍摄不同天体照片的技能，更方便分享给他人。图 4-1-16-1 拍摄的是银河，左侧亮星就是火星。

图 4-1-16-1

工具与材料

单反数码相机，快门线，三脚架（如果有星野赤道仪更好),天文望远镜。

活动过程

1. 了解单反相机中的相关数据及作用,如镜头光圈、快门速度、感光度等。熟悉上述相关参数对拍摄不同天体起到了至关重要的作用,但是拍摄天文照片需要长时间摸索,任何一张照片都需要选择不同参数进行调试尝试,从而找到最适合的一组。

2. 拍摄太阳。不建议直接拍摄太阳,这容易对相机造成不可逆的损伤,但是日出和夕阳是可以直接拍摄的。由于太阳光较亮,因此在拍摄前,可以选择小光圈,调快曝光时间,感光度一般不超过200(视拍摄环境与相机而定),有时可以选择自动对焦,拍摄太阳黑子同样如此。

3. 拍摄月球。尽管月球是夜空中最明亮的天体,但是拍摄月夜的难度比想象中的要大。主要是因为夜空环境比较暗,如果亮度过暗,地面环境看不出,而如果亮度过亮,月球就会过曝,在相片中形成一个较大的光斑。因此,要想实现地面环境与月面均清晰是很难做到的。拍摄时需要有所取舍,定好拍摄主题再选择参数,如图4-1-16-2。

图4-1-16-2

拍摄清晰月相,需要使用长焦镜头,选择手动对焦模式,并根据月相的盈亏情况,调整快门速度与光圈感光度等数据进行拍摄,通常此时快门速度不易过慢,感光度不超过600。

4. 拍摄单一天体。拍摄单一天体(日月除外),通常相机的长焦镜头难以满足,此时需要将相机接在天文望远镜上完成拍摄,有以下两种接法。

(1)将天文望远镜的镜筒与机身相连,相当于把天文望远镜作为一个长焦定焦镜头使用,这需要有转接口,常见的有佳能相机EF口、尼康相机NI口及索尼摄像接口,此时上述参数中光圈不用调整,只需要调整感光度与快门速度。

(2)将相机与天文望远镜目镜相连,相较于上一种方法,这种拍摄结果倍率更大,在市场上可以购买到相关转接口,参数调整方式与上一种方式相近。

由于单一天体亮度相较于日月来说,相差过大,需要调慢快门速度,使得进光量增加,但这会带来另一个问题,那就是地球在自转,天体做着自东向西的周日视运动,由于天文望远镜实质是将天体的成像放大了,因此天体在镜筒中存在的时间是有限的,快门速度过慢,会造成明显的"拖线"现象,得到的像是模糊的,所以,如果天文望远镜没有自动跟踪系统或电动马达可以抵消地球自转的话,那就需要提高感光度,以减少因调快快门速度所造成的影响。

5. 拍摄星空。在夜间拍摄相片时,由于曝光时间较慢,为保证画质,需要使用固定相机的设备,一般会使用三脚架,但是星空照片与普通夜景照有所不同。通常夜景照的拍摄对象以固定建筑、灯光等为主,相对静止,但是因为地球自转,所以星空是存在缓慢运动的,虽然肉眼在短时间内很难分辨,但相片会真实反映这种现象。所以拍摄星空照片最好能够使用星野赤道仪(一种带有电动马达,可以跟随地球自转而运动的赤道仪)。

拍摄时,由于环境过暗,相机无法实现自动对焦,所以必须选择手动对焦模式。在对焦时,可以将镜头先对准某颗较亮天体,并尽可能放大屏幕,再进行调焦。(调焦时以目标在屏幕显示越小越好)理论上,为了使得星空明亮,各参数设置需要朝能够使成像更加明亮的方向调整,但是不建议感光度调整过高,因为这样做会降低画质。

由于拍摄星空曝光时间长的缘故，所以要尽可能地减少抖动。其中包括：相机自身抖动、地面抖动等，为避免在按下及释放快门键时可能会对相机造成抖动，建议使用快门线，或选择延时曝光。图4-1-16-3是夜晚星空下的西藏南迦巴瓦峰。

图4-1-16-3

说明与延伸

1. 一套标准配置的天文望远镜往往有以下三个主要部分：镜筒（含寻星镜和目镜）、赤道仪和三脚架，简装版的只有镜筒和三脚架（含能够安装镜筒的接口装置）。可以说赤道仪是区分天文望远镜配置是否专业的重要部分。它是基于赤道坐标系的原理所建造的，通常由赤经轴和赤纬轴（极轴）组成，可以调节。理论上当极轴对准北（南）天极后，只需要转动赤经轴就能实现对天体的跟踪观测。

2. 当拍摄完单张相片，一定会碰到类似这样的情况，在相机屏幕上或在电脑屏幕上正常大小放出来是清晰的，但是放大后却发现像是虚化模糊的，其原因除了对焦不够清晰外，最重要的还是因为地球大气的扰动等不可抗拒因素。此时需要进行后期处理。关于图像后期处理这里只选择几个重要且简单的步骤加以介绍。

（1）在选择拍摄照片格式的时候不要单选JEPG格式，虽然这种格式可以方便打开，但是，它是把相片进行了压缩后的格式，不可避免地会造成图像信息的损失，如果想要两者兼顾，可以选择RAW+JEPG格式选项，虽然会比较占内存，但是图像信息可以得到完全保存。

（2）对同一天体同角度拍摄多张相片后，使用Photoshop CS3以上版本，选择最好的一张作为背景图层（最底层），然后选择其他相片，复制到这个图层上，成为多图层图片，然后混合，并设置底层图片50%不透明度，依次递减。

（3）选择所有图层，然后点击自动对准就可以实现图层的自动校准，保存，从而可以得到一张较清晰的图片。

17. 通过天体识方向

在没有发明指南针之前，日月星辰是人类判断方向最基本的工具。尤其对于远航的船员而言，认识并掌握日月星辰的出没规律，并据此来判断航向是基本技能。除了我们所熟悉的通过北极星可以找到正北方外，中国古代航海家在夜空中找到了近似均匀分布的包括角宿一、心宿二、牛郎星在内的九颗恒星组成航海九星，通过观测它们来判断方位。作为航海的辅助手段，中国古人还创造了利用星宿的位置与海平面的角度确定方位的牵星术。

在现代生活中，利用天体识别方向虽然在城市生活中难有用武之地，但是对于喜爱在野外探险，或者在郊外观星的人来说，这一技能不仅有利于天文爱好者结合星图快速识别星空，还能为迷失道路的人提供准确方位。

工具与材料

有指针的钟表，星图。

活动过程

1. 利用太阳识别方向。除了利用正午太阳照射的影子可以判断方向外,还可以利用指针式手表识别方向:在北半球,把当前时间除以2,将得到的时间的时针指向太阳,12点所指的就是北方(南半球所指的是南方)。例如:在上午10时20分,除以2之后,可以得到时间为5时10分,将这个时间的时针位置对准太阳,12点所指方位即为北方。

2. 利用月球识别方向。月相存在着周期性的变化规律,上半月月相由亏转盈,下半月由盈转亏,由于月球自身不发光,所以这种盈亏现象是由于月球绕地公转时反射太阳光所形成的。据此可以得到,在农历上半月中任意一日当月球运动至上中天时,其亮面所示方位为西方,下半月亮面指示方位为东方。

3. 利用恒星识别方向。

(1) 在北半球天气晴朗的日子里,位于正北方的北极星(勾陈一)彻夜可见,因此可以通过寻找它来确定方位。在夜空中搜寻北极星有以下两种方式:

① 通过北斗七星的"勺口"天枢、天璇两星相连,延长五倍距离,所指即为勾陈一,如图4-1-17-1。

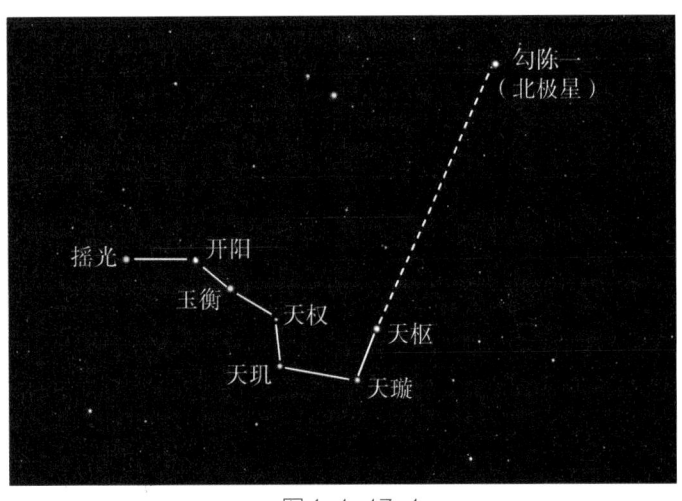

图4-1-17-1

② 通过"W"形的仙后座两边星星连线的延长线,取得一个交点,该点与仙后座最中间的星星相连延长即可找到勾陈一,如图4-1-17-2。

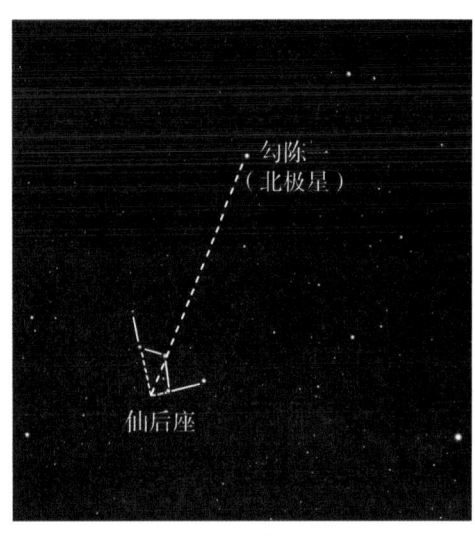

图4-1-17-2

(2) 在南半球不能观测到北极星,而且在南天极及其附近也没有出现"南极星",但是可以借助夜空中最亮的两颗恒星:天狼星与老人星,将两星相连后延长一倍距离,所指即为南天极,即正南方,如图4-1-17-3。

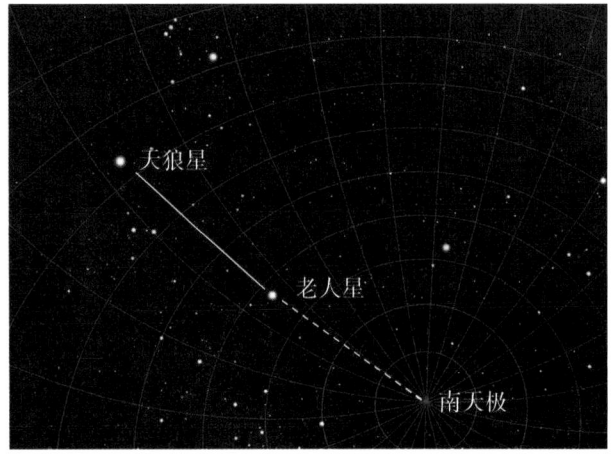

图4-1-17-3

说明与延伸

1. 天球上通过天极(南、北天极)与天顶的大圈称为子午圈,刚好通过正南正北方向。天体做周日视运动通过子午圈时被称为天体中天,离天顶近的那次被称为上中天。简单来说,就是天体做周日视运动时,运动到当日最高处时即为上中天。

2. 寻找南天极的方法不止一种,借助星图还可以有如下几种方式找到南天极。

（1）南半球最著名的代表星座就是南十字座，被认为是南半球星空的标志。很多南半球国家的国旗上都能找到它的身影，十字架一和十字架二（南十字座中的两颗恒星）连线延长约4倍距离即为南天极。

（2）在南十字座旁还有两颗一等星，分别为"南门二"与"马腹一"，它们都属于半人马座，将这两颗恒星相连，取中垂线延长与方法1中的连线交汇处即为南天极。

（3）在南半球有两个硕大的深空天体：大、小麦哲伦星云（因麦哲伦船队在环球航行时观测并记录下来，由此得名），这两个深空天体与南天极形成了一个等边三角形。

（4）与南天极可以形成近似等边三角形的还有"老人星"与"水委一"，在图4-1-17-3中，也可以看到这个三角形。

18. 使用Stellarium软件认识星空

在信息技术高速发展的当下，传统星图缺少实时性、大多不能反映星座形象、不能体现太阳系天体运动轨迹等不足逐渐被计算机技术弥补。很多星图识别软件或手机端应用大量涌现，虽然受到电子设备的硬件局限，但大有取代传统星图之势。功能强大的Stellarium软件可以实现天象预测，模拟演示等功能，如果接上一台鱼眼投影，在球幕环境下就是个数码天象馆。

工具与材料

安装Stellarium软件的电脑。

活动过程

1. 设置地点与时间。进入软件后，将鼠标移至左下方，可以唤出操控菜单，侧列与底端各有一条任务栏，在竖状任务栏中选择■进入选择地点页面，可以通过输入经纬度或者在地图上点入大致位置在右侧菜单栏选择两种方式设置需要观测角度的地址；选择■进入日期与时间页面，输入日期和时间就可以查看任一时间的星空情况。

2. 查看星空中的星座。在底端任务栏中，选择■按钮，从左往右依次为星座连线、星座标签和星座图绘按钮，点击后会发现原本只有星星的界面出现了星座的连线、名称及想象图，能够帮助我们直观地认识星空。

3. 查看天体名称。查看天体名称有两种方式：

（1）用鼠标点击需要查看的天体，在左上方会出现该天体的中文名称（仅限于中国星空体系中的恒星，所以并不是所有的星星都有中文名称的）、英文名称、不同星表中的编号、星等、坐标系等详细信息，如图4-1-18-1。

图4-1-18-1

(2) 在侧列任务栏中点击 后在"天空"栏的恒星一列中选择"标签"和"标识",就可以显示星空中恒星的名称,如果需要显示太阳系天体的名称,可以在菜单栏中点击"太阳系",进入选择界面。

4. 查看星空界面。在屏幕中按下鼠标左键即可拖动星空的页面,使用滚轴可以放大缩小页面,选中天体后,按下空格键,可以使天体居中,此时滚动滚轴可以放大天体,查看太阳系天体及深空天体可以看到清晰图片。

5. 搜索天体。在侧列任务栏中选择 ,输入需要搜索天体的名称,即可搜索此时该天体的位置。

6. 选择星空类型。Stellarium 软件有一个非常强大的功能:可以显示世界各地不同文化的"星座"简图。选择 ,进入对话框后,选择星空文化,在左侧菜单中选择中国,再选择星座连线和星座标签按钮就可以看到,星空的连线方式从西方的星座体系变为中国的星官体系。在这个界面内,有助于我们理解恒星中文名称的来历,如图4-1-18-2。

说明与延伸

1. 中国古代天文学家将相邻恒星相连组成的图形称为星官,与西方的星座概念有所不同的是,星官可以是几十颗星也可以是一颗星,且大多数相邻星官名称是有相关性的,这也使得星官体系比星座体系复杂,却更容易让人理解,比如"天市左垣"的西面存在着一条结构与之类似的"天市右垣"。星官体系体现了中国古代天人合一的思想,大多数星官名称来源于中国古代的官职、实体事物等。

2. 日月食作为特殊天象,一直是备受关注的天文奇观。但是观测条件会受到地点、天气的限制(如何观测可查看本书观测日食及观测月球两文)而无法完成观测,也可能没有掌握即将到来的天象发生时间而错过。这些都可以在软件中实现"观测"。

(1) 在软件中通过调整时间将屏幕设置为天象发生的日期,选中月球并居中,将底端任务栏中选择快进按钮 ,就可以看到即将出现的日(月)食。有些时候会出现带食而出或者带食而落的现象,只要在底端任务栏将地面按钮 与大气层按钮 点暗,即使月食发生在白天,日食发生在晚上,也能"观测"了。不过由于日食带比较狭窄,因此发生时,并不是所有地方都可以观测到,"观测"日食还需要根据日食带选择地点。

(2) 在"观测"日月食的同时,关注时间,即可知道日月食各阶段的时间,如果是预测模拟,可以根据所显示的时间调整作息进行观测。

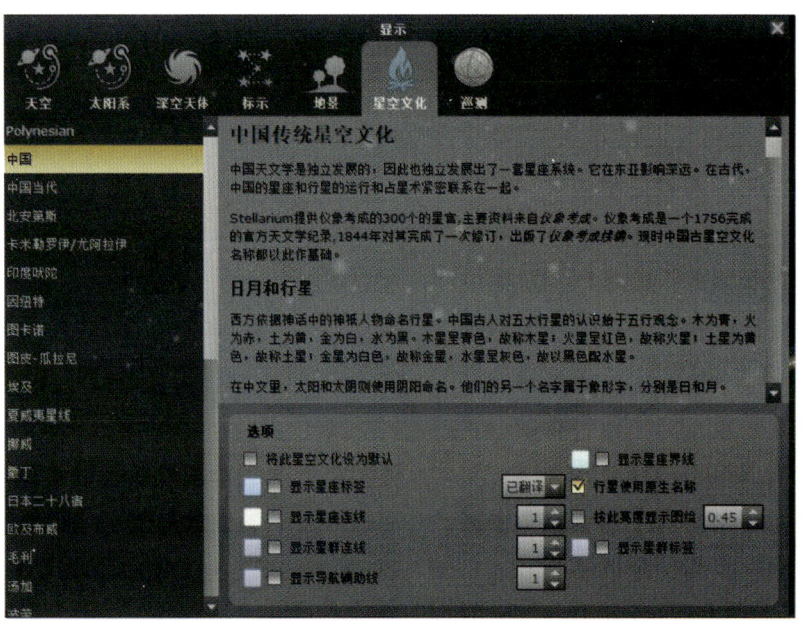

图4-1-18-2

气象

1. 建造校园气象站

天气是气温、气压、湿度、风向和风速等气象要素的综合反映,天气的好坏深深影响着人类的生产、生活。因此,人类非常重视对气象要素的观测。全世界建有成千上万个气象站,配置了各种天气雷达,在太空中还布设了多颗气象卫星,每天从地面到高空、从陆地到海洋,全方位、多层次地观测大气变化。气象台的计算机对收集到的数据进行处理,得到天气图、数值预报图等,对公众发布天气预报。从2020年4月1日起,我国地面气象观测已经全面实现自动化运行。通过参与校园气象站的建造,长期坚持利用气象观测仪器进行观测、实验、记录,可以获取一手气象数据,加深对气象知识的了解,感悟天气与人类活动的关系。

工具与材料

风向风速仪,百叶箱(内有最高、最低温度计,干湿球湿度计),雨量器,蒸发皿,地温表,日照仪,噪声仪等气象观测仪器。

活动过程

1. 为观测场选址。观测场周围应空旷平坦,不能设在低洼潮湿或靠近公路、铁路以及高大建筑物的地方。观测场与周围孤立障碍物的距离至少为该障碍物高度的3倍,与成排障碍物的距离则应大于该障碍物高度的10倍。观测场四周10 m内不能种植高秆作物,以保证场内气流畅通。

2. 布置观测场。标准的观测场为25 m×25 m的正方形场地(图4-2-1-1)。若受条件限制也可缩小为东西向16 m、南北向20 m的长方形场地。

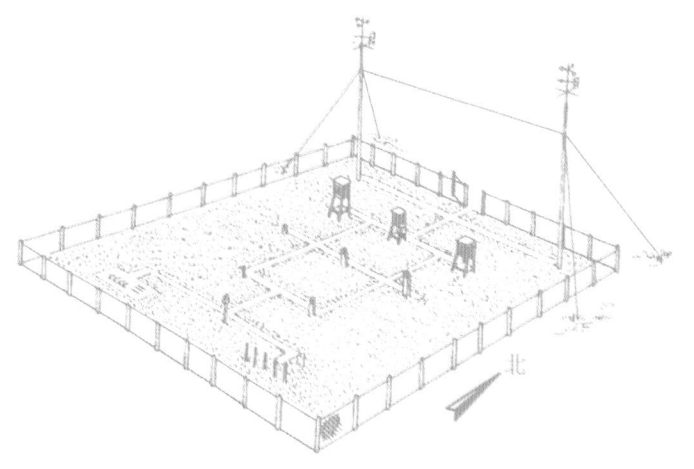

图4-2-1-1

观测场内地面要平整,还要有均匀的草层,草高不超过20 cm。为方便观测,场内可用砖铺设0.3~0.5 m宽的小路,供观测人员行走。为了保护观测场内的仪器设备,观测场四周应设置1.2 m高的稀疏木质围栏,并漆成白色。观测场的门应开在围栏北侧。

3. 在观测场内放置观测仪器。观测场的仪器放置既要注意互不干扰,又要便于观测操作。仪器一般按从高到低的顺序从北至南摆放,东西方向排列成行。百叶箱中最高、最低温度计水平横放。日照仪可在观测场内任意选择一个合适的地方安置(为了使场地保持整洁美观,日照仪多放在南端)。图4-2-1-2是小型观测场仪器布置平面参考图。

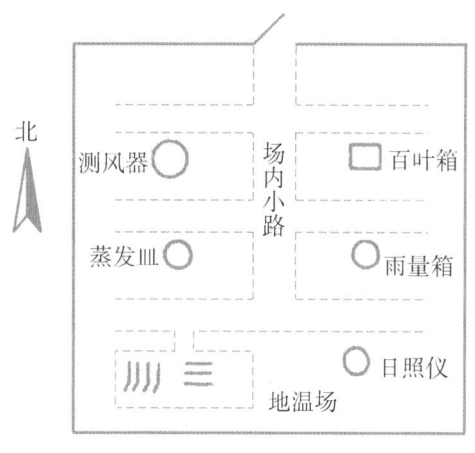

图4-2-1-2

说明与延伸

学校在建立气象站时往往会受环境条件的限制,可根据学校的实际情况,参照前述要求,因地制宜地选择观测场地。一般来说,学校里只要有一块大小适中的平地,能够放置风向风速仪、百叶箱、雨量器、蒸发皿等主要的气象观测仪器就可以了。如果观测场地设在楼顶,应尽量在场地内铺设草层;没有条件的可种植一些低矮的花草,尽量使观测场地接近自然状态。

2. 观测气温

大气的冷热用气温的高低来表示。气温有摄氏度(℃)和华氏度(°F)两种表示法。我国的气象播报中习惯使用摄氏温标。气温变化也是引起天气变化的根本原因之一,所以一般的气象台(站)都要进行气温观测。

工具与材料

普通温度计,最高温度计,最低温度计等。

活动过程

1. 在百叶箱中放置温度计。

（1）将普通温度计竖直安放在百叶箱内的温度计支架上,感应球部离地面1.5 m为佳。

（2）将最高温度计平放在百叶箱内温度计支架的横钩上,感应球部离地1.53 m为佳。放入时先放球部,后放表身。感应球部向东,稍微向下倾斜。

（3）将最低温度计平放在最高温度计下方1 cm的横钩上,感应球部向东,离地1.52 m为佳。

2. 读取温度计,记录温度值。

（1）每天在固定时间多次观察普通温度计数值并进行记录。为使观测值体现出温度变化的规律,一旦观测时间确定下来,就不要轻易变动。

（2）每天20:00读取和记录最高温度计和最低温度计的数值。

3. 长期观测以后,利用气温资料绘制气温曲线图,并根据气温曲线图总结气温日变化、月变化与年变化的规律。

说明与延伸

1.最高温度计(图4-2-2-1)用于记录一天中的最高气温。因为气象台(站)是以北京时间20:00为日界,所以最高气温应在每天20:00记录。记录读数后,必须对最高温度计进行调整恢复,具体方法是:手握表身,感应球部向下,小心用力甩动,使水银柱中的一部分水银回落到感应球部。

2.最低温度计(图4-2-2-2)。一般来说,最低气温也应在每天20:00观测。记录读数后,要把温

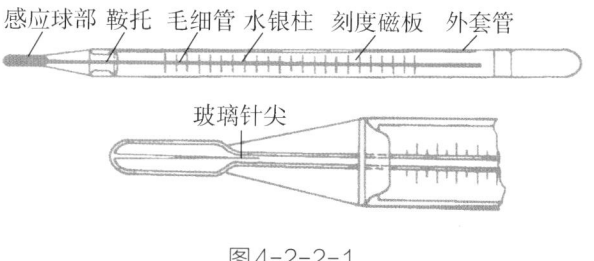

图4-2-2-1

度计的球部向上抬一下,让游标克服摩擦力回到酒精柱的顶端,这样下次才可继续观测。

3.读取温度计的数值时,必须保持视线和水银柱顶端一致,手不接触感应球部。读数力求快速,读数应精确到0.1℃。

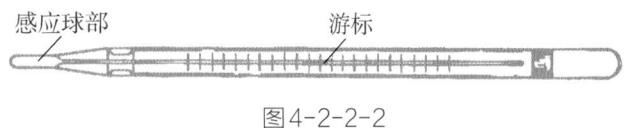

图 4-2-2-2

3. 观 测 云

云是地球大气层中水循环的有形结果。太阳照在地球表面,水蒸发形成水蒸气,一旦水汽过饱和并遇冷,水分子就会聚集在空气中的微尘(凝结核)周围,产生水滴或冰晶,由此形成的集合体就是云。随着水汽条件和大气运动的条件改变,云状、云量、云高都会发生变化,可以说云是天气变化的"招牌"。观测云的变化能对预测短时期内的天气现象带来很大的帮助。

工具与材料

云幕灯,气球,激光云高仪等。

活动过程

1. 观测云高。

(1) 目测。

目力估测是一种简便的观测云高的方法,具体方法是:以云体附近已知高度的山峰、高大建筑物等作为参照物,按它们被云遮蔽的程度或云底距离它们顶部的相对高度来估计云高。

(2) 器测。

测量云高的仪器有很多,可根据实际情况和条件选用不同的方法测云高。

① 用激光云高仪测云高。具体测量方法为:用激光云高仪将一束能量较大的激光向云层发射出去,然后接收反射回来的激光脉冲信号,根据光速和激光往返所用的时间计算出云高。

② 用云幕灯测云高。夜间测量云高一般使用云幕灯,具体测量方法为:把云幕灯安装在离观测点距离为 l 的位置,用云幕灯发射一束光柱,垂直照到云底,形成一个明亮的光点,在观测点测出光点的仰角(α),使用公式 $h=l \cdot \tan\alpha$ 计算出云高。

③ 用气球测云高。在云层低而密集的情况下,可用定升速气球测云高。具体方法为:将气球灌好氢气后,施放上升,用肉眼或经纬仪进行观测,用秒表测出气球从施放到升达云底的时间(也就是气球轮廓刚模糊的时间,计为 t),利用公式 $h=v \cdot t$(v 为气球的升速)计算出云高。

为方便观测,云底呈白色或云底较亮时,宜选用红色气球;云底呈灰色或天空较暗时,宜选用黑色气球。

2. 观测云状。

云状包括云的形状、结构、灰度、透光程度等。观察时,可参考云的国际分类体系(十云属体系)对云状的描述。该体系将云划分为 10 个"家族",分别是:积云、积雨云、层积云、层云、雨层云、高层云、高积云、卷云、卷层云和卷积云。

以下列出不同云族的典型特征,以这些主要特征为依据,可对云状做出判断。

(1) 积云(图 4-2-3-1):云体呈团块状,有一定厚度,外轮廓清晰;云底多平坦,云顶多向上突起;云体多为白色,浓厚时呈灰黑色或黑色;云底高度低(在 2000 m 以下)。

(2) 积雨云(图 4-2-3-2):云体呈巨大团块状,

垂直厚度极大,外轮廓清晰;云顶由冰晶组成,呈白色,轮廓模糊,常呈铁砧状或马鬃状;云底阴暗混乱,起伏明显;云底高度低(在 2000 m 以下)。积雨云常引发雷暴、阵雨,甚至冰雹、龙卷风。

图 4-2-3-1

图 4-2-3-2

(3)层积云(图 4-2-3-3):云体外轮廓清晰,成大片分布;云顶多向上突起;云体多为白色,浓厚时呈灰黑色或黑色;云底高度低(在 2000 m 以下)。

图 4-2-3-3

(4)层云(图 4-2-3-4):云体雾状,没有明显的轮廓,也没有明显的结构;云体多为乳白色或灰色;云底高度低(在 2000 m 以下,甚至接近地面)。

图 4-2-3-4

(5)雨层云(图 4-2-3-5):云体成片分布,厚重;云底很乱,看不出明显的边界;云体黑灰色,云底高度低(在 2000 m 以下)。雨层云常引发持续性的降雨。

图 4-2-3-5

(6)高层云(图 4-2-3-6):云体灰布状,没有明

图 4-2-3-6

显轮廓和结构;云体多为灰色或乳白色;云底高度中等(2000~6000 m)。

(7)高积云(图4-2-3-7):云体多为又小又薄的团块,外轮廓清晰,多规律排列;云体多为白色或透明;云底高度中等(2000~6000 m)。

图4-2-3-7

(8)卷云(图4-2-3-8):云体丝缕状,多为白色透明;云底高度高(4500~10 000 m)。

图4-2-3-8

(9)卷层云(图4-2-3-9):云体呈片状,有丝缕状结构;云体多为白色或灰色透明;卷层云出现时,太阳周围常形成日晕现象;云底高度高(5500~8000 m)。

(10)卷积云(图4-2-3-10):云体多为小毛团块状,边缘不清晰,整齐排列;云体多为白色透明,周围常有卷云相伴;云底高度高(4500~8000 m)。

图4-2-3-10

3.观测云量。

(1)划分云量。将整个天空划分为10等份,碧空无云或被云遮蔽不到0.5份时,总云量记为"0";云遮盖天空一半时,总云量记为"5";云块占全部天空的1/10时,总云量为"1";云块占天空2/10时,总云量为"2",以此类推。

除总云量外,有时还要单独估计低云量。记录的格式是:总云量/低云量。例如总云量为7,低云量为4,记作7/4。

(2)云量的观测。如果云在天空中分布零乱,可先通过拍照或绘图取得天空的图像,再在图像上采用平移云量的方法,把零散的云填补到天空空白处,构成较完整的云;再对天空等份分割,估计出总云量。云量多时,估计露出的蓝天,再推算出云量;云量少时,直接估计云所遮蔽天空的份数。

4.观察大气光学现象。

(1)观察"晕"。在太阳或月亮的周围,有时会出现一种七彩光圈,里层是红色,外层是紫色,这种光圈叫作"晕"。日晕和月晕常常产生在卷层云上,卷层云后面有大片高层云和雨层云,是大风大雨的征兆。

(2)观察"华"。比晕小的彩色光环叫作"华"。颜色的排列是里紫外红,跟晕刚好相反。日华和月华大多产生在高积云的边缘部分。华环由小变大,

图4-2-3-9

天气趋向晴好；华环由大变小，天气可能转为阴雨。

（3）观察"虹"。夏天，雨过天晴，太阳对面的云幕上常会挂上一条彩色的圆弧，这就是"虹"。人们常说"东虹轰隆西虹雨"，一般来说，虹在东方，有雷无雨；虹在西方，将有大雨。

（4）观察"霞"。在清晨或傍晚，有时太阳照到天空会使云层变成红色，这种云彩叫作"霞"。人们常用"朝霞不出门，晚霞行千里"来帮助判断未来的天气情况。

说明与延伸

1. 云具有三维立体结构。人们抬头从地面往上看，看到的是云的底部（简称云底），云底距观测点地面的垂直距离称为云高。根据云底与地面的高度可将云分为：低云（云底高度 < 2500 m）、中云（云底高度为 2500~5000 m）和高云（云底高度 > 5000 m）。低云包括积云、积雨云、层积云、层云和雨层云。中云包括高层云和高积云。高云包括卷云、卷层云和卷积云。（图4-2-3-11）

2. 为了正确判断云状，可参阅气象部门编印的"云图"加以对照，以提高识云的能力。

3. 云量是指云遮蔽天空的成数。云量观测包括总云量、低云量。总云量指天空被所有的云遮蔽的总成数，低云量是指天空被低云族的云所遮蔽的成数，均记整数。天气预报中，常使用晴、少云、多云、阴等词汇。晴指总云量为0~2，少云指总云量为3~5，多云指总云量为6~9，阴指总云量在9以上。

4. 大气光学现象是指由太阳光或月光的反射、折射、衍射或干涉而形成的发光现象，如晕、华、虹、霞，常出现于云中或云面等处，可根据这些现象推测天气。

5. 经过一段时间的观察，尝试总结不同种类的云所对应的天气情况（如晴天、雨雪天、雨天一般会出现什么样的云）；也可以寻找云发生变化的条件和规律及其所反映的天气变化特点。

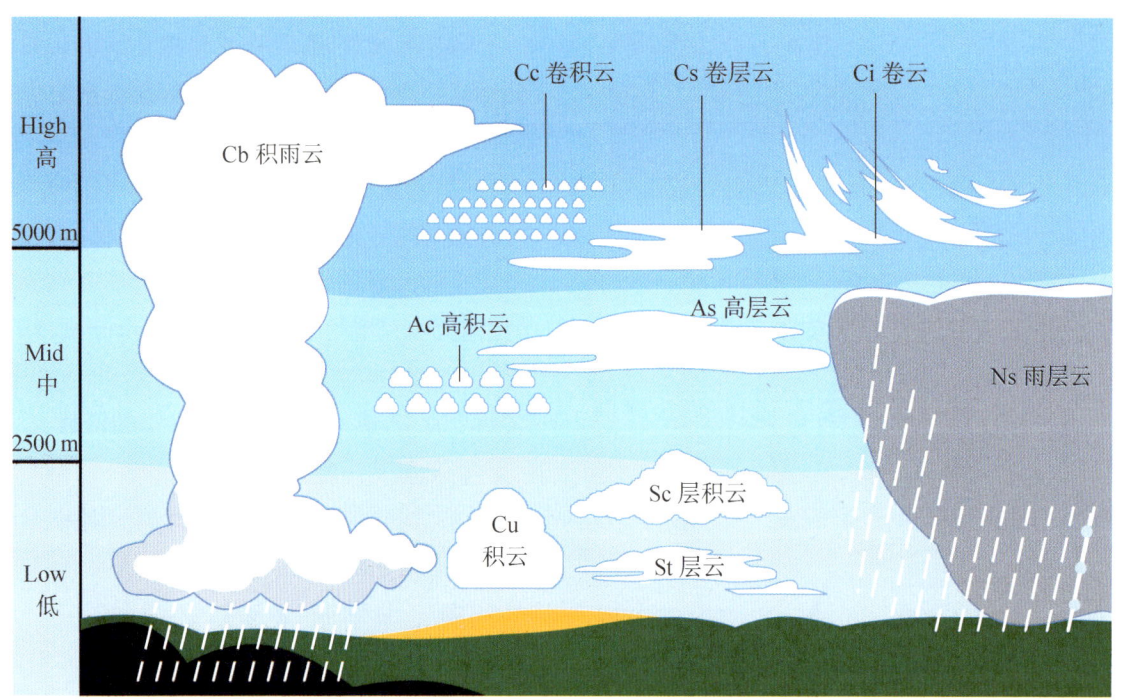

图4-2-3-11

4. 观 测 风

地球的外部包围着一层厚厚的大气,各地温度、空气密度各不相同,从而导致各地的大气压也不同。大气总是从压强大的地方向压强小的地方流动,这就产生了风。风既有方向,又有强弱,通常用风向和风速描述。大气中热量和水汽的输送主要靠风来完成,因此,携带着水汽、热量、尘埃物质等的风所到之处,会对当地的气温、降水甚至空气质量等产生重要影响;而当冷暖、干湿程度各不相同的大气相遇时,也会因为相互作用而导致天气发生变化。可见,风既是一种天气现象,同时也是未来天气形成的重要条件。因此,对风进行观测对于人们掌握风的基本情况和变化规律,预测未来的天气发展趋势,帮助人们在农业生产、货物运输、工程建设、旅游出行等方面趋利避害具有十分重要的作用。

工具与材料

电烙铁,剪刀,便携式风向风速仪等。

铁皮,铁棒,金属套管,木杆,做标记用的小旗等。

活动过程

1. 自制简易风向标观测风向。

（1）按照图4-2-4-1的提示,将铁皮剪成一个箭标,焊在一根铁棒上,箭头和箭尾的重量要平衡。如箭头部分的重量不够,可以多加几层铁皮或附加一些重物。

（2）将铁棒的下端磨成圆头或尖头,使其能自由旋转。

（3）在金属套管上焊接四根垂直相交的短铁棒,表示东、南、西、北四个方向。可用铁皮剪一个字母"N",焊接在一根铁棒的顶端,表示北方。

（4）将箭标插入金属套管,再将金属套管插入作为风向杆的木杆中。

（5）将风向杆的一头埋在地下。埋杆之前先要测定方向,必须使短铁棒上的字母"N"对着正北方,并使风向杆保持与地面垂直。

（6）简易风向标制成后就可以用来观测风向了。一般以2 min内风向标指示的主要方向为当时的风向。

2. 目测风。

在没有测风仪的情况下,可根据一些自然现象估计当时的风向和风力。

（1）目测风向。根据炊烟、树木枝叶的摆动、水浪的运动等自然景物的动向,识别风的来向。在没有自然景物之处,可通过撒土、抛纸屑来识别风向。目测风向可以用8个方向表示,即东、南、西、北、东南、东北、西南、西北。

（2）目测风力。在陆地上可根据地面物体被风吹动的状态,在水面上可根据波浪的大小和航行情况来估计风速的大小。表4-2-4-1就是估计风力等级的参考指标。气象预报中的所谓"几级风"就是指的这种风级。

3. 看风测天气。

（1）收集记录的气象观测资料,制成某月风向与天气状况对应表（表4-2-4-2）。

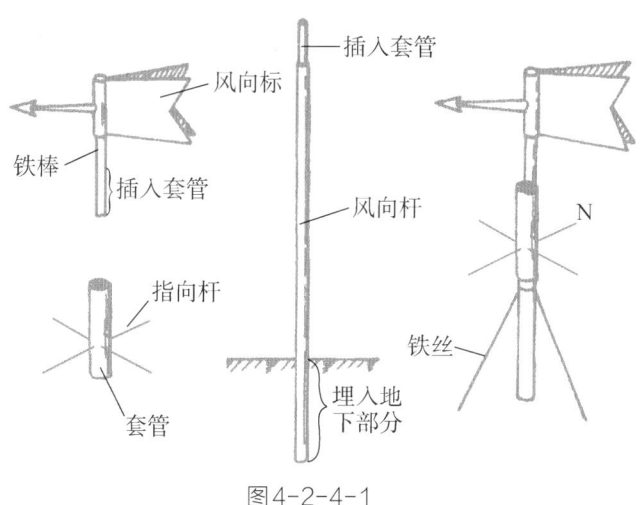

图4-2-4-1

表 4-2-4-1

等级	名称	风速(m/s)	陆地物体征象	海面物体征象	浪高(m)
0	静风	0.0~0.2	烟直上	平静	0.0
1	软风	0.3~1.5	烟能表示风向,树叶略有动摇,风向标不能转动	有微波	0.1
2	轻风	1.6~3.3	人面感觉有风,树叶有微响,风向标能转动,旗帜开始飘扬,高草和庄稼开始摇摆	有小波纹,渔船晃动	0.2
3	微风	3.4~5.4	树叶和细枝摇动不息,旗帜招展,高草和庄稼摇动不息	有小浪,渔船渐觉颠簸	0.6
4	和风	5.5~7.9	灰尘和纸片飞舞,树的小枝摇动,高草和庄稼起伏翻浪	浪顶有些白色泡沫,渔船满帆时可使船身倾于一侧	1.0
5	清风	8.0~10.7	有叶的小树摇动,河水泛起小波,高草和庄稼起伏翻浪明显	浪顶白色泡沫较多,渔船收起一部分帆	2.0
6	强风	10.8~13.8	大树枝摇动,电线呼呼有声,人撑伞困难,高草和庄稼不时倾伏于地	白色泡沫开始被风吹离流顶,渔船收起大部分帆	3.0
7	疾风	13.9~17.1	全树摇动,大树枝弯下来,迎风步行感觉不便	白色泡沫离开浪顶,被吹成条纹状	4.0
8	大风	17.2~20.7	能折毁小枝,迎风步行感到阻力甚大	白色泡沫被吹成明显的条纹状,近港渔船一般不外出	5.5
9	烈风	20.8~24.4	大树枝可折断,屋顶烟囱、瓦片等物有小损坏	被风吹起的浪花使水平能见度减小,机帆船航行困难	7.0
10	狂风	24.5~28.4	树木可被吹倒,一般建筑物遭损坏	被风吹起的浪花使水平能见度明显减小,机帆船航行有危险	9.0
11	暴风	28.5~32.6	有严重损毁	机帆船航行极危险	11.5
12	飓风	>32.6	摧毁力极大	海浪滔天	14.0

表 4-2-4-2

日期	1日			2日			3日			……	31日		
	早	中	晚	早	中	晚	早	中	晚		早	中	晚
风向													
天气状况													

（2）找出本月晴天、雨天、阴天和当时的风向、风速。

（3）找出晴天和雨天出现频率最高的风向。

（4）找出晴转阴雨或阴雨转晴时风向的变化情况,并制成表4-2-4-3。

表 4-2-4-3

天气状况	晴	阴	雨	晴转阴雨	阴雨转晴
风向					

（5）按同样的方法制成各个月的风向与天气情况对应表。

（6）根据12个月的风向与天气情况对应表，总结出春（3、4、5月）、夏（6、7、8月）、秋（9、10、11月）、冬（12、1、2月）四季风向与天气情况的对应规律。

（7）观测当天天气与风向的情况，对照气象观测资料，预测未来天气变化趋势。

说明与延伸

1. 在我国，北风把冷空气从北方吹向南方，把干燥的空气从大陆运往海洋；南风把暖空气从南方送到北方，把饱含水汽的湿润空气从海洋带到陆地。由于不同风向的风，其冷暖、干湿各不相同，从而产生了不同的天气变化。有时候，冷空气与携带大量水汽的暖空气相遇，促使暖湿空气上升冷却而形成云雨，此过程也会伴随着风向、风速的变化。因此，一般来说，根据风向、风速可以预测未来天气变化趋势。

2. 风向指风的来向，例如，空气由东向西运行，叫作东风。地面风向可用16方位表示（图4-2-4-2）；高空风向常用方位度数（°）表示，0°或360°表示正北，90°表示正东，180°表示正南，270°表示正西。

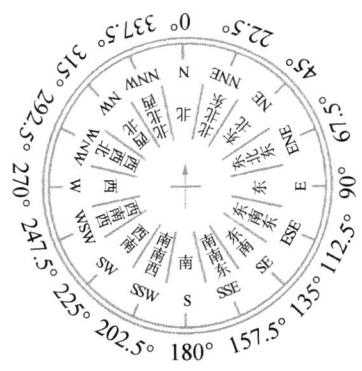

图4-2-4-2

气象上规定观测风向时，以2 min内风向标指示的主要方向为当时风向。风速的观测资料有瞬时值和平均值两种，一般使用平均值。

3. 风速指单位时间内空气在水平方向上移动的距离。风速单位常用米/秒（m/s）、海里/小时（又称"节"，knot）和千米/小时（km/h）表示，其换算关系为：1 m/s=3.6 km/h，1 knot=1.852 km/h。

4. 风向风速仪是观测风向、风速的专业仪器，它主要靠风向传感器和风速传感器来测定风向和风速两个参数。大多数情况下，这两种传感器整合在同一测量设备中，通过综合处理数据信息，共同发挥作用。目前，许多科研人员会使用便携式风向风速仪监测风向和风速。图4-2-4-3显示的轻便杯风向风速仪就是一种常见的便携式风向风速仪，它不仅可以直接测定风向和风速，还具有强大的数据保存功能，这一功能有利于后续对数据进行分析和研究。

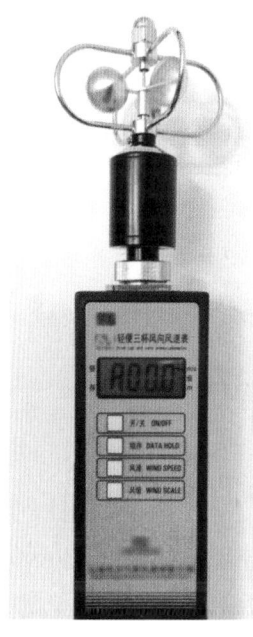

图4-2-4-3

5. 为便于记忆，人们把各级风力的地面征象编成风力等级歌。熟记下来，有助于目测风速。

零级无风烟直上，一级看烟辨风向；
二级轻风叶微响，三级枝摇红旗扬；
四级灰尘纸张舞，五级水面起波浪；
六级强风撑伞难，七级树摇步行艰；
八级大风小枝折，九级风吹小屋裂；
十级狂风能拔树，十一十二陆上稀。

5. 绘制风玫瑰图

风力和风向是风的两个重要参数。通过绘制某地风玫瑰图可以清楚地了解某地风向和风力情况,并分析风向、风力与天气状况之间的关系。

风玫瑰图可分为风向频率玫瑰图和风力玫瑰图,前者可以清楚地显示某地一年或一月的风向频率以及该地某段时间内的盛行风;后者可以反映一个月内风力的强弱情况。

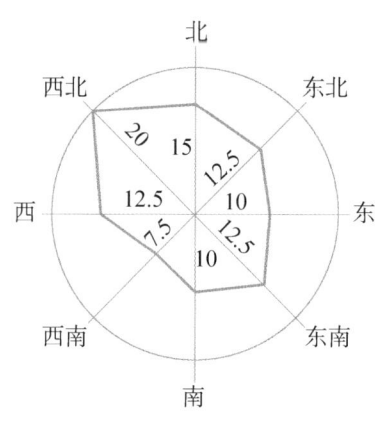

图4-2-5-1

工具与材料

圆规、直尺等绘图仪器。

有关的气象资料,如一个月内的风向记录,该月每日某一时刻(如7:00)的风力记录等。

活动过程

一、绘制风向频率玫瑰图

1. 记录一个月内每日的风向情况(每天观测和记录风向的次数可视学校课程时间安排的情况而定)。

2. 把一个月的风向资料进行整理,算出各个方位的风向出现的频率(即每种风向出现的百分率),填入风向表(表4-2-5-1)。

表4-2-5-1

风向	东	东南	南	西南	西	西北	北	东北
频率	10%	12.5%	10%	7.5%	12.5%	20%	15%	12.5%

3. 作十字坐标,并等分为"米"字形,标上"东""东南""南""西南""西""西北""北""东北"(图4-2-5-1)。

4. 如图4-2-5-1,以十字坐标的原点为圆心,以8个风向中频率最高的数值为半径。风向表内的最高数值是20%(即西北风的频率),那么半径就取2个长度单位。

5. 以原点为中心,根据8个风向的不同频率分别在"米"字形的风向延伸线上截取不同长度的线段。例如,东南风的频率是12.5%,则在东南方向上取1.25长度单位,其余类推。

6. 连接各点即完成风向频率玫瑰图。

二、绘制风力玫瑰图

1. 观测并记录一个月内每天上午7:00的风向和风力。

2. 在白纸上画一圆,并经圆心作垂直的十字线,再等分画成"米"字线。

3. 把圆半径分成12等分,作12个同心圆(表示风力的12个等级)。

4. 把一个月内每天的风向和风力列成表格(表4-2-5-2)。

5. 在8个风向上标上出现相同风力的天数。

6. 连接各个风向上的最高风力数值的点(图4-2-5-2)。

说明与延伸

1. 以上两种风玫瑰图既可画一个月,也可以画一年,一般根据气象活动内容而定。

2. 绘制风玫瑰图的活动可与其他气象活动联

表 4-2-5-2

日期	风向	风速（级）	日期	风向	风速（级）
1	东北	4	17	东北	8
2	东北	5	18	东	5
3	东北	3	19	东南	6
4	东北	5	20	西北	4
5	东北	5	21	东南	7
6	东北	7	22	东北	6
7	东南	7	23	西南	4
8	东南	1	24	西南	3
9	东南	3	25	东北	7
10	东南	6	26	东北	3
11	西北	3	27	东北	6
12	东南	3	28	东南	6
13	东南	3	29	东南	5
14	东南	7	30	东南	5
15	东南	5	31	南	4.5
16	东南	7			

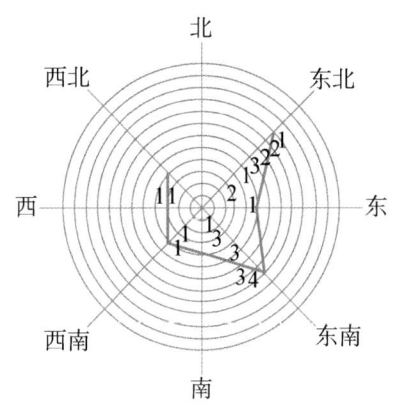

图 4-2-5-2

系起来。如果对一年中各月的风向玫瑰图进行分析，可得出本地区春、夏、秋、冬各季的主导风向，从而了解本地区天气状况的变化规律。

此外，分析风向、风力玫瑰图还可与某一个月的天气状况相联系，从而得出风向、风速的变化与天气变化关系的相关规律。

6. 制作简易雨量筒

降水是指大气中的液态水或固态水降落到地面的现象。降水未经蒸发、渗透、流失，积聚在水平面上的水层深度称为降水量。

降水量与生产、生活的关系十分密切，因此，对降水量测定的精度要求很高。测定降水量的常用仪器是雨量器（图 4-2-6-1），包括雨量筒和雨量杯。下面介绍简易雨量器的制作和使用方法。

工具与材料

剪刀等。

薄铁皮，玻璃瓶，不干胶贴纸等。

活动过程

1. 先用薄铁皮做一个圆柱形的筒，再做一个圆筒状的漏斗。漏斗口高 10 cm。漏斗内壁衬一条薄铁皮，高出漏斗口 3~4 mm，内直外斜，以防雨水溅失。薄铁皮漏斗的直径约为 20 cm。

2. 圆筒内放一个玻璃储水瓶，将漏斗放在圆筒上，这样漏斗承接的降水全部流入瓶内，雨量筒就制成了 [图 4-2-6-2(a)]。

3. 另外还须再配置一只雨量杯，用于测定降水量。如果没有雨量杯，可以找一个直筒的玻璃瓶，

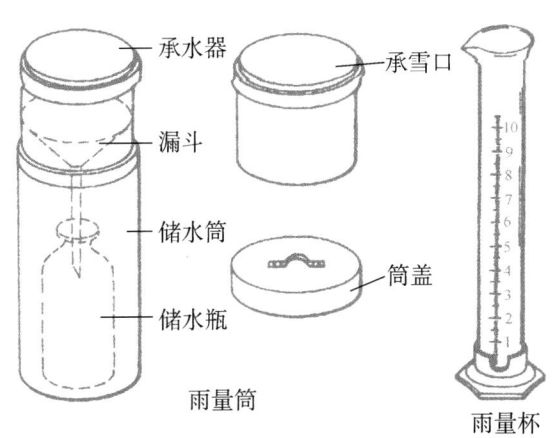

图 4-2-6-1

瓶子外壁垂直贴一张不干胶贴纸。向气象台（站）借一只雨量杯，量出1 mm高的降水倒入玻璃瓶内，在贴纸上画出1 mm降水的刻度。用同样的方法画出刻度2 mm、3 mm……毫米以下的刻度可以用等分法画出。画出刻度的雨量瓶就可以代替雨量杯了[图4-2-6-2(b)]。

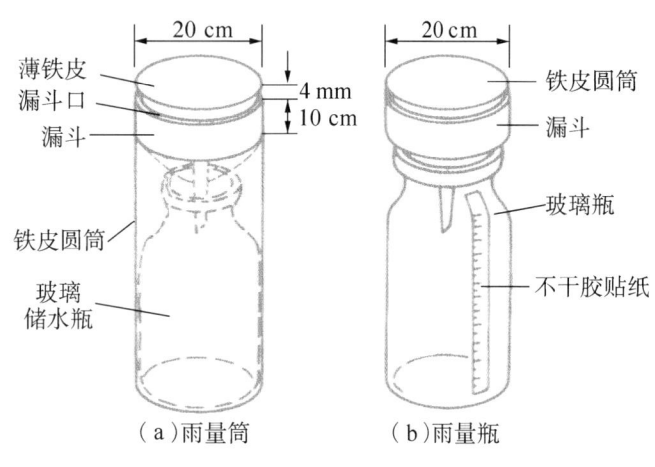

图4-2-6-2

4. 如果玻璃瓶口较大，可以把漏斗直接放在玻璃瓶上，下雨后就能从雨量瓶的刻度上读出降水量。

5. 雨量筒应安置在观测场内，筒口要保持水平，离地面的高度为70 cm。

6. 降水量的测定方法：

（1）测量降水量时，先取出雨量筒内的储水瓶，换上事先准备好的空储水瓶，并将存有降水的储水瓶带回屋内，用雨量瓶测量降水量。

（2）读数时，雨量瓶必须保持水平，视线要同量杯内的水面齐平，读取水面凹下去的最低点刻度线。读数要精确到小数点后一位。有时降水量很小，不到0.05 mm，应记作0.0 mm，表示有降水，但数量极微。如降水量不到0.1 mm，但大于0.05 mm，就记作0.1 mm。

（3）如果降水量大，一次量不完，可以分多次量。每次测量后要记录，最终累计得出总降水量。如遇雪、雹等固态降水时，应把漏斗换成承雪口，让固态降水直接落入储水筒内。取回的储水筒应加上盖子（以防水分蒸发），放在温暖的地方或加入温水（不能用开水，也不能加得太多），待雪、雹等融化后，用量杯测量。如加入温水，要将量得的结果减去加入的温水量。

（4）降水量的观测一般一天2次。学校气象站可根据实际情况安排观测时间，如上午7:00和下午5:00。遇到特大阵雨时，在雨过之后就应立即测量，及时了解降水的强度。

说明与延伸

1. 雨量筒直径为20 cm，雨量杯直径为4 cm，最大刻度值为10 mm。测量降水量时，用雨量杯中水量的高度除以25即为降水量。

2. 另一种测定降水量的方法是用秤称出降水的重量，然后再折算成降水量。雨量筒中1 mm降水的重量约为31 g，所以，把称出的降水克数除以31就可折算成毫米数了。如称得雨量筒收集到的某次降水为372 g，则372÷31=12，折算成降水量大约就是12 mm。

7. 制作简易气压计

气压是物体单位面积上受到的大气重力。由于地球的表面在同一时间受热的情况并不相同，因此大气的密度也各不相同，从而导致各地的气压存在差异。空气总是处在水平或垂直运动之中，从气压高的地方流向气压低的地方，这也使天气处在不断变化之中。气压是气象观测的一个重要指标，气压计是用来测量气压变化的仪器。气象上常用的测压仪器有液体（如水银）气压计和无液（如金属空盒)气压计。通过制作简易气压计,可以进一步了解气压计的工作原理,感受不同天气条件下的气压变化情况,锻炼动手制作的能力。

工具与材料

剪刀,胶枪等。

带有瓶塞的玻璃瓶,细玻璃管(长约20 cm),硬纸板,气球,塑料吸管(或气球托杆),透明玻璃杯,双面胶等。

活动过程

一、制作瓶式气压计(图4-2-7-1)

1. 取一个带橡皮塞的玻璃瓶,在瓶中装上适量有颜色的水,再拿一根两端开口的细玻璃管,让玻璃管穿过橡皮塞插入水中,盖紧瓶塞。

2. 擦干净玻璃管的上端,从管子上端向瓶中吹入少量气体,使水在玻璃管中上升到瓶口以上。进一步旋紧瓶塞,或在瓶塞与瓶子接缝处打上胶水,确保瓶子不漏气。

3. 将玻璃瓶置于温度变化小、通风条件好的地方。

4. 在这个装置中,瓶内气压($p_内$) = 大气压强(p_0) + 水压强($p_水$)。由于密封的瓶内空气压强不会发生改变,因此随着大气压强的改变,水柱的高度会相应发生变化(注:水柱升降对$p_内$影响忽略不计):当大气压强增大时,水柱会下降;当大气压强减小时,水柱会上升。

5. 根据实际气压确定标尺刻度。为了减小误差,可在水柱稳定不动时与当地气象台(站)测定的气压数值进行对照并记录水柱位置,或者对照标准气压表记录水柱位置。经过多次对照,根据气压差与水柱高差的对应关系,就可以大致确定刻度,并用记号笔标在玻璃管上。

二、制作膜式气压计(图4-2-7-2)

1. 剪开气球,把去掉气球口的橡胶薄膜撑开,蒙在玻璃杯口上,再在薄膜边缘打上一层胶水,确保杯子内外空气互不流通。

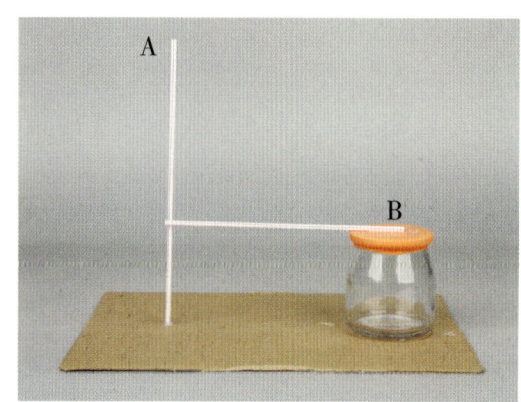

图4-2-7-2

2. 将一支塑料吸管(用作标尺,简称A)用胶水固定在硬纸板上。

3. 再将另一只塑料吸管(用作指针,简称B)的一端,用双面胶粘在橡皮膜上。

4. 在玻璃杯底部打上胶水,把玻璃杯固定在硬纸板上,让B的一端指向A(注意不要让A和B接触,以免影响B的移动)。

5. 因为橡皮膜会随气压的改变而发生变化(气压高时橡皮膜向杯内凹陷,气压低时橡皮膜向上凸起),从而带动B移动,指示出当时的气压。

6. A上的刻度可以参照瓶式气压计所使用的方

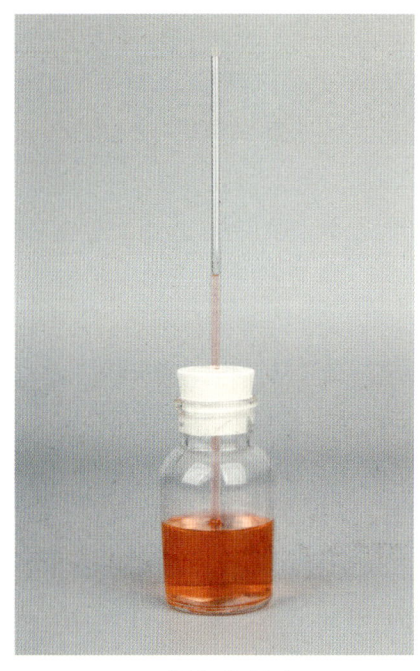

图4-2-7-1

法进行标注。

说明与延伸

还可制作一种U形透明塑料管气压计(图4-2-7-3),作为拓展验证大气压强存在与变化的方法。先把一根长约70 cm的细塑料管弯曲成U形,再将植物油灌进塑料管(油柱长约23~35 cm);然后用胶水把塑料管的一端封住,使之密封,并将塑料管固定在一块长方形的木板上;最后在固定U形管的木板上标上刻度。这样,U形塑料管气压计就制成了。

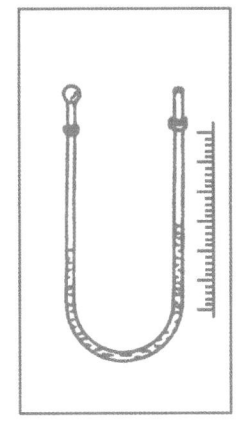

图4-2-7-3

8. 制作简易棉球湿度计

空气湿度是指空气的干湿程度,它被用来表示空气中含有水汽量的多少,一般用绝对湿度和相对湿度两种物理量表示。在气象观测中,测出相对湿度的大小就能直接表示水汽距饱和量的相对程度。相对湿度越小,表明当时空气越干燥;相对湿度越大,表示当时空气越潮湿。

棉球湿度计的工作原理是利用浸过盐水的棉花球在吸收水分后增加重量、失去水分后减少重量的特性,使平衡杆带动指针向左或向右摆动。根据其摆动的幅度,即可算出当时空气的相对湿度。

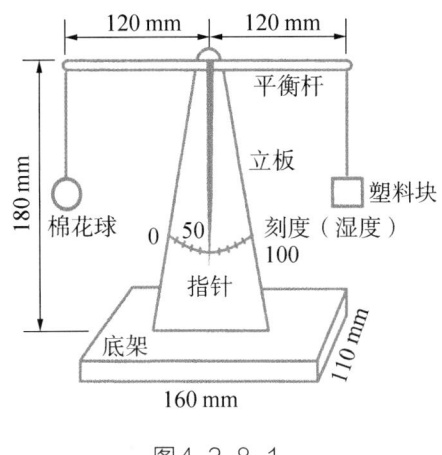

图4-2-8-1

工具与材料

有机玻璃薄板(300 mm × 250 mm)。
细木棍(长约240 mm),细铁丝(长约150 mm),铁钉,棉花,浓食盐水,百得胶等。

活动过程

简易棉球湿度计(图4-2-8-1)的制作步骤如下:

1. 底架、立板的制作。用有机玻璃薄板制成底架和立板。立板应垂直于底架,在立板上端适当的位置上钉一枚钉子,作为平衡杆的转动轴,下端根据指针的长度(约150 mm)画好弧形刻度线。

2. 指针、平衡杆的制作。用细铁丝(长约150 mm)制作指针;细木棍(长约240 mm)制作平衡杆。木棍要均匀、光滑。在平衡杆中央钻一个比钉子略粗的孔,并用百得胶粘住指针,指针与平衡杆要相互垂直。然后把装有指针的平衡杆套在钉子上,此时应使杆保持平衡。如没有达到平衡,下沉的一端略削去一些,直到平衡为止。

3. 棉花球的处理。取一团棉花放在浓食盐水中浸泡一天,然后取出晾干。选择干燥的天气(相对湿度约为50%),把棉花球系在平衡杆的一端;平衡杆的另一端系一个小塑料块或不吸水的物体,保持两端平衡,使指针正好指在刻度的中央。当空气湿度增大时,棉花球吸水后重量增加,会带动平衡杆下沉,使指针偏向塑料块的一边;如空气湿度减小,棉花球由于水分蒸发而减轻,指针就偏向棉花球一侧。

4. 刻度线的定标。刻度线上相应的百分数定标,可根据百叶箱内干球湿度表和湿球湿度表上的读数,查取相对湿度查算表来确定。一般来讲,在大雾天或阴雨天,空气中的水汽处于饱和状态,这种情况下的相对湿度几乎达到100%,而在装有取暖设备的房间里,相对湿度则较低。

说明与延伸

1. 有机玻璃薄板可用塑料板或层夹板代替。

2. 除了棉球湿度计外,还有一种利用经过脱脂处理的人的头发制作而成的毛发湿度计。人的头发经过脱脂处理后,其长度会随空气中相对湿度的变化而改变。因此,可以利用毛发的伸缩来牵动湿度计的指针,从而显示出相对湿度的大小。

9. 利用资料图预报天气

天气现象与气象要素之间是否存在着一定的联系?对多年记录的气象资料进行对比和分析,找出某种天气现象与一个或几个气象要素之间的关系,将有助于对未来是否出现这种天气进行预报。

利用历史资料预报天气的方法有很多,其中"点聚图示法"是一种常用的方法。点聚图是一种反映未来某种天气现象与前期一个或几个气象要素之间关系的图示,它制作简单、使用方便、易于判读,也有一定的预报效果,是气象台(站)运用较多的工具之一。

工具与材料

有关的制图用具。
多年的气象资料。

活动过程

1. 收集近10年7、8月份的气象观测资料。
2. 找出其中出现气压峰点的日期。
3. 计算每个气压峰点出现前一天的日平均气温和日平均绝对湿度。
4. 以日平均绝对湿度为横坐标,以日平均气温为纵坐标构建坐标系。
5. 将活动过程3中得到的数值在坐标系中进行描点,并用不同的符号表示("·"代表未来2~6 d有大雨或暴雨,"×"代表未来2~6 d无雨)。
6. 找出"×"和"·"各自比较集中的区域,并在两个区域之间画上分界线。
7. 根据当天的平均气温和平均绝对湿度值在坐标中描点,看该点落在哪个区域内,以此预报未来2~6 d是否有大雨或暴雨(图4-2-9-1)。

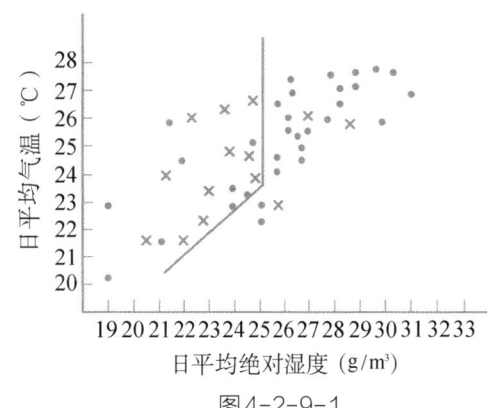

图4-2-9-1

说明与延伸

1. 图4-2-9-1是预报大雨、暴雨的点聚图。因我国大雨、暴雨集中在夏季,因此选取7、8月份的气象资料较为合适。

2. 预报未来短时期内是否下雨,也可用简化的点聚图(图4-2-9-2),其方法如下:以日最高气温为横坐标,以日平均相对湿度为纵坐标构建坐标系;根据气象历史资料在坐标系内描点,未来一段时间内无雨的用"×"表示,有雨的用"·"表示;再按前述方法画出界线。根据当天的最高气温和日平均相对湿度在坐标系中描点,看该点落在哪个区域内,即可预报未来短时期内是否下雨。

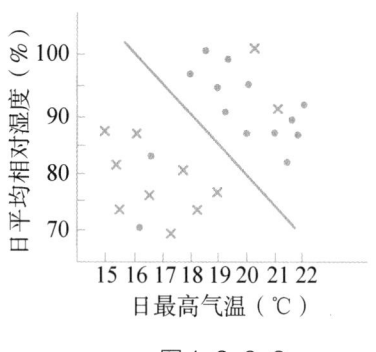

图4-2-9-2

3. 利用资料图预报天气除了用点聚图示法外,还可用气象要素时间剖面图示法。其方法如下:以一天内各次观测时间为纵坐标,以观测日期为横坐标构建坐标系;然后将各次观测到的气温、气压按对应的日期和时间填入相应位置。图4-2-9-3是一张气象要素时间剖面图。沿剖面图的横坐标方向可以看出气象要素的日际变化特点,沿剖面图的纵坐标方向可以看出气象要素的日内变化特点。这种剖面图既可反映气流的运动状况,又可反映天气系统对本地的影响情况。由于这种方法比较复杂,需观测的次数较多,推荐有观测条件的学校使用。

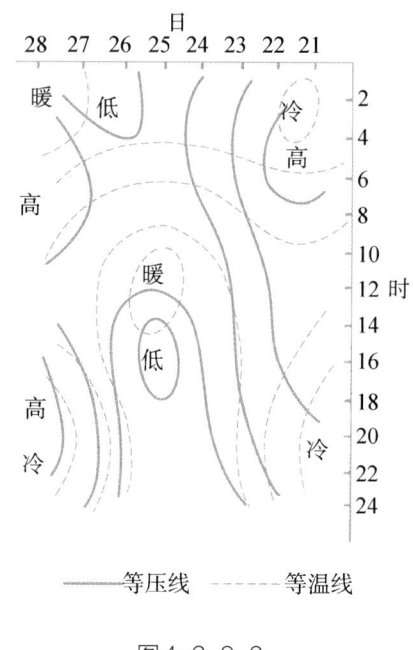

图4-2-9-3

10. 考察小气候

气候是大气物理特征的长期平均状态,衡量气候的时间尺度为月、季、年、数年甚至数百年以上;而小气候不仅受大范围太阳辐射、大气环流、海陆分布的影响,还和局部的地面状况、人类活动关系密切。随着科学技术的进步,人类活动对气候的影响,特别是对局地环境的影响越来越大。由于小气候中的温度、湿度、光照、通风等条件将直接影响动植物的生长、改变人类的生活和工作环境等,因此考察不同环境的小气候以及影响小气候形成的不同因素,可以帮助人们合理利用小气候,或采用一定的技术措施对小气候进行改善。

工具与材料

最高和最低温度计,干湿球湿度计,风向风速仪,雨量器,米尺等。

活动过程

1. 选择周边地区若干个地点(如草坪、小山丘、学校教学楼前的水泥地、柏油路地面、池塘、小树林)作为考察对象。

2. 根据实际需要确定要监测的气象数据,包括气温、降水、湿度、风向、风速等。

3. 以小组为单位制订考察计划，设计观察记录表，并准备好需要使用的考察工具和仪器。

4. 坚持每天定时定点进行观测，并做好记录。

5. 观察一段时间后，整理收集到的数据（可以绘制成图表），对比不同地点的小气候的特征，并分析产生这些差异的原因。

6. 撰写考察报告。考察报告可分为4个部分：

（1）考察工作的说明：为什么要开展这项考察（这项考察有什么意义）。

（2）考察方法的说明：为解决问题所采用的具体做法和组织工作。

（3）考察结果的分析：这是报告的主体部分，要对各种考察资料进行整理归纳，编绘图表，并一一做出分析，并得出相应的结论。

（4）考察中存在问题的说明。

7. 以小组为单位，在全班展示和交流考察结果和对考察结果的思考。

说明与延伸

1. 为保证考察活动方便开展和活动的安全性，考察地点的选择范围不宜过大，考察地点不宜过多。

2. 可以对比不同地形对小气候的影响、水体和陆地对小气候的影响、不同建筑材料对小气候的影响等，从不同的角度考察分析影响小气候形成的原因。

3. 可以将不同小气候与环境中动植物的外形特征、生长特点、生活习性等联系起来进行考察。

4. 可以就小气候的改善尝试提出设想，并设计实验来验证自己的设想。

5. 还可以考察小气候中的各气象要素如何随着垂直高度的变化而发生变化。

11. 调查城市热岛效应

在全球气候变暖和城市化日益加速的背景下，人类活动对气候的影响十分突出。城市人口的高度集中，工厂、汽车、家庭大量地消耗能源、释放出大量的热量，直接使大气变暖……这一切使得市区犹如一个温暖的岛屿，气温远高于郊区，这种现象又被称为"热岛效应"。热岛效应不仅会耗费大量能源用于调节气温，还会使城市上空积累烟尘、有害气体，形成大气污染，危害人体健康。通过对城市热岛效应的调查，分析城市及周边地区的环境差异，能对典型的城市环境形成更具体的认识，同时对未来城市的发展与规划、创建人类宜居环境形成自己的思考。

工具与材料

最高和最低温度计，干湿球湿度计，风向风速仪等。

活动过程

1. 联合位于市区、郊区和乡村等地的多所学校的气象兴趣小组，一起开展气象观测活动。

2. 各观测小组派代表共同商讨、制订考察计划。

3. 各小组在规定时间（如7:00、10:00、13:00、16:00）按统一的要求（如相同的测量高度、通风条件、荫蔽条件）分别测量学校所在地的气温，并做好相关天气要素的记录。

4. 整理收集到的气温资料，绘制各监测点每天的气温变化图。

5. 比较各监测点相同时间的气温值，找出城市热岛效应最显著的时刻（市区、郊区、乡村三者温差最大的时刻）或最不显著的时刻，市区中不同区域热岛效应的差别；并综合分析收集到的其他气象数据，结合各监测点自然地理环境的特点等，分析产生这些现象的原因。

6. 围绕调查方法，概括调查结果，通过分析，撰写调查报告，尝试就缓解城市热岛效应的途径提出自己的看法。

说明与延伸

1. 尽量选择地理位置相距较远或自然地理环境差异较大的学校参与调查，如位于不同市区的学校，靠近或远离绿地、水体的学校，位于城乡接合部的学校，位于乡村的学校等。

2. 进行观测时，可以选择湿度、风向、风速作为辅助观测指标。

3. 如果有条件，可以到当地中心气象台（站）收集市区和郊区上一年1—12月的每日气温资料，计算日平均气温、月平均气温和年平均气温，对比市区和郊区的气温差异，对当地一年中城市热岛效应的表现特征及其形成原因进行分析。

4. 还可以到当地中心气象台（站）收集过去10年间市区和郊区的气温资料，比较10年来市区与郊区气温差异的变化情况，对近些年当地城市热岛效应的表现特征及其形成原因进行分析。

12. 收集和验证气象谚语

气象谚语是广大劳动人民在长期劳动实践过程中通过不断摸索，总结天气、气候变化的规律，积累下来的宝贵经验，多以歌谣、顺口溜等形式在民间流传。气象谚语有着非常丰厚的实践基础，不仅是各地气象工作者进行天气预报的辅助手段，也是人们平时预测天气的一种重要参考。作为气象爱好者，应把收集、整理、验证气象谚语作为拓展知识与能力、开展气象活动的一项重要内容。

工具与材料

有关书籍，互联网，记录工具等。

活动过程

1. 收集气象谚语。通过阅读有关气象谚语的书籍、有关地方谚语的资料，寻访地方文化专家学者，走访民间富有看天经验的农民、渔民，上网搜索信息等途径收集气象谚语。

2. 整理气象谚语。将收集到的气象谚语按类别（如天气要素、天体光象、气象灾害、长期气候、四季节气、物候物象、农业农事、海洋渔业）进行整理。

3. 验证气象谚语。选择感兴趣的气象谚语，对其进行验证。

（1）通过实地观测验证气象谚语。当出现谚语所描述的征兆时，观察天气的变化过程并做好记录。经过一段时间的观察，对积累的记录资料进行分析研究，找出规律和特点，并统计出该条谚语的准确率。

（2）通过查阅历史气象资料验证气象谚语。凡谚语中所反映的天气现象在当地的历史气象资料中有记录的，就可以采用历史资料验证法进行验证。具体方法可参考如下步骤：

① 弄清谚语所指的征兆现象。例如谚语"未蛰先蛰，四十五天阴湿"，这表示惊蛰节气之前如果打雷了，那么之后的45 d内多为阴湿天气。

② 确定验证时所需查阅的资料。例如，针对上述谚语，可查阅历史上某段时间（如过去10年）与该条谚语对应的时间跨度（如每年惊蛰前15 d—后45 d）气象台的地面观测资料。

③ 自制记录表格，将查阅到的观测数据填入表格中，便于后期进行统计分析。

④ 根据记录表格选取有关的数据进行统计，查看所描述现象的发生率。如果发生率较高（达到75%以上），就可视为有效预报指标。可将此类谚语进行汇总，作为天气预报的指标使用。

⑤ 分析谚语所描述的天气现象在当地发生率较高或发生率不高的原因,与他人进行交流。

说明与延伸

1. 由于气象谚语多是人们的经验总结,再加上我国幅员辽阔,地形、地貌、气候条件复杂多样,因此气象谚语并非放之四海而皆准。通过理解气象谚语的含义,观测气象谚语所描述的气象变化现象,分析气象谚语对当地的适用性,可以加强对天气现象形成、发展和演变规律的认识。

2. 通过验证,收集适用于当地人们衣、食、住、行等方面的气象谚语,制作成电子小报,分享给同学或家人。

13. 制作"天气瓶"

在人类探索天气预报的历史上,曾经出现过一种叫作"天气瓶"(又叫作"风暴瓶")的工具(图4-2-10-1)。据历史资料记载,天气瓶是由天气预报的创始人——英国的罗伯特·菲茨罗伊爵士发明的,天气瓶伴随着菲茨罗伊顺利地完成了多次海上冒险。那么,天气瓶有哪些神奇之处?它是否真的可以对未来天气做出预报?可以尝试了解有关天气瓶的资料,自己动手做一做、测一测,解开心中的疑惑。

图4-2-13-1

工具与材料

烧杯2个(分别编号A和B),带木塞的玻璃瓶1个(体积约150 ml),玻璃棒2根(分别编号A和B),手套1副,护目镜1副等。

硝酸钾,氯化铵,常温蒸馏水,95%浓度的乙醇,粉状天然樟脑等。

活动过程

1. 制作天气瓶。

(1) 做好防护准备。因制作材料中包含化学物品,为避免化学物品溅到皮肤和眼睛,整个制作过程中必须佩戴防护手套和护目镜。

(2) 取硝酸钾和氯化铵各3 g,放入烧杯A中;再取蒸馏水40 mL,倒入烧杯A中,用玻璃棒A轻轻搅拌,使硝酸钾和氯化铵完全溶解。

(3) 取粉状天然樟脑12.5 g,倒入烧杯B中;再取95%浓度的乙醇50 mL,缓慢倒入烧杯B中,用玻璃棒B轻轻搅拌,让粉状樟脑完全溶解。

(4) 将上述两种溶液缓慢地倒入玻璃瓶中,然后用木塞塞好,轻轻摇晃,让两种溶液完全混合。

2. 观察记录天气瓶的变化。

(1) 将装有混合溶液的玻璃瓶静置在室外阴凉处,每天早、中、晚定时观测瓶内晶体的状态,做好观察记录(可以通过拍照进行直观记录)。

(2) 在观察的同时坚持记录每天的天气情况,看一看天气瓶的变化与天气变化是否具有对应关系,思考影响天气瓶中结晶析出的因素有哪些。

说明与延伸

1. 天气瓶的制作需要在可密封的玻璃器具中注入一定比例的蒸馏水、乙醇、樟脑、硝酸钾及氯化铵等五种化学物质的混合物。其中,樟脑在乙醇中的溶解度随温度变化是导致瓶中液体结晶的主要原因,蒸馏水、硝酸钾和氯化铵能够为晶体的成核提供条件。该混合物中结晶物的含量会随气温的变化而发生变化。由于析出的结晶物形态各异,天气瓶也可以作为一个漂亮的摆设。

2. 天然樟脑越纯,结晶越漂亮;乙醇浓度和蒸馏水比例不同,会出现不同的结晶效果。可以尝试制作不同比例的混合溶液进行比对。

3. 还可以大胆提出假设,开展一系列更深入的实验探究,如了解气温变化的快慢以及气压变化、环境湿度变化等对于天气瓶中晶体变化的影响,最后得出实验结论,说说天气瓶在反映天气变化方面的用途和局限性。

14. 考察天气要素对空气质量的影响

空气污染会危害人体健康、影响植物生长、损坏文物古迹及降低空气能见度,给人们的生活带来严重的不利影响。影响空气质量的因素非常多,既有污染物的排放因素(包括沙尘天气、汽车尾气、工业排污、冬季采暖排放等),也有影响污染物扩散与传输的气象因素(包括气温、降水、湿度、风向、风速等)。一般来说,一个地区污染物的排放量会基本保持在稳定的水平,因此气象要素是影响空气质量的重要因素。可以通过室外观测、数据分析,尝试探索区域气象要素和局地空气质量之间的关系,学会根据局地气象要素数据大致判断空气质量。

工具与材料

手持式自动气象站(能同时测量大气温度、湿度、风速、风向、气压和雨量等气象要素),空气质量检测仪。

区域气象要素数据(可到气象局和生态环境局官方网站查询)等。

活动过程

1. 制订观测计划。

(1)选择观测地点。可以选校园内较空旷的区域(如条件许可,最好找高度为12 m的楼顶区域)作为观测地点。

(2)确定观测时间。优先选取秋冬或初春冷空气过境前后进行观测,以5 d为一个观测周期,每个观测周期中每天8:00、12:00、16:00三个时间进行测量。

(3)确定观测要素。观测要素主要包括:气温、降水、湿度、风向、风速,空气PM_{10}或$PM_{2.5}$浓度。

2. 实施观测计划。

(1)各观测组确定好人员分工,设计观测记录表,进行实地观察和记录。

(2)每天通过气象局和生态环境局等机构的网站获取区域气象要素,包括:区域温度、风向、风速、大气AQI指数等。

3. 整理观测资料,进行数据分析。

经过3~4个周期的观测后,对收集到的观测数据以及通过网络收集到的气象数据进行整理(最好整理成图表)。对比区域与局地空气质量的差异,区域与局地气象要素的差异,以及局地气象要素及局地空气质量的关系等,寻找到影响空气质量的要素。

4. 撰写观测报告,进行展示交流。

根据分析结果,撰写观察报告,报告的内容主要包括:

(1)观测过程的记录(观测用到的设备仪器、观测的频率、观测时间、主要观测指标)。

(2)实地观测和通过网络搜索收集到的区域气象与大气环境数据(须标明数据来源、资料清单)。

(3)大气环境参数和区域、局地气象要素间的相关性分析(可以用Excel做相关系数分析)。

（4）分析结果。包括观测周期内区域与局地空气质量的关系，区域和局地气象要素与局地空气质量的联系等。

（5）实验反思。包括对实验设计的反思和对数据处理方法的反思，提出实验改进的设想。

说明与延伸

1. 影响空气质量的因素包括人为因素和自然因素，后者包括风速、逆温、湿度、降水、气压等，大致可以分为气候尺度的影响因素、天气尺度的影响因素、边界层尺度的影响因素。可以选择某个或若干气象要素作为考察对象，从不同的视角开展研究。

2. 收集气象要素时，如果没有手持式自动气象站，也可以选择人工观测的方式进行观测。

3. 除了进行实地观测研究外，还可以通过收集历史气象数据，对更大空间和时间范围的环境空气质量进行对比分析，对影响环境空气质量的因素开展深入研究。

15. 观察气候变化下的物候反应

气候是长时期内天气的累积，气候的变化会使植物的生长荣枯、动物的繁育迁徙等生活习性发生改变，即带来物候的变化。通过记录气象要素和动植物的诸多变化、撰写自然日记，不仅可以认识大自然季节现象的变化规律，还可以了解气候变化特点及其对动植物的综合影响，为自然科学研究、气候变化研究、发展农业生产等积累宝贵的参考资料。

工具与材料

最高、最低温度计，湿度计，相机，记录本等。

活动过程

1. 明确记录要求和记录内容。

自然日记应如实记录自己对自然事物的观测，记录要尽可能准确、客观、翔实，不带有过多的主观感情色彩。时间上要保持记录的连续性，不可间断。

记录的内容主要有：日期，气象要素（包括天气状况、气温、湿度、风速、风向等），不同动植物的物候期（如落叶果树的萌芽期、初花期、盛花期、末花期、谢花期、幼果期、果实膨大期、果实成熟期、落叶期、休眠期）。

2. 制订观测计划。

（1）根据观测内容的多少及工作量的大小，确定观察小组的人数和各自的分工（包括进行气象观测、植物观测、动物观测等）。

（2）确定观测地点。为方便观测并对观测资料进行对比，宜选择一个比较小的范围（如校园中动植物较多的一隅）进行观察。

（3）确定观测时间。每天或每周定时进行观测和记录。

（4）确定观测和记录方式。可以采用画图、摄影、录像、录音等多种手段进行记录。

3. 坚持进行观测和记录。

想要发现不同年份动植物物候特征的变化情况，需要长期坚持观测，将多年积累的观测资料进行对比分析。因此团队成员要定期对观测资料进行整理和归档，不断改进记录方法，以方便接替观测任务的人使用和参考已有的观测资料，把观测活动坚持下去。

4. 交流与展示。

观察活动进行一段时间以后，各观察小组可以围绕观察中的发现，对观察活动的体会，观察中产生的疑惑等内容进行组间交流和探讨，还可以把小组的观察日记、观察成果制成PPT供大家了解和学习。

说明与延伸

1. 著名的气象学家、地理学家竺可桢，观察物候、撰写自然日记的时间长达38年之久，从未间断，他的自然日记为世人进行气候变化等方面的研究提供了宝贵的资料。可以通过阅读《竺可桢全集》等著作，了解竺可桢观察和记录世界的视角和方法，以及开展科学研究的坚持和严谨，不断改进自己做自然笔记的方法。

2. 观测时间要根据季节和观察对象的特点灵活安排。在物候现象变化较慢的季节，观测的时间间隔可以稍微长一些；在物候现象变化较快的季节，最好每天观测一次。

3. 物候观测要连续进行一年以上的时间，观测时间越长，所记录的物候资料越具有参考价值。可以联合其他年级的同学一起进行观测，毕业班的同学可以把资料传递给学弟学妹，让他们继续进行观测和记录。

地理

1. 制作地球运动仪

地球绕太阳公转,夏至日太阳光直射北回归线,冬至日太阳光直射南回归线,春分日和秋分日太阳光直射地球赤道。地球公转一周,太阳光线在地球上的直射点就在南、北回归线之间往返移动一次,由此形成地球上一年四季的更替。地球运动仪能够动态地、立体地演示太阳光线直射点在南、北回归线之间的往返移动,演示这个既有东西方向的平面圆周运动,又有南北方向上下运动的三维立体空间运动过程;同时还能展示中国历法所特有的一年二十四节气的实际含义,展示每一个节气太阳光线对地球的照射情况,以及每个节气太阳处在哪一个黄道星座中。

工具与材料

剪刀。
本书第258页、259页的复印件,卡纸,浆糊。

活动过程

1. 制作时可参照示意图4-3-1-1。复印本书第258页、259页。在复印纸背面平抹浆糊,裱上卡纸,晾干后剪下图4-3-1-2、图4-3-1-3的15个零件。零件上凡绘有虚线处,"— —"表示向背面折,"- - - -"表示向正面折。建议将零件A增裱一层卡纸以加固,然后剪下圆孔a和圆孔b。

2. 折叠B,将其主体部分黏合为双层,两个粘贴边粘在A的"b"处。

3. 将K的3个圆形重合粘贴在一起,黏合为3层,然后把它粘在M背面的中心部位。粘贴时注意:M与K的中心必须对准,可用针分别刺穿M与K

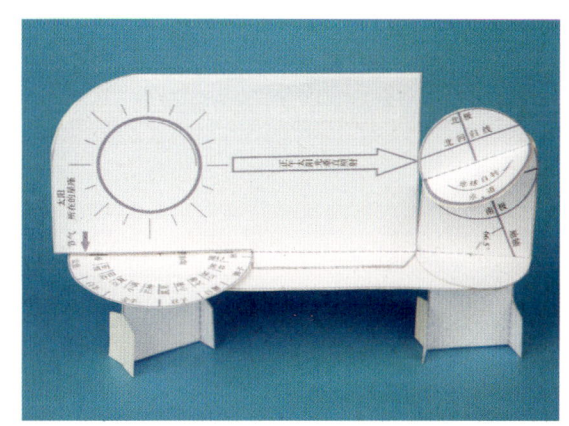

图4-3-1-1

的"+"处进行定位。

4. 将G和H分别沿虚线向正面或反面折叠,把G和H中央的2个矩形相向粘贴,黏合为双层,两端的两个半圆各组成一个圆盘。

5. 将粘在M背面的K从A的正面放入圆孔b内,然后将G的圆盘向上与K黏合起来。注意使圆盘中心与K的中心对准,圆盘不要粘连到A的背面,以使M可以在G的带动下自由旋转。

6. 将C、D、E、F分别沿虚线向正面折叠。将C、D中部的四边形(两条虚线之间)背靠背粘贴,黏合为双层,其两侧的4个半圆分别组成了两个圆盘。

7. 将E、F上代表北半球的两个半圆背靠背黏合为双层,另两个半圆就构成了完整的赤道圈;再将赤道圈的两个半圆分别与C、D上的两个空白半圆黏合在一起,就构成一个完整的"地球"。

8. 将L的3个圆形重合粘贴在一起,黏合为3层,然后粘在H的圆盘背面。注意L的中心要与H的圆盘中心对准,圆盘不要粘到A的背面。再将L

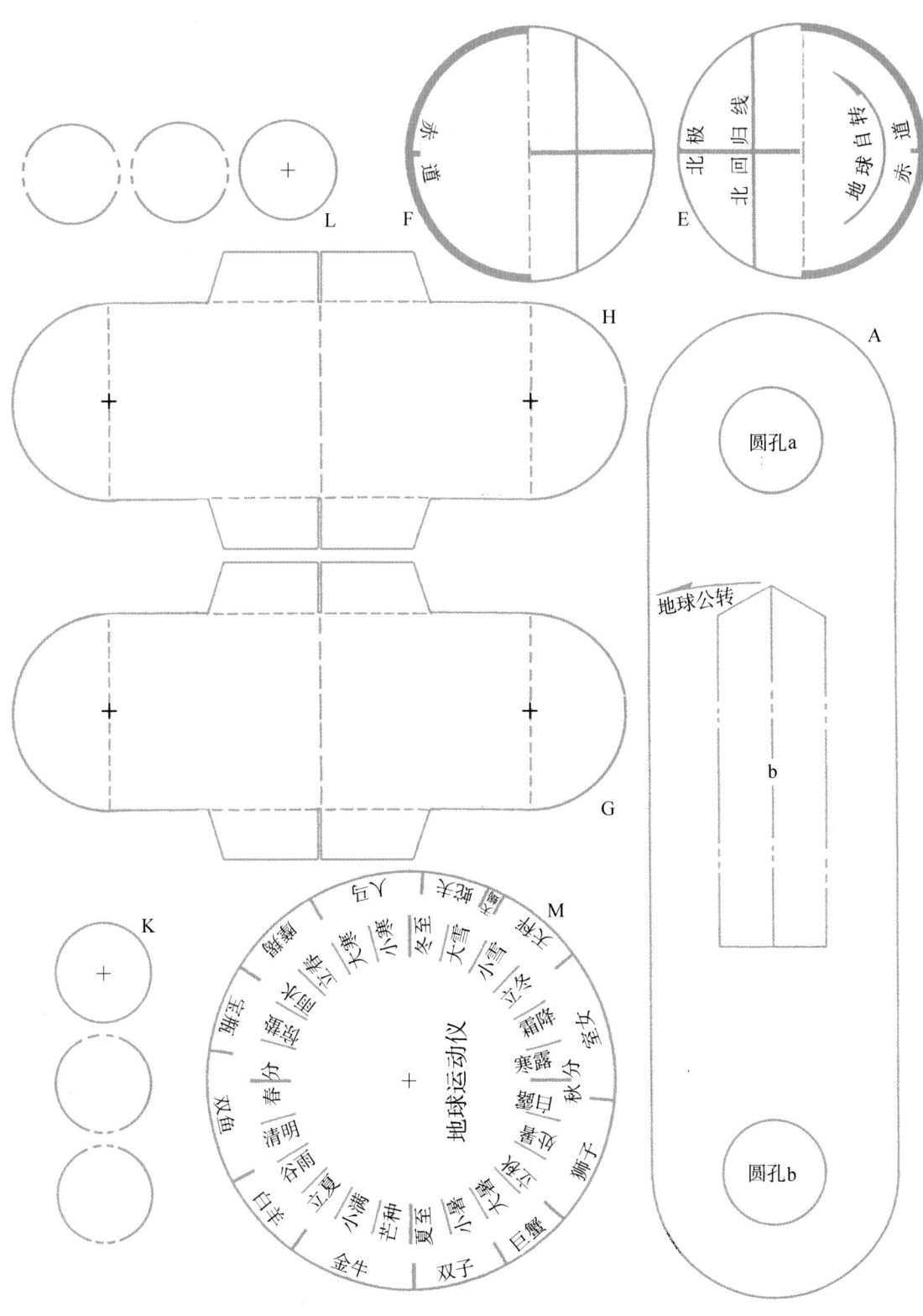

图4-3-1-2

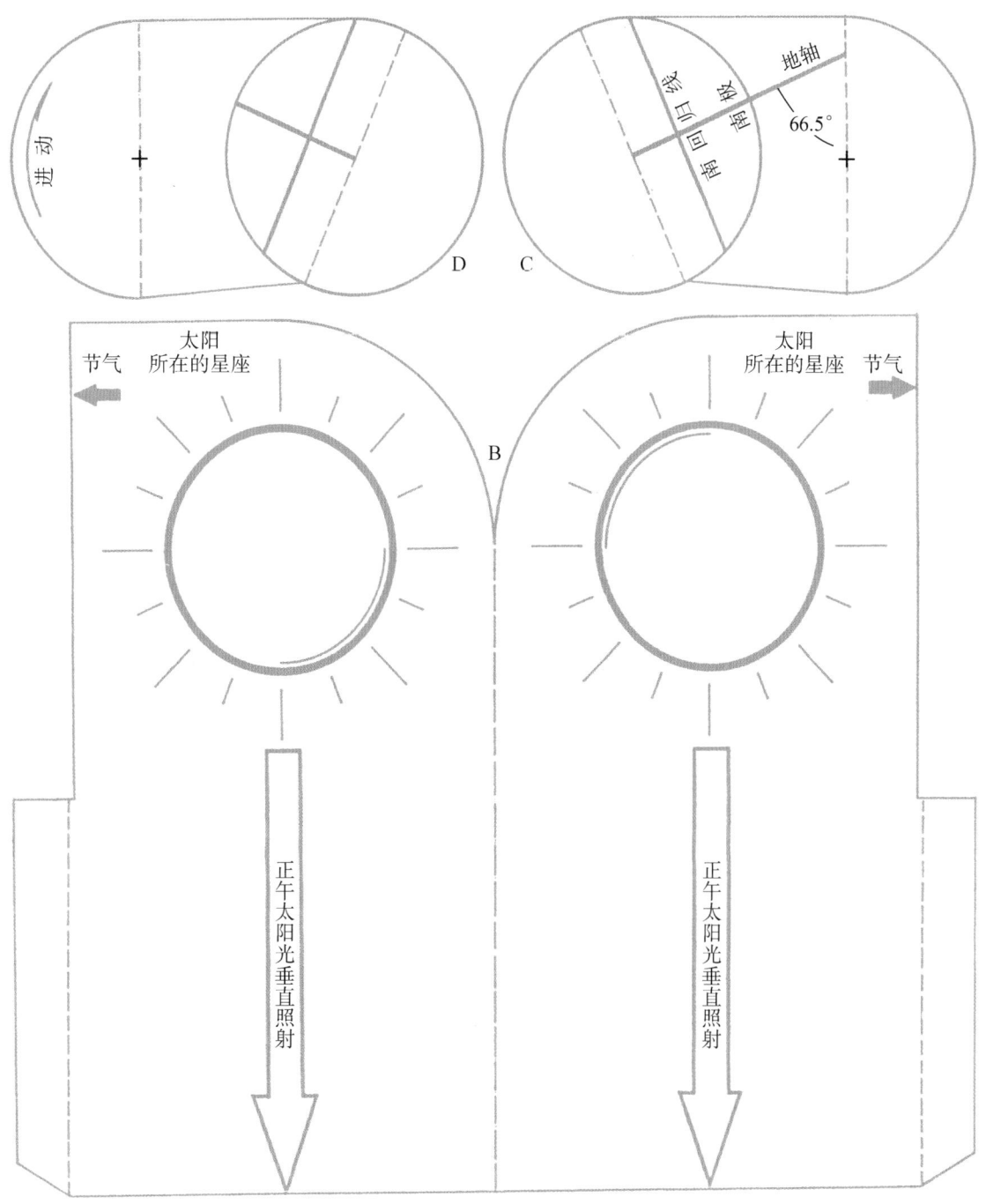

图 4-3-1-3

从 A 的背面放入 A 的圆孔 a 内。最后将 C—D 标有"进动"字样的圆盘与 H 的中心对准，黏合起来。注意圆盘不要粘到 A 的正面，使 C—D 可以在 H 的带动下自由旋转。

说明与延伸

1. "赤道"盘 E 上的"地球自转"箭头方向表示地球的自转方向。

2. 演示地球的公转。左手拿住 G 不动。右手拿住H，按A上"地球公转"箭头方向转动A，使地球绕太阳公转。须注意的是：转动A时，无论地球转到什么位置，C和E（也就是"地球"）标有字的一面都必须朝向操作者本人。这样便可演示：

（1）地球绕太阳公转一周，地球自转轴的方向始终保持不变，其北端总是指向小熊星座的北极星。

（2）6月22日夏至，地球北极偏向太阳，正午太阳光线垂直照射在北回归线上，太阳位于金牛星座。

（3）12月22日冬至，地球公转到太阳的另一侧，它的南极偏向太阳，正午太阳光线垂直照射在南回归线上，太阳位于人马星座。

（4）3月21日春分和9月23日秋分，正午太阳光线都是直射地球赤道。春分以后的半年中，太阳光线直射点在北半球；秋分以后的半年中，太阳光线直射点在南半球。

（5）地球绕太阳公转一周，太阳光直射点就在南、北回归线之间往返移动一次。将B上的"节气"箭头对准M上各个节气刻度，可以演示每个节气时太阳光线照射地球的状态和太阳所在的星座，还可以演示太阳光线直射点是在北半球还是南半球。

3. 演示地球的进动。

地球自转轴所指的方向是被视作固定不变的，它一直指向星空里某一固定的方向。目前地轴的北端正指向小熊星座的勾陈一，于是勾陈一就成了我们的北极星。然而，从长期来看，地轴的方向在极缓慢地改变着，约25 800年转动一周，这就是地球的进动。地球的进动也可以用地球运动仪来演示。当我们按D上的"进动"箭头方向转动H时，就可看出"地球"的地轴指向发生了变化。

2. 绘制校园平面图

地图是按照一定的数学法则，将地球表面的自然地理和社会经济的各类信息，通过制图综合，用符号缩绘在平面上的图。地图在承载和传递地理信息，体现事物的空间分布、关系和趋势等方面具有非常重要的作用。地图也是人们日常生活中不可或缺的工具。会阅读和使用地图，可以锻炼空间想象能力、方位识别能力；而尝试利用相关知识和技能绘制校园平面图，可以增强应用地图语言的能力。

工具与材料

指南针，皮尺，铅笔，橡皮，直尺，水彩笔等。绘图纸等。

活动过程

1. 观察地图，了解地图的比例尺、方向、图例和注记等要素和作用。

2. 通过查阅资料、走访测绘部门专家等，了解绘制地图的基本方法和一般步骤；讨论如何在地图上标注方向，如何利用比例尺将地物（即地面上具有明显轮廓线的物体）的实际轮廓尺寸转化为图上尺寸，如何为地物设计图例和做注记。

3. 以小组为单位，初步考察校园建筑物的整体空间布局，观察校园内的教学楼、车库、操场、草坪、篮球场、大门等地物及相对位置，并一一绘制在草稿纸上。

4. 各小组制订详细的活动计划，确定人员分工（包括组长、勘测员、记录员、材料管理员等），勘测时间，勘测顺序，注意事项等。

5. 开展实地勘测，观察地物的轮廓，测量地物轮廓的长度或地物之间的距离，及时做好记录。测量时应注意：

（1）对于轮廓线规则的地物，可以使用步测法或用皮尺进行测量。步测法即利用步幅来量测距离，计算公式为：距离(m)=步幅(m)×步数(n)。步幅为正常跨一步时前、后脚的脚尖(或脚后)之间的距离。

（2）对于轮廓不规则的地物,可以用目测或估算的方法。如对于学校小花园中形状不规则的小径、鱼池、绿化带等,需要目测或估算。

（3）测量的同时,使用指南针观察地物的方位并做好记录。

6. 绘制平面图。

（1）确定比例尺。请各小组讨论比例尺的取值并进行交流。

（2）根据比例尺将实地勘测收集的数据转化为图上距离。

（3）根据校园的建筑格局和计算出的图上距离,在图纸上绘制各个地物的轮廓。

（4）在图上标注方向(一般标注出正北方向)。

（5）标注图例和注记。设计形象的符号或用合适的图案、颜色表示教学楼、车库、操场、草坪、篮球场、大门等地物,在需要说明的地方做上注记。

7. 以小组为单位,在全班展示和交流之前完成的平面图。

说明与延伸

1. 校园内地物较多,应该有选择地对主要地物进行测量,以体现出校园的大体格局。

2. 在进行图例设计时,尽量选择贴近真实地物的形状及颜色,使符号更加形象化和更具有表现力;设计注记要考虑文字的字体、大小等,同一类地物一般用同一种字体表示。

3. 绘制前可以使用校园航拍图或打印电子地图作为参考。

4. 可以参考一些手绘地图的表现方式,对校园中的各种地物进行视觉化处理,以更加生动、更富有趣味、更美观的方式呈现校园平面图。

5. 在勘测过程中可以借助一些电子化的测量仪器或工具,如手机应用程序"测距仪""指南针",提高测量效率。

3. 绘制"土豆山"分层设色地形图

地形图是按照一定比例将地表物体或地貌缩小后,在平面图纸上绘制出的投影图。在地形图上,用等高线(或等深线)反映地貌的高低起伏和形态变化;用图例表示房屋、道路、河流等地物。生活中,城市规划、工程施工、建筑设计、旅行探险等领域都会用到地形图。分层设色地形图是在绘有等高线或等深线的地图上,以一定色彩的变化来显示地势起伏的地图。如果把一只土豆想象成一座山,可以尝试为它绘制一幅分层设色地形图,让这座"山"的山顶、斜坡、峡谷等地形在色彩斑斓的平面上一览无余。

工具与材料

烧杯(容量为1 L),美工刀,水彩笔,黑色记号笔等。有颜色的水,土豆,干净的透明胶片,白纸等。

活动过程

1. 以3~5人为一个活动小组。

2. 用美工刀将土豆拦腰从中间切开,将切开的一半土豆切面朝下,放置在烧杯内。

3. 往烧杯中注入少量有颜色的水达到某个刻度值(如1 cm处),将其设为"海平面"。

4. 将干净的透明胶片盖在烧杯杯口(图4-3-3-1)。

5. 垂直俯视土豆,用记号笔在透明胶片上勾勒出土豆与水的交界线,然后移走透明胶片。

6. 再次向烧杯内注水,使水深增加1 cm。再次盖上透明胶片,垂直俯视土豆,用记号笔勾勒出土

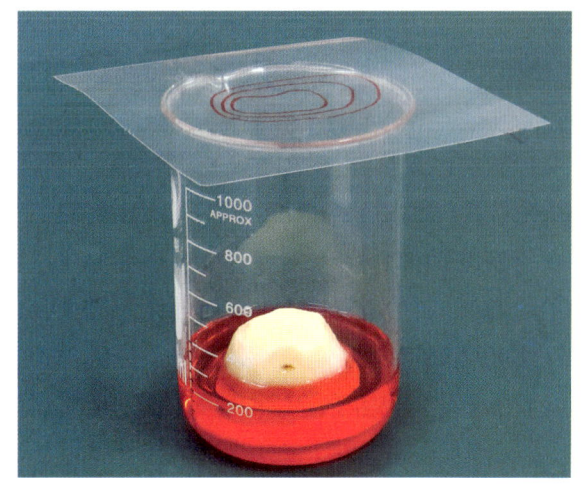

图4-3-3-1

豆与水的交界线。

7. 多次重复步骤5和6，直至水完全没过土豆顶部。

8. 取下透明胶片，把白纸铺在透明胶片上，在白纸上临摹出透明胶片上的轮廓线。

9. 根据画出的等高线，在白纸的左下角添加图例（陆高表）。

10. 依据图例，用水彩笔在不同的等高线圈层内涂上相应的颜色。

11. 展示与交流。对照"土豆山"，介绍自己小组绘制的"土豆山"地形图，指出图上哪些地方是"陡坡"，哪些地方是"缓坡"，哪里是"山顶"，哪里是"山谷"，哪里容易发现"溪流"，哪里容易"积水"……并陈述理由。

说明与延伸

1. 土豆可用其他表面不规则的物体代替，烧杯可用其他容器代替。

2. 为保证透明胶片每次盖在容器上的位置不变，应提前在容器和透明胶片上做记号，作为放置透明胶片的参考点。

3. 应根据土豆的实际大小来确定相邻两条等高线的高差值。

4. 还可以找一张含有山谷、盆地、平原、山峰、陡崖等地物的地形图，研究等高线的分布，画一张反映地面形态的草图，再用泡沫塑料或黏土按比例制作立体模型。

4. 探究湿地净水能力小实验

湿地是位于陆生生态系统和水生生态系统之间的过渡性地带，包括湖泊、河流、沼泽、滩地、盐湖、盐沼以及海岸带区域的珊瑚礁、海草区、红树林和河口等，几乎遍布世界各地。湿地具有涵养水源、调节气候、降解污染物、保护生物多样性等重要作用，与海洋、森林并称为地球三大生态系统，又有"地球之肾"的美誉。当前，为进一步改善水质，许多地方采取建人工湿地的方法来改善水质。现有研究表明，湿地净化作用主要来自湿地颗粒物的物理吸附作用、化学酸碱中和以及湿地综合氧化。

通过简单模拟湿地系统，观察湿地处理污水的过程，有助于理解和认识湿地的构成及其净化水的功能。

工具与材料

下方装有水龙头的玻璃水槽若干个，养鱼制氧机，水质检测工具（烧杯、量筒、pH精密试纸、TDS测试笔、氨氮检测试纸、COD快速检测试纸等），其他实验工具（铲子、小桶等）。

模拟湿地的无机矿物颗粒填料（平均粒径为10μm的石英砂、陶粒、平均粒径为10 mm的大理石颗粒等），其他有机物填料（纱网、棉花等）。

活动过程

1. 围绕湿地降解污染物这一生态环境功能进行资料检索，了解湿地是如何降解污染物的，湿地的垂直结构,有哪些污染物可以通过湿地被降解等。

2. 配置污水模拟试剂。

(1) 通过资料检索了解生活污水的主要成分,确定污水模拟试剂的主要成分。

(2) 使用生活中的常用材料配置污水模拟试剂。在配置过程中,注意控制污水的浓度,例如:按照合成洗涤剂的标识对洗涤剂与自来水的使用量进行配比,将模拟污水的pH控制在5~6之间。

(3) 将配置好的模拟污水平均分给每个实验小组,各组使用量筒、pH精密试纸、TDS测试笔、氨氮检测试纸、COD快速检测试纸测试并记录污水的初始水质参数数据。

3. 科学搭建,模拟湿地。以小组为单位,根据各自对湿地降解污染物机制的理解,设计和搭建人工湿地。搭建前,各小组应绘制湿地模型草图(参考图4-3-4-1),明确搭建的方法(准备选择的材料,材料使用的数量,各种材料放置的顺序)、步骤。

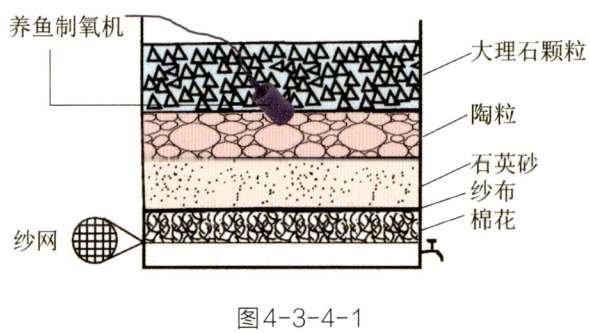

图4-3-4-1

4. 开展实验,观察污染物的降解情况。各组将配置好的污水模拟试剂(1 L)缓缓倒入搭建好的人工湿地中,在底部出水口收集最初30 s、31~60 s、61~90 s流出的过滤水,各接取20 mL,分别测出3组样品的水质参数,并记录测试结果,求取平均值(表4-3-4-1)。

表4-3-4-1

试剂	污水模拟试剂	第1组	第2组	第3组	平均值
TDS					
pH					
氨氮含量 (mg/L)					
COD (mg/L)					

5. 讨论反思,改进搭建方案。

(1) 各组对收集到的实验数据进行对比,分析不同的人工湿地对不同污染物的降解效果,总结有哪些填料促进了对应污染物的降解,思考其净化污水的原理是什么。

(2) 各组通过数据分析,对搭建的人工湿地提出改进方案,并进行复测。

(3) 各组展示汇报改进后的人工湿地结构、污染物降解的实验数据、进行数据分析后的思考等。

说明与延伸

1. 可以在成人陪同下考察身边的人工湿地或天然湿地,感受湿地非凡的污染物降解能力。

2. 还可以利用网络继续了解人工湿地的种类及其环境效益,设计相关实验,利用制作好的模拟湿地观察湿地的其他环境效益,如涵养水源、保持水土等。

3. 感兴趣的小组可根据收集到的资料和在实验中取得的数据,制作《神奇的湿地》主题海报,宣传湿地的环境效益。

5. 辨识矿物

矿物是地壳中含有特定化学成分(元素或化合物)的一种天然起源物,可以呈结晶个体存在或散布在其他岩石中,是构成岩石和地壳的物质基础。矿物不仅被应用在建筑、工业生产等领域,也是珠宝、颜料、化妆品、电子产品以及许多生活用品的重要生产原料。可以说,矿物是人类生产、生活资料的重要来源,与人类社会的发展关系密切。正确辨识矿物,是地质工作者及建筑、珠宝、雕刻等行业的从业者应具备的能力。而对于普通人来说,通过观赏和鉴别矿物,能够提高自己的观察能力,增长相关知识,体会其中的乐趣。

工具与材料

放大镜,显微镜,条痕板,摩氏硬度笔(或小刀、硬币、玻璃等),手电筒,胶头滴管等。

矿物标本,稀盐酸。

活动过程

1. 了解矿物的主要鉴定特征。

矿物在外观形态、光学性质(颜色、光泽、透明度)、力学性质(硬度、解理)等方面的特点是矿物的主要鉴定特征:

(1) 外观形态。矿物形态分为单体形态和集合体形态。

① 单体形态的矿物晶形有很多,大致分为三种:

一向延长型——呈柱状或针状,如石英、辉锑矿、角闪石。

二向延长型——呈片状或板状,如石膏、云母。

三向等长型——呈粒状,如黄铁矿、自然金(图4-3-5-1)。

图4-3-5-1

② 集合体形态的矿物,又分为晶质矿物集合体形态(包括显晶质矿物集合体和隐晶质矿物集合体)和非晶质矿物集合体形态。

• 显晶质矿物集合体:由同种矿物的多个单体聚合在一起,形成柱状集合体(图4-3-5-2,水晶)、针状集合体、毛发状集合体、放射状集合体、片状或板状集合体、粒状集合体、晶簇状集合体等。

图4-3-5-2

• 隐晶质矿物集合体:矿物颗粒不明显,按其紧密程度可分为致密块状和疏松块状(土状),利用显微镜才能辨认单体界限。

• 非晶质矿物集合体:没有一定的晶形,矿物颗粒在显微镜下也难以辨认,常见的外表形态有:

分泌体——岩石中形状不规则或球形的空洞被胶体等物质逐层自外向内充填而成,常呈同心层状。大者($d>1$ cm)称晶腺,小者($d<1$ cm)称杏仁体。

鲕状和豆状——由许多球粒结核体彼此胶结而成,球粒小如鱼卵者称鲕状,大如豆粒者称豆状。

此外,还有钟乳状、葡萄状、肾状集合体等。

(2) 颜色(光学性质)。矿物的颜色即矿物外表的总体颜色,是一种最明显的、便于识别的标志。常见的矿物颜色有,赤铁矿——红色或黑色,黑钨矿——黑色,孔雀石——绿色,黄铜矿——铜黄色。

(3) 条痕(光学性质),即矿物粉末的颜色(图4-3-5-3)。矿物条痕比矿物颜色更稳定,是鉴定各种彩色或金属色矿物的重要特征。

(4) 光泽(光学性质),是矿物表面反射光线时表现出的光学特征。不同的矿物有不同的光泽,如

图 4-3-5-3

金、黄铁矿是金属光泽,黑钨矿、赤铁矿是半金属光泽,金刚石是金刚光泽,石英、萤石是玻璃光泽。

(5) 透明度(光学性质),是矿物允许光线透过的程度,一般可分为透明、半透明和不透明三种。如水晶、白云母是透明矿物;闪锌矿、蛋白石是半透明矿物;黄铁矿、石墨是不透明矿物。可利用随身携带的手机灯光或其他点状光源进行简便测定。

(6) 硬度(力学性质),是指矿物抵抗外力的刻划、压入、研磨等机械作用的能力,一般用待测物在标准物质表面划痕来测定。地质学上选择10种矿物作为标准物质,称"摩氏硬度计"(表4-3-5-1)。如:某矿物能划破方解石,又能被萤石划破,则该矿物的硬度介于3~4之间。在实际生活中也用指甲(硬度为2~2.5)、硬币(硬度为3.5)、小钢刀(硬度为5~6)、玻璃(硬度为6.5)等来刻划矿物,以大体确定其硬度。

表 4-3-5-1

矿物名称	硬度	矿物名称	硬度
滑石	1	正长石	6
石膏	2	石英	7
方解石	3	黄玉	8
萤石	4	刚玉	9
磷灰石	5	金刚石	10

(7) 解理。解理分为五级:极完全解理(如石膏)、完全解理(如方解石)、中等解理(如辉石)、不完全解理(如磷灰石)和极不完全解理(如石英)。

(8) 矿物的其他性质。除以上提到的特征以外,矿物还在比重、磁性、导热性、导电性、溶解性等方面表现出不同特征,鉴别矿物时都可作为重要的参考依据。

2. 观察和描述矿物。

当观察一块矿物时,按照已经了解到的有关矿物鉴定特征的资料,使用观察工具对矿物进行观察、描述,并尝试判断矿物的名称。

3. 辨别相似矿物。

辨别相似矿物,如方解石与白云石、方解石和石英,黄铜矿与黄铁矿,锡石与黑钨矿,石墨与辉钼矿,角闪石与辉石,雄黄与辰砂,自然硫与雄黄,石膏与重晶石。

说明与延伸

1. 由于矿物具有一定的化学成分和结晶构造,在适宜的条件下,可形成具有一定外形的几何多面体,称为晶体(crystal)。完好晶体的自然表面称晶面(crystal face),它相当于结晶格架上质点较密集或联结力较强的网面。晶体的形态称为晶形(crystal form)。各种矿物都有其独特的晶形,晶形是鉴别矿物的重要依据之一。

2. 矿物的晶体大小与生长环境有关,在适宜的条件下,某些晶体可生长成巨大的个体,如白云母晶体的晶面可达 7 m²;但有些矿物的晶体极小,如高岭石的晶体需在电子显微镜下才能观察到。同一种岩石中不同矿物的结晶顺序也有先后,先结晶的矿物晶形较好,后结晶的矿物则易受先结晶矿物的限制,常形成扇形等不太规则的"他形"晶。

3. 自然界的地质条件较为复杂,呈完好晶形、以单体产出的矿物较少,绝大多数矿物都是以多个单体聚合在一起产出的。同种矿物的许多个单体聚合在一起形成的整体称矿物集合体。

4. 矿物受外力作用后,沿着一定的结晶方向发生破裂并能裂出光滑平面的性质称作解理,这些光滑平面称解理面。通常按裂开的难易程度和裂开面的完善程度把解理进行分级。

6. 识别岩石

地球表面有着千姿百态的地表形态，连绵起伏的山峦，陡峭的山峰，幽深的峡谷，广阔的平原……在山岭地区，人们更容易看到各种各样的岩石，它们有着独特的形态、颜色、纹路……这些正是在地球漫长的演化历史过程中逐渐形成的。岩石是矿物的集合体，是构成地壳的物质基础，也是人类生存所依赖的重要工具。岩石被广泛应用在能源、建筑、化工等领域。通过鉴别岩石，不仅有助于了解它们的性质和用途，还能解读它们所在地区的地质变迁历史及未来的发展变化趋势，让人们能更好地揭示自然界的奥秘，并从中体会发现的乐趣。

工具与材料

地质锤，放大镜等。

岩浆岩，沉积岩和变质岩标本若干。

活动过程

1. 了解鉴定岩石的主要方法。

岩石按照形成原因可分为三大类：岩浆岩、沉积岩和变质岩。由于形成不同类型岩石的地质作用和环境各不相同，因此岩石中不同矿物的分布和组合的情况也千差万别。岩石的结构、构造是鉴别三大类岩石的主要依据。

（1）岩石的结构，主要指构成岩石的矿物的结晶程度、矿物颗粒的大小、颗粒的形状、颗粒之间的组合方式等。例如，隐晶质结构的结晶微粒很小，通常要用显微镜才能看见；斑状结构的结晶大小不一，呈现出斑状。

（2）岩石的构造，主要指组成岩石的矿物集合体及岩石的其他部分的排列方式、配置方式和充填方式，常见的有块状、带状、流纹、气孔、片理、层状构造等。

2. 识别三类岩石及其常见岩石。

一般来说，在野外看到一块岩石，可以根据结构和构造等的特点先将它归入三类岩石中的一种，再结合岩石的颜色、所处环境等进行综合分析，判断岩石具体的名称。

（1）岩浆岩的鉴定。

① 看岩石的结构。喷出岩的岩浆在喷出地表后迅速冷却，难以形成肉眼可见的矿物晶体，结构一般为隐晶质或玻璃质。侵入岩中，深成岩形成于比较深的地下，在高温高压条件下缓慢凝结而成，会形成结晶比较好的矿物，岩石颗粒比较粗大；浅成岩形成于地下较浅处，由于形成过程中温度、压力降低较快，因此只有部分或少量矿物能结晶，常形成晶体呈斑状分布的斑状结构。这些特殊的结构都只存在于岩浆岩中。

② 看岩石的构造。喷出岩的岩浆喷出地表后温度、压力骤降，会造成岩浆中的挥发成分以气体形式逸出，形成气孔状构造（图4-3-6-1）；如果这些气孔形成的空洞被后来的物质充填，就会形成杏仁状构造；熔岩在流动过程中常留下流动的痕迹，有时好像几股绳子拧在一起，会形成流纹构造或绳状构造；如果熔岩在水下喷发，在水的作用下会形成类似椭球体的枕状构造。侵入岩冷凝速度慢，内部晶体结构致密，质地更坚硬，一般为块状构造。

图4-3-6-1

③ 看岩石的颜色。按照二氧化硅含量的不同，可以把岩浆岩分成超基性岩、基性岩、中性岩和酸性岩。一般地，从酸性盐到超基性岩，暗色矿物质含量逐渐增多，岩石的颜色也由浅而深（表4-3-6-1）。

表 4-3-6-1

岩浆岩类别	二氧化硅含量	代表岩石
超基性岩	小于45%	橄榄岩,辉石岩,苦橄岩
基性岩	大于45%,小于52%	玄武岩,辉长岩
中性岩	大于52%,小于65%	闪长岩,安山岩
酸性岩	大于65%	花岗岩,流纹岩

④ 掌握岩浆岩主要造岩矿物的特征。为更好地鉴定岩浆岩,应对岩浆岩的主要矿物(如石英、长石、云母、角闪石、辉石、橄榄石)的成分及其特征有所了解。

（2）沉积岩的鉴定。

① 看岩石的结构。可以通过岩石中碎屑物和化合物的大小、形状和成分等辨别不同类型的沉积岩。例如:颗粒大小比较均匀,形状比较接近圆球形,成分以石英砂颗粒为主,可能是砂岩;颗粒大小跨度大,形状有棱角状,成分比较复杂,可能是冰碛岩;颗粒非常微小或肉眼无法辨别,成分以碳酸钙为主,可能是石灰岩。按含有的沉积物质的类型不同,可以把沉积岩分为母岩风化沉积岩、火山碎屑沉积岩和生物遗体沉积岩。

② 看岩石的构造。由于生成沉积岩的物质是一层一层沉积下来的,所以大多数沉积岩有明显的水平层理、平行层理、波状层理、斜层理和交错层理等。同时,沉积岩中往往含有丰富的古生物化石(图4-3-6-2)。

图4-3-6-2

③ 了解常见的沉积岩(如石灰岩、白云岩、泥灰岩、页岩、砾岩、角砾岩、石英砂岩、长石砂岩)的性质和特征,鉴定时可结合它们的性质和特征进行判断。

（3）变质岩的鉴定。

① 看岩石的结构。常见的变质岩结构有变晶结构——原来岩石中的矿物重新结晶,形成体积缩小、密度增大、晶体定向排列的结构;碎裂结构——岩石在压力作用下,其中的矿物颗粒破碎,形成外形不规则、带棱角、边缘呈锯齿状的碎屑;变余结构——变质岩中还残留有原来岩石的结构。

② 看岩石的构造。岩石中矿物定向排列所形成的片理构造(一种薄片状、长条状的花纹)是变质岩中最常见、最有特点的构造。随着变质作用的不断加深,片理构造又分为条带状、板状、千枚状、片状(图4-3-6-3)、片麻等构造。此外,变质岩中也有一些岩石是块状构造,往往呈致密状,肉眼分不出矿物颗粒,如部分大理岩、石英岩。

图4-3-6-3

③ 看变质岩的特有矿物。大部分变质岩都是重结晶的岩石,保留有原来岩石中的一些稳定的矿物,如石英、长石、云母。还有一部分矿物是在变质过程中产生的新矿物,如绿泥石、阳起石、蛇纹石、石墨,这些都是鉴别变质岩的标志矿物。

说明与延伸

1. 岩浆岩(又叫火成岩)是由地球内部产生的炽热、黏稠、含有挥发成分的岩浆沿地壳裂隙上升后冷凝而成的。根据岩浆是喷出到地表还是侵入地下,岩浆岩又可以分为喷出岩(又叫火山岩)和侵入岩。根据形成深度的不同,侵入岩又分为深成岩和浅成岩。

2. 沉积岩是由岩石的碎屑、水体中的化合物微粒、生物遗体等地表风化物在原地沉积下来,或经过风、水等的搬运后在新的地点沉积下来,再经过复杂的沉积作用形成的岩石。

3. 已经形成的岩石(岩浆岩、沉积岩),由于所在的环境条件发生了构造运动、岩浆活动等剧烈变化,从而导致岩石的成分、结构发生变化,形成的新的岩石类型就是变质岩。变质岩的特征既受原来岩石的影响,又因为经受了高温、高压等变质作用,在结构、构造、矿物成分上具有新的特点。

4. 识别岩石是一个需要不断学习、不断实践的过程。可以在外出旅游时注意观察和实践,将岩石的鉴别与地形地貌的判读结合起来。

5. 针对一些著名景点,结合其主要岩石的特征,撰写一段宣传文字,或者制作一个微宣传片,向大家做介绍。

7. 采集和收藏化石

化石是生物的遗体、遗物、遗迹经过漫长的岁月和各种地质作用在地层里得到保存所形成的石头。它像一种特殊的文字,记录了地球生物发生发展的历史过程。埋藏在沉积物中的生物遗体经历了物理作用和化学作用的改造,但仍然保留着原来的形态及部分生物结构,这对研究古生物具有十分重要的价值;不同生物或生物组合对其生存的自然地理环境要求不同,研究生物化石可较为准确地推断化石所在地区的古环境、古气候特征;有些生物化石特征显著、数量较多、分布范围广泛,是划分、对比地层的重要参考依据……去野外采集化石标本是一项有趣的活动,而掌握正确的化石标本采集方法则是一名化石爱好者应具备的能力。

工具与材料

地质锤(图4-3-7-1),30倍手持放大镜(图4-3-7-2),地质罗盘(图4-3-7-3),手持GPS,照相机,凿子,安全装备,铅笔,记录本等。

活动过程

1. 寻找化石。

(1) 化石主要保存在沉积岩(如石灰岩、页岩、砂岩、砾岩)和少量的低级变质岩中。一般来说,岩石性质(成分、颜色等)发生改变通常代表了沉积环境的改变,这个过程中通常会造成大量生物的死亡,因此很容易采集到化石。深色(灰色、黑色、绿

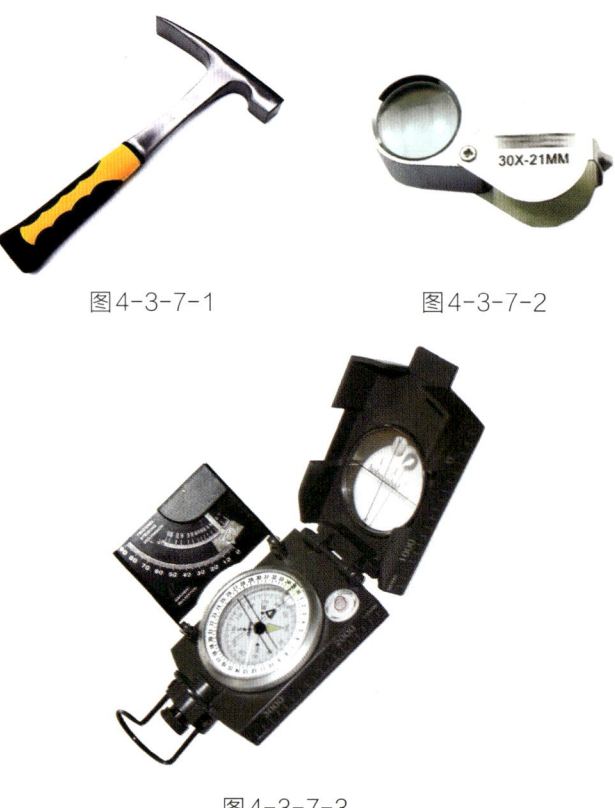

图4-3-7-1　　　　　图4-3-7-2

图4-3-7-3

色、黄绿色等)的岩石通常形成于水体安静、水动力较弱的环境中,生物死亡后更容易保存为化石。此外,在岩石的结核中也常常包裹有哺乳动物化石。

(2)岩石出露比较好的环境(如水冲沟、风蚀坡地、海岸、断崖)中较容易寻找到化石,这些地方都是被自然风化作用破坏后形成的,容易把底层中埋藏的化石暴露出来;河滩、干涸的河床等地,常常有上游冲下来的含有化石的卵石;采石场、工地等地方常常会暴露出较好的露头。

(3)石灰岩地区的岩溶洞穴等处较容易寻找到化石,这里常有动物出没,也是人类最初活动的场所,常有丰富的化石堆积。一般在洞口和洞的深处比较容易找到化石。

2. 采集化石。

(1)采集时注意保持化石完整。野外勘查时,不要用蛮力乱砸,以免损坏化石。要沿着岩层层面轻轻敲打,观察是否有化石。遇到化石也不要急于挖标本,不能见头取头、见尾取尾,这样会给化石复原带来困难。发现化石后,要设法使化石面充分暴露,最好拍一张照片后,再决定处理办法。对于无能力采集的化石,要保护好现场,防止人为破坏。

(2)做好化石记录。要详细记载化石采集的时间、地点、地质层位和采集人等信息,做好野外笔记和图片记录,这样的化石标本才有科学研究价值。

(3)做好化石的保护。野外采集的化石,在现场要防止太阳直射,特别是泥岩或页岩类的化石要及时用松软的棉花、纸张包好,放入标本袋,以免变干或在运输过程中损坏。当化石不易拿取时,可在化石面上敷一两层纸(避免石膏粘在化石上),再把石膏敷上去;待石膏凝固后,再将化石背面同样用石膏敷上,将化石保护起来。在采集过程中损坏的化石,可以用速干胶黏结。

3. 保管化石。

(1)整理化石。采集回来的化石,需要在室内进行鉴定、观察、修理,清除黏附在化石上的围岩、沙土等。断裂的化石需要黏结,质地松软的化石需要加固,湿润的化石需要放在湿度适中的环境中慢慢阴干。图4-3-7-1显示了工作人员正在修理采集到的化石。

图4-3-7-4

(2)保存化石。化石应储存在没有阳光直射、干燥、通风的室内。一些特殊的化石需要进行简单处理后再进行保存,如三叶虫化石质地松软,需要把乳胶稀释后在其表面刷一层保护层;而对于容易风化的硅藻土页岩,采集后要用石蜡封住边缘以防开裂。

(3)给化石归档。化石初步整理好后,要给化石贴上标签、编号、建立电子档案,放置在合适的收纳箱或收纳柜中。只有详细记录了各方面信息的岩石才具有科研价值。找到有研究价值的化石标本,可以和古生物专家取得联系,以便使之得到更好的研究和利用。

说明与延伸

1. 寻找化石应在家长、教师等成年人的陪同下进行,并且要特别注意安全。

2. 化石的采集要遵守《古生物化石保护条例》等法规的要求。

3. 在准备采集化石前,应该先看看有关的地层地质图或书籍,或通过网络收集有关化石的信息,了解化石产地的分布情况,这样可以取得事半功倍的效果。

8. 调查河流水文特征

河流的水文特征是地理环境的要素之一,河水是目前人类最主要的淡水资源。学会利用观察、测量、查阅资料等方式,了解家乡主要河流的流量、流速、水位高度、含沙量、结冰期等方面的状况,归纳家乡河流的水文特征,有助于全面理解地理环境各要素之间的关系,也有助于了解家乡水资源开发、利用和保护的知识。

工具与材料

皮尺,绳子,铅锤,小木块,计时器,塑料桶,量筒,天平,砝码,笔等。

滤纸,称量纸,记录纸等。

活动过程

1. 确定调查河段的位置(一般在两座桥梁之间)。

2. 测量河流流量。

(1) 记录调查时间(年、月、日、时)。

(2) 测量河流横断面的面积。

① 在桥上用皮尺丈量河流的宽度,做好记录。

② 在桥面上取3~5个测点,在每个测点用绳子系上铅锤,测量河水的深度,做好记录。

③ 根据河流的宽度和深度,画出河流横断面示意图(图4-3-8-1),并计算出它的截面积(m^2)。

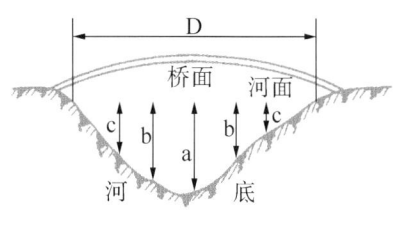

图4-3-8-1

(3) 测量流速。选取河段相邻的两座桥梁,用皮尺测量出它们之间的距离,做好记录。将系在绳子一端的小木块从上游河段的桥上垂直落下(尽量在桥中心处落下),从木块落至水面的时刻开始计时。随着木块顺流而下,观测者迅速到达下游河段的桥面中心处,在木块经过桥栏处河流横截面时,停止计时,记录好木块经过两座桥梁的时间。通过计算,得出该河段的流速(m/s)。以上操作重复三次,取平均值。

(4) 计算流量。流量(m^3/s) = 流速(m/s)×河流横截面面积(m^2)。

3. 测量水位。河水水位是指河水水面的海拔高度,即与青岛基面(黄海基面)的相对高度。

(1) 选择一个开阔的桥面对水位进行测量。首先使用高程测量仪,测出该桥面的海拔高度;然后,用激光测距仪测出桥面距离水面的高度,注意河面波浪的变化,取多点的平均值;最后,计算出河水水位。

(2) 通过查阅相关资料,获取该河段水位高度在一年内的变化规律,归纳出该河段的水位变化特点。

4. 测量含沙量。

(1) 在桥面上,用塑料桶从河流中心线附近提取一桶河水,搅拌后把河水倒入量筒,测量河水的体积(m^3),并做好记录。

(2) 把量筒内的河水用过滤纸进行过滤,将过滤出的泥沙晾干,然后把泥沙放在天平上称出质量(g),做好记录。

(3) 计算出河水的含沙量。含沙量(g/m^3) = 泥沙重量(g) ÷ 河水体积(m^3)。

以上操作重复三次,取平均值。

5. 观测河流结冰期。通过查阅我国一月份0℃等温线图等途径判断该地区的河流有无结冰期,如有,则查阅相关资料获取该河流封冻开始的日期和解冻的日期,计算出结冰期的天数,做好记录。

6. 完成一份河流水文特征的观测报告(须包括在观测过程中遇到的困难以及解决方式等)。

7. 以小组为单位,在全班展示和交流观测报告。

说明与延伸

1. 了解河流的水文特征,应从流量、水位变化（或汛期长短）、含沙量、结冰期等方面着手。

2. 水位:指水体的自由水面高出某一基面以上的高程。为方便不同河流的水位之间进行对比,目前全国统一采用青岛基面(即黄海基面)。

3. 应该选择流量较小的河流进行观测,尽量避开感潮河段。如果观测的是感潮河段,则应排除涨、落潮对河流水文特征的影响因素。可采访当地水利部门了解这方面的情况,纠正测量中的误差。

4. 观测河流的水文特征,能够了解当地淡水资源的数量、质量、利用状况等情况,也能了解一些保护当地淡水资源的可行性方案的内容。

5. 为了缩短测量的时间,可以分组测量不同的项目。各组把本组测量的结果进行组间交流、汇总,最后组与组之间可以互评。

9. 调查身边的小河湾

河流是地球的重要组成部分,河流不仅为人类提供淡水资源、生物资源,还有泄洪、航运、净化环境等多种功能,是人类生存发展的基础。纵观世界文明发展历程,人类生存与发展都与河流息息相关,很多著名的城市都傍依着一条著名的河流。随着社会经济的发展,人们利用河流的方式不断发生变化,并将继续改变。通过调查家乡河流的利用情况,能进一步认识河流对地区发展的重要性,并唤起人们对河流治理的重视。

工具与材料

纸,笔,照相机,录音笔等。

活动过程

1. 调查前的准备。

（1）以小组为单位,讨论河流有哪些功能,提出想要研究的问题,收集资料了解相关知识。

（2）观察地图,了解本地区有哪些河流以及有关这些河流的位置、发展历史等信息。

（3）选择一条距离家或学校较近的河流,收集有关这条河流的资料。

2. 制订调查计划。

（1）选择河流的某一河段（长2～3 km）作为调查对象。参考当地的地图,画一张该河段的简单示意图。比例尺尽量大一些,能够方便将收集到的信息记录在图上。

（2）确定小组想要调查关于河流功能的内容和项目,并对调查时间、地点、调查步骤以及人员分工等进行规划。

3. 开展调查。

（1）根据前期确定的调查计划,各小组到达所选择的河段准备开展实地考察。

（2）在实地观察记录中,可以用照相机给河面、河流周边建筑物以及各类与河流有关的人为活动拍摄照片,以反映河流使用的实际情况,如河流上行驶船舶的类型、用途,人们利用河流开展的工业、农业或休闲活动,过去人们利用河流的证据（如河边废弃的码头）,等等。

（3）为提高调查采访的效率,还可以向沿岸居民发放调查问卷,深入了解河流在人们生活中发挥的作用,河流功能的变迁,以及人们对河流未来发展的期望,等等。

（4）可通过采访水务管理部门、环保部门等相关机构的工作人员,更加深入地了解相关的信息。

4. 整理资料,撰写调查报告。

（1）各小组成员将自己收集到的资料初步进行

整理,再与其他组员的资料进行汇总。

（2）把河流的功能进行分类（如分为经济功能和生态功能两个大类），再将调查到的信息列举在大类之下,分别进行总结性描述。

（3）根据调查中发现的问题、产生的疑问等,提出自己的思考或合理化的改进建议。

（4）以小组为单位,在全班开展交流和分享,一起探讨对家乡河流的功能以及未来治理方向的认识。

说明与延伸

1. 调查前要确保调查的河段是向公众开放的。

2. 调查前应明确各安全注意事项,并让每位组员都知晓。

3. 前往有关的河流管理部门采访前,先与相关工作人员取得联系,在征得采访许可后,按时前往采访。采访过程中如果需要录音、拍照等,也要征得采访对象的同意,不可贸然行事。

4. 如需要进行访谈调查或问卷调查,应在制订调查计划阶段设计好访谈提纲或调查问卷。

10. 城市社区养老服务设施的空间布局优化设计

人口老龄化是社会经济发展到一定阶段的产物,我国已正式进入老龄化社会。当前我国的养老服务体系仍以居家养老为主,而社区是老年人日常生活的空间载体,社区环境及周边配套服务设施的宜老性水平对老年人的生活质量具有重要影响。通过调查社区中老年人的生活状况和需求,实地考察社区内部环境及周边服务设施的情况,思考城市规划中该如何为老年人打造宜居环境和提供公共服务设施及网络,有助于提高运用地理思维分析社会议题的能力。

工具与材料

记录本,录音笔,照相机等。
调查问卷,访谈提纲等。

活动过程

1. 做好调查前的准备。

（1）收集有关人口老龄化的资料,了解人口老龄化的概念、形成原因,人口老龄化对社会发展的影响以及地理学中有关人口老龄化问题的相关研究等信息。

（2）以小组为单位,选择一个熟悉的社区作为调查区域。

2. 调查该区域养老服务设施的空间分布情况等信息。

（1）根据调查需要,选取交通、购物、娱乐、医疗、养老、教育、金融服务等服务设施,作为分析社区在满足老年人社交、健康、出行、购物等方面需求的依据。

（2）参考表4-3-10-1的提示,通过查询在线地图和实地考察,确定某一范围（如15 min步行可达距离）有哪些具体的服务设施及其数量。

表4-3-10-1

服务设施类型	具体内容
交通设施	公交站、地铁站等
购物设施	商场、菜场、超市等
休闲娱乐设施	餐厅、公园、健身场所、棋牌室、休闲广场等
医疗设施	医院、药店、养生会所、理疗店等
养老设施	老年食堂、日间照料中心、老年活动中心、养老院等
教育设施	各类学校
金融服务设施	银行网点、自动柜员机（ATM）等
……	……

3. 了解社区老人的生活状况和对养老服务设施的需求。

（1）到街道或居委会等机构了解该社区的老年人口状况、居住地址等信息，以此作为选择调查样本的依据。

（2）采用随机抽样的方法，在社区中选取一定数量的老年人，对老年人进行问卷调查或访谈调查，主要收集性别、年龄、居住状况、教育程度、经济状况、日常活动场所、出行方式和出行频率等信息。

4. 整理、分析调查数据，撰写调查报告。

（1）采用定量与定性相结合的方法，对问卷答案或访谈信息进行整理。

（2）可以将调查对象按年龄段或居家养老方式（如多代共居、夫妻独居、孤独居家）的差异进行分组，分析不同老年群体的日常活动特点和对社区服务设施需求的特点。

（3）结合前期收集到的社区服务设施的空间分布和供给情况，分析社区在为老年人提供公共服务设施方面的不足，将优化方案标注在区域地图上。

5. 进行全班交流和分享。

以小组为单位，展示本组的优化方案，交流和分享各自在调查中的思考、经验和收获。

说明与延伸

1. 科学的问卷设计是保证问卷调查顺利开展的关键因素。如果之前没有开展问卷设计的经验，可先行收集有关资料，详细了解问卷设计的相关知识和技巧，包括如何设计合理的问卷结构，如何选择合适的题型，如何表述问题，如何安排问题的顺序，如何控制题量等。

2. 调查样本的选择要兼顾年龄、性别、文化程度等因素。考虑到调查时间、人力、物力等资源的限制，调查样本的数量不宜过大；而为了保证调查数据的科学性，调查对象的数量也不宜过小。问卷调查样本数可以适当大一些，访谈样本数量则应相对小一些。

3. 调查过程中应注意保持得体的行为举止，使用恰当的语言。如果调查对象填答问卷有困难，应协助其完成调查问卷。

11. 住宅小区布局的优化设计

住宅小区是城市的有机组成部分，住宅小区的建设影响着一个城市的整体面貌，更关系到每个城市居民的生活质量。通过对现有住宅小区空间布局的调查，对小区结构和功能的分析，发现小区建设中存在的问题，并尝试完成一份优化设计方案，有助于更好地思考如何科学合理地规划城市空间，构建良好的人居环境。

工具与材料

皮尺，纸，笔，照相机，录音笔等。

活动过程

1. 收集相关资料。

通过上网查资料、实地走访建筑专家、查阅专业书籍等途径，收集有关住宅小区规划建设方面的资料，对住宅小区规划布局形成初步认识。

2. 制订调查计划。

（1）选择一个熟悉的住宅小区（最好是建成时间较短，且设施较齐备的小区），准备对该小区的布局情况展开实地调查。

(2) 讨论确定调查内容(可参考表4-3-11-1)。

表4-3-11-1

调查角度	调查项目
建筑布局	住宅楼的朝向,住宅楼的楼高,楼间距,小区容积率……
服务设施布局	自行车棚、停车位、快递自提柜等的位置、数量,锻炼场地的面积……
卫生环境设施布局	绿化面积,绿化带的分布,垃圾投放点的位置……
安全设施布局	小区出入口位置,是否实施封闭式管理,消防设施的位置、数量……
道路交通布局	机动车道和人行道宽度,交通安全标志设置……

(3) 根据调查项目确定调查步骤、调查时间和小组人员分工。

3. 开展实地调查。

(1) 通过在线地图获得小区平面图并打印下来,也可以结合实地观察画出该小区的平面示意简图。

(2) 各小组选择不同的调查项目,采用合适的调查途径(如:实地勘测,采访居委会或物业管理部门工作人员,采访居民)分头开展调查。

4. 分析调查信息,撰写调查报告。

(1) 各组将实地勘测的信息添加到平面图上。对于反映居民体验和需求等的访谈信息,做好量化记录,或及时进行整理和归纳总结。

(2) 以小组为单位,分析该小区布局的合理性或存在的问题,可参考的角度有:

① 建筑布局:根据小区所在的纬度、楼宇朝向和楼间距,判断居民住宅能否获得充足的光照。

② 服务设施布局:结合小区人口特点(常住人口数量、年龄结构等),分析小区内公共活动区域布局的合理性(如停车位数量是否充足,锻炼场地面积是否合理)。

③ 安全设施布局:结合小区出入口位置、数量,安保设备位置等,分析小区安保设施布局的合理性。

④ 卫生环境设施布局:结合当地的风向频率和居民需求,分析垃圾投放点的位置和数量是否合理;计算小区内绿化面积占小区总面积的百分比,查阅相关规定,看这一比例是否合理。

⑤ 道路交通布局:根据小区是否实行人车分流,机动车道和人行道的分布和面积,对道路交通布局的合理性进行评估。

(3) 每个小组针对发现的问题,对该小区空间结构进行优化设计,并制作一张平面示意图,附上简要的构思说明,在全班进行展示和讨论。

说明与延伸

1. 开展调查前,应提前与小区居委会或物业管理部门工作人员进行沟通,获得许可和支持。

2. 因本调查涉及的内容较多,可按调查内容的不同进行分组调查,也可以按调查途径的不同进行分组调查(如各组分别负责实地测量、居民访谈和小区管理人员访谈)。

3. 在进行实地勘测距离时,可使用皮尺等测量工具,也可使用步测法估测,还可以使用手机上的测距程序、测距仪等现代化测量工具。

4. 感兴趣的学习小组可以将调查范围扩大到社区,对影响社区居民生活的各类设施的规划布局展开调查。

12. 为社区便利店选址

在现代经济生活中,随处可以看到形形色色的便利店,它们能够满足社区居民的应急性消费需求,为社区居民提供方便快捷的购物服务。在现实生活中,由于便利店的投资规模较小,成为很多人的创业选择。开便利店首先要面对的是店面的选址问题。便利店作为一种商业活动场所,其选址要考虑交通条件、消费群体、商业集聚情况、地价等因素的影响。通过开展实地考察，尝试为新增社区便利店选址提出建议，有助于理解地理空间布局如何影响商业活动的开展。

工具与材料

每个小组配备一台电脑，该电脑可使用包含多图层、有测距功能的网页版地图。

活动过程

以小组为单位，扮演商业选址分析团队的角色，通过实地考察和分析比较等，为社区便利店推荐一个店址。

1. 实地考察社区内的便利店。

（1）每个小组在学校所在地选择地理位置较分散的3家社区便利店作为考察对象（便利店的数量可根据实际情况进行调整）。

（2）分别前往目标便利店进行实地考察和现场采访，获得以下信息：

① 客流量。建议采用时段踩点法，统计一天中的不同时段（如7:00—9:00，11:00—13:00，17:00—19:00）的进店人数。

② 顾客居住地的信息（精确到小区范围即可）。建议每个时段各采访至少10位顾客，共获取至少30个样本。

③ 店面租金。建议向便利店经营者或周边商家进行了解。

2. 信息的分析和比较。

（1）确定社区便利店的服务半径。

将社区便利店和被访者的居住地标注在地图上，观察社区便利店顾客的住址分布情况，找到距离便利店最远的居住地址，利用在线地图测距工具测量两者间的距离，将该距离设为该社区便利店的服务半径（图4-3-12-1）。

（2）利用在线地图收集反映社区便利店位置特征的信息。

图4-3-12-1

在地图上找到考察过的便利店，观察其地理位置及周边地物的信息，包括但不限于以下情况：

① 交通条件，如是否位于路口或路边，道路是否宽敞，附近有多少公交站（图4-3-12-2）。

② 服务半径内的居民户数，可通过图上显示的楼栋数结合实地考察进行估算。

③ 商业集聚情况，如周边是否有饭店、24小时药店、咖啡店等容易吸引和容纳消费者的门店。

④ 同业竞争情况，如附近有无同类型的便利店，它们距离所调查的便利店的距离。

⑤ 是否具有形成大的客流量的条件，如附近是否有公交站、地铁站，是否有大型商场、学校、医院。

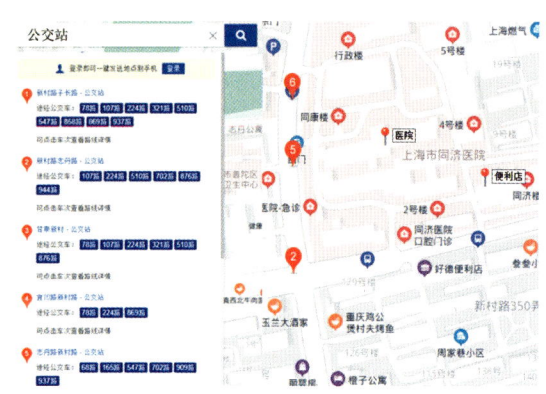

图4-3-12-2

（3）整理通过实地考察和利用在线地图收集到的信息（可参考表4-3-12-1），并进行小组讨论，确定为社区便利店选址需要考虑的因素。

3. 为社区便利店选址。

(1) 可以预设学校所在社区内的若干个地点（如行人较多的马路旁、大型居民区附近的商圈、学校附近的路口、相对封闭的街道角落等）作为备选店址。

(2) 各小组根据之前讨论确定的为社区便利店选址需要考虑的因素，对预设的店址进行调研，通过查询在线地图、实地走访等方式进一步收集相关资料和数据，并进行分析比较，撰写选址分析报告。报告中需要说明团队推荐的选址位置，该位置与其他预设店址相比的显著优势，以及预期的经营状况等。

(3) 各小组进行成果交流。

说明与延伸

1. 本活动需要投入较多时间和精力，较适合在假期中开展。

2. 本活动中，社区指人们共同生活的一定区域，也是固定的地理区域范围内的社会成员以居住环境为主体，行使社会功能、创造社会规范的行政区域。本活动中社区的地理范围可以参考社区居民委员会（居委会）的管辖范围来确定。社区便利店一般指在居民生活区附近开设的，以满足社区居民应急性消费需求，为社区居民提供方便快捷购物服务的小型购物场所。

表 4-3-12-1

	便利店名称	＿＿＿＿便利店	＿＿＿＿便利店	＿＿＿＿便利店
实地考察	客流量	7:00—9:00：270人 11:00—13:00：182人 17:00—19:00：190人 每日客流量（估算）：214人		
	月租金	10000元/月		
	顾客住址分布特点			
线上考察	交通条件	位于交通干道的十字路口		
	服务半径内的居民户数	位于大型居民社区，1 km内有18个小区，有约93幢高层居民楼，约320幢普通居民楼，共有约25000户居民		
	商业集聚情况	附近商家数量多，200 m内有12家餐饮店；500 m内有1家24小时药店		
	竞争情况	同行业竞争比较激烈，500 m内有8家便利店，与最近的便利店相距122 m		
	汇聚人流量的条件	500 m内有5个公交站；300 m处有一所中学		
	其他			
	结论	根据三家便利店营业时间内客流量的差异，得出为社区便利店选址需要考虑的因素主要有： ①交通条件：店铺应位于宽阔的道路旁，这样车辆进出自由，方便商品的运输； ②店铺门前场地开阔，可以停放一定数量的自行车； ③店面显眼，可以吸引更多顾客； ……		

3. 学校所在社区便利店的数量可能已经处于饱和状态,本活动的第3个步骤(为社区便利店选址)可以改为对调整现有社区便利店的位置,优化其布局,大致过程如下:

(1) 利用在线地图,找到并标出该社区内的所有便利店的位置,并将地图打印出来。

(2) 在打印的地图上绘制网格(每个网格的大小约为社区便利店服务的范围),将社区划分成若干大小相等的区域,并进行编号。

(3) 各组根据之前的考察结论,通过查询在线地图等方式收集相关信息,同时观察各个网格,推测本社区内便利店位置有待优化的若干个区域,并说明理由。

4. 可以在实地调查时对社区便利店从业者进行深入访谈,全面地了解社区便利店选址要考虑的因素,如社区中主要消费群体的年龄特征、社区未来规划、社区环境,为便利店的选址提供参考。

5. 可以继续考察,比较影响大型超市、超大型超市等不同规模的零售商的选址因素与影响社区便利店的选址因素有什么异同。

13. 设计未来城市模型

随着全球经济的不断发展,城市化的进程也在不断加快,城市成为人类赖以生存的重要场所。然而,随着城市人口的急剧增加,城市面临着越来越多的生态环境恶化、资源危机、交通拥堵等严重问题,影响着城市的可持续发展。而另一方面,日益转变的发展理念和先进的科学技术所带来生活方式的改变,也让人们对于未来美好的生存环境充满着想象与期待!那么,未来的城市该是什么样的?城市会怎样运转?城市中的人会怎样生活?……通过探索未来城市的规划和建设,设计理想的未来城市,可以更深入地思考现代城市发展过程中涉及的诸多问题,更好地认识城市、自然与人之间的关系,进一步培养探讨社会议题的能力。

工具与材料

画笔。

设计图纸,拼插式积木等。

活动过程

1. 组建团队,选择设计主题。

组成一个3~4人的合作团队,充分进行资料检索,了解现代城市发展过程中面临的主要问题,聚焦所在城市遇到的最突出的问题,初步确定本组想要设计的主题。

2. 调查和采访,了解相关信息。

(1) 走访城市规划专家、建筑师、生态专家等,了解人们在探索未来城市规划与建设时所运用的前沿设计思想,关键性的生态技术、建筑技术,以及最主要的解决方案等。

(2) 实地考察,进一步了解所在城市特有的自然地理特点(气候、地貌、自然资源等方面)和人文景观(原有的历史古迹、建筑风格、民俗风情等),作为设计参考要素。

3. 设计模型搭建方案,绘制模型草图。

(1) 进行头脑风暴,确定针对具体实际问题(如垃圾困境、雨水再利用、交通拥堵)的解决方案。

(2) 选择一个或者多个未来城市功能区进行设计,绘制设计简图(图4-3-13-1为围绕"城市水资源合理利用"主题设计的草图)。设计时要充分考虑当地的自然资源和地理环境特点,并体现城市的人文特色。

4. 动手合作,搭建未来城市建筑模型。

小组利用模块化的拼插式积木,根据设计草图,进行合作搭建。

5. 登台展示,分享作品。

每个小组用5 min时间向全班同学介绍本小组

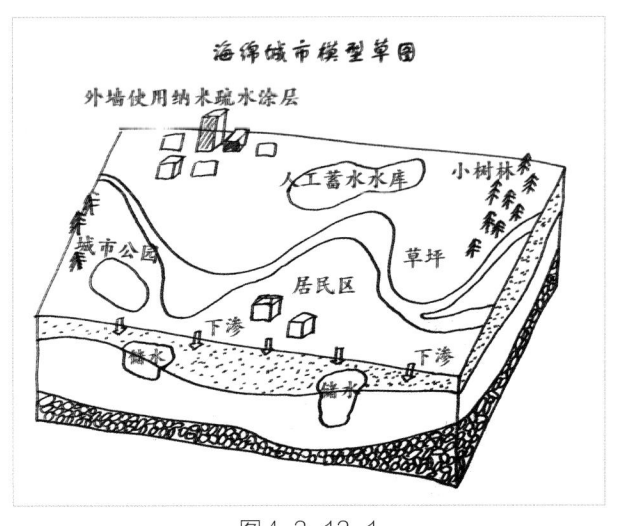

图 4-3-13-1

的作品,介绍的内容可以包括:作品的主题,问题解决方案(如怎样实现资源的循环利用),使用的关键技术,可能产生的效益,作品的其他特色,作品的不足和有待解决的问题。

说明与延伸

1. 除了利用模块化的拼插式积木,也可以根据设计需要使用其他材料搭建模型。

2. 对于未来城市建设的探索有不同的尺度,既可以关注宏观尺度的城镇群、都市区的规划建设,也可以关注中观尺度的城市个体的规划建设,还可以关注微观尺度的城市社区的规划建设。

3. 可以在生活中继续观察,发现更多的城市问题,创造性地为城市居民出谋划策、解决实际问题。

14. 设计制作抗震建筑模型

地震是由于地球内部介质局部发生急剧的破裂,产生震波,从而在一定范围内引起地面振动的现象。地震会带来地表破坏、建筑物的破坏和次生灾害等。据统计,世界上发生的巨大地震灾害中,绝大部分人员伤亡是由于建筑物垮塌所导致的。我国位于世界两大地震带——环太平洋地震带与欧亚地震带之间,地震断裂带十分发达,地震活动频繁、强度大、震源浅、分布广,是一个震灾严重的国家。如果将建筑物的抗震性能提高,将能大大加强人们抵御大地震袭击的能力。可以通过查阅资料,尝试设计和搭建抗震建筑模型,初步探讨如何提高建筑物的抗震性以应对地震灾害的发生。

工具与材料

美工刀,铅笔,直尺,电吹风等。

规定使用的搭建材料(包括规定长度的细竹签、木棒若干、白胶、瓦楞纸、木板等)。

活动过程

1. 明确活动任务。

(1) 通过多种途径收集资料,了解地震波的传播特点,地震对建筑物破坏性的表现,影响建筑物抗震减震的主要因素(如隔震技术、建筑材料、地基、建筑结构),建筑抗震设计的基本原则等。

(2) 教师明确搭建抗震建筑模型活动的条件限制,包括:模型制作材料,模型尺寸(如模型最大底面积、模型层数、层高),评价模型的依据(如材料用量、承重能力、模型"抗震"能力),等等。

(3) 小组讨论,明确要解决的主要问题(如使用尽量少的材料搭建出稳定度强、承重量大、"抗震"效果好的模型)和暂时不用考虑的因素(如地基、场地)。

2. 小组合作,设计模型。

(1) 小组讨论想要设计的建筑模型的外观、使用材料、材料连接方式等,确定设计方案。

(2) 绘制设计图,清晰地呈现出模型的结构、使用材料、尺寸等要素。

(3) 制订搭建计划,包括人员分工、制作步骤、测试方案、安全注意事项以及时间和成本控制等。

3. 制作和测试模型。

(1) 根据计划开展分工合作,收集制作材料,按设计图进行制作。

（2）通过测试不断改进模型。可采取逐级测试的方法对模型进行测试，如：首先测试模型是否能达到基本承重要求（每一层均能承受一定的重量）；其次进行"小地震"测试（在不承重的前提下，水平和垂直方向上经受短时或小幅振动）；最后进行"大地震"测试（增加承重量、振动时间或振动幅度）。在测试中，观察模型是否存在构件断裂、脱胶和结构垮塌等问题，根据出现的问题对模型进行修复和改进。

4. 评比、展示和交流。

（1）评委对各组提供的模型作品进行评测，记录模型的自重、体现模型"抗震"能力的数据（如：在规定的承重条件下，经受一定频率和振幅的振动后模型垮塌的时间）。

（2）小组派代表做分享交流，向大家介绍模型作品及其制作过程，包括：

① 本组模型的设计思路，模型的结构特点、抗震强度。

② 在制作工程中遇到的问题，以及解决问题的方法。

③ 对模型做过的改进。

④ 在制作过程中的收获和发现。

说明与延伸

1. 每个小组可以多设计几种方案并进行尝试，选择最优方案参赛。

2. 设计制作抗震模型可被视为一个工程问题，在设计方案时不仅要关注模型本身的抗震效果，还应该关注成本控制、技术实现的可能性、模型美观度、行业规范、环境影响等工程约束问题。

3. 如果没有专业的振动模拟台检测模型，也可以灵活设计测试方法模拟地震波的影响。以下提供一种参考测试方案（测试装置如图4-3-14-1所示）：

（1）竖向静力加载测试：将3个重50 N的物体依次放置在模型上，观察加载完成后模型是否存在构件撕裂、断裂、脱胶和结构垮塌等问题。没有出现相关问题的模型接受下一步骤的测试。

（2）水平向静力加载测试：通过拉索和滑轮对建筑模型顶部施加水平位移至5 mm，记录模型结构顶点在水平向位移到达5 mm时的水平力。可不断增加位移，观察加载完成后模型是否存在构件撕裂、断裂、脱胶和结构垮塌等问题。没有出现相关问题的模型接受下一步骤的测试。

（3）水平向有阻尼自由衰减运动测试：对放置重物的模型顶部保留水平向5 mm位移后，剪断水平拉索释放应力，使模型作有阻尼自由衰减运动，观察加载完成后模型是否存在构件撕裂、断裂、脱胶、结构垮塌等问题。对没有出现相关问题的模型，逐渐增加水平向静力位移，直至模型出现构件的撕裂、断裂、脱胶和结构垮塌等问题。

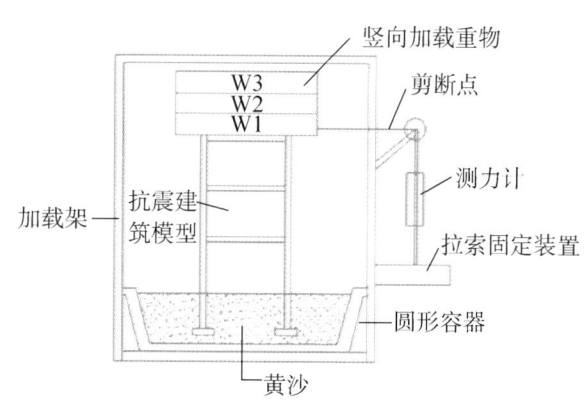

图4-3-14-1

第 5 篇
模型篇

车辆模型

1. 弹射赛车

当外力使橡筋伸长、变形时,橡筋能把能量储存起来。用木料做一辆简易赛车,用橡筋将它们飞速地弹射出去。比一比,看谁的赛车跑得最远最直。这是一项有趣的活动。

工具与材料

斜口刀,钢丝锯,尖嘴钳,手摇钻,铅笔等。

木板(厚5 mm),薄铁皮,自行车钢丝,铁钉,百得胶,白胶。

活动过程

1. 制作车身。在一块5 mm厚的木板上按三视图(图5-1-1-1)用复写纸描下车身,然后用锯子锯下。按图示在车身上用手摇钻钻一个直径3 mm的车轴孔。

2. 制作车轴架。在薄铁皮上按三视图中车轴架的尺寸剪下两片铁片,弯折成车轴架。车轴架两侧各钻一个直径2 mm的车轴孔。车轴用一段自行车轮辐条制作。

3. 制作车轮。用5 mm厚的木板做4个大小相同的车轮。车轮中心钻一个直径略小于2 mm的车轴孔。

4. 装配。如装配图(图5-1-1-2)所示,先将车轴架用铁钉钉在车身下。前轮架下钉一枚铁钉,以便试车后调整行驶方向。后轮架下钉两枚铁钉。

将车轴从车轴架和车身上的孔穿进去,要求车轴不能与车身上的孔内壁相碰,而能在车轴架上灵活转动。

把车轮紧配在车轴上,然后将车子放在平整的桌面上观察,车轮应和桌面垂直。为了牢固,可在车轴和车轮装配处滴些百得胶。

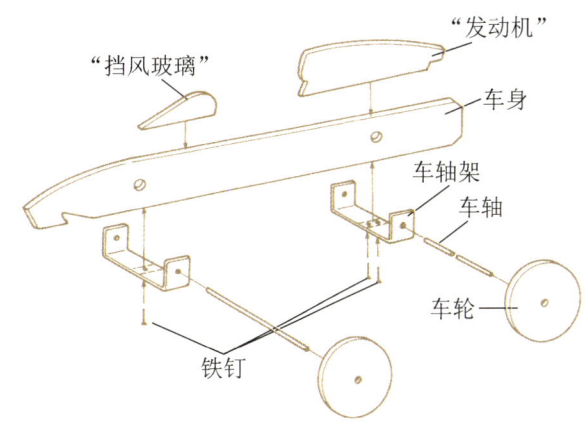

图5-1-1-2

5. 装饰。用木板或塑料板做一个"挡风玻璃"和一个"发动机",用白胶粘在车身上。用漆或颜料给车身涂上颜色,用笔画一些线条进行装饰,使它更美观。

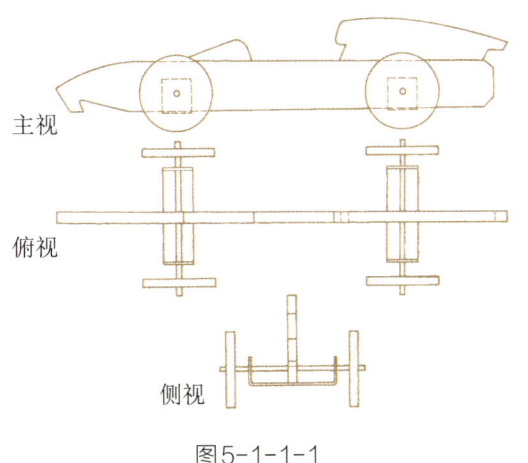

图5-1-1-1

说明与延伸

按图5-1-1-3的尺寸用三夹板或瓦楞纸板做一个赛车弹射台。在前方终点线(离起点5~10 m)处放几个小瓶之类的东西作标记。比赛时,将赛车弹射出去,小车穿过最中间的标记得100分,偏一标扣20分。出边线或没有到达终点线不计分。每辆赛车比若干轮,以总积分最高者为优胜。

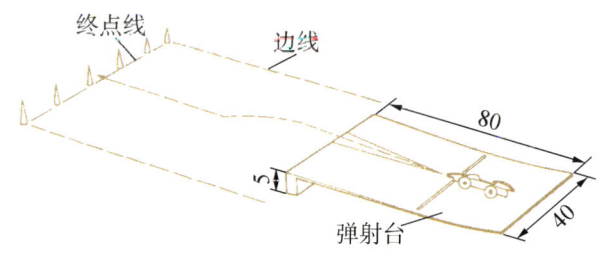

图5-1-1-3

2. 重力滑坡车

车辆模型必须要有动力才能前进。这里介绍的模型是利用它自身的重量在斜坡上产生的一个分力来克服轮子与斜坡的摩擦力,使模型向下滑动。这是一辆比较简单的车辆模型。

工具与材料

斜口刀,钢丝锯,木锉,钢锉,剪刀,划针,直尺,冲头,手摇钻,钻头,圆规,砂纸,铅笔。

五夹板(50 mm×200 mm、70 mm×230 mm),三夹板(25 mm×100 mm),铁皮(0.6 mm×10 mm×150 mm),钢丝(直径2 mm、长160 mm),塑料管(内径2 mm、长20 mm),自攻螺钉(ST2.9×6.5,4枚),胶水(环氧胶或白胶)。

活动过程

1. 制作底板。按图5-1-2-1在50 mm×200 mm

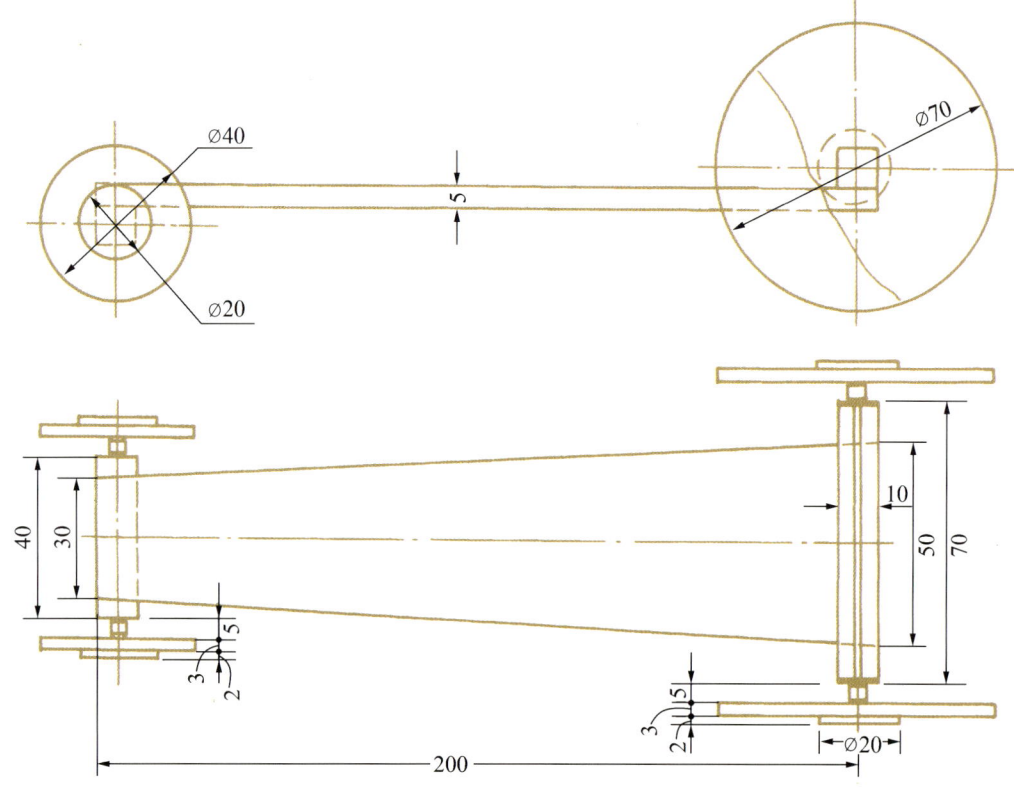

图5-1-2-1

的五夹板上用直尺和铅笔画出底板外形,用钢丝锯和斜口刀切割去多余部分,四周用砂纸打光。

2. 制作车轮。在70 mm×230 mm的五夹板上用圆规画直径70 mm、直径40 mm的圆各2个,用钢丝锯锯下,用木锉锉平并用砂纸打光。在圆心上用手摇钻钻出直径1.9 mm的小孔,钻孔时要注意孔要与车轮平面垂直。

在25 mm×100 mm的三夹板上画4个直径20 mm的圆,用上面同样的方法锯下、打光、钻孔。

用胶水将直径20 mm的圆片与直径40 mm、直径70 mm的圆片分别黏合,黏合时要注意中间小孔要对准,不能错位。

3. 制作前后轮轴架。如图5-1-2-2所示,在铁皮上用划针划出前、后轮轴架,然后剪下,四周用钢锉锉光。再标出轮轴及自攻螺钉位置,用冲头敲一个定位孔,用手摇钻钻出直径2.1 mm的小孔,然后按尺寸将两端弯成直角。

4. 装配。先将前、后轮轴架用自攻螺钉固定在底板上,然后将直径2 mm的钢丝截成长92 mm、60 mm各一段。钢丝两端用钢锉倒圆,做成前后轮轴。

用汽油将轮轴端部擦拭干净,晾干。在一端涂少许环氧胶,把涂有胶水的一端对准轮子上的小孔,用铆头慢慢地、仔细地把轴敲入小孔内。这时要注意,轴与轮子平面一定要垂直。

在装好一个轮子的轴上穿一段长约4~5 mm的塑料管,再穿入前、后轮轴架,最后把另一边的塑料短管及车轮装在轴上。

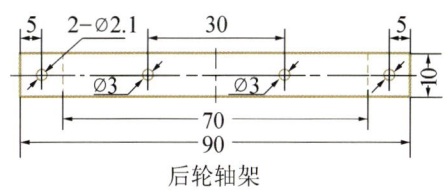

后轮轴架

前轮轴架

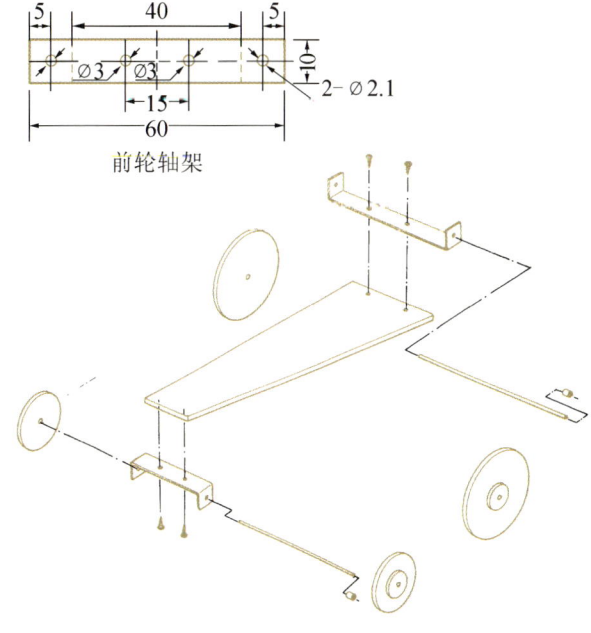

图5-1-2-2

说明与延伸

1. 这辆重力滑坡车制作简单,制作方法也很典型。这里所选用的材料仅是一种代表,在具体制作时,可以选用身边能找到的其他材料。在制作过程中还可根据自己的设想,灵活地进行变化或创新。

2. 本模型可以选择不同的条件进行竞赛。例如规定斜坡的倾斜度或规定载有一定的重量,比一比,看哪辆车模滑行的距离最长。

3. 风帆车模型

风力是自然界中取之不尽、用之不竭的无污染能源,依靠风帆借助风力航行的帆船是最古老的交通工具之一。把风帆装到车辆模型上,利用风力作为车辆模型的动力,这就是风帆车的原理。

工具与材料

钢丝锯,木锉,钢锉,划针,直尺,剪刀,小刀,铅笔,砂纸,冲头,手摇钻,钻头等。

五夹板(70 mm×350 mm),三夹板(20 mm×40 mm),铁皮(0.6 mm×10 mm×150 mm),粗竹丝(直径4 mm、长255 mm),竹丝(直径2 mm、长150 mm),钢丝(直径2 mm和直径0.5 mm、长50 mm),涤纶薄膜(厚0.3 mm),自行车气门芯小橡皮管,涤纶胶带纸,丝线,塑料管(内径0.8 mm、长40 mm),自攻螺钉(ST2.9×6.5,3枚),环氧胶。

活动过程

1. 制作车身。按图5-1-3-1所示的尺寸,在五夹板上画好底板外形,然后切割、打光,做成底板。用三夹板做2块直径20 mm的加强片,用环氧胶按尺寸粘到底板上。在前加强片上钻一个直径4 mm的圆孔,在后加强片上钻一个直径2 mm的圆孔(图5-1-3-2)。

用铁皮做前、后轮轴架,用自攻螺钉将前后轮轴架固定在底板上。前轮轴架用1枚自攻螺钉,以便可绕中心旋转,在小范围内调整车辆行驶方向。后轮轴架用2枚自攻螺钉。用五夹板做车轮,把车轴敲入车轮中心,并用环氧胶粘牢。

2. 制作桅杆和风帆。桅杆用直径4 mm的粗竹丝制作。用小刀仔细地把竹丝削成一头粗一头稍细的圆锥状,表面用小刀或玻璃碎片刮光顺。

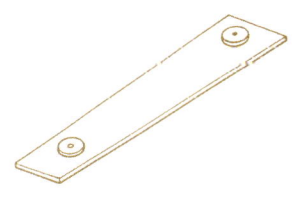

图5-1-3-2

截取一段长15 mm左右的细塑料管,用线绑在桅杆下端,外面涂上环氧胶。把直径0.5 mm、长约40 mm的钢丝弯成直角,每边长20 mm。用细线将钢丝的一边绑在直径2 mm、长约150 mm的竹丝一端,作驶风杆。把驶风杆的钢丝插入桅杆下端的塑料管内,在下面露出的钢丝一端上滴1滴浓稠的胶水,待胶水固化后结成一个小珠,以防止钢丝滑出。

按图示尺寸、形状,用涤纶薄膜剪一个风帆,用涤纶胶带纸在风帆的三个角上各粘一段结实的细线,并在风帆的两条直角边上各粘一条涤纶胶带纸作加强。

用针、线将风帆固定在桅杆和驶风杆上,同时

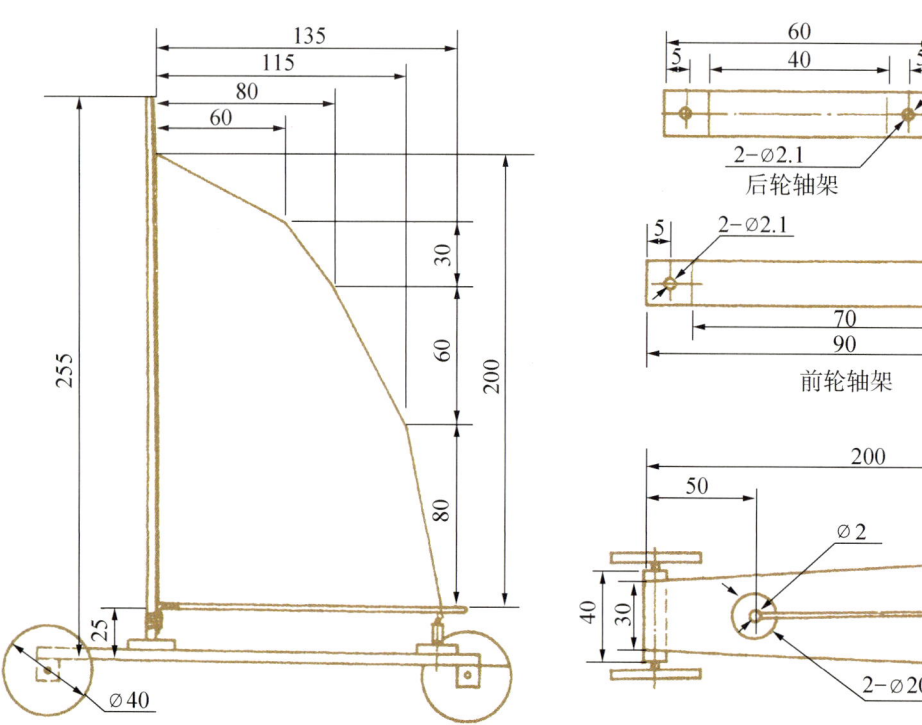

图5-1-3-1

将风帆三个角上的细线也固定在桅杆和驶风杆上（图5-1-3-3）。

在车身底板后加强片上粘上一段长约20 mm的竹丝，作为缭绳架。把桅杆插入前加强板上粘牢，然后将缭绳穿入自行车气门芯小橡皮管后套入缭绳架（图5-1-3-4）。这时，牵动缭绳可改变风帆的角度以适应风力的大小（风小，缭绳放长；风大，缭绳缩短）。

说明与延伸

1. 风帆车模型的底板可采用其他车辆模型的底板，只要有安装桅杆和缭绳架的位置。风帆也可用其他材料替代，如塑料食品袋等，甚至可采用不同质地的纸来做风帆。

2. 风帆车模型放行时应选择地面平整的操场等，并选择有风但不宜太大的天气。比赛最好是在室内进行，在地面平整的大礼堂，放置几台电扇，这样就不会因为气候的变化而影响比赛的正常举行。

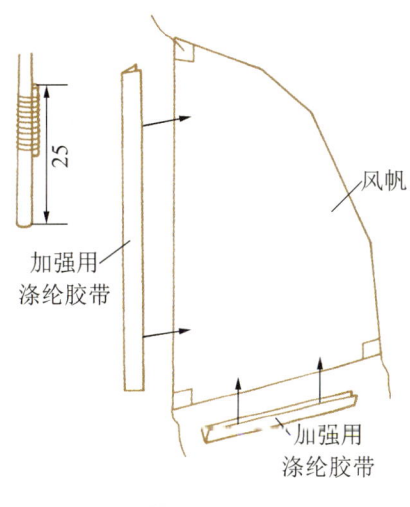

图5-1-3-3

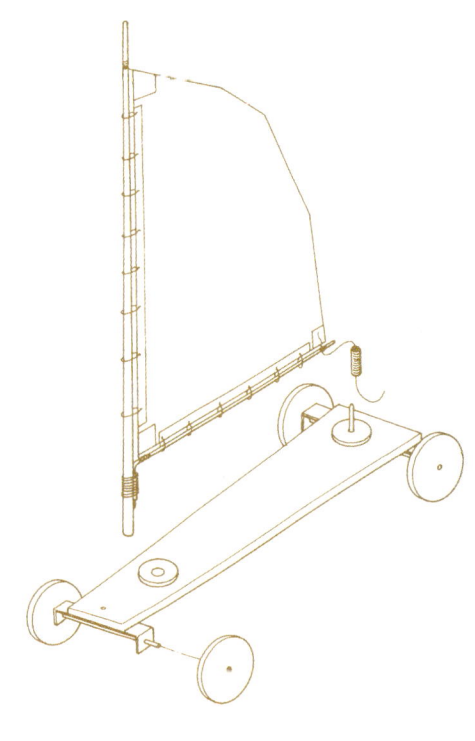

图5-1-3-4

4. 橡筋动力轿车模型

当用外力把橡筋旋紧的时候，橡筋发生形变，弹性势能就被储存起来。当外力撤去时，橡筋恢复原状，能量被释放出来。如果用释放出来的能量来带动车轮旋转，就可以作为一种车辆模型的动力。橡筋动力车辆模型不用安装复杂的变速机构和控制设备，较易制作和调整。

工具与材料

手摇钻，钻头（直径2 mm），小刀，剪刀，砂纸。

松木板（5 mm×50 mm×90 mm），松木条（3 mm×5 mm×200 mm，2 mm×2 mm×150 mm），钢丝（直径1 mm，长150 mm），橡筋（1 mm×2 mm×200 mm），空心铆钉（直径1.5 mm，4枚），粗丝线（长约300 mm），塑料小环，白胶。

活动过程

1. 制作底板和车轮、导向轮。按图5-1-4-1所示在两根3 mm×5 mm×90 mm的松木条上各钻两个

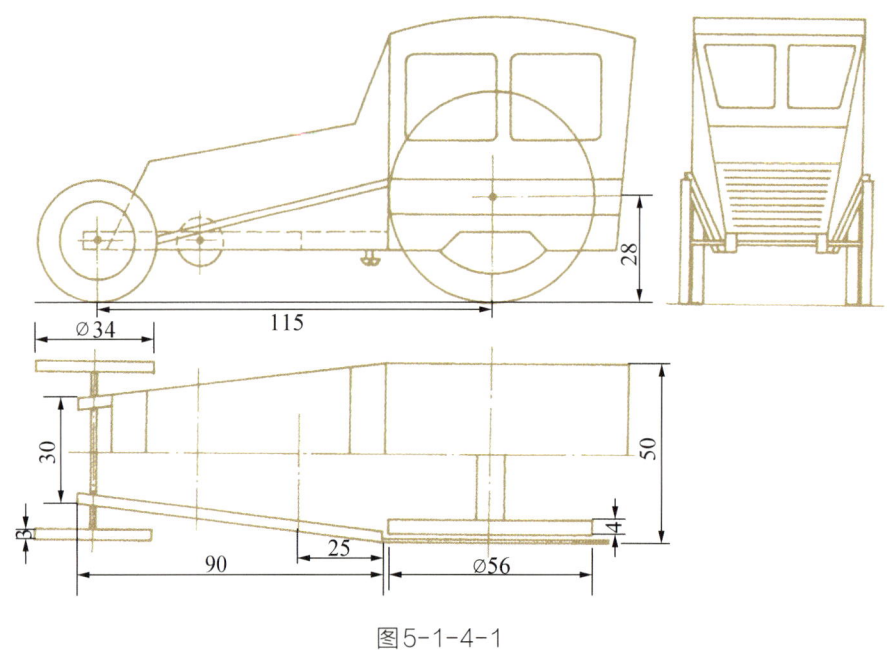

图 5-1-4-1

直径 2 mm 的前车轴孔和导向轮固定孔,把 5 mm 厚的松木板按图下料,磨光后用白胶粘牢。用卡纸剪 12 片直径 34 mm 的圆片、16 片直径 56 mm 的圆片,中间各打一个直径 1 mm 的小孔。将这些圆片叠合粘在一起,使前轮厚度达 3 mm,后轮厚度达 4 mm。导向轮制作方法与车轮一样,只是导向轮中有一宽 2 mm 的凹槽,总厚度 4 mm。

2. 制作前、后轮轴。用一根直径 1 mm、长 60 mm 的钢丝穿入前轴孔,两端各露出 15 mm。中间用一面涂有白胶、宽约 24 mm 的牛皮纸条卷在它外面。纸卷的直径约 3 mm。后轴制作方法相同,纸卷直径则为 8 mm。白胶干后粘上后轮,注意两后轮要保持平行并且与车轴垂直。

3. 制作车壳。按图 5-1-4-2 所示用卡纸做旁板、顶板,旁板外侧粘上 2 mm×2 mm 的松木条和卡纸加强片,最后把旁板和顶板黏合成车壳。

4. 总装。将车壳粘到底板上。在后轮轴上绑一根结实的粗丝线并涂上白胶粘牢,胶干后将粗丝线顺时针绕 10~15 圈。线头从车壳后小孔中穿出,系上一个小塑料环。

将截面为 1 mm×2 mm 的橡筋绑在后轴上,绕过

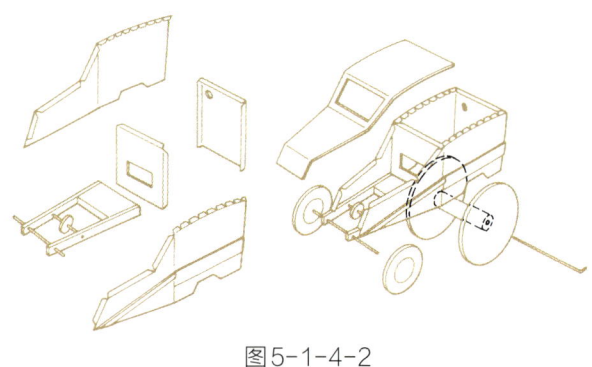

图 5-1-4-2

导向轮,另一头固定在底板下面的自攻螺钉上,最后调整后部件的位置(图 5-1-4-3)。

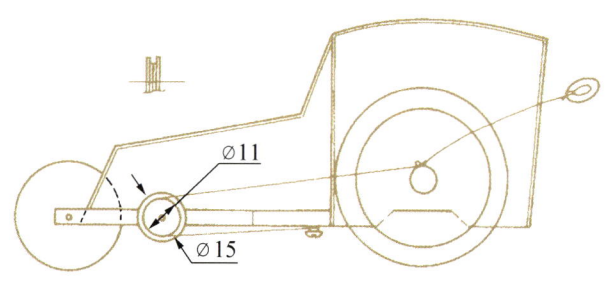

图 5-1-4-3

说明与延伸

1. 这辆轿车模型的关键是后轮和橡筋动力部

分。在制作时要注意,后轮和粗丝线都要有一定的强度,橡筋动力部分的连接点和粘接部分要牢靠。没有专用的橡筋,也可用普通的橡筋圈,但效果要差些。

2. 试车。用左手轻轻按住前轮,抬起后轮,用右手将绑有丝线的小塑料环向后拉,这时后轮就反转,橡筋被拉长绕在后轴上。放下后轮,松开双手,轿车就缓缓前进了。

5. 空气螺旋桨橡筋动力车辆模型

螺旋桨高速旋转产生的作用力能推动物体前进,这一原理广泛应用在船舶、飞机等领域。把这一原理应用到车辆模型上,并用橡筋作为螺旋桨的动力,就可以制作一辆空气螺旋桨橡筋动力车辆模型。

工具与材料

钻头,斜口刀,钢丝锯,尖嘴钳,手摇钻,砂纸,木锉等。

五夹板(50 mm×200 mm,40 mm×200 mm),铁皮(0.6 mm×10 mm×150 mm),钢丝(直径2 mm、长160 mm,直径0.5 mm×150 mm),塑料管(直径2 mm、长20 mm),松木条(4 mm×8 mm×400 mm),桐木片(1.5 mm×40 mm×120 mm),铝片(0.8 mm×4 mm×30 mm),硬塑料管(直径1 mm、长15 mm),橡筋(1 mm×1 mm×900 mm),自攻螺钉(ST4.2×9.5,4枚),环氧胶等。

活动过程

1. 制作车体。车底板、车轮、前后轮轴架的制作及装配,均可按常规的方法进行,具体可参见重力滑坡车的制作方法。

2. 制作橡筋支撑杆。在0.8 mm×4 mm×30 mm的铝片上按图5-1-5-1所示的尺寸钻两个直径0.6 mm小孔,并弯成∩形。在4 mm×8 mm×250 mm的松木条的一端切出深1 mm、长10 mm的台阶,用细线把∩形的铝片绑在台阶上。绑扎前,在两个接触面上涂环氧胶,以增加牢度。将木条另一端按图示切去一角。用尖嘴钳把直径0.5 mm的钢丝弯成前钩、后钩,用线把后钩绑在木条上,外面涂上环氧胶。

取两段4 mm×8 mm×45 mm的松木条,两端各切去一角,用胶水黏合在橡筋支撑杆两侧,成人字形构架。牢固后,将构架一并黏合到底板上(见图5-1-5-2)。

3. 制作螺旋桨。在厚1.5 mm的桐木片上按图5-1-5-3所示切下两片桨叶。取一段4 mm×8 mm×40 mm的松木条,中心钻一个直径0.5 mm小孔。注意,小孔要与木条平面垂直。在木条两端沿对角线各锯一条宽约1.5 mm的狭槽,槽深10 mm,两端狭

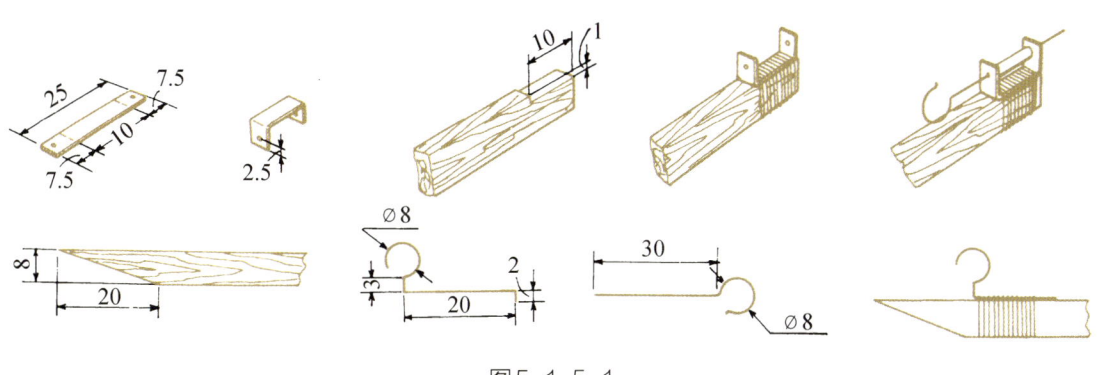

图5-1-5-1

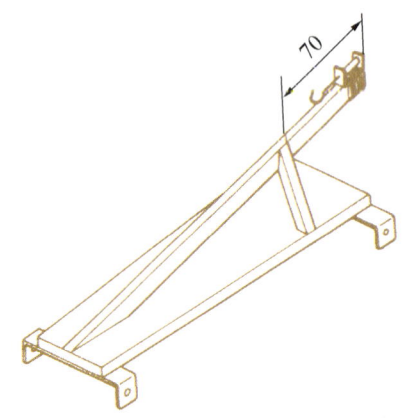

图5-1-5-2

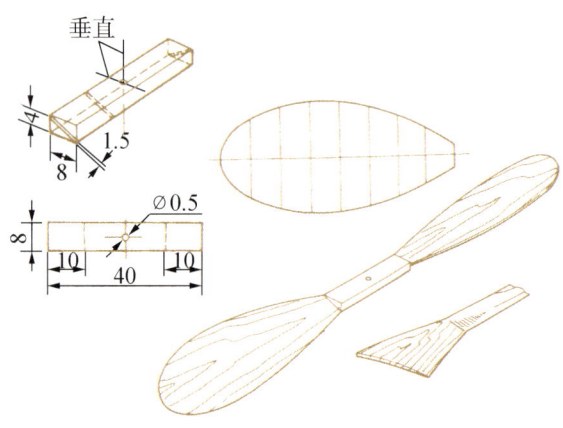

图5-1-5-3

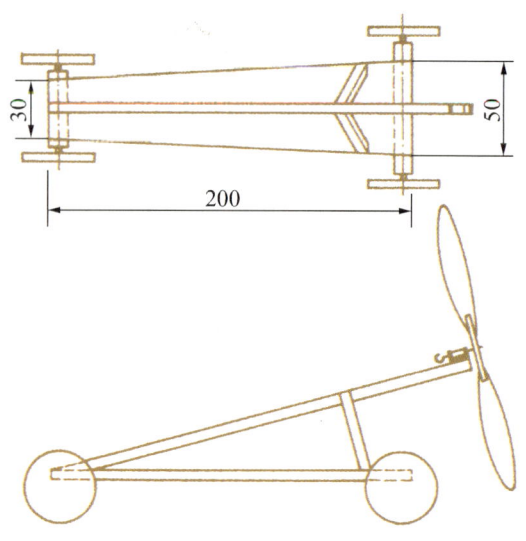

图5-1-5-4

槽互相交错。将两片桨叶插入狭槽,用环氧胶粘牢。胶干后用砂纸把中间木条(称为桨毂)的棱角打磨去,同时把桨叶周边也打磨光顺。最后将细钢丝穿入中心孔,用手拨动桨叶,当螺旋桨停下来时,两片桨叶应呈水平状态。若有倾斜,就应适当打磨下沉的那端桨叶,直到螺旋桨两叶平衡为止。

4. 总装。把前钩自后向前穿过∩形铝片,在∩形铝片中间放一段长度略小于开档的塑料硬管,再穿一粒小玻璃珠并穿入螺旋桨,把前钩伸出部分弯成 ⌐ 状。前后钩之间装入8股1 mm×1 mm橡筋束,底座上装上轮子(图5-1-5-4)。

说明与延伸

1. 试车。绕紧橡筋束约250圈(试验时可少绕些),放手后,车辆模型即可在空气螺旋桨驱动下向前行驶。

2. 螺旋桨是这辆空气螺旋桨橡筋动力车辆模型的关键部件。上面介绍的是一种简便螺旋桨,而实际上不能称为螺旋桨。螺旋桨较准确的设计和制作方法如下(图5-1-5-5):

先画出螺旋桨的平面图,然后确定螺旋桨旋转一周前进的距离——螺距。但要注意,螺距不能太大,一般要小于螺旋桨的直径。根据桨叶的平面与

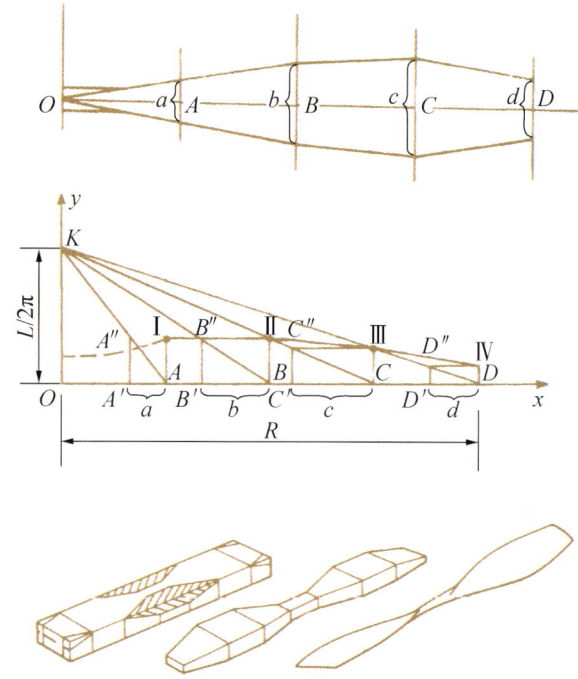

图5-1-5-5

螺距确定桨叶的侧面。有了螺旋桨的平面形状和侧面形状，就可以把一块长方形木材削成一个真正的螺旋桨了。

确定螺旋桨侧面形状的步骤是：

（1）画出螺旋桨叶的平面形状，它的半径为R。

（2）确定螺距L。

（3）画出横轴x轴和纵轴y轴，在x轴上量出R，在y轴上量出$L/2\pi$，标出这点为K点。

（4）把R分成几个等分（这里举例是分成四等分），并在x轴上标出A、B、C、D各点，在各点上都作一垂线。

（5）分别连接AK、BK、CK、DK形成4条斜线。

（6）在A、B、C、D各点分别把桨叶平面上对应的宽度量到x轴上，得到A'、B'、C'、D' 4点，通过这4点作垂线，与AK、BK、CK、DK交与A''、B''、C''、D''，把A''、B''、C''、D''再投影到过A、B、C、D且与x轴垂直的4条直线上，得到Ⅰ、Ⅱ、Ⅲ、Ⅳ 4点。

（7）连接Ⅰ、Ⅱ、Ⅲ、Ⅳ形成一折线，这条折线与x轴构成的图形就是螺旋桨的侧面形状。这里要说明一点，由于靠近中心处螺旋桨的效率较低，再加上这部分桨叶的角度很大阻力也大，所以做一些修改，在图上用虚线来表示。

把螺旋桨正面形状和侧面形状做成样板，把它画在事先准备好的木块上，切去多余部分制成一个毛坯，在中心打孔，以对角线为基准削出一个效率较高的螺旋桨。螺旋桨桨叶的剖面应该与飞机机翼的翼型相仿，这在制作中应特别注意。

6. 摩擦传动电动车辆模型

电机的转速是很快的，一般不宜直接用来带动车轮的转动。但可以用摩擦系数较大的材料制成的小直径摩擦轮直接装在电机轴上，与车轮轮缘摩擦来驱动车轮。由于车轮直径与摩擦轮直径之比较大，从而使车轮转速大大低于电机转速，以保持模型的平稳行驶。

工具与材料

小刀，锉刀，砂纸，手摇钻，钻头，电烙铁，冲头。

松木条（5 mm×8 mm×30 mm，2根），桐木片（1 mm×60 mm×150 mm），五夹板（60 mm×120 mm），自行车钢丝，铜管（外径3 mm、内径2 mm、长30 mm），铁垫圈（外径6 mm、内径2.5 mm、厚0.5 mm，若干），发泡塑料（60 mm×60 mm×16 mm，可用废泡沫塑料拖鞋），铝片（0.8 mm×55 mm×145 mm），自行车气门芯橡皮管，131玩具电机，5号电池，拨动开关，自攻螺钉（ST2.9×6.5），塑料导线（150 mm），薄铁片，环氧胶，502胶，焊锡。

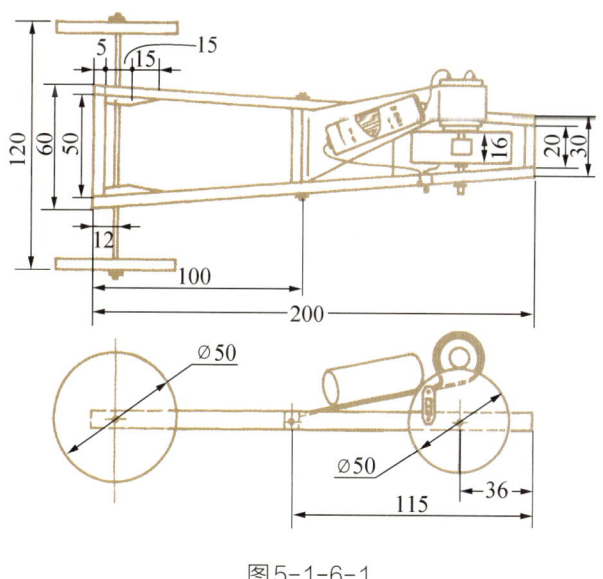

图5-1-6-1

活动过程

1. 制作底板。把5 mm×8 mm的松木条按图5-1-6-1所示尺寸搭成框架，用胶水粘牢。底部覆上厚1 mm的桐木片加强板，待胶水干透后，用手摇钻钻出前、后轮轴孔及电机座轴孔（直径约1.9 mm）。

2. 制作前后轮。前轮（2个）用五夹板制成，直径50 mm，中心钻孔后用502胶粘上一段长6 mm的铜管。铜管轴线要与车轮平面垂直。后轮用发泡塑料制成，用锋利小刀切出外形后用砂纸仔细打磨圆滑，打好中心孔后穿入长约20 mm的铜管。用薄铁片剪出两块直径25 mm的圆片，中心钻孔，孔径略大于铜管外径。把两圆片分别放在后轮两侧铜管露出部分，用冲头将铜管扩成喇叭口，将后轮铆成一个整体（图5-1-6-2）。

图5-1-6-2

3. 制作电机座（图5-1-6-3）。把铝片剪出外形，在与底板连接的一端两个耳片上打孔，向下折成90°。另一端向上卷曲，紧固电机后钻孔铆接，把电机固定在上面。

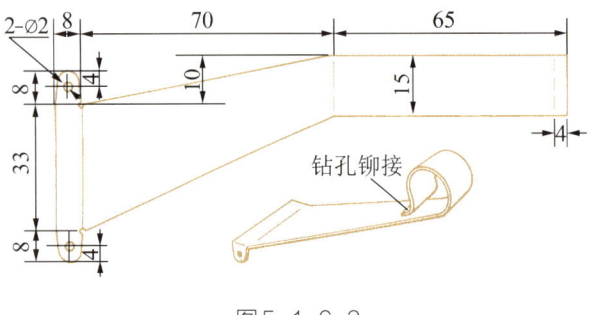

图5-1-6-3

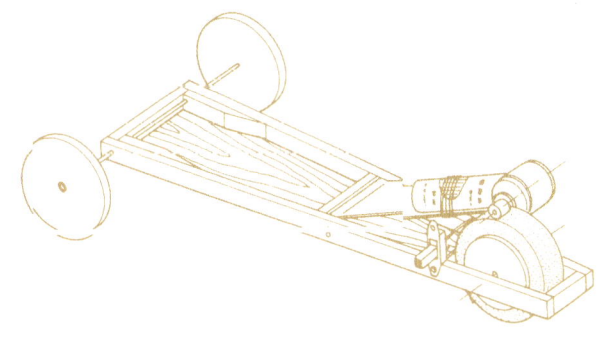

图5-1-6-4

4. 安装（图5-1-6-4）。取长130 mm的自行车轮辐条，穿入底板上的前轴孔，使两边伸出部分相等，并用502胶粘牢。用焊锡在前轴两端距端头8 mm处各焊一片垫圈，使垫圈平面与轴垂直。依次放入垫圈、前轮、垫圈，再在外面焊上一片垫圈。

将后轮嵌入底板中，两侧垫上垫圈，穿入长45 mm的后轴，外侧各放一片垫圈，再焊牢。

用一根轴将电机座连同电机，一起穿入底板中间的安装孔，两侧放上垫片，焊牢。电动机轴上套上自行车气门芯橡皮管，可以套两层。如嫌直径太小，可另用橡胶块做一个直径不大于10 mm的小轮作为摩擦轮。

用自攻螺钉把拨动开关固定在车底板侧面，用橡筋将5号电池绑在电机座上，用焊锡把电池正负极与开关连接。打开开关即可行驶了。

说明与延伸

在这辆模型的制作中，摩擦轮（后轮）是一个关键部分，它的制作要求比较高，特别是外圆的弧度和光顺。由于泡沫塑料的加工工艺较难掌握，一般可用其他材料代替。如用木块加工后，外面套几层自行车内胎等。

7. 火箭动力赛车模型

根据物体之间作用力和反作用力大小相等、方向相反，作用在同一条直线上这一物理学的基本原理，火箭用它自带的燃料燃烧时向后喷出的气流对火箭的反作用力使它向前飞行。如果把火箭装在赛车模型上,当火箭发动时,向后喷射的气流产生的反作用力就能推动赛车前进。

工具与材料

锯子,剪刀,手摇钻,直径 2.5 mm 的钻头,钢锉,木锉。

烟花中的"九龙"(直径约 15~20 mm,剪去尾部的长竹丝),松木片(3 mm×34 mm×240 mm),桐木片(3 mm×28 mm×240 mm,3 mm×34 mm×130 mm,1.5 mm×30 mm×35 mm,1.5 mm×40 mm×55 mm),玩具车轮(直径 30 mm、宽 5 mm,2 个,直径 40 mm、宽 20 mm,2 个),铁皮(0.5 mm×20 mm×50 mm,0.5 mm×45 mm×45 mm),钢丝(直径 2.5 mm、长 180 mm),自攻螺钉(ST2.9×6.5,6 枚),粗保险丝,双面胶带纸,铝箔,白胶(或快干胶)。

活动过程

1. 制作发动机架及后车轮轴架。按图 5-1-7-1 所示的尺寸在铁皮上划线,用剪刀剪下,四边用钢锉锉平,然后钻孔,再弯成如图所示的形状。

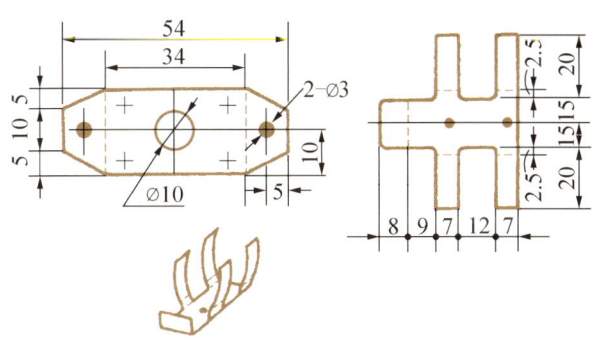

图 5-1-7-1

2. 制作车身。按图 5-1-7-2 的尺寸将 3 mm 厚的松木片锯下,锉光。在离后端 35 mm 处锯开,用白胶粘接成阶梯状(见图 5-1-7-3)。胶水干后用自攻螺钉将发动机架和后轮轴固定到底板上。在底板

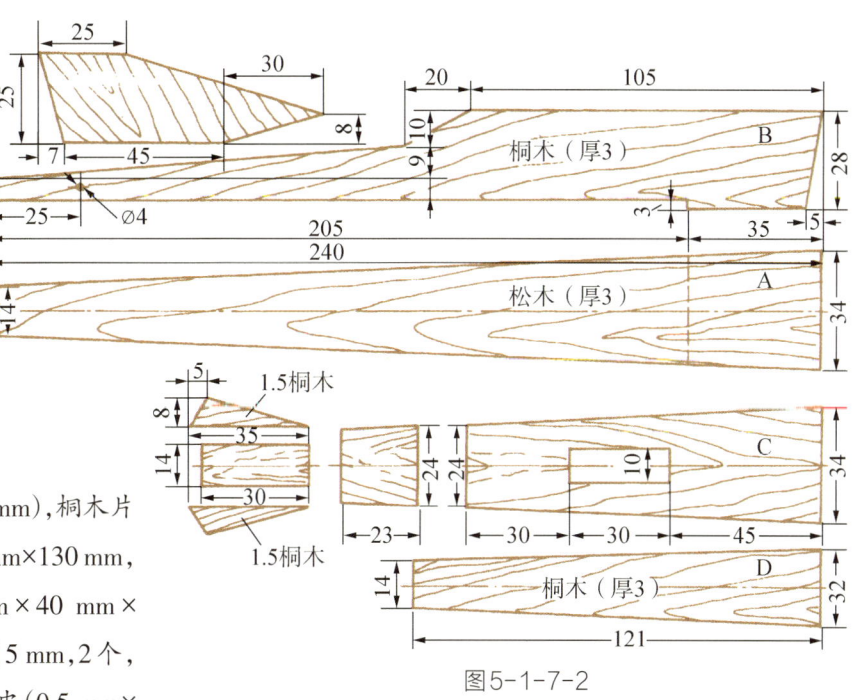

图 5-1-7-2

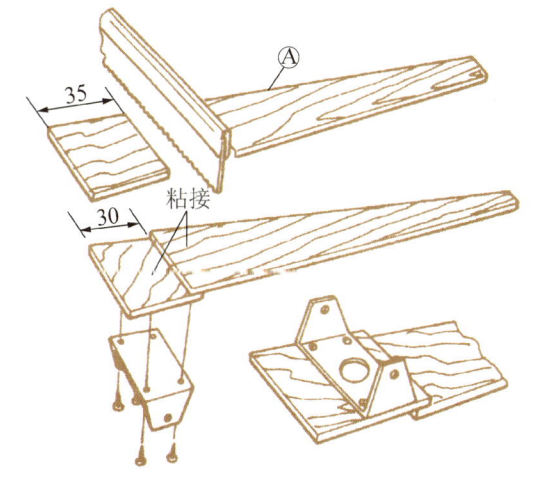

图 5-1-7-3

中部靠前用双面胶带纸固定 6~8 根长约 40 mm 的粗保险丝(直径约 2 mm)作为配重,用来增强车身的稳定性(见图 5-1-7-4)。

按图 5-1-7-5 的尺寸和形状将车身旁板、顶板、垂直安定面、进气口的料一一锯下,加工成外形准确的零件。在旁板、顶板内侧靠近发动机架的部位用双面胶带纸粘上铝箔作为防护层。然后将旁板粘到底板上,再粘上顶板、进气口、垂直稳定面,最后再装上前、后轮轴和轮子(图 5-1-7-6)。

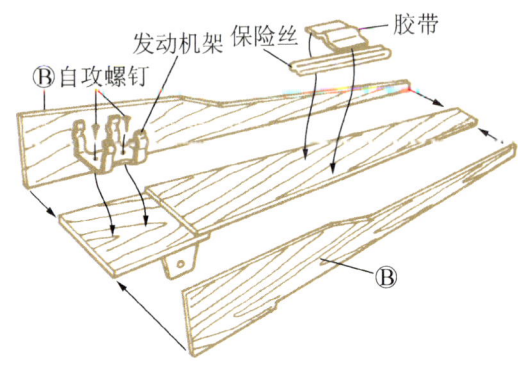

图 5-1-7-4

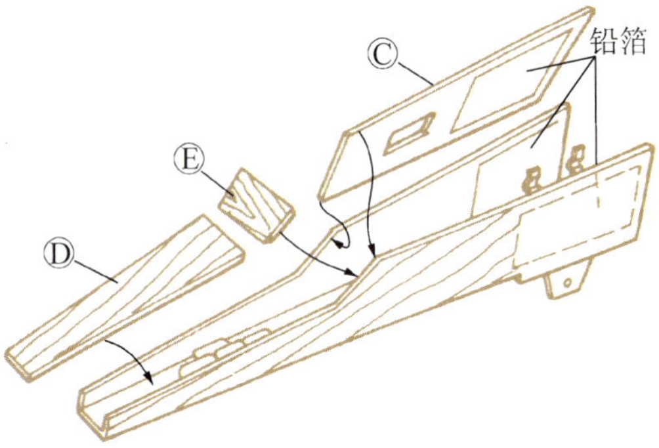

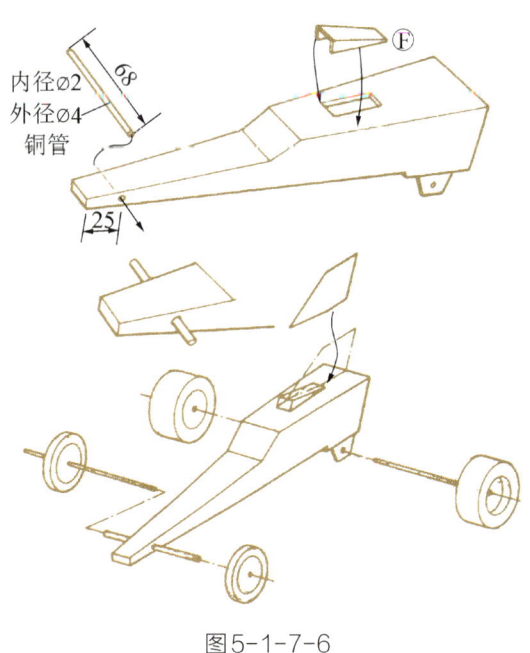

图 5-1-7-6

图 5-1-7-5

说明与延伸

1. 火箭动力赛车模型的行驶速度较快，所以在模型制作过程中要注意，前、后轮之间以及两个前轮和两个后轮的位置要准确，不能歪斜，否则行驶时容易翻车或转弯。

2. 火箭动力赛车模型后面喷出的气流温度很高，车辆后面不能有人，以免发生危险。这种模型启动时应特别注意安全，切记不可粗心大意！

8. 太阳能动力车辆模型

太阳储存的能量极其巨大，可以说是取之不尽的能源宝库。太阳能电池可以把太阳光的能量转换成电能，以此驱动电机而带动车辆模型前进，这就是太阳能动力车辆模型的基本原理。

工具与材料

小刀，手工锯，锉刀，手摇钻，钻头，剪刀。

太阳能电池板（50 mm×200 mm，由20块太阳能电池组成），131玩具电动机，松木条（5 mm×8 mm×300 mm），五夹板（40 mm×160 mm），薄铁皮（0.6 mm×10 mm×130 mm，2片），自攻螺钉（ST2.9×6.5，3枚），废易拉罐，自行车钢丝，玩具用模数0.5的8齿齿轮、模数0.5的36齿盆齿，导线，502胶。

活动过程

1. 制作车体。车体以 5 mm×8 mm×220 mm 的松木条为骨架，前、后轮轴架用502胶及自攻螺钉固定在骨架上，尺寸可参见图5-1-8-1。太阳能电池板托架用易拉罐的铝皮制作（图5-1-8-2），尺寸大小以能把电池板固定牢为宜。托架用502胶粘在骨架上。

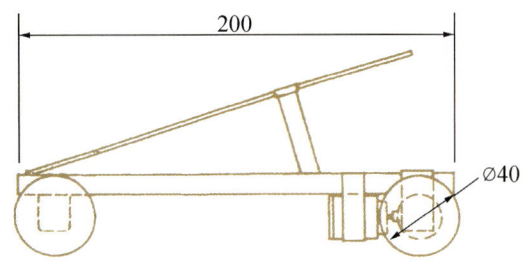

图5-1-8-1

表5-1-8-1

线径(mm)	单极圈数
0.13	260
0.15	210
0.17	180

3. 把盆齿装在后轴上，用剪成长条状的易拉罐铝皮，把电机固定在骨架上。在电机轴上先装上8齿齿轮，在安装电机时，要使电机轴上的齿轮与盆齿啮合。啮合时要注意松紧程度，不能太松（会打滑），也不能太紧（会卡死）。调整完毕后，把前、后轮装好，并把电池板上的引出线焊到电机的两极上。完成后的整体效果如图5-1-8-3所示。

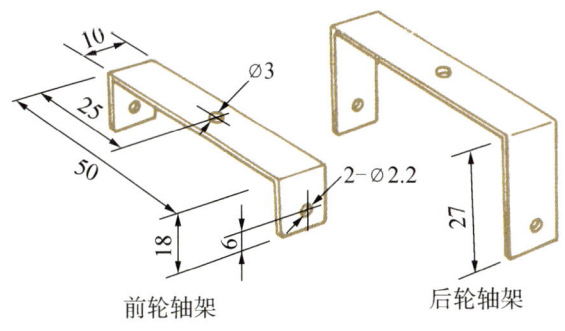

前轮轴架　　　　后轮轴架

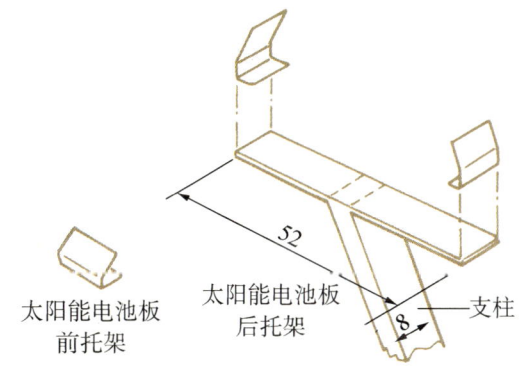

太阳能电池板前托架　太阳能电池板后托架　支柱

（除所标尺寸外，其余与前轮轴架相同）

图5-1-8-2

2. 改装电机。为了使电机与电池板产生的电压和电流匹配，要把131电机做些改动。具体做法是：打开电机后盖，取出转子，把转子上原有的漆包线拆下，再把直径0.13~0.17 mm的漆包线绕上去。转子三个极的线径、圈数要完全一致，绕好后焊好接头，按原样装上转子和后盖。转子单极的线径与圈数配合如表5-1-8-1所示。

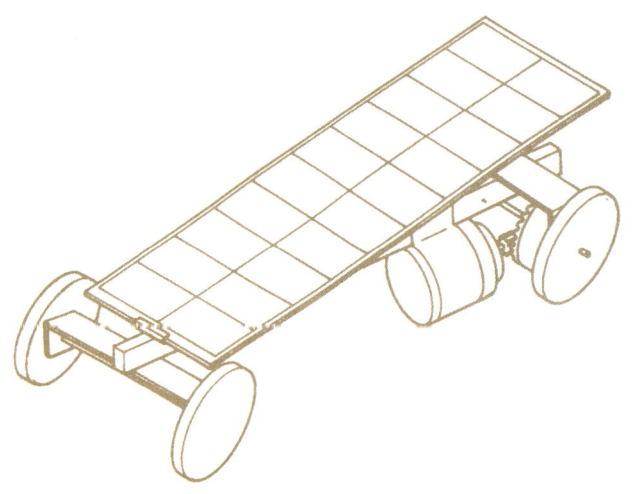

图5-1-8-3

说明与延伸

由于太阳能电池板产生的电流不是很大，因此，必须对131电机进行改装。如果有更好一点的电机，如仪表或录音机中的电机，只要电压、电流相匹配，用在太阳能动力车辆模型中也能取得较好的效果。

9. 六轮遥控越野车模型

越野车是一种为越野而特别设计的汽车,有着非承载式车身、四轮驱动、较高的底盘、抓地性较好的轮胎、较高的排气管、较大的马力和粗大结实的保险杠。越野车不但可以在野外适应各种路面状况,而且能给人一种粗犷豪迈的感觉。

六轮越野车越野本领更强,可在路面不良的道路或原野、山区、坡地、沼泽、沙漠和冰雪等无路面的地区行驶,多用于军事运输、军事作业、勘测、采矿、工程施工和林业运输、沙漠越野等方面。六轮遥控越野车模型见图5-1-9-1。

图5-1-9-1

工具与材料

锯子、台虎钳、锉刀、手电钻、钻头、螺丝刀、尖嘴钳、内六角扳手、斜口钳、剥线钳。

PVC排水管(直径25 mm),PVC排水管(直径25 mm)90°弯头(6个),PVC排水管(直径25 mm)45°弯头(4个),PVC排水管(直径25 mm)直接(2个),铝片(100 mm×20 mm×2 mm,4块),机螺钉(M4 mm×50 mm,6个),垫圈、螺母,12 V直流减速电机(25GA370DC12V133RPM,6个),车轮(6个),车轮连接器(6个),红黑双并线,绝缘胶带,12 V锂电池组,DC电源接头,扎带,快干胶,6通道遥控接收板套装,5号电池(2节)。

活动过程

1. 切割、加工PVC排水管。将PVC排水管切割成4段长130 mm、2段长180 mm、6段长100 mm、2段长50 mm的PVC管。其中长130 mm和长180 mm的PVC管一头做以下处理:磨出弧形并开4个小孔,便于安装电机(图5-1-9-2)。

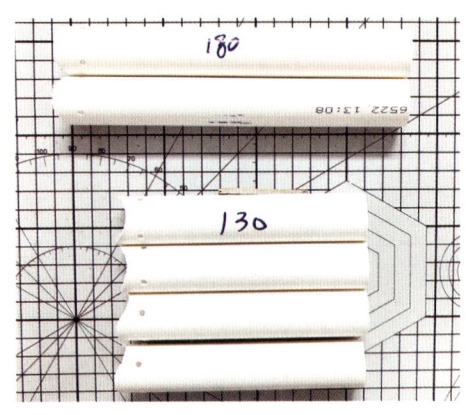

图5-1-9-2

2. 安装、固定车轮。电机的输出轴为D字轴,先插入车轮连接器的圆孔内,让D字轴的平面对准紧定螺钉处(图5-1-9-3),用内六角扳手把紧定螺钉拧紧;然后把车轮连接器的六角形端插入车轮中心处对应的位置,用螺丝刀拧紧车轮固定螺钉;最后把电机放在之前打磨好的PVC管内凹处,用两根扎带做固定连接,将多余的扎带用斜口钳剪去。用同样的方法制作其余的5个车轮。

图5-1-9-3

3. 组装车身。先用PVC管和PVC管弯头组装一侧的车身,车身前后两截是活动连接,用两片铝片固定,铝片一端拧两颗螺钉,另一端拧一颗螺钉;然后用同样方法组装另一侧的车身,要注意对称和车轮的角度;再用PVC管和PVC管弯头组装车顶,用扎带将车身、车顶连接并固定；最后在车顶上用扎带把电池、遥控器接收板固定住，检查无误后在PVC管接头处滴上快干胶加以固定（图5-1-9-4）。

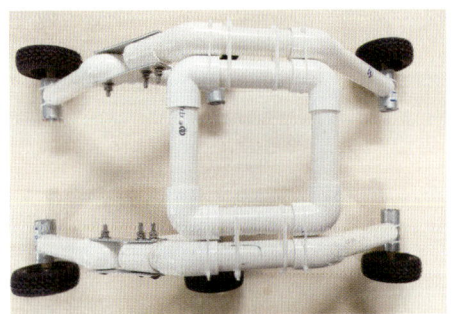

图5-1-9-4

4. 连接导线（图5-1-9-5）。截取适当长度的红黑双并线，用剥线钳剥去两端的绝缘层。红线接电机的"+"极，黑线接另一头，包上绝缘胶带。一侧电机的三根红线并联后连接到接收板M1的"+"极，三根黑线并联后连接到接收板M1的"-"极；另一侧电机用同样方法接线，连接到接收板M2的"+""-"极。DC电源接头起到开关的作用，一端连接12V锂电池组，另一端连接接收板的"V+""V-"，都要"+"极接红线，"-"极接黑线。接通电源后，接收板

图5-1-9-5

的电源指示灯会亮起来，遥控器装上电池后，就可以遥控这辆六轮越野车模型了。如果发现遥控器的控制与车轮行进方向不符，可以交换连接M1和M2的导线或是更改"+""-"极的接线。

说明与延伸

1. 将制作好的六轮遥控越野车模型放在平地上，先熟悉一下遥控器的操作和越野车模型的性能，练习前进、后退和转向，做到精准控制和精确定位；然后可以到凹凸不平的地面上进行练习，如草坪、沙坑、乱石路等；如果更换上更大的轮胎，可以挑战一下上下台阶。在越野时速度不能快，要力求平稳，如果速度还是过快，可以更换转速更低的电机，这样操纵会变得简单些。如果给越野车模型装上照明灯光，添上太阳能电池板、雷达、天线、机械臂等，越野车模型就变成了月球车，可以到月球上去勘探了。

2. "玉兔号"月球车是中国设计制造的一种月球车，搭载于"嫦娥三号"月球探测器。它和本模型很相似，也是六轮独立驱动的车辆。"玉兔号"月球车设计质量140 kg，以太阳能为能源，能够耐受月球表面真空、强辐射、-180~150 ℃极限温度等极端环境。"玉兔号"月球车具备20°爬坡、20 cm越障能力。

3. 我们现在接触的非承载式车身车型比较少，多数是卡车、专业越野车之类。它们有着刚性车架，由多条横纵梁构成一个矩形或梯形，布置在车身的最底部。车架承载着整个车体，发动机、悬挂和车身都安装在车架上。这种结构的最大优点就是车身强度高，钢架能够提供很强的车身刚性，也有利于提高安全性。缺点是重量大，车身和车架是两个独立的部件，用的钢材多，成本也会较高，同时耗油量也大。

4. 本模型的六个轮子是独立驱动，这就是所谓的全轮驱动。而实际中更多的是四轮驱动。四轮驱动是指车辆前后轮都有动力。可按行驶路面状态不同而将发动机输出扭矩按不同比例分布在前

后所有的轮子上，以提高车辆的行驶能力。一般用4×4或4WD来表示，如果你看见一辆车上标有上述字样，那就表示该车辆拥有四轮驱动的功能。四轮驱动一般有分时四驱、适时四驱、全时四驱三种，这几种四驱形式各有特色，可以运用在轿车、SUV、越野车等车型上。

5. 遥控通道指遥控设备同时可以控制的动作数量。一个通道对应一个信号，这个信号使得我们的模型可以做出相应的动作。通俗地说：一个通道可以做一个动作，通道越多，可控制的动作就越多。比如，玩具遥控汽车大多是两通道的，控制车轮左右转弯占用一个通道，控制小车前进和后退又占用一个通道，这样的两通道分配，就可以实现对小车的控制。

舰船模型

1. 独木舟和筏模型

据考古学家推测,人类最初发现和使用的"船只",是被洪水冲倒而漂浮在水上的树木。后来,人们偶然中发现了被雷火烧焦了半边的树木中已被烧成木炭的部分很容易用石斧挖掉,半边中空的树干在水里行走不但稳当而且能装载物品,中间挖空的"独木舟"就这样诞生了。

后来,人们又发现洪水冲下来的两根树干被藤条缠绕而并在一起,站在上面比站在一根树干上更稳,而且可以多装载物品,木筏由此而产生。生活在各地的人们因地制宜,创造了草筏、树皮筏、兽皮筏、竹筏等,这些筏都是人类早期重要的航运工具。

工具与材料

斜口刀,斜口钳,粗细齿铁锉刀,木工半圆挖刀,剪刀,小一字螺丝刀,细木砂纸,小羊毛刷。

树干独木舟和挖空的独木舟(直径约15 mm、长100 mm的松树枝2段,蓝色丝绒布2块),木筏(直径5 mm的细树枝若干,细麻绳若干),草筏(稻草1扎,细麻绳若干),皮筏(20 mm×20 mm×50 mm松木块8块,直径3 mm的细树枝若干,细麻绳若干),竹筏(直径5 mm的细竹条若干,细麻绳若干),502胶,木器清漆,黄喷漆,汽车腻子,彩色橡皮泥等。

活动过程

1. 制作树干独木舟(图5-2-1-1)模型。找一段树皮粗糙的树枝(如松树枝),用斜口钳把树枝上的枝丫切去,断面不要太平整,要做成"石斧"砍成的一样。为了能够长期保存,表面要用小羊毛刷涂上几遍木器清漆,再用彩色橡皮泥做一个小泥人(原始人)骑坐在树干上,再用他的手掌划水。独木舟模型下面可以托一块木板,上面铺上一块蓝色丝绒布(模拟波浪)。

图5-2-1-1

2. 制作挖空的独木舟模型。也找一段松树枝,将树枝纵向削掉一半,再用半圆挖刀把中间挖空,做一个小泥人放在独木舟里,用一块树皮或一根树枝划水。涂漆和下面托板与树干独木舟一样。

3. 制作木筏模型。找几根粗细差不多的细树枝,截成一样长短,用细麻绳扎起来。

4. 制作草筏模型。以稻、麦为主要粮食的地区,人们用稻、麦秆扎起来做成草筏。找一些稻草,扎成如图5-2-1-2的形状,外面涂上清漆。

图5-2-1-2

5. 制作皮筏模型。用木质较细的松木块削、锉,制作成8个如图5-2-1-3的"羊皮气囊",外面刮好腻子后用细砂纸打磨光顺,涂上黄色的喷漆,用绳子把8个"气囊"分两排扎在细树枝做成的框架下,做成羊皮筏模型。

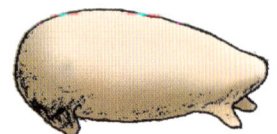

图5-2-1-3

6. 制作竹筏(图5-2-1-4)模型。南方盛产竹子,竹筏是至今仍在使用的运载工具。找7~8根粗细差不多的细竹条,截成同样长度,把几根竹枝条用麻绳扎起来。

图5-2-1-4

说明与延伸

1. 我国和世界各地出土的古代的独木舟有不少。浙江余姚河姆渡新石器时代遗址曾经出土过人工挖掘的独木舟,据测定,距今7000多年;2003年,浙江萧山出土了8000多年前的独木舟,这应该是迄今为止发现的世界上最早的独木舟。1976年在山东平度出土了奇特的隋代双体独木舟,总长23 m、宽2.8 m,估计载重可有20 t,充分显示了1500多年前中华民族的智慧。

2. 黄河流域是中华民族的发源地,人们用羊皮做成气囊,用树枝、竹竿做成框架,绑上数个气囊做成羊皮筏渡过水流湍急的黄河。

3. 除了文中提到的材料,还有哪些材料能够浮在水面上?找一张铝箔纸放在水里,铝箔纸会沉下水去,把铝箔纸折成小船,试试看会不会沉,说说它的道理。

2. 木板船模型

独木舟和筏虽然已经在很大程度上解决了原始人类的渡水问题,但并不是很理想的交通工具。独木舟和筏的形状决定了它们在水里行进时阻力很大,速度有限,载货量也很有限,而且很不安全。

到了商代,独木舟和筏已经远远满足不了需要,更先进的水上运载工具亟待产生。据考古挖掘证实,那时青铜工具已代替了石制工具,锯木工具也可能已经发明,树干剖开为木板变成现实,木板船就此诞生。

下面要制作的三艘木板船模型展示了木板船从简陋到完善的发展过程。

工具与材料

尖嘴钳,砂纸,粗细齿铁锉刀,手摇钻及直径2 mm的钻头,钢丝锯,扁形什锦锉,小一字螺丝刀,小羊毛刷,60 W电烙铁,大头针。

加板独木舟(直径20 mm、长100 mm的松树枝1根,树皮2块,细麻绳),三板船(50 mm×200 mm×2 mm的松木片2片,细麻绳),舢板船(100 mm×200 mm×3 mm的三夹板2块,2 mm×2 mm×300 mm的松木条40根,50 mm×100 mm×2 mm的松木片1片),复印纸,木器清漆,502胶。

活动过程

1. 制作最早的木板船——加板独木舟模型(图5-2-2-1)。找一段树枝,纵向一剖为二,挖空成为独木舟,两舷用细麻绳绑两块树皮(舷边和树皮边缘用手摇钻钻几个直径2 mm的小孔,用来穿麻绳），在小螺丝刀头上滴一滴502胶涂在需固定的部位，多选择几个位置固定。做好后，船体内外用小羊毛刷涂上清漆。

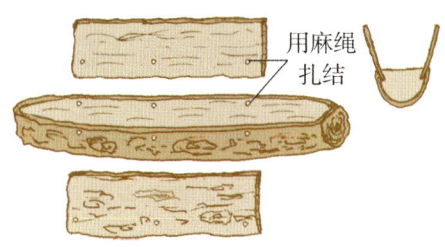

图5-2-2-1

2. 制作三板船模型（图5-2-2-2）。将图纸用蓝印纸复印在松木片上，松木片用刀刻成一块船底板和两块船舷板，船底板放在水里浸湿。戴上手套，把板搁在电烙铁上烘弯，再用502胶把船底板和两块船舷板黏合在一起，在底板和两块舷板结合的地方钻两排小孔，穿上麻绳扎结起来，最后涂上清漆。

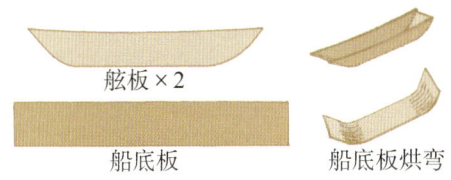

图5-2-2-2

3. 制作舢板船模型。将舢板船横剖面型线图[图5-2-2-3(a)]上的四块船体横剖面（肋板）半宽型线用蓝印纸复印在白纸上，沿中线对折后用剪刀剪出完整的横剖面型线，贴在三夹板上[图5-2-2-3(d)]，用钢丝锯锯下四块肋板，再用木工刀和锉刀修准型线，在每块肋板中线安装龙骨的位置用扁什锦锉锉出一个3 mm×3 mm的槽（龙骨槽），在肋板的舷部两边角上各锉出一个2 mm×2 mm的缺口[龙筋槽，图5-2-2-3(e)]。

把船体侧面型线图[图5-2-2-3(b)]中龙骨的型线用蓝印纸复印在三夹板上，锯下6 mm宽的龙骨，修准型线。再找一根2 mm×2 mm的松木条做舷边龙筋。在一块三夹板上复印下船体俯视图[图5-2-2-3(c)]。依照侧面图上甲板的弧度与型线网上顶线的距离，垫好每块肋板甲板线的高度垫块，把四块肋板甲板朝下倒置，根据三夹板上船体俯视图上每块肋板的位置放好肋板，再把龙骨嵌入龙骨槽，用502胶黏合，把两舷龙筋嵌入龙筋槽，黏合，组成舢板船的构架[图5-2-2-3(f)，用胶水黏合前，可用尖嘴钳夹住大头针先把龙骨龙筋和要黏合的部位固定]。

用2 mm×2 mm的松木条"铺"船壳板，铺的时候要构架左右一边一条对称用502胶黏合（也是先用大头针固定），以免由于应力不平均引起构架扭曲；船底和舷边依次先铺，木条的结合处在船的舭部[图5-2-2-3(g)]。船壳全部铺满后，将船首、船尾露出的多余的松木条端部削平，用薄松木片做成船首板、船尾板，用胶水粘上，船体外形用锉刀、砂纸修平、修圆润。

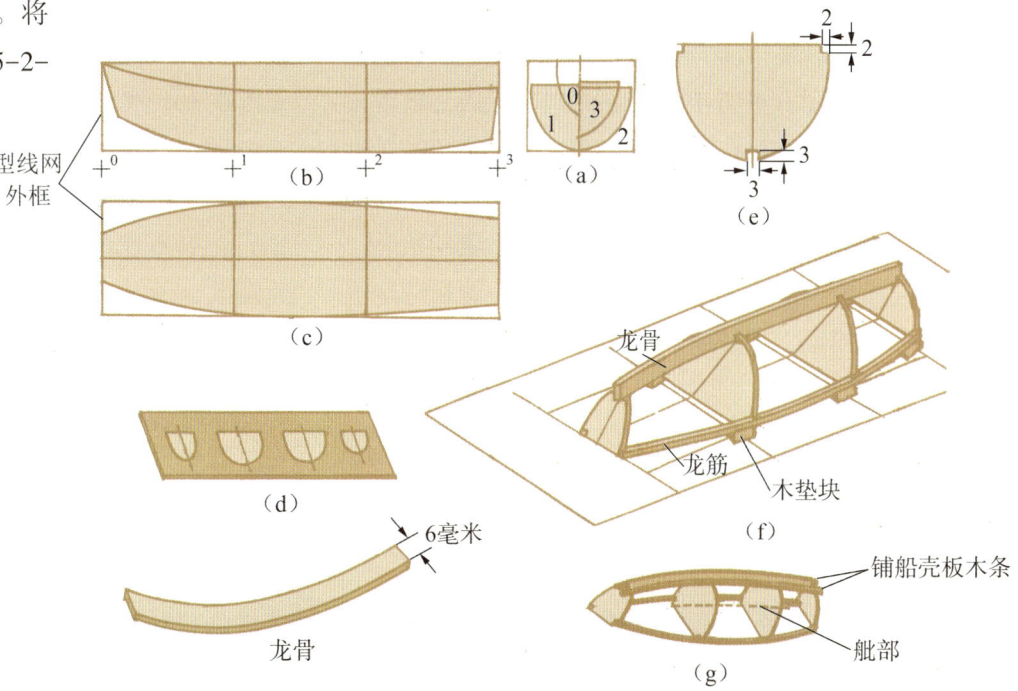

图5-2-2-3

在两舷粘上 2 mm×2 mm 的木条作为舷边,稍下面一些还要粘上两条护舷木,在船首粘上防撞横条,船尾粘上尾横条(舷边和护舷木、横条都要修削圆润)。再在中间两块肋板上粘上两块窄船板(图5-2-2-4),舢板船外形就全部完成了。最后,再用细砂纸打磨一遍,在里外涂上清漆。

就需要修整,凸出的要锉掉,凹下处要垫平,直到龙筋或船壳木条放上去曲线准确了才黏合。

2. 最初的木板船是非常简陋的,它仅仅是在独木舟的两边扎上两块木板或树皮,用以防止货物掉进水里。1979年,上海浦东开挖川杨河时,在北蔡镇出土了这样的一艘加板独木舟,长18 m、宽0.9 m,经考证为隋代遗物。

据考古发现,早期完全用木板制造的三板船,底板前后两端经火烘烤弯曲翘起,两边拼上舷板,用藤蔓或兽皮条扎结起来。

舢板船,是从三板船发展而来。如今海南岛日月湾的渔民,出海捕鱼之前举行祭海仪式所用的小船,就是古老的舢板船。

3. 用木料制造的船在现代还经常看到。如果我们制作一些小物件,就能给小木船起一个新的名字:加一个划桨,就叫划桨船;做一个橹,就是摇橹船;竖一根桅杆挂一张帆,就叫小帆船;剪一张卡纸,弯一个弧度插在两舷,就是乌篷船……你还想到什么了吗? 试试看,做一做。

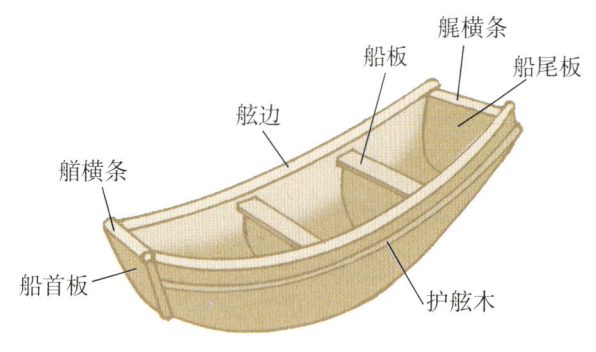

图5-2-2-4

说明与延伸

1. 如肋板放样和制作过程中尺寸有误差,舷边龙筋和船壳板铺上去会出现曲线不圆润的现象,这

3. 简易小帆船

自古以来,人们一直把风力作为船舶的重要航行动力。船在航行中,受到水的阻力很大,利用风力推动帆使船只克服阻力,船只就能一路顺风在水上航行。帆船中蕴含的智慧和创造力,使其经久不衰。我国劳动人民在古代就开始制造和利用帆船。

帆船模型制作较复杂,这里介绍一艘相对简易的帆船模型,它的航行原理同复杂的帆船模型是一样的。

工具与材料

斜口刀,砂纸,尖嘴钳,钢丝锯,平口钳,手摇钻等。

龙骨、稳向板(3 mm×85 mm×200 mm 的三夹板)、甲板、船底板(2 mm×45 mm×200 mm 的木片,桐木或松木均可,下同),舵(20 mm×30 mm 的薄铁皮),驶风杆(4 mm×4 mm×170 mm 的木条),桅杆(5 mm×5 mm×250 mm 的木条或竹丝),船舷(1 mm×27 mm×200 mm 的木片或厚卡纸,2块),压铁(30 mm×15 mm 的扁铁,4块),螺钉、螺母(M3),保鲜袋,圆珠笔笔芯,大头针,快干胶,油漆等。

活动过程

1. 制作稳向板、龙骨。按比例将图纸(图5-2-3-1)上的稳向板、龙骨画在三夹板上(龙骨按图中的虚线画,龙骨与稳向板是整体制作的),然后用钢丝锯沿线外 1~2 mm 处锯下,用斜口刀沿线准确切削。

2. 制作与黏合船肋。把船肋的图形按比例画在三夹板上,用如上所说的方法刻制成形。在槽口处涂些快干胶,然后十字相交地插入。要求船肋的甲板线与龙骨的甲板线持平,其船底线与龙骨的船底线持平,并且前后左右不能松动,然后在连接处再涂些快干胶。

3. 制作与黏合甲板和船底板。按比例将图纸上的甲板、船底板画在三夹板上,将船底板的虚线部分先挖空,再用钢丝锯、斜口刀分别将其外形加工成形。在船底板的中心槽内侧涂些快干胶,把稳向板插入中心槽中,在船头和船尾处分别用一枚大头针将其固定,再在结合处涂些快干胶。甲板的黏合方法与船底的黏合方法相同。

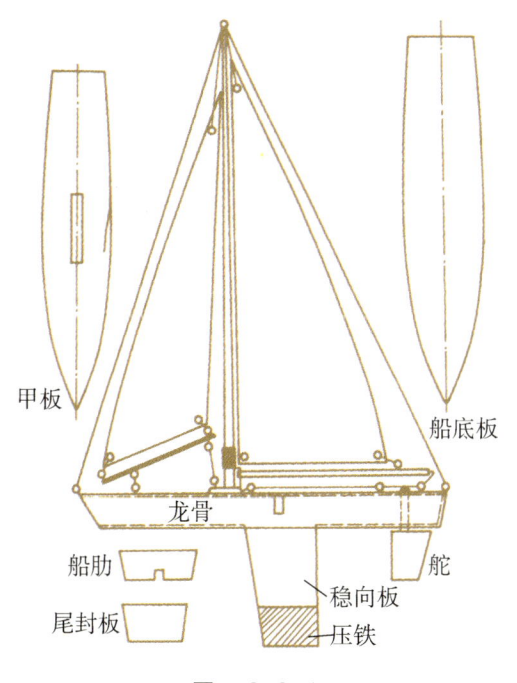

图5-2-3-1

4. 制作与黏合尾封板。用上面的方法制作尾封板。然后用砂纸板打磨粘有甲板和船底板的船体尾部,使工字形的船尾端平整,然后涂上快干胶,将尾封板与两舷对齐,用大头针准确地将尾封板固定在船尾上。

5. 黏合与修正船舷。先用斜口刀将船头甲板和船底板两侧的龙骨多余处削去,再用砂纸板紧贴船舷仔细地从头到尾打磨一遍。然后在其中一侧均匀地涂上快干胶,平整地覆上1 mm厚的木片,船头用大号铁夹夹住,其余用大头针固定。胶干后,将船头尾多余部分削去,用砂纸板打磨光滑,然后用同样方法黏合另一侧船舷。干后,用刀小心地把两舷多余的部分削去,稍稍打磨一下即成。

6. 制作与安装舵。将舵的图形按比例画在薄铁皮上,剪下压平。用平口钳把回形针扳直,再用电烙铁把它焊在舵上。在船尾相应位置上用手摇钻钻一个4 mm的孔(应在船体纵向中心线上)。取一段圆珠笔笔芯,表面用砂纸打毛,涂些快干胶后插入4 mm小孔内。干后,将舵轴插入圆珠笔笔芯,按图所示的形状将轴套外的舵轴用尖嘴钳弯成T字形,并在两头各弯一个圆环。用1 mm×1 mm的橡筋将舵轴上的小圆环与桅座上小圆环联结起来,在桅座的小圆环上打活结,以便能调节橡筋的松紧。

7. 制作与安装桅杆。桅杆用5 mm×5 mm×250 mm的木条制作。先把木条的纵向四个角削去少许,成等边的八角形木条,再用砂纸打磨成上细下粗的桅杆。桅座用3 mm×10 mm×15 mm的木块,在中心处打一个直径5 mm的孔。把回形针弯成一个二级的阶梯形。在桅杆底部按图所示的位置钻一个直径1mm的孔,将回形针直角形的一端穿入,其余部分向上弯成一个直角并紧贴桅杆。用蜡线绕5~7圈扎紧并涂上快干胶,再在4 mm×4 mm的木条(驶风杆)一端5 mm处打一个直径1 mm的孔,然后将驶风杆套在桅杆上的铁丝上,使驶风杆与桅杆垂直并能灵活地左右摇动。在桅杆顶上涂些快干胶,插入桅座中的孔内。干后,在桅座底涂些快干胶,黏合在甲板中心线相应的位置上。在桅杆顶端事先插入一个小圆环(用大头针弯成),并在船首、尾处中心线上同样分别插入一个小圆环,用蜡线穿过桅杆顶上小环并将其固定。如桅杆左右倾斜,可在桅杆两侧靠近船舷处分别再插入一个小圆环,用蜡线固定。此时就可以进行油漆了,一般涂刷2~3遍即可,颜色由自己选择。

8. 制作与安装帆。按比例将帆画在纸上,剪下后作样板。把保鲜袋铺平,按照样板形状分别剪下前帆、主帆。用透明胶带纸分别将每张帆的三个角包好,剪去多余部分。用缝衣针将线穿过帆角后打一个结。按图将前、后驶风杆装好,然后用蜡线将前帆下面两个角与驶风杆连接扎紧后打结。再把前帆与桅杆顶上的小圆环连接扎紧打结。主帆则应先把直角上的蜡线穿过桅杆底部铁丝并与驶风杆连接扎紧打结,然后将下帆角与驶风杆后端小圆环连接扎紧打结。最后再将主帆顶角与桅杆顶上小圆环连接打结。

9. 制作与安装压铁。图纸中稳向板下端阴影部分为安装压铁处,其大小形状均按比例放大后制作。在压铁的中心处钻一个直径3 mm的孔(四片对齐后一起钻),再在稳向板相应部位钻一个孔,用螺钉将压铁拧紧在稳向板上,每边两片。

说明与延伸

1. 一般人往往认为帆船是被风"推"着跑的。其实不然,帆船的最大动力来源不是风吹的冲击力,而是所谓的"伯努利效应",即由于帆两侧空气流速不同导致的压力差。所以帆船既可在风的推动下顺风行驶,也通过调整帆而逆风行驶。

2. 将做好的帆船模型放在水槽里,试着用嘴吹船帆,看小帆船是否会前进。变换吹风的方向,调整前后帆的角度和舵角,观察船航行的方向和速度,想一想这里面的道理。将几艘小帆船模型放在水槽中,用一台电扇从后面向船帆吹风,比一比哪艘船航行得最快。

3. 中国早在商代就出现了帆船运输。唐代对外贸易的帆船,直达波斯湾和红海之滨,开辟了伟大的"海上丝绸之路"。那时候中国的帆船已可逆风行驶。15世纪初,郑和率巨大帆船船队7次下西洋,所用宝船有9桅12帆。船队大小船只200余艘,最远到达非洲东岸。帆船在中华民族航运史上留下了重要一页,也逐渐发展出了独具特色的中国四大名船——沙船、福船、广船和鸟船。

4. 构架式遥控游艇模型

构架式船体的船舶模型,由龙骨、肋骨、船首柱、船尾柱、龙筋、甲板和船壳板等部件组成。它的源头是中国古代船舶的龙骨结构。宋代尖底海船最早设置了贯通首尾的龙骨,用来支撑船身,使船只坚固。这样的船吃水深,抗御风浪能力十分强。构架式船体的搭建方法是最接近于真实船舶建造的方法。

工具与材料

美工刀,尖嘴钳,钢尺,铅笔,镊子,手枪钻,切割设备(凿子、电钻、切割机均可),电烙铁,大头针,锤子,美纹纸(遮盖纸)。

雪弗板(厚3 mm、2 mm、10 mm),计算纸,ABS塑料板,380电机,锂电池(输入电压7.4V),电子调速器(有刷电机专用),遥控发射机(遥控器),遥控接收机,舵机,舵,螺旋桨,轴套管,轴,联轴器,502胶,AB胶,原子灰(腻子),自喷漆,胶带。

活动过程

1. 制作船体。

(1)裁切一块560 mm×2400 mm×10 mm的雪弗板作为底板,将计算纸粘贴在底板上,作为船台。船体所有制作都将在船台上完成。按照图纸(图5-2-4-1)标注好1~8分段位置,并画好中心线。

另从厚3 mm的雪弗板上裁切宽3 mm、长600 mm的长条5根,作为截面为3 mm×3 mm的龙骨和龙筋。

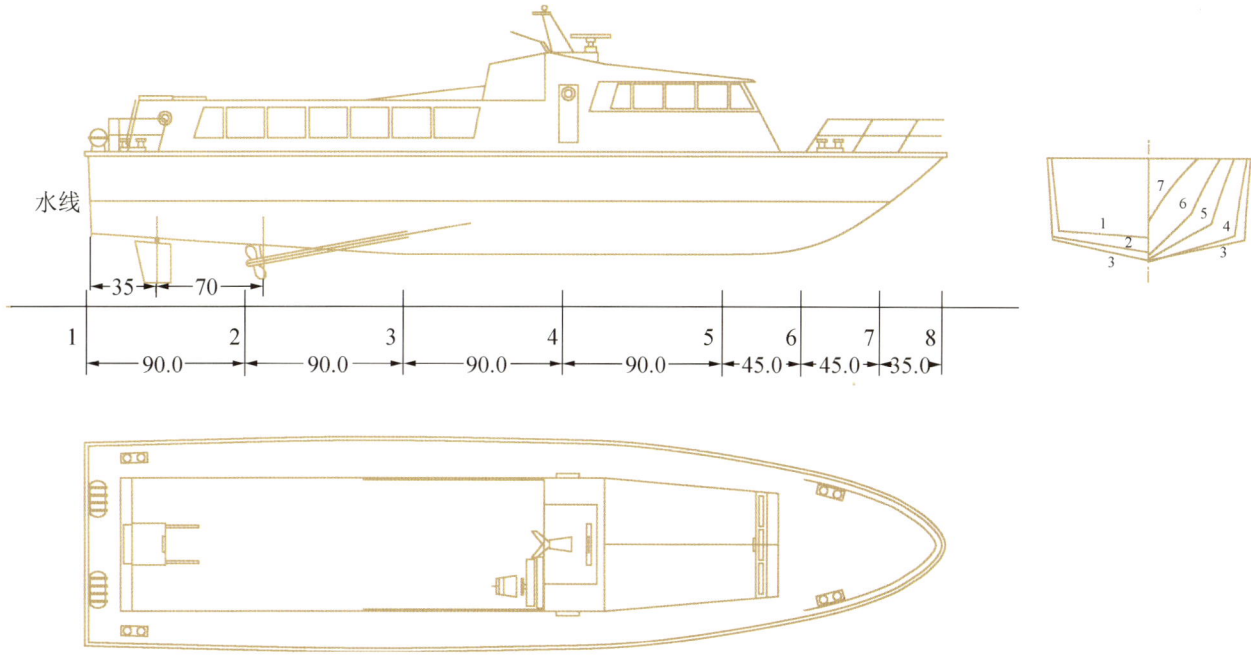

图5-2-4-1

再从厚2 mm的雪弗板上裁切宽2 mm、长600 mm的长条30根,作为截面为2 mm×2 mm的船舷板条。

(2)制作肋骨板。按照肋骨板1:1型线图,放样至3 mm的雪弗板上,裁剪出7块肋骨板,并画好中心线(图5-2-4-2)。所有肋骨板的顶端开一个约1 mm深的槽,其他4个端点开约3 mm深的槽。

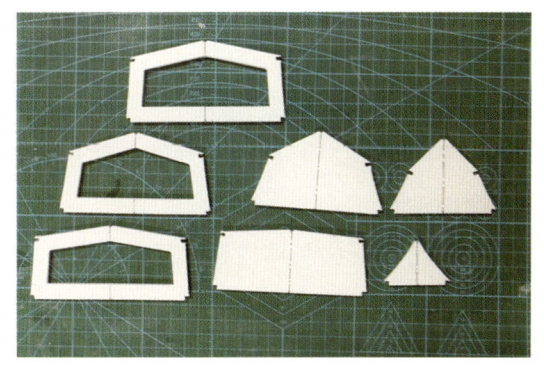

图5-2-4-2

(3)搭建肋骨。将裁切长条剩余的小条作为肋骨板固定条,放在第(1)步标注好的位置上,并用大头针固定。在固定条的帮助下,将肋骨板固定在对应位置上(注意肋骨板中心线与船台中心线对齐)。

(4)搭建龙骨。将龙骨嵌入肋骨板的顶端卡槽,调整肋骨板,使龙骨与船台中心线重合,最后用502胶固定。

(5)安装龙筋。将2条龙筋嵌入1~6号肋骨板上方左右两端卡槽,再将2条龙筋嵌入1~7号肋骨板下方左右两端卡槽,并用502胶固定(图5-2-4-3)。

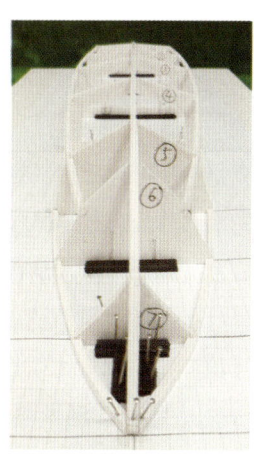

图5-2-4-3

(6)安装船舷板。在龙骨、肋骨和龙筋的船体构架上覆盖船舷板,俗称蒙船壳或蒙船皮,就像在人体骨骼肌肉上覆盖皮肤一样。

用第(1)步制作好的船舷板条,从船底中央开始,一条条紧挨着拼搭船舷板,直至两侧舷边(用502胶粘贴固定)。舷边较为平直的面可用大块的雪弗板拼搭,船头弯曲的面仍用船舷板条拼搭。超出船体长度的部分用美工刀切除(图5-2-4-4)。

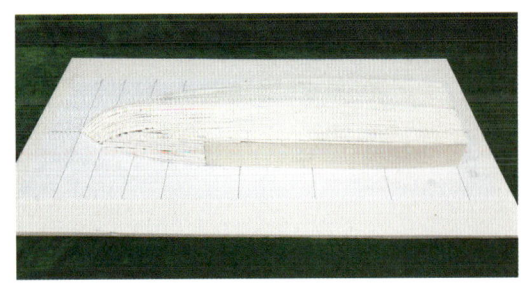

图5-2-4-4

(7) 安装甲板。将船体从船台上取下来。将甲板图纸放样到雪弗板上，裁切出甲板。甲板对齐船体，用502胶黏合。甲板上的上层建筑待装好动力装置后再安装。

(8) 船体整修和打磨。船体虽蒙了船皮，但外壳凹凸不平，必须进行修整、打磨，才能使船体外形符合图纸，且还要达到一定的光洁度，才能进行涂装和修饰。

按固化剂与原子灰约1:50的比例调匀，得到腻子，涂在船体上，修补拼缝，均匀刮平，静置晾干。然后用砂纸以先粗后细的顺序进行打磨。根据船体情况，可以多次填补和打磨，使船体外壳尽可能光滑。每次填补都应在前一次腻子完全晾干后进行。为减少扬尘，建议用砂纸沾水进行湿磨。

(9) 船体涂装。船体通常需要按照图纸要求进行涂装，包括整体颜色、水线、船舶舷号、船舶名称、特殊符号等。最主要的涂装手段是喷漆。

用自喷漆对船体整体喷底漆(深灰色)，静置晾干。按图5-2-4-1的船舶水线位置，用美纹纸粘贴进行遮盖，再对未遮盖位置喷漆(白色)。最后撕开美纹纸，就可以看到水线的涂装效果。

2. 安装动力装置。

(1) 电动模型艇的动力装置主要由动力系统和轴系组成。动力系统包括电机、电机固定板、电子调速器以及电池。其中电机固定板可用雪弗板按照电机和船体尺寸来制作。

(2) 主轴直径2 mm，配直径6 mm的轴套。联轴器一端连接直径2.2 mm的电机输出轴，一端连接直径2 mm的主轴，用3 mm的顶丝固定。螺旋桨内螺纹直径4 mm，直径可大可小(直径大则船速快，直径小则船速慢)。

(3) 在船体底部用切割工具开轴套槽，长约75 mm。将轴套插入轴套槽，用胶带初步固定，再调整位置。将AB胶按1:1比例调成稠胶，固定轴套，待其凝固。

(4) 将电机安装在电机固定板上。将螺旋桨安装在主轴上，并将主轴插入轴套。将电机连同固定板一起放入船舱，联轴器一头套上电机输出轴，另一头连接主轴(注意留出适当的间隙)。最后在固定板与船体间涂上上一步调制的稠胶，等待胶水凝固。

(5) 电子调速器输入端连接电源，输出端连接电机；红线连接正极，黑线连接负极。连接好后，用双面胶将其暂时固定在船体底部(之后会调整位置，以调试模型配重)。将开关固定在甲板中部便于接触的位置(图5-2-4-5)。

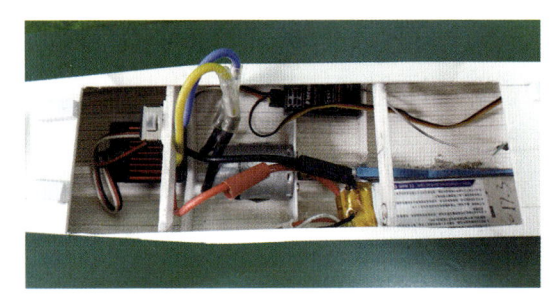

图5-2-4-5

3. 安装舵系。

(1) 按照图5-2-4-1，在船底螺旋桨后相应位置钻一个舵轴孔。

(2) 将舵支架从船体内插入舵轴孔，并用502胶固定。

(3) 在船底把舵插入舵支架，然后在船体内部将舵机摇臂插在舵轴上。之后可以根据摇臂的自由度，调整舵机的摆放位置。

(4) 确定好舵机位置后，裁切两块雪弗板并钻孔，作为舵机支架。用螺丝把舵机固定在舵机支架上，再把舵机支架粘贴在船舱内。

4. 搭建上层建筑。

(1) 按图纸放样到ABS塑料板上，裁剪出零件，并修整外形,打磨毛刺,拼搭舱室等上层建筑,用502胶粘贴(图5-2-4-6)。

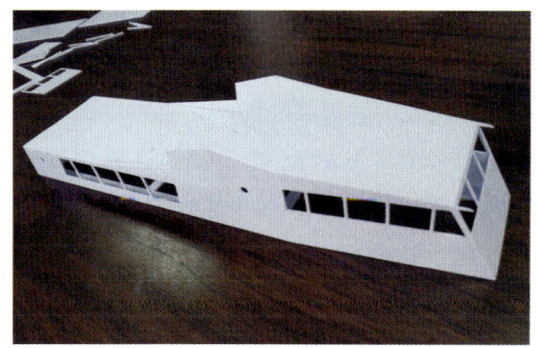

图5-2-4-6

(2)图纸上还有系缆桩等锚泊和系泊设备,雷达支架,以及救生艇、通信设备和灯具等零件,可以购买,也可以通过裁剪、雕刻ABS塑料板或3D打印制作。根据真实船舶零件情况,对零件进行上色、修整。用镊子夹取零件,用502胶粘贴至相应位置。

说明与延伸

1. 调试遥控设备。使模型处于被遥控状态下,将模型放在船架上,确保螺旋桨被"架空",之后才能开始调试。

拨动发射机的油门操纵杆。向前拨动油门操纵杆,从船尾方向观察螺旋桨。看到桨叶逆时针旋转,或伸手在螺旋桨后感觉到有风,表明螺旋桨旋转方向正确,动力方向与船舶航行方向一致。若桨叶顺时针旋转或手未感到有风,可能是电子调速器插头与电动机插口插反,或发射机的油门正反选项没有切换,须重新连接再调试,直至桨叶旋转方向正确。

拨动转向操纵杆,从船尾方向观察船底舵的转向,确认操纵杆方向与舵转向一致。若方向相反,可以调节发射机的舵机正反选项来切换。

2. 试航调试。

(1)静浮姿态。将调试模型放在静水中观察其静浮姿态。通过摆放内部设备,变换其位置,来调整模型重心。参考模型的水线使船体保持左右、前后均水平的姿态,水线与水平面平行,并尽可能重合。若始终达不到这一要求,就要增减内部配重,直到船体静浮姿态水平。

(2)动态姿态。在静态姿态调整完毕后,才能以先慢后快的船速进行试航。

① 航行姿态。首先要通过舵角中立点将模型的直线航行"调直"。然后再观察水中航行,从侧面看,船头会略微抬起,与水面形成一个小小的夹角,速度越快,夹角越大。一旦抬头过度,船就容易失衡倾覆。因此这一夹角应尽可能地小。一般来说,动力系统的极速不一定适合每一艘船模。对于同一套动力系统来说,装在越小的船模上航行越不稳定。因此操控时需要特别注意船速的控制。

纵向看,因为桨叶单向旋转,船体产生一个扭矩,使船左边微微翘起。可以在左边适当多加些配重,或者在船尾底面右侧(滑行面)贴一些三角小木片,以抵消扭矩。

② 转向姿态。模型在转向时需要尽可能地保持船首的稳定,通常要先将船速降低才能操纵方向舵进行转向。转向过程船首如果发生"插水",则说明船速仍然过高,需要将船速进一步降低,或者调整发射机中的舵角大小选项,来增大转弯半径。

5. 沙船模型

沙船名列中国四大名船之首,是典型的中国帆船。它底部平坦,既容易上滩,又不怕搁浅;船宽而扁,因而受潮汐影响小,在风浪中比较安全。它的竖帆在顺风和逆风的情况下均能航行,这一点较之西洋帆船更为优越。

沙船在唐朝已非常兴盛,鉴真和尚东渡日本时乘坐的就是沙船型海船。制作沙船模型既可提高动手能力、领略中国帆船的一般建制,又可抒发爱祖国、爱家乡、爱海疆的情怀。

工具与材料

美工刀，小锤子，镊子，锉刀，剪刀，缝衣针，竹丝（粘胶用），砂纸（180号、320号），鳄嘴夹，铅笔等。

"我爱祖国海疆"全国青少年航海模型竞赛沙船木帆船模型套材（1∶80，其中木板件6片、圆木棒一小捆、帆布料1片、线绳1团），白胶，502或401胶等。

活动过程

1. 制作构架与甲板。先把套材中的龙骨、肋骨部分取下，用小锤将肋骨按序号逐个敲入龙骨，形成构架。注意肋骨与龙骨上端平齐且垂直，如过松应加胶固定。

从套材中取下甲板，对号入座将甲板铺上构架，要注意甲板边缘缺口与肋骨板要逐个嵌合，有大小不合适的可用刀或小锉刀修整。甲板边缘极易碎裂，是制作的难点，需要耐心。如有碎裂，要用原碎块粘上，补其完整。甲板到位后，用502或401胶将其与构架黏合固定（图5-2-5-1）。

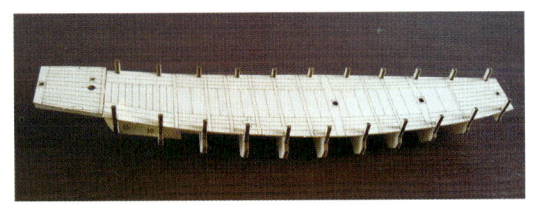

图5-2-5-1

2. 船体包贴。船体包贴的顺序为：底板—腰部斜板—左右舷板—底板边板—腰板。

（1）底板。在粘底板前，先要将底板所触及的构架部分打磨平整，特别是首尾的圆弧部分要圆顺平滑，这样底板才能平顺地粘贴上去。粘贴时注意前后位置及左右对称。

（2）腰部斜板。腰部斜板是细弯月形的一条板材，它本是腰板的一部分，但套材厚度不够，因而把腰板分解出来一块。

要注意斜板的首尾方向。取下斜板后，粗粗一看，可能会以为这条板两端是对称的，其实不然。应在取下斜板前做好记号，以免搞错。肋板边上的斜面就是斜板的位置。应将斜板紧贴肋板斜面（内侧要靠紧肋板边沿）逐步粘贴。

（3）左右舷板。完成了腰部斜板的粘贴后就可以粘贴左右两块舷板了。舷板的粘贴分两步走：先将舷板下部与斜板黏合，两块板结合处应靠紧，尽量不要露出缝隙；完成后再将舷板上部与肋板黏合，黏合前先用鳄嘴钳将舷板与肋骨夹紧固定。

（4）底板边板。底板边板介于底板与腰板之间，粘贴时将板材边缘顺沿底板边缘，由于接触面比较大，黏合时相对容易。图5-2-5-2是底板边板粘好时的状态。

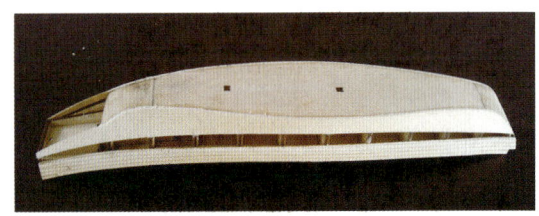

图5-2-5-2

（5）腰板。原船上，腰板是由四根加工后的原木并列组成的。套材中简化为一片条板。它贴在腰部斜板与底板边板的空隙间。上腰板前，应先用砂纸板打磨包贴部位使其平整，然后用腰板条在粘贴部分比试，达到要求后才把腰板粘上去。腰板粘上后，船体包贴就算完成了。

（6）尾部平台与船部件。沙船尾部有一挑出的平台。做法是先将平台板与平台边上的挡板先粘好，使其成为一体（如畚箕状），然后将其整体与尾部黏合。平台与甲板应是平行的，不能曲翘。这时可以粘上船的其他部件了。这些部件包括：船舵、横卧式绞车、圆盘绞车、首部横架。

先粘舵，操舵杆先别粘上去，以免在做帆时碍手，或被碰落，可留待做完帆后再粘上去。然后从套材中取下横绞车相关材料，并切割一段圆棒做绞车杆。

绞车粘在舵的后面（用作升降舵）。圆盘绞车粘在靠近舷板的甲板上，横架在船头上（图5-2-5-3）。完成这一步就可以用砂纸打磨船体了。

图5-2-5-3

3. 制作帆和索具。

(1) 帆样板的剪制。套材装配图有1∶1的帆样图,请制作者用硬纸板按图剪出5片样板。套材中备有帆料,可用样板剪出帆的形状。如觉得套材帆料不够细腻,也可以用颜色较老旧的化纤布取代,建议用电烙铁依样板将布烫割下来(电烙铁烫割能使布的边缘光整)。

(2) 帆上横杆与帆黏合。每片帆上都有许多横杆,以增加帆的强度。原船用的是竹竿,如有条件,建议用细竹丝取代套材中的细木条,同时由于套材大幅减少了横杆的数量,也建议制作者适当增加,这样会使船更加仿真和美观。

先在帆上等分出横杆位置,留下记号,然后把横杆刮涂上白胶(不可用快干胶,以防布污染),再粘到帆布的位置上。横杆应粘在五片帆的同一面,不可搞错。横杆的长度应略长于帆的边缘,这既是撑开帆面的需要,也是系帆索的需要。粘完后应用重物(书等)压平待干。

(3) 桅杆的制作。中国帆船的桅杆多由单棵树修整而成,所以大致保留着下粗上细的自然树木形状。制作时,可通过削、刮、锉、砂等流程完成。如套材中桅杆材料偏细,可自找材料替换。

图5-2-5-4

(4) 桅杆上帆。先用铅笔在帆的横杆上画出安放桅杆的位置记号(即桅杆与帆的接触点),接着在每一接触点挖一浅槽,点上白胶(图5-2-5-4),粘上桅杆,静压约5 min后(此时,白胶尚未粘接牢固),轻轻扭动帆下部,使其略朝里面弯曲,呈一弧形(弧形帆接近船的真实受风状态,有很好的视觉效果)。再用夹子固定待彻底粘牢。

(5) 帆桅插上甲板。需要注意的是,桅杆与甲板并不是垂直的,帆的总体布局像一把打开的纸扇,每根桅杆的角度各不相同。请参考装配图,桅杆底部有两片夹板可增加黏合面。

(6) 索具的安装。套材的装配图上象征性地画了几条转帆索。如时间充裕,我们可以把船做得更仿真些。制作者可用套材中的多余材料制作些滑轮(俗称"葫芦")。沙船的滑轮分单眼和多眼两种,多眼滑轮呈长条形,按比例用0.5 mm的钻头每隔1.5 mm左右钻一孔,钻多少孔由帆上的横杆数决定。索具细部见图5-2-5-5。

图5-2-5-5

除转帆索外,沙船还有提帆索和升降索,也可考虑做出。绳索的牵拉过程中应时刻注意其自然的状态,不能过紧或过松。

待全部完成后,不要忘了将操舵杆粘上去。最后安上底座(图5-2-5-6)。

图5-2-5-6

说明与延伸

1. 沙船是世界闻名的优秀船种。特别是沙船的多桅帆装使其调戗灵活,顺风、逆风均能航行,对西方以横帆为主的帆装产生极大的影响。沙船水密隔舱众多,抗沉性好,即使部分隔舱漏水也不会危及全船。因此,沙船在中国历史上的南北航运贸易中起过很大的作用,尤其是在促进港口大城市上海的形成和发展中做出过独特贡献。上海市市徽的图案就是白玉兰背景下的一条大沙船。现在,在太湖流域和山东沿海等地仍能看到沙船美丽的身影。

2. 凡对木材的加工,一定要遵循"侧墨让线"的原则。即在对画好的图案进行切割时,切忌直接照线切割,一定要让开线(即切割在线外),以便留下加工的余地。

6. "绿眉毛"帆船模型

"绿眉毛"帆船是典型的浙江鸟船型帆船,其船头有一对"鱼眼","鱼眼"上方的舷板常涂成绿色,状如眉毛,"绿眉毛"因而得名。"绿眉毛"帆船首尾上翘,在东南沿海礁石滩里趋避灵活,航行自如。它用途广泛,既可捕鱼,又可运输,还可作海防用船。

工具与材料

美工刀,小锤子,小手钻,小平板锉刀,小剪刀,镊子,缝衣针,粘胶用竹丝,鳄嘴夹(小号),木工砂纸(180号、320号),铅笔等。

"我爱祖国海疆"全国青少年航海模型竞赛"绿眉毛"帆船模型套材(板件4片、圆木棒若干、线绳2卷),白胶,502或401胶等。

活动过程

1. 制作、安装构架和甲板。从套材板上割取龙骨板和肋板,按编号顺序将肋板敲入龙骨凹槽形成构架。肋板上部要与构架平齐并垂直,如过松应加胶固定;从套材板上割取3片甲板,按前、后、中顺序将甲板铺上构架(图5-2-6-1)。

甲板边缘缺口要和肋板准确嵌入,缺口过小或错位会造成甲板破损。应注意修整,直到能顺利嵌入,再加胶固定。

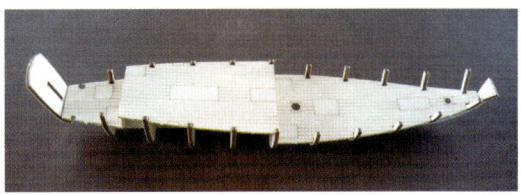

图5-2-6-1

后甲板与主甲板相连处有一块撑板请不要遗漏。然后,用同样方法粘上主甲板。由于套材的肋板都是直角的,不符合船体曲线,完成甲板的铺设后一定要打磨。

2. 船体包贴。船体包贴的顺序是由底部往上包贴,即:底板—沿底边板—腰板(衬板)—舷板—腰外板。

(1)底板和沿底边板。底板尾部是弯曲上翘的,这是一个难点。建议弯曲底板前先把要弯曲部分浸入热水,使木纤维软化,这样再弯曲就比较顺畅了。

沿底边板也有同样的问题,也可用热水处理。粘贴时可分两步走:先贴下边沿,因有底板依靠,较易黏合;难点在上边沿,为使上边沿能有效黏合,建议使用鳄嘴夹,将板沿与肋板分别夹紧,然后才点胶黏合(图5-2-6-2)。

(2)腰板(衬板)与舷板。沿底边板上面是腰板,腰板上面是舷板。实船上的腰板非常厚,而且

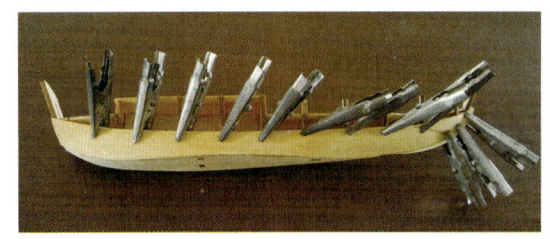

图 5-2-6-2

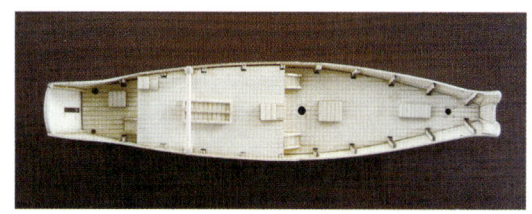

图 5-2-6-3

通常是直接钉在肋板上的。为了方便制作，套材使用两块腰板叠加，一块衬在下面（此处且称作"腰板衬板"），一块叠在衬板上，由此，使腰板达到了仿真的厚度。

腰板衬板的难度不大，难在最上面一块舷板上。建议也使用鳄嘴夹，将舷板与肋板夹紧后黏合。

在外腰板粘上去之前，应先用砂纸打磨船体，把拼缝处打磨平顺了，外腰板粘贴就顺当了。船头内侧有两小片护舷板，把它们粘到相应位置上。

3. 粘贴舱面部件。粘贴部件前，先用砂纸消除甲板上的毛刺，部件也应逐个打磨。打磨木制品要注意顺木纹方向，不要打磨过度，套材上的拼板线要保留。

楼梯由木片叠置而成。粘贴楼梯时，按顺序用镊子将叠置的板片逐个粘贴叠起，然后用小锉或砂纸打磨平整，再粘贴扶手板，最后粘贴到甲板上的相应部位。搁帆架由两个支架和一根圆棒组成。处理搁帆架时，先从材料中截取一段长短合适的圆棒，再将圆棒插入支架孔，如过紧，要修整至合适。舵的问题主要出在舵孔上，装配图显示舵孔的内面应该是斜面，而机械加工的套材孔是垂直的，如不修整，舵就向外斜了。可用锉刀的侧面锉修，也可用斜刀切割和平刮，使之达标。

从制作工艺的角度出发，修好舵孔后，先不要粘上舵（留待最后粘，因为粘上舵，船就放不平稳了，会影响其他部分的制作）。

图 5-2-6-3 是舱面部件粘贴完成的状态。

4. 制作、安装帆和桅杆。

（1）帆的剪裁。套材中备有帆料，帆料上有铅笔画的帆样。制作者要按照装配图检验帆样是否准确。如不准，可自己出样。套材提供的布可能偏粗，可以换成颜色略暗黄的化纤布。为做出高质量的帆，建议制作者先用硬纸板剪出三块帆样板，然后把样板放在布料上，再用电烙铁将化纤布照样板烫割下来。这样就能得到边缘光整的帆料了。

（2）帆上的横杆。中国帆是竖帆，帆面用一条条横杆来加强。套材提供的横杆是木制的，而实船用的是竹竿，制作者也可改用竹丝，更仿真更细腻。

横杆上帆时，先按照帆上的横杆数在帆面等分出每根横杆的间隔距离，留下记号，再用白胶把竹丝一根根地粘上去，粘完后，用书等重物压平待干（图5-2-6-4）。

图 5-2-6-4

（3）桅杆与帆的结合。套材提供的桅杆料是一根圆棒，要求我们把圆棒加工成上细下粗的自然树干形状的桅杆。可以经锉、刮、砂的工序达到要求。在桅杆上帆前，先在帆上用铅笔画出桅杆线记号，然后在线记号经过的每根横杆点位上挖一浅槽，在槽口上点上白胶，再把桅杆粘上去。还有一点要注意，在桅杆尚未完全粘牢帆时，要将帆的下部向内稍稍扭动，使帆面呈弧形（用小夹固定待干),因为真实的船帆并不是平板型的。最后,用缝衣针(取深色线)在每根横杆上把桅杆包缝起来(这是仿实船的做法),并在线与桅杆的接触点上粘上瞬间胶。桅杆与帆的结合就完成了。

(4)桅杆上甲板。甲板上有预留孔,注意前桅是向前斜出的。每根桅杆的底部有左右两片夹板,可使桅杆与甲板结合得更紧密。固定桅杆要多角度观察,确保位置正常,不可匆忙下胶。

5. 制作、安装索具系统。中国帆船的索具系统大致分成转帆索、提帆索和升降索等。套材只提供了转帆索一种。

(1)转帆索。转帆索用一至两个滑轮牵动帆的弧形一边,以调整帆的受风角度。套材中仅有单眼滑轮(而滑轮应是多眼的,其眼数由横杆数决定,多眼滑轮可自制)。将横杆上的线穿过滑轮,扎在相应的另一横杆上,绳索便像伞一样张开了,非常华丽。

(2)提帆索和升降索。把一根绳索的两端系在下横杆上,索上有一滑轮接在一根提帆索上,这根索通过桅顶的滑轮在桅杆下固定,用于提帆。升降索一端系在上横杆上,通过滑轮或桅杆上的孔固定在桅杆下部,用于升降帆(图5-2-6-5)。

(3)斜拉索。装配图上每根桅杆都有左右两根斜拉索以固定桅杆不致摇晃,建议用深色线完成。

6. 制作、安装栏杆扶手。栏杆扶手放在最后制作、安装,因为这一部件比较细巧,容易被碰损。

在一块板上按1:1画出栏杆图,然后切下栏杆料,就在图上拼接(用竹丝点粘)。栏杆粘上船舷边时,先将栏杆轻弯,使其与舷边弧度一致,以减小难度。

7. 安装舵和底座。将舵插入已修整好的舵孔,粘好胶,另取一段细圆棒做操纵杆,粘在舵杆上;切割并取下底座料,拼合后装在底座上。

检查模型,用砂纸把胶痕等打磨干净(图5-2-6-6)。

图5-2-6-6

说明与延伸

1. "绿眉毛"帆船,亦称"鸟船",是中国四大名船之一。它是浙江沿海渔民在长期的航海实践中不断完善的一种适宜在多礁石的海洋环境中航行的帆船。"绿眉毛"帆船已有800多年的历史,郑和下西洋的船队曾用此类浙船作为粮草船。

2. 木制的套材在材料的开发中已经留有加工的余量。这是木制套材的特点。因此,在板件拼合时,常常会有材料多出,制作者可以通过削、锉、打磨等方法处理平整。

图5-2-6-5

7. 橡筋动力竞速艇

橡筋具有弹性,当外力使橡筋拉长变形时,橡筋能储存一定的能量。利用橡筋的这一特点可以制作一艘橡筋动力竞速艇。橡筋动力竞速艇具有结构简单、取材容易、调整方便等优点,做好后,能在水中航行,还可以进行竞赛活动。

工具与材料

尖嘴钳,剪刀,手摇钻,电烙铁,小手工锯等。

艇身木条（4 mm×6 mm×300 mm,松木、桐木等均可）,浮体木块（3 mm×12 mm×60 mm,2块,也可用2个废眼药水瓶或2小块硬泡沫塑料代替）,连杆木条（2 mm×6 mm×160 mm,2根）,螺旋桨（10 mm×30 mm 铁皮或铜皮）,桨轴、前钩、尾钩（直径1 mm钢丝,也可用回形针代替）,桨轴支架（橡筋动力模型飞机或直升机的塑料机头,也可用马口铁皮或铜皮弯制）,橡筋（1 mm×1 mm×1400 mm 或 1 mm×2 mm×70 mm,也可用普通橡皮圈连起来代用,但使用效果要差些）等。

活动过程

1. 用直径1 mm的钢丝弯制成前钩（用来挂橡筋）。弯好后插入艇身前端,用细线扎牢,再涂些胶水（见图5-2-7-1）。

2. 用剪刀将铁皮或铜皮按图5-2-7-1所示的形状剪一个螺旋桨,在螺旋桨正中打一个1 mm的小孔。然后将直径1 mm的钢丝弯一个直角,穿入打好的小孔里,再用锡焊牢。接着把两片桨叶朝相反方向各弯30°左右。这样螺旋桨和桨轴就做好了。

3. 将桨轴的另一端穿入桨轴支架的轴套内,再弯制成挂橡筋用的尾钩（见图5-2-7-1）。

4. 把桨轴支架插入艇身尾端,要插紧、插牢。

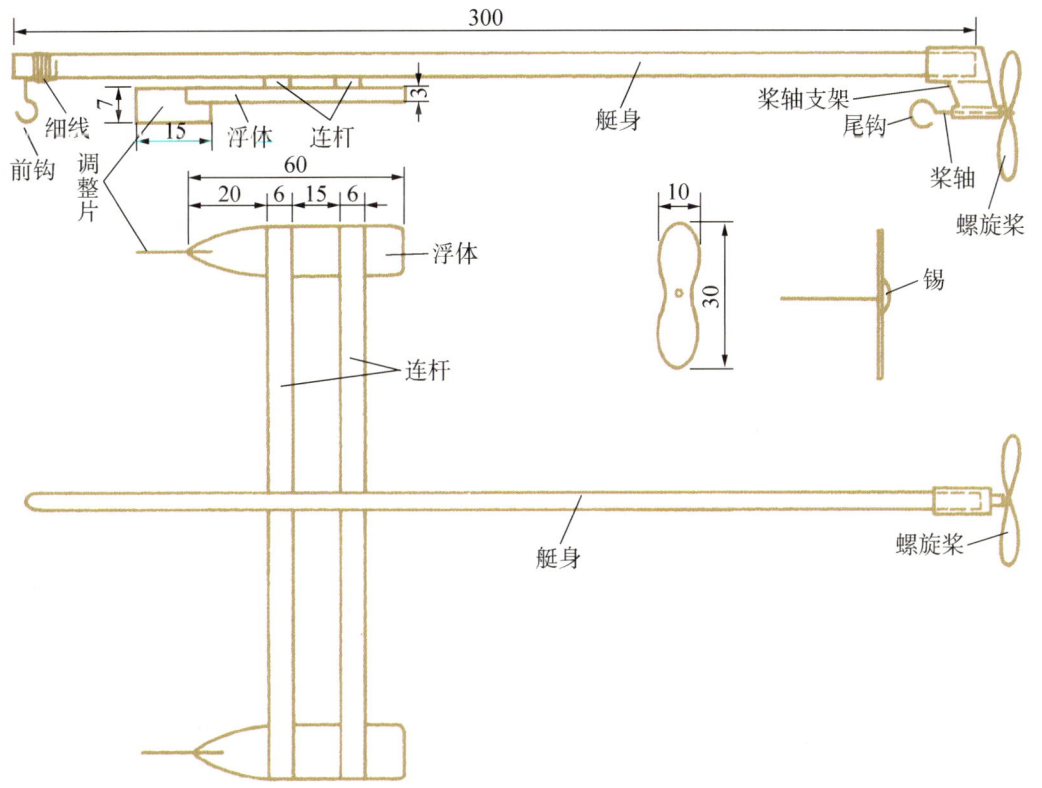

图5-2-7-1

5. 把木块按图 5-2-7-1 所示的浮体形状削制成两只浮体。做好后黏合在两根连杆的两端(也可用大头针钉牢)。然后再将连杆的中间部分黏合在艇身上(也可用细线绕扎或用大头针钉牢)。

模型做好后最好能涂上一层清漆。这样既能美化模型,又可在放行时防止木质的艇身、浮体、连杆被水浸透,增加模型重量,降低航行速度。

说明与延伸

1. 待油漆干后,即可进行调整试航。先将橡筋两头并在一起打好结。把 1 mm×1 mm 的橡筋绕两圈(四股)或 1 mm×2 mm 的橡筋绕一圈(两股)挂在前钩和尾钩上。挂好的橡筋束要比艇身长 1/5 左右。要把打结的一头挂在前钩处,以免螺旋桨转动时,橡筋结碰到艇身。然后一人用手指拿住尾钩及挂在上面的橡筋,另一人用手绕车钩住前钩上的橡筋束,把橡筋束拉长至原橡筋束的 3~5 倍(手绕车可用废塑料瓶和铁丝制作,见图 5-2-7-2),一般绕 500 圈左右。绕好后将橡筋束从手绕车车钩上取下,挂到前钩上,此时捏住尾钩的手指不能松掉。把模型放到水中,对准航向,把手松开,这时模型就会快速向前驶去。如果遇到模型倒退时,只要反方向绕橡筋就行了。

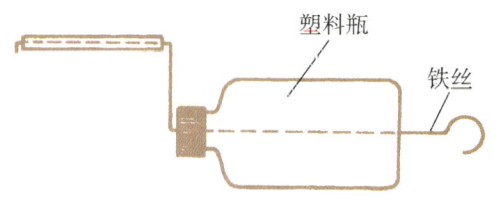

图 5-2-7-2

如果在航行时发现航向不直,可以在两个浮体的前端各加一片调整片。具体方法是:在两个浮体的头部用刀片划开一条细缝,把 5 mm×15 mm 的薄铝片(或铁片)的 1/3 插入划开的细缝内(见图 5-2-7-1)。根据航行偏差的方向及程度,适当拨动调整片。经反复多次调试,你手中的模型就一定能很直地在水上航行了。

2. 模型做好后可以进行比赛,比赛的方法有两种:

(1) 在 5~10 m 长的水池中,可进行航向比赛。沿水池的顶端和两侧放置若干浮标。如果模型驶进顶端中央的两个浮标之间,就得 100 分,依次就是 80 分、60 分……

(2) 在较大面积的水池中,可进行直线距离比赛。规定橡筋重量(1.5 g 或 2 g),看谁的模型航行的距离最远。

8. 橡筋动力明轮船模型

在船舶的发展过程中,从手划桨船到明轮船是一个重要的发展,它预示了船舶的动力从人力推动发展到机械推进的可能性。明轮船实际上是将多支单片划桨集中在一个轮形体上,旋转时产生连续划水的效果。本模型利用橡筋作动力,带动明轮转动产生推力,驱动船模前进。

工具与材料

手工锯,斜口刀,尖嘴钳,平口钳,砂纸,锤子等。松木块(300 mm×50 mm×10 mm),三夹板(25 mm×25 mm,2 块;60 mm×45 mm,2 块),松木片(1 mm×40 mm×25 mm,16 块),自行车轮辐条,圆珠笔笔芯,橡筋(1 mm×1 mm×600 mm),小铁钉,清漆。

活动过程

1. 用斜口刀将松木块按船体图样削制船体,并用细木砂纸打磨光顺,在船首端部上面斜钉一只铁钉,作钩挂橡筋用(见图 5-2-8-1)。

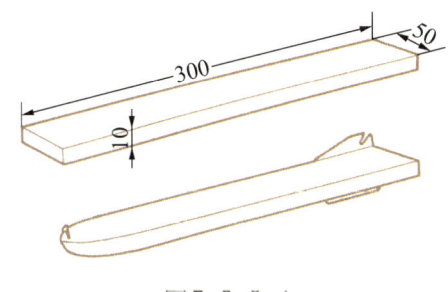

图5-2-8-1

2. 用两块 60 mm×45 mm 的三夹板制作稳向板（作稳定方向用）。稳向板上面的槽用米卡住明轮轴。做好后涂上快干胶，并用小铁钉对称地钉在船舷两侧（图5-2-8-2）。

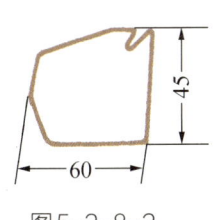

图5-2-8-2

3. 用一根长 145 mm 的自行车轮辐条制作明轮轴，按图 5-2-8-3 的形状弯折，在装明轮的位置上敲出几个瘪痕，涂上胶水后将长 27 mm、内径 2 mm 的圆珠笔笔芯插在轴上。

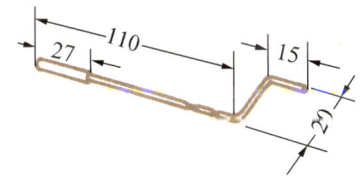

图5-2-8-3

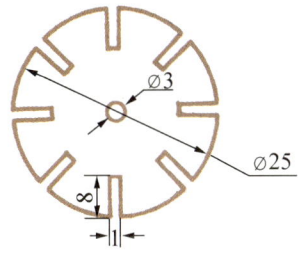

图5-2-8-4

4. 用两块 25 mm×25 mm 的三夹板制作明轮，并开出插轮叶的槽和直径 3 mm 的中心孔（圆珠笔笔芯外圆直径），涂上胶水后插在明轮轴上（见图5-2-8-4）。

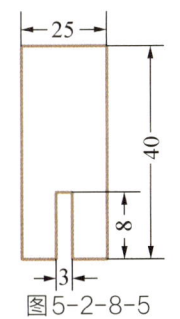

图5-2-8-5

5. 轮叶用松木片制作，开槽后用细砂纸打磨光顺，涂上胶水后插在明轮上（见图5-2-8-5）。

6. 把 600 mm 长的橡筋条分成 6~8 股，用锦纶线将橡筋条的端部紧紧扎在明轮轴中间（见图5-2-8-6），将橡筋束末端扣成环形，套挂在船首的铁钉上（见图5-2-8-7）。

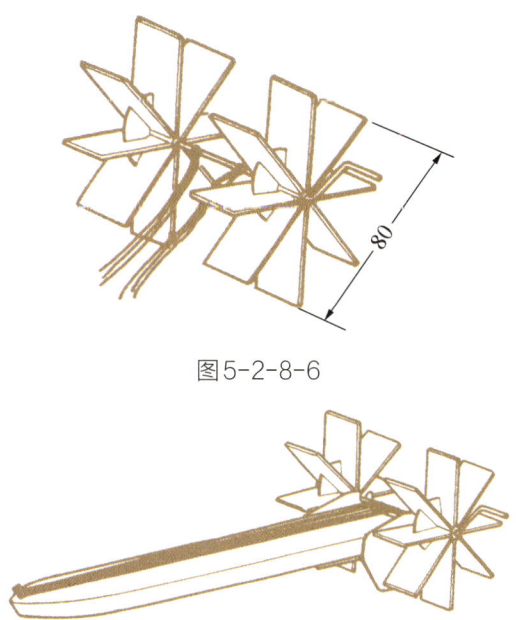

图5-2-8-6

图5-2-8-7

7. 制作完成后，在模型所有的外露部分涂上快干胶或清漆。这样可以防止水浸透模型，延长模型的使用寿命。

说明与延伸

1. 试航前，从船首小铁钉上取下橡筋束，沿船长方向将橡筋束拉长 5~6 倍。转动明轮轴的手柄，把橡筋束绕在轴上，一般绕 300 圈左右。绕好后将橡筋束的端部挂在船首铁钉上，同时要检查轮轴是否在稳向板的轴槽内，不能滑出轴槽。准备工作做好后，将模型放在水面上，松开摇手柄，明轮船就能向前航行了。

2. 试着在模型的后部压些重物，让船首翘起，增加明轮在水中的深度，看看船速是否会提高，想想为什么？

3. 可用几艘模型进行比赛，看哪一艘模型航行速度快、航行距离远。

9. 塑(竹)木结构自航潜艇模型

潜艇的最大特点是能在水下潜航。它的船壳是双层结构，里面一层是耐压壳体，耐压壳体与船体之间可以储存大量的压载水或其他液体。潜艇主要就是利用调节压载水舱里水的重量来改变潜艇的浮力，从而使潜艇既能在水面航行，又能在水下潜航。

本模型就是模拟潜艇的原理而设计的。

工具与材料

斜口刀，尖嘴钳，平口钳，手摇钻，手工锯，电烙铁，铁皮剪等。

圆形塑料空瓶(直径35 mm左右，2个)或无节竹筒(长350 mm、内径35 mm左右，2段)，131长轴电机，自行车轮辐条，铁块、铅块或其他重物，泡沫塑料，木块，三夹板，小块铜皮，胶带纸，百得胶，铁钉，电线。

活动过程

1. 将木块或硬泡沫塑料削制成有台阶的圆锥体船首和船尾各一个，台阶的直径要能紧密地塞进塑料瓶或竹筒。

2. 剪一块直径略小于35 mm的圆形铜片，用百得胶和铁钉固定在船首圆平面上；在船尾的中心，钻一个与自行车轮辐条直径相同的孔，作为螺旋桨轴的轴孔。

3. 用三夹板做四块外径为35 mm(配合塑料瓶或竹筒内壁)的隔舱板，其中一块中间按照131电机的外形开孔作为电机座，其余两块作为隔舱板，只需在每块板上钻两个电源线孔即可。

4. 按图5-2-9-1所示将各部分装配起来。隔舱板和"内舱壁"用百得胶固定、密封，电机后舱和螺旋桨轴孔涂上黄油密封，电源线穿出船首后第一块隔舱板，然后焊在两块铜皮上，铜皮固定在隔舱板上。

5. 用木块削制指挥台。用自行车轮辐条或竹丝制作潜望镜等零件，插在指挥台上。用铁皮制作水平舵和垂直舵，焊接上大头针后固定在船体上。

6. 电源舱的电池和压载舱的压载用泡沫塑料固定，船尾和两塑料瓶中间用胶带纸密封。最后，装上螺旋桨，将船首装上去。船首平面上的铜皮接通两个电线接点，螺旋桨就会转动，此时即能放在水里航行了。

说明与延伸

1. 改变压载舱的压载重量，可以改变潜艇模型的排水量，使模型上浮航行，也可以下潜航行或半潜航行。

2. 改变水平舵的角度，可以使潜艇上浮或下潜。

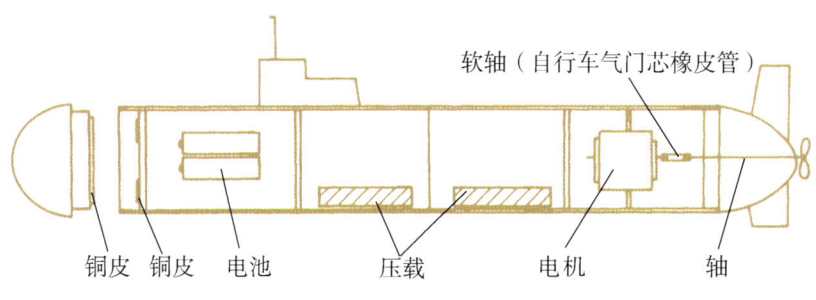

图5-2-9-1

10. 空气螺旋桨小快艇

空气螺旋桨旋转时能将空气向后推动,从而产生反作用力推动船舶前进。由于空气的密度比水小得多,因此空气螺旋桨比水中螺旋桨要大得多,而且转速也要高很多,才能产生足够的推力。空气螺旋桨推进的船舶本身要求阻力小、重量轻。因此,本模型选择硬泡沫塑料为船体材料以减轻重量,并设计成平板滑行艇的形状以减小航行阻力。

工具与材料

钢锯,斜口刀,手摇钻,砂纸,铁皮剪,尖嘴钳等。

三夹板(19 mm×9 mm、11 mm×8 mm、10 mm×5 mm),硬泡沫塑料(14 mm×25 mm×5 mm),玩具电机,模型飞机的塑料螺旋桨,开关,透明塑料板(1.5 mm厚),薄铁皮(10 mm×3 mm),1号电池(2节),松木条。

活动过程

1. 按图5-2-10-1所示的尺寸,用钢锯将硬泡沫塑料锯下。然后,用小刀挖出深约35 mm的船舱(放得进2节1号电池即可),并在船尾用钢锯开好安装电动机支架的槽。如图5-2-10-2所示,用胶水将硬泡沫塑料与做船底的三夹板黏合起来。待黏合牢固后,用钢锯、刀、砂纸加工成如图5-2-10-3所示的形状。船体成形后,再用胶水把锯好的电动机支架牢牢地粘在船尾上。

2. 在驾驶室顶上开一小孔,装上开关,然后将加工好的薄塑料板如图5-2-10-4所示安装起来,用胶水把驾驶室粘在组装好的驾驶室窗框上。另外,用胶水把4根松木条粘在三夹板的下面。

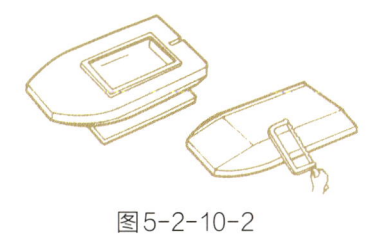

图5-2-10-2

图5-2-10-3

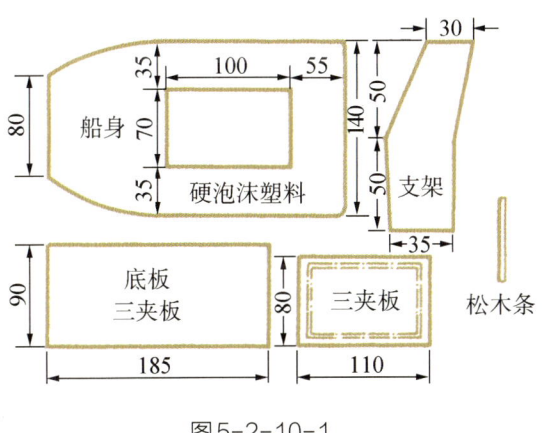

图5-2-10-1

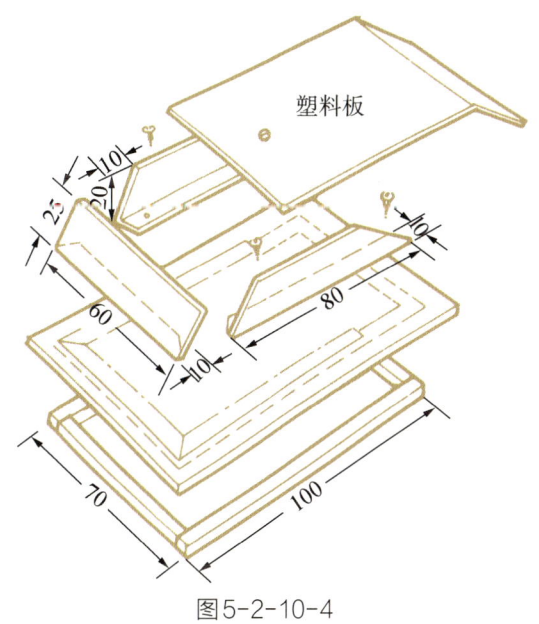

图5-2-10-4

3. 如图5-2-10-5所示,用薄铁皮把电机固定在支架上,然后,把螺旋桨紧紧地装在电机轴上。如没有模型飞机的塑料螺旋桨,也可用

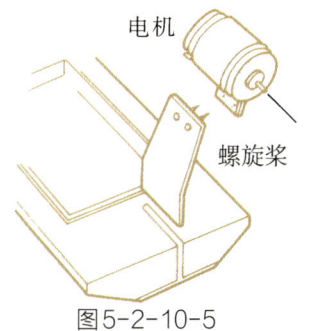

图5-2-10-5

薄铁皮制作。在做好的铁皮螺旋桨正中用手摇钻钻一小孔，孔不要太大，能穿过电机轴即可，然后用电烙铁将螺旋桨焊在电机轴上。

4. 将你喜欢的广告色或其他颜色调入白胶内当作油漆，随即可对船体进行涂刷（不可用一般油漆）。待干后，按图5-2-10-6将软电线焊接在电池、开关和电动机上，接线时要注意电机转动的方向。最后，把驾驶室紧配在船身上。

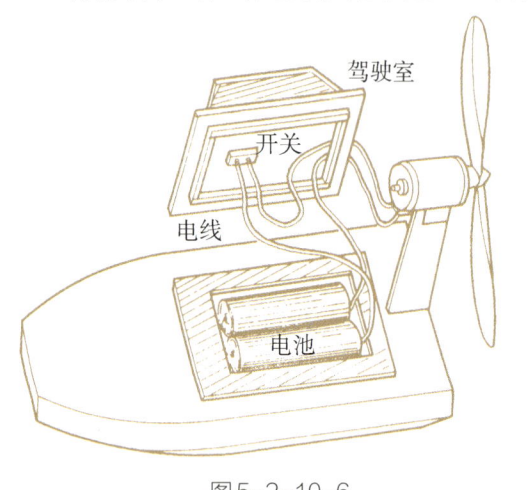

图5-2-10-6

说明与延伸

1. 减轻船体重量是减小船体航行阻力、提高航行速度的重要措施。可以多想些办法，如将1号电池改为5号电池；电机下面的支架在保证强度的前提下打些减轻孔，驾驶室塑料板打减轻孔贴上塑料薄膜等。

2. 改变空气螺旋桨的螺距（调换螺旋桨），可更充分地发挥电机的效率，提高船的航行速度。有条件的可以试一试。

11. 全垫升气垫船模型

气垫船是利用船上的大功率风机，将空气气流压入船底，使得船底与水面（地面）之间形成气垫，将船体托出水面（地面），从而实现高速航行的船只。由于气垫船船体基本不接触水面（地面），航行阻力很小，因此航速很快，还可以在风浪较大的情况下航行。由于气垫船具有优良的性能，自18世纪50年代研制成功起，气垫船在航运、军事等领域都已得到广泛的使用。

气垫船分为全垫升气垫船和侧壁式气垫船两种类型。其中，全垫升气垫船是目前应用比较广泛的一种，它的船底四周装有用橡胶等柔性材料做成的围裙以阻挡气流外溢，船底的气垫将船全部托起，再由空气螺旋桨或喷气推进，在水面和陆地上都可以快速行进，所以具有两栖性。

工具与材料

直尺，铅笔，剪刀，斜口刀，圆规，45 W电烙铁（松香、焊锡）。

外壳与内胆（卡纸一大张、保鲜膜、薄布条），空气螺旋桨（4 mm×10 mm×60 mm的松木条2根），280电机（2个），微型舵机（1个），遥控设备（1套），安装4节7号电池的电池盒（1个），小拨动开关（1个），细电线，502胶。

活动过程

1. 全垫升气垫船模型的整体构造和外形见图5-2-11-1。

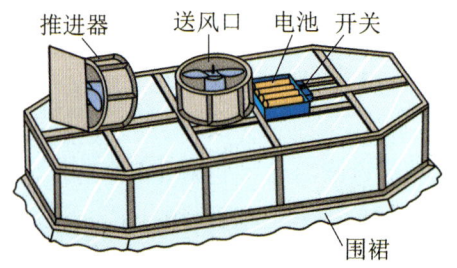

图5-2-11-1

找一些卡纸(其厚度和硬度类似于扑克牌),用剪刀剪成长条,并折成直角(图5-2-11-2)。把直角卡纸条剪、贴、弯折成框架,用502胶把它们连接成一个气垫船外壳构架(图5-2-11-3)。再用同样的方法制作好气垫船内胆构架(图5-2-11-4)。内胆的长、宽、高尺寸均比外壳小5 mm。

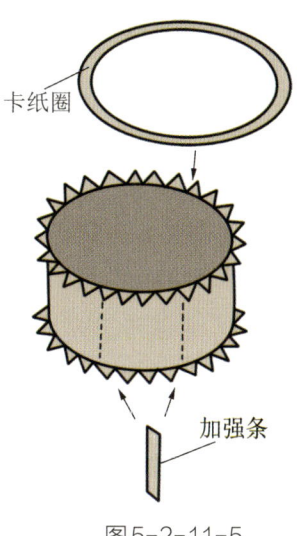

图5-2-11-5

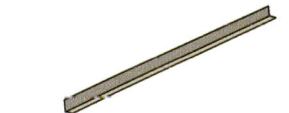

图5-2-11-2

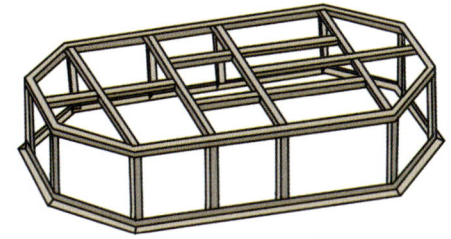

图5-2-11-3

图5-2-11-6

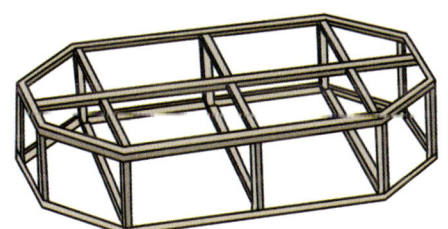

图5-2-11-4

2. 在外壳里面和内胆外面裹上一层厨房用的保鲜膜。把外壳套在内胆的外面,剪几小段直角卡纸贴在外壳和内胆的底部,将外壳和内胆固定住(前后左右距离均等,连接处的保鲜膜用小刀挖掉)。

3. 用卡纸做成两个圆筒,上下端剪开向外折边,再用刀刻出4个卡纸圈分别粘在两个圆筒的两端,中间粘上几条加强条,做成送风口和推进器圆筒(图5-2-11-5)。

4. 将两个小电机固定在卡纸支架上,支架粘在圆筒中。在电机轴上安装一个小空气螺旋桨(图5-2-11-6)。把一个圆筒下端平粘在气垫船外壳甲板上的送风口上;另一个竖直粘在甲板的尾部作为推进器。

5. 在推进器圆筒的后面甲板上斜着粘上一片卡纸作为舵,舵的上部折边粘在推进器圆筒上(图5-2-11-7)。

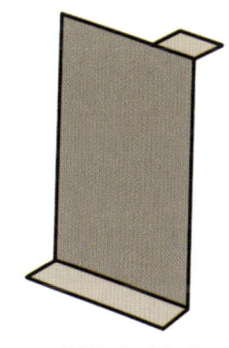

图5-2-11-7

6. 在气垫船模型外壳的底部粘一圈轻薄的布条当作气垫船的围裙。

7. 在甲板上用双面胶粘一个可装4节7号干电池的电池盒和一个小开关,将两个电机的电线连上。

一切准备就绪,装上电池,把气垫船模型放在地板上,打开开关,气垫船模型就会在地上转着圈

"航行"了!

说明与延伸

1. 以上的气垫船模型仅仅是"自航"形式的模型,它不能受人控制。如果把船尾部的推进器圆筒改装成可以控制转向的形式,在船上安装上一个微型舵机和遥控接收机,它就可以遥控,在地面上左右转向行驶了!

2. 由于这种气垫船模型的动力不大,要使气垫船能离开地面正常"航行",模型的重量一定要轻。因此,本文介绍的这艘气垫船船体用卡纸制作而成。将卡纸条折成直角再拼装,则是为了增加卡纸的刚性强度,一条平直的卡纸会弯曲,而折成直角的卡纸条就有足够的刚性抵抗弯折的力。

3. 气垫船的内胆和外壳之间的间距不能太大,这是因为气流的流速和它喷流的出口面积成反比,出口面积越小,空气流速就越大,对地面的推力就越大。船两边这一间距要保持均等,以免气流流速不同而导致船的倾斜。

4. 这艘气垫船模型电机电源用的是4节7号电池(6 V),如果我们增加2节电池,气垫船的速度是否会快一些?

12. 小水线面单体水翼船模型

水翼船是船底下装有像飞机机翼一样的水翼的船。在水翼船航行时,水翼在水中产生升力,将船体托离水面,使得船体受到的水的阻力大幅减少,从而提高了船的航速。但传统水翼船上庞大的水翼也带来了很多问题:水翼往往超出船体的宽度,使得水翼船进出港和停靠码头较为困难。水翼结构比较复杂,难以保证足够的强度,容易损坏。

那么,能不能将水翼做得小一点、简单一点呢?1995年,新型的小水线面单体水翼船诞生。它是一艘小水线面船,水下部分是一个单体再装上水翼,航行阻力很小。在浪高2 m多的海面,它的航速可达到30 kn以上,纵横摇角不大于3°。

工具与材料

斜口刀,尖嘴钳,木砂纸,水砂纸,手摇钻和直径0.8 mm的钻头,粗细铁锉刀,铁皮剪刀,划线圆规,小一字螺丝刀,大头针,底纹笔。

中间船体(30 mm×20 mm×200 mm的松木块1块),左右船体(20 mm×15 mm×200 mm的松木块1块),立柱(3 mm×50 mm×120 mm的松木片1片),水下单体(20 mm×20 mm×180 mm的松木块1块,2 mm×15 mm×80 mm的厚木片1片,0.5 mm厚的黄铜皮1片),甲板(80 mm×200 mm的三夹板1块),驾驶室(40 mm×20 mm×70 mm的松木块1块),汽车腻子,502胶,喷漆(蓝色、白色)。

活动过程

1. 图5-2-12-1是这艘水翼船模型的示意图。先按照图5-2-12-2上图所示,用松木块削制水翼船的左右船体(2个)和中间船体,并按图5-2-12-2下

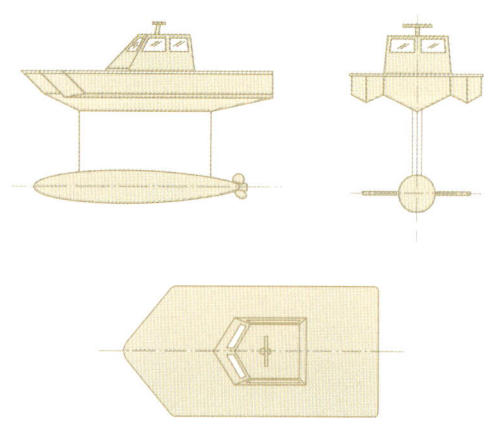

图5-2-12-1

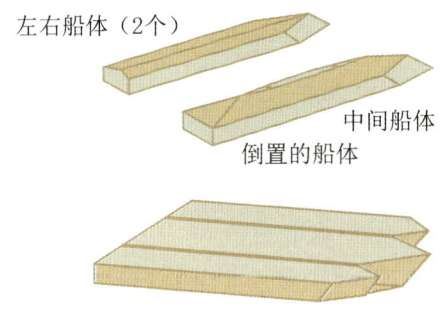

图5-2-12-2

图所示将它们黏合起来。

2. 用木片按图5-2-12-3形状削制剖面为细长纺锤形的立柱。

图5-2-12-3

3. 用木块在车床上车制或手工削制流线型水下单体,再用木片制作2对机翼形的水翼,前水翼要长一点宽一点,后水翼要小一点(图5-2-12-4)。

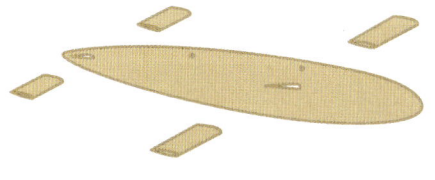

图5-2-12-4

4. 按图5-2-12-5所示用三夹板制作甲板(预先在立柱和中间船体的结合处两边、立柱和单体结合处的两边、水翼和单体结合处两边用钻头钻好直径0.8 mm的小孔)。

图5-2-12-5

5. 把制作好的各零件用砂纸砂光。找一些1号大头针剪去大头,插入对接的小孔,然后把甲板、船体、立柱、单体、水翼依次插好组合起来,用小一字螺丝刀蘸502胶粘住。

6. 用整块木块按图5-2-12-6示意图制作船的驾驶室,用碎料制作桅杆和小雷达。

图5-2-12-6

7. 在0.5 mm厚的铜皮上,用圆规画好圆,圆心钻一个0.8 mm小孔。按图5-2-12-7所示,画上4片螺旋桨叶片,用铁皮剪刀剪出连在一起的螺旋桨,再用钳子把4个叶片扳一个角度。最后用大头针把螺旋桨固定在单体尾部。

图5-2-12-7

8. 用汽车腻子在模型表面嵌刮一遍(船体和驾驶室可以分开来进行),用木砂纸打磨一遍,如发现不平整的地方,再刮腻子再打磨,直到模型表面非常平整、圆润顺滑为止,最后再用水砂纸蘸水打磨光顺。

9. 接下来是刷漆,船体和水下部分刷深一些的颜色,驾驶室刷白色漆(有条件的最好用喷枪喷漆),剪一些其他颜色的即时贴做窗户,贴在驾驶室窗户的位置。

10. 最后把驾驶室粘到甲板上,用大头针将螺旋桨钉在单体的尾端,水翼船模型就做好了!

这艘模型是不能竖起来的,只能平放在桌面上。为了便于观赏,可再做一个透明有机玻璃的船架,让船竖直搁在上面。

说明与延伸

1. 小水线面单体水翼船航行时只有流线型单体（含水翼）和部分立柱在水中，并利用水翼在水中的升力托起船体，因此大大降低了船体阻力，提高了航速。

2. 一艘普通的货船在水里时，水面和船体周围的接触连线就是货船的水线，假如用一把大刀贴着水面把船体切成上下两部分，切开的船体呈现一个剖面，这个剖面就是水线面。一般船只的水线面面积是很大的。本文介绍的小水线面船，其水线面只是一个细长的纺锤形立柱的剖面，面积很小。水线面越小，船航行时的阻力就越小。

3. 小水线面单体水翼船在高速航行时，水面上的船体"腾空"脱离水面，靠的是流线型单体两侧的两对（4个）水翼在水里的升力。模型制作好后，我们可以把前后两对水翼扳成向上5°，然后把模型放在水槽里用力推一下，我们会感觉到模型会有一股向上运动的力，这就是水翼产生的升力。

13. 穿浪双体船模型

常规双体船是一种在宽大的甲板下并列两个船体的船舶。它航行平稳，装载量大，但由于存在两个船体，航行阻力大增，所以航行速度受到了限制，船的耐波性也不好。为此，船舶设计者们设计出了更为先进的穿浪双体船。

穿浪双体船两侧是两个细长瘦削的深V形线型船体（片体），中间有一个主船体。两侧细长船体的排水量足够提供浮力支撑整个船重。两个船体的间距较大以减少相互之间的干扰。两船体的首部特别尖削，能穿浪而行，使船在波浪中的航行性能有了很大的提高。常规的双体船只能在波浪上航行，称为载波航行；而穿浪双体船能够穿浪航行，尖削前冲的两侧船体似两把锋利的匕首穿过波谷，削去波峰行进，这也就是穿浪双体船名称的由来。

穿浪双体船的航速可达29～45 kn，能够在浪高1.5～2 m以上的恶劣海况中安全航行；它既适合在内河航行，又可以在沿海航行。

工具与材料

斜口刀，钢皮尺，铅笔，木砂纸，水砂纸，粗细齿半圆形铁锉刀，手摇钻和3 mm钻头，木工刨，45 W电烙铁（松香、焊锡），底纹笔（2.54 cm），小一字螺丝刀。

两侧船体（20 mm×40 mm×200 mm的松木块2块），前后中间船体（50 mm×20 mm×70 mm的松木块1块，5 mm×50 mm×140 mm的松木块1块），甲板和上层建筑（1 mm×200 mm×300 mm的ABS塑料板1片），围栏（直径0.5 mm黄铜丝），502胶，汽车腻子，喷漆（蓝色、白色）。

活动过程

1. 图5-2-13-1、图5-2-13-2是穿浪双体船模型的示意简图，图5-2-13-3是模型的横剖面型线图。从图中我们可以看到，穿浪双体船的两侧有两个细长的船体，中间的船体长度较短。

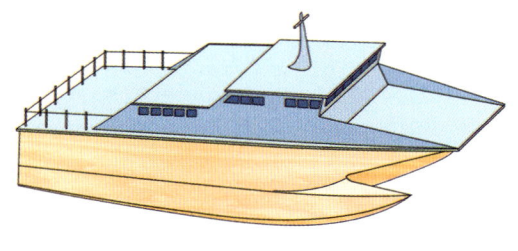

图5-2-13-1

和钻头钻一个 3 mm 小孔作为喷水孔。

3. 挑选一块木纹较细的没有节疤的松木块（50 mm×20 mm×70 mm）做中间船体，画线。先削好船体的外形，再用粗、细木锉锉出船首底部两边的凹形曲面毛坯（大约比准确尺寸放出 1~2 mm 厚度余量，图 5-2-13-5）。

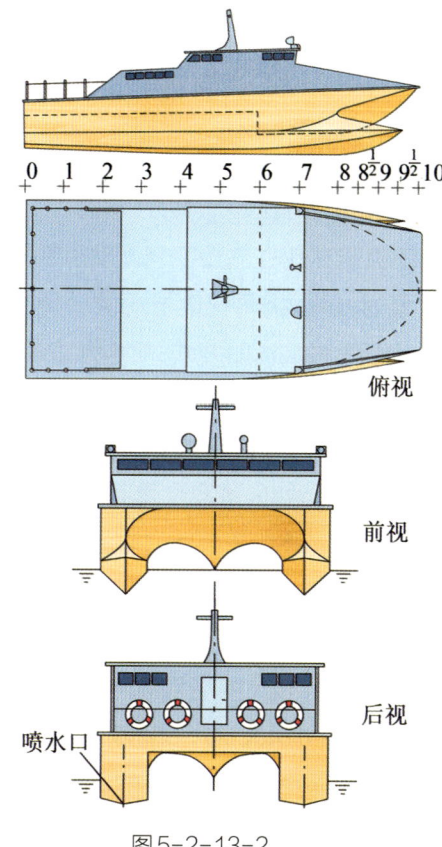

图 5-2-13-2

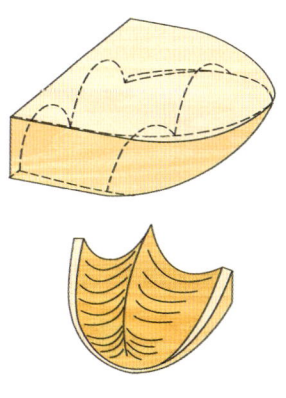

图 5-2-13-5

4. 用 1 mm 厚的 ABS 塑料板制作甲板，用一块 5 mm×50 mm×140 mm 的松木块连接在中间船体的后面，黏合在甲板下。将做好的两侧船体黏合在中间船体的两侧（图 5-2-13-6）。

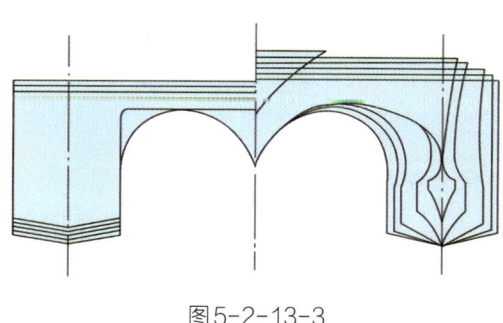

图 5-2-13-3

图 5-2-13-6

2. 根据示意简图确定好穿浪双体船模型的主尺度后，我们先来制作两侧的船体（片体）。根据图 5-2-13-2、图 5-2-13-4，参照本文提供的照片资料，在两块平整的松木块上画好线，用木工刀和木锉刀修削出两个船体的首部形状和船底部的滑行面型线。在每个船体的尾部用手摇钻

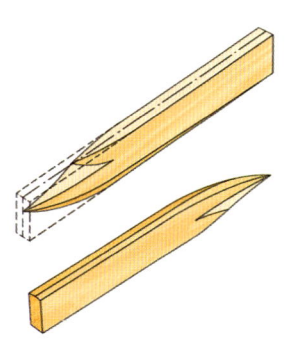

图 5-2-13-4

5. 把船体倒置，再用粗、细木锉修整中间船体底部曲面，使曲面边缘与两侧船体连接处平顺过渡，最后再用木砂纸打磨。如果衔接处无法达到令人满意的结果，那就用腻子来修补（腻子可以采用

双组分的汽车腻子)。

6. 用1 mm厚的ABS板根据图5-2-13-7所示制作船的上层建筑。用钢皮尺和铅笔画出外形和窗户,再用斜口刀刻下。用502胶黏合零件时,要把胶水滴在小一字螺丝刀头上再涂到要黏合处,以防胶水太多而流下。用直径0.5 mm的铜丝制作甲板上的围栏(电烙铁锡焊焊接)。

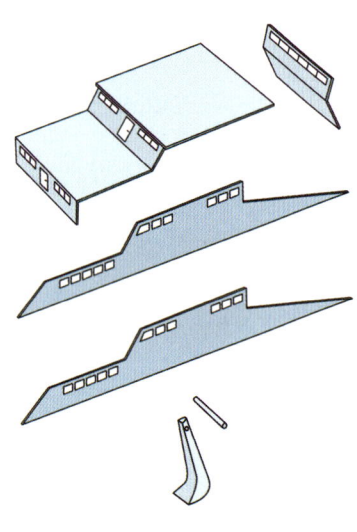

图5-2-13-7

7. 在完成的木质船体外面刮一层薄薄的腻子。腻子干燥后用细砂皮打磨一遍,根据需要,再用腻子和木砂纸、水砂纸(蘸水)反复处理几遍,直到模型表面不再显露木质、模型型线平顺光滑为止。

用底纹笔给模型刷上你喜欢的颜色的漆,白色的ABS塑料上层建筑可以不涂漆。

说明与延伸

1. 穿浪双体船在涡轮喷气发动机的推动下,以喷射水流的方式,把水快速推向船后,使船高速前进。相比螺旋桨推进的方式,喷水推进的方式能带来更快的速度,这是由于没有了螺旋桨和舵的附体阻力,船体阻力大幅度降低。同时,由于没有螺旋桨,螺旋桨缠绕杂物的事故也就不会发生了。

2. 当穿浪双体船需要转向时,只要一侧船体尾部的喷水口喷水,另一侧不喷水,那么船就能原地360°回转。

3. 本文介绍的穿浪双体船模型是一款实体仿真模型,要使木材削起来比较容易,选择木纹的方向很重要。制作船体的木料木纹应该是竖直方向的,而即使是竖直方向的木纹也有斜度,削的时候要顺着木纹削,否则容易被逆向翘起的木料刺伤手。

5. 模型的上漆是一个很关键的工序,手工刷漆需要很熟练的手法。如果要使船漆刷得更均匀、更漂亮,最好用喷漆方法。喷漆需要有喷枪和空压机等设备以及熟练的喷漆技术。

航空航天模型

1. 简易风筝

风筝是人类最早的飞行器。中国是风筝的故乡。传说风筝起源于春秋战国时期,能工巧匠鲁班看到鹞鹰在空中盘旋飞翔而受到启发,制成"木鸢",又称"木鹊"。到了汉代,人们发明了纸后就改用纸来做风筝,称作"纸鸢"。纸鸢的头部装上了一个会发出声音的竹哨后,就会发出像乐器"筝"一样的声音,故人们又将纸鸢称为"风筝"。

这里介绍的是一种简易菱形方块风筝,它的骨架很简单,只要把竹材劈削后绑扎牢,蒙上纸或绢、绸、塑料薄膜便成。这种风筝容易放飞,飞行效果也比较好。

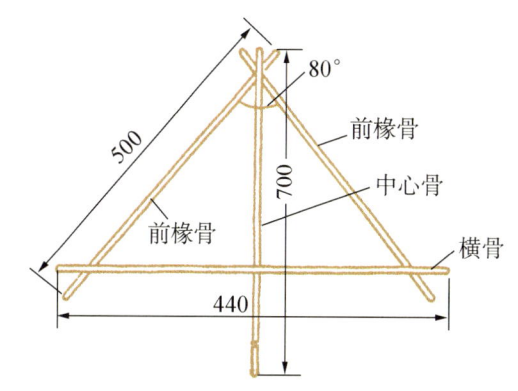

图5-3-1-1

图5-3-1-2

工具与材料

剪刀,缝衣针,铅笔,直尺,水彩笔等。

中心骨(3 mm×3 mm×700 mm的竹条),前橡骨(2 mm×3 mm×500 mm的竹条2根),横骨(2 mm×3 mm×440 mm的竹条),面料(边长520 mm的棉纸或宣纸、绸、塑料薄膜),飘带(30 mm×2000 mm的面料),提线(长1000 mm,细锦纶线),绑扎线,缝衣线,白胶,颜料等。

活动过程

1. 将横骨、前橡骨和中心骨按图5-3-1-1所示对接,中心骨的竹青方向要与横骨、前橡骨的竹青方向相反。

2. 用绑扎线按图5-3-1-2所示方法在各个搭接处捆扎,扎线处可涂些白胶加强。在两根前橡骨下端点与中心骨下端点拉线,使其成为菱形框架。

3. 在面料上按骨架大小画好图样并剪下。

4. 用白胶将面料蒙在骨架上,并将四周向里卷上10 mm左右的纸边,将张线包上。

5. 在中心骨下端粘上一长2000 mm的飘带。

6. 将提线的一端系在横骨与中心骨的交点上,另一端系在中心骨离下端150 mm处。

说明与延伸

1. 在一个约四级风的晴朗天,找一个空旷的地方(半径200 m之内无电线),即可进行风筝放飞。牵引线系在提线的位置要根据具体气候条件来定:风大时要把系线位置向上移一些,以减小仰角;风小时要把系线位置向下移一些,增加仰角。通常两根提线上短下长,仰角过大会造成风筝飞行不稳。如果在放飞中发现风筝摇摆不定,可适当加长飘带。如发现风筝飞不高(牵引线与地面夹角小于45°),则可把飘带减短一些。经过反复仔细调整,一般能操纵自如地控制风筝的放飞(图5-3-1-3)。

2. 风筝有平面造型和立体造型两种,可以单个放飞,也可以把若干个串联起来放飞。这里介绍的是最简单的平面风筝,这种风筝容易放飞,飞行性能稳定。如果掌握了一定的放飞技术,还可以利用它们进行空战或特技飞行。

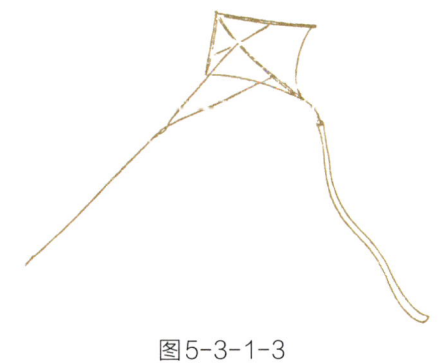

图5-3-1-3

2. 简易回旋器

回旋器又称"飞去来器"。用力投出后,在自旋的同时,它会沿着一条封闭曲线的轨迹飞行,最后仍能回到投出点。回旋器的种类繁多,形状各异。有两叶的、三叶的、四叶的、六叶的。每叶的剖面都呈飞机的机翼形状。

简易回旋器用卡纸制作,可在室内小范围内投掷。制作简单,安全方便。

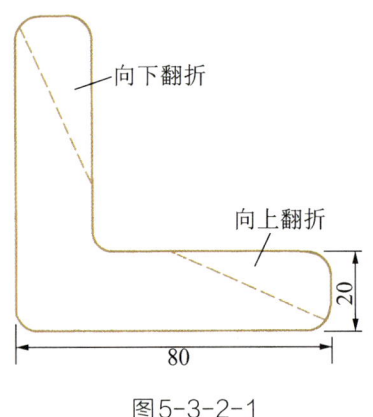

图5-3-2-1

工具与材料

剪刀等。

卡纸(80 mm×80 mm)。

活动过程

1. 按图5-3-2-1所示形状和尺寸,在卡纸上画好回旋器的外形后剪下。

2. 按图5-3-2-1要求,把回旋器两叶的叶端部位,分别向相反的方向柔顺地扭曲。

说明与延伸

1. 用左手大拇指和食指拿住回旋器的中部,用右手食指把它弹出去(图5-3-2-2)。只要弹得恰当,这个用卡纸制作的回旋器便会旋转着飞出去,在空中兜一个弧线后又飞回到你的身边。多练几次,就可以掌握投与接的技巧。

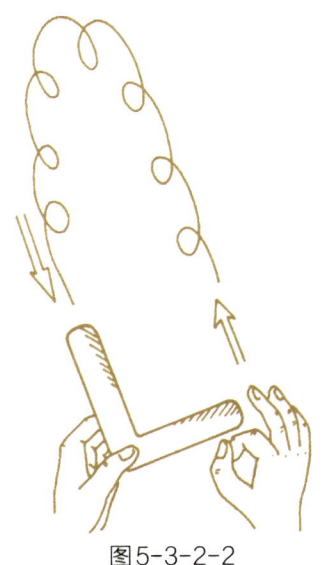

图5-3-2-2

2. 简易回旋器也可用厚0.2~0.5 mm的薄塑料片制作。简易回旋器的尺寸不宜过大，一般在50~80 mm之间。

3. 简易回旋器制作简单、安全方便，较适宜小学生开展活动。

3. 弹射模型滑翔机

弹射模型滑翔机是利用橡筋的弹性能量作为初始动力来放飞模型的。模型获得橡筋的弹性能量爬升到最高点后在重力作用下转为下滑，在滑翔过程中若遇到上升气流，则可获得较长的留空时间。

这里介绍的弹射模型滑翔机由机翼、水平尾翼、垂直尾翼和机身组成。

工具与材料

木工刀，木锉，砂纸，尖嘴钳等。

机身（4 mm×15 mm×280 mm的桐木条），机翼（3 mm×55 mm×210 mm的桐木片），水平尾翼（0.75 mm×35 mm×105 mm的桐木片），垂直尾翼（0.75 mm×30 mm×35 mm的桐木片），弹射钩（3号大头针），快干胶。

活动过程

1. 切削机翼。机翼是飞机产生升力的部件，因此，机翼加工质量的好坏直接关系到飞机的飞行。

制作机翼时，先按图5-3-3-1所示的形状和尺

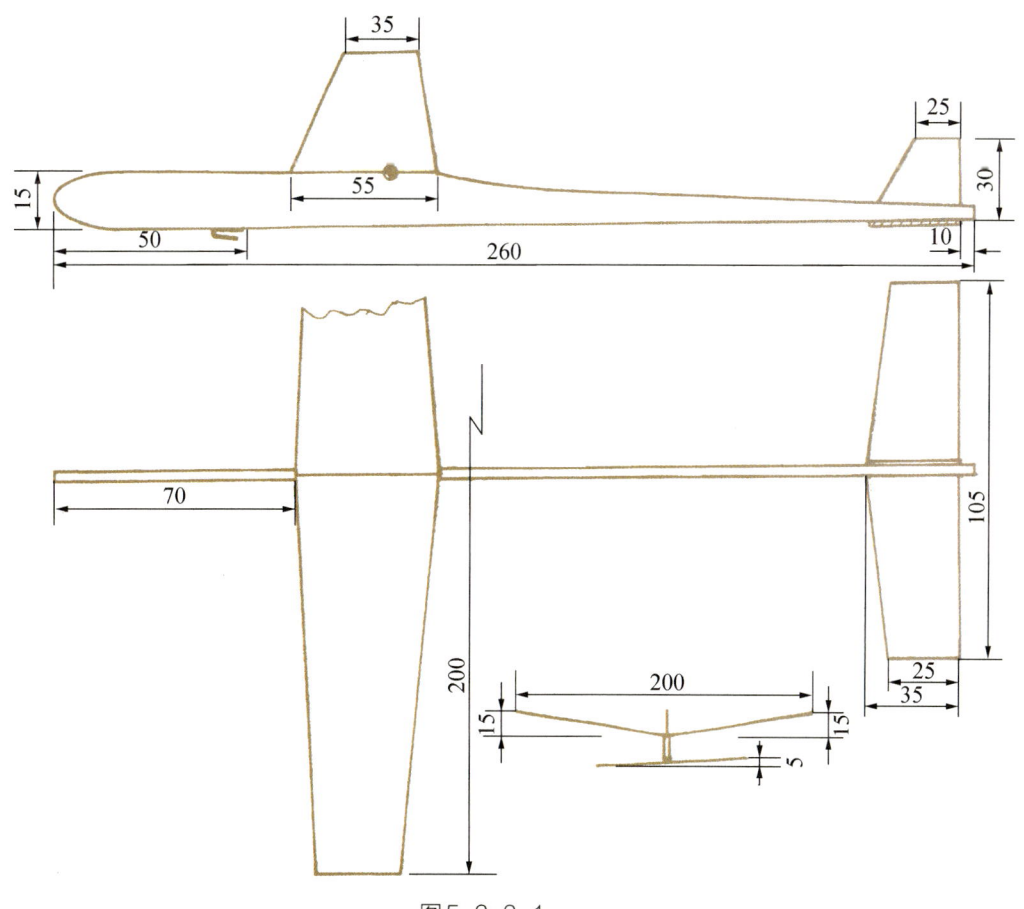

图5-3-3-1

寸在桐木片上画好机翼外形轮廓线。可将两片桐木片叠合在一起加工出机翼外形。

机翼的翼型为平凸型,最高点在离机翼前缘1/3处。切削翼面时,先在机翼上表面离前缘1/3的翼弦处,从翼根到翼尖画一条直线。再在机翼前缘离下弧1 mm处和后缘离下弧0.5 mm处各画一条从翼根到翼尖的连线。

画好左右两个机翼上的辅助线后,就可以用刀或木锉沿机翼最高点向前后缘锉削,再用细木砂纸将机翼上弧打磨成光滑的圆弧。

机翼加工好后,用砂纸打磨出上反角斜面,然后用快干胶粘牢,其粘接处必须紧密吻合,不能有空隙。

2. 削制机身。机身是连接和固定机翼和尾翼的重要部件。将4 mm×15 mm×280 mm的桐木条按图示尺寸落料。用细木砂纸打磨光滑。将用大头针弯折的弹射钩固定于机身下部。在粘接机翼的翼台位置上刻一个三角凹槽,以增加机翼与机身的粘接面。

3. 加工水平尾翼和垂直尾翼。水平尾翼和垂直尾翼分别是调整飞机俯仰和横侧飞行姿态的部件。用厚0.75 mm的桐木片按图示尺寸和木纹方向下料,边缘部分用细木砂纸打磨光滑。

4. 总装。将水平尾翼和垂直尾翼先粘在机身上,机身尾端要留出10 mm长的一段作为放飞时的把持位置。水平尾翼要与垂直尾翼、机身垂直。等水平尾翼和垂直尾翼粘牢后再粘接机翼。粘接机翼时要注意左右机翼的翼尖到水平尾翼左右翼尖的距离要相等,机翼左右上反角要相等。在机翼和机身粘接处还要粘两根加强条,以增大粘接面积,提高强度。配重可用橡片泥,将其粘在机头处,使飞机重心在离机翼后缘10~12 mm处。

说明与延伸

1. 初次飞行要选择无风或小风天气。先进行逆风手掷试飞,模型应平稳下降。然后进行小动力弹射试飞。右手持机,左手握弹射柄,以飞机水平尾翼与地面呈60°~80°夹角,机身与地面也有60°~80°左右的夹角进行弹射。若飞机上升拉翻,可将水平尾翼后缘向下弯一些;如滑翔时俯冲严重,可适当减少些配重。待小动力试飞正常后,再进行中动力弹射试飞。

重复上述过程,待调试正常后才可以进行全动力飞行。这时可拉足橡筋,并将机身与地面夹角增大到80°~90°之间。

经过多次调整试飞后,通常均能取得成功。

2. 弹射模型滑翔机在普及级航空模型中属于自由飞类(P1类)的P1T,最大翼展200 mm。

弹射模型滑翔机是航空模型制作中的经典作品,是每个航空模型爱好者入门的钥匙。这是因为这架模型飞机的制作包含了空模制作的基本技能和基础知识,做好这架模型飞机对今后开展空模活动有很大的帮助。

4. 直线距离型手掷模型滑翔机

直线距离型手掷模型滑翔机,是一种进行直线距离飞行比赛的模型。在设计与制作这类模型滑翔机时,应着重考虑如何提高模型的方向稳定性。可采用的措施包括:选用升力系数较小的翼型,以提高模型的飞行速度;在不违反竞赛规则的情况下,尽量减小升力面积,增大翼载荷;增长尾力臂长度,提高方向稳定性;采用后掠式机翼;各部件表面打磨光滑,减小阻力系数。

工具与材料

斜口刀、细木砂纸等。

机身(4 mm×20 mm×400 mm的桐木条),机翼

（2.5 mm×55 mm×245 mm 的桐木片），水平尾翼（1 mm×40 mm×120 mm 的桐木片），垂直尾翼（1 mm×40 mm×50 mm 的桐木片）。

活动过程

1. 削制机身。按模型主视图（图5-3-4-1）中机身的外形和尺寸在 4 mm×20 mm×400 mm 的桐木条上画好轮廓线，然后用锋利的小刀切去轮廓线外的多余部分，并且用砂纸将机身表面打磨光滑。

2. 制作水平尾翼和垂直尾翼。分别在 1mm×40 mm×120 mm 和 1 mm×40 mm×50 mm 的桐木片上画出水平尾翼和垂直尾翼的外形，把多余部分切割掉，对表面进行光滑处理。

3. 切削机翼。按图5-3-4-2所示，在 2.5 mm×55 mm×245 mm 的桐木片上画好左右两机翼的外形轮廓线。切割去阴影部分后按常规方法加工好机翼翼型。翼根粘接面可按图5-3-4-3所示，用砂纸紧靠工作板侧面平稳地来回打磨平整，然后按图5-

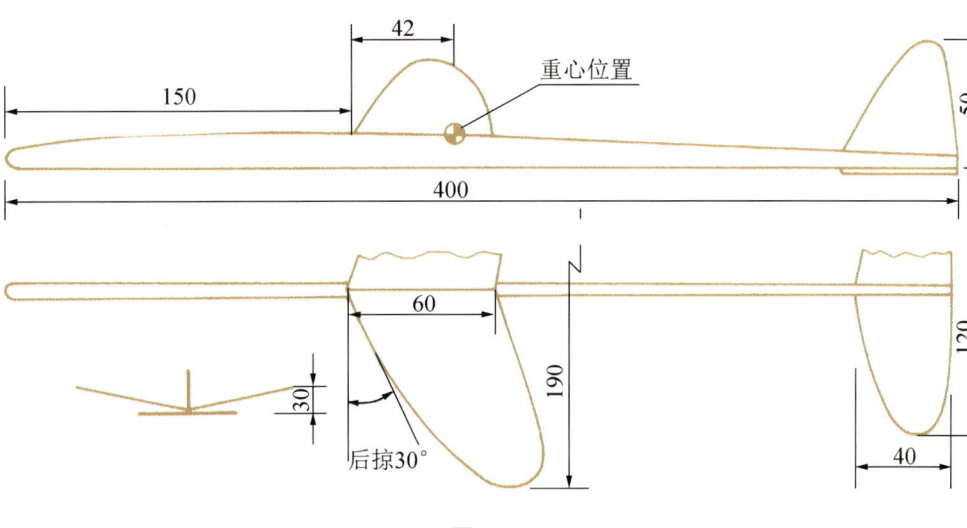

图5-3-4-1

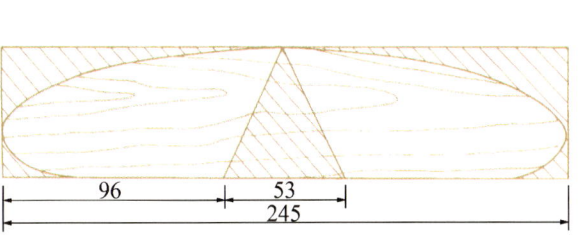

图5-3-4-2

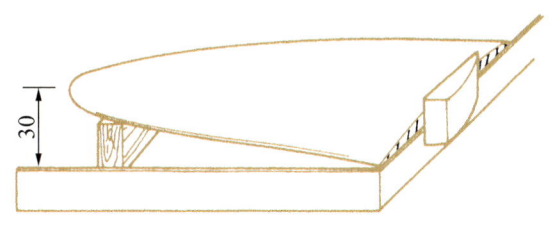

图5-3-4-3

3-4-4方法粘接机翼上反角。

4. 整机装配。将水平尾翼粘在机身尾端的下表面，安装角为0°；把垂直尾翼粘在机身尾端的侧面；机翼粘在机身的翼台位置上。为加强机翼与机身黏合的强度，可在机翼的下表面翼根与翼台的左右粘接处都粘上一条加强条（见图5-3-4-5所示）。

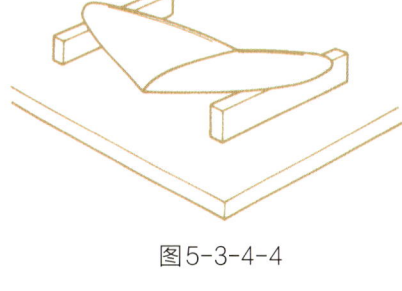

图5-3-4-4

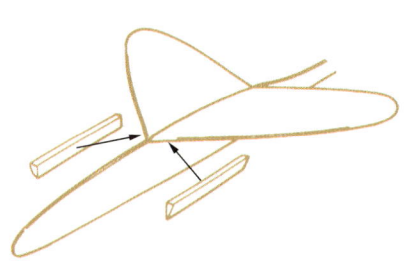

图5-3-4-5

说明与延伸

1. 要使直线距离型手掷模型滑翔机飞得直、飞得远，必须仔细地进行调整和试飞。

首先，通过配重将模型的重心调整在图5-3-4-1所示的位置。经目测检查安装正确后，可在微风室外场地进行小动力手掷试飞，细心观察模型滑翔的状况。如果发现有转弯的现象，可通过调整垂直尾翼的后缘来纠正航向。在小动力试飞中，模型的下滑角不宜太小，应略有"头重"之感。模型的滑翔距离一般为投掷高度的6~8倍。模型下滑角的调整就是俯仰姿态的调整，通常采用增减机头配重的方法来进行调整。

模型的航向和滑翔姿态基本调好后，就可以进行中动力飞行。在逆风情况下，用较大的速度沿水平方向投出模型。此时，略为头重的模型在投出后的一段距离中保持平飞或有微小程度的上升，后阶段平滑地转为下滑飞行。若出现明显的爬升或波状飞行现象，应在机头增加配重。

模型中动力试飞调整好后，可进行大动力试飞调整。沿水平方向全力快速地投出模型，模型的飞行轨迹应是水平起飞，微微上升，平飞，小坡度下滑，然后轻轻着陆。其飞行轨迹基本上是直的。若出现头轻或偏航现象，可分别增加机头配重或调整垂直尾翼后缘，并且在转弯一侧的机翼的翼尖上粘一些橡皮泥。

2. 直线距离型手掷模型滑翔机与弹射模型滑翔机的制作方法基本相同。但前者更注重的是模型飞机的飞行直线距离，因此，对模型飞机的设计与制作就有一些特殊的要求。

3. 在这架手掷模型飞机机身下装一个弹射钩，也可以用橡筋来弹射。

5. 手掷特技模型飞机

一般来讲，除了客机和运输机在飞行过程中不要做特技动作外，其他一些飞机都能进行特技飞行。它们忽而急剧上升，忽而螺旋下降，一会儿翻起一个又一个筋斗，一会儿横滚翻转，真是精彩极了。空中的飞行特技表演，往往反映一个国家的空中实力。

用铅画纸和桐木片制作一架手掷特技模型飞机，你可以通过改变副翼、方向舵、升降舵等可操纵面的弯折角度，让它像真飞机一样做出筋斗、盘旋、横滚等特技飞行动作，从中也可以初步了解一些飞机飞行的原理。

工具与材料

单面刀片。

机身（1 mm×18 mm×170 mm桐木片），机翼、水平尾翼、垂直尾翼（32开铅画纸），百得胶。

活动过程

这架模型飞机除了机身用桐木片外，其余机翼、尾翼和机首两侧面等部件全部用铅画纸作材料，因此制作工艺比较简单。

按飞机各零件的平面图（图5-3-5-1），将模型各部件用复写纸描画在铅画纸上，用锋利的单面刀片将各部件切割成形，再用百得胶粘接。在制作中，要注意以下几点。

1. 垂直尾翼粘贴在机身侧面。
2. 水平尾翼要粘贴在机身尾端的下表面。
3. 附有翼台的机首纸片粘贴在桐木片机身的机首两侧面。
4. 机翼的制作与一般的机翼制作略有不同。为了增强纸质机翼的强度和增大机翼的升力，机翼的剖面是呈人字形的。先将机翼对称中线的前端用单面刀片割开,然后将机翼前部沿虚线向下折。折线要求平整、挺括。再将左右机翼沿中心线对折一下放开。这样,使机翼具有一定的翼型和上反角。将机翼粘到翼台上时,使机翼前端开口处有约1 mm的间隙。同时注意机翼表面的平整,不能扭曲。

模型各部件装配好后,先用上反角卡板和翼型卡板检查。待模型飞机各部分都经过检查校正后,再测试一下模型飞机重心位置,一般将重心位置调整在离机翼后缘约1/3弦长位置。在试飞过程中可进一步调整模型飞机。

说明与延伸

1. 试飞时,用大拇指、食指和中指拿住机翼下部的机身,使模型飞机呈水平状态,即机首不要抬

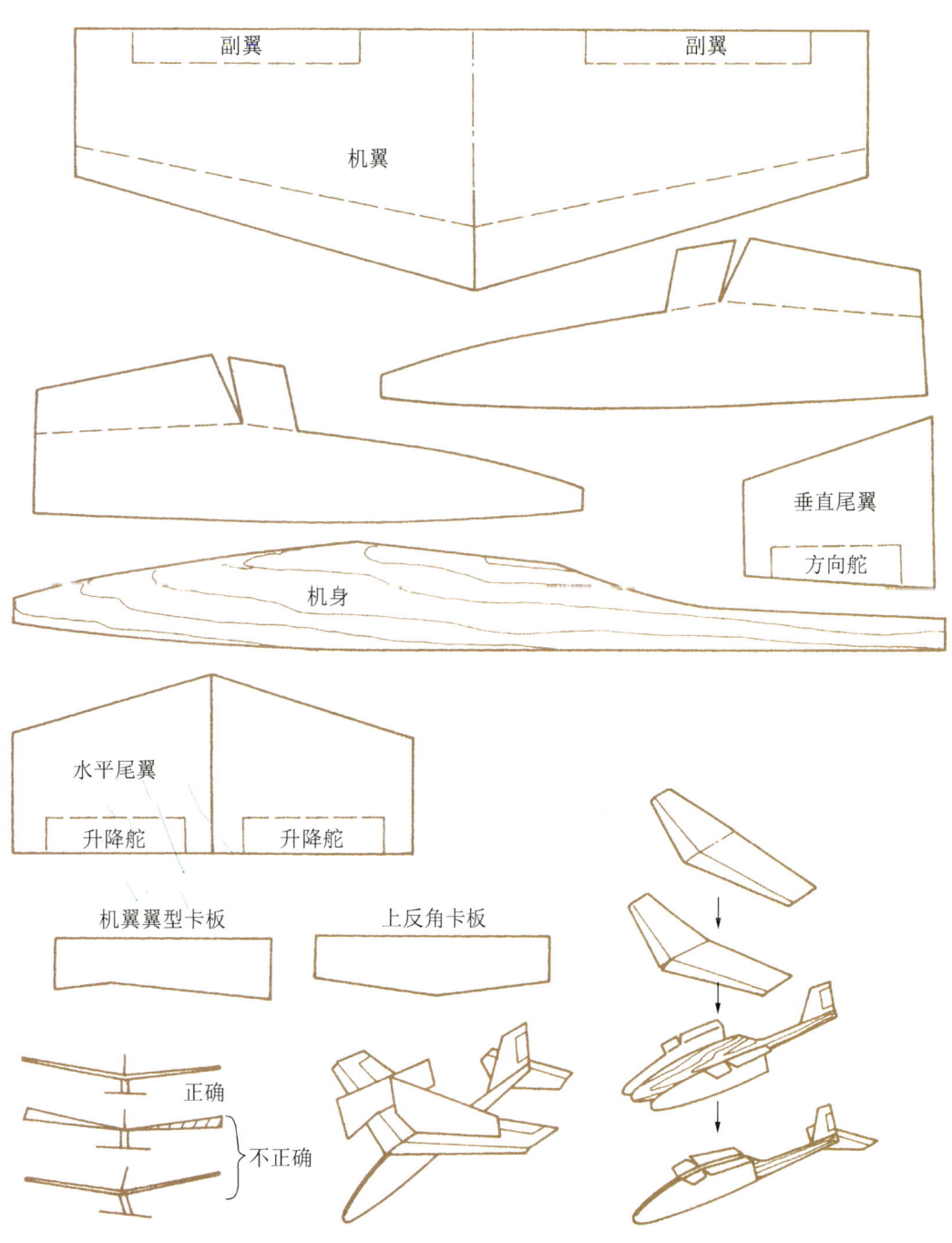

图5-3-5-1

起，也不要下冲；左右机翼也不要横向倾斜。然后将模型飞机沿水平方向以适当的力量投出，使之能沿直线平稳滑翔。投掷的力量是需要反复琢磨试验的，因为投掷力量的大小，对于特技飞行来说是十分重要的。

2. 模型飞机经过试飞调整后即可进行特技飞行。

（1）正筋斗：指模型在垂直平面内仰翻360°，作近似圆形轨迹的飞行。调整时，把升降舵上翘15°左右，机翼副翼下弯25°左右，用力投掷。

（2）横滚：指模型在水平面内沿直线纵向滚动360°的飞行。调整时，把升降舵复位，左右机翼的副翼一边上翘，一边下弯，幅度视具体飞行姿态而定。投掷时，沿水平方向用力投出。

（3）盘旋：指模型在水平面内作圆周飞行。调整时，将方向舵稍稍弯向一边，其余各舵面保持直线平飞时的状态。这样，方向舵偏左，模型飞机就左盘旋，反之，则右盘旋。

通过以上一系列实践放飞后，不仅能进一步熟悉投掷技术，同时也会了解飞机上各舵面的作用，掌握调整模型飞机飞行姿态的基本技能。

6. 牵引模型滑翔机

牵引模型滑翔机是一种靠牵引线将模型迎风牵引使之升空的竞时型模型。放飞时，好像放风筝一样，拉着牵引线迎风快跑，使模型达到一定的速度，爬升到最高点（即牵引线基本垂直于地面），然后在适当的时机让模型脱钩，使之进入滑翔阶段，慢慢地滑翔飞行，以模型的留空时间长短为胜负标准。

工具与材料

电热丝，14 V 直流电源，斜口刀等。

机身（5 mm×35 mm×210 mm 的桐木片，5 mm×8 mm×460 mm 的桐木条），机翼（8 mm×100 mm×650 mm 的硬泡沫塑料，0.75 mm×8 mm×650 mm 的桐木条），水平尾翼、垂直尾翼（1 mm×55 mm×300 mm 的桐木片），白胶，快干胶。

活动过程

1. 制作竹弓。这架飞机的机翼是用硬泡沫塑料制作的。因此，在制作前就得先准备好一个竹弓。选一根长 1500 mm、宽 30 mm 的竹片，两端各钻一个直径 3 mm 的孔。将一根直径 0.5 mm、长 1000 mm 的电热丝两头打圈后穿过小孔，并固定好，然后通上 14 V 交流电后就可以用了（见图 5-3-6-1）。14 V 电压是对这段电热丝而言的，如电热丝尺寸规格有变化，电压也要相应的改动，只要使电热丝的温度比硬泡沫塑料的熔点稍高即可。

2. 制作机翼。用 0.5 mm 厚的薄铁皮按图 5-3-6-1 所示的翼型做两块翼型样板，在中心线等距离处钻两个正好可以穿过大头针的孔，然后用双面胶带纸和大头针把它们固定在硬泡沫塑料两端，用电热丝沿着样板将机翼割下。

在离前缘 33 mm 处画一条平行于前缘的直线，用电热丝将机翼分成前后两部分，断面处用白胶粘一条 0.75 mm×8 mm×650 mm 的桐木条（亦可称作立梁），这样大大地增加了机翼的强度。

这架飞机的机翼是双折翼。制作时，分别在离左右翼尖 135 mm 处画两条垂直于立梁的直线，再沿直线用钢锯锯一条缝，不能锯断。然后将两边向上弯起，锯缝处用白胶填满。等白胶干后，机翼就做好了。

3. 制作机身。先将 5 mm×35 mm×210 mm 的桐木片，加工成如图 5-3-6-1 所示的流线型机头。机头下开一个粘机身的槽。机头上还有一个固定机翼的翼台，它是在机头上粘贴的两片 1 mm×10 mm×20 mm 的木片，木纹要和机头方向垂直。翼台前后还要钻两个直径 2 mm 的孔，塞入两个竹销，用快干胶固定，用来钩挂固定机翼的橡筋。

另外，在离机头 140 mm 处插入一个用回形针弯折成的牵引钩，滴一滴快干胶固定。

机身是一根 5 mm×8 mm×460 mm 的桐木条，直接拼接在机头上。注意拼缝处要紧密，否则会影响机身的强度。

4. 制作水平尾翼、垂直尾翼。按图 5-3-6-1 所示的尺寸用 1 mm 的桐木片加工好后直接粘在机身上就可以了。

5. 总装。用橡筋圈将机翼绑到翼台上，使机身轴线和机翼轴线重合对齐，机翼和水平尾翼之间有 2.5°夹角。

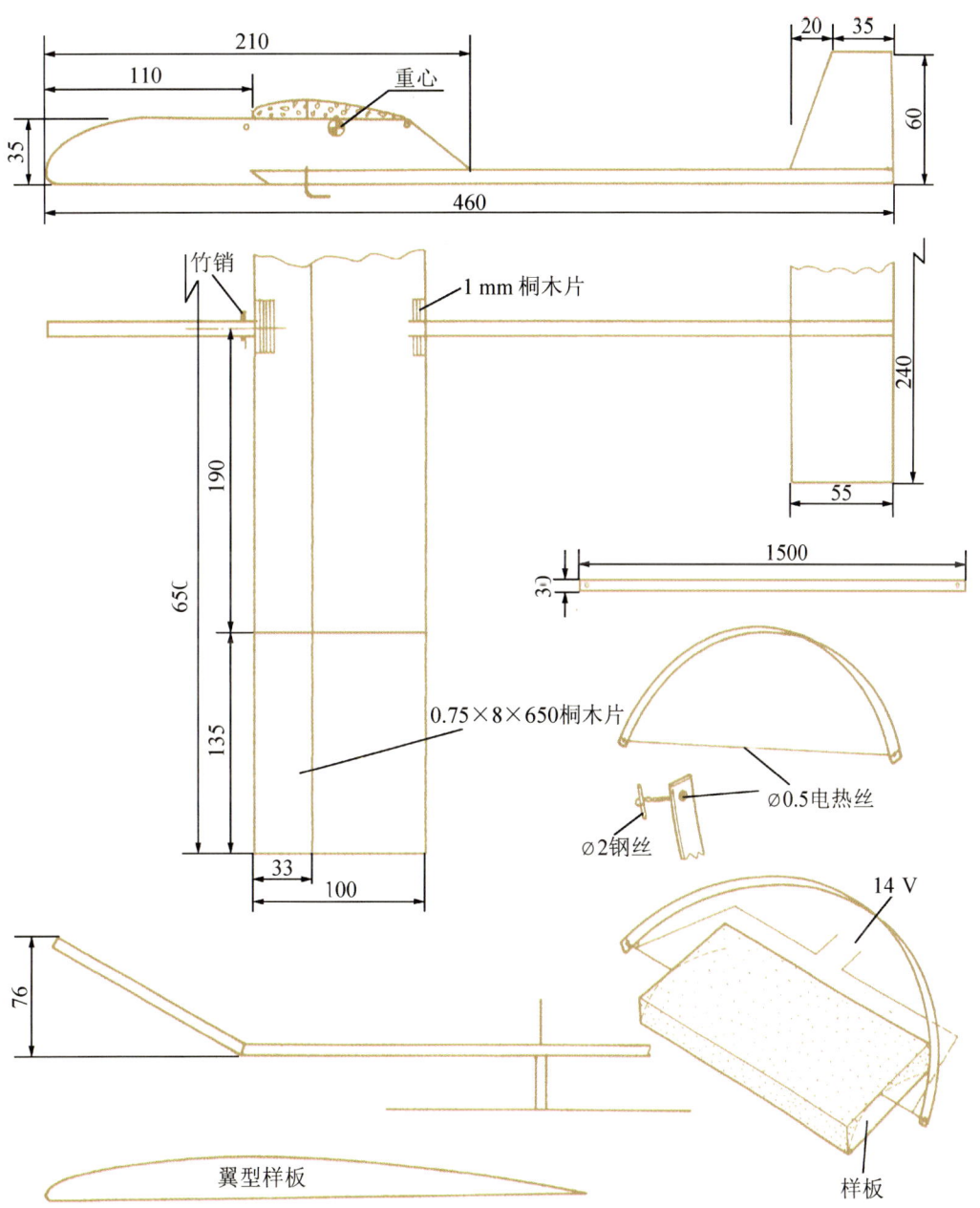

图 5-3-6-1

说明与延伸

1. 调整试飞。首先调整模型重心，使模型的重心在离机翼前缘 1/2 略多处。然后选择一个开阔地，在风小的天气下进行室外手掷试飞。试飞时要注意，模型要逆风投掷出去，出手力量要均匀。遇到问题可通过不断调整机翼迎角和方向舵舵面来解决。在前缘下塞纸片或木片可增加迎角，在后缘下塞纸片或木片可减小迎角。每一次调整的量都要小些，调整一次，试飞一次。

待手掷试飞没有问题后就可以进行牵引试飞了。先准备一根 15 m 的细线（最好是钓鱼线）。线的一端系一个小环和一条绸带。放飞时，助手把小环套在牵引钩上，举起模型，使它保持横侧平衡，并使机头抬高，此时机身与水平面的夹角应在 30°~45° 之间。牵引者放出 15 m 牵引线，拉紧。放飞时牵引者和助手都要逆风跑动，并使牵引线张紧。助手小跑一段距离后就可放开模型，由牵引者牵着模型快速跑动。当牵引者觉得牵引线拉力较大时，就应该放慢步子，待模型接近头顶时就可以站住脚步，让模型飞过头顶脱钩，使模型进入滑翔状态（见图 5-3-6-2）。

2. 牵引模型滑翔机在普及级航空模型中属于自由飞类（P1 类），分为一级牵引模型滑翔机和二级牵引模型滑翔机两种。各级牵引模型滑翔机对最大升力面积和最小飞行重量都有一定的规定；对牵引线的长度也有一定的限制。

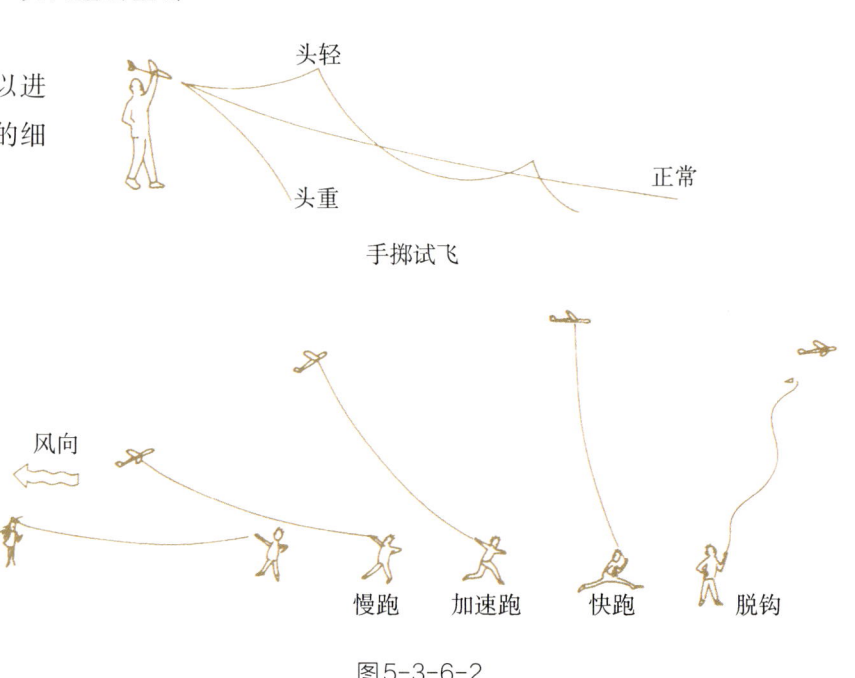

图 5-3-6-2

7. 竹 蜻 蜓

竹蜻蜓是一种起源于民间的竹制玩具，也是一种简单而有趣的直升飞行器。竹蜻蜓由一片扭曲成螺旋桨状的旋翼和一根竹柄所组成。玩的时候用手搓动竹柄带动旋翼快速转动产生升力而直升天空。

工具与材料

斜口刀，手摇钻或锥子等。
旋翼（3 mm×20 mm×30 mm 桐木，2 mm×20 mm×100 mm 桐木 2 片），竹柄（竹筷或一次性筷子）。

活动过程

1. 制作桨叶、桨根。先加工桨叶，将 2 片 2 mm 厚的桐木片加工成如图 5-3-7-1 所示的形状，桨叶的前缘弧度稍大些，2 片桨重量要一致。然后加工桨根，先在 3 mm 厚的桐木片上画好对角线，找出中心点，钻一个直径 4 mm 的孔，然后加工成如图 5-3-7-2 所示的形状。

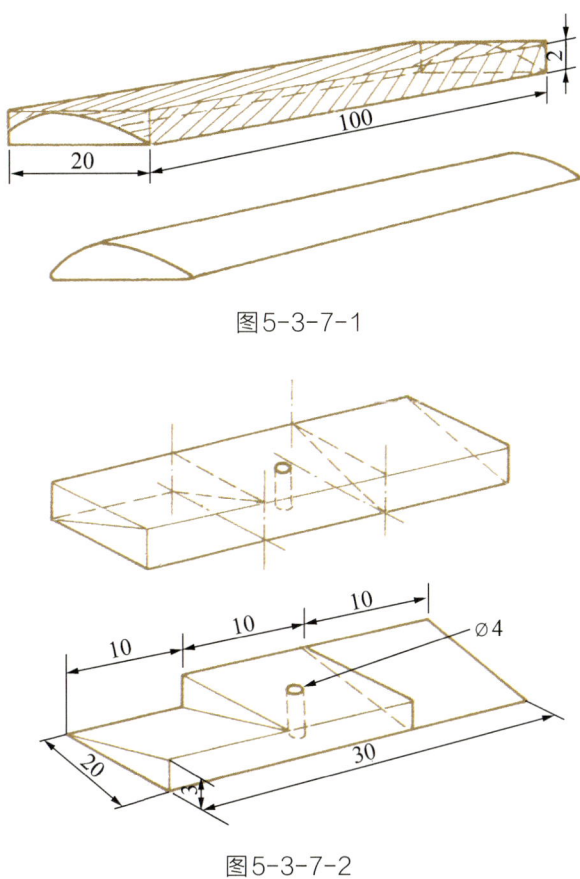

图5-3-7-1

图5-3-7-2

2.竹柄。将筷子的棱角打磨掉，使之成为光滑的圆棍。一端削成直径4 mm的圆柱，使它能紧紧地塞进桨根，并与桨根垂直，用快干胶粘牢。

3.总装。将两片桨叶粘到桨根上，注意两片桨叶的前后缘要相互平行(图5-3-7-3)。

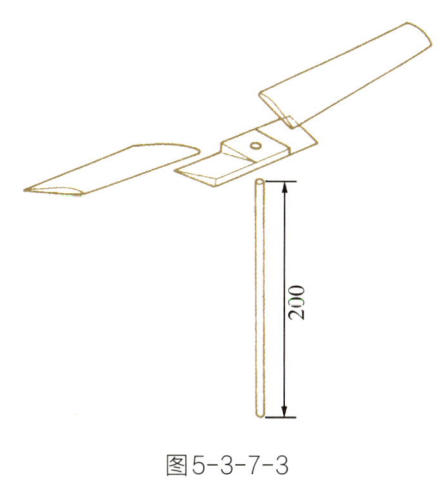

图5-3-7-3

说明与延伸

1.调整放飞。各部分都装配好后，先把竹蜻蜓放在掌心来回搓动，看看是否摇晃。若晃动不稳，则可通过调整桨叶角度来解决。此外，还可适当减小桨尖迎角，以提高旋翼的效率。

2.竹蜻蜓的制作方法和材料，甚至形状都不必拘泥于上面的介绍。就旋翼来讲，可用桐木类的木材，也可用竹片、塑料片，甚至硬纸片。

8. 橡筋动力模型直升机

直升机是一种靠发动机带动旋翼转动产生向上的拉力，使飞行器垂直升降、悬停，并通过改变旋翼的拉力线来前进、后退、转弯的交通工具。直升机具有机动性强、对起降场地要求不高等优点。

用身边的废旧材料制作一架橡筋动力模型直升机，它靠绕紧的橡筋带动旋翼转动产生升力，靠挡板抵消旋翼转动而产生的扭矩使模型平稳上升。

工具与材料

斜口刀，手摇钻或锥子等。

机身(直径8 mm的吸管，直径3 mm的竹丝)，旋翼(1.25 L饮料瓶，3 mm×3 mm×100 mm的竹丝，回形针，圆珠笔笔芯，塑料垫板)，挡板(1 mm×1 mm×208 mm的细竹丝，中号保鲜袋)，橡筋(1 mm×1 mm×800 mm)，百得胶。

活动过程

1.制作旋翼。在饮料瓶上间隔50 mm作两根垂直于瓶托底的直线，将桨叶样板贴在瓶子上，样板的中心线与瓶上直线重合，依样(图5-3-8-1)画

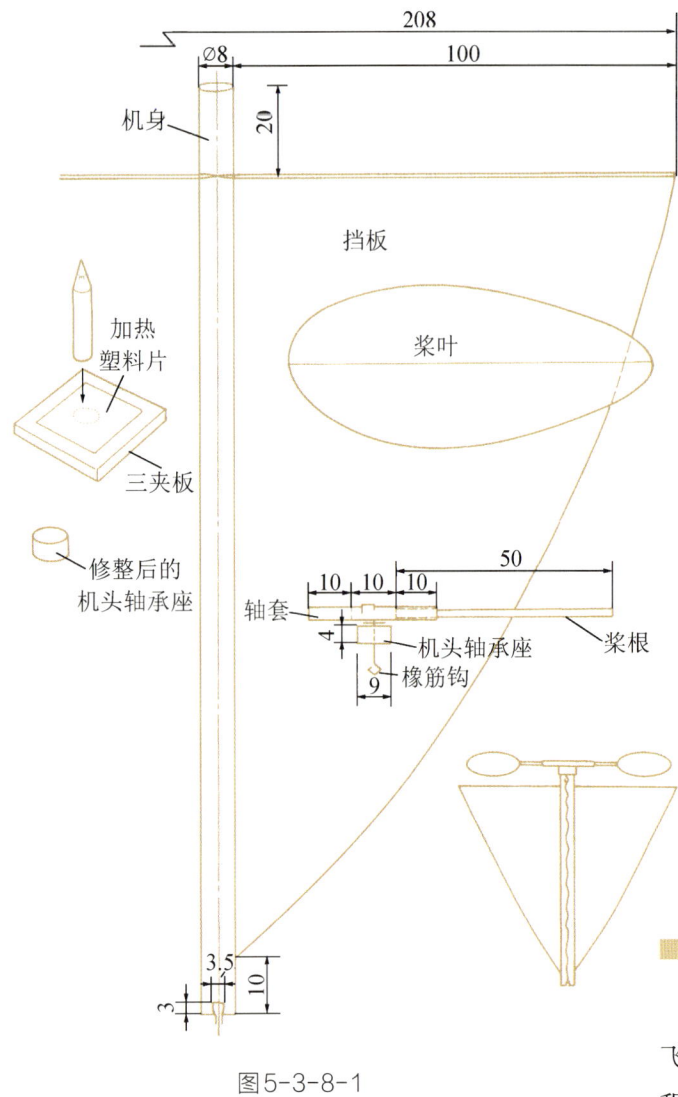

图 5-3-8-1

旋翼部分还包括桨根和轴套。桨根用两根 2 mm×2 mm×50 mm 的竹丝制成。轴套用圆珠笔笔芯做成，截取 30 mm 长的笔芯，塞进一段 2 mm×2 mm×10 mm 的竹丝，使轴套两端都空出 10 mm，再将一个用回形针弯好的橡筋钩穿过机头轴承座插入轴套中并固定好。

2. 制作机身与挡板。用直径 8 mm 的吸管做机身。在离吸管一端 20 mm 处绑一根 1 mm×1 mm×208 mm 的细竹丝做横梁，稍涂些百得胶加强。吸管的另一端剪两个 3 mm×3 mm 的缺口作为机身末端橡筋定位销的槽口。

将保鲜袋薄膜按图所示的尺寸落料后，用百得胶粘在机身上。

3. 整机总装。将 1 mm×1 mm×800 mm 的橡筋绕成 2 圈 4 股橡筋束，一端挂套在橡筋钩上，另一端穿入吸管套在定位销上，固定在机身末端槽口位置。

说明与延伸

1. 调整试飞。先在室外（微风）进行小动力试飞。将橡筋绕 200 圈，轻轻脱手，观察模型在上升过程中是否摇摆不定。如摇摆剧烈，须检查左右旋翼迎角是否一致，并把它调整好，再进行试飞，直到它能平稳上升。然后可进行全动力试飞，一般可将橡筋绕到 450 圈左右。

2. 橡筋动力模型直升机在普及级航空模型中属自由飞类（P1 类）的 P1F，它在竞赛中有最大飞行质量的限制。

3. 在一般活动中，橡筋动力模型直升机的制作材料可用许多其他材料替代，但它的制作方法基本上是相同的。

好后用剪刀剪下。用同样方法制作另一片桨叶，然后将两片桨叶叠在一起修整，使两片桨叶大小一致。

取一块三夹板，钻一个直径 9 mm 的孔，再找一支与吸管一样粗细的笔。将塑料垫板放在钻好的孔上加热，使其变软后，立即用笔压上去。待冷却后取下，用剪刀修整。然后在中心位置上钻一个与回形针直径相同的小孔，用以穿入橡筋钩。这样机头轴承座就做好了。

9. 杆身橡筋模型飞机

橡筋模型飞机是利用橡筋的扭力带动螺旋桨转动，从而使模型飞机获得前进动力的。当模型飞机获得足够的前进动力、达到足够的飞行速度时，模型飞机就能飞上蓝天，自由翱翔。

工具与材料

平口钳，剪刀，斜口刀，尖嘴钳。

机翼、尾翼（厚2 mm的聚乙烯发泡纸），机身（4 mm×6 mm×330 mm的桐木条），翼台（4 mm×6 mm×70 mm、2 mm×4 mm×90 mm的桐木条），尾钩（直径0.7 mm的钢丝），成品螺旋桨（含机头），橡筋（1 mm×2 mm×500 mm）。

活动过程

1. 制作机翼和尾翼。机翼和尾翼都用聚乙烯发泡纸制作。若无此材料，也可选用吹塑纸来制作，但强度和刚性差一些。水平尾翼和垂直尾翼都是平板型，只要按图5-3-9-1所示的外形尺寸剪切即可。机翼加工稍复杂些。在离机翼前缘20 mm处用废圆珠笔划一条折痕，沿折痕将机翼前部向下弯折一下。在机翼中心线上，从前缘至折痕用刀片割开，再将右机翼上翘，使机翼前缘开口处保持在2 mm左右，粘上一小条胶带纸固定。为加强机翼强度，取一小段钢丝对折弯成140°，用胶带粘在机翼中段下表面的折痕处（见图5-3-9-2）。

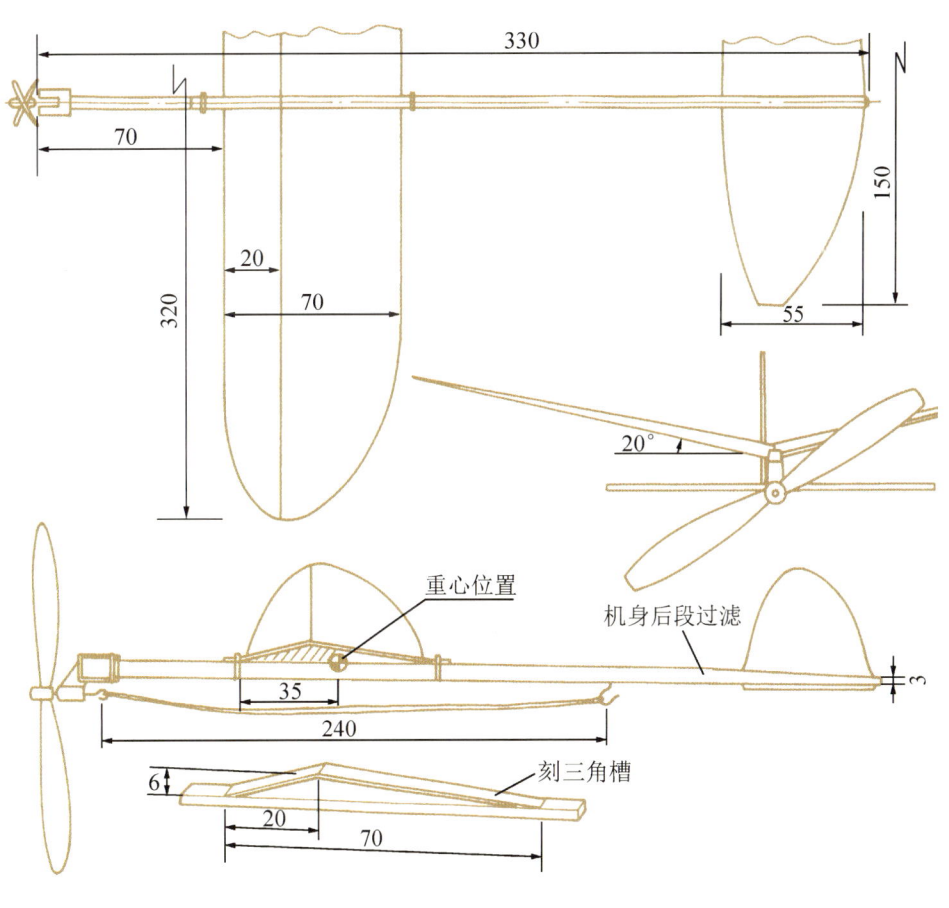

图5-3-9-1

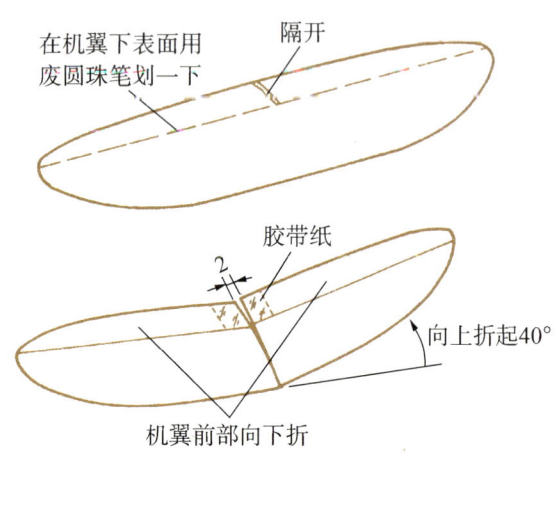

图5-3-9-2

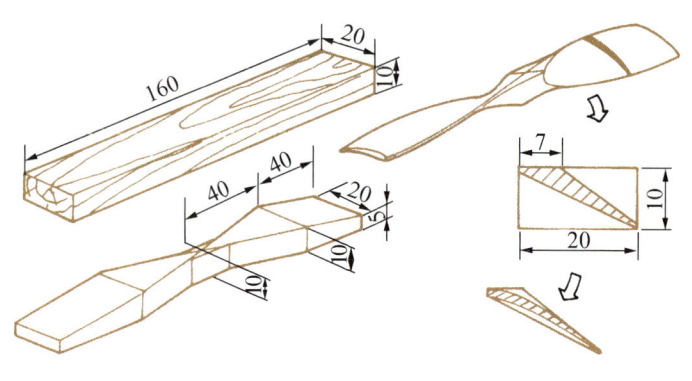

图5-3-9-3

2. 制作翼台。将4 mm×6 mm×70 mm的桐木条按图5-3-9-1所示切削成形。翼台的斜面上刻一个三角槽,使之能与机翼的上反角相吻合。三角翼台下面粘一条2 mm×4 mm×90 mm的桐木条。

3. 用4 mm×6 mm×330 mm的桐木条削制机身。为减轻重量,机身后段可适当切削去部分(参见图5-3-9-1的侧视图)。在离机首240 mm处固定一个用直径0.7 mm钢丝弯制的尾钩。

4. 整机组装。将水平尾翼用百得胶粘在机身尾端的下表面,垂直尾翼粘在机身尾端的侧面。粘接时,用小棒蘸少许百得胶先均匀地涂在机身尾端的粘接面处,待胶内溶剂挥发、胶膜将干时再合上水平尾翼和垂直尾翼。

用同样方法将机翼粘到翼台上。为加固机翼与翼台的连接,可再粘上一长条胶带纸。然后用橡筋将翼台与机身绑扎牢。最后在机头插上成品螺旋桨,装好橡筋。如果没有现成的螺旋桨,可参照图5-3-9-3所示的方法用桐木块削制。整机组装完工后,要仔细检查机翼、尾翼左右是否对称,有否歪斜,机翼是否扭曲。要逐一仔细地修整,并且将整机重心位置调整至离机翼前缘约35 mm处。

说明与延伸

1. 试飞。在室外选择微风的天气,将橡筋绕100余圈,平放出手,观察模型的飞行姿态。若出现波状飞行姿态或头轻现象,可将机翼后移一些。若出现头重现象,则将机翼前移。模型能较平稳飞行时,可增加绕橡筋的圈数,逐步加大动力放飞。

2. 橡筋模型飞机在普及级航空模型中属自由飞类(P1类)中的P1B。P1B又分为P1B-1和P1B-2两种,通常称一级橡筋模型飞机和二级橡筋模型飞机。这里介绍的是一级橡筋模型飞机,动力橡筋最大质量为2 g,最小飞行质量为16 g。

3. 橡筋模型飞机使用的橡筋所能够储存的能量是有限的,通常只能工作不到1 min(室内模型飞机除外)。动力工作时间仅占模型飞行时间的1/3~1/2。所以,橡筋模型飞机在一半以上的飞行时间中仍是如滑翔机那样进行滑翔飞行的,这是它和其他动力模型飞机的一个显著区别。

10. 简易室内模型飞机

室内模型飞机是一种超轻型模型飞机,其基本结构与橡筋模型飞机相同,所不同的是它的结构强度较弱,用轻而薄、不易透气的纸张或塑料薄膜、硝基薄膜作为蒙皮。质量只有同样大小的室外橡筋模型飞机的1/6~1/4。一架机翼翼展为450 mm的室内模型飞机质量只有3 g,留空时间可超过10 min。翼展650 mm的国际级室内模型飞机仅重1 g,留空时间可达50 min以上。

工具与材料

手摇钻,平口钳,剪刀,斜口刀,尖嘴钳等。

桐木条(1 mm×1 mm、0.75 mm×1 mm、1.5 mm×1.5 mm),芒秆(直径4~5 mm、长300 mm),麦秆(直径3 mm、长250 mm),橡筋束,塑料薄膜。

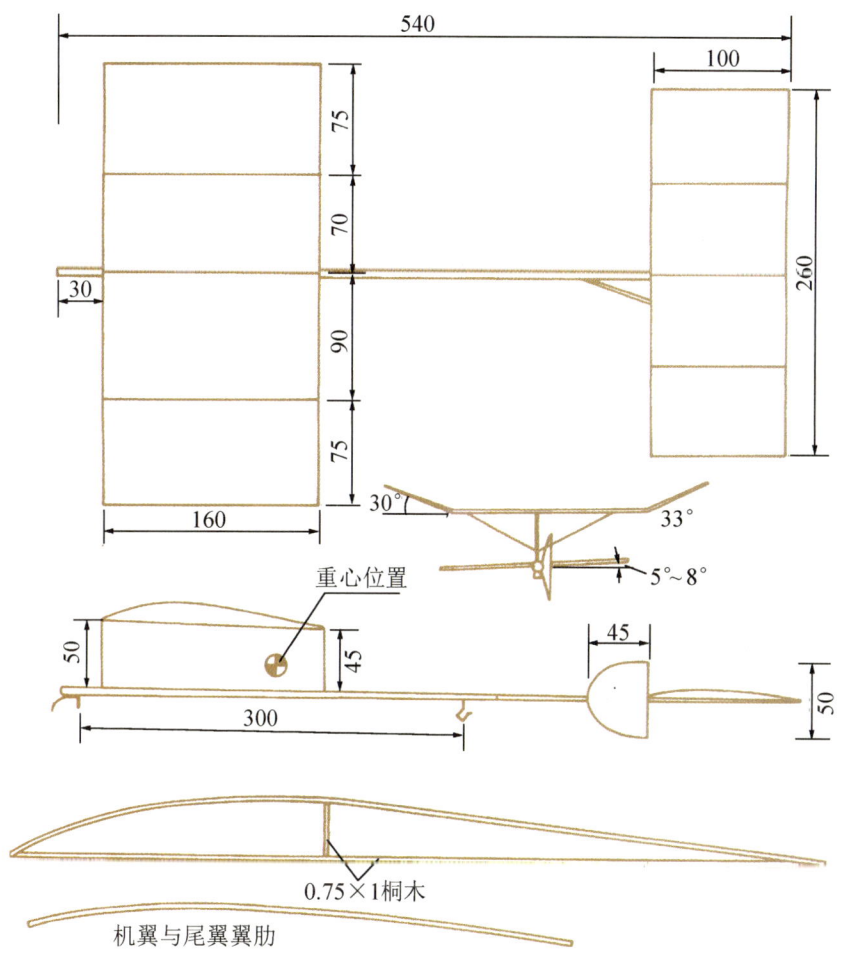

图5-3-10-1

活动过程

1.制作机翼与尾翼。制作机翼前,先用铝皮按图5-3-10-1所示的翼肋上弧线做一块样板。用样板在1 mm厚的桐木片上切割出一条条机翼翼肋(参见图5-3-10-2)。为了增加翼肋强度,可按图示中的形式粘上底梁和小支柱,防止翼肋变形。

机翼的前后缘,都用厚1 mm的桐木片裁取1 mm×1 mm的桐木条制作。按图示的平面结构粘接好机翼骨架,用塑料薄膜蒙皮。

用同样方法制作好水平尾翼。垂直尾翼用0.75 mm×1 mm的桐木条浸水后弯曲,两端粘在50 mm×0.75 mm×1 mm的桐木条上。

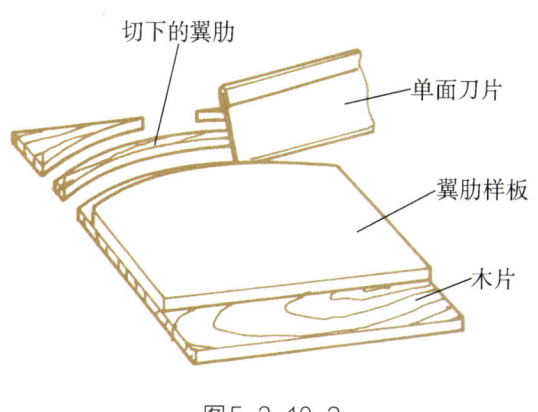

图5-3-10-2

2. 机身前段用直径4~5 mm的芒秆制作，后段用麦秆制作。使用芒秆和麦秆时，把它们表面的蜡质层轻轻刮去，这样，既减轻了质量又便于黏合。在麦秆粗的一端粘上一圈宽约8 mm的棉纸条，然后将这端小心地插入芒秆后端粘牢。在机头装好用铝皮制作的螺旋桨轴承架。轴承架铝片不易与机身黏合，可在铝片与机身黏合处用线缠绕后再涂胶固定。再在离机首约300 mm处安装好尾钩。

3. 在机身尾端粘好水平尾翼，安装角为0°。垂直尾翼前缘粘在机身左侧，后缘粘在水平尾翼前缘上。

4. 前后翼台支柱用1.5 mm×1.5 mm的桐木条打磨圆滑制成。斜支撑用1 mm×1 mm的桐木条。翼台支柱与斜支撑黏合成三叉形支架，与机翼前后缘相粘接。机翼的内翼迎角略大于外机翼3°左右。

5. 螺旋桨桨叶用0.5 mm厚的桐木片制作。桨根用3 mm×3 mm的桐木条做成，两端削成45°斜面安装桨叶（参见图5-3-10-3）。粘接时注意保持左右桨叶对称。用直径5 mm的钢丝弯成桨轴。桨轴必须与桨根保持垂直。

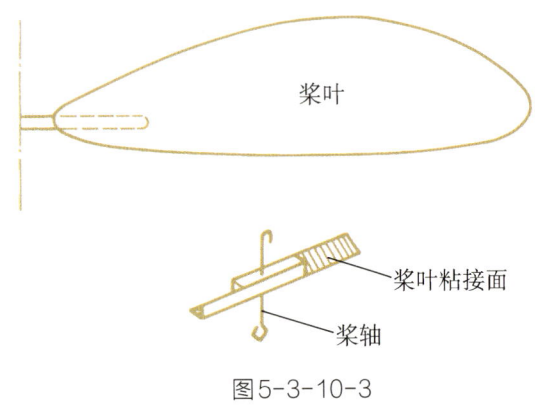

图5-3-10-3

说明与延伸

1. 试飞和调整。室内模型飞机从出手、爬升、平飞、下降直至着落，全部是带动力飞行的。因此在动力飞行之前，必须对模型各部分的安装进行全面检查，防止模型在试飞过程中发生事故。

检查时应着重观察机翼和尾翼的安装角差、重心位置及螺旋桨桨叶等安装的准确性。如发现不符合处，必须加以调整。然后做手掷滑翔试验。在手掷滑翔时必须挂上橡筋束，并绕上5%~10%的橡筋最大可绕圈数。若在手掷滑翔中出现头轻、波状飞行，可能是机翼、尾翼安装角差偏大或重心过后。盘旋半径过大，可减少机翼安装角或将机身后段向下弯曲以增大尾翼安装角。若重心位置过后，可将机翼后移至适当位置。如果出现头重俯冲现象，则用相反方法调整。

手掷滑翔飞行正常后，可进入动力飞行的调整。室内模型的动力调整方法与室外橡筋模型基本相似。但室内模型飞行速度小，调整过程中要细致耐心，不能操之过急。调整量必须微量增加，橡筋圈数也只能逐步增加。初次动力飞行约用30%~40%的橡筋最大可绕圈数，然后逐步增加为50%~60%至80%~90%的橡筋最大可绕圈数。

橡筋圈数在30%~40%时，模型只保持平飞或略有爬升姿态，盘旋半径为5~10 m。若在小动力试飞中就出现大坡度急旋下降，则说明机翼、尾翼安装角差太小或机翼内外翼迎角差偏小，或是机身强度差引起弯曲变形，需要加大迎角差或加强机身。增加机身强度的方法是在机身上方加张线，将张线收紧。只有在模型调整到能平稳地盘旋飞行后，才可继续增加橡筋圈数，进行大动力飞行。

2. 室内模型飞机的种类很多，主要有普及级室内模型飞机、国际级蒙皮室内模型飞机和特种室内模型飞机。

室内模型飞机在普及级航空模型中属自由飞类（P1类）的P1D，P1D又分为一级室内模型飞机（P1D-1）和二级室内模型飞机（P1D-2）两种。它在最大翼展和模型最小质量上都有一定的限制。

11. 橡筋动力模型扑翼机

鸟和昆虫是靠扑动翅膀而获得升力和推力进行飞行的,人们从此得到启发,设计了一种模仿鸟和昆虫扑动翅膀的仿生飞行器——扑翼机。

橡筋动力模型扑翼机是利用橡筋的扭力,通过曲柄和两根连杆来带动扑翼上下扑动的。由于扑翼后翼松柔,在上下扑动时产生向后的滑流,从而使模型获得前进的推力。

安装在扑翼机尾部上翘的安定面,其作用相当于鸟类的尾羽,对机头具有抬举的力矩,使模型获得俯仰平衡和稳定。调整安定面横向倾斜程度,能使模型获得转弯的力矩。

工具与材料

斜口刀,镊子,剪刀,尖嘴钳等。

机身(4 mm×6 mm×200 mm 的桐木条),尾杆(2 mm×4 mm×130 mm 的桐木条),翼台及安定面骨架(2 mm×2 mm×1300 mm 的桐木条),前缘(直径0.75 mm 的钢丝、直径 3 mm×200 mm 的竹丝),尾钩、转动轴和曲柄(直径 0.75 mm 的钢丝),连杆(0.5 mm×3 mm×140 mm 的铝片),扑翼(塑料薄膜),橡筋(1 mm×2 mm×1500 mm),细铜丝,细线,垫片等。

活动过程

1.制作机体骨架。整架橡筋动力模型扑翼机的机体骨架由三棱柱状翼台、机身、尾杆和三角形尾框组成(参见图5-3-11-1)。翼台及尾框都用 2 mm×2 mm 的桐木条拼接黏合,机身用 4 mm×6 mm×200 mm 的桐木条制作,斜撑尾杆用 2 mm×4 mm×130 mm 的桐木条加工,沿尾端方向逐渐过渡。粘接好机体骨架后,分别在机身首尾安装好曲柄转动轴的轴承座和尾钩。

2.加工转动系统。

(1)制作前缘转动轴与轴承座。用两小段直径 0.75 mm 的钢丝按图 5-3-11-2 所示的尺寸弯制成

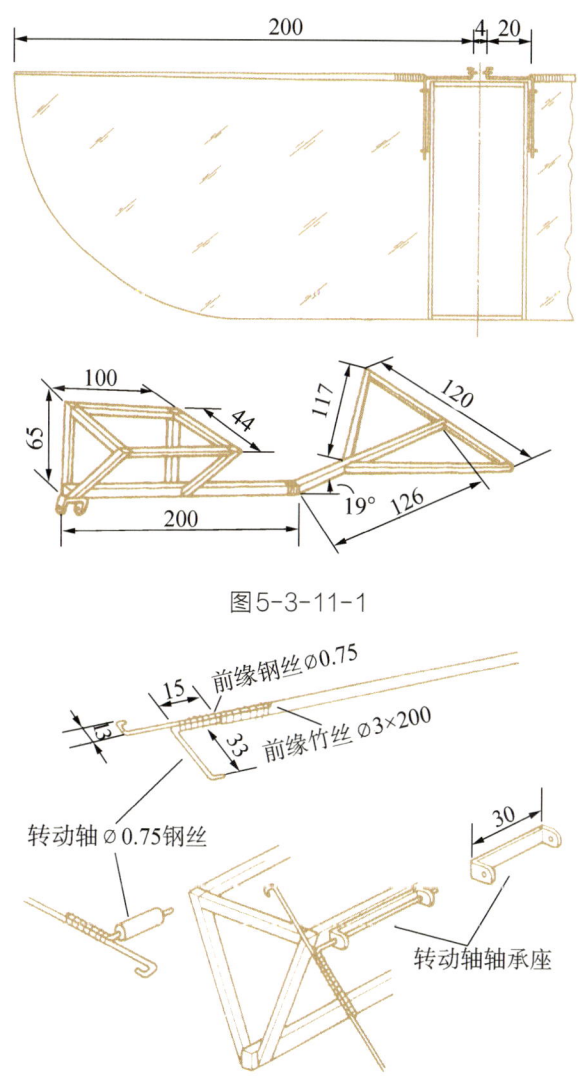

图5-3-11-1

图5-3-11-2

形,用细铜丝绑扎后焊牢。转动轴轴承座用铝片弯制,各制作两件。

(2)连杆用 0.5 mm×3 mm×65 mm 的铝片按图5-3-11-3 所示的尺寸制作两片。

(3)按图 5-3-11-4 所示的形状和尺寸用直径 0.75 mm 的钢丝弯制曲柄,并且套上垫片和套管。

整个转动系统的装配与固定,可参见图示。

3. 安装扑翼和安定面蒙皮。先在左、右前缘钢丝臂上分别用细线扎一根直径 3 mm、长 200 mm 的竹丝,并且用胶水在绑扎处加固。竹丝最好事先打

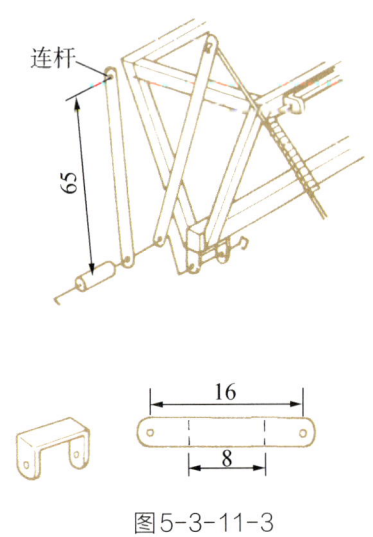

图 5-3-11-3

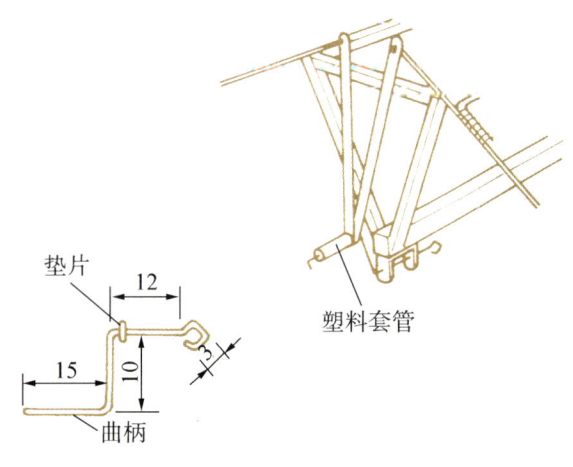

图 5-3-11-4

磨一下,沿翼尖方向逐渐由粗至细。然后用塑料薄膜做膜,分别粘在前缘竹丝和翼台上,最后在尾部三角安定面上蒙好薄膜。

说明与延伸

1. 调整与试飞。装上橡筋束后,先手掷滑翔。手持模型,机头微微向下掷出。模型若平稳下滑 2~3 m,有少许左(或右)转均属正常。然后作动力试飞。左手持机身头部,右手拇指和食指捏住机头前端钢丝曲柄,顺时针方向将橡筋绕 100 圈。模型出手时,先使扑翼扑动,再轻轻送出。模型微微上升并且作盘旋飞行为正常。下一步可将橡筋绕至 200 圈进行试飞。

在试飞中,若上升后即出现减速并且下沉,则为头轻,若平飞俯冲则为头重。可在安定面后缘粘一条纸片作调整片。头轻时,向下折一些;头重时,则将调整片向上折一些。如果直飞而头轻或转弯过急而头重,可调整安定面的倾斜方向和倾斜量,使机头得到适量的左拉或右拉力矩,以解决模型不转弯或转向过量等问题。通过几次调整,一般可掌握正确的调整方法和调整量。

2. 橡筋动力模型扑翼机是特种室内模型飞机,它的制作有一定难度。一架橡筋模型扑翼机的质量仅和一支香烟的质量相仿,目前还不属于普及级航空模型范畴。

12. 电动线操纵模型飞机

电动线操纵模型飞机是以直流电机为动力的模型飞机。它具有噪声小、无污染、结构简单、启动方便等优点。虽然电机的功率不如发动机,但只要设计合理,仍可以达到较好的飞行效果,是较适合中小学开展的一个活动项目。

工具与材料

斜口刀,镊子,剪刀,尖嘴钳等。

机翼(20 mm×150 mm×400 mm 的硬泡沫塑料),机身(1 mm×10 mm×100 mm 的硬铝 2 片),水平尾翼(1.5 mm×50 mm×150 mm 的桐木片),螺钉(M3)、钢丝(直径 1 mm),热缩薄膜,封箱带等。

活动过程

1. 制作机翼。机翼翼型为双凸对称型。先用 0.5 mm 的薄铁片做两块翼型样板。用大头针固定在画好中心线的泡沫塑料块上,用电热丝切割成形。内机翼离前缘75 mm处固定引出支架,外机翼翼尖处配重5 g(图5-3-12-1)。然后将整副机翼蒙上热缩薄膜。

2. 制作水平尾翼。水平尾翼的翼型为平板型,用1.5 mm的桐木片制作,用封箱带粘贴在机翼后缘就可以了。

3. 制作机身。将两根1 mm×10 mm×100 mm的铝片分别用M3螺钉固定在机翼前半部分。同时为了保护三角摇臂和连杆钢丝,可将三角摇臂(用1 mm厚的有机玻璃制作)安装在机翼上表面。

4. 制作动力系统。本模型飞机采用12 V电机,电源为12 V直流电源,操纵线同时也是导线,用直径0.5 mm的高强度漆包线代替,长度为4 m。螺旋

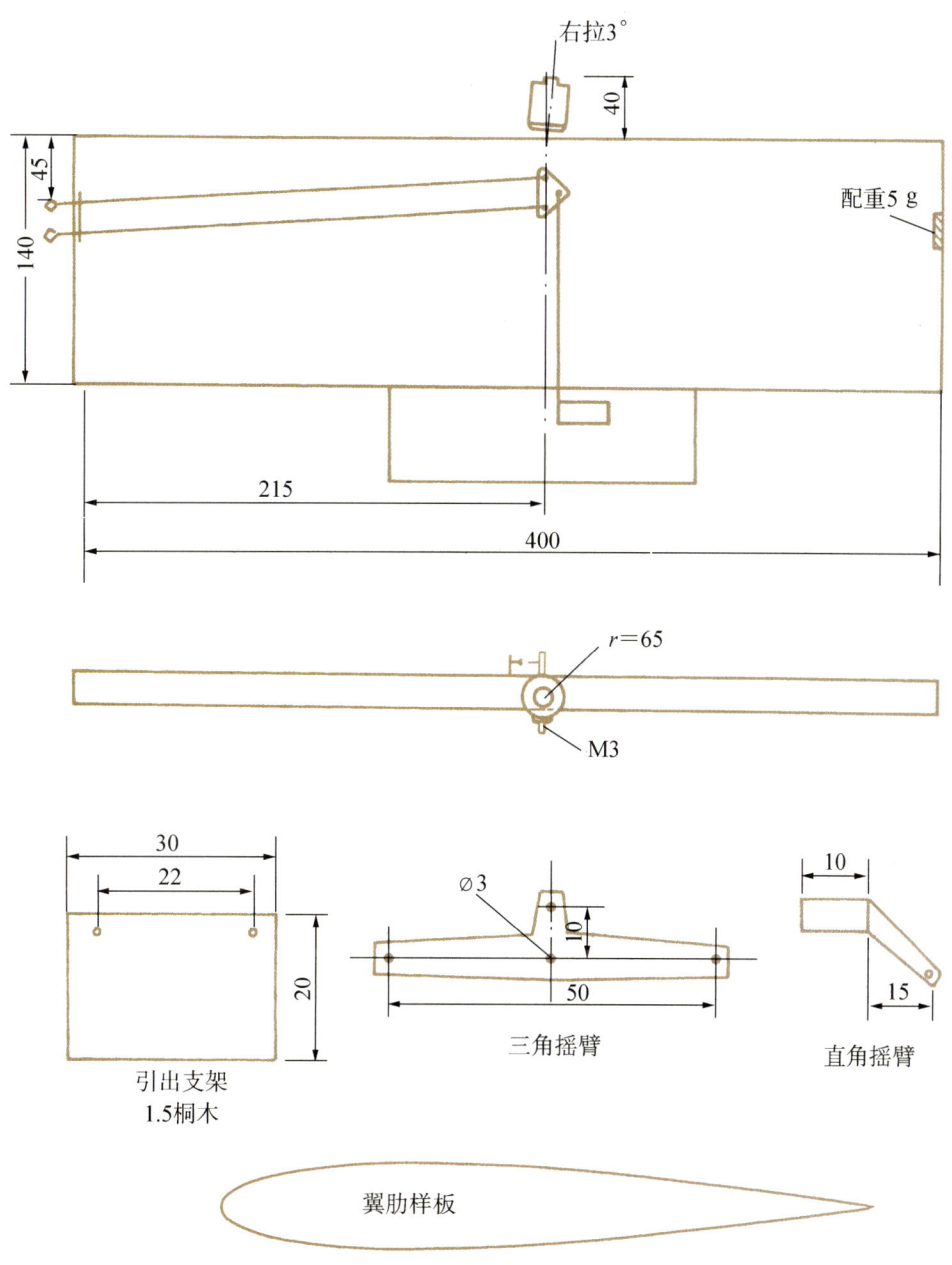

图5-3-12-1

桨可用市售的成品桨,也可自己用桐木削制。

说明与延伸

1. 调整试飞。电动线操纵模型飞机的功率较小,室外试飞时要选小风天气。由于没有起落架,因此要用手上起飞的方法放飞。飞机出手时,要沿圆周切线方向投掷出去。

在飞行时,如感觉速度较快,可适当增加操纵线长度或降低电压;反之,则可采用缩短操纵线或增加电压的方法。

线操纵类模型飞机飞行时,其模型上的操纵系统通过两根操纵线与操纵者手中的控制手柄相连。当模型以操纵者为圆心、操纵线长度为半径作圆周飞行时,操纵者能通过转动手柄来控制模型飞行。

2. 线操纵模型飞机在普及级航空模型中是一个大类——线操纵类(P2类)。线操纵模型飞机的种类很多,从动力上来分,有航空发动机(又分压燃式发动机和活塞式发动机)、电机和橡筋等三种。

13. "飞行者一号"仿真飞机模型

"飞行者一号"是由莱特兄弟制造的,世界公认的第一架空中持续动力飞行的飞机。该机共进行了4次飞行。第一次由奥维尔·莱特驾驶,飞行距离36 m,留空时间12 s。最后一次由威尔伯·莱特驾驶,飞行距离达260 m,留空时间59 s。

"飞行者一号"仿真飞机模型是按照原型机设计的简易仿真模型。除机翼、尾翼平面形状基本保持原型机的外形外,机身采用薄片结构。

简易仿真飞机模型常选用卡纸为基本材料,也可选用合适的塑料片或易拉罐铝合金皮等为材料。

工具与材料

单面刀片,镊子,剪刀等。
卡纸(8开)等。

活动过程

1. 将图5-3-13-1和图5-3-13-2中各零部件绘制在卡纸上,然后用锋利的刀片一一切割成形。

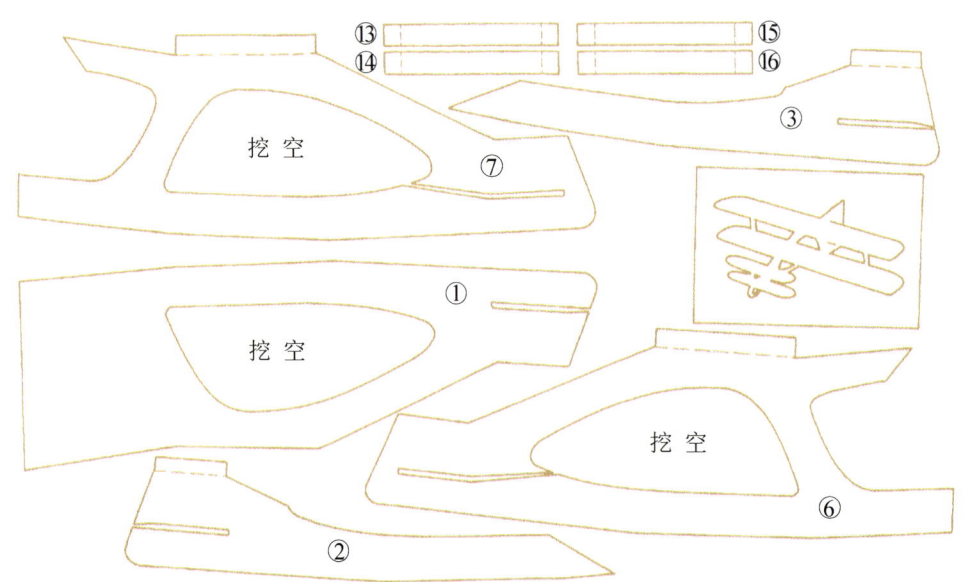

图5-3-13-1

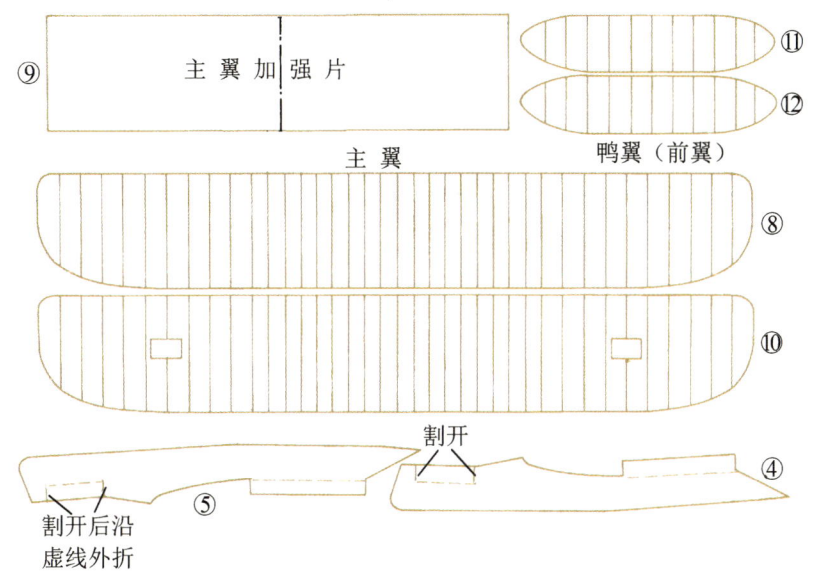

图 5-3-13-2

2. 黏合机身：先将②、③分别贴在机身①的两侧，再粘上④和⑤。

3. 组合鸭翼（前翼）与机头：将机头上下两个小翼台粘贴面分别向两侧平折后涂上胶水，粘好鸭翼。上下鸭翼应互相平行，并且与机身平面相垂直（参见整机立体示意图）。

4. 将外层机身片⑥和⑦粘在以上机身的两侧。

5. 将主翼加强片⑨与主翼⑧中间对齐后相互粘牢。

6. 组合主翼与机身：把机身上下主翼翼台的粘贴面向两旁平折后涂上胶水，粘好上下主翼。上下主翼应互相平行，并且垂直于机身平面。待主翼与机身粘牢后，再在两主翼间粘上机翼的支撑。

说明与延伸

1. 仿真飞机模型是根据真飞机的外形，按一定比例缩小，而某些部位又加以简化而制作出来的模型。仿真飞机模型通常是无动力、不能飞行的。近几年来，可以飞行、带动力的仿真飞机模型在空模爱好者的研制下不断得到发展。

2. "飞行者一号"采用鸭式布局，小翼（称鸭翼或前翼）在前，大翼（称主翼）在后。空中飞行时状如鸿雁，故称鸭式飞机。我国的第一架飞机"冯如一号"也是一种鸭式飞机。不妨采用本飞机模型结构，试做一架"冯如一号"简易仿真飞机模型，颇有纪念价值。

14. 无线电遥控特技模型飞机

无线电遥控模型飞机是通过无线电遥控设备来控制模型飞机在空中飞行的航向、姿态等飞行动作的。无线电设备包括由地面操纵的发射机和安装在模型飞机上的接收机、舵机和电池组等。当接收机收到由发射机发出的某一无线电指令信号时，它就立即把这个信号转变成控制其中一个有关舵机的运转信号。舵机是一个动作的执行机构，通过连杆带动模型飞机各相关舵面，从而达到控制模型飞机的航向、上升与下降等目的。

这里介绍一架小型初级无线电遥控特技模型飞机。

工具与材料

斜口刀，小手工锯，木锉，尖嘴钳，平口钳，砂纸等。

机身侧面蒙板（1.5 mm×80 mm×650 mm 的桐木片 2 片），发动机架（10 mm×15 mm×160 mm 的桦木 2 根），机身桁条（3 mm×3 mm×700 mm 的桐木条 4 根），机身隔框（2 mm×50 mm×80 mm 的层板 3 片），机身上、下蒙板（1.5 mm×55 mm×1000 mm 的桐木片

2片），机身加强条（3 mm×3 mm×1000 mm的桐木条），竹销（直径5 mm、长90 mm，2根），机翼前缘（5 mm×15 mm×1000 mm硬泡沫塑料），机翼加强梁（1 mm×15 mm×1000 mm的桐木片），翼肋（1 mm×15 mm×110 mm的桐木片若干），机翼中段蒙板（1 mm×55 mm×500 mm的桐木片），机翼上反角加强片（2 mm×50 mm×100 mm的层板），机翼蒙皮（热缩薄膜），机翼后缘（1 mm×12 mm×400 mm的桐木片2片），水平尾翼椽条（4 mm×4 mm×400 mm的桐木条2根），水平尾翼肋条（1.5 mm×4 mm×1000 mm的桐木条），垂直尾翼椽条（2 mm×3 mm×200 mm的桐木条2根），垂直尾翼肋条（1.5 mm×2 mm×400 mm的桐木条），方向舵（2 mm×30 mm×135 mm的桐木片），升降舵（2 mm×30 mm×360 mm的桐木片），发动机，油箱，油管，机轮，机轮架，连杆，直径0.75 mm的钢丝，垫片，M3螺钉及螺母等。

活动过程

1. 制作机身。

（1）机身侧面最宽处80 mm，一般桐木片宽为55 mm。可事先把桐木片拼粘至所需宽度，按图5-3-14-1中机身侧面形状切割成形。

（2）按图5-3-14-1中侧视和俯视图所示，把制作发动机架的桦木加工切削后，按机身基准线下倾2°，粘牢在机身前部。

（3）机身隔框F_1、F_2及F_3分别用层板制作（参见图5-3-14-1中的尺寸）。其中隔框F_1按桦木发动机架所粘的实际位置开出槽口。

（4）通过F_1、F_2及F_3等隔框，将机身两块侧面蒙板准确仔细地黏合。隔框F_4和F_5用3 mm×3 mm的桐木条拼接。

（5）蒙好机身上下蒙板。

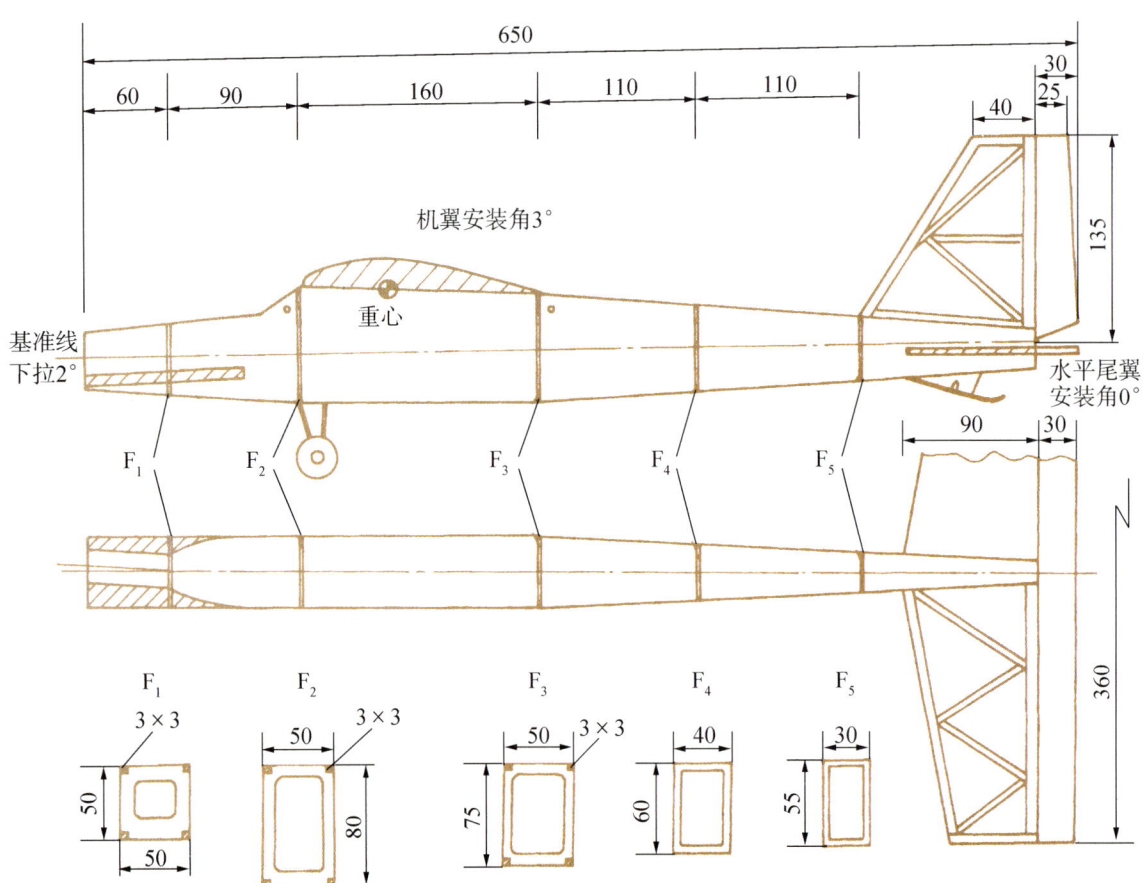

图5-3-14-1

2.加工机翼。

（1）机翼前缘用5 mm×15 mm×1000 mm的硬泡沫塑料热切割成形。

（2）机翼后段用桐木片按图5-3-14-2中翼型加工好翼肋后，再按机翼平面图构架成形。

（3）左、右机翼各上反5°。粘好机翼上反角后，机翼中段上、下表面按图示蒙板。

（4）将机翼套入热缩薄膜内，封口后均匀加热，收紧蒙皮。

3.制作尾翼。参见图5-3-14-1中的侧视图和俯视图，分别画出垂直尾翼及水平尾翼的平面工作图。用常规方法粘好水平尾翼和垂直尾翼骨架后，用热缩薄膜蒙皮。再分别安装好升降舵面和方向舵面。

以上模型各部件完工后，可进行总体组装，并且配置好发动机、操纵系统及起落架。整机装配完成后即可着手进行飞行练习。

说明与延伸

1.无线电遥控设备有单通道、二通道、三通道、多通道等多种。每一个通道只能控制一个舵机。初级无线电遥控模型飞机可以选用二通道遥控设备。其中一个舵机用来控制方向舵，另一个舵机用来控制升降舵。若有三通道遥控设备，则可以分别控制升降舵、方向舵及发动机油门。

2.无线电遥控特技模型飞机在普及级航空模型中属无线电遥控类（P3类）中的P3A，它只可用活塞式发动机，对发动机的最大工作容积和操纵舵机都有一定的规定。无线电遥控特技模型飞机在竞赛中有7个规定动作(起飞、俯冲、爬升、水平8字、内筋斗、着陆航线、着陆)，最大得分为100分。

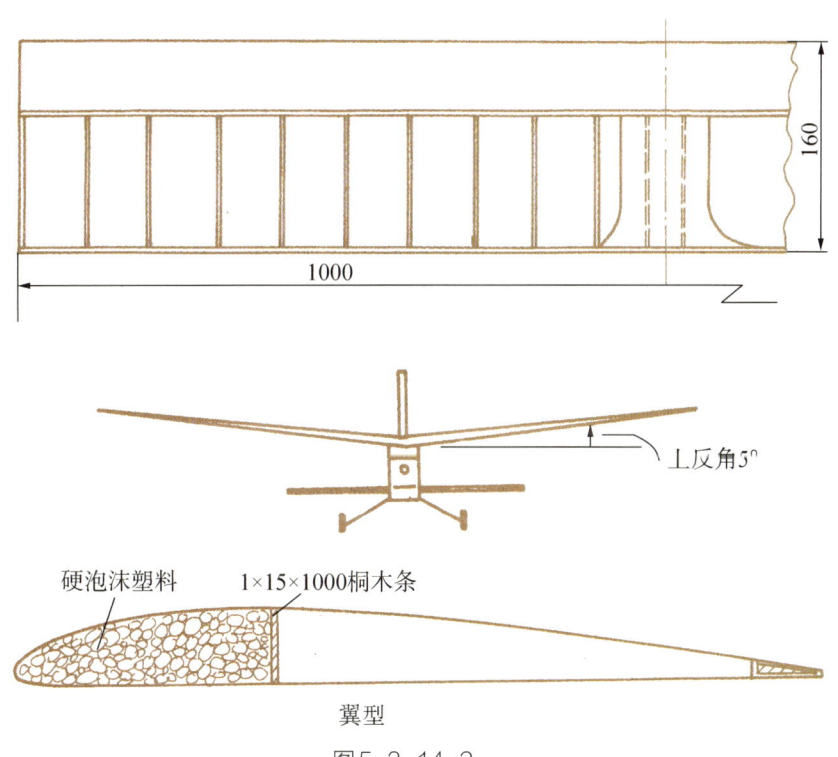

图5-3-14-2

15. 无线电遥控模型伞翼机

伞翼机是一种以伞翼为升力面的重于空气的固定航空器。伞翼由不透气的柔性纤维织物制成，位于全机的上方。其翼面一般由左右对称的两个部分圆锥面组成，平面形状由铝合金管所构成的骨架保持。伞翼机在向前运动的过程中，利用迎面风吹鼓伞布，自然形成产生升力的翼面。

伞翼使用方便，可以快速装配和收叠存放。伞翼机结构简单，重量轻，操纵简便，具有一定的滑翔能力，具有较好的安全性能，其起飞和着落的滑跑距离都较短。

无线电遥控模型伞翼机的机身制作与其他模型飞机相仿,其伞翼结构见图5-3-15-1。

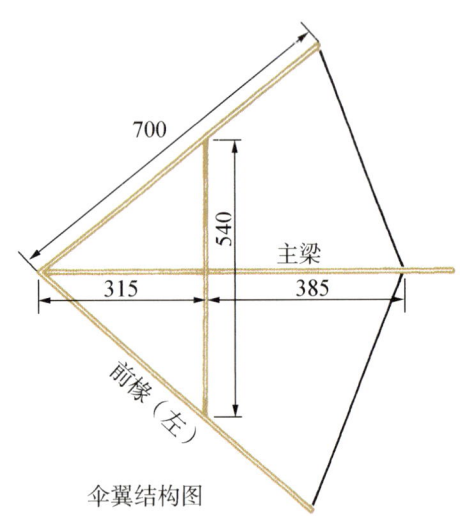

图5-3-15-1

工具与材料

斜口刀,小手工锯,木锉,尖嘴钳,平口钳,砂纸等。

前椽、主梁、横梁、立柱(外径为8 mm的铝管),翼布(涂塑尼龙绸),连接件(M3螺钉、螺母、垫片),槽铝(10 mm×10 mm),铝皮(厚1.5 mm)。

活动过程

1. 连接前椽与主梁。取一小段槽铝参照图5-3-15-2切割后钻三个孔径为3 mm的小孔,用螺钉固定左、右前椽及主梁等。

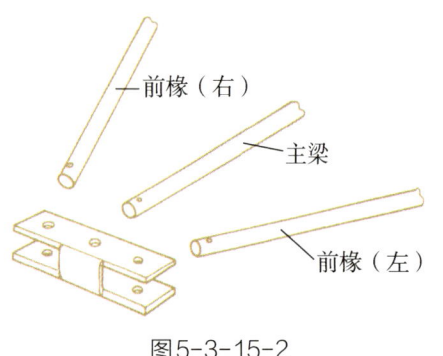

图5-3-15-2

2. 横梁与前椽及主梁间的连接可直接用M3螺钉紧固。

3. 连接横梁与立柱。用铝皮做两只U形连接件,钻好直径3 mm的小孔后参照图5-3-15-3用螺钉紧固。

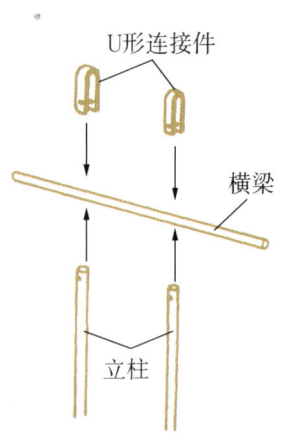

图5-3-15-3

4. 翼布的制作可参照图5-3-15-4,把尼龙绸裁成两块三角形(注意保留缝边)。

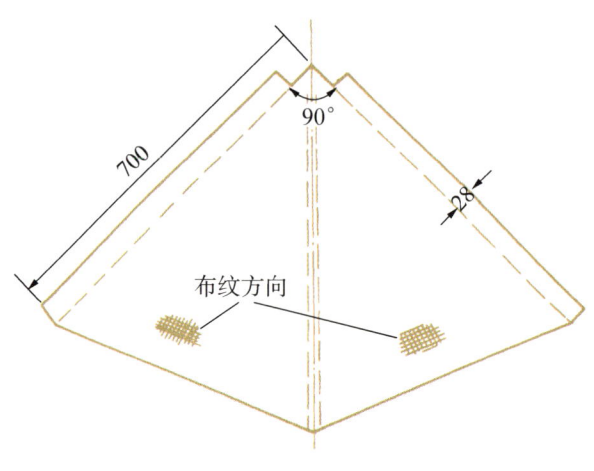

图5-3-15-4

5. 安装。在原无线电遥控特技模型飞机的重心位置处,把伞翼的两根立柱用连接件固定在机身两侧面。主梁与水平方向成15°夹角。在主梁末端可用一片铝条使之与机身连接,以固定伞翼的迎角(参见图5-3-15-5)。

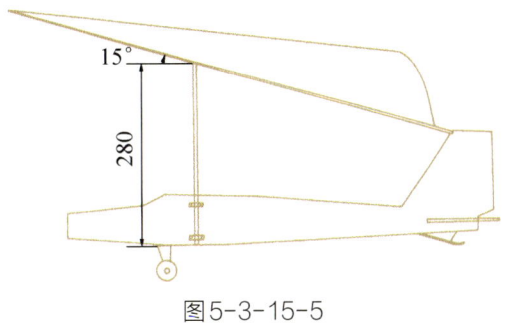

图5-3-15-5

说明与延伸

1. 本机的重心在横梁处。重心位置不准时,可移动机身内设备的位置来调整。

2. 无线电遥控模型伞翼机只要利用无线电遥控特技模型飞机稍加改装就可以制成,实际上只要把原模型飞机的固定翼换成伞翼即可。

16. 气动火箭模型

火箭模型的制作和发射是学校科技活动、体育活动中常见的项目。青少年探索太空的激情在火箭发射的瞬间被点燃。学生可以在活动中体验物理的法则和科技的魅力。学校常开展的火箭模型活动是火药动力火箭和水火箭模型。前者价格昂贵,发射成本高且完成度高;后者发射机构制作复杂,材料难寻。为此,这里介绍一种气动火箭模型的制作。这种火箭模型的优点是安全可靠,成本极低,可重复发射,适合开展多种形式的竞赛,让参与者的创造性和动手能力得以充分发挥。

工具与材料

直尺,剪刀,美工刀,牙签等。

废纯净水瓶,PVC管(直径2 cm、长1 m),180~220 g规格的卡纸,电器绝缘胶布,泡沫双面胶,801万能胶等。

活动过程

1. 制作发射机构。取1 m左右的PVC管(五金水暖店有售),在一端用泡沫双面胶裹缠两层。然后顺着裹缠方向将PVC管拧进纯净水瓶口中,若双面胶黏性较大,也可在瓶口涂少量水(图5-3-16-1)。

接下来用电器绝缘胶布裹缠PVC管和瓶口。具体做法:将绝缘胶布的一头粘在PVC管缠绕两层后,斜向瓶口边缠边转动PVC管,让胶布相互重叠并一直裹到覆盖整个瓶口。整个过程中都要用力拉紧胶布直到变形后缠绕,这样才不会在使用时出现PVC管从瓶口脱落的情况。

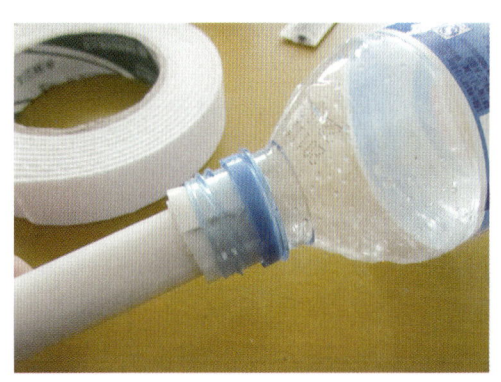

图5-3-16-1

2. 设计火箭图纸。首先要考虑火箭内径和PVC管外径的关系,完工后的火箭要能在PVC管上灵活滑动,太紧则火箭无法被吹出,太松则会导致发射时"跑气",损失能量导致发射不远。

涂装可参考中国运载火箭的外观进行设计,也可借鉴各国火箭或导弹的外观设计。在图纸设计阶段就要将尾翼安装位置标明画好(图5-3-16-2中绿线部分),否则很难在制作时做到均分对齐。

图纸绘制可采用常用的Photoshop等软件,也可直接用Word文档中的绘图功能。将绘好的图纸进行排版,通常一张A4规格卡纸可以制作两枚火箭,成本很低。

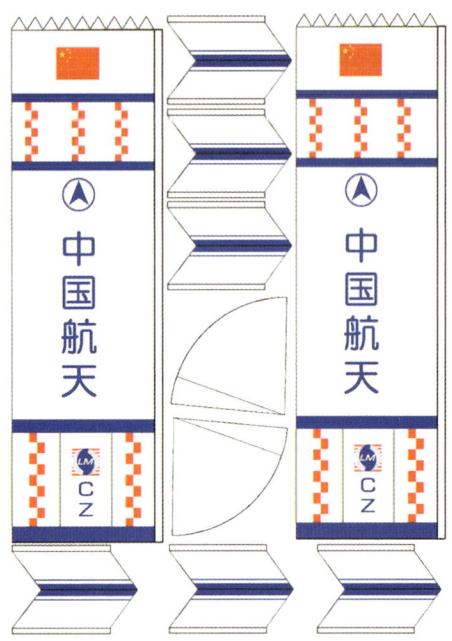

图5-3-16-2

图纸设计好后将其导入Word文档,调整图像尺寸,使实际打印尺寸与设计的火箭尺寸相同。

3. 制作箭体。将图纸打印在180～220 g规格的厚卡纸上。首先将各零件剪下。把箭体在PVC管上按压成圆筒状,接缝处可用801万能胶粘接(图5-3-16-3)。这种万能胶的使用方法是在粘接面两面都用牙签涂抹一薄层胶水,等胶水稍干后再将粘接面按压在一起粘牢。

图5-3-16-3

接下来将箭头部分卷曲成锥形,与箭体组合粘牢(图5-3-16-4)。将三片尾翼对折粘接(图5-3-16-5),与箭体上的安装线对齐后粘牢在箭体上。

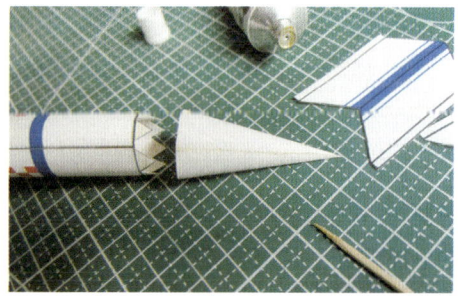

图5-3-16-4

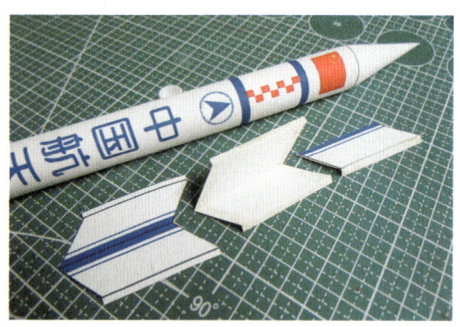

图5-3-16-5

尾翼全部粘好后从前后观察尾翼是否有扭曲,若有,用手矫正。

说明与延伸

1. 气动火箭模型飞行距离可达50 m。比赛场地最好设在开阔的操场。火箭的发射既可以单人,也可以双人。采用双人方式时,一人握紧发射管,另一人猛踩瓶子即可完成发射。

在比赛时教师应维持现场秩序,发射方向应严禁站人,每次发射都要倒数计时,以提醒他人注意。一轮发射完毕后方可一起去捡拾火箭,以免现场混乱造成误伤。

2. 气动火箭模型的比赛除了比飞行距离,还可以比火箭打靶,用同心环或者奥运五环做靶标,标上分值。让参赛者练习精准发射,理解发射角度、飞行速度和弹着点的关系。另外,为了增加安全性,也可以用泡沫制作火箭的头锥。在活动中可尝试不同的材料和瓶子,寻找最佳组合方式,充分发挥制作者的创造力和想象力。

17. 悬挂飞行的电动航天飞机模型

自从航天飞机诞生以来，其往返太空的飞行一直被视为人类征服太空的壮举。2011年7月，最后一架航天飞机"阿特兰蒂斯"号安全着陆，完成了它最后一次飞行，标志着航天飞机时代的终结，然而航天飞机那震撼人心的发射场面却永远留在人们的脑海中。

用纸制作一架航天飞机模型，经过简单的低成本的改造后，航天飞机纸模型可在室内悬挂状态下实现转圈飞行，简单有趣，适合学校兴趣小组开展活动。

工具与材料

直尺，剪刀，美工刀，牙签等。

厚卡纸，木条，木片或塑料片，缝纫线，801强力胶，玩具130电机，电池盒，导线等。

活动过程

1. 从纸模型网站下载航天飞机图纸文件，用Photoshop等软件将图纸修改为A4纸大小，打印在A4卡纸上，这样便可用一张A4卡纸制作一架航天飞机模型。

将左右机翼剪下，弯折根部后对齐前后缘，将机翼上下粘牢。

将机身卷曲成U形后用隔板固定好外形，粘在机翼中部(图5-3-17-1)。

图5-3-17-1

将机头部件剪下粘接好后，对齐机身前端粘牢(图5-3-17-2)。

图5-3-17-2

机身后段组装，如图5-3-17-3所示，可暂时不与前段和底部粘接以便安装电机等设备。

图5-3-17-3

机尾和喷管部分零件较多(图5-3-17-4)，将零件逐一弯折成形后再粘到相应位置。

图5-3-17-4

2. 动力系统使用玩具130电机，但由于电机的轴比较短，无法超出航天飞机的喷口，这给螺旋桨的安装带来了麻烦。解决方案有两个：一是舍弃航

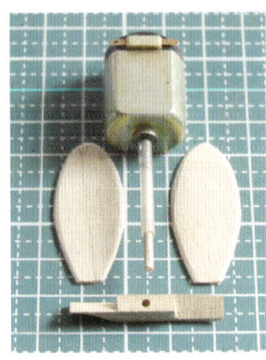

图5-3-17-5

天飞机的尾喷口不用,将螺旋桨直接装在电机上;二是将电机轴延长,超过喷管的长度,方法是用一段较细的圆珠笔芯紧套在电机轴上,再插入一段牙签即可(图5-3-17-5)。

3. 螺旋桨可以买塑料成品,也可以简单制作。如图5-3-17-5,螺旋桨中段可以用一次性筷子制作,切削出轴对称的40°左右斜面作为桨叶安装面。桨轴中间钻个电机轴安装孔,如果没有电钻和合适的钻头,也可以用烧红的钢丝烫出小孔。螺旋桨的桨叶可以用木片制作,也可以用塑料片制作。若用塑料片,可以将粘接面打磨粗糙以便粘接。木质桨叶、桨轴和电机轴的粘接可以用502胶。

4. 找一片木片或厚纸板作为基座。将电池盒、电机和电机座依次用胶水粘接在基座上。若能找到拨动开关,可将开关置于机腹处。没有的话也可将电线引出,通过拧紧或松开进行控制,还可以采用插头方式控制。设备安装完成后接通电源,试试螺旋桨是否向飞机后方吹风,如果反向了,将电机上的两根电线对调即可。

说明与延伸

1. 用两根线拴住航天飞机模型的前后端,将它悬挂在屋子中间,接通电源,模型就可以在屋子里由慢变快地转圈飞行,利用离心力和电机的动力越飞越高(图5-3-17-6)。

图5-3-17-6

2. 纸模型不限于用纸制作,如果把纸换成KT板(广告店用来制作室内展板),把纸模型图纸打印成KT写真膜(贴在KT板表面),就可以制作出大型的遥控模型,其制作简单、外形美观,成本非常低廉。

创意模型

1. 四轴飞行救援系统

在进行航模活动时经常有模型飞机飞到屋顶或掉入河中。如何回收这些模型飞机,一直是比较麻烦的事。下面介绍一种方便可靠的救援飞行器的制作方法,以解决这个难题。目前四轴飞行控制技术已比较成熟,各种飞行控制模块已实现商品化,为这款飞行器的制作提供了方便。

工具与材料

美工刀,小三角锉,电烙铁,三角尺等。

实心碳纤维杆(直径3 mm、长1 m,6根),竹条,飞控板(CC3D、F4等),20 A无刷电调,无刷电机(2212-KV1400,4个),锂电池(2200 mAh),8060螺旋桨(正桨、反桨各2个),502胶,缝纫线,起落架减震弹簧,焊锡丝,热缩管,层板(3 mm厚),钢丝(直径1 mm)等。

活动过程

1. 制作四轴机架。网上可以买到商品四轴机架。但全碳纤维的价格贵,全金属的过于沉重,全木质的容易损坏,3D打印的不耐用。为了同时实现四轴机架成本低、重量轻、坚固耐用、底部空间大,笔者决定使用现有的材料重新设计制作。

(1) 机架主梁使用6根直径3 mm、长1 m的实心碳纤维杆制作,用竹条将碳纤维杆中部按三角形方式撑起,在四周等距增加横梁,再添加斜梁。所有杆与杆的接头处都用线捆扎,要确保每根竹条都被捆扎数道,最后用502胶固定。以此类推向外延伸搭建(图5-4-1-1)。

图5-4-1-1

(2) 将四轴反放在平地上,转动螺旋桨并测量桨尖的高度(图5-4-1-2),调整四根电机座位置的竹条长度,使螺旋桨旋转面与地面平行,用502胶将电机座、竹条、碳纤维杆粘牢,并确保四个螺旋桨旋转面在同一个平面上。

图5-4-1-2

(3) 在机架端点粘贴彩色小旗以便区分机头方向。四个起落架可以用弹簧加套筒的方式减震(图5-4-1-3)。

2. 设计制作抓斗。先用3D建模软件(Rhino

图5-4-1-3

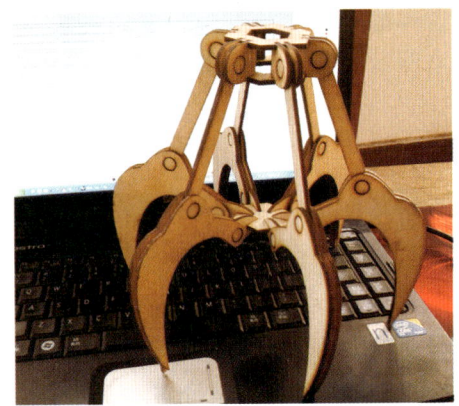

图5-4-1-4

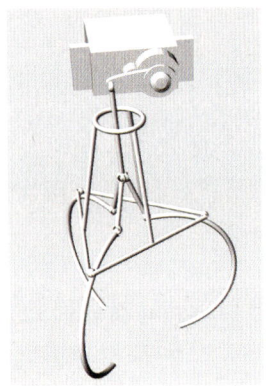

图5-4-1-5

等)进行六爪抓斗的三维建模,然后用激光雕刻机切割椴木层板制作抓斗(图5-4-1-4)。简易抓钩可用钢丝焊接制作(图5-4-1-5)。也可以吊挂磁铁以方便捡拾铁质物体。

说明与延伸

1. 此飞行器四轴机架尺寸虽大,但由于采用了轻质碳纤维杆配合竹条搭建的稳定的三角形结构,机架丝毫不会扭曲和变形。镂空的机架大大减少了风对飞行的影响,质量还比普通的商品塑料机架轻了不少,成本也很低。四个螺旋桨全部位于机架内部,在狭窄区域飞行时不会因为触碰到物体而损坏。

2. 四轴飞行器由四个旋翼提供升力,为了抵消螺旋桨造成的扭矩,使用了两个正桨、两个反桨。飞行控制器(飞控板)通过改变四个无刷电机的转速使机体倾斜一定的角度,从而产生水平分力推动飞行器平移,倾斜的角度越大,飞行的速度也越快。

3. 抓斗的动作控制通过标准舵机实现。可适当延长舵机摇臂,以适应抓斗的动作过程。飞行时张开抓斗,遥控飞到目标物体上方,然后利用飞行器上的摄像头进行定位,最后准确降落在目标物体上,拨动通道开关将抓斗收缩,抓起物体并飞回操作者身边。

4. 为了避免飞行器在水面搜寻飞行时触水失事,可采用超声波测距模块帮助四轴飞行器定高飞行。超声波传感器可固定于机架下方,需要正对着地面。飞行器悬停时,油门在某一位置不动,则自动转为高度锁定状态;当油门摇杆移动时,则自动解除高度锁定状态。有了超声波测距模块,飞行器就可以大胆地悬停在水面上进行救援活动,而不必担心误操作导致的飞行器入水事故了。

5. 在前进方向的两个支架之间可以安放摄像头,其视线范围内不会出现机架或螺旋桨的影像。与摄像头对应的另两个支架间可安放视频信号发射器。这样操作者就可以在地面观察到飞行器视角的影像,为搜救、捡拾物品提供了参考,提高了准确性。

6. 此飞行器如果进一步改进还可以用在野生动物园猛兽区这样的危险地带,捡拾游客不小心掉落的物品;也可用于灾难救援方面,如利用它进入泥石流或塌方地段进行探测和搜救。

2. 3D打印模型——照明手套

3D打印正逐步融入我们的日常生活中，3D打印机的使用门槛也在逐步降低，使用方法也日趋简单。3D打印深受广大中小学生的喜爱，成了他们实现脑中各种"天马行空"创意的绝佳途径和工具。

有很多人对钢铁侠那一身炫酷的战甲羡慕不已，总想着有机会一定要亲手打造一套。现在有了3D打印技术，这一想法也就不再遥不可及。

工具与材料

3D打印机，美工刀，砂纸等。

PLA打印材料，LED灯珠，按压小开关，纽扣电池，半透明白色海绵泡沫，细导线等。

活动过程

本作品在外观上尽量接近钢铁侠的手套，同时，在功能上能够拥有钢铁侠手套启动时那炫酷的发光效果。最终作品实物如图5-4-2-1所示。

图5-4-2-1

1. 设计3D模型。手套的3D模型是本作品的重点，模型可以自己设计，也可以在网络3D论坛中找到类似模型文件。3D设计的软件非常多，其中以Fusion360、123D、Sketch Up和Windows10自带的3D Builder等软件较为简单。笔者选择在已有模型文件的基础上，进行一些适当的修改，得到的模型设计如图5-4-2-2所示。

图5-4-2-2

2. 打印、组装手套模型。

（1）在正式打印之前，首先要将模型全部拆解成小部件，每个小部件分别打印，这样手套才会有一定的灵活性和实用性。在此，将手套中的大拇指分为2截，其他手指分成3截，手掌分成2个部分，总共16个部件，并分别保存成单独的3D打印格式stl文件，如图5-4-2-3所示。

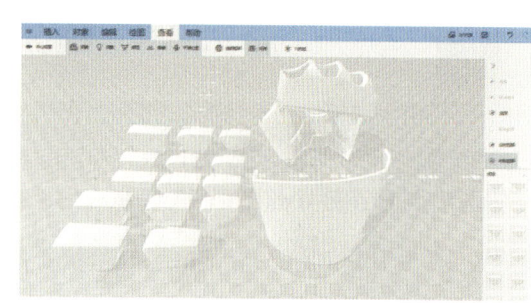

图5-4-2-3

（2）将这些文件分别导入3D打印机配套程序中，并紧凑地排列好，如图5-4-2-4所示。排列过程中可旋转对象，尽量避免悬空的情况，以提高打印

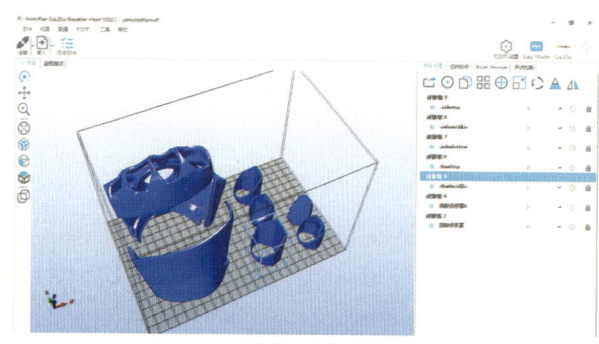

图5-4-2-4

效果,但切勿对个别部件缩放改变大小,否则会造成部件之间大小不一致,无法正确组装。

(3) 导入、排列完毕后,再进行切片,最终将模型转换为3D打印机能够直接读取的G-Code代码,此时就可以在打印程序中看到整个作品的打印时间及材料用量。然后就可以按下"print"按钮,进行3D打印了。打印完成后,还需要将模型上多余的支撑材料去掉,并用砂纸打磨模型边缘。

(4) 最后,对各部件进行组装。

3. 制作掌心发光装置。为了使手套具备炫酷的发光效果,在设计时便在掌心位置预留了一个圆孔,这便是发光装置的安装位置。其内部有一个LED灯电路,外面盖上由半透明海绵泡沫和木板做成的外壳,LED由按压小开关控制,纽扣电池供电,如图5-4-2-5所示。

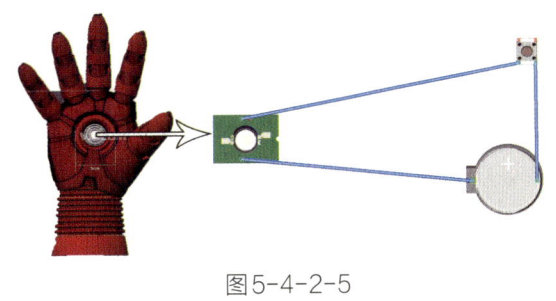

图5-4-2-5

按图组装并连接好各个部件,将泡沫用胶水粘好。戴上手套后,只需伸平手掌,即可触碰到按压开关,点亮LED(如图5-4-2-1所示),弯曲手掌,LED熄灭。看,是不是和钢铁侠的手套一样炫酷?

说明与延伸

1. 3D打印(3DP)是快速成型技术的一种,又称增材制造,它是一种以数字模型文件为基础,运用粉末状金属或塑料等可黏合材料,通过逐层打印的方式来构造物体的技术。常见3D打印机的分层加工成型技术很多,其中应用最广泛的是熔融沉积(FDM)、立体光固化(SLA)、激光烧结(SLS)等。目前在大部分学校或DIY制作中应用最多的是熔融沉积技术的3D打印机。其原理是通过在打印头熔融塑料,然后一层一层地打印(或称涂抹堆积)而制作出实物。它可将各种塑料(如PLA和ABS)、食品等易于熔融的材料打印成漂亮美观的实物。

用来打印本作品的3D打印机是价格不到1000元的普通家用3D打印机,且其打印质量已经完全能够满足日常简易模型打印的需求。

2. 由于3D打印材料的限制,此作品也还存在一些有待改进之处:手指各部分间没有有效连接,可考虑用微型合页将其连接起来,使关节的活动更自如一些;模型外观还可以进一步美化,可将其打磨得更光滑并喷上金属漆,让其质感更接近真正钢铁侠的手套。

3. CAM设计制作纸模型头盔

在现实生活中穿戴上动漫、游戏里的装备,做个简单的COSPLAY(角色扮演),别提多酷了。这些装备通常可通过网络购买。然而,在网络上售卖的那些装备模型,由于量产的原因,缺少个性,并且一般都比较昂贵,而通过纸模型进行DIY,不失为一种物美价廉的好办法。下面就介绍一种新的纸模型制作思路,利用计算机辅助制造(CAM)和激光切割机加工EVA发泡材料,制作出低成本但牢固耐用的穿戴式装备(头盔)模型。

工具与材料

激光切割机(功率50 W以内即可),美工刀等。

EVA发泡材料(60 cm×100 cm,厚3~5 mm),502胶,水彩颜料等。

活动过程

1. 处理纸模文件。这次我们制作的穿戴式装备模型是《HALO》中伞兵的头盔。在一些纸模型论坛上，有很多玩家分享的纸模型文件，设计得十分精致，文件格式以pdo为后缀名。选择一个纸模型文件并下载。

这里使用的加工软件是纸艺大师，网上很容易找到它的中文版。注意要使用design版本，因为该版本不仅能查看模型文件，还可以进行图纸文件的导入和导出。

用纸艺大师打开已下载的纸模型文件（图5-4-3-1）。然后在软件中做初步的处理，可在"设置→线条样式"中去掉山折线和谷折线（图5-4-3-2）。接下来，在零件窗口中取消"显示贴边"。因为EVA发泡材料是有一定厚度的，切割后的部件可以直接用胶水进行黏合，所以无需这些设置。

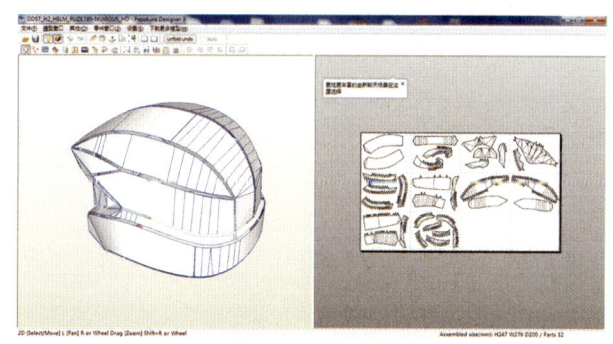

图5-4-3-1

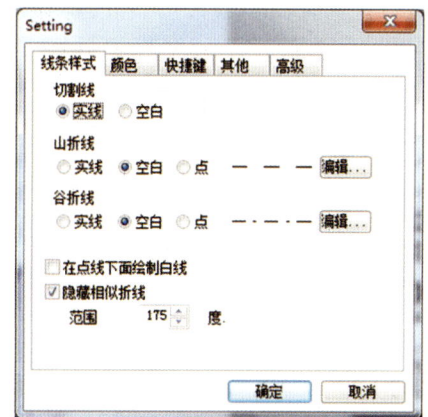

图5-4-3-2

注意对不同的模型要根据其复杂程度，设计出数量适宜的部件。部件数量过多或过少都会影响后续制作的难易程度和作品呈现的效果。

可通过纸艺大师"文件"菜单下的导出功能，将图纸转换为dxf格式。接着就可以用AutoCAD等图纸类软件进一步修改加工了。图5-4-3-3为纸模型文件在AutoCAD中打开的效果。

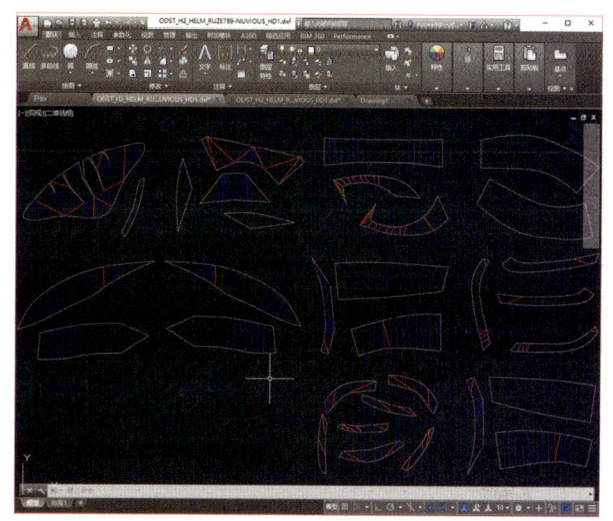

图5-4-3-3

2. 激光切割。大部分dxf格式的图纸文件都能够被各类雕刻机软件识别。笔者使用的软件是激光切割雕刻软件RDWorks V8，激光切割机则是学校实验室里的设备。

选择"文件"菜单中的"导入"，将前面处理好的dxf文件导入加工软件。

红蓝线是折线，可以根据需要打印。由于需要针对切割深度反复调试，本次制作不打印。可在右侧的加工栏双击红/蓝图层，将"是否输出"调为"否"。本次要进行切割的便是灰线部分的图层内容。经过反复尝试，该激光切割机加工5 mm的EVA发泡材料，切割速度设置为100 mm/s，功率设置为30 W，切割效果最佳（图5-4-3-4）。如果是第一次切割某一材质，可以先绘制一个小的正方形，然后反复修改切割速度和功率参数，确保激光切割机能在切割速度最快的情况下完全切断材料。接下来可以直接在激光设置部分输出脱机文件，将后

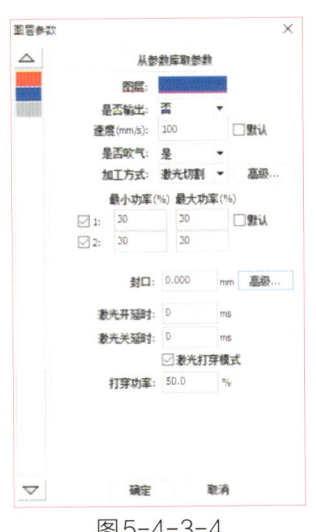

图 5-4-3-4

缀名改为 rd 的文件保存到 U 盘里。之后，就可以使用激光切割机进行加工了。

注意加工时调节加工区域和激光头焦距，加工过程中视线要远离激光头，注意通风和防火安全。

3. 黏合拼装。将加工好的各部件，用 502 胶对照图 5-4-3-1 中的纸模型文件进行黏合。在连接 EVA 材料时，应当注意让涂上胶水的断面持续受力，这样可在短时间内迅速连接两个断面（图 5-4-3-5）。

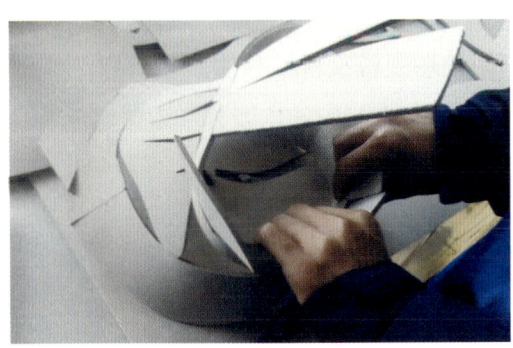

图 5-4-3-5

说明与延伸

1. 免费纸模型是随着网络普及而兴起的，2000年以来世界各地不少纸模型爱好者把自己设计的图纸公布于网络上，供其他爱好者免费下载。纸模型可以依据制作者的喜好而调整大小，自由度极高，故愈来愈多人喜欢在网上发布和分享纸模型。

2. 本项制作利用纸模图纸将原本手工切割制作的模型，利用 CAM 的方式进行快速加工，是模型经过数字化后的一种更为便捷的创新加工方法。

第6篇
科技影像篇

摄影

1. 使用数码照相机

相机诞生后,人们摆脱了只能用绘画留下影像的境况。随着技术的发展,当前使用最多的是数码相机。数码相机种类繁多,但一般都由机身、镜头、调焦器、快门、取景器等部件组成。通过活动,同学们可以认识数码相机有哪些影像功能。

工具与材料

数码相机,电池,储存卡,读卡器,三脚架。

活动过程

1. 了解相机功能。仔细阅读数码相机产品说明书,了解相机的结构、按钮和功能,如图6-1-1-1所示。

图6-1-1-1

2. 做好拍摄准备。为数码相机装入电池、储存卡进行试拍。

3. 选择图片文件格式。在菜单中选择图片大小,"L"代表选择文件容量最大。图片格式一般设定为JPG,RAW是专业图片格式。

4. 在不同光线条件下为同一物品拍照。选用AWB自动白平衡,用日光、钨丝光、荧光灯、闪光灯、阴天、阴影拍摄同一物体,观察照片效果。

5. 用不同的对焦模式拍照。AF为自动对焦,半按快门进行自动对焦;使用单点中心对焦与智能对焦,对准画面主体。MF为手动对焦,调整对焦环进行调焦,直到取景器中的主体清晰,对焦完成。

6. 用不同曝光模式拍照。用"人像"和"风光"曝光模式拍摄对比效果;用"运动"和"夜景人像"曝光模式拍摄对比效果,观察各有什么不同。

说明与延伸

1. 光圈和快门都可以控制照相机摄入光线的多少,但是照片的拍摄效果是完全不同的。

2. 相同的曝光量可以用不同的光圈和快门速度的组合得到。"人像"和"风光"曝光模式是选用不同大小光圈控制拍摄,"人像"是选用大光圈拍摄,"风光"是选用小光圈拍摄;"运动"和"夜景人像"曝光模式是选用不同快门速度控制拍摄,"运动"是选用高速快门拍摄,"夜景人像"是选用慢速快门拍摄。由此,我们可以根据拍摄对象及对照片主题的要求,选择光圈优先或快门优先模式。

2. 拍摄全景照片

全景照片,是把90°至360°的场景全部展现在一个二维平面上,把一个场景的前后左右一览无余地推到观众眼前。有的球形全景照片,甚至将头顶和脚底都"入画"了,观众观看照片时仿佛置身其中,能获得绝佳的视觉体验。通过活动,同学们可以了解全景照片的拍摄技法。

工具与材料

单反相机,广角镜头,云台,三脚架,电脑与Photoshop软件。

活动过程

1. 架设相机。将单反相机架设在一个高点或者是拍摄场景的中央,以获得更多的场景信息。

2. 检查脚架。拧紧所有脚架连接部位,脚架放置平稳,调节云台水平(云台水平泡在中央),如图6-1-2-1所示。

图6-1-2-1

3. 调整参数。拍摄全景照片时,采用手动曝光模式,在室外良好的光照条件下,光圈选择F11,ISO选择100或200。避免ISO高感光度,照片出现噪点,影响照片质量。

4. 掌握拍摄手法。拍摄时要保持相机位置不变,注意两张图片之间要留有1/4的重合图像,方便后期处理。按从上到下或从左到右依次进行拍摄,如图6-1-2-2所示。

图6-1-2-2

5. 拼合照片。以 Photoshop 软件为例,利用"photomerge"插件,依次添加拍摄的照片,点击"确定"按钮后,等待软件处理完成即可。

说明与延伸

一般来说,全景照片是指水平方向上的360°全景照片,而这里说的全景特指水平360°、上下360°全能观看到的720°全景照片,能看到"天、地"的全景。全景实际上只是将周围景象以某种几何关系进行映射生成的平面图片,只有通过全景播放器的矫正处理才能成为三维全景。

3. 拍摄微距照片

微距摄影是区别于常规摄影的一种特殊的摄影方法。微距摄影是以超近距离拍摄物体,最终得到放大数倍的实物影像。拍摄题材多以昆虫、植物及花卉为主,为一些细小至 10~30 mm 的物体带来细致的影像(图6-1-3-1)。通过活动,同学们可充分发挥创意,获得兼具艺术价值和学术价值的影像。

图6-1-3-1

图6-1-3-2

工具与材料

单反相机,微距镜头,三脚架。

活动过程

1. 架设相机。选择一个支脚能够以最大角度张开,并可达到较低位置的三脚架,将装有微距镜头的单反相机架设在三脚架上,如图6-1-3-2所示。

2. 选择对焦模式和光圈数值。拍摄时,使用手动对焦,光圈选择F16,确保被摄物都处在清晰的范围内,达到突出主体、虚化背景的效果。

3. 使用高速快门。在不使用三脚架的情况下,必须使用高速快门,如1/250 s,避免拍摄时不易察觉的小抖动而造成照片的模糊。

4. 在不同光线条件下多角度拍摄物品。尝试从不同的角度与不同的光线进行拍摄,可获得不同的视觉效果。

说明与延伸

显微摄影就是在显微仪器上安装镜头转换接口进行的摄影。数码显微照相装置是专门为显微摄影而设计的,如今已成为微距摄影不可缺少的一部分。对于普通显微摄影拍摄者来说,只要相机的镜头接上能够放大数十倍的目镜,就可以满足显微摄影放大倍数的需求。

4. 拍摄高速摄影照片

高速摄影是一种使用非常快的快门速度来捕捉图像的技术,常用于那些人眼无法看到的场景的拍摄。例如,水龙头喷水的瞬间、水果被切碎果汁四溅的刹那、杯子里的水溢出的那一刻……用高超的技术将运动中的实体拍成静止的高清照片,这就是我们所见的高速摄影照片,如图6-1-4-1所示。通过活动,同学们不仅可以看到人眼难以捕捉到的自然界现象,还可以发现和创造运动美的形式。

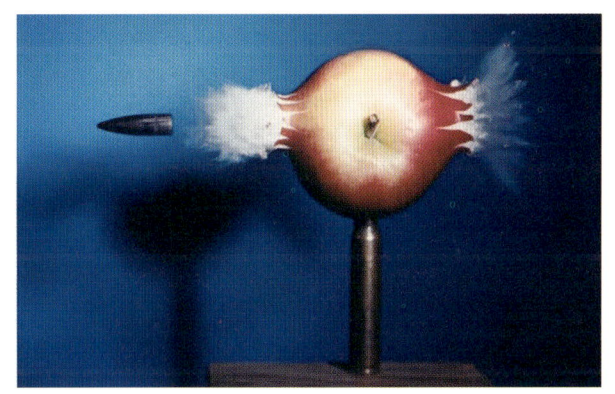

图6-1-4-1

工具与材料

单反相机,三脚架,闪光灯,引闪器,快门线,支架,塑料袋,夹子,盘子,闪光灯滤色片。

活动过程

1. 准备拍摄道具。如图6-1-4-2所示,将盛满水的盘子放在桌子上,把塑料袋里面装上水放在支架上面,并用夹子紧紧夹住,支架调节到合适的高度。用牙签或者针在塑料袋的上面扎一个小孔用来滴水。

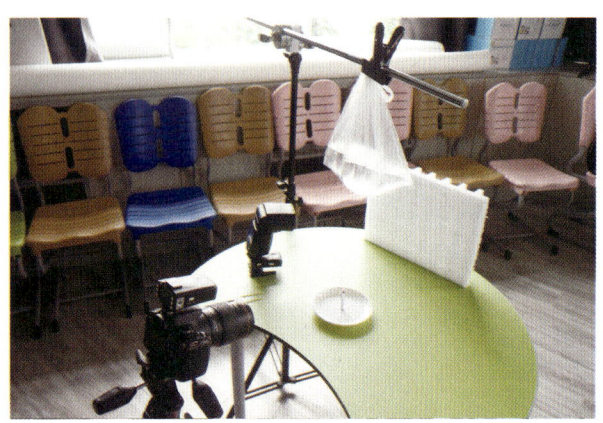

图6-1-4-2

2. 架设相机。先取景,确定好构图后,把相机安装在三脚架上,调整好三脚架高度。相机设置为手动对焦与M曝光模式。拍摄前先找准水滴落下的位置,放置一个标记物辅助对焦。确认对焦点之后再移除标记物进行实际拍摄。

3. 选择镜头。拍摄时,选用中焦镜头或微距镜头,镜头与水滴保持一定的拍摄距离,在保证水花不会飞溅到镜头的前提下,尽量靠近水滴。最好镜头加上UV镜,这样可以起到一定保护作用。

4. 设置参数。水滴改变形状和下落的速度非常快,一个直径为0.2 mm的水滴,在与水面接触后再次弹跳的时间不会超过1/1000 s。想要拍摄其下落或者弹跳的瞬间以及水滴中映射出的世界,把闪光灯输出设为1/32,相机快门速度设为1/250 s(保持与闪光灯同步),运用小光圈,拍出来的水滴更加清晰。

5. 抓拍与试拍。把握正确的拍摄时机,在水滴接触水面的一瞬间释放快门。想做到时机恰好,多拍几张,寻找到最佳的水滴滴落瞬间。

说明与延伸

拍摄水滴滴落作品时,真正的挑战是对液体的处理。液体的黏度、表面张力、密度、温度都影响着水滴的形状。如图6-1-4-3所示,当水滴溅起并形成水柱时,水柱的直径由表面张力决定,表面张力越大,水柱直径越大;表面张力越小,水柱直径越小。如果在水中加入一点肥皂水会减少表面张力,水柱会变得十分细长。当水柱回落时,因为弹出水滴的张力小,所以牵引水柱排斥重力的作用变小,回落速度比纯水更快。水的黏度是决定水滴四溅形状的重要特性。拍摄时有时需要加入甘油来增强水的黏度,以利于摄影者得到最佳的摄影效果。

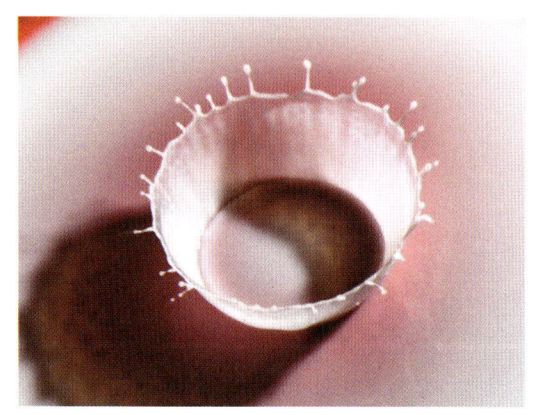

图6-1-4-3

5. 拍摄水下摄影照片

水下摄影,是一个充满未知与魅力的领域,海洋下无数奇幻的生物与美丽的蓝色风景吸引着无数摄影师置身其中。虽然水下摄影有着无穷无尽的魅力,但又是一个"技术活儿",它要求拍摄者除了掌握摄影技巧以外,还得具备一定的潜水技术。通过活动,同学们可以掌握基本的水下摄影技巧,为以后真正进行水下摄影打下基础。

工具与材料

相机,镜头(微距镜头、鱼眼镜头),防水壳,闪光灯,无线遥控快门。

活动过程

为尽可能模拟水下摄影的场景,我们以拍摄鱼缸内部环境为例。将相机放入鱼缸中,通过无线遥控快门进行拍摄。

1. 选择适合的防水壳。水下摄影需要做好相机的防水措施,所以选择一款适合自己相机的防水壳(图6-1-5-1)是尤为关键的。防水壳能够极大程度地在水下保证相机的干燥。

图6-1-5-1

2. 确保光线充足。让鱼缸内光线充足,以确保拍摄正常曝光量的照片。

3. 寻找最佳拍摄角度。选取鱼缸内的拍摄对象后,找到最佳的拍摄角度,将带有防水壳的相机缓缓放入鱼缸内。由于水中具有一定的浮力,很难控制相机摆放的位置和角度。建议拍摄前在相机上配置一个施重物,确保相机进入鱼缸底部后可以保持稳定。

4. 使用无线遥控快门拍摄。稳定好相机后,通过无线遥控快门进行拍摄。拍摄样式见图6-1-5-2。

图6-1-5-2

说明与延伸

在完成水下拍摄后,务必在上岸或上船前取下镜头的防水罩,以免留下水雾。在海里潜水之后,摄影设备(除相机之外)应在淡水中浸泡或冲洗,并把设备角落里的海水全部擦拭干净。相机上的水渍则用软布擦干,以免留下水痕。

6. 使用无人机摄影

无人机摄影,是一种新兴的摄影方式。无人机的出现帮助我们人类实现了拥有"上帝之眼"的愿景。通过无人机的操作与拍摄,同学们可以探索更多的未知领域,领略更多美妙的风景。

工具与材料

无人机,遥控器。

活动过程

1. 确认飞行清单。开始无人机航空摄影之前,检查飞行资质,确认是否获得"飞行许可";检查飞行环境,确认是否适合并能安全地进行无人机摄影;检查无人机设备,确认是否能够正常运行。

2. 准备好遥控器。打开无人机遥控器上的天线,确保两根天线的平衡。将遥控器下方的两侧手柄打开。开启遥控器,先短按一次电源开关,然后长按3 s,松手后,即可开启遥控器的电源,此时遥控器正在搜索无人机。确认遥控器搜索到无人机后,连接手机。若是带屏遥控器,无须本项操作。将手机卡入两侧手柄的插槽中,卡紧固定。

3. 准备好无人机。将无人机云台相机的保护罩取下。将无人机的前臂展开。将无人机的另外一只前臂打开。打开无人机的后臂。安装无人机电池。安装无人机螺旋桨。打开电源,短按电池上的电源键,再长按3 s,即可开启无人机电源。

4. 校准无人机IMU与指南针至正常。

5. 放飞无人机,进行拍摄。

说明与延伸

1. 实名登记备案。中国民用航空局已经开始实行民用无人机实名登记注册制度,用户在使用前必须登录中国民用航空局官网对无人机进行实名登记备案。

2. 飞行前应查询限飞区域。以大疆无人机为例,可通过"大疆GO 4"APP进行限飞区域的查询,也可通过登录大疆官网进行限飞区域的查询。

3. 在飞行前需要提出申请并报批。依据《中华人民共和国飞行基本规则》第三十五条规定:所有飞行必须预先提前申请,经批准后方可实施。开展航空器飞行活动前,应当预先向民航空中管制部门提出申请,经批准后方可实施飞行作业。

4. 无人机拍摄的取景方法。由于无人机拍摄和普通相机拍摄最大的不同就在于拍摄视角的高度,无人机所能达到的拍摄高度是普通相机无法企及的,所以我们必须好好利用这一优势,并在拍摄中展现出来。

(1)平行视角。平行视角是指在使用无人机拍摄时平行取景,无人机高度与拍摄对象的高度保持一致,这样可以更好地展现拍摄对象的细节,同时也可以让观者感受到拍摄对象的高度所展现出的磅礴气势。

如图6-1-6-1所示,拍摄的是上海陆家嘴金融中心的高层建筑。采用平行视角拍摄,展现了环球金融中心、金茂大厦以及上海中心这三座上海标志性高层建筑的伟岸气势。

图6-1-6-1

(2)俯视视角。俯视视角是指选择一个比拍摄对象高的位置进行拍摄,甚至于在拍摄对象的正上方进行拍摄。俯视视角需要无人机飞到比较高的位置,这样可拍摄出很好的画面透视感与层次感。

如图6-1-6-2所示,拍摄的是上海国际赛车场的跑道。采用俯视视角拍摄,拍摄出了观赏性很强的线条感与层次感。

图6-1-6-2

7. 拍摄夜景照片

每当华灯璀璨的夜幕降临,美丽的夜景总会使人流连忘返,此时按下快门留影,也是人生一大快事。城市夜景,这里是指高楼大厦外墙所反映出来的灯光。要拍摄城市夜景,一般都需要预备好三脚架及快门线,而镜头方面,基本上都没太大限制,预备一个广角镜头会更好。

工具与材料

单反相机,广角镜头,三脚架,快门线,手电筒。

活动过程

1. 选择拍摄地点。决定地点,提前到达现场,先寻找一下灯光,看看有否特别的光源,或特别的反光效果。对着高矮不同的大厦,选择其中一幢来当主体,例如特别高的、颜色特别的、特别光亮的等,如图6-1-7-1所示。

图6-1-7-1

2. 选择手动对焦模式。由于夜景属于低光源、高反差场景,所以若使用自动对焦(AF)模式进行拍摄常常就会发生虚焦状况,这时就必须适时改用手动对焦(MF)模式替代以克服无法对焦情形。

3. 选择手动曝光模式。夜景摄影时必须根据拍摄目标正确地使用曝光模式。一般来说,想轻松拍出几张夜景照片留念的话,使用自动或P(Program)曝光模式即可。但若是要拍出具有朦胧美的照片,建议使用光圈先决(AV)、快门先决(TV)或者手动曝光模式(M)为佳。

4. 灵活运用光圈大小。利用光圈大小,也能在夜间变换出各种影像。

5. 调低感光度(ISO)。使用低感度保持照片的高品质。高感光度可以在相同的光圈值下得出更快的快门速度以减低拍摄时晃震的问题,但随之却会令照片产生噪点。

6. 设定白平衡。拍摄夜景的时候不建议使用自动白平衡,因为在黑暗环境下,自动白平衡很容易会变得不一致,导致相片出现色差。拍摄夜景时可以使用"钨丝灯"模式的白平衡,但当然要根据当时环境来选择最适合的模式。

7. 使用三脚架开启慢速快门。利用"三脚架+慢速快门"营造出不同的视觉效果,其中慢速快门可以捕捉瞬间的光影线条,夜景中常拍的车轨景象,就是使用慢速快门拍出来的。

8. 注意夜景构图形式。夜景的构图和白天的构图有所区别，因为这个时候天空是黑的，建筑物的造型基本上都是通过灯光勾勒出来的，所以这个时候灯光就成了夜景中主要表现的对象。拍摄时要注意拍摄到发光建筑物下面的部分面积，水平线控制在画面的三分之一处，这样，建筑物拍摄出来才有稳定感。

说明与延伸

1. 相机的镜头防抖和机身防抖，都是为了最大限度减少手持拍摄的抖动而设置的。但当我们使用三脚架拍摄时，记得关闭此功能，以减少防抖原件在工作时带来不必要的画面模糊。

2. 拍摄时，可设定一下曝光延迟模式，以减低反光镜升起时所带来的振动。

3. 拍摄时，开启相机的减低长时间曝光噪点的选项。因为曝光时间越长，噪点便会越多，这功能可以减低因此而生出的噪点。

4. 光圈较小时，对焦范围较大，就比较容易拍出大面积的清晰影像，还能捕捉到单点光源所散发的星芒效果；光圈较大时，对焦范围较小，很容易拍出前方模糊或后方模糊影像，可让影像呈现出一种独特的朦胧感。大光圈不适合大景拍摄，反而比较适合局部摄影，这样才能将其韵味完整表现出来。

8. 照片后期处理

照片的后期处理，是摄影创作过程中的"二次升华"。通过活动，同学们可以认识常见的修图软件，了解基础的图片处理方法，同时可以充分发挥想象，让更多摄影创作的想法得以实现，让更多美丽的想象走进我们的视野。

工具与材料

电脑，Photoshop软件。

活动过程

照片后期处理工作量的多少取决于你想要实现的目标效果。如果前期拍摄阶段做得非常好，那么后期处理的工作量可以相对减轻，反之则加重。所以，在进行照片的后期处理前必须根据拍摄照片的质量进行考量与方案设计。

1. 复制原始图像或者扫描胶片原件为数码影像文件，对图像文件的副本进行处理，这样可以保证原件不受到破坏。

2. 根据需求调整图像分辨率。

3. 裁剪图像至最终尺寸和方向。

4. 调整图像色彩，消除偏色；若处理黑白照片，调整为合适的影调。

5. 调整图像的整体对比度、饱和度以及色调范围。

6. 修复图像上的污点、缺陷；若处理胶片扫描件，需要修复裂缝、粉尘以及污迹等。

7. 调整图像特定部分的颜色和色调，突出高光、中间调、阴影部分的色彩与影调。

8. 通过滤镜处理，对图像进行艺术加工与渲染。

9. 通过锐化，提高图像的整体清晰度。

10. 导出或保存处理好的图像。

以上的后期处理过程在处理不同的照片中会有所变化，不过不变的永远是以下过程：复制图像和调整分辨率以及锐化图像。至于其他过程，根据拍摄者对于照片想要达到的预期效果可进行适当的调整与变动。图6-1-8-1为风光照片后期处理前（左）后（右）对比。

说明与延伸

1. 处理图片前要校准屏幕颜色。显示器屏幕作

图6-1-8-1

为电脑的展示窗口，保证其色彩平衡，高度还原画面是一项重要的任务。显示器在使用过程中，偶尔会出现颜色发黄的状态。想让画面回归正常状态，平衡屏幕色彩，可在搜索框中输入并选择"校准显示器颜色"，如图6-1-8-2所示。

进入校准颜色界面后，一般不需要做任何更改，只需一直点击"下一步"即可。进入"移动红、绿、蓝滑块，以便从灰色条中删除所有色偏校正"界面，此时会出现的三色默认值都是最亮的状态，即最靠右的位置。如果想要校正偏黄的屏幕，可以根据自身需求调整红、绿两色（注意要同时调整）。

2. 习惯使用相机原始数据文件。相机原始数据文件（RAW格式）包含数码相机图像传感器中未经处理的图片数据。许多数码相机都能够使用RAW格式存储图像文件。RAW格式文件的优点是摄影师可以对图像数据进行更精准的调整。通常我们所使用的JPG格式文件是相机自动进行处理过的，部分图像数据会被损坏或压缩。使用RAW格式拍摄时，相机则不会对图像数据进行任何的处理，摄影师可使用Photoshop自带的Adobe Camera Raw插件对RAW格式照片进行预处理。

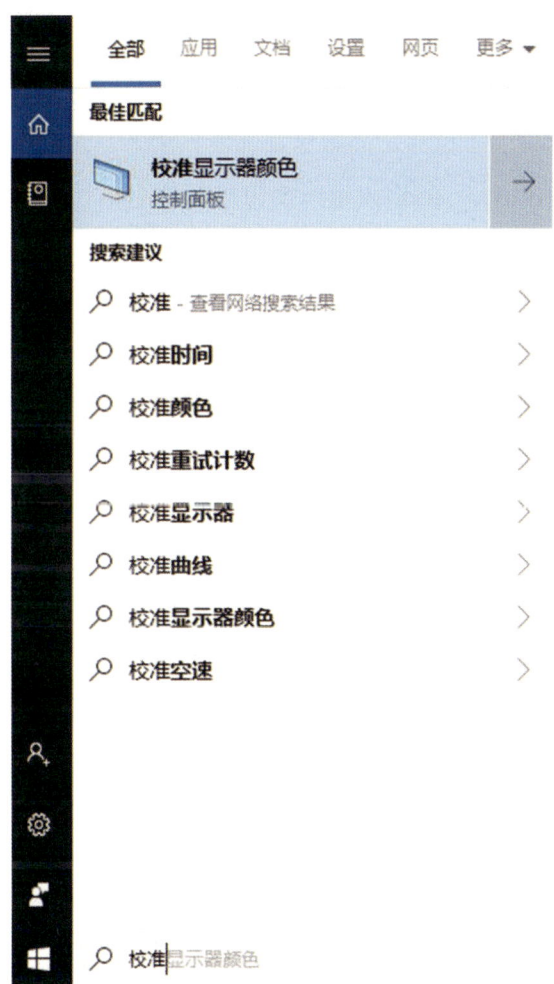

图6-1-8-2

摄像

1. 使用摄像机

摄像机是现代人日常工作、学习、娱乐的重要视觉信息生产工具。摄像机的种类繁多,如图6-2-1-1所示,一般按照使用领域可划分为数字电影摄像机、广播级摄像机、专业级摄像机、家用摄像机等。随着科学技术的发展进步,一些家用摄像机、专业级摄像机的画质和专业功能也越来越强。通过活动,同学们可以学习使用这类摄像机进行创作,制作高质量的视频节目。

数字电影摄像机

广播级摄像机

专业级摄像机

家用摄像机

图6-2-1-1

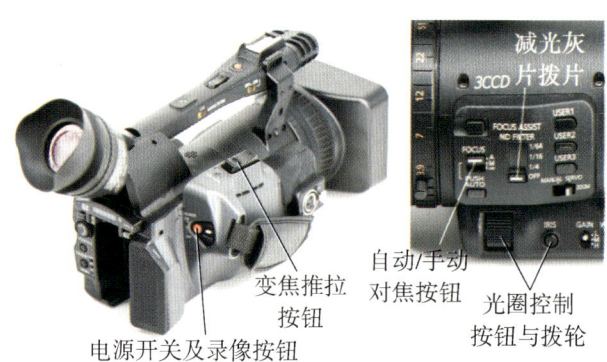

图6-2-1-2

工具与材料

专业级摄像机(包括电池,记录卡),三脚架。

活动过程

1. 认识摄像机的主要部件——电池、镜头、话筒、寻像器,以及常用功能按钮——电源开关与录像按钮、变焦推拉按钮、光圈控制按钮、自动/手动对焦按钮、减光灰片拨片、声道选择、增益选择、白平衡选择按钮等,如图6-2-1-2所示。

2. 正确持握摄像机。

(1)规范手持摄像机动作。持机人双脚分立约肩宽,右手伸入摄像机右侧腕带或托住摄像机机身,左手托住摄像机镜头部分,保持摄像机机身水平。

(2)规范三脚架拍摄动作。将三脚架快装板安装固定于摄像机底部安装螺孔。调整三脚架至合适的拍摄高度。安装摄像机到三脚架云台上,锁紧摄像机。调整云台水平:拧松云台底部球碗固定螺栓,调整云台位置直到水平泡在中间位置时再拧紧球碗螺栓,如图6-2-1-3所示。

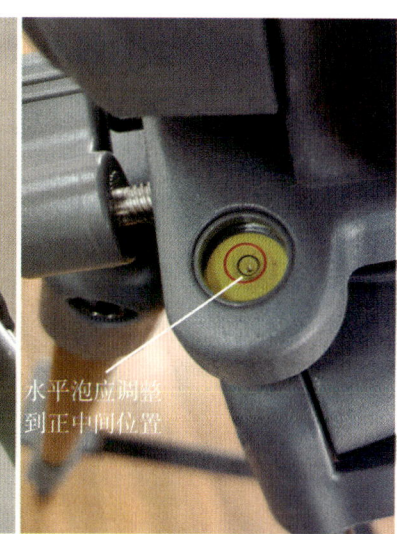

图6-2-1-3

3. 拍摄一组镜头画面。摄像机拍摄的画面一般要符合如下要点：画面稳定不随意晃动，焦点清晰不模糊，亮度、色彩还原准确。

（1）拍摄固定镜头。通过摄像机寻像器，寻找需要拍摄的画面，调整构图、画面亮度等，保持画面稳定不动，按下摄像机录像按钮，录制5 s后再次按下录像按钮。

（2）拍摄推镜头。保持摄像机稳定，让摄像机镜头处于广角端，调整好初始画面构图，按下录像按钮，保持约3 s后轻按摄像机变焦钮的前端，画面景别随着变焦逐渐变小，画面中景物逐渐变大，到合适的画面时松开变焦钮，画面景别不再变化，保持约3 s，再次按下录像按钮。

（3）拍摄拉镜头。和推镜头相反的操作，拍摄时按下变焦钮的后端，景别逐渐变大，画面中的景物变小，到合适的画面时松开变焦按钮，画面不再变化，保持3 s后再次按下录像按钮。

（4）拍摄摇镜头。调整构图，保持机身稳定，按下录像按钮，约3 s后持机者身体向左或向右匀速转动，转到合适的画面时停止转动，保持约3 s后按下录像按钮。

4. 回看及导入电脑。

（1）摄像机显示屏上回看。拍摄完成的画面可在摄像机显示屏上进行回放观看，检查拍摄是否令人满意。

（2）导入电脑回看及管理。可将摄像机存储卡放入读卡器中，插入电脑中，拷贝视频文件到电脑硬盘中保存，并进行浏览回看；也可利用摄像机数据线，将摄像机与电脑连接，将摄像机存储器中的视频文件拷贝到电脑硬盘中，进行管理、浏览和回看。

说明与延伸

1. 摄影机的种类非常广泛，例如还有医学用的视频窥视镜，安防用的各种监控摄像头，我们日常生活和学习中用到的手机、平板等也可以作为摄像机来拍摄。除此以外，还有红外摄像机（野生动物拍摄）、水下摄像机、航拍摄像机、超级慢动作摄像机等等。

2. 要拍摄到令人满意的视频画面，离不开众多的附件器材。例如可以保证画面稳定性的三脚架、稳定仪、轨道车等，还有能拍摄特殊运动镜头的程控机械摇臂，以及可无线传输、远距离传播的图传设备等。

2. 拍摄一场室内演出

室内演出的场景比较复杂,拍摄时需要考虑到演员、观众、舞台灯光、现场采音等多种因素。因此,一场专业的室内录制应采取电视多机位现场制作方式(EFP—Electronic Field Production)来获得高质量的节目。EFP制作是指节目制作现场有两台以上的摄像机与导播台组成拍摄和编辑系统,进行演出现场拍摄和现场实时编辑的节目制作方式。EFP制作方式省去了后期繁琐的剪辑工作,在节目演出的同时,同步进行拍摄和剪辑制作,提升了节目的制作效率,特别适合在学校大型活动中使用。室内演出的多机位拍摄,是对学生影视创作综合能力的考验,也是学生团队协作精神的体现。

工具与材料

小型导播台(视频切换台,带信号线缆、通话耳机、监视器、录像机等),同型号摄像机(3台,带SDI信号输出),三脚架(3个),卡农音频线。

活动过程

1. 前期准备。

(1) 组建拍摄团队,确定导播、1号摄像、2号摄像、3号摄像四个岗位人员。

(2) 熟悉演出流程,知道每个节目的内容与表演形式。条件允许时应提前参与彩排,熟悉演出流程和人员走位,方便导播和摄像人员提前考虑好画面安排。

(3) 架设拍摄设备,建立拍摄系统。

① 架设导播台。导播台是整个拍摄系统的核心,应架设在不影响演出、不影响观众的区域,一般安排在舞台后方或者音控室等地方。

② 架设摄像机位。根据演出内容来选择摄像机位的架设。一般在观众席的正后方架设一台摄像机,主要用于拍摄舞台全景画面和舞台中景画面,这台摄像机的编号是2号。在观众席的前方、舞台的下方左右两侧,各架设一台摄像机,主要拍摄观众、舞台中景以及演出人员的中景、近景等画面,舞台左侧这台摄像机的编号是1号,右侧摄像机的编号是3号,如图6-2-2-1所示。

图6-2-2-1

③ 信号连接。3台摄像机的音视频信号通过导播系统自带的线缆进行连接,这些线缆用来传输导播台与摄像机之间的视频信号、音频信号、通话信号、TALLY(提示)信号,如图6-2-2-2所示。另外,将演出的音频信号用卡农音频线从舞台音控的调音台连接到导播台。

(4) 调试拍摄系统。

① 调整摄像机色温。根据舞台灯光对3台摄像机统一进行白平衡调整,确保3台摄像机拍摄的画面颜色一致。

② 调试系统信号。确保摄像机的视频信号准确输送到导播台,导播台与3台摄像机之间的连接畅通,摄像机TALLY信号正常。舞台调音台的音频信号清晰、无杂音,并能正常回传到导播台。

③ 对三脚架进行水平调整,确保拍摄画面稳定不倾斜。摄像人员试拍画面,确保摄像机画面不会受到其他物件的遮挡,同时应在摄像机旁边建立围栏,防止摄像机在拍摄过程中被碰撞。

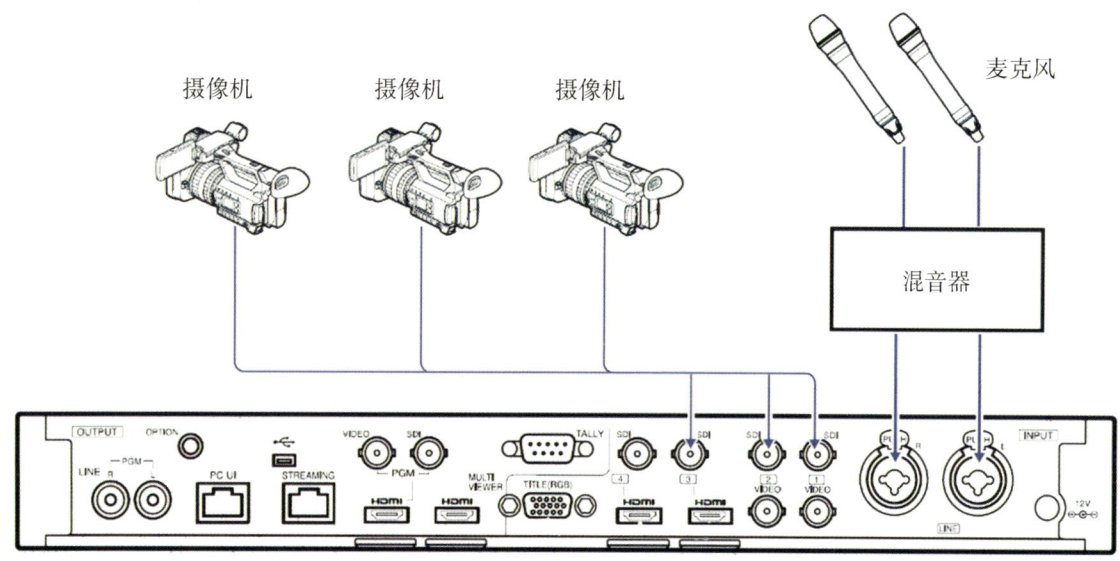

图6-2-2-2

2. 摄制过程。

（1）导播台录像机开始录像，记录演出的拍摄画面。摄像机也同时开始录像，这是为了防止导播切错画面时，后期可以在摄像机记录的原始镜头中再选用合适画面进行替换。

（2）导播密切注视导播台预监窗口中3台摄像机的画面，通过通话系统对所有摄像人员或者某位摄像人员进行指挥调控，这些指挥调控包括机位号、拍摄对象、画面景别、镜头运动方式等。摄像师根据自身机位的事先分工以及导播的要求，做相应的画面构图调整，提供给导播选用。导播在导播台Program（PGM）排列键面板上按选和摄像机画面相对应的1、2、3号按钮，所选按钮亮起红色，视频输出为PGM输出，画面会被实时、连续地录入录像机中，形成完整的节目，如图6-2-2-3所示。

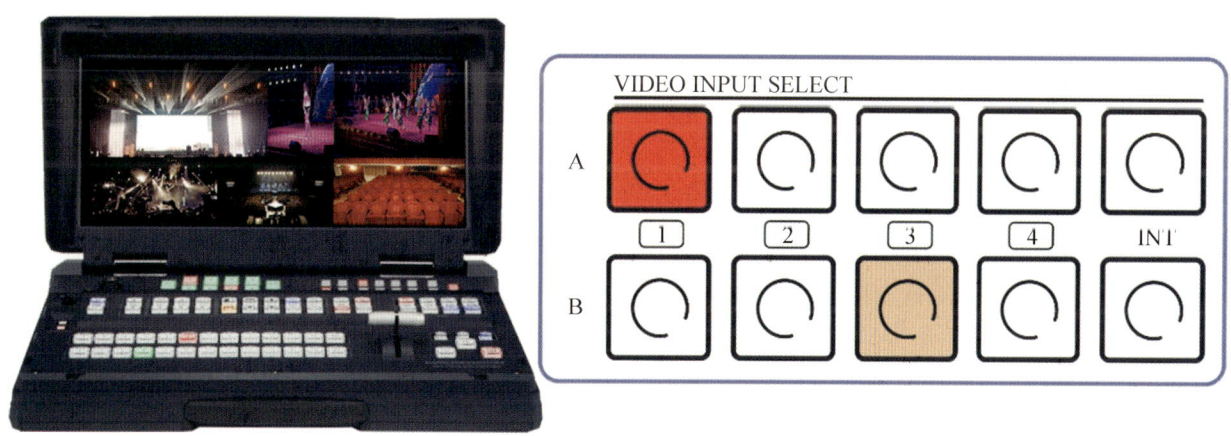

图6-2-2-3

（3）当导播选择的摄像机画面有瑕疵，可在节目结束后再单独补拍一些镜头来弥补，或者从其他摄像机画面中调取有效画面更换。

说明与延伸

1. 舞台的灯光亮度和色温变化大，为确保拍摄质量，摄像机应选择手动光圈拍摄。

2. 学校拍摄演出，为避免拍摄系统中各种线缆对学生造成羁绊等危险，应建立围栏。条件允许时可采用无线图传、无线通话、无线音频传输等科技手段，这样在确保信号稳定、准确传输的同时，给演出现场提供一个更整洁、安全的环境。

3. 舞台拍摄，一定要用调音台的输出音频作为电视节目制作的声音来源。演出中主持人、演员、发言者通过话筒采集到的声音，以及表演时的背景音乐等音频都通过调音台进行处理及扩音输出，因此将调音台的音频输入到导播台，可获得高信噪比的音频信号，比用摄像机的话筒从晚会现场环境中采集的声音信号要好很多。

3. 拍摄一场足球赛

足球运动是校园体育活动中场地最大的一个项目。校园足球赛的拍摄，既要保证画面的丰富性和视角的全面性，同时也要兼顾学生拍摄的可操作性，因此采用3个机位的多机位拍摄方式较为合理。

工具与材料

同型号摄像机（3台），导播台，无线图传设备（3套），对讲机（4台）。

活动过程

1. 机位安排。

（1）在球场中线的看台高处架设1台摄像机，用于全景及球队阵型画面的拍摄。此机编号为2号。

（2）在球场看台一侧的左右半场各架设1台摄像机，用于捕捉球员的全景和当球员靠近摄像机这一侧时的近景画面。球场左侧摄像机编号为1号，右侧摄像机编号为3号（图6-2-3-1）。

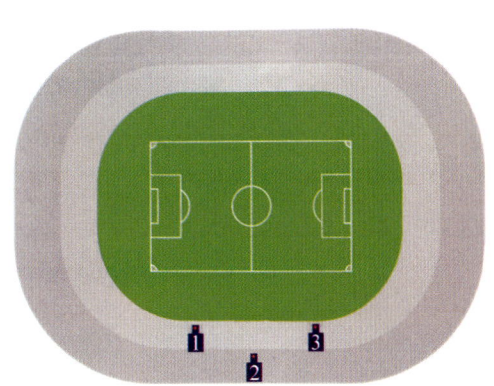

图6-2-3-1

（3）在看台合适的位置安置导播台，这个位置能观察到3个机位，也能提供设备工作用电。

2. 系统调试。

（1）平稳安放三脚架并调整三脚架高度和云台水平。

（2）将三脚架云台快装板安装到摄像机底部并拧紧，将摄像机锁定到三脚架云台上。

（3）将无线图传的发射模块安装到摄像机上，连接摄像机的SDI信号输出接口和无线图传的信号输入接口。

（4）连接无线图传接收模块的信号输出接口和导播台信号输入接口。

（5）调整每套无线图传信号的通信频道，确保3台摄像机的视音频信号能正确输入导播台。

（6）连接导播台节目输出和录像机。

（7）导播及摄像人员佩戴对讲机，调整到同一频道并利用耳麦进行通话测试。

3. 比赛拍摄。

（1）比赛一开始，录像机开始录像，导播指挥调度三个摄像人员各司其职，拍摄相应画面。其中2号机是系统中的主机位，大部分的镜头由2号机提供。

（2）当出现射门、扑救、对抗、突破等精彩画面时，1号机和3号机应及时提供稳定的画面。

（3）在比赛不紧张的时候，1、3号机可以抓拍观众、裁判、角旗、球网等画面来丰富比赛场景。

说明与延伸

1. 注意电视拍摄中的轴线问题。"轴线"就是指被摄对象的运动方向或者两个被摄对象之间形成的一条虚拟直线。在拍摄中,我们不能在轴线两侧拍摄,否则会引起画面中被摄对象空间位置的跳跃。例如在拍摄足球比赛时,摄像机应当全部架设在球场的一侧,如果在另一侧拍摄,拍到的运动员进攻的方向会和其他摄像机拍摄的方向相反。拍摄过程中遵守轴线规律,是为了保证不同摄像机拍摄的镜头组接后空间关系的统一,如图6-2-3-2所示。

2. 无线图传可以省去常规线缆布设的繁杂工作,特别是在学校使用时,不会因为有太多的线缆而产生羁绊的危险,还可以轻松地将信号从摄像机传送到导播台。但无线图传的信号传输受距离的长短和是否有墙体阻隔的影响很大,一般只能在空旷的场地才能保证信号传输的稳定。

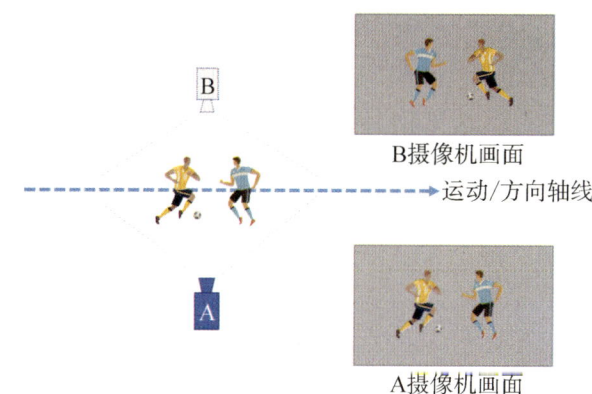

图6-2-3-2

3. 足球比赛拍摄中的安全问题。由于1号机、3号机靠近球场边缘,不论是摄像机还是摄像人员,很容易被踢飞到球场外的球砸到。因此在拍摄中摄像人员一定要专注于球场变化,及时作出应对措施,躲避飞到场外的足球。

4. 无人机的应用。为拍摄到更丰富的场景以及为了摄像人员的安全,可借用无人机拍摄部分球场镜头。

4. 拍摄一场校园运动会

校园运动会是学校的传统活动和学校教育生活的一项重要内容,每年春秋两季各举行一次。拍摄一场校园运动会要求同学们在短时间内将事件准确客观地报道出来,这既可以锻炼他们的摄像能力,同时也可以考察他们的团队合作能力。通过活动,同学们可以了解拍摄校园运动会的全部流程。

工具与材料

摄像机,三脚架,储存卡,录音设备等。

活动过程

1. 拍摄开幕式开始前。根据前期策划,同学们在拍摄之前应发挥小记者主观能动性,提前了解校园运动会开幕时间、出席嘉宾、比赛时刻表、颁奖典礼流程等。同时还应了解开幕式运动员方阵行进路线,预约采访对象,撰写采访提问词,确定摄像人员拍摄位置拍摄方向,提前为摄像机充电,确保摄像机存储卡有足够的空间,调整摄像机各项参数,检查三脚架是否可以正常工作。摄像人员务必提前到校园运动会比赛场地。利用校园运动会开幕式开始前一段时间,拍摄一些采访同学的镜头,也可以利用这段时间拍摄运动员热身、工作人员繁忙的准备等画面。

2. 拍摄开幕式。升旗仪式和唱国歌是校园运动会开幕式非常重要的环节。升旗的过程需要特写,全体学生敬礼等画面需要用大全景来突出气势。除此之外还需要拍摄单个学生大声唱国歌的近景镜头。校园运动会既可以采用一般拍摄手法

（推拉摇移），也可以利用现代稳定器或者GoPro等设备拍摄特殊镜头。一般拍摄手法中运用固定镜头或者摇摄升旗仪式等大场面镜头，也可以选择低角度拍摄护旗手。固定特写镜头基本可以用在校园运动会的任何一个场景的拍摄上。

3. 拍摄运动员方阵入场。摄像人员可以选择固定机位拍摄，等运动员方阵入场，定位以后拍摄其表演。在这个过程中，观察正在等候入场的运动员方阵。寻找服装比较新颖或者道具比较吸引人的方阵，拍摄一些特写镜头。

4. 拍摄比赛。这是校园运动会最漫长的拍摄过程，不必每个比赛都拍到，选择比较有代表性的比赛项目拍摄即可。比如跳远，在沙坑对面拍摄运动员入坑的镜头非常有冲击力。稳定器可以大大地突破常规的拍摄手法，如用稳定器在跑步的运动员前或者后拍摄跟拍镜头。用稳定器的"翻滚摄像机功能"拍摄跳高运动员运动轨迹。

5. 拍摄颁奖典礼。颁奖典礼上为运动员颁发奖牌是不可或缺的拍摄环节。颁奖环节节奏非常快，摄像人员必须事先确定拍摄位置，以免出现颁奖完成还没拍到的尴尬情况。颁奖典礼结束以后，应立刻采访获得金牌的运动员，可以拍摄多位运动员的采访资料，留作备用。

说明与延伸

1. 把主体放在画面中间的位置虽然稳定均衡，但也容易引起视觉疲劳，缺乏生机和变化。黄金构图法、三角形构图法、S形构图法、对角线构图法、对称式构图法，可以使主体处在画面中比较醒目的位置。

2. 拍摄采访镜头的时候一定要留一个环境声道，以免采访话筒由于各种原因没有工作，导致采访镜头只有画面却没有声音的情况出现。

5. 拍摄一堂微课

一节好的微课，除了知识点的讲解要条理清晰以外，拍摄录制的方式也是重要一环。常见的微课摄制方式有电脑录屏、单机实录、多机位EFP方式录制、虚拟演播室录制等，一般根据教学内容来选择合适的摄制方式。青少年学生可尝试采用电脑录屏方式制作一些编程软件应用、小报制作等方面的微课，既能增加自己的影视制作实践能力，还能通过微课分享帮助别的同学一同掌握这些知识和技能。

工具与材料

电脑，电脑耳麦话筒，EDIUS8.0软件，教学软件和素材。

活动过程

1. 安装教学软件。在电脑上安装相关的教学软件，并准备好微课教学所需的素材。

2. 安装编辑和录屏软件。在电脑上安装视频编辑软件EDIUS8.0，软件会自动同步安装录屏软件Live Screen Capture，如图6-2-5-1所示。

图6-2-5-1

3. 设置画面尺寸、文件格式等。双击打开 Live Screen Capture 软件,设置需要录制的画面尺寸大小。一般为录制全屏。设置录制的文件名称、保存位置、视频格式以及帧率等。

4. 设置音频录制通道。如需在录屏过程中同步录制讲授者的语音,需将话筒连接到电脑,并在录屏软件的声音设置中打开"声音"开关,并选择"系统音频"。

5. 录制操作步骤。点击录屏软件的红色"录制"按钮,倒计时3s后,操作者在电脑屏幕上的所有操作过程都会被记录下来。打开需要讲授的教学软件,按教学步骤进行操作和讲解,录屏软件会录制全部操作过程和语音讲解内容。

6. 使用快捷键操作。讲解过程中需要暂停时可按键盘快捷键F11,等重新准备就绪后再次点按F11继续进行录制。内容讲授完成后,按键盘快捷键F10,完成录制。录制的视频保存在之前设定的文件夹中。

7. 完善微课。可继续在视频软件中给录制的微课添加片头、字幕信息、背景音乐、片尾等。

8. 上传与分享。在视频分享网站上传微课并分享给其他同学。

说明与延伸

1. 录屏软件有很多,例如会声会影、格式工厂等,不同软件的操作界面会有所不同,但基本功能都类似。常用设置主要有:录屏的尺寸大小、录屏的视频文件格式、录屏的帧率以及声音录制的选择等。

2. 有条件的学校可尝试使用专业微课录制设备来摄制基于虚拟演播室技术的微课视频,它能将现实课堂中无法实现的复杂教学场景利用虚拟技术和现实场景结合的形式来呈现,能极大地提升教学效果,激发学生的学习兴趣。但这种录课形式需事先精心准备教学用的课件和媒体素材,还需要有专业人士提供技术支撑。

3. 利用手机也可进行微课的拍摄制作,很多短视频平台的APP提供了拍摄、制作、导出和分享等的功能,但对微课时长有限制。

6. 剪辑和渲染视频

我们平时看到的电视剧、电影、广告等影视作品,都是由成千上万段视频素材、数以千计的音频素材组合在一起的。只有采用科学的管理方法,才能更高效地加工、制作视频。视频加工过程中的创意设计固然重要,但是想要成为一名合格剪辑师,熟练掌握基础操作,练好基本功是必不可少的一步。

工具与材料

电脑,非编软件Premiere pro。

活动过程

1. 了解软件界面,如图6-2-6-1所示。

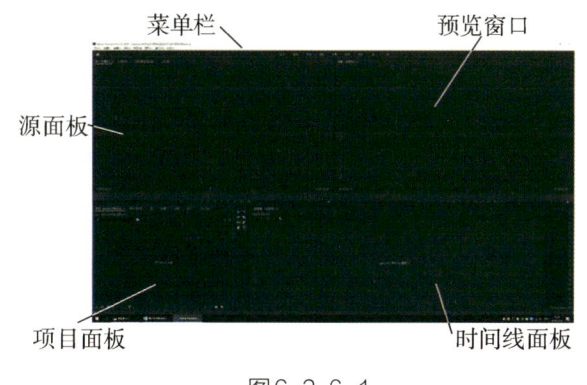

图6-2-6-1

2. 新建项目文件。双击"Premiere pro"图标,软件启动后单击"新建项目"按钮,选择文件保存位置,单击"确定"按钮即为创建成功。一个项目文件可以包含多个序列。序列和序列之间可以相互嵌套。在菜单栏中单击"文件",选择"新建序列",更改序列名称,点击"确定"按钮。

3. 导入摄像素材。在项目面板的空白区域双击,在弹出的"导入"对话框中选中素材,单击"打开"按钮,此时导入的素材就会出现在项目面板中。

4. 剪辑摄像素材。在项目面板中选择要剪辑的摄像素材,按住鼠标左键不放,将其拖到时间线面板中"V1"轨道上。单击预览窗口的"播放"按钮,可以进行浏览。使用"剃刀"工具(图6-2-6-2)可以将视频轨道上的素材切割成两段,单击选中某一段素材,按"Delete"键即可删除。

图6-2-6-2

为视频添加效果,可以使画面更加生动,更能吸引观众的注意力。在效果面板中双击"视频效果"或"视频过渡",找到合适的特效效果,按住鼠标左键不放,拖到时间线面板中对应的摄像素材上,调节效果的相关参数,单击预览窗口的"播放"按钮,观看效果(图6-2-6-3)。

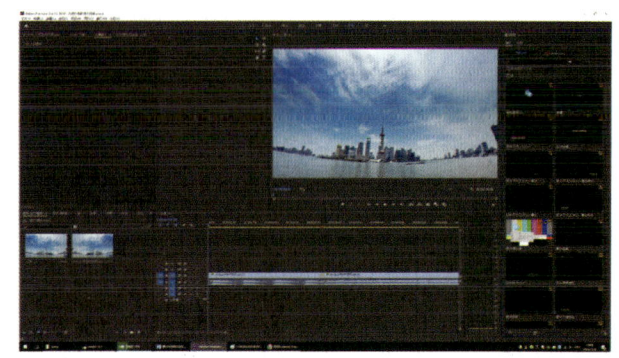

图6-2-6-3

5. 导出摄像素材。对视频编辑完成后,就可以将视频进行输出保存,并用于分享。选择"文件-导出-影片"命令,打开"导出设置"对话框。单击"输出名称"命令,选择视频输出的文件位置。单击"导出"按钮。渲染完成后,即可生成设置的视频文件。

说明与延伸

1. 从新建项目到渲染视频文件的过程中,时间跨度大,需要经常保存文件。

2. 部分添加的视频效果和转场效果可以调节参数。

3. 由于视频渲染时需要占用大量的CPU资源,因此,在视频渲染导出时,最好将其他不需要的程序关闭。

第 7 篇
跨学科活动篇

1. 古法造纸

造纸术是我国四大发明之一,也是人类文明史上一项杰出的成就,是中国古代劳动人民智慧的结晶。相传东汉时期的蔡伦对造纸术进行了改进。我们一起动手学习、体验、探究古代的造纸技术。

项目需要思考的基本问题

1. 古代用什么材料和工具造纸?造纸的主要方法和过程是什么?
2. 身边有哪些材料可以用于造纸?
3. 需要什么工具来造纸?
4. 可以用什么方法来造纸?

项目实施

1. 学习背景知识。

中国古代造纸工艺的步骤。中国古代造纸(竹纸制造法)主要有五个步骤。①斩竹漂塘:砍下竹子置于水塘浸泡,使纤维充分吸水。②煮楻足火:把竹料煮烂,使纤维分散,直到煮成纸浆。③荡料入帘:待纸浆冷却,再使用平板式的竹帘把纸浆捞起,过滤水分,制成纸膜。此一步骤要有纯熟的技巧,才能捞出厚薄适中、分布均匀的纸膜。④覆帘压纸:捞好的纸膜一张张叠好,用木板压紧,上置重石,将水压出。⑤透火焙干:把压到半干的纸膜贴在炉火边上烘干,揭下即为成品。

2. 制订实施方案。

(1)确定造纸所需的工具、材料,拟定制作、测试和改进的日程计划。

(2)工具与材料:脸盆,搅拌器,美工刀,胶带等;旧报纸,木框,纱布等。

3. 制作应用。

(1)浸泡原料。将旧报纸切碎,浸泡在温热的水中,浸透、浸烂。

(2)制作纸浆。将浸泡好的报纸用搅拌器持续搅拌,直至形成糊状的纸浆。

(3)制作网框。用胶带将单层纱布固定在木框的一面上,制成网框。

(4)捞制纸膜。用网框从纸浆中捞出一层纸膜,纸膜尽量厚薄适中、均匀,并轻轻盖上一层纱布,吸收水分。

(5)晾晒。将纸膜晾晒(超过1 h),晾干后将纸轻轻揭下。

4. 测试与改进。

项目实施过程中可能存在的问题和值得改进的地方:

(1)纸浆的浓度、网框纱布的疏密,都会影响制造出的纸张的质量,可以测试不同条件下,制造出纸张的质量、特点,根据自己的需求改进造纸工艺。

(2)晾晒纸膜需要较长时间,为了节省时间,可以使用电吹风等设备进行烘干处理。

5. 交流与评价。

(1)小组作品交流。制作展示台,各小组向大家展示造纸作品,介绍团队合作的经过、获得的成果等,并进行小组间的评价。

(2)自我评价,交流感想。学生根据活动中自己的角色分工、承担的任务,对自己的表现进行自我评价;说说参加活动的感想和收获。

(3) 跨学科评价。

科学：了解造纸用植物纤维原料；了解过滤、蒸发的物理学原理。

技术：利用网络技术搜集信息；寻找满足条件的造纸原料；制作网框；测试所造纸张。

工程：提出造纸步骤方案；制订进度计划和日程安排；根据测试结果提出改进方案。

数学：定性了解纸浆浓度与纸张性状的关系；定性了解网框疏密与纸张性状的关系。

人文：了解蔡伦造纸术。

说明与延伸

1. 古代造纸原料为竹子，现代日常生活中不容易大量收集、处理，可以使用旧报纸作为原料。除了报纸生活中还有哪些可回收物可以用来造纸？它们各自特点是什么？

2. 古代造纸使用竹帘捞纸浆，可以用木相框和单层纱布制作与竹帘功能相似的网框。

3. 捞制纸膜时，是否能够加入一些其他材料进行美化，使之成为一件艺术品（图7-0-1-1）？

图7-0-1-1

4. 现代生产纸张原理和方法与古法有什么相同和不同？现代生产用什么工艺或方法提高了生产效率，生产出各种类型的纸张？

5. 活动流程参考第398页图7-附-1。

2. 我的农场我做主

我国是一个传统的农业国家，历来重视粮食和农作物的生产，学习农耕技术、种植技术，不仅能亲近自然，体验劳动的快乐，还能培养良好的环保意识和生态意识！让我们一起来做一名小小农场主，亲身体验种植的快乐！

项目需要思考的基本问题

1. 一个农场通常分为几个部分？
2. 植物的生长需要哪些条件？
3. 我的农场要种植哪些植物？
4. 农场的日常管理要做些什么？

项目实施

1. 学习背景知识。

（1）都市农场。随着城市居民越来越认识到环境对食物生产、运输、来源和安全性的影响，都市农业吸引了越来越多人的关注。因此越来越多的人开始在城市家庭中的窗台、阳台以及屋顶空地建造自己的都市农场，尝试自己种植植物。建造都市农场，首先，在选择场地时，不仅要预留出种植的空间，还要留出储存材料和工具的仓储空间，有时甚至需要为堆肥腾出地方。第二，多数植物需要大量阳光才能健康生长，农场应有充足的光照。第三，排水性要好，浸湿的土壤会延缓植物的生长或使植物易滋生疾病。

（2）种子。种子一般由种皮和胚组成。种皮是种子的"铠甲"，有光滑粗糙之分、颜色鲜亮暗淡之别，有的种皮还具有特殊的花纹，能够保护种子免受外界的伤害；胚是种子的"核心"，可以发育成植物的根、茎、叶。有些种子还含有胚乳，是种子的"营养库"，为幼芽的生长提供营养物质。种子是裸子植物和被子植物所特有的结构，肩负着植物物种延续的重大职责。种子要想发芽，首先确保种子是活的，而且要有健全的种皮和胚，有胚乳的种子还要保留完整的胚乳。有了这些条件,再提供适宜的温度、适量的水分和充足的空气,种子就能萌发了。

2. 制订实施方案。

(1) 确定建造农场所需的工具、材料,拟定测量、建造、种植等日程计划。

(2) 工具与材料:锤子,螺丝刀,铁锹,小锄头,耙子,尖嘴钳,锯子,卷尺,水壶等;木条,铁丝,种植土,螺丝钉,植物种子等。

3. 建造应用。

(1) 选取教学楼顶楼小花园作为农场。

(2) 利用卷尺等测量工具,实地测量农场的大小,并进行规划。

(3) 根据规划,划分好农场区域后,利用木条、铁丝等搭建木栅栏(图7-0-2-1)。

图7-0-2-1

(4) 用小锄头、耙子等,翻松、平整土地,去除杂草。

(5) 将植物种子均匀地撒在土壤表面,然后覆盖一层薄薄的细土,浇水。

(6) 根据不同植物不同生长习性,做出日常管理计划,如定期浇水、除草、施肥的安排等(图7-0-2-2)。

(7) 观察植物生长,做好观察记录。

4. 改进。

项目实施过程中可能存在的问题和值得改进的地方:

(1) 观察植物生长过程,记录出现的问题,及时

图7-0-2-2

寻找解决方法。

(2) 为植物搭建暖棚。

5. 交流与评价。

(1) 小组作品交流。各小组利用PPT、海报等向大家介绍团队合作的经过,农场种植获得的成果等,并进行小组间的评价。

(2) 自我评价,交流感想。学生根据活动中自己承担的任务,对自己的表现进行自我评价;说说参加活动的感想和收获。

(3) 跨学科评价。

科学:了解植物发芽的条件及过程;了解植物生长与环境的关系。

技术:使用木条、铁丝等搭建木栅栏;翻整土地;种植植物。

工程:设计农场规划图,搭建农场;制订进度计划和日程安排;根据观察记录提出改进方案。

数学:测量土地,计算面积。

说明与延伸

1. 光是植物生长发育所必需的,利用人工光源补偿光照,能够解决自然因素导致的植物光照不足的问题。怎样合理地延长光照时间和改变光照强度,来促进植物健康生长,提高作物产量?

2. 了解种植植物可能会发生的病虫害有哪些,整理预防资料。植物生长过程中病虫害的发生应以预防为主,但一旦发生病虫害也应及时处理,防止造成大面积影响。

3. 活动流程参考第399页图7-附-2。

3. 制作校园植物二维码身份证

校园里、公园内总能见到种类繁多的植被和花草，这些植物有些大家比较熟悉，有些却较难辨识。虽然，有些场所在植物旁用铭牌对其进行介绍，但仅仅几段文字，信息量比较少。如果能够配以图像、视频介绍，那就会对我们识别植物有更好的帮助。

如今，二维码技术已非常成熟，给植物制作一个二维码身份证，就能很好地丰富植物的介绍，为我们认识植物，保护植物起到积极的作用。

项目需要思考的基本问题

1. 植物的二维码身份证应包含哪些信息？怎样获取这些信息？
2. 大量的植物信息数据应存储在哪里？
3. 如何制作二维码？

项目实施

1. 学习背景知识。

（1）植物的分类与命名。生存在地球上的植物有数十万种。要对数目如此众多，彼此又千差万别的植物进行研究，就必须对它们进行分类。植物的分级单位依次为：界、门、纲、目、科、属、种。植物的命名经常采用双名法：用两个拉丁词或拉丁化形式的词给物种命名，第1个词为属名，第2个词为种加词，之后附上命名人姓氏缩写。

（2）二维码。二维码又称二维条码，比传统的条形码储存更多的信息，是近年来超流行的一种编码方式，是一种全新的信息储存、传递和识别技术。利用二维码的网站跳转、信息获取（名片、地图、资料等）功能，可以很好地丰富植物信息。

2. 制订实施方案。

（1）确定需要收集信息的校园植物，确定所需的工具、材料，进行小组分工，拟定项目日程计划。

（2）工具与材料：电脑，打印机，塑封设备等；卡纸，挂绳等。

3. 设计植物信息界面（图7-0-3-1），构建植物数据库。

图7-0-3-1

4. 测试与改进。

项目实施过程中可能存在的问题和值得改进的地方：

（1）测试在不同的距离、不同的光照条件下扫描，能否正确识别二维码。如果识别出现问题，可能和容错率的设置有关，可在二维码生成器中做相应的调整。

（2）测试多人同时访问时，网页是否能够正确打开。如果出现网页刷新不了，图片和视频打开缓慢等情况，需要重新选择资料承载的平台。

（3）检查扫描二维码播放视频介绍前是否出现广告，若有广告，应选择无广告的平台。

（4）植物二维码身份证在日光暴晒下是否会褪色？

5. 交流与评价。

（1）小组作品展示。制作展示台，各小组向大家介绍团队合作的经过，展示制作的二维码以及获得的成果等，并进行小组间的评价。

(2) 自我评价，交流感想。学生根据活动中自己承担的任务，对自己的表现进行评价；说说参加活动的感想和收获。

(3) 跨学科评价。

科学：了解植物分类与命名；了解校园各种植物的特点及生长习性；了解二维码技术。

技术：利用网络技术搜集植物信息；构建植物数据库；生成、制作二维码。

工程：制订进度计划和日程安排；设计植物信息界面；根据测试结果提出改进方案。

数学：通过测试改进二维码容错值，提高扫描识别率。

艺术：美化植物二维码身份证。

说明与延伸

1. 如何识别植物。除了咨询老师、查询植物图谱之外，现在有很多软件可以辨识植物，比如微信"扫一扫"的识物功能。不过这些软件识别有一定的错误率，还需要结合书籍资料正确判断。

2. 如果植物介绍页网址很长，可以采用什么方法缩短？

3. 还能通过制作二维码做哪些事情？

4. 在生活中扫描未知来源二维码应加强警惕，避免财产和隐私受损。

5. 活动流程参考第400页图7-附-3。

4. 自制简易净水器

自来水厂生产出的水需要经过输水管才能进入家庭、学校，供我们使用。然而在这过程中，自来水可能会受到二次污染。因此，为了获得更加卫生和安全的生活用水，许多学校、家庭都安装了净水器。净水器对自来水污染较严重的地区也十分适用。让我们也尝试自制一个简易净水器吧。

项目需要思考的基本问题

1. 日常自来水以及江河湖水中主要有哪些物质是有害的，需要过滤？

2. 自来水厂是如何净化水的？常见家用净水器是如何净化水的？

3. 常见家用净水器的外观是怎样的？可以选用哪些材料制作净水器？

4. 生活中可以用于过滤水的材料有哪些？

项目实施

1. 学习背景知识。

(1) 自来水厂净化水的原理。自来水厂净化水主要是通过沉淀、过滤、吸附、消毒、杀菌等方法，有些还需要通过离子交换器将硬水软化。归纳起来分为三步。第一步，预处理。把原水引入到混合槽，使其与药物混合，形成大颗粒沉淀物，完成初步沉淀。第二步，进入反应沉淀池，利用反冲气水，吸附水里的有机物等杂质，分离出较为干净的水进入清水池。第三步，消毒，储水，供水给用户。

(2) 滤水材料。常见家用净水器的核心是滤芯，净水一般是通过预过滤、吸附、精滤三步完成。其净化原理是利用鹅卵石、纱布、PP棉等材料过滤大颗粒的不溶性物质；利用石英砂等过滤细小的不溶性物质；最后利用活性炭或碳纤维等进行脱氯，并去除有机物和重金属等污染物。此外，还有些净水器使用了超滤膜、反渗透膜、纳滤膜等，它们利用不同种类的膜进行过滤，不仅能吸附、截留水中大分子物质，还能阻隔大量的微生物。

生活中可用于过滤水的材料有：纱布、鹅卵石、石英砂、蓬松棉、活性炭等。过滤材料应根据它们的孔径进行排序，孔径大的放在上层，小的放下层。对沙子、活性炭等容易随水流出的材料可以加一层纱布作为隔层。

2. 制订实施方案。

（1）确定制作简易净水器所需的工具、材料，拟定制作、测试和改进的日程计划。

（2）工具与材料：美工刀，塑料瓶，锥子等；纱布，活性炭，鹅卵石，石英砂，蓬松棉等。

3. 设计草图（图7-0-4-1）。

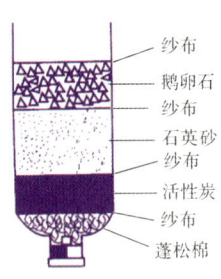

图7-0-4-1

4. 制作应用。

（1）用美工刀切去塑料瓶底部约三分之一，再用锥子在瓶盖上戳几个小孔。

（2）把塑料瓶瓶口向下倒置，从下往上依次放入蓬松棉、纱布、活性炭、纱布、石英砂、纱布、鹅卵石、纱布，完成制作。

5. 测试与改进。

项目实施过程中可能存在的问题和值得改进的地方：

（1）将污水（加入粉笔灰等杂质的自来水）倒入制作好的简易净水器中，观察污水是否得到净化。当肉眼不能辨别时，可以使用TDS水质测量装置，根据数值进行判断。

（2）记录简易净水器净水所需的时间，如果调整瓶盖上小孔的大小，对净水器的净水效果有什么影响？

（3）将两个简易净水器叠放在一起，观察净水效果（图7-0-4-2）。

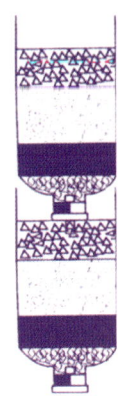

图7-0-4-2

6. 交流与评价。

（1）小组作品交流。各小组利用PPT、海报等向大家展示制作的简易净水器，介绍团队合作的经过，获得的成果等，并进行小组间的评价。

（2）自我评价，交流感想。学生根据活动中自己的角色分工、承担的任务，对自己的表现进行评价；说说参加活动的感想和收获。

（3）跨学科评价。

科学：了解水中常见污染物及其来源；了解利用过滤、吸附等方法过滤水的原理；了解过滤材料与过滤效率的关系。

技术：设计并制作简易净水器；利用TDS测量法测试过滤效果。

工程：设计简易净水器基本结构，并绘制草图；制订进度计划和日程安排；根据测试结果提出改进方案。

数学：记录、统计测试的TDS数值。

说明与延伸

1. 利用控制变量法探究活性炭的叠放顺序对净水效果的影响。

2. 怎样给净水器增加一个水流开关？

3. 活动流程参考第401页图7-附-4。

5. 探究PM$_{2.5}$与楼层高度的关系

网络上曾流传一个帖子：高层建筑的9～11楼是"扬灰层"，污染物易于这个楼层高度积累。买了这几层的房子，就只能一辈子吃灰了。事实上，科学研究中，并没有"扬灰层"这一说法。通常，大气污染物中对人体健康影响最大的是细颗粒物（PM$_{2.5}$）。那么，楼层高度与PM$_{2.5}$究竟是否有关？让我们一起来探究吧。

项目需要思考的基本问题

1. "扬灰层"的"灰"主要是什么？有什么危害？
2. 如何测量大气中的颗粒物污染？
3. 如何进行数据分析？

项目实施

1. 学习背景知识。

（1）"灰尘"与大气颗粒物污染。日常生活中所说的"灰尘"，属于大气污染中的颗粒物污染。大气颗粒物是影响城市空气质量主要污染物之一。按照空气动力学直径大小，可将大气颗粒物分为：总悬浮颗粒物（TSP）、可吸入颗粒物（PM$_{10}$）和细颗粒物（PM$_{2.5}$）。据世界卫生组织城市空气质量数据库显示，在全球103个国家和地区的3000多个监测空气质量的城市中，80%以上城市空气中PM$_{10}$和PM$_{2.5}$污染水平超过世界卫生组织建议标准。

PM$_{2.5}$粒径小，在大气中的停留时间长、输送距离远，被人体吸入后会直接进入支气管，干扰肺部的气体交换，引发疾病。因此，空气中如果PM$_{2.5}$污染较大，对人体健康危害很大。

（2）大气边界层。大气边界层是指大气最底层，靠近地球表面、受地面摩擦阻力影响的大气层区域。大气流过地面时，地面上各种粗糙物体，如草、沙粒、庄稼、树木、房屋等会使大气流动受阻，这种摩擦阻力由于大气中的湍流而向上传递，并随高度的增加而逐渐减弱，达到某一高度后便可忽略。此高度称为大气边界层厚度，它随气象条件、地形、地面粗糙度而变化，大致为300～1000 m。在大气边界层内气溶胶或颗粒物浓度较高，但边界层内不同高度污染物是均匀混合的。

（3）PM$_{2.5}$测量仪。测量PM$_{2.5}$的方法和工具有许多，BR-HOL系列空气质量检测仪是其中的一种测量仪，它主要是通过三通道样本气体采集系统、温湿度传感器完成测量工作。

（4）数据分析。收集的数据可以运用Excel软件进行分析处理，将PM$_{2.5}$作为因变量，某一其他影响因素作为自变量，绘制X-Y散点图，可用程序自带的数据拟合以及标准误差线等功能揭示规律并排除粗差。图7-0-5-1揭示了实测数据拟合的线性关系。

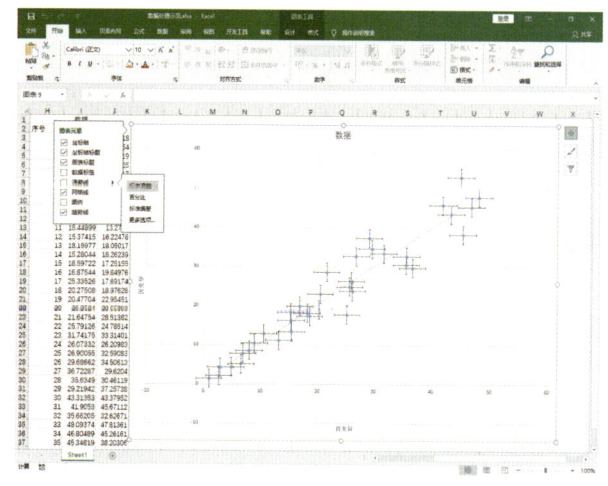

图7-0-5-1

2. 制订实施方案。

（1）确定实验开展的地点、预实验方法，拟定正式实验的日程计划。

（2）工具与材料：PM$_{2.5}$测试设备，计算机等。

3. 确定实验方案和设计测试数据表格。

（1）根据预实验方案和结果，设计正式实验方案。

（2）设计用于记录PM$_{2.5}$实验内容的任务单。

PM$_{2.5}$与楼层高度关系实验任务单

日期_____ 地点_____ 天气_____

气温_____ 湿度_____ 气压_____

PM$_{2.5}$测试设备型号_____ 测试时间段_____

层高(估算)_____ 风速_____ 风向_____ 测试所在窗户朝向_____

数据记录：

1楼	2楼	3楼	4楼	5楼	6楼
7楼	8楼	9楼	10楼	11楼	12楼
13楼	14楼	15楼	16楼	17楼	18楼
19楼	20楼	21楼	22楼	23楼	24楼
25楼	26楼	27楼	28楼	29楼	30楼

测试人(签名)：_____

4. 数据处理。

将获得的实验数据导入Excel,分析PM$_{2.5}$数值在误差允许范围内是否与楼层相关,并绘制出直方图进行说明。

5. 测试与改进。

项目实施过程中可能存在的问题和值得改进的地方：

（1）数据的稳定性。同一条件同一地点多次测量,观察测试数据是否稳定,找出偏差的原因。

（2）数据的可靠性。周围有人吸烟或者炒菜等会极大地影响测试准确性,应该注意避免。

（3）数据的时效性。实验的核心手段是控制变量,因此要优化测试流程,减少测量间隔时间。

（4）注意控制变量。测量时尽可能保证使用同一台设备,在同一幢建筑物,同一个朝向,同时段测量。

（5）需要采集多组样本。样本应尽可能覆盖全部朝向、全部时段、全部季节、全部天气等。

6. 交流与评价。

（1）小组作品交流。制作展示台,各小组向大家介绍团队合作的经过,获得的实验结论等,并进行小组间的评价。

（2）自我评价,交流感想。学生根据活动中自己的角色分工、承担的任务,对自己的表现进行评价;说说参加活动的感想和收获。

（3）跨学科评价。

科学：了解大气颗粒物污染;了解大气中颗粒的沉浮;了解空气循环。

技术：利用PM$_{2.5}$测试装置测量大气中PM$_{2.5}$浓度;运用Excel处理数据。

工程：设计实验步骤,控制变量;制订进度计划和日程安排;根据测试结果提出改进方案。

数学：记录、统计测试的数值。

说明与延伸

1. 探究活动中记录了多种有用的数据,除了可以判断是否存在"扬灰层",还可以用于探究何种天气情况下PM$_{2.5}$污染较小,适宜开窗通风。

2. 了解逆温现象,探究在这种情况下PM$_{2.5}$分布情况。

3. 活动流程参考第402页图7-附-5。

6. 给鸟建一个屋

鸟巢是鸟类生活必不可少的元素。搭建一个人工鸟巢，不仅能给鸟儿一个家，也是科学家利用鸟类趋巢习性开展科学试验，开展招鸟工程，进行生态建设的重要手段。让我们试着建造人工鸟巢，观察鸟类的生活吧。

项目需要思考的基本问题

1. 常见的鸟巢是什么形状的？它们有什么特点？
2. 鸟巢的功能是什么？
3. 可以选用什么材料制作人工鸟巢？
4. 怎样的人工鸟巢方便日常观察和维护？

项目实施

1. 学习背景知识。

（1）鸟巢的主要功能。鸟巢主要是鸟用来产卵、孵化、育雏的场所，是鸟类繁殖的需求。鸟类孵化时要将所有的卵聚集在一起，不能分散，以保持一定的温度。（鸟类为了躲避敌害一般都会离地一定高度筑巢，因此鸟巢还有一定的帮助鸟类躲避敌害的功能。）

（2）人工鸟巢设计原则。① 以动物为本原则。综合考虑服务对象的形体特征、行为需求，同时满足天然鸟巢主要功能的情况下，结合当地环境因素可能对人工鸟巢产生的影响进行适当调整。② 安全稳定原则。人工鸟巢不仅要帮助鸟类在产卵期和雏鸟孵育期避免天敌捕食或其他干扰，同时也要保证鸟巢自身结构坚固，不易受外力损毁。

（3）利用3D打印技术制作鸟巢的注意点。野生动物偏爱木质鸟巢。但木材并不是人工鸟巢的唯一选择。许多鸟类的排泄物都有腐蚀性，而沼泽湿地等潮湿环境易使木材制作的人工鸟巢腐朽倒塌。利用3D打印技术和材料，也能制作很好的人工鸟巢。

通常，常见的3D打印机输出是不超过20 cm^3的。超出这个体积需要分片打造，再进行黏合。常见的3D打印材料为塑料，不容易透水，因此设计的鸟巢需要预先留好排水孔，以免被雨水淹没。3D打印中空结构容易产生大量的支架，一是比较浪费材料，二是较难清扫，因此在设计上要考虑，怎样的结构支架最少。塑料保温效果不好，还需为鸟巢填充稻草之类的保温材料。一般来说3D打印材料是色彩鲜艳的，表面是反光的，这不容易吸引鸟类入住，要在人工鸟巢上涂上泥土，使它能够与树干融为一体。

2. 制订实施方案。

（1）根据计划招引的鸟类的习性，确定鸟巢的尺寸、颜色、形态等。

（2）确定制作鸟巢所需的工具、材料，拟定制作、测试和改进日程计划。

（3）工具与材料：电脑，3D打印机等；打印机材料，稻草等。

3. 设计人工鸟巢草图（图7-0-6-1），完成3D打印。

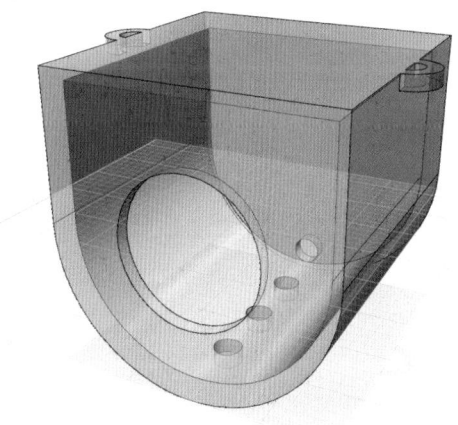

图7-0-6-1

4. 测试与改进。

项目实施过程中可能存在的问题和值得改进的地方：

（1）测试制作的人工鸟巢是否能够聚集鸟的卵？将多个乒乓球或者鸡蛋放在人工鸟巢中，观察是否符合要求。

（2）测试人工鸟巢透水能力。用花洒向鸟巢淋水模拟下雨，观察鸟巢是否会被淹没，观察其透水能力。

（3）测试人工鸟巢保温能力。将鸟巢放在室外，定时记录鸟巢内外温度，观察鸟巢内温度变化幅度是否明显小于外界。

（4）鸟巢一般需要悬挂在6 m高的乔木上（可以请老师或者家长帮忙），周围应植被丰富，水源充足，方向朝东或者东南，避风。每只鸟都有自己的活动范围，因此鸟巢不应该挂得过密。

（5）较高的树梢往往较细，需要控制人工鸟巢的重量。可以运用镂空工艺，减轻非承重部位的重量，从而降低整个鸟巢的重量；也可以只用3D打印制作关键的连接部件。

5. 交流与评价。

（1）小组作品展示。制作展示台，各小组向大家展示小组设计的鸟巢，介绍团队合作的经过，并进行小组间的评价。

（2）自我评价，交流感想。学生根据活动中自己的角色分工、承担的任务，对自己的表现进行评价；说说参加活动的感想和收获。

（3）跨学科评价。

科学：认识鸟巢并了解其功能。

技术：使用3D打印技术设计并制作鸟巢。

工程：构思鸟巢的基本构型，并绘制草图；制订进度计划和日程安排；根据测试结果提出改进方案。

数学：认识鸟巢的几何结构；学习鸟巢的轻量化计算。

说明与延伸

1. 3D打印的精细程度与打印时间成反比，如何选取合适的精度？

2. 3D打印的鸟巢与传统的人工鸟巢相比有哪些优势？

3. 活动流程参考第403页图7-附-6。

7. 自制雨量器

雨水对农作物的生长和产量有着重大影响，而大雨或频繁降雨会给某些地区带来严重的危害，如发生山体滑坡、泥石流、洪水等地质灾害。因此测量雨量，积累降水数据，并通过历史数据来分析、预测当地的降水情况有非常重要的意义。那么雨量要如何测量呢？我们可以制作一个雨量器。

项目需要思考的基本问题

1. 雨量器是什么形状的？由什么材料制成？
2. 怎样的设计可以减少雨量器中雨水蒸发？
3. 雨量器通常应放置在什么地方收集雨水？

项目实施

1. 学习背景知识。

（1）雨量器。在雨量站、气象站或水文站等地面观测站点，用于测量雨量的仪器称为雨量器。雨量器测量落至其边缘划定的水平面上的雨水的体积，除以雨量器的底面积，便得到降雨深度，因此雨量器测量单位大多为毫米（mm）。一定时段内，降落到水平面上（假定无渗漏、蒸发、流失等情况）的雨水深度即为雨量。雨量器有两种类型：自记的和非自记的。自记雨量器能自动记录累计降雨量，其时间分辨能力可细到1 min或以下，往往配有遥测设备，以便实时传送记录。

（2）影响雨量器测量准确性的因素。为了能够准确测量降雨量，制作雨量器时应尽量避免产生误差。雨量器的形状、大小会对测量准确性产生较大影响。雨量器的形状会影响读数难度，而雨量器的大小应考虑到该地区的历史降水数据,以防雨量大时容积不够雨水溢出,无法测量。另外,由于收集到的雨水会蒸发,因此收集口不宜过大或采用漏斗形式。

制作时,还应考虑所选择的材料特性(如光滑程度、是否吸水及是否容易损坏等)。

(3)使用雨量器的注意事项。雨量器在收集雨水的过程中会受到天气和放置位置的影响。狂风会影响雨水的收集,因此不能在大风天气使用雨量器进行测量。另外,遮挡物会影响雨水进入雨量器,所以雨量器必须安放在没有遮挡物的开阔处。

2. 制订实施方案。

(1)选定雨量器类型,确定制作的工具和材料,拟定制作、测试和改进的日程计划。

(2)工具与材料:刻度尺,剪刀,胶带等;截面直径为20 cm的塑料筒,漏斗,平底塑料瓶等。

3. 绘制雨量器设计图(图7-0-7-1)。

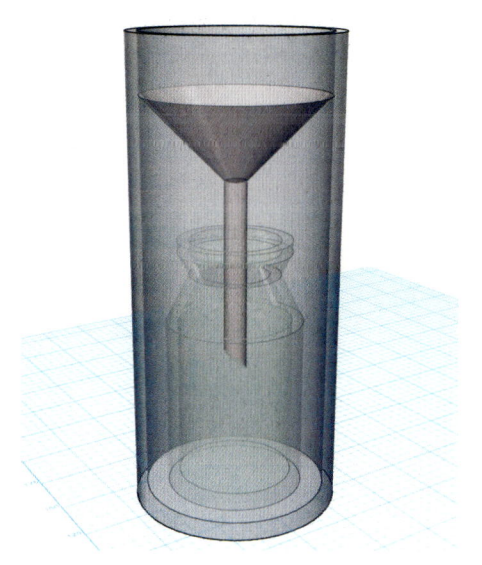

图7-0-7-1

4. 测试与改进。

项目实施过程中可能存在的问题和值得改进的地方:

(1)雨量器的漏斗口壁要有一定高度,避免落入其中的雨水溅出。雨量器应牢固地安置在空旷平坦的地方,防止被大风刮倒或被周围物体遮挡。

(2)雨量器要放置在离地稍高一点的位置,防止外部雨水溅入,一般离地70 cm为宜。

(3)在同一地点重复测量雨量,分析结果是否一致,讨论自制雨量器产生误差的原因,并思考如何对其进行改进。使用改进后的雨量器在不同地点进行测量,计算该区域的平均降雨量并记录。

5. 交流与评价。

(1)小组作品交流。制作展示台,各小组向大家展示雨量器作品,介绍团队合作的经过,并进行小组间的评价。

(2)自我评价,交流感想。学生根据活动中自己的角色分工、承担的任务,对自己的表现进行自我评价;说说参加活动的感想和收获。

(3)跨学科评价。

科学:了解雨量器原理;了解水循环及水的物态变化;了解降水的类型以及降水量与气候类型的关系。

技术:利用绘图软件设计雨量器结构;完成雨量器制作。

工程:构思雨量器基本结构,并绘制草图;制订进度计划和日程安排;根据测试结果提出改进方案。

数学:实验数据记录、分析和处理。

说明与延伸

1. 制作雨量器时,如果找不到平底的容器,也可以使用底部不平的瓶子。使用时需先在底部加些水,使水面高于底部凸起的部分,形成水平面。测量时,"0"刻度的位置与该水面对齐。

2. 雨是怎样形成的?降雨有哪些类型?降雨对我们的生活有什么影响?

3. 目前气象工作中使用的降雨量观测装置是怎样的?

4. 活动流程参考第404页图7-附-7。

8. 自制音乐阶梯

现在,有些商场里为了吸引顾客,为了环境与众不同,设计安装了音乐阶梯。人们走在音乐阶梯上时,阶梯会发出美妙的音阶,再通过声光电的结合,人们能感受到梦幻般的音乐氛围。

音乐阶梯的原理十分简单,制作一个简易的音乐阶梯仅需要几个电子元件,让我们一起动手制作一个属于自己的音乐阶梯吧。

项目需要思考的基本问题

1. 音乐阶梯的原理是什么?
2. 制作音乐阶梯需要哪些电子元件?它们的作用是什么?
3. 电子元件应放在音乐阶梯的什么位置,既能发挥作用,又不影响行人?

项目实施

1. 学习背景知识。

(1) 十二平均律。钢琴上每一个琴键对应的声音各不相同,其本质是琴弦振动的快慢,也就是频率不同,琴弦振动的频率越高,我们听到的音调就越高。十二平均律,是将一个八度平均分成12等份(详见表7-0-8-1),每等分称为半音,钢琴就是根据十二平均律定音的。我们常说的升一个八度,就是频率翻倍。

(2) 红外对射传感器的原理。利用发射端红外发光二极管发射红外线,经光学透镜处理后使光线传至较远距离,最后由接收端的光敏晶体管接收红外线。当有物体挡住发射端发射的红外射线时,接收端无法接收到红外线,便会发出警报。于是,人们将红外对射传感器安装在每个阶梯上,发射端和接收端分别置于阶梯的两端,当有人踩在阶梯上时,发射端发射的红外线受阻,接收端无法接收到红外线,传感器就会发出电信号,触发控制器使喇叭发声。

表7-0-8-1

音名	频率
C4	261.62557 Hz
#C4	277.18263 Hz
D4	293.66477 Hz
#D4	311.12698 Hz
E4	329.62756 Hz
F4	349.22823 Hz
#F4	369.99442 Hz
G4	391.99544 Hz
#G4	415.30470 Hz
A4	440.00000 Hz
#A4	466.16376 Hz
B4	493.88330 Hz
C5	523.25113 Hz

2. 制订实施方案。

(1) 确定所需的工具、材料,拟定制作、测试和改进的日程计划。

(2) 工具与材料:美工刀,剪刀,胶布,电脑,Scratch编程软件等;红外线对射传感器若干(直流、常开),单片机,喇叭,电源,线材等。

3. 制作应用。

(1) 在阶梯的一端安装红外线对射传感器的发射器和接收器,在阶梯的另一端安装反光片。反光片应与传感器对齐,并做好防水和防碰撞的处理(图7-0-8-1)。

(2) 给红外线对射传感器接通12 V以下的直流电,并将接收器的信号线连接到单片机的一个输入端。

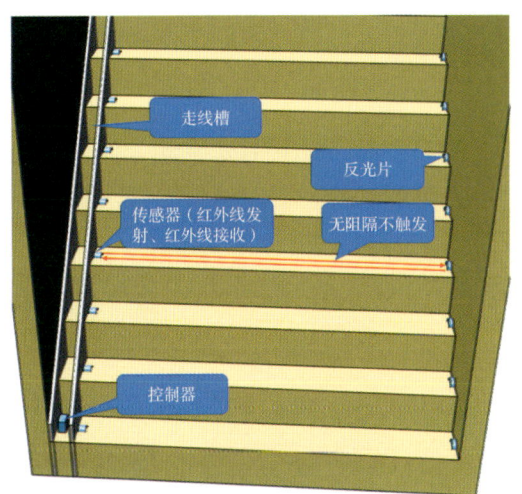

图 7-0-8-1

（3）将喇叭接入单片机的输出端，与单片机一起固定在稍高的位置。

（4）利用 Scratch 图形化编程软件编写程序（图 7-0-8-2），匹配每个输入端所触发的喇叭对应的频率，设置广播延时时间。

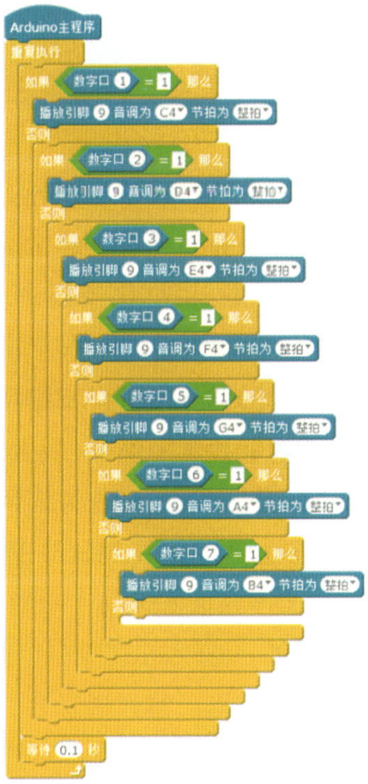

图 7-0-8-2

4. 测试与改进。

项目实施过程中可能存在的问题和值得改进的地方：

（1）测试音乐阶梯的灵敏度。

（2）测试音乐阶梯的准确性。

（3）钢琴上敲下一个音后，音量会逐渐降低，怎样通过优化程序，使音乐阶梯也能产生这个效果？

5. 交流与评价。

（1）小组作品交流。各小组利用PPT、海报等向大家介绍、展示音乐阶梯，介绍团队合作的经过、获得的成果等，并进行小组间的评价。

（2）自我评价，交流感想。学生根据活动中自己的角色分工、承担的任务，对自己的表现进行评价；说说参加活动的感想和收获。

（3）跨学科评价。

科学：认识音高、音色、响度；了解红外线传感器原理。

技术：安装红外线对射传感器；利用Scratch软件编写程序、调试程序。

工程：制订进度计划和日程安排；根据测试结果提出改进方案。

数学：计算振动频率。

艺术：认识十二平均律。

说明与延伸

1. 音色是由什么决定的？

2. 演奏钢琴的时候，往往会同时有三个音的结合，即"和弦"，怎样通过优化程序，使音乐阶梯也能够弹出"和弦"？

3. 如果没有人走过时，怎样设计让音乐阶梯自动播放音乐？

4. 活动流程参考第405页图7-附-8。

9. 自制赤道式日晷

日晷是古代观测日影计时普遍使用的计时仪器。日晷主要有三种类型：赤道式、水平式（地平式）和垂直式。我们可以尝试自制一个日晷，在完成项目的过程中，看看我们能学到些什么。

项目需要思考的基本问题

1. 什么是日晷？
2. 日晷利用什么原理计时？
3. 身边有哪些材料可以用于制作日晷？

项目实施

1. 学习背景知识。

赤道式日晷，其晷面倾斜角度与所在地的纬度有关。在北半球，日晷晷面与地球赤道平行，指针指向北极星，晷面与地面的夹角等于某地纬度的余角（图7-0-9-1）。这样的日晷其指针投影在晷面上的刻度不会疏密不均，也不会因季节不同产生偏差。太阳直射北半球时，依据日晷指针的影子在晷面（正面）上的投影即可以判断当地的时间。

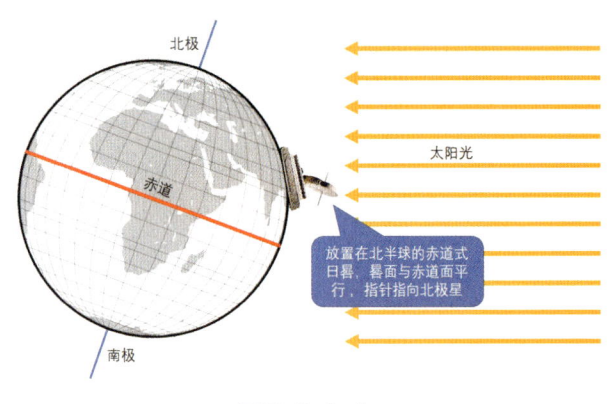

图7-0-9-1

2. 制订实施方案。

（1）确定制作日晷所需的工具、材料，拟定制作、测试和改进的日程计划。

（2）工具与材料：量角器、刻度尺、美工刀、胶带等。快递箱、牙签等。

3. 绘制日晷设计图（图7-0-9-2）。
4. 测试与改进。

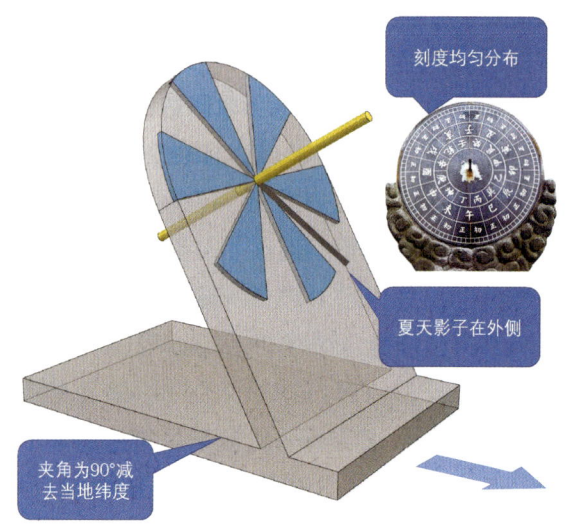

图7-0-9-2

项目实施过程中可能存在的问题和值得改进的地方：

（1）日晷晷面如果做得很小，它的刻度就非常密，读数误差会很大，而如果做得很大，刻度盘的平整性就很难得到保障，因此需要折中考虑其大小尺寸。

（2）如果制作的日晷需要经常移动，最好能够在底座上配上指南针和水平仪。

（3）摆放时如果用指南针作方向判断，需要消除地磁偏角的误差，也可以采用北斗卫星导航系统定位。

5. 交流与评价。

（1）小组作品交流。制作展示台，各小组向大家展示制作的日晷，介绍团队合作的经过等，并进行小组间的评价。

（2）自我评价，交流感想。学生根据活动中自己的角色分工、承担的任务，对自己的表现进行评价；说说参加活动的感想和收获。

(3) 跨学科评价。

科学：认识地球的自转、公转，不同季节太阳照射的方向；认识地球经纬度。

技术：利用绘图软件设计日晷结构；完成日晷制作；利用北斗卫星导航系统定位。

工程：构思赤道式日晷基本构型，设计草图；制订进度计划和日程安排；根据测试结果提出改进方案。

数学：利用当地纬度和地磁偏角信息，计算日晷晷面刻度；根据标准时间修正刻度误差。

人文：了解日晷的发展史。

说明与延伸

1. 晚上没有太阳光古代人怎么计时？
2. 除了赤道式日晷之外还有哪些形式的日晷，它们的原理是什么？
3. 这些日晷是根据指针影子方向来计时的，能不能根据影子长短来计时呢？
4. 如果把日晷放在南半球使用，该如何进行改进呢？
5. 活动流程参考第406页图7-附-9。

10. 机器人表演皮影戏

皮影戏是中国优秀传统文化的瑰宝，深受人们的喜爱。传统皮影戏由人工操纵表演，需要表演者长期勤学苦练才能同时操纵几个皮影上下翻腾，精彩异常。如果将现代化的机器人与皮影戏结合，利用设置好程序的机器人控制皮影的活动、表演，不仅可以减轻表演者的工作量，还能对现代科技前沿引领传统文化发展提供新的思路和方法，对中国古老文化的发展传承起到积极的作用。

那么就让我们试着制作一系列机器人，让它们来表演皮影戏吧！

项目需要思考的基本问题

1. 用什么材料制作皮影？如何制作？
2. 哪种机器人套件适用于表演机器人？
3. 怎样将皮影连接、固定在机器人上？
4. 哪些器材可以帮助机器人操纵皮影上下翻滚、左右移动？
5. 怎样利用机器人控制操纵大幕？
6. 选择什么样的音乐、灯光来配合皮影戏的表演？

项目实施

1. 学习背景知识。

（1）皮影戏。皮影戏是中国民间古老的传统艺术，据史书记载，皮影戏始于战国，兴于汉朝，盛于宋代，元代时期传至西亚和欧洲。皮影戏中的平面人偶以及场面景物，通常是民间艺人刀雕、彩绘而成的皮制品，故称之为皮影。2006年5月20日，"皮影戏"列入第一批国家级非物质文化遗产名录。2011年11月27日，联合国教科文组织正式把中国皮影戏列入"人类非物质文化遗产代表作名录"。

（2）机器人。它是一种自动化的机器，具备一些与人或生物相似的智能，如感知能力、规划能力、动作能力和协同能力，是一种具有高度灵活性的自动化机器。其实，机器人的这些能力来自种类繁多、形式各异的传感器和控制器。

2. 制订实施方案。

（1）确定皮影戏表演剧本、皮影人物、背景等。

（2）确定制作皮影所需的工具、材料，确定机器人材料和配件。

(3) 拟定制作、测试和改进的日程计划。

(4) 工具与材料：美工刀，剪刀，小锤子，记号笔，日光灯，电脑，Scratch软件等；PVC透明板（厚度0.5～1 mm），丙烯颜料，清漆，扎带，积木类机器人搭建材料（含控制器、各类传感器），舵机（2 kg、5 kg、16 kg、30 kg），舵机控制板，减速电动机，减速电动机控制板，锂电池，连接线及转换接头，铝合金型材（含各类结构件、连接件），各类螺丝，10 cm以上的光面板材，5 cm毛玻璃，一次性木筷，大头针等。

3. 制作应用。

(1) 确定皮影戏表演剧本——海宝迎世博。

(2) 确定皮影人物和背景。人物：海宝（2个）、爸爸、妈妈、小朋友；背景：中华艺术宫、东方明珠、世博会徽。

(3) 用细记号笔在PVC透明板上绘出所有皮影的形象轮廓，用丙烯颜料上色，再用粗记号笔勾画轮廓线。在PVC皮影表面喷上清漆，更好地固定颜色。

(4) 沿着粗记号笔勾画出的轮廓线（留出约2.5 mm的白边），将皮影从PVC板上剪下。

(5) 确定皮影人物各活动关节的最大活动位置和最佳操纵点，在最佳操纵点钻1 mm小孔。

(6) 选择直径3～4 mm、有韧性的一次性筷子，在较尖的一端钻直径1 mm的小孔，孔深略小于大头针。

(7) 将大头针穿过皮影最佳操纵点，扎入筷子上的小孔中，用锤子轻轻敲击，使大头针牢固固定在筷子上。

(8) 完成所有皮影人物活动关节的连接和固定。

(9) 用机器人搭建材料制作两辆小车，用扎带将两个海宝皮影通过筷子的另一端分别与两辆小车连接固定（图7-0-10-1）。

(10) 为了使海宝皮影在行进中有跳跃动作，在两辆小车上增加偏心轮，使"海宝"可上下移动。

(11) 用机器人搭建材料制作一个推进机，将世博会徽皮影与其连接固定，"世博会徽"可在规定时

图7-0-10-1

间和范围内不停前进、后退。

(12) 用机器人搭建材料再制作一辆小车，将"爸爸""妈妈""小朋友"三个人物皮影通过筷子的另一端与小车连接固定，三个皮影人物可在偏心机构的带动下，左右摇动手中的花束。

(13) 制作大幕机器人，采用4组蜗轮蜗杆变速装置，分别控制大幕的闭合。

(14) 采用音乐单片机，设计音乐，配合机器人皮影的动作。

(15) 利用Scratch编程软件设计每个机器人皮影动作的时间和行动轨迹。

(16) 利用Scratch编程软件设计、控制灯光的角度和亮度。

4. 测试与改进。

项目实施过程中可能存在的问题和值得改进的地方：

(1) 进行机器人皮影戏表演，测试各个机器人皮影的灵敏度。

(2) 测试音乐、灯光与机器人皮影配合的准确性（图7-0-10-2）。

5. 交流与评价。

(1) 小组作品交流。各小组利用PPT、海报等向大家介绍、展示机器人皮影戏，介绍团队合作的经过、获得的成果等，并进行小组间的评价。

(2) 自我评价，交流感想。学生根据活动中自己的角色分工、承担的任务，对自己的表现进行评价；说说参加活动的感想和收获。

图7-0-10-2

（3）跨学科评价。

科学：了解机器人传动装置原理；了解机器人传感器的作用及其原理。

技术：安装、调试传感器和控制器；利用软件编写机器人控制程序、调试程序；制作皮影。

工程：构思皮影形象，绘制皮影草图；制订进度计划和日程安排；根据测试结果提出改进方案。

数学：测量、计算皮影的大小、表演大幕的大小；测算机器人操控皮影行走的时间、路线长度。

艺术：绘制皮影人物并上色；设计表演场景、音乐、灯光。

说明与延伸

1. 了解传统皮影戏中皮影的制作方法。

2. 了解其他适用于机器人皮影制作、表演的机器人材料及相应软件、程序。

3. 了解各类传感器的功能与应用。

4. 活动流程参考第407页图7-附-10。

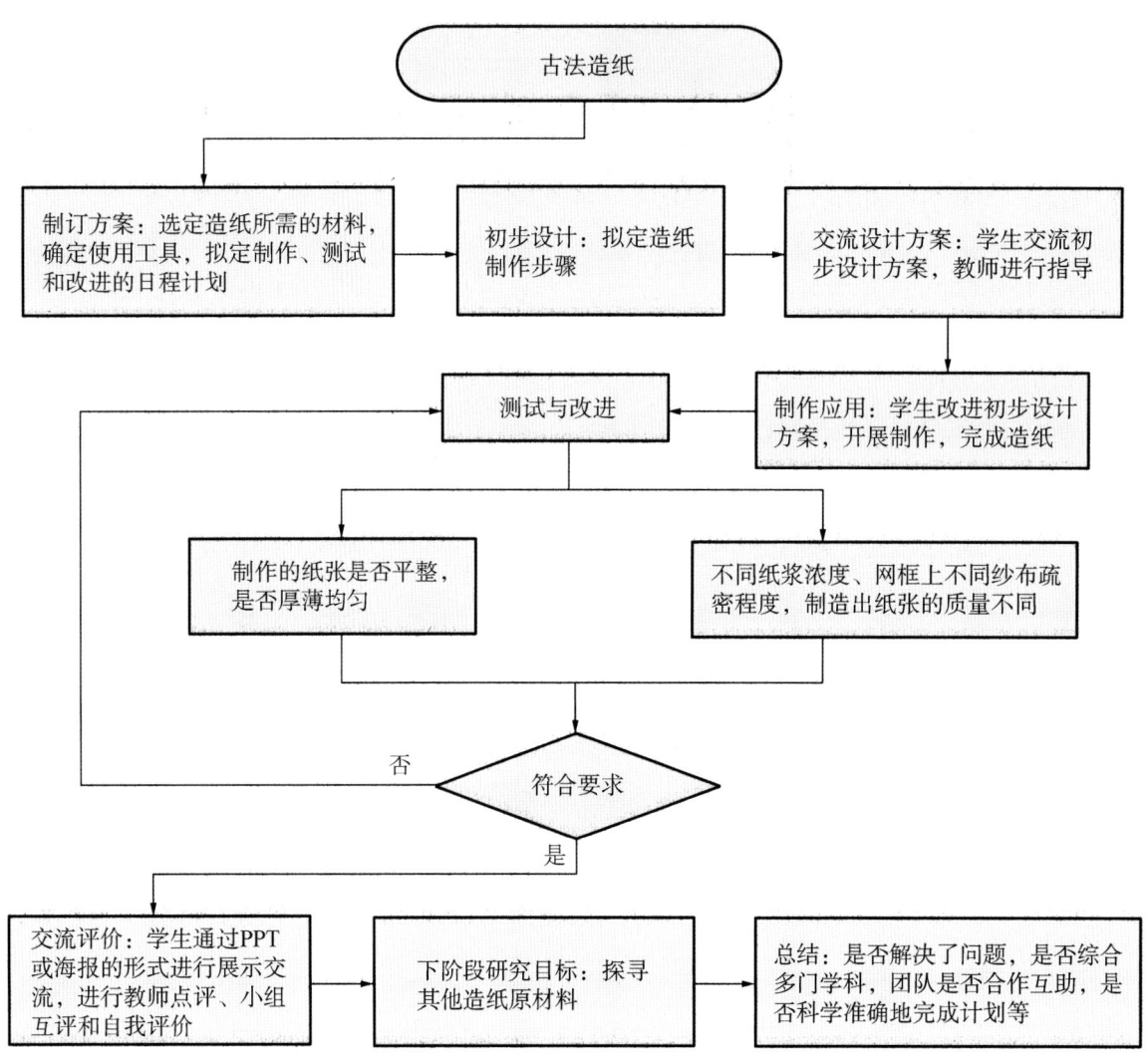

图7-附-1

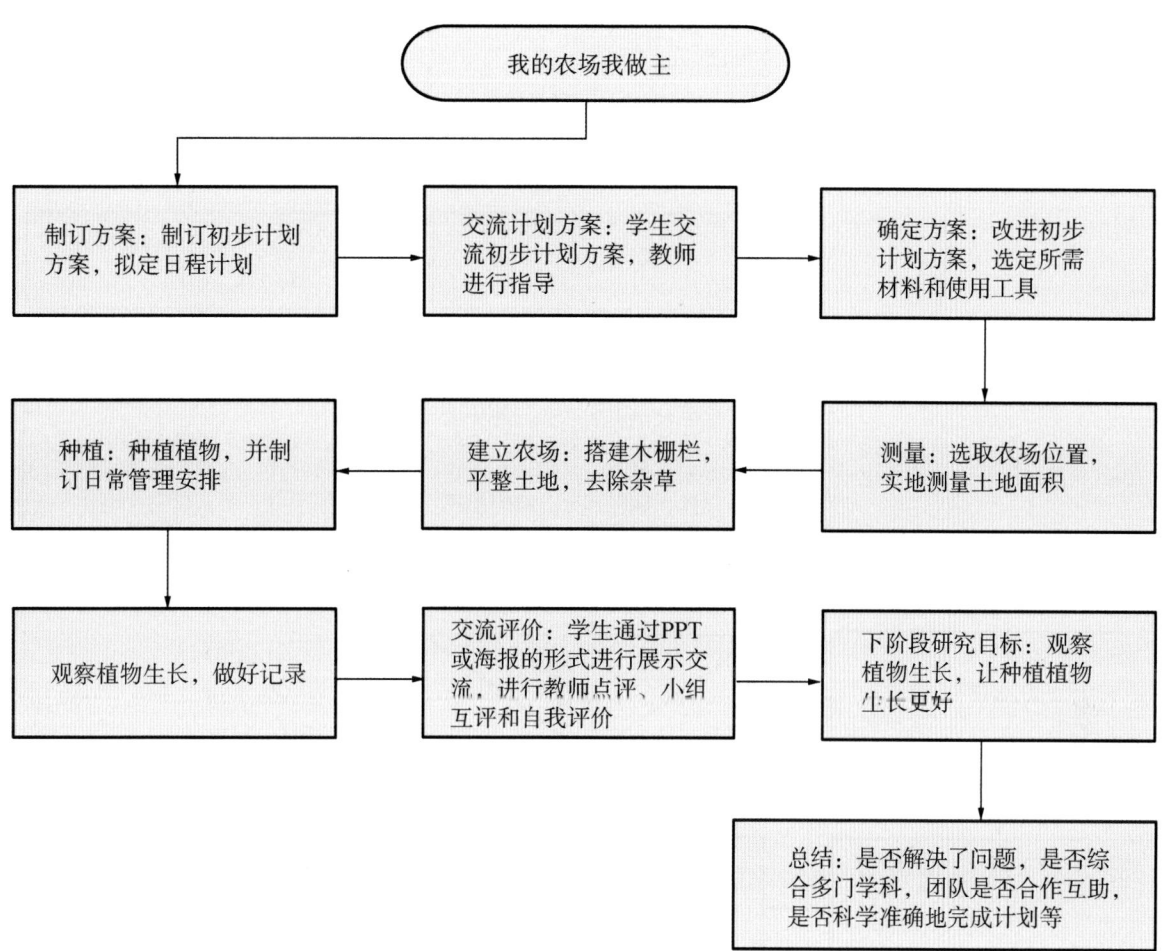

图7-附-2

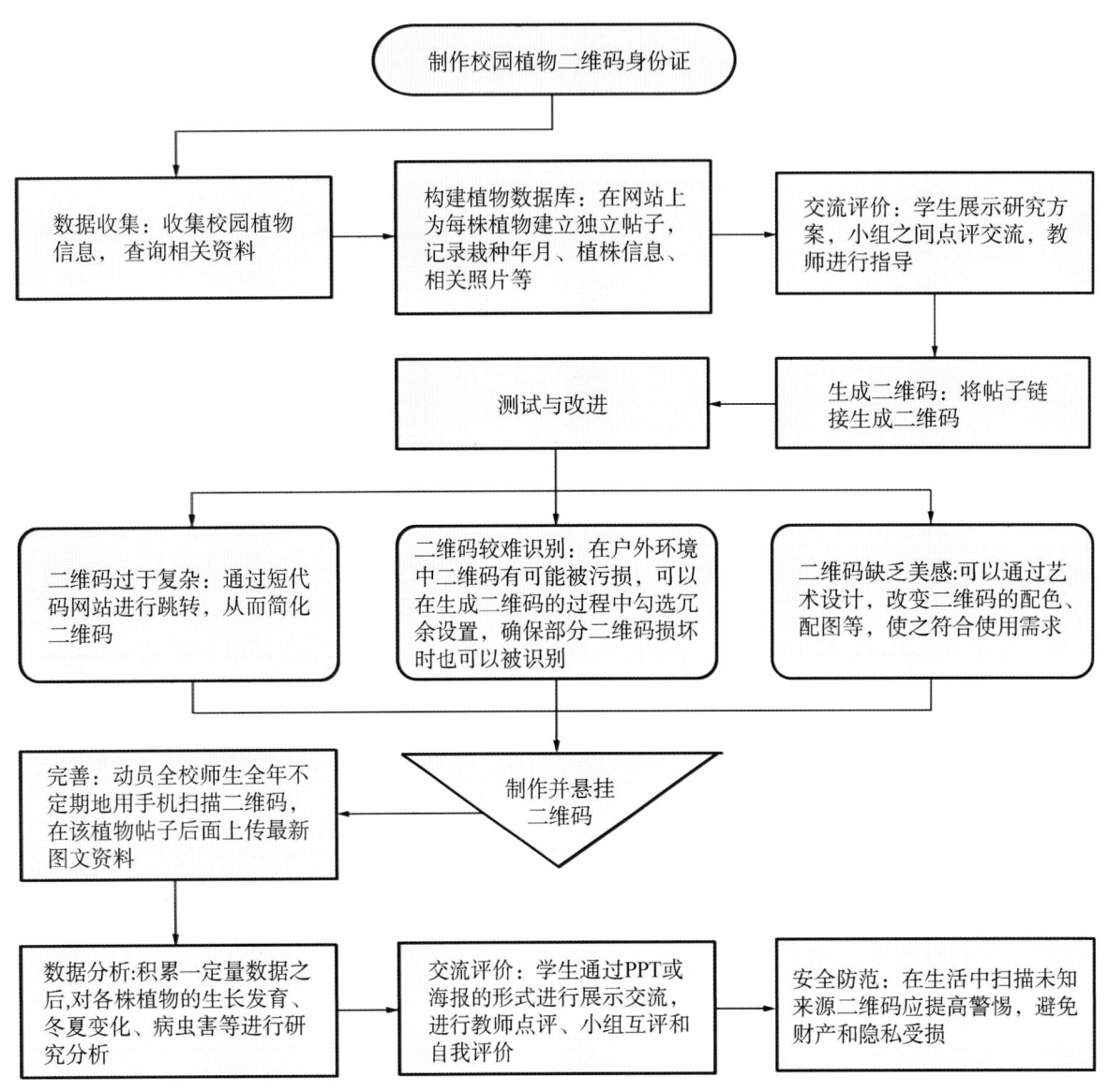

图7-附-3

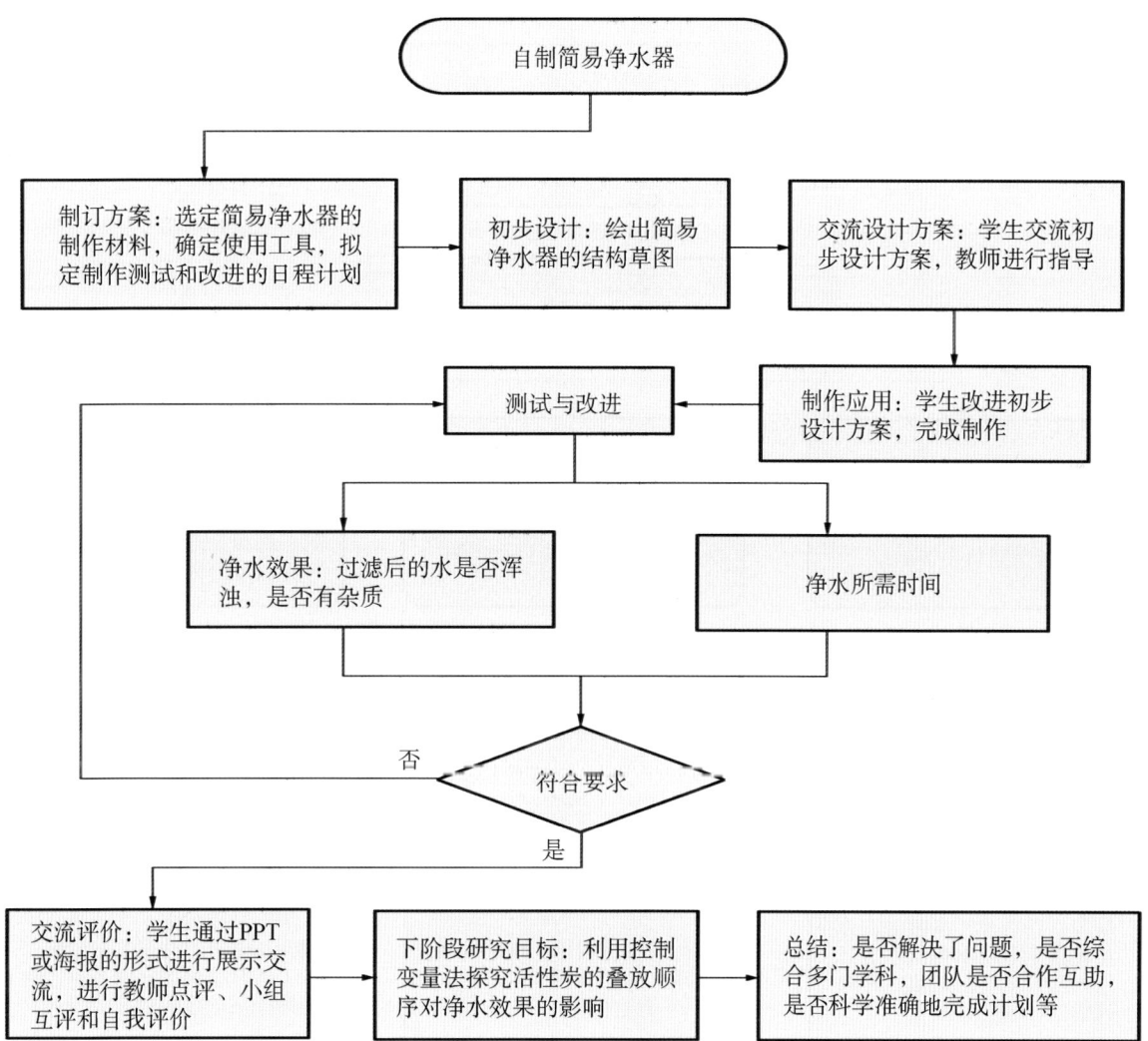

图7-附-4

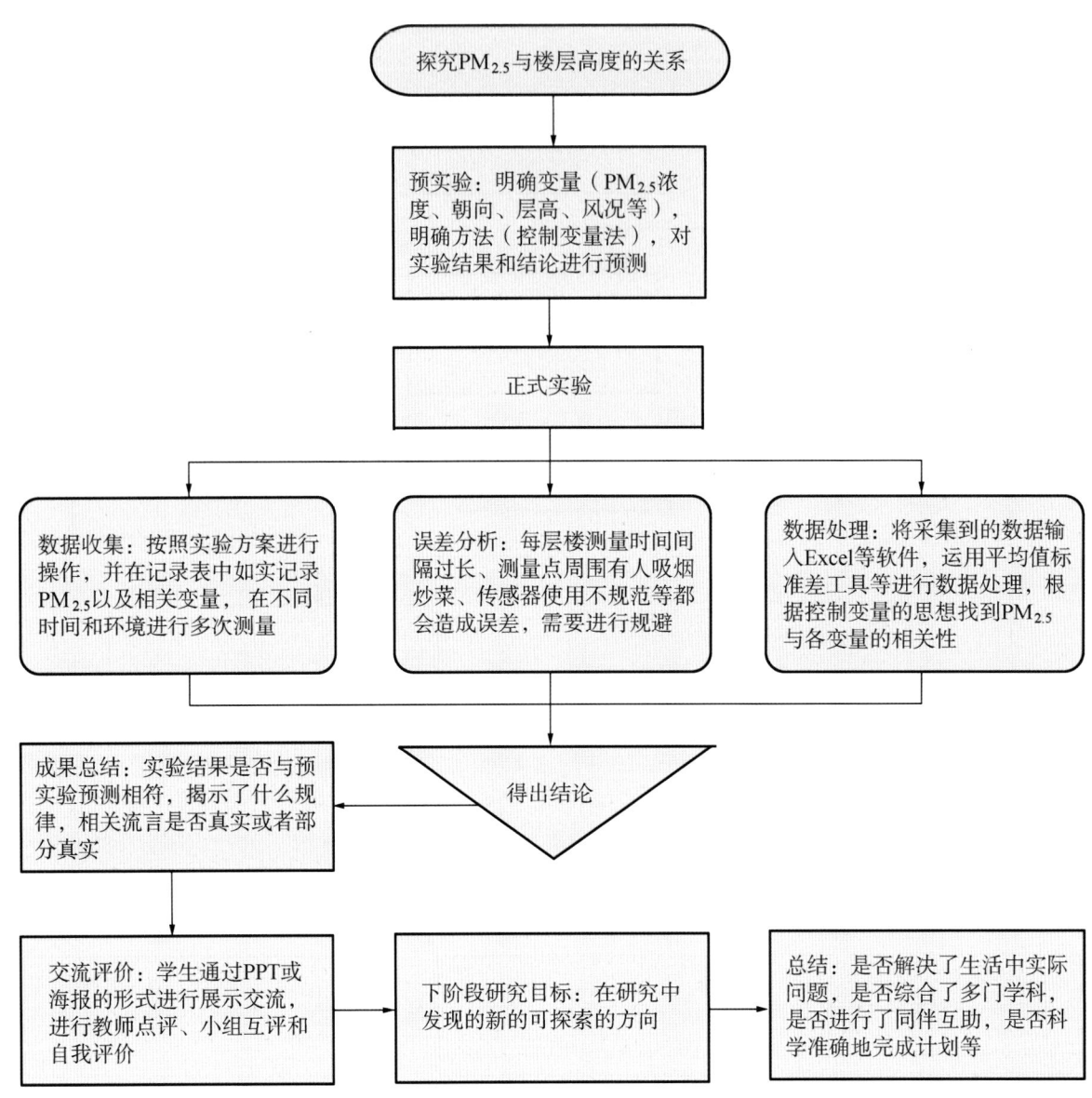

图7-附-5

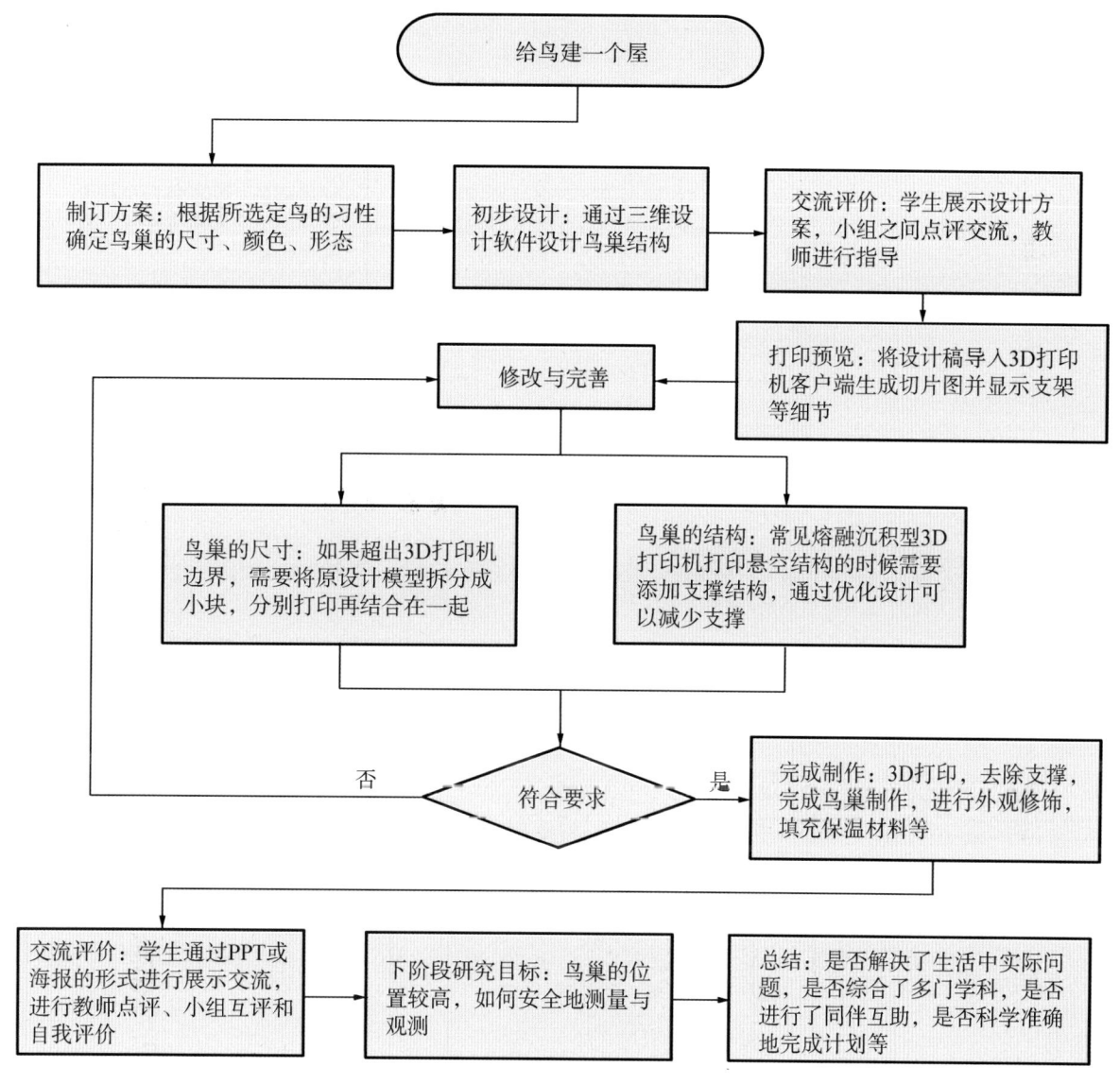

图7-附-6

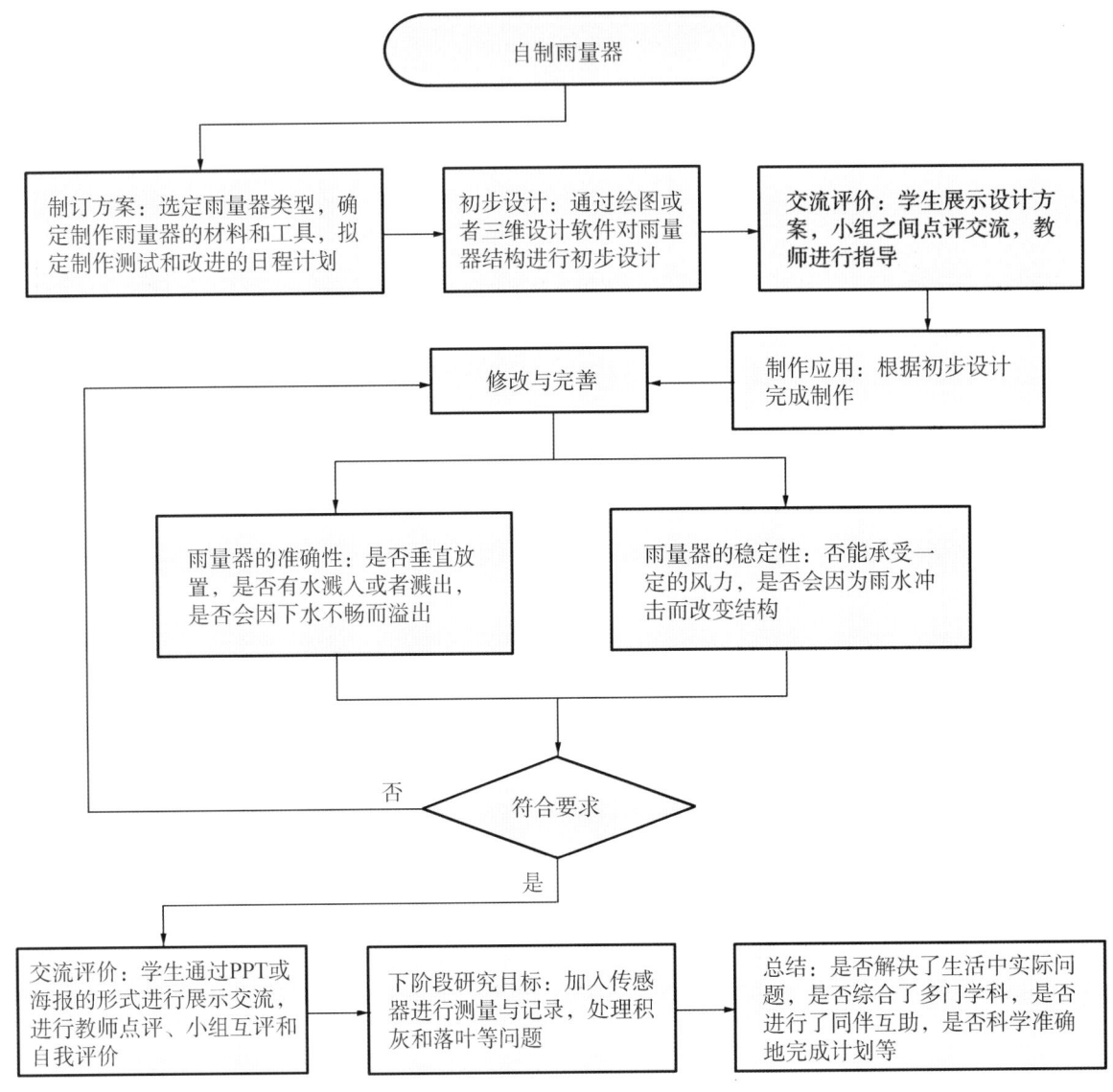

图7-附-7

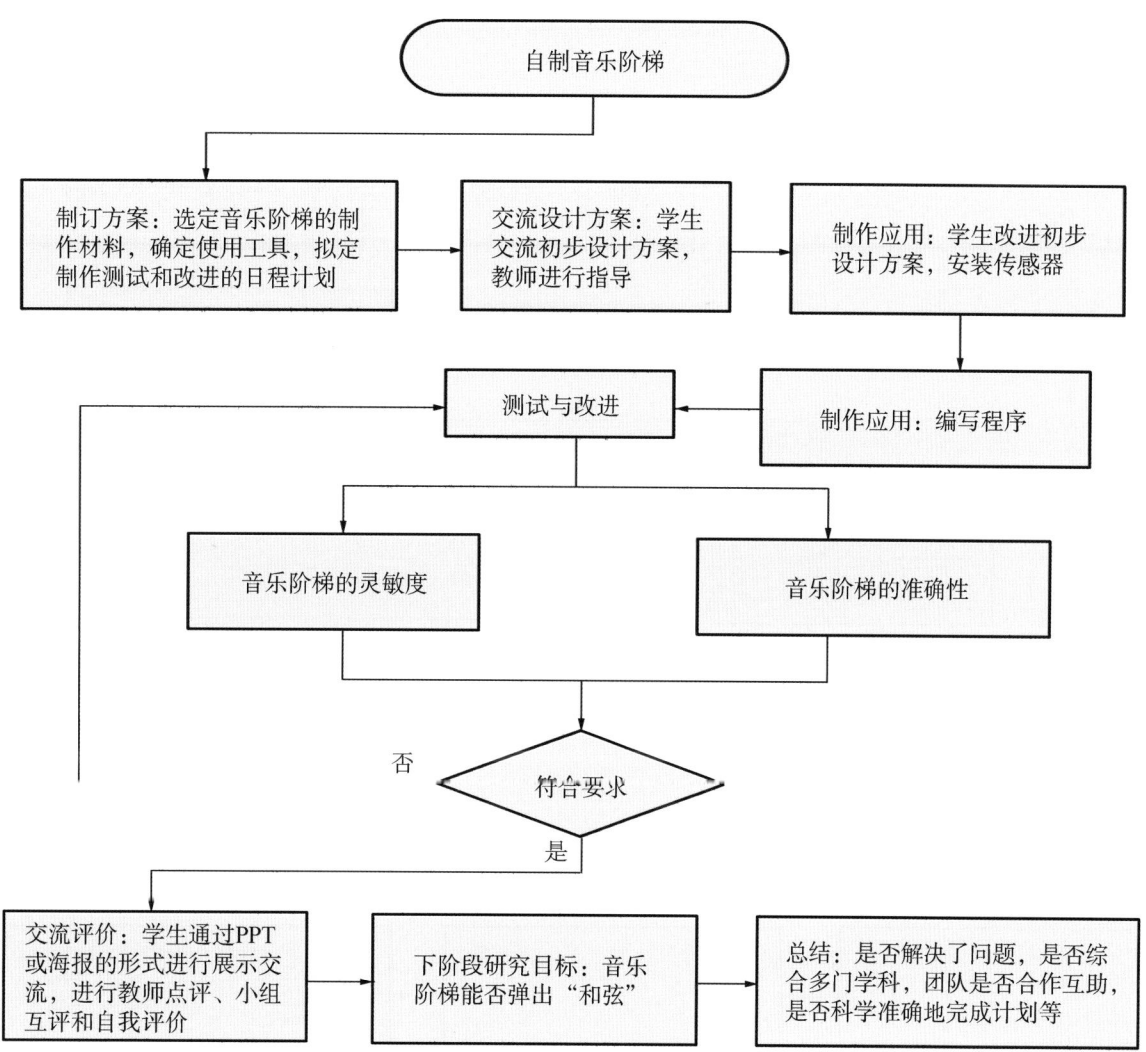

图7-附-8

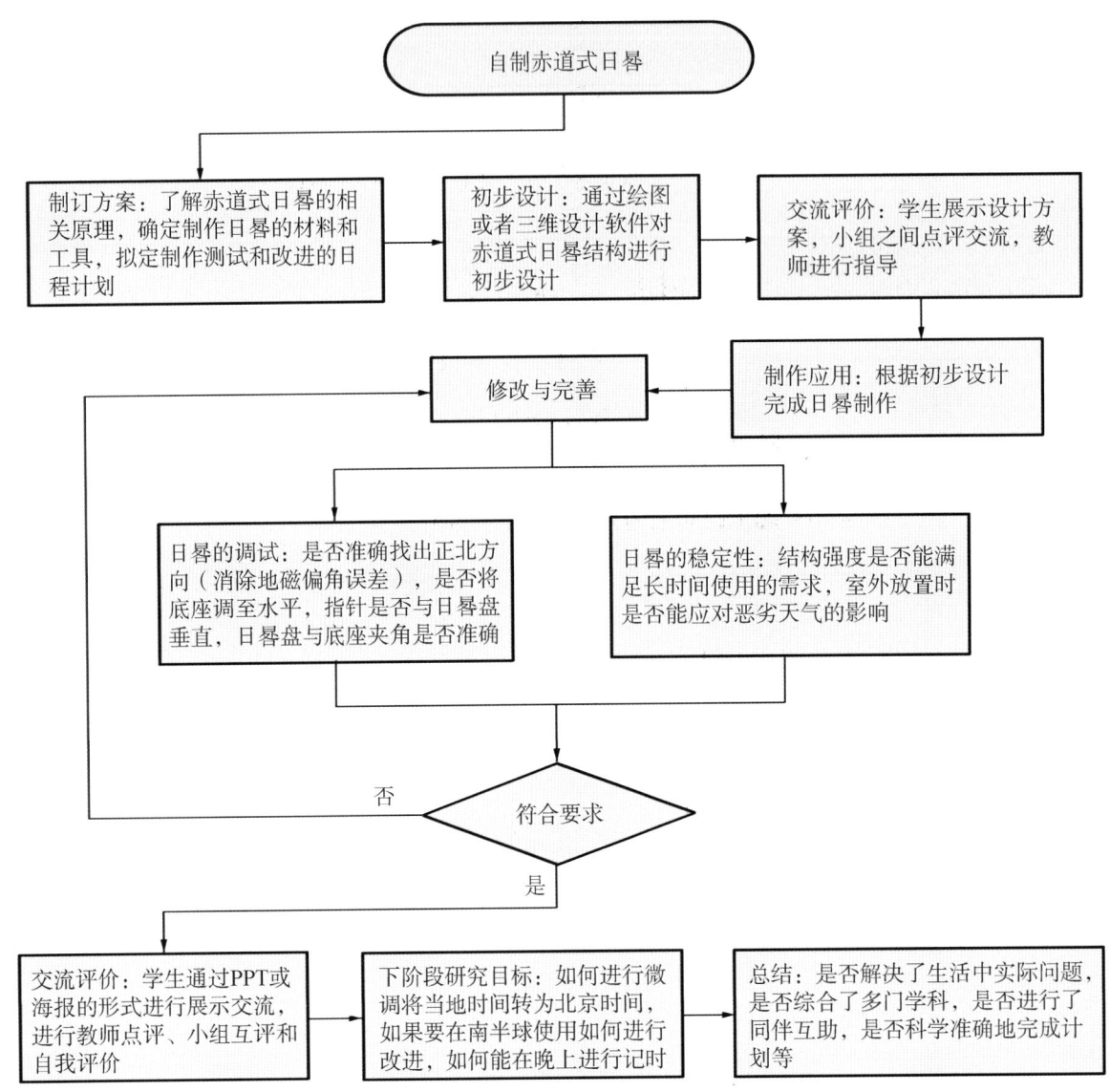

图7-附-9

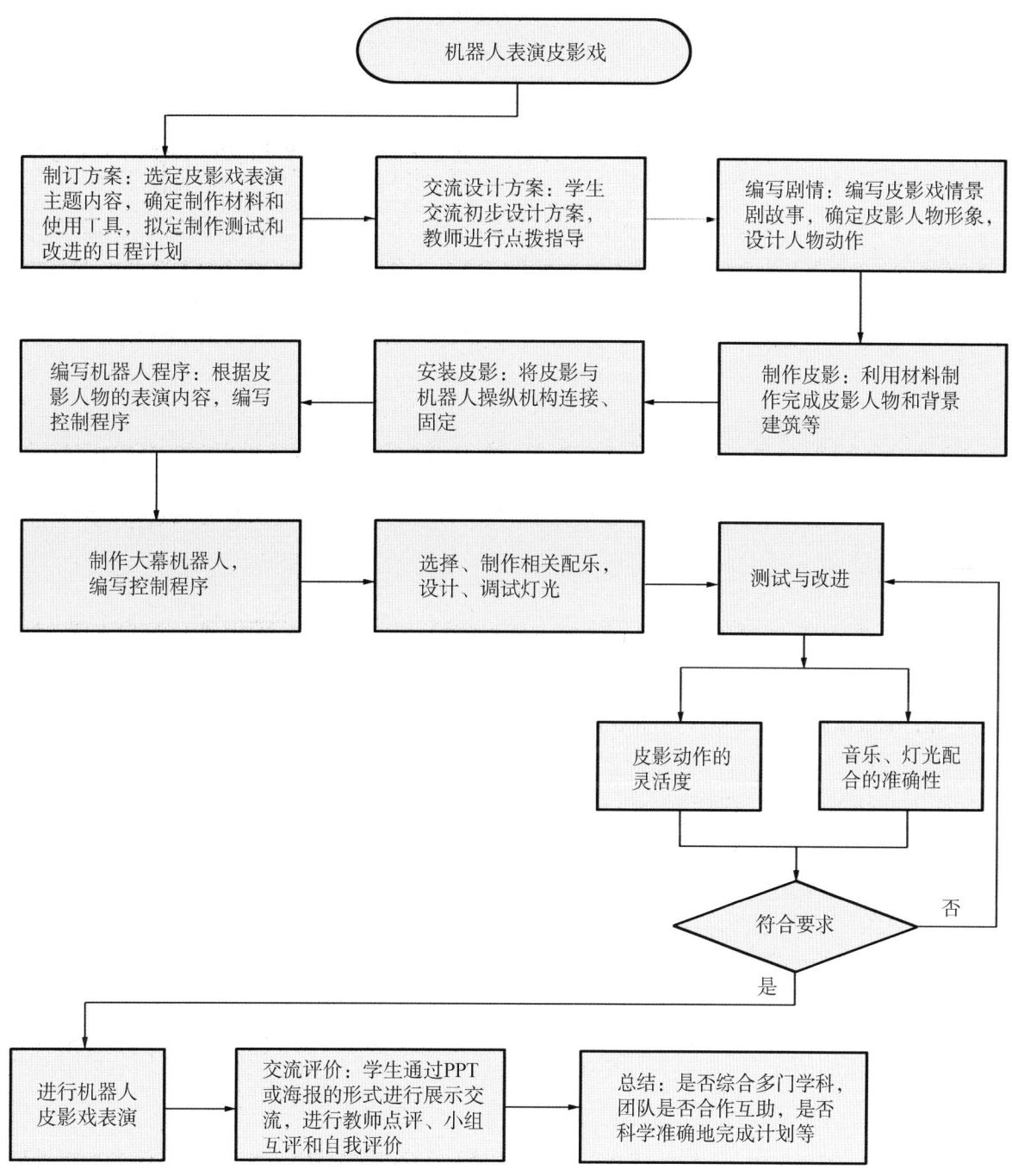

图7-附-10

第 8 篇
现代技术篇

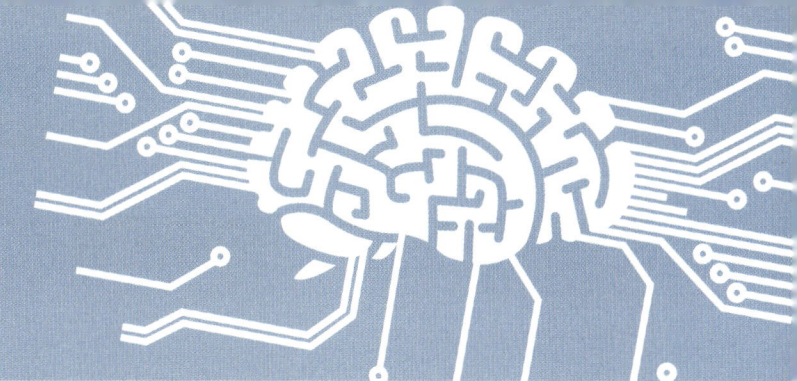

1. 设计制作拍手控制的风扇

炎炎夏日,电风扇给人们带来阵阵凉风。

一般的电风扇是通过开关或者遥控器控制的。能否改变一下电风扇的控制方式,让使用者更方便呢?比如设计、制作一个通过拍手控制的电风扇:拍一次手电风扇工作;再拍一次手,电风扇停止。

利用声音传感器,可以让电风扇感知外部环境中的声音。根据声音传感器检测周围环境的声音强度,识别声音的有无,形成数据。然后,将数据传输到Arduino处理器中,Arduino对数据进行处理和判断(有无拍手声音?是第几次拍手?),并根据结果来控制电风扇电机,让电机转动或停止转动,进而达到对电风扇的控制。

整个系统设计如图8-0-1-1所示。

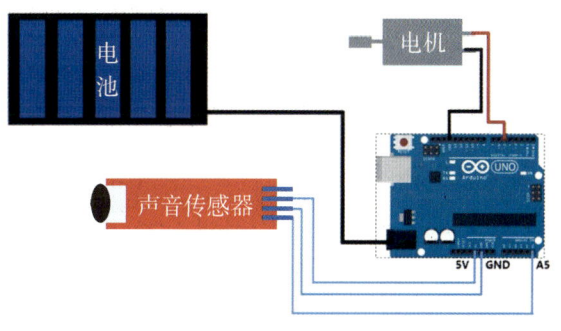

图8-0-1-2

跳线将声音传感器、电机、电池盒等分别与Arduino UNO板进行连接。它们的引脚连接方式如表8-0-1-1所示。

表8-0-1-1

UNO板引脚	其他器件引脚
5V	声音传感器正极
GND	声音传感器GND
A5	声音传感器A0
5	电机正极
GND	电机负极

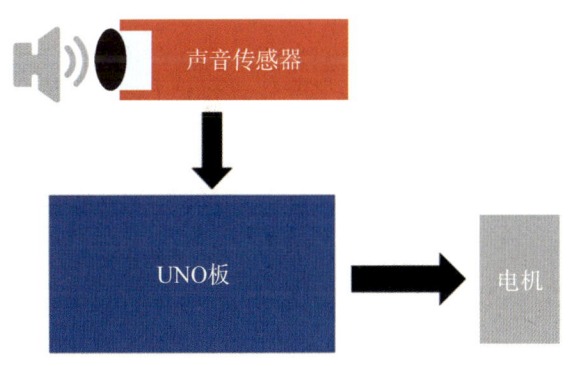

图8-0-1-1

工具与材料

扇叶,Arduino UNO板,声音传感器,电机等。

活动过程

1. 连接电路。按照图8-0-1-2连接电路。用跳线将声音传感器、电机、电池盒等分别与Arduino UNO板进行连接。

2. 搭建作品。利用废旧纸盒或瓦楞纸制作电风扇的底座和支架。将电机和扇叶固定在支架上,并将电路的其他器件放入风扇底座,搭建好整个风扇。

3. 编写程序。

(1) 设计算法。声音传感器在工作时,可以检测周围环境的声音强度,并将数据通过A5引脚传入UNO板。因此可以根据UNO板所读取的数值大小,判断风扇附近是否有拍手声音。

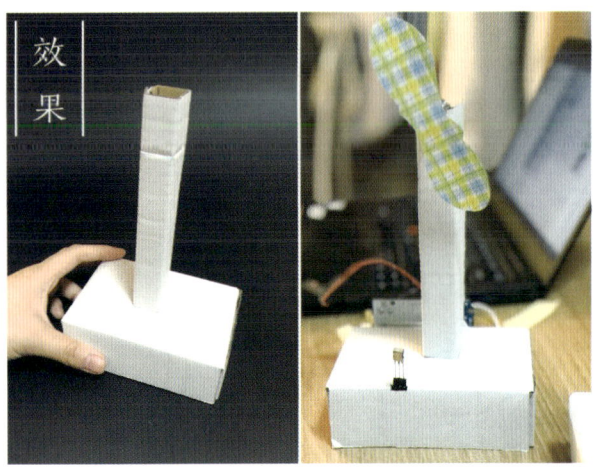

电风扇作品搭建

图8-0-1-3

设定第一次拍手为开启电风扇,第二次拍手为关闭电风扇。可以使用计数变量counter,其初值为0。

电风扇重复以下步骤:

首先,读取声音传感器的值,判断是否有声音发出(即所读数是否大于一定值)。如果有声音,则counter加1。然后判断counter是奇数还是偶数(即能否被2整除)。若是奇数,则开启电机;若是偶数,则关闭电机。

(2)编写代码。在Arduino的编程环境中编写代码如图8-0-1-4所示。

(3) 测试作品。编译程序,验证无误后将程序上传至UNO板。在电风扇前拍手,电风扇会转动;再次拍手,电风扇会停止转动。

```
sketch_may22a §
//通电后setup执行一次, 然后循环执行loop
//定义部分
#define fengshanpin 5
int sensorPin = A5;
int sensorValue = 0;
int counter = 0;

//初始化部分
void setup()
{
  pinMode(fengshanpin,OUTPUT);
  Serial.begin(9600);
}

void loop() {
  sensorValue = analogRead(sensorPin); //将sensorValue定义为读取的sensorPin引脚的值
  Serial.println(sensorValue, DEC);    //在串口监视器上显示sensorValue值
  if (sensorValue>30)
  {
    counter=counter+1;                 //如果有声音发出, 则counter加1
  }

  if (counter%2==1)
  {
    digitalWrite(fengshanpin,HIGH);    //单数次拍手则启动风扇
  }
  else
  {
    digitalWrite(fengshanpin,LOW);     //偶数次拍手则让风扇停止转动
  }
  delay(500);
}
```

图8-0-1-4

注意:测试拍手控制电风扇时,调试声音传感器的灵敏度十分重要,需要做好调试工作。

说明与延伸

通过修改程序,改进电路,可以对电风扇进行优化。如将作品修改为用拍手控制转速的电风扇:在第一次拍手时启动电风扇等。

此外,还可以利用温度传感器或红外线传感器对电风扇进行优化和改造。如当电风扇感知到环境温度下降(上升)后,电风扇的转速自动下降(上升)。

2. 设计制作自动开盖的垃圾箱

生活中的垃圾箱,常有很多不尽人意之处。如敞口垃圾箱会导致臭味外溢、招惹苍蝇;带盖垃圾箱每次投放垃圾时又需要手动开盖,既不方便,又不卫生。

可设计、制作一个盖子能够智能开闭的垃圾箱。当手靠近垃圾箱时,它会自动打开盖子;当扔完垃圾,手远离垃圾箱时盖子又会自动关闭。

垃圾箱能智能开闭盖子的关键点是感知手与垃圾箱的距离和有较强稳定动力的盖子开闭执行机构。可以尝试使用超声波传感器和舵机来解决这两个问题。整个系统设计图如图8-0-2-1。

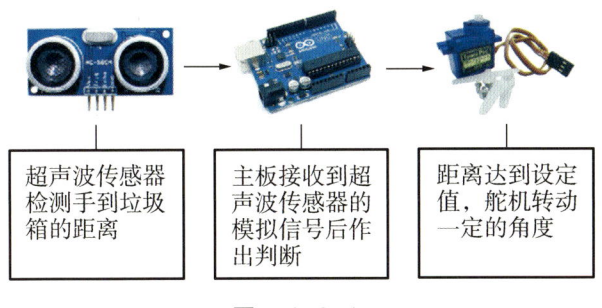

图8-0-2-1

工具与材料

Arduino UNO 板,超声波传感器,舵机(9 g)等。

活动过程

1. 连接电路。超声波传感器有4个引脚:超声波传感器的 VCC 和 GND 分别连接电源的正、负极;Trig 引脚用来触发超声波信号,Echo 引脚负责接收反射回来的信号。

舵机在不同的应用场景有不同的型号和力臂。本例中选用的9 g舵机有三个接口,连着三根不同颜色的电线。褐色线、红色线分别连接电源的正、负极;黄色线是信号线,用于传递舵机控制信号。(不同舵机的接口线并不一定是这三种颜色,具体使用时见配套说明书)舵机工作时,将摇臂固定在舵机顶端的旋转轴上,脉冲信号经过舵机的信号线输入,控制舵机旋转轴的转动,使摇臂旋转。

按图8-0-2-2连接电路。用跳线将超声波传感器、舵机分别与 UNO 板相连。它们的引脚连接方式如表8-0-2-1所示。

表8-0-2-1

UNO板引脚	其他器件引脚
5 V	超声波传感器的VCC
GND	超声波传感器的GND
2	超声波传感器的Trig
3	超声波传感器的Echo
5 V	舵机的褐色线
GND	舵机的红色线
9	舵机的黄色线

2. 搭建作品。利用废旧纸盒或瓦楞纸制作垃圾箱的箱体和箱盖(图8-0-2-3)。

图8-0-2-3

3. 编写程序。

(1) 设计算法。超声波传感器工作时,每隔一段时间发送一次方波信号,信号碰到障碍物后返回,返回的信号会通过 Echo 引脚输出一个高电平,发射、接收高电平的时间差即为超声波发射到返回的时间差。根据超声波发送、返回时间差和声波的

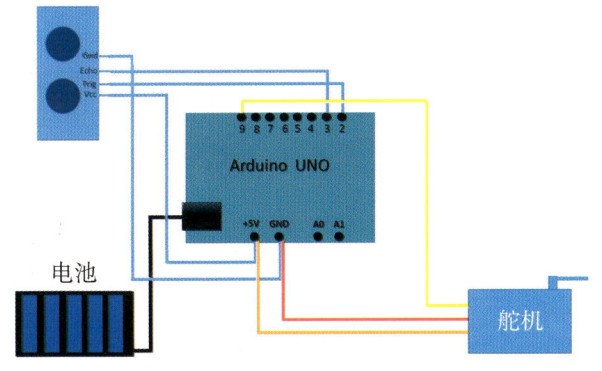

图8-0-2-2

速度可以计算障碍物与超声波模块的距离。其计算公式为：

距离(cm)=高电平发射接收的时间差×17 / 1000 (cm)

垃圾箱工作时，重复以下步骤：

首先，根据超声波发送、返回时间差和声波的速度计算障碍物与超声波模块的距离。

然后，判断距离值是否小于一定值（即前面是否有手）：如果小于，则让舵机旋转到90°（即开盖）；如果大于，则让舵机旋转到0°（即关盖）。

（2）编写代码。在Arduino的编程环境中编写代码如图8-0-2-4所示。

4. 测试作品。编译程序，验证无误后将程序上传至UNO板。用手遮挡或不遮挡超声波传感器，观察垃圾箱盖子的开启和闭合。

说明与延伸

测试制作完成的作品时，会发现垃圾箱的感应能力不"稳定"，如某些角度或方位感应比较灵敏，某些方位感应迟缓，甚至是不感应。这是因为超声波传感器有较强的指向性，只能感应其正前方的物体。

```
9-0-1 §
#include <Servo.h>           //调用库函数Servo
Servo myservo;               //创建一个舵机的对象
#define TrigPin 2            //将2号引脚取名为TrigPin
#define EchoPin 3            //将3号引脚取名为EchoPin
float value_cm;              //定义浮点型变量,存储计算的距离值

//初始化部分
void setup()
{
  myservo.attach(9);         //将9号引脚设置为舵机传送信号
  Serial.begin(9600);
  pinMode(TrigPin, OUTPUT);
  pinMode(EchoPin, INPUT);
}

//主函数部分
void loop()
{
  digitalWrite(TrigPin, LOW);    //设置TrigPin的初始状态为低电平
  delayMicroseconds(2);          //设置延时2ms
  digitalWrite(TrigPin, HIGH);   //给TrigPin引脚高电平用于驱动超声波模块,使它发送方波信号
  delayMicroseconds(10);
  digitalWrite(TrigPin, LOW);    //给TrigPin 低电平信号,结束驱动
  value_cm =float(pulseIn(EchoPin, HIGH)*17)/1000;    //利用pulseIn()函数读取时间
                                 //并计算出距离值
  Serial.print(value_cm);        //在串口监视器中输出距离值
  Serial.println("cm");
  delay(100);
  if(value_cm<=10)               //判断距离值是否小于10 cm
  {
    myservo.write(90);           //设定舵机转动的角度
    delay(15);
  }
  else                           //距离大于10 cm
  {
    myservo.write(0);            //设定舵机转动后的角度
    delay(15);
  }
}
```

图8-0-2-4

为改善用户体验，可以考虑在装置中使用多个超声波传感器，扩大检测的范围；或使用人体红外传感器，只要有人靠近垃圾桶它便能感应，控制垃圾箱打开盖子。

3. 设计制作空气质量检测器

空气中颗粒物浓度的高低影响空气质量的好坏。今天，虽然我们已经能够通过多种渠道知道自己所在城市的平均空气质量，但我们生活区域内空气质究竟如何？我们可以做一个空气质量检测器，并利用其开展探究：学校哪一个区域空气中的颗粒物最多？教室哪一个时段空气中的颗粒物最多？

制作空气质量检测器的关键是获取空气中的颗粒物浓度。灰尘传感器可以用来获取空气中颗粒物浓度的数据。利用灰尘传感器检测空气颗粒物的浓度值，然后将这个数值传输到Arduino处理器中。Arduino对输入的数据进行处理和运算后，将最终数值显示在液晶显示屏上。整个系统设计如图8-0-3-1所示。

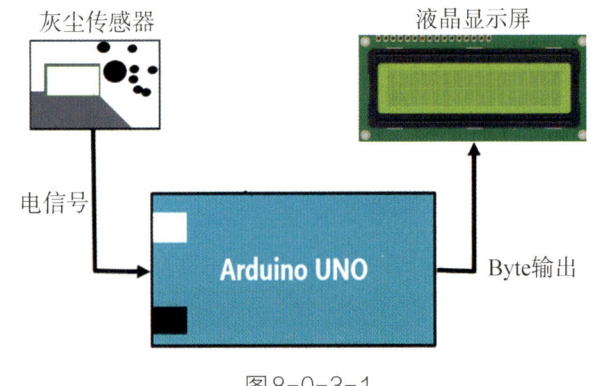

图8-0-3-1

工具与材料

Arduino UNO 板，灰尘传感器（如 GP2Y1014AU 粉尘传感器），液晶 LCD 等。

活动过程

一、设计制作空气质量检测器

1. 连接电路。

（1）按图 8-0-3-2 连接电路。将灰尘传感器与 Arduino 进行连接，它们的引脚连接方式如表 8-0-3-1 所示。

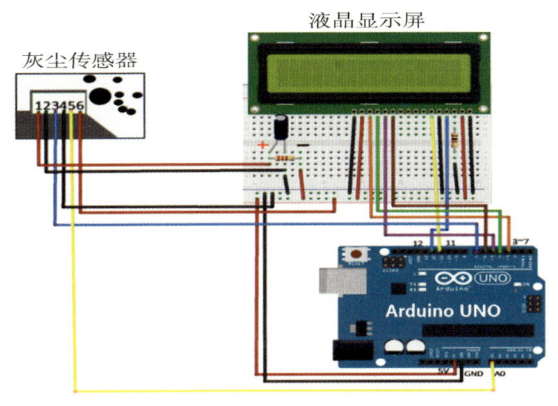

图 8-0-3-2

表 8-0-3-1

UNO 板引脚	灰尘传感器件引脚
5V	V-Led
GND	Led-GND
7	Led
GND	S-GND
A0	V0
5V	VCC

注意：为了保护传感器内部的 LED，V-Led 引脚和 Arduino 的 5V 引脚相连时，两个引脚之间要串联一个 150 Ω 电阻；为了消除电源波动对发光器件的干扰，要在 V-Led 和 Led-GND 之间并联一个 220uF 的电容。

（2）按照电路连接图。LCD 液晶显示屏与 Arduino 主板相连的引脚连接方式如表 8-0-3-2 所示。

表 8-0-3-2

UNO 板引脚	LCD 液晶显示屏引脚
GND	VSS
5V	VDD
GND	VL
12	RS
GND	RW
11	E
6	D4
5	D5
4	D6
3	D7
5V	A
GND	K

注意：为了保护液晶屏，显示屏右下角，右边数起，第三个引脚要先串联一个 1000 Ω 的电阻，然后再接到 Arduino 的 GND 上。

2. 编写程序

（1）设计算法。灰尘传感器在工作时，输出电压值与检测到的灰尘浓度成正相关，输出的电压值越大说明颗粒物的数量越多。输出的电压值通过 A0 引脚传入 Arduino 主板，运算后在 LCD 上显示结果（图 8-0-3-3）。

（2）编写代码。在 Arduino 的编程环境中编写代码（图 8-0-3-4）。建议先用 Serial 串口输出检测到的灰尘浓度，以简化代码。测试成功后再用 LCD 显示结果。

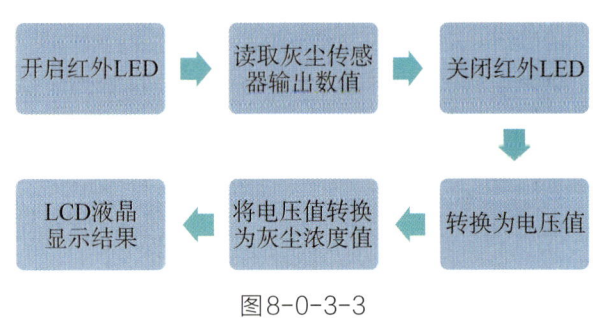

图 8-0-3-3

二、利用作品开展科学探究

1. 确定探究目标。探究校园同一时间段不同地点空气质量的差异以及同一地点一天当中颗粒物值的变化规律。

2. 采集数据。

（1）将空气质量检测器放在学校操场、食堂、教学楼等不同地点进行颗粒物值的检测，并将数据记录下来。

（2）在同一个地点每隔 1 h 测量颗粒物值，并将数据记录下来。

3. 处理与分析数据。将记录的数据导入电子表格软件中，绘制图表。观察图表（参见图 8-0-3-5，图 8-0-3-6），了解同一时间段不同地点空气质量的差异，发现一天当中颗粒物值的变化规律。

```
9-0-3
#include <LiquidCrystal.h>
//定义部分
int measurePin = 0;
int ledPower = 7;
int samplingTime = 280;      //等待LED开启的时间是280μs
int deltaTime = 40;          //整个脉冲持续时间为320μs，因此需再等待40μs
int sleepTime = 9680;
float voMeasured = 0;
float calcVoltage = 0;
float dustDensity = 0;
#define dustPin A0
//构造一个LiquidCrystal的类成员lcd，使用//数字IO ,12,11,5,4,3,2
LiquidCrystal lcd(12,11,5,4,3,2);

//初始化部分
void setup(){
  Serial.begin(9600);           //设置串口通讯频率
  pinMode(ledPower,OUTPUT);     //设置为输出引脚
  lcd.begin(16,2);              //初始化LCD字符输出模式为2行16列
  lcd.print("Welcome! ");       //液晶启动时显示Welcome!
  delay(1000);                  //延时1000ms
  lcd.clear();
}

//主函数部分
void loop()
{
  //开启LED
  digitalWrite(ledPower,LOW);
  delayMicroseconds(samplingTime);

  voMeasured=analogRead(measurePin);  //读取数值
  //关闭LED
  delayMicroseconds(deltaTime);
  digitalWrite(ledPower,HIGH);
  delayMicroseconds(sleepTime);

  calcVoltage=voMeasured*(5.0/1024.0);  //转换到电压值
  dustDensity = 0.17 * calcVoltage - 0.1; //将电压值转换为粉尘密度输出单位
  delay(1000);
  //液晶显示结果
  lcd.setCursor(0,0);
  lcd.print("Dust =");
  lcd.setCursor(0,1);
  lcd.print((-dustDensity)*1000);
}
```

图 8-0-3-4

3. 测试作品。测试的基本方法是将系统的各个功能模块分开检测，都成功后再逐步集成。例如，编写代码时应完成一个小功能就及时运行，用串口窗观察数据是否正确。通过一小步一小步的迭代，来构造整个系统。切勿将一大段代码输入完，然后再找其中的错误。

此外，代码编译成功并不等于能正确运行。编译仅检查语法错误，至于能否按设计思路执行，一定要通过跟踪数据的输入、处理、输出流程。

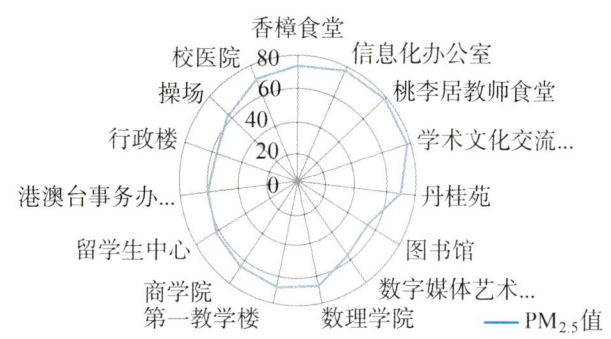

某学校同一时间段不同地点的灰尘含量

图 8-0-3-5

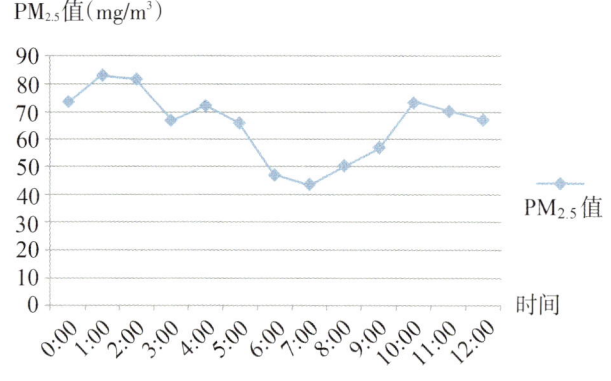

某学校同一地点不同时间点的灰尘含量

图 8-0-3-6

说明与延伸

利用空气质量监测器可以开展更多科学探究，例如：炒菜产生的油烟是否真会令空气中的颗粒物增加？交通繁忙的十字路口和美食节熙熙攘攘的街道，哪个空气中颗粒物更多？

还可以将空气质量监测器进行优化，例如，利用物联网技术将空气质量监测器采集到的数据直接传输到用户的手机上，以便于用户及时查看数据。

4. 制作VR眼镜与全景图片

运用VR（虚拟现实）可以通过头戴式显示设备让人感受到一个虚拟的三维空间，使用者宛如身临其境，可以观察虚拟三维空间中的事物。目前游戏、影视、教育等很多领域都在采用这种技术。

做一个纸质的可以放置手机的设备，通过用非球面镜制作的镜片去观看手机屏幕上的全景图片来实现体验VR的目的。

VR全景图片的制作可以先使用相机拍摄照片，再利用VR软件导入、拼接而成。

工具与材料

厚度1~2 mm硬纸板，直径25~30 mm、焦距40~50 mm非球面凸透镜，6英寸（1英寸=25.4 mm）手机。

活动过程

1. 制作VR眼镜。

（1）根据图8-0-4-1所示绘制VR眼镜架外形展开设计图。此设计图中设定使用的镜片直径为25 mm，焦距为40 mm，手机屏为6英寸。若实际得到的镜片数据与上述数据有差异，可适当调整硬纸板开孔大小和镜片到手机屏幕间的数值。使开孔直径略小于实际的镜片直径；手机屏幕到镜片的距离小于凸透镜的焦距。

（2）把修改好的图纸打印出来粘贴或直接画在硬纸板上，然后依图裁、切、折合。用双面胶或热胶枪粘固部件。制成VR眼镜（图8-0-4-2）。

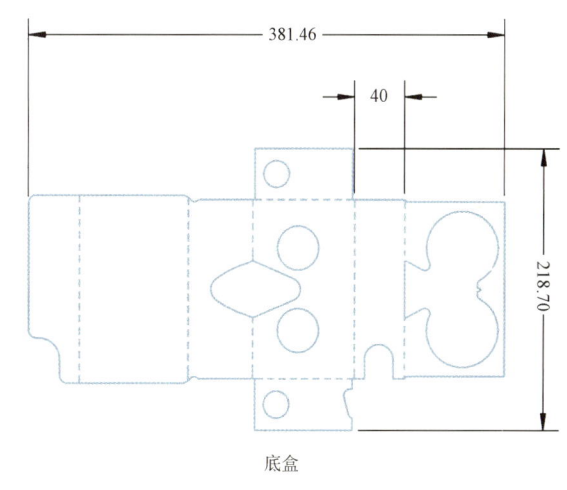

底盒

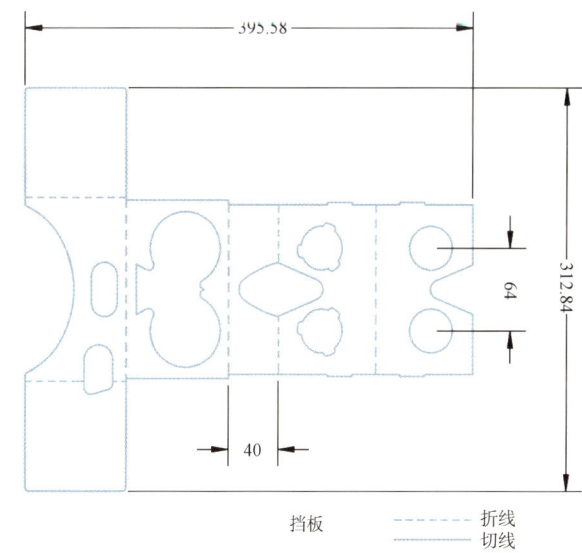

挡板　-----折线　——切线

图8-0-4-1

2. 制作全景图片。有了VR眼镜后，我们还需要VR资源来让它发挥作用。

图8-0-4-2

接下来我们从全景图片入手,来制作一张能全面展示周围环境的全景图片并用VR眼镜来体验。大致流程如图8-0-4-3所示。

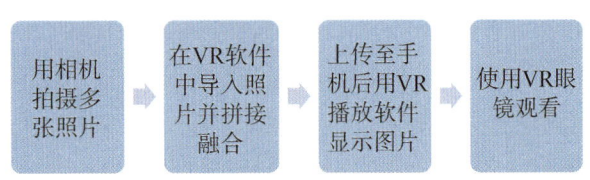

图8-0-4-3

为了简化操作,也可在智能手机的应用商店里下载安装能制作VR的手机软件,直接在手机上拍摄生成VR全景图。这样,流程就可以简化为如图8-0-4-4所示。

图8-0-4-4

说明与延伸

1. 目前完成的纸盒VR眼镜需要把手机屏幕放在眼镜前部狭小的空间内,观看时很难操作手机屏幕。可以修改原设计,以便在观看VR的同时也能方便地操作手机屏幕。此外,还可以尝试使用激光切割机或3D打印技术来对VR眼镜的耐用度和外形进行优化和再创意。

2. 部分人群在使用纸盒VR眼镜后会有不同程度的头晕、呕吐等症状,一旦出现上述症状请立即停止使用VR眼镜。未满12岁的儿童不宜使用VR眼镜。

5. 物物相连的智慧农场大棚

农场大棚管理一直是农民的重点工作,一年中农民需要花很多时间穿梭于各个大棚间查看各种作物的生长状况。能否让农场大棚赋有"智慧",让农民的管理更加方便高效呢?

制作一个智慧农场系统,自动感知农作物(如草莓,小青菜等)的温度、湿度、光照数据,可手机远程控制调节智慧农场温湿度。探究某种特定农作物(小青菜)的整个生长周期中,怎样的温度、湿度、光照安排对其生长最有利。

整个系统可以如下设计:温度传感器和湿度传感器分别监测农场大棚内的温度和湿度。手机上实时监测这些指标数据。当指标数据不符合农作物的生长规律时,通过手机上的按钮来控制农场大棚的大门、风扇、洒水器等设施来调节温度和湿度(图8-0-5-1)。

工具与材料

Arduino UNO板,L298电机驱动板,ESP8266 Wi-Fi传输模块(图8-0-5-2),DHT11温湿度传感器,土壤湿度传感器,LED灯,3 V电机,9 g舵机等。

活动过程

1. 连接电路。Wi-Fi传输模块有4个引脚:VCC和GND分别连接电源的正、负极;RX和TX则用来接收和发送信号。

按照连接图8-0-5-3,用跳线将各传感器、舵机、电机以及传输模块与UNO板、驱动板和面包板相连。它们的引脚连接方式如表8-0-5-1所示。

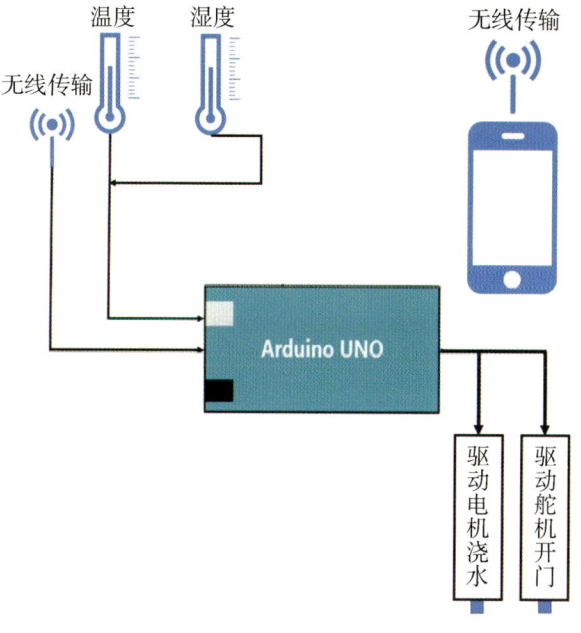

图8-0-5-1

图8-0-5-2

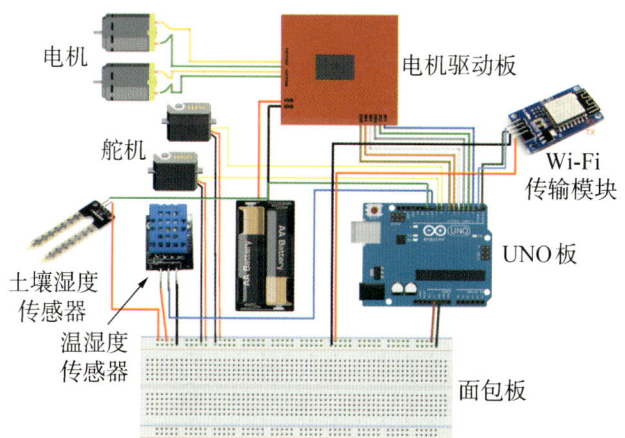

图8-0-5-3

注意：为了让各个器件更好布局，建议使用面包板来扩展连接UNO板上的5 V和GND引脚。

表8-0-5-1

UNO板引脚	其他器件引脚
0	Wi-Fi传感器TX
1	Wi-Fi传感器RX
2	驱动板IN1
3	驱动板IN2
4	驱动板ENA
5	驱动板IN3
6	驱动板IN4
7	驱动板ENB
8	舵机黄色线
9	舵机黄色线
10	温湿度传感器信号引脚
11	土壤湿度传感器信号引脚
5V	面包板第一排
GND	面包板第二排

2. 编写程序。

（1）设计算法。土壤湿度传感器、温湿度传感器会持续监测土壤湿度，环境温度和湿度，数据经UNO板，通过Wi-Fi传输模块将信息传输出去，在手机上通过App来接收和查看信息。算法的设计思路如图8-0-5-4。

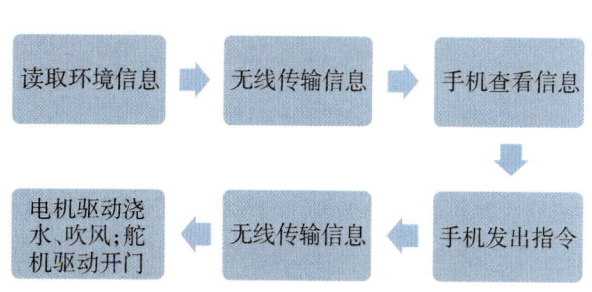

图8-0-5-4

其中无线信息的传输需要借助一台电脑，让Wi-Fi传输模块和这台电脑在同一个Wi-Fi环境下。各传感器读取的信息会首先传输到该电脑上，手机通过普通4G信号通过HTTP协议访问这台电脑以获得信息。

（2）编写代码。程序分为两段编写，一段使用Arduino的编程环境编写用于读取温湿度传感器、土壤湿度传感器的具体信息以及控制电机洒水、吹风，舵机开门等，并将信息通过Wi-Fi无线传输模块发送出去；另一段使用App Inventor软件开发手机App（安卓版）用来显示温湿度值以及发送遥控指令。

在Arduino的编程环境中编写代码如图8-0-5-5。

9-0-5 §

```
//定义部分
#define IN1 2            //电机A控制引脚1—控制水泵
#define IN2 3            //电机A控制引脚2—控制水泵
#define ENA 4            //电机A调速引脚—控制水泵
#define IN3 5            //电机B控制引脚1—控制风扇
#define IN4 6            //电机B控制引脚2—控制风扇
#define ENB 7            //电机B调速引脚—控制风扇

#include <Servo.h>       //舵机库
Servo door1;             //舵机对象1—控制门1
Servo door2;             //舵机对象2—控制门2
#define duoji1 8         //舵机1—控制门1（红色为正极、棕色为负极、黄色为信号（接7号引脚））
#define duoji2 9         //舵机2—控制门2
String doorState1;       //门1的状态
String doorState2;       //门2的状态

#include <dht11.h>
dht11 DHT11;
#define ht 10            //温度—测量空气温湿度（接温度传感器的data接口）
#define humi 11
int chk;
int v;
char str ;

//初始化需要用到的引脚
void setup()
{
  v=0;
  Serial.begin(115200);          //初始化用于调试的串行口
  //控制舵机
  door1.attach(duoji1);
  door2.attach(duoji2);
  door1.write(1);
  door2.write(1);
  doorState1="open";
  doorState2="close";
  //控制水泵
  pinMode(IN1,OUTPUT);           //设置引脚为输出模式
  pinMode(IN2,OUTPUT);           //设置引脚为输出模式
  pinMode(ENA,OUTPUT);           //设置引脚为输出模式
  digitalWrite(IN1,LOW);         //引脚输出低电平。一低一高，正转；一高一低，反转
  digitalWrite(IN2,HIGH);        //引脚输出高电平

  //控制风扇
  pinMode(IN3,OUTPUT);           //设置引脚为输出模式
  pinMode(IN4,OUTPUT);           //设置引脚为输出模式
  pinMode(ENB,OUTPUT);           //设置引脚为输出模式
  digitalWrite(IN3,LOW);         //引脚输出低电平
  digitalWrite(IN4,HIGH);        //引脚输出高电平
}
```

9-0-5 §

```
// 主函数部分
void loop()
{
  while (Serial.available() > 0)
  {
    str = Serial.read();
  }
  switch(str)
  {
    case 'g':                    //控制水泵开
      analogWrite(ENA,255);
      break;
    case 'h':                    //控制水泵关
      analogWrite(ENA,0);
      str='q';
      break;
    case 'e':                    //控制风扇开
      analogWrite(ENB,200);
      break;
    case 'f':                    //控制风扇关
      analogWrite(ENB,0);
      break;
    case 'b':                    //控制门1关
      str='q';
      if(doorState1=="open")
      {
        doorState1="close";
        for(int i=1;i<=30;i++)
        {
          door1.write(3*i);
          delay(60);
        }
      }
      break;
    case 'a':                    //控制门1开
      if(doorState1=="close")
      {
        doorState1="open";
        for(int i=33;i>=1;i--)
        {
          door1.write(3*i);
          delay(60);
        }
      }
      break;
    case 'c':                    //控制门2开
      if(doorState2=="close")
      {
        doorState2="open";
        for(int i=1;i<=30;i++)
        {
          door2.write(3*i);
          delay(60);
        }
      }
      break;
    case 'd':                    //关闭门2
      if(doorState2=="open")
      {
        doorState2="close";
        for(int i=33;i>=1;i--)
        {
          door2.write(3*i);
          delay(60);
        }
      }
      break;
    case 's':                    //获取空气的温湿度
      chk = DHT11.read(ht);
      v=DHT11.temperature;
      Serial.write(v);
      break;
    case 't':                    //测量土壤湿度
      int a=analogRead(11);
      Serial.write(a);
      break;
  }
  str='q';
}
```

图8-0-5-5

使用App Inventor软件开发手机App。程序如图8-0-5-6。

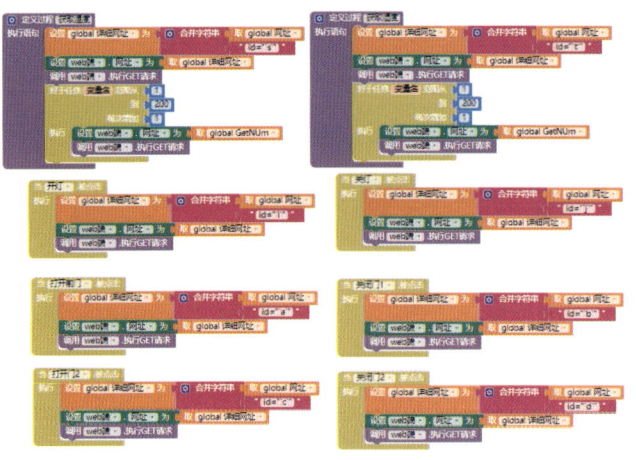

图 8-0-5-6

(3) 测试作品。将系统的各个功能模块分开检测,完成后再逐步集成测试。

说明与延伸

利用智慧农场能够开展更多科学探究,例如:通过数据的采集和分析,了解不同农作物对温度、湿度的容忍度,以及其整个生命周期的最佳温度、湿度情况。

6. 3D 创意花盆

清新自然的绿色盆栽能够为我们学习、工作空间带来活力。但在快节奏的生活下,我们怎样能够花更少的时间在有限的空间种植绿植和管理绿植呢?

运用3D设计和打印技术,设计制作一个不占地的悬挂云朵花盆,并针对特定种类绿植对水的需求量,个性化调整设计,探究、验证实际使用效果。

整个装置(图8-0-6-1)由花盆背板(挂架)、云朵(蓄水槽)和下面的花盆三部分组成。其中云朵蓄水槽是关键,它具有以下两个作用:1.加一次水能维持一段时间对绿植的浇灌;2.能够避免一次浇水过多,给植物带来损伤,或者泥水流淌污染室内环境。

工具与材料

3D打印材料,3D打印机,黏结剂等。

活动过程

1. 三维模型绘制。本案用 123D Design 建模软件。

(1) 花盆背板模型绘制。花盆背板建模思路如图8-0-6-2。

(2) 云朵水槽模型绘制。云朵水槽需要兼顾蓄水和渗水功能。考虑其功用及相对背板的尺寸关系,将其尺寸最长处和最宽处分别限定为120 mm和75 mm,整体云朵厚度为60 mm左右,大体建模思路见图8-0-6-3。

(3) 花盆模型绘制。考虑花盆与其他部分的相对尺寸关系,花盆顶部直径设定为110 mm,底部

图 8-0-6-1

图8-0-6-2

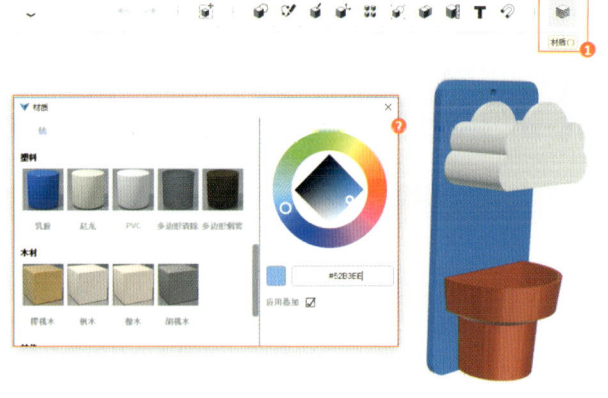

图8-0-6-5

图8-0-6-3

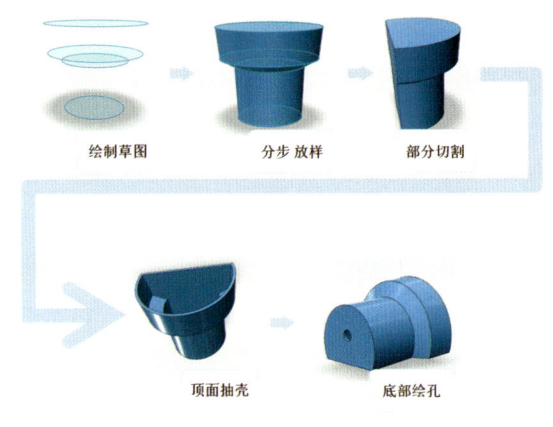

直径为 70 mm，高度为 90 mm。建模思路见图8-0-6-4。

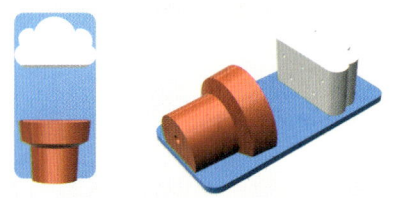

图8-0-6-6

图8-0-6-4

图8-0-6-7

（4）模型部件装配。完成的三个部件按照相对位置用软件拼装后，对每个部件进行材质和颜色渲染，生成三维预览图，效果图见图8-0-6-5、图8-0-6-6。

2. 三维模型打印及组装。虚拟的三维设计模型绘制完成后，需要实施三维打印才能将它们变成触手可及的实物。

本案例中，考虑到作品美观和桌面级3D打印的技术特点，选择三个部件独立打印（实践中可根据3D打印设备情况自行调整）。各个部件选择不同颜色分开打印完成后，组装成云朵花盆作品，见图8-0-6-7。

3. 验证效果。针对特定种类绿植对水的需求量，设置对照组。个性化调整设计，验证云朵花盆实际使用效果。

（1）选择一种绿植，查阅资料，确定其在当季的需水量。

（2）修改云朵水槽底部渗水孔大小、数量，设计多个云朵花盆，形成对照组。

（3）在同一空间，培育同样的植物。每周一次，按照一周需水量，于云朵水槽中蓄水。留意水的渗漏速度，观察植物生长状态，并将数据记录到下面的任务单中。

任务单

植物名称：_____　　一周需水量：_____mL

渗水孔数量	渗水孔直径(mm)	储水天数	植物生长状态
5个	2		
	2.5		
	3		
	3.5		
	4		
	4.5		
	5		

（4）分析数据，优化设计。分析记录的数据，了解在当地、当季、特定空间内，在一周浇一次水的假设条件下，确定哪种设计更适合作为选定绿植的花盆。

说明与延伸

利用三维设计作品能够按个性化进行修改优化的特点，可以开展更多探究，例如：种植某种绿植时渗水孔的数量最优是多少？如何进一步降低浇水频率？还可以将创意花盆的外形进行优化和再创意。例如，可以设计打印太阳、闪电等不同形状的蓄水槽，根据主人的心情或天气进行更换，为生活再添一分趣味。

7. 人脸识别

人脸识别技术已在社会福利保障、电子商务、安全防务等领域广泛应用。我们可尝试搭建一个系统，完成人脸的识别。

设计思路：将人脸特征提取出来，然后与已知人脸的特征向量做比较，看哪个最接近，然后利用深度学习模型，实现摄像头视频人脸识别。

工具与材料

1. Windows 10操作系统。
2. Python 3.6及以上程序。
3. NumPy Python程序等。

活动过程

1. 人脸识别最简代码编写。

（1）找三张照片，两张作为已知人脸，一张用作识别（图8-0-7-1）。

（2）用Python加载face_recognition库，读取三张照片并赋给变量，代码见图8-0-7-2。安装该库文件可以通过命令pip install face-recognition。

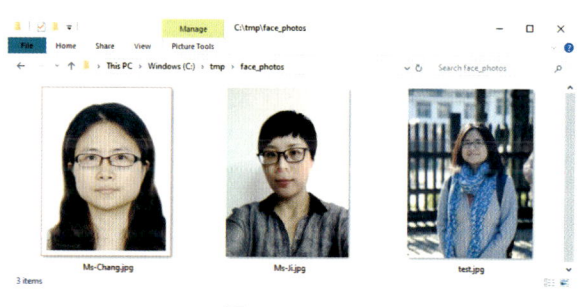

图8-0-7-1

图8-0-7-2

观察变量的值发现从jpg文件获得的是多维数组，例如msJi_image的结构是640行×480列个点，每个点RGB三个颜色值。

（3）从图片中获取人脸特征值，称作encoding。每个特征值有128个分量。调用face_encodings函数的时候，它会自动探测图片中所有的脸出现的矩形区域,然后将每个区域的特征值读取出来。由于图片中只有一张脸,所以程序中用[0]。代码见图8-0-7-3。

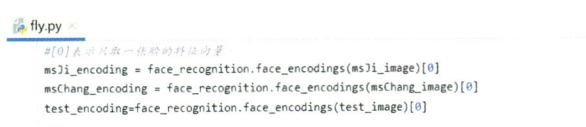

图8-0-7-3

(4) 最后调用compare_faces函数,将未知脸的特征与已知的特征向量比较。代码见图8-0-7-4。

图8-0-7-4

输出结果说明test_encoding(测试脸的特征量)与msChang_encoding最接近。

2. 识别摄像头视频中的人脸。基本思路是准备好已知人脸的特征数据,然后通过OpenCV抓取摄像头图像,并探测人脸区域,再逐一与已知人脸比较,最后将结果绘制到图像上显示出来。

(1) 从已经准备好的文件夹中循环读取已知人脸照片的特征值,将文件名作为每张脸的人名。代码见图8-0-7-5。

图8-0-7-5

(2) OpenCV的read方法可以一帧一帧地捕捉摄像头图像。每次循环读取一帧图像,然后分如下三步完成识别和显示:(1)探测出人脸区域,测试图中有两个人的脸。程序根据人脸区域提取脸部特征值;(2)将提取到的特征依次与已知人脸特征比对,获得名字;(3)最后将人脸区域和名字绘制到图像上再显示。

说明与延伸

利用人脸识别技术可以做简易的安防、签到系统;可以用来分析照片视频中的人际关系;还可以定制个性化信息服务。但在开发这类应用时,必须遵守相关伦理道德的原则。

8. 人工智能分类器

生活中经常要对物体分类。可以制作一个人工智能分类器,比如用深度学习技术设计制作一个猫、狗图片分类器,将任意的猫或狗的图片输入分类器,实现输出识别结果及概率。图8-0-8-1是分类器训练的流程。

工具与材料

1. Windows10操作系统。
2. Python3.6及以上程序。

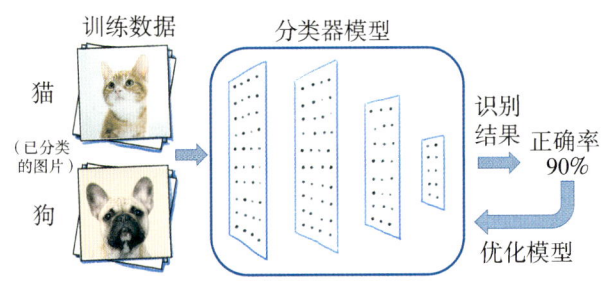

图8-0-8-1

3. Pycharm Python程序。

4. TensorFlow。

5. Cv2，OpenCV。

6. NumpPy，Python用于处理多维数据包。

活动过程

1. 准备训练数据。

（1）从互联网上获取可以免费使用的猫狗图片集各12 500张。

（2）准备测试数据集。从下载得到的猫、狗照片中，选取20%作为测试数据集，用来评估分类器的准确性。最终训练和测试数据目录结构如图8-0-8-2。

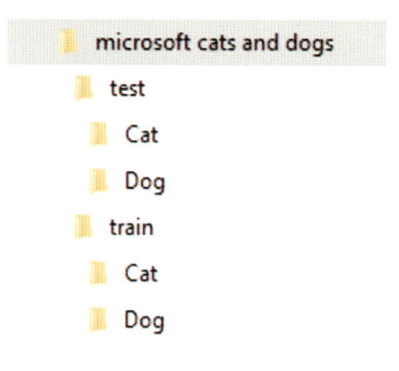

图8-0-8-2

将20%的猫图片移到test文件夹下的代码见图8-0-8-3。然后用同样的方法将20%狗的图片也移动到相应的test文件夹。移动过程中用shuffle函数对图片随机排序，使得训练的效果更好。

```python
import os
import shutil
from random import shuffle
#把20%的图片文件移入测试图片文件夹
def move_files(from_dir:str,dest_dir:str):
    global files
    for root, dirs, files in os.walk(from_dir):
        print(len(files))
    shuffle(files)
    source_files=files[:int(len(files)*0.2)]
    for file in source_files:
        shutil.move(os.path.join(from_dir,file),
                    os.path.join(dest_dir,file))

cat_train_path="D:\\Machine_Learning\\microsoft cats and dogs\\train\\Cat"
cat_test_path="D:\\Machine_Learning\\microsoft cats and dogs\\test\\Cat"
move_files(cat_train_path,cat_test_path)
```

图8-0-8-3

（3）删除无效数据。在大量图片数据中，总会有文件格式不尽统一，存在问题的图片数据需要删除。图8-0-8-4中的代码让计算机依次打开每张图片，转换为多维数组，如果出现异常则删除该图片。

```python
#移除无法正常打开的图片
import os
from PIL import Image
import numpy as np
from utils import Helper
arr=[]
path="D:\\Machine_Learning\\microsoft cats and dogs\\test\\Cat"
for root, dirs, files in os.walk(path):
    for f in files:#[:10]:
        try:
            img = Image.open(os.path.join(path, f))
            img=np.asarray(img)
        except Exception as e:
            print(e)
            arr.append(f)
for invalid_file in arr:
    os.remove(os.path.join(path,invalid_file))
```

图8-0-8-4

2. 构造分类器。分类器其实就是一个多层次的神经元模型。它通过几层神经元网络，将基础特征（例如尖角、圆、弧线等形状）组合起来，起到识别的作用。我们可以借助深度学习软件框架来构建。本活动采用Tensorflow深度学习框架，通过Python语言调用。分类器适合图像分类的深度学习模型中，CNN是较为典型的模型，如图8-0-8-5所示。

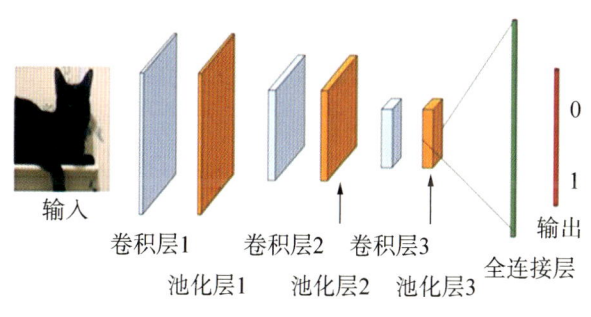

图8-0-8-5

CNN模型的结构上有多个卷积层，每一层负责特征的抓取。基础层负责简单特征抓取，越往上的层负责抓取的特征级别越高。最后有一个全连接的层负责输出所有类别的概率。

经上述步骤构建CNN模型并用下载的数据训练,最终能达到的精确度在80%上下。为了提高识别率至95%以上,需要采用迁移学习,即在已经通过海量数据训练好的CNN模型基础上,针对识别猫、狗这样一个特殊问题进行训练。我们借用VGG16,一个有16层的CNN神经元网络,构造猫狗分类器,代码见图8-0-8-6。

```
fly.py
from tensorflow.keras.applications import VGG16
from tensorflow.keras.layers import Flatten,Dense
from tensorflow.keras.optimizers import SGD
from tensorflow.keras.models import Model
#构建VGG16,不需要最上面的全连接层,输入图片为224x224x3的尺寸,因为VGG16是按此大小图片训练的
conv_base=VGG16(include_top=False,input_shape=(224,224,3))

for layer in conv_base.layers:   #设置所有层不可改变,因为这些层已经训练好了
    layer.trainable=False
flat1=Flatten()(conv_base.layers[-1].output)  #加一个全连接的输出层
class1=Dense(128,activation='relu',kernel_initializer='he_uniform')(flat1)
output=Dense(1,activation='sigmoid')(class1)
model=Model(inputs=conv_base.inputs, outputs=output)  #构建分类器模型
opt=SGD(lr=0.001,momentum=0.9)  #设定学习速率,这些都是常用值,用于调整权值优化模型
model.compile(optimizer=opt,loss='binary_crossentropy',metrics=['accuracy'])  #生成模型
```

图8-0-8-6

3. 训练分类器。训练的过程就是将准备好的数据一批一批地输入分类器,通过Tensorflow自动调整分类器(神经元网络模型)内部的权重。根据训练的结果,主要是识别的准确度和过拟合之间的平衡,调整训练参数,直到基本可接受为止。若过拟合严重,则模型的迁移能力较差,会导致除了训练数据能较准确地识别外,没有遇见过的数据则识别不准确。

具体操作可以利用Keras的ImageDataGenerator对象将硬盘上的文件分批输入分类器模型。该对象能够自动将图片特征置于中心。代码见图8-0-8-7。

训练结束后,可以通过matplotlib将结果以折线图形式呈现,会看到精度达到95%左右。

```
fly.py
from tensorflow.python.keras.preprocessing.image import ImageDataGenerator
from tensorflow_estimator.python.estimator.canned.timeseries import model

train_datagen=ImageDataGenerator(
    featurewise_center=True
)
test_datagen=ImageDataGenerator()
train_dir="D:\\Machine_Learning\\microsoft cats and dogs\\train"
train_datagenerator=train_datagen.flow_from_directory(
    train_dir,
    target_size=(224,224),
    batch_size=32,
    class_mode='binary')

test_dir="D:\\Machine_Learning\\microsoft cats and dogs\\test"
validataion_generator=test_datagen.flow_from_directory(
    test_dir,
    target_size=(224,224),
    batch_size=32,
    class_mode='binary')

history=model.fit(
    train_datagenerator,  #指定训练数据来源
    steps_per_epoch=100,
    epochs=50,  #指定训练数据输入模型的次数
    validation_data=validataion_generator,  #指定测试数据来源
    validation_steps=50
)
```

图8-0-8-7

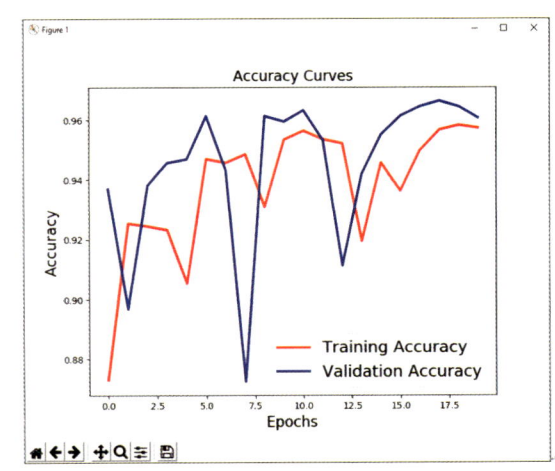

分类器模型训练精度
图8-0-8-8

最后保存训练好的猫狗分类器模型,便于后续调用。

4. 测试分类器。调用分类器模型的predict方法就能识别图片是猫还是狗。这里通过OpenCV库调用计算机摄像头,截取图片,将判断结果用文字显示在屏幕上。代码见图8-0-8-9。

```
fly.py
import tensorflow as tf
import cv2
import numpy as np
model=tf.keras.models.load_model("cats_dogs_vgg16.h5")    #加载训练好的模型
def center_crop(frame,resize_size):        #这个函数做图片切割和尺寸变换
    img_height, img_width, img_depth= frame.shape
    col_start=int((img_width-img_height)/2)
    cropped_img=frame[:,col_start:col_start+img_height,:]
    resized_img=cv2.resize(cropped_img,resize_size)
    return resized_img

cap = cv2.VideoCapture(0)
label=""
while True:
    ret, frame = cap.read()            #读取摄像头的一帧
    #这里做识别
    prediction = model.predict(center_crop(frame,(224,224)).reshape(-1, 224, 224, 3))
    print(prediction)
    if prediction > 0.5:
        label="Dog"
    else:
        label="Cat"
    image = cv2.putText(frame, label,(50,50),
        fontFace=cv2.FONT_HERSHEY_SIMPLEX,fontScale=2,color=(0, 255, 0))
    cv2.imshow('show',image)
    k= cv2.waitKey(1)
    if k!=-1:
        print("waitKey:",k)
    if k & 0xFF == ord('q'):           #按q退出程序
        break

cap.release()
cv2.destroyAllWindows()
```

图8-0-8-9

说明与延伸

运用同样方法，可以做很多识别工作，如识别易腐和不易腐的垃圾；识别炉灶上加热的锅子物体是否溢出。如果将三轴加速度传感器的数据转换为图片，可以识别各种运动姿态。

第 9 篇
创造发明篇

1. 学习用品的改进

学习用品是青少年最亲密的伙伴,但在使用过程中也会遇到各种不便,如文具功能单一、台灯使用感不佳等。根据具体问题,可以对相应的学习物品加以改进。

思维训练

1. 如图9-0-1-1,有上中下三排而且上下左右等距离的九个点。能不能用一笔画的办法,画出不超过四条相连的直线,穿过这九个点?

图9-0-1-1

2. 看看下图9-0-1-2中的两个形状,你认为它们的大小相同吗?为什么?

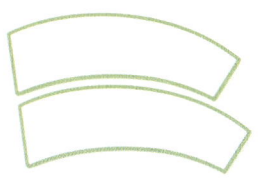

图9-0-1-2

他山之石

1. 多功能组合笔。

问题:考试时,常有学生漏带文具,如铅笔、橡皮或是直尺,影响考试。

解决办法:设计一种多功能组合笔,把铅笔、水笔、橡皮、直尺四种学习工具灵活地组合在一起。

设计思路:如图9-0-1-3所示,这支笔由带螺纹口的隔层分开,一端是水笔,另一端是铅笔,两端各安装相应的笔芯即可使用。铅笔一端的笔帽上安装有一小块橡皮,铅笔芯调节按钮在靠近隔层的地方。笔的侧面设有一个塑料槽,可以拆装直尺。这款多功能笔拆装简单、便于携带,降低了学生漏带学习工具的概率。

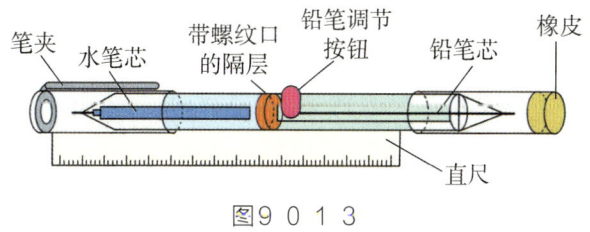

图9-0-1-3

2. 智能书包。

问题:有学生粗心大意,经常忘带课本;也有学生经常忘拉书包拉链,导致文具和课本遗失。

解决办法:发明一款智能书包。该智能书包有识别和检测提示功能,能识别、检测书包内的课本(物品),并自动与课表(或物品清单)进行比对,如有多放、遗漏的课本(或物品),可给出提示;有检测防盗功能,实时监测书包拉链是否闭合,书包是处于"行走"还是"静止"状态,在适当的时候用声光报警。

设计思路:为实现这些功能,发明者用Arduino主机、RFID电子标签感应器、SD卡、液晶显示屏和按键组成了一个智能系统。RFID电子标签的天线会发射特定频率的无线电波,感应器则识别天线发来的命令并同样以无线电波应答。通过这一技术,用电子标签给课本(物品)编号,系统就能轻松识别并监测书包里的东西了。考虑到需要对多个标签同时进行读取,发明者选择了RFID读写器、天线和电子标签。书包拉链用磁控开关。将磁铁粘在拉链开合器下方,当拉链拉至闭合位置时,磁控开关的感应磁铁导通,Arduino主控板即可知道拉链是闭合的,反之则知道拉链是打开的。运动传感器可以监测书包的运动状态,通过寄存器直接读取步数,并将信息发送给Arduino主控板。

程序分为前台与后台两部分:前台程序包括系统初始化,读取时间,读取课表并显示课表,根据比对情况显示书包内课本与课表的差异;后台程序为四个中断程序,分别是按键中断、磁控开关中断、步行中断、步行中5 s定时器中断。程序流程如图9-0-1-4。

硬件系统安装设计如图9-0-1-5,安装在书包

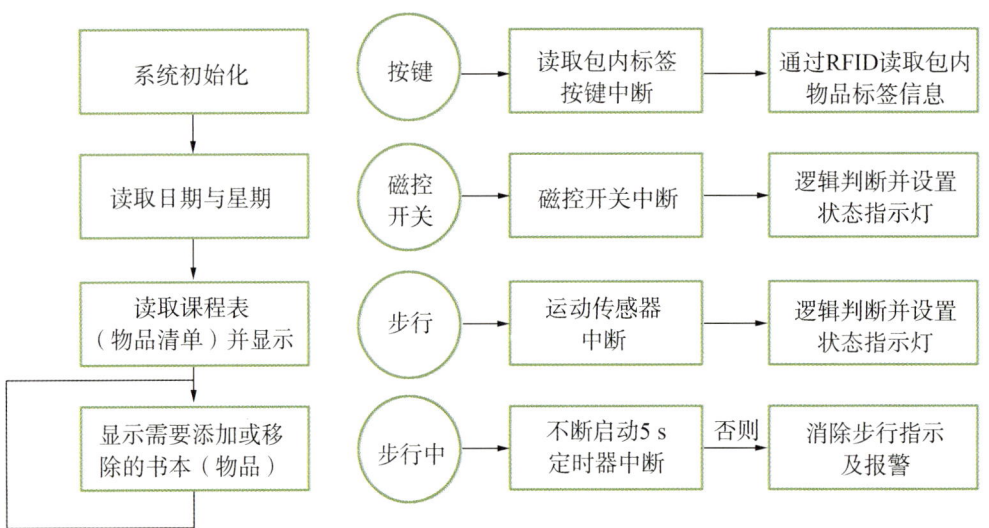

图9-0-1-4

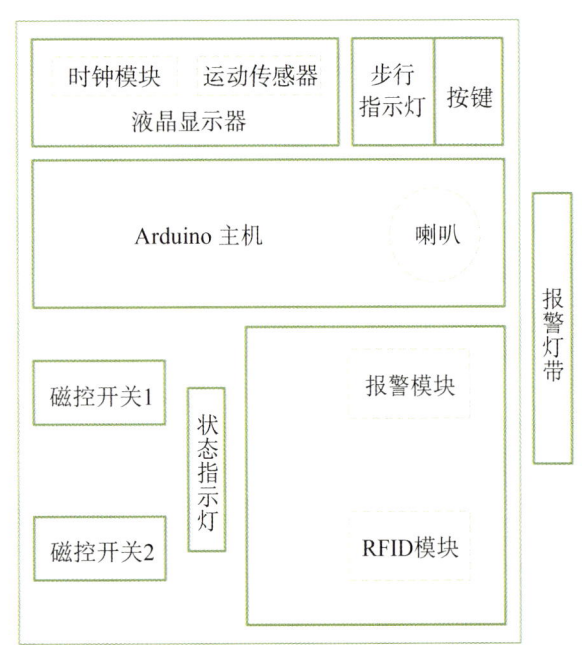

图9-0-1-5

上。在电脑上编辑课本与课程表文件,保存到储存卡中。课本标签对照文件说明:第一个是序号,第二个是课本标签的电子代码,第三个是课本或课程名称。

3. 护眼智能台灯。

问题:在台灯下阅读时,如果台灯的位置或学习者的学习姿态发生变化,书页的照明情况也会发生变化,实际照度可能不足。

解决办法:发明一种能自动调整灯头姿态的智能台灯,保证照明,保护眼睛。

设计思路:采用由三自由度可编程机械臂与OpenMV3 Cam M7智能摄像头套件相结合的STM32仿真平台来模拟智能台灯(图9-0-1-6)。先用数字照度计测量书页表面实际照度。在距离桌面30 cm左右拍摄书页照片,4种照度下各采集10张图像,计

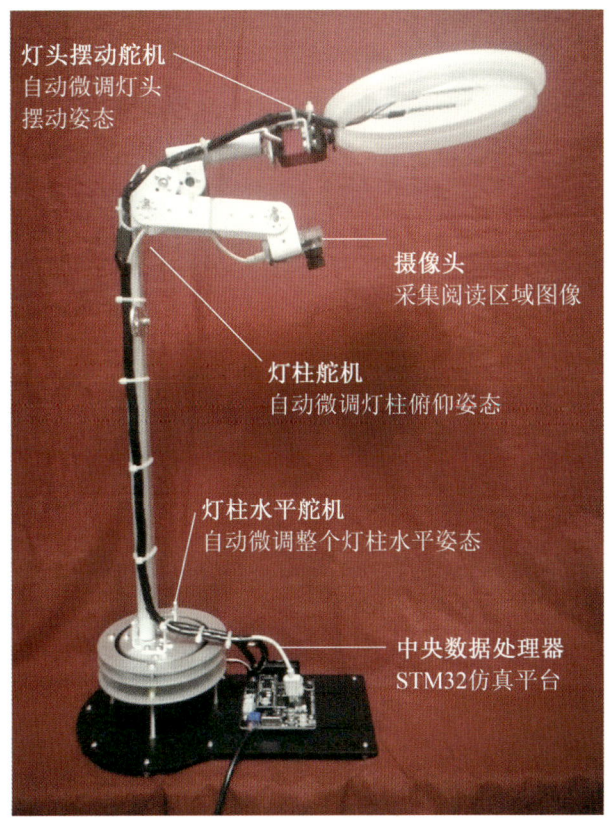

图9-0-1-6

算各照度对应的图像平均亮度,得出它与实际照度的关系,作为调整依据。当摄像头拍摄到的图像亮度低于这一阈值时,中央数据处理器就会控制舵机改变台灯姿态,缩短照射距离,从而增加实际照度,保证照明,满足要求。工作流程如图9-0-1-7。

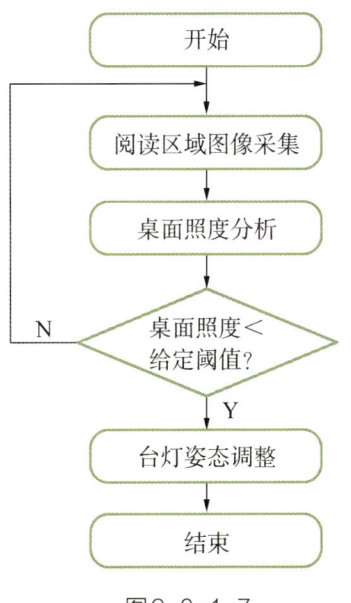

图9-0-1-7

大显身手

针对身边的学习用品,你还遇到过哪些方面的问题,尝试提出你的解决方案。

问题	解决方案
笔容易摔坏或者漏墨	
书包太重或者书包空间利用不合理	
……	……

说明与延伸

思维训练答案:

1. 用一笔画的办法连接九个点,如图9-0-1-8所示。如果把九个点理解为有一定大小,也可用图9-0-1-9的办法连接。另外,如果是用宽度足够的笔,那么只要画一条线段就行了。

图9-0-1-8

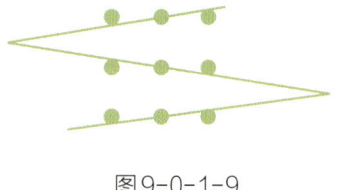

图9-0-1-9

2. 这两个形状可能相同,也可能不同。有可能是两个相同的立体图形改变了摆放方式。

2.书桌的改进

学校的书桌通常都设计得较为简单,主要满足基本的学习需求,还存在书桌的空间利用率不高等问题。在实际使用时,人们对书桌的功能提出更高的要求,从而设计了一些功能性更强的书桌。

思维训练

1. 图9-0-2-1中有五个点,怎样把这五个点连起来,使它成为一个五角星?

图9-0-2-1

2. 用一笔画的办法,笔不能离开纸,能一笔画出如图9-0-2-2所示的图形吗?

图9-0-2-2

3. 把一个西瓜四刀切成9块,可吃完瓜后却留下10块瓜皮。那么这四刀该怎么切?

他山之石

1. 多功能收纳书桌。

问题:学校的书桌只能放置少量的东西。因为需要的书籍太多,很多同学的桌面都被书本及杂物占据。这样既不方便写字,也影响学习效果。

解决办法:设计一款多功能收纳书桌。

设计思路:如图9-0-2-3所示,这款书桌有两层抽屉,体积较大、使用频率较低的物品可收纳在第二层,第二层抽屉的下方和桌腿各配一个网袋,可以用来收纳一些小物品。书桌侧边还有一个翻折式书架,打开后可放置多余的书本。书桌下部的钢板既能防物品掉落,还能方便学生随时收纳物品。

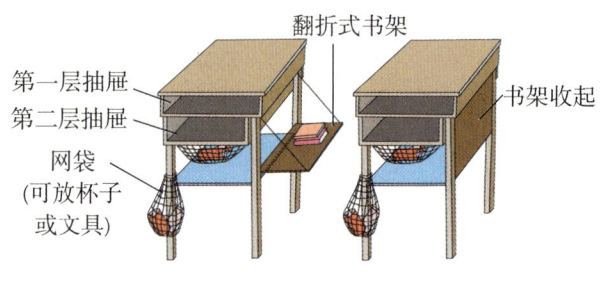

图9-0-2-3

2. 新型组合式书桌椅。

问题:书桌尺寸有限,没有充分利用好空间。

解决办法:设计一款新型组合式书桌椅。书桌的桌面上开两扇"窗户",使书能按照一定顺序摆放,从而最大限度地利用空间。

设计思路:如图9-0-2-4所示,书桌分为A、B、C三个区域:从上面打开A或B,可将教材书脊朝上放入,书并列于桌内,各科目书本一目了然;C类似于传统课桌,直接从前面将物品放入。课前从A或B内抽出教材,课后若留有作业则可放入C内;晚上做作业时,再从C中拿出,做完后,归于A或B。如此循环流动,方便快捷。此外,在桌腿上设置两个圆

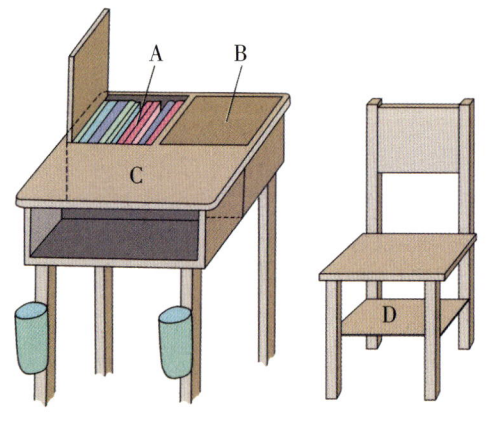

图9-0-2-4

筒,可放笔和水杯。在椅子下面设置平板D,可随手放置常用的工具书。

3. 智能学习桌。

问题: 书桌功能单一,不够智能化。

解决办法: 设计一款由多个模块系统组成的智能学习桌。

设计思路: 图9-0-2-5所示为智能学习桌的物联网桌面,主要包括三个功能:第一,通过扫描设备可以将纸上的信息随时转为电子文稿,通过蓝牙与老师、同学共享;第二,将智能学习桌本身变为安全、无线的设备充电坞,且提供多种供电解决方案;第三,组合使用摄像头、图案投射器和感应激光头,创设虚拟键盘,便于信息录入。使用智能学习桌,既能保持桌面整洁,又能方便师生间的交流互动。

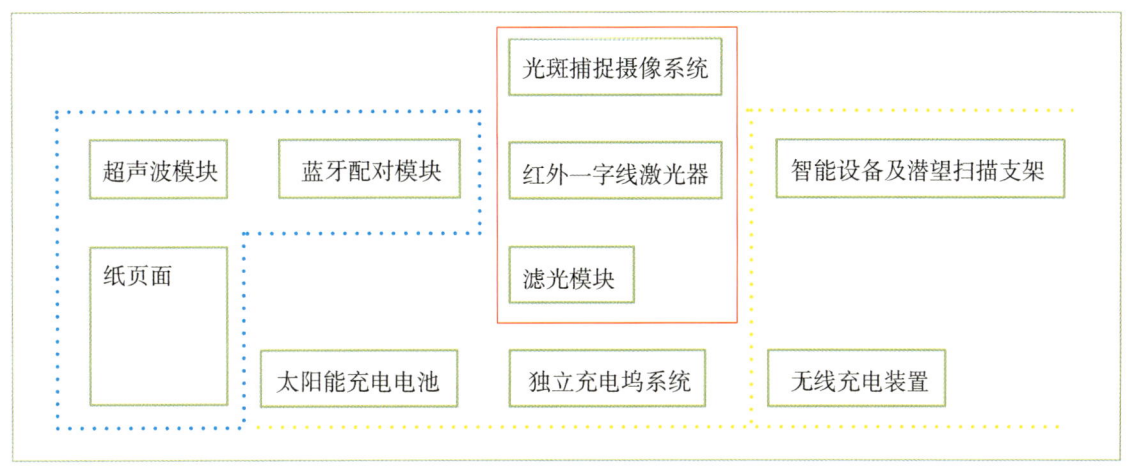

图9-0-2-5

大显身手

你在使用书桌的过程中,遇到过哪些问题?对于这些问题,你有什么设想呢?

问题	解决方案
个子太高,书桌太矮	
冬天在书桌上做作业太冷了	
……	……

说明与延伸

思维训练答案:

1. 如图9-0-2-6所示,将纸卷成筒状,然后把五个点连起来即可。

图9-0-2-6

2. 先确定圆心。在画好圆心后,把纸的一边折起来并使其靠近圆心。这时,把半径画在已折起的纸上,待将圆弧线画在折起的纸边时,把折起来的纸仍照原样铺平即能完成。

3. 把整个西瓜按"井"字形切四刀即可。

3. 伞具的改进

下雨天出门,雨伞必不可少,但雨伞在使用时也有不少不如人意的地方,比如雨天打伞出行会遮挡人们的视线,滴水的雨伞放在室内使得地面湿滑,带来安全隐患。可以对雨伞加以改进,使其更加方便好用。

思维训练

1. 在图9-0-3-1所示的十枚硬币中移动两枚,组成一个正"十"字。

图9-0-3-1

2. 有六条线段,其中 $a>b$、$c>d$、$b>c$、$a<e$、$f>e$,哪条线段最长?

3. 在一根透明塑料软管当中,有四白一黑五个球,黑球在中间。不许倒出白球,也不能剪断塑料管,怎样才能取出黑球?

他山之石

1. 带天窗的晴雨伞。

问题: 雨天撑伞步行,为了遮挡迎面而来的雨,常把雨伞向前撑,但这样容易挡住视线,很不安全。

解决办法: 设计一把带有"天窗"的晴雨伞。

设计思路: 如图9-0-3-2所示,在普通伞面上划出一个正方形区域作为"窗户",然后三面剪开,一面连着,剪开的布用来做"窗帘","窗户"粘贴上透明薄膜,"窗户"和"窗帘"周边都缝上刺毛搭扣。雨天打开"窗帘",可以看路;晴天拉上"窗帘",用来遮阳。

2. 带集水器的雨伞。

问题: 下雨天,收起雨伞后还在滴水,带来不便。

解决办法: 设计一款带有集水器的雨伞。

图9-0-3-2

设计思路: 用海绵作为雨伞顶端的集水部件。伞顶端的集水器的设计如图9-0-3-3所示。集水器安装在伞尖,由塑料圆片、海绵、瓶盖组成。海绵做成圆柱体状,两端用塑料圆片和瓶盖固定。使用时,按压集水器,将海绵中的雨水排挤干净,伞面上剩余的雨水就会被吸入海绵中,不会滴在地面上。

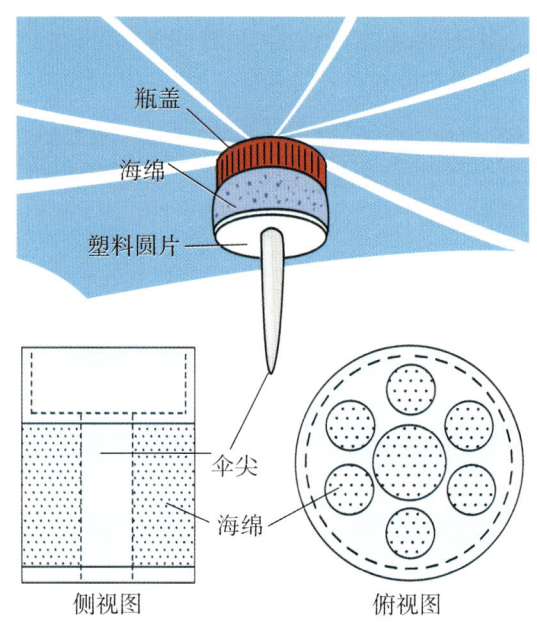

图9-0-3-3

大显身手

关于雨天出行,你认为还有什么不方便的地方,还有哪些雨具有可改进之处,提出你的解决方案。

问题	解决方案
穿雨披骑车,帽子会遮挡一部分视线	
高帮雨靴笨重,低帮雨靴容易进水	
……	……

说明与延伸

思维训练答案:

1. 移动右端一枚补在左面,移动上端一枚叠放在中间一枚上面。

2. f最长。

3. 把塑料软管弯过来,使两个管口对接,让两个白球滚进另一个管口内,即可取出黑球。

伞电宝:

有人想到将雨伞和充电宝结合在一起,制作一款"伞电宝",它可以发电储能,给手机充电,如图9-0-3-4所示。"伞电宝"看上去就是一把折叠伞,伞面加装了薄膜太阳能电池。伞把手其实是一个充电宝,伞面太阳能电池转化的电能,经由穿过伞柄的电线,输送到充电宝的电池里存储起来。充电宝下部是一个握力器发电机,用力握摇柄就可以让发电机转动发电,电能也存储在电池里。手柄是中空的,可以用来收纳电线,收完用盖子盖上。"伞电宝"上还有一个手机支架,是模仿自拍杆设计的。连接支架的蛇形管可以自由弯曲,方便调节角度。折叠伞和充电宝可以分开,要用伞时,将伞柄插在充电宝的插槽中即可;不用时,伞可以折叠收起来。

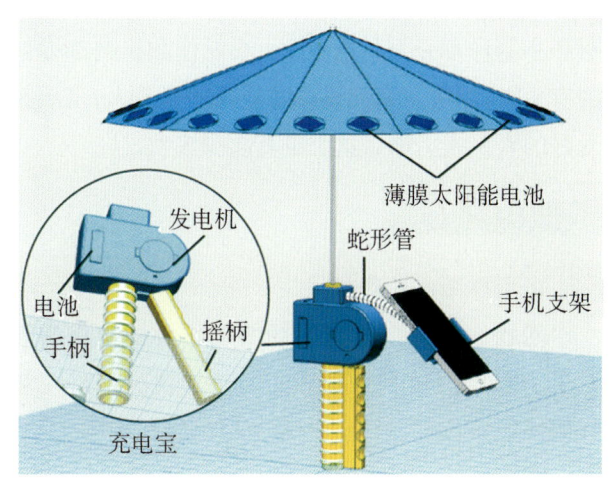

图9-0-3-4

4. 分类垃圾桶的创意设计

对垃圾进行分类处理,是低碳环保行动的重要环节。目前的垃圾桶的分类功能还不完善,如只标识了垃圾桶的类别,还需人判断垃圾属性投放等。因此可对垃圾桶进行创意设计,提高垃圾分类投放的准确度和效率。

思维训练

1. 用一根细线将两个球连起来,如图9-0-4-1那样悬挂起来。在细线的末端(C处)施加一个向下的力,绳子会在何处断开?

图9-0-4-1

2. 一张纸上画有一个六边形(图9-0-4-2)。最少画几条线能通过六边形的六条边?

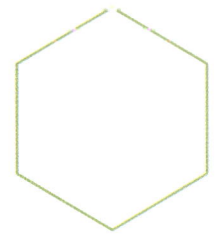

图9-0-4-2

3. 一个班级中爱好创造发明的有40人,爱好小制作的有24人,爱好棋类的有15人。其中,创造发明和小制作都爱好的有20人,小制作和棋类都爱好的有8人,创造发明和棋类都爱好的有5人,三项都爱好的有8人。那么这个班有多少人?

他山之石

1. 可压缩的垃圾桶。

问题:办公室、教室等场所的垃圾桶里常常装满了分量轻但体积大的纸团。这种情况使得垃圾袋更换频繁,造成浪费,给保洁人员增加负担。

解决办法:设计一个可压缩的垃圾桶。

设计思路:这款垃圾桶(图9-0-4-3)分为桶盖、桶身、桶底三个部分,桶身为软管,桶底储存垃圾袋。将垃圾袋从桶底抽出,撑开后使用。当垃圾袋里装满纸团时,可以用手向下压垃圾桶桶身,使纸团压缩,从而可以装入更多的垃圾。

2. 智能分类垃圾桶。

问题:有的人不明确垃圾分类的标准,只好将垃圾顺手丢进可能是错误的垃圾桶。

解决办法:从商品的条形码上获得启发,设计一款智能垃圾桶。

设计思路:将废弃物的分类信息制成二维码,粘贴到物品包装上。选用树莓派作为垃圾分类识别装置的"大脑"。在树莓派上连接一个摄像头,它就可以读取摄像头拍摄的图片。通过Python编程,树莓派就可以把图片上的二维码翻译出来。发明者在树莓派中存储了一张垃圾分类的映射表,包含

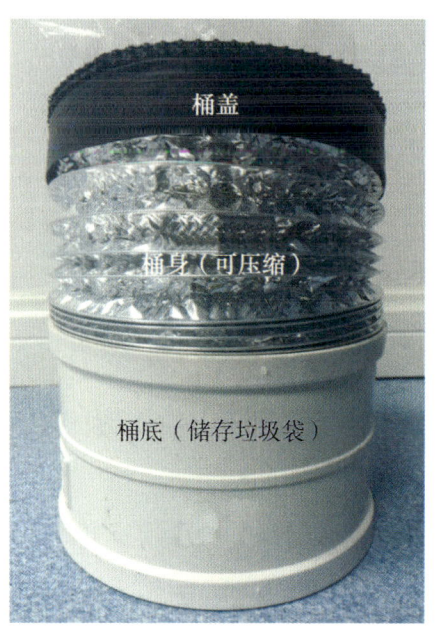

图9-0-4-3

垃圾分类的明细。

智能分类垃圾桶的外观仿照游乐园里面的旋转椅。发明者用木板制作了一个圆形的托盘,然后把4个不同颜色(代表4类垃圾)的垃圾桶固定在上面。托盘下安装一个舵机,舵机连接到树莓派上。当垃圾分类识别装置识别出垃圾类别时,就会控制舵机运动,把正确的垃圾桶旋转到垃圾投递者面前(图9-0-4-4)。

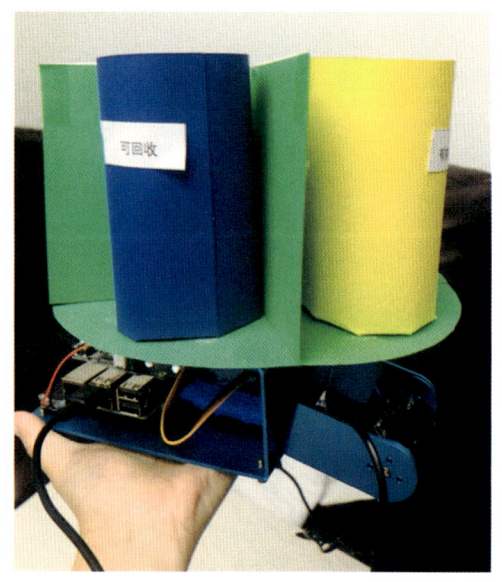

图9-0-4-4

3. 容量可调节的脚踏分类垃圾箱。

问题：公共场所的分类垃圾箱，往往出现这样的现象：分类垃圾箱中的一格垃圾满溢，而另一格内的垃圾不多，造成回收空间的浪费。

解决办法：设计一种节约空间的垃圾箱。

设计思路：图9-0-4-5为垃圾箱的整体效果图。垃圾箱主要由压缩机构、移动隔板分区、内箱等部分构成。每个回收箱内有前后两个回收区，用隔板隔开。对于易拉罐、塑料瓶等垃圾可以先压缩后回收，其他垃圾正常回收。投放口另做标识，便于人们分类投放垃圾。

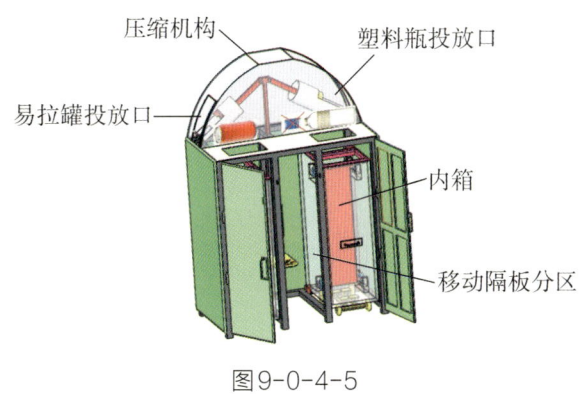

图9-0-4-5

压缩机构主要部件如图9-0-4-6所示。易拉罐被投入垃圾箱后，进入压缩筒。人脚踩踏板，带动升降驱动杆实现压板和摆动杆在压缩筒内的挤压运动，压缩易拉罐。压缩后的易拉罐从压缩筒外端下部的豁口处落入相应分区的垃圾袋中，同时压缩机构在弹簧的作用下恢复原位。为了保证压缩的安全和有效，左边易拉罐压板在垃圾箱外露部分有"安全帽檐"，以防止易拉罐在压缩过程中被弹出；右边塑料瓶压板设计成漏斗形，以防止塑料瓶在压缩过程中被弹出。有的塑料瓶带瓶盖或瓶内还有余水，不能直接压缩，于是在压板对面的挡板上增设三个短针，扎破塑料瓶，排气排水后再压缩。垃圾内箱用隔板进行分区。内箱的移动隔板为自驱动，即量多侧的垃圾自动挤压移动隔板向垃圾量少侧移动。每个内箱口有两个尺寸固定的垃圾袋套口，便于套垃圾袋。抽拉把手的安装位置距离地面

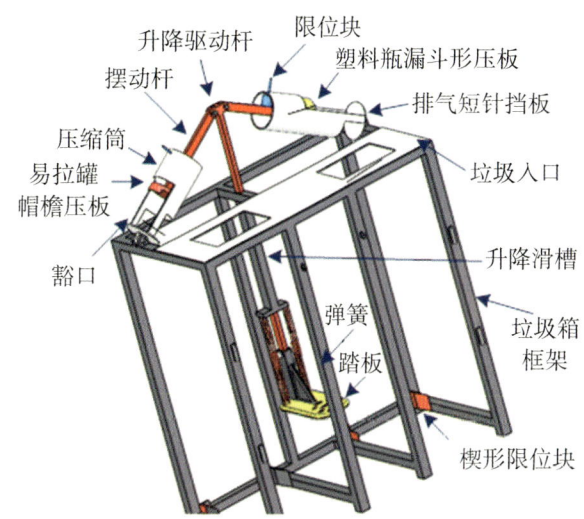

图9-0-4-6

大约30 cm，方便环卫工人抽取、推拉内箱。

大显身手

请你思考在扔垃圾时，有哪些问题造成了垃圾分类不便，或观察垃圾分类开展不好的区域，分析原因并尝试提出解决办法。

问题	解决方案
湿垃圾含水量高，气味难闻，处理不方便	
有些老年人不方便弯腰，整理垃圾十分辛苦	
……	……

说明与延伸

思维训练答案：

1. 用力猛拉，在C处断开。慢慢地用力拉，在A点断开。

2. 把这张纸卷成筒状，如图9-0-4-7所示，只要画一条线就行了。

3. 54人。

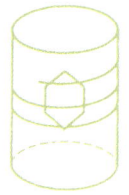

图9-0-4-7

5. 卫生设施改造方案

卫生设施在日常生活中不可或缺。但一些卫生设施的设计给使用者带来不便,如在公共厕所中时常遇到纸用完了、厕所气味难闻等问题,可以对它们进行改进。

思维训练

1. 把10个小球沿着长方形的四边放置,使每边的小球数量相等,该怎么放?

2. 如图9-0-5-1,在一个装着水、上下各有一个阀门的容器内外,有8个相连的木质球。分析一下这8个球能不能连续不断地沿着阀门内外交替地转动,为什么?

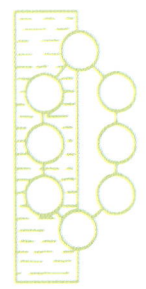

图9-0-5-1

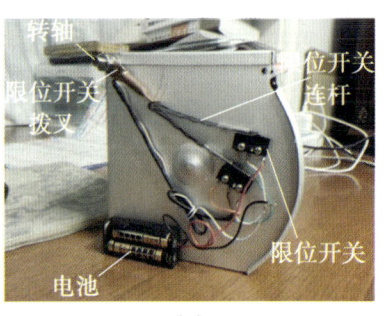

(a)

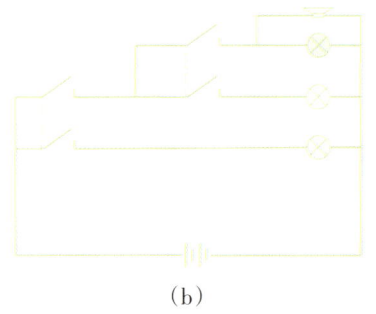

(b)

图9-0-5-2

他山之石

1. 卫生卷筒纸提示装置。

问题:在一些公共卫生场所,都会免费提供卫生卷筒纸。但经常会遇到保洁人员没能及时补充卷筒纸而出现尴尬的情况。

解决办法:发明一个卫生卷筒纸提示装置。

设计思路:如图9-0-5-2(a)所示,该装置由一个普通卫生卷筒纸盒改进而成,在转轴的一侧使用了一个压臂,它按照纸量的变化带动转轴旋转,在转轴另一侧连接了限位开关拨叉,它带动限位开关连杆,从而控制限位开关工作。当纸量充足时,绿灯亮;不足时,黄灯亮;用完时,红灯亮,小喇叭发出警报,提醒保洁人员及时更换。电路图如9-0-5-2(b)所示。

2. 老年人如厕起身助力装置。

问题:一些老年人如厕后起身困难。

解决办法:设计一款助力老年人如厕起身装置。

设计思路:发明者从汽车后备厢上的电动推杆得到启发,将电动推杆加装到马桶坐便器上,利用液压控制,通过抬起马桶坐便圈来帮助老年人如厕后起身。装置结构简单,使用时,只要按动开关,两根推杆就会将坐便圈缓慢推起。根据人体工学原理测算且经过反复试验,得出坐便圈被推高20 cm是一个较适宜的高度(图9-0-5-3)。通过这一助力装置,老年人如厕后,就可以自如地起身了。

3. 负压抽气式马桶。

问题:如厕后的异味问题令人不适,即使有换气扇排风,臭气仍会在卫生间内持续一阵子。

解决办法:发明者受吸尘器的启发,对普通的坐便马桶进行了简易改造,加装了一台类似吸尘器的抽气装置,利用负压抽气原理把臭味及时吸走,从而实现一边如厕,一边除臭。

图9-0-5-3

设计思路：在普通马桶的水箱底部，开设一个小孔，作为负压抽气式马桶的抽气孔，然后将抽气装置通过抽气孔连接在溢水管的顶部。这样，只要在如厕时，开启抽气装置，臭气就能随时被吸走，并最终通过排气管排到室外（图9-0-5-4）。

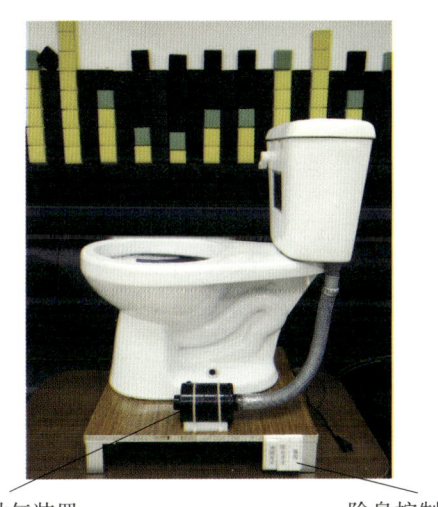

负压抽气装置　　　　除臭控制开关

图9-0-5-4

大显身手

你在使用各种卫生设施时，是否遇到过一些不方便或者不合理的情况？能不能提出你的解决方案呢？

问题	解决方案
如何给公用马桶消毒	
如何避免马桶堵塞	
……	……

说明与延伸

思维训练答案：

1. 如图9-0-5-5所示。

图9-0-5-5

2. 这又是一种永动机的设计方案，因为无法克服进出上下两扇阀门的阻力，所以无法使它转动起来。

6. 养宠物的相关发明

家养宠物是特殊的家庭成员。宠物能给予人们陪伴和快乐，但若防护不当，也会给人们带来麻烦，弄脏家居环境。根据家养宠物的不同特点，可设计相应的装置，使养宠物更加干净、舒心。

思维训练

1. 观察一下2、9、5、3、6、8这六个数字，其中哪一个数字与其他五个数字不同？有什么不同？

2. 在拔掉水斗或浴缸底部出水口塞子的时候，水是怎样往下流的？

3. 仔细观察图9-0-6-1, 3 min后不再看图，凭自己的记忆做出一个实物模型来。

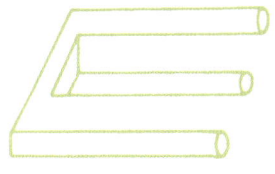

图9-0-6-1

他山之石

1. 防猫狗开门的门把手。

问题：有的猫或狗非常聪明，它们看懂了主人开门的动作，会跳起来吊在门把手上，依靠体重，把门打开。当主人不在家的时候，它们就会这样打开主人禁止它们进入的房间，把那里搞得一团糟。市面上的防猫狗门把手，多采用上提把手反锁的方式，但反锁后需用钥匙开锁，比较麻烦。

解决方案：设计一种新型防猫狗开门的门把手。

设计思路：不改变原来下压把手与锁芯的连接，只是将把手设计为类似自动伞的伸缩伞柄的结构。平时把手收缩为短柄，按一下把手上的按钮，把手便弹出伸长。此时按压把手，可以正常开门。关门后，将把手压回短柄状态。猫狗即使看到主人操作，试图模仿，也无法按到按钮，就算跳上短柄下压，门也不会打开（图9-0-6-2）。

2. 全自动仓鼠喂养装置。

问题：饲养仓鼠需要定期喂食和换砂，如果主人需要长时间外出，则十分不方便。

解决办法：设计一个全自动喂养仓鼠的宠物笼。

设计思路：装置中有两组传动装置控制食物的投放和砂子的下落（图9-0-6-3）。装置结构如图9-0-6-4，八音盒的发条为整个装置提供动力，发条被固定在宠物笼盖的正中间。槽轮和齿轮通过O形圈组合在一起，与八音盒发条通过轴承零件连接，并用AB胶固定在宠物笼盖上，构成装置的传动系

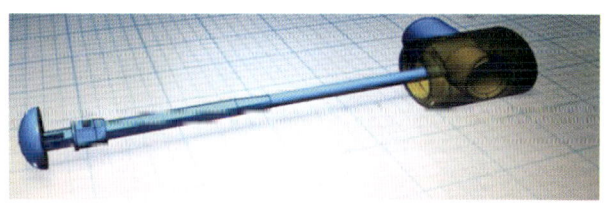

图9-0-6-2

统。启动装置时，拧紧宠物笼盖上的发条，松开后，发条带动左右两组齿轮运动，再通过O型圈分别带动两组槽轮旋转。当右侧槽轮上的铜丝缓慢旋转至投食槽处时，会拨动投食槽中的模型珠，模型珠滚落至食物槽中，代表自动投食。左侧槽轮带动连接十字旋转轮的长轴旋转，十字旋转轮会控制砂子下落的时间及频率。轴下端带动砂刷旋转，将落下的新砂均匀地铺在旧砂上，整个机械运转过程中不需耗费电能，安全环保。

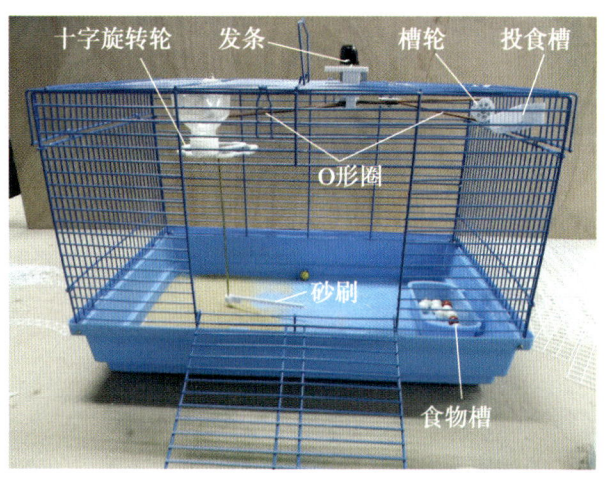

图9-0-6-3

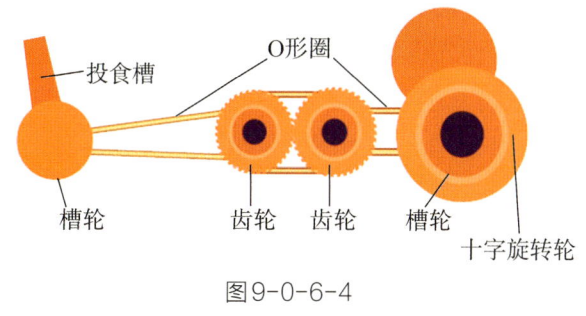

图9-0-6-4

3. 自动宠物洗爪机。

问题：人们带着宠物去散步后回到家中，宠物的脚爪常常会弄脏地板，因此需要在宠物进门前给它洗洗脚爪。

解决方案：设计一款自动宠物洗爪机，以轻松快捷地清洁宠物脚爪，保持居室整洁。

设计思路：洗爪机的整体设计如图9-0-6-5。其中的滚筒是一个空心圆柱体，中间设有滚轴，滚筒表面覆盖易吸水且柔软的清洁材料。滚筒固定在木盒中，木盒下方的水槽盛有清水。木盒顶部的红外传感器可以感应前方是否有脚爪伸入。机器闲置时，感应模块的输出为低电平，继电器不吸合，电路断开。当主人将宠物脚爪移到红外传感器的感应范围内，继电器吸合，电路接通，电机开始带动滚轴转动，滚筒转动并沾水，就可以清洁宠物脚爪了。模型如图9-0-6-6。

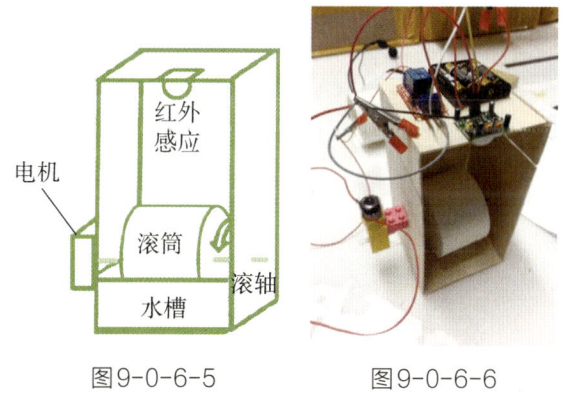

图9-0-6-5　　　　图9-0-6-6

大显身手

观察你身边养各种宠物的人，他们遇到过或可能会遇到哪些问题，总结一下这些问题并提出解决方案。

问题	解决方案
遛狗时狗突然向前猛冲，很容易把人拉伤	
科学饲养金鱼十分麻烦，需要考虑很多因素：如鱼缸中的水位高低、水质、水温和光照等	
……	……

说明与延伸

思维训练答案：

1. 除3以外，其他五个数字倒过来基本都还像一个数字。

2. 在北半球，水是向右旋转着往下流的。在南半球，则是左旋着往下流的。

3. 提示：可用铁丝加工焊成实物。

7. 残障人士用品的发明

残障人士在生活中有诸多不便，虽然各类助残装置不断被发明，但是残障人士面对的困难各不相同，如听障人士无法听到敲门声，盲人阅读有障碍等。可针对具体的问题设计助残装置，提升残障人士的生活质量。

思维训练

1. 如图9-0-7-1，O_1、O_2、O_3、O_4、O_5是大小一样的五个圆。现O_1圆要沿其他四个圆的外圈滚一圈，问O_1圆要滚动几周？

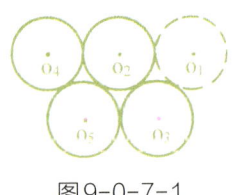

图9-0-7-1

2. 把一个正立方体一刀分成两个部分。使其中一个部分为七面体,另一个部分为四面体,该怎么切？ 另一个部分为三面体或二面体呢？

他山之石

1. 脑瘫患者专用键盘。

问题：许多脑瘫患者都习惯依靠电脑与外界交流,但他们在使用键盘时,由于无法精确控制手部肌肉,容易点错。

解决办法：精简键盘,使用仅需9个按键输入字符的输入法,来发明一款适合脑瘫患者使用的专用键盘。

设计思路：这款脑瘫患者专用键盘由5个部分组成:T9小键盘、放大键帽、连接轴、弹簧活塞和盒子,结构如图9-0-7-2所示。小键盘通过连接轴与放大键帽连接,点按放大键帽就可以将信息顺利输入电脑。使用弹簧活塞可以避免击键时因为连接轴的摆动而不能准确地点按。活塞由弹簧与一粗一细两个塑料试管构成。在电脑上安装T9键盘的使用程序后,将键盘与电脑连接即可使用。这一键盘大量减少了按键,同时放大了键帽,很好地帮助了脑瘫患者克服无法精确控制手部肌肉的困难。

2. 振动式听障人士专用移动呼唤器。

问题：目前供听障人士专用的发光门铃存在一定局限,只能在视线范围内起作用。

解决办法：发明一款振动式听障人士专用移动呼唤器。

设计思路：对无线门铃进行改进,用能发射蓝牙信号的器件代替门铃按钮。用可以接收蓝牙信号的振动器替换无线门铃上的扬声器。振动器可以做成手环一类的小装置随身携带。如果有人按门铃,振动器将通过振动提醒。

3. 盲人阅读器。

问题：盲童的学习资料相对匮乏,因为盲文的点显特点导致盲文书籍制作困难。虽然市面上有盲文点显器,但是价格高昂,无法普及。

解决办法：发明制作一款物美价廉的盲人阅读器。

设计思路：要降低盲文显示器的成本,可以从两个方面着手:一是改变驱动方式,减少控制驱动器的数量;二是降低驱动器的功耗和驱动力。可以用具有电热伸缩效应的记忆合金来解决盲显点的驱动力问题。点显的基本单位是"目",一个"目"为一个盲显点。发明者对传统的立柱结构进行"L"形处理,将记忆合金丝设置于水平槽内。通电后,合金丝就能带动立柱运动,从而实现盲显点的盲文显示。3个纵向排列的"目"为一"方",采用空间交错设计,提高空间利用率。再将多个"方"并联从而得到点显阵列。

点显器还包括OLED显示器和主控芯片(Arduino UNO)。点显器的工作时,显示器对单片机发出命令,单片机接收命令(如打开文件)后,调用文件内容读取函数,读取文件内容前16字节,转换成8个汉语拼音,接着翻译成8个盲文,再转换成16个舵机需要的转动角度数据,最后将这些数据发送给舵机,由舵机驱动凸轮组进行盲文显示。模型成品如图9-0-7-3所示。

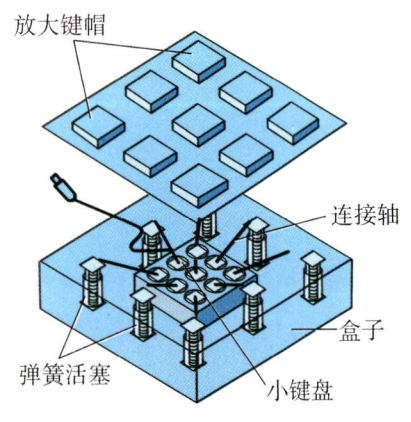

图9-0-7-2

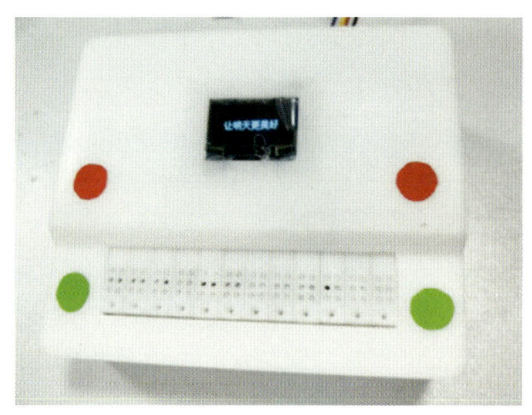

图9-0-7-3

大显身手

目前已经有许多残障人士的辅助工具,你认为这些辅助工具还有没有改进的空间?你身边的残障人士有没有遇到问题?你是否可以提供解决方案?

问题	解决方案
手部残障人士,如何操作电脑	
视障人士如何方便地出行	
……	……

说明与延伸

思维训练答案:

1. 转7/3周。

2. 如图9-0-7-4。

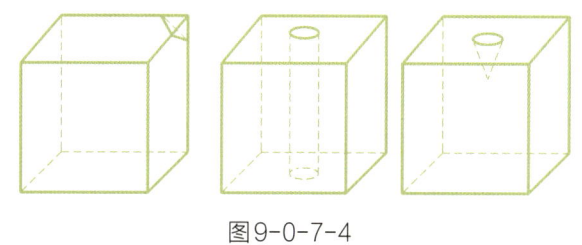

图9-0-7-4

8. 助老用品发明

老年人随着年龄增大,身体的各项机能变差,会出现诸如听力下降、老花眼、记忆力衰退、动作迟缓之类的问题。可以设计一些助老产品,帮助老年人安享晚年。

思维训练

1. 图9-0-8-1是一个正方体。从A走到B,怎么走最近?

2. 有一个刻度为100 mL的瓶子,装入100 mL的液体后,盖上瓶塞,发现液面至瓶塞之间还有一段空隙。如果把这个瓶装满,最多能装多少液体(不许再把瓶塞打开)?

3. 有四长四短八根小木棒,四根长的一样长,四根短的也一样长,长棒的长度是短棒长度的2倍,不能把木棒折断,能拼出三个相同大小的正方形吗?

他山之石

1. 多功能拐杖。

问题:老年人出行不便,需要辅助工具。

解决办法:设计一种多功能拐杖。

设计思路:如图9-0-8-2所示,拐杖外形与传统拐杖类似,手柄为握持式,上面有操控按钮。它具备辅助行走、语音控制、引导、爬楼梯等功能。拐杖的底部采用四角万向轮和机械脚相结合的设计。

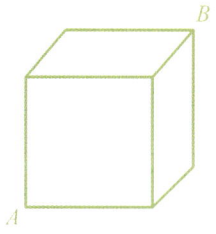

图9-0-8-1

路况良好时,老人可以用万向轮辅助行走,省时省力;路面不平整时,可打开万向轮四周的机械脚,增加稳定性。拐杖内置语音接收模块和GPS系统,老人可以向拐杖发送语音指令,由拐杖进行路线规划并驱动万向轮引导老人前往目的地。辅助老人爬楼梯的功能是通过激光测距仪和爬梯装置配合实现的。激光测距仪安装在手柄处,爬梯装置由连杆和机械脚组合而成。根据激光测距仪测量出的楼梯阶高,连杆调节伸缩距离,辅助老人爬楼梯。

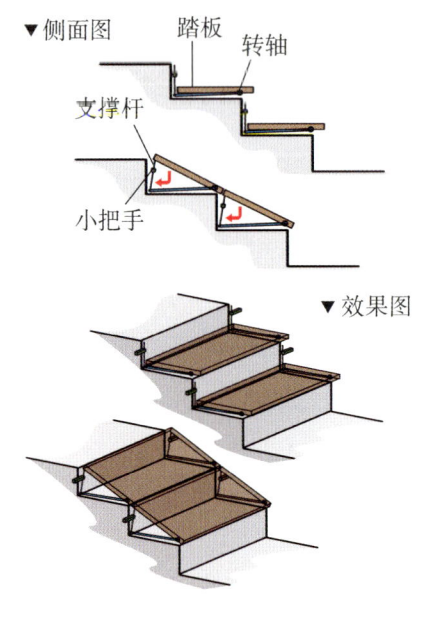

图 9-0-8-3

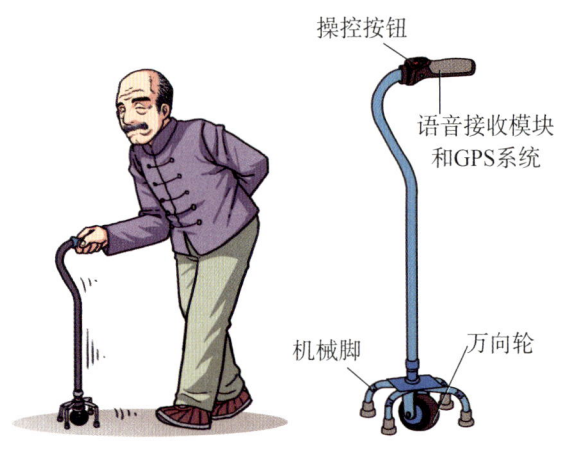

图 9-0-8-2

2. 能"平改坡"的楼梯。

问题:由于行动不便,一些老人不得不使用轮椅代步。有的老人住的是楼梯房,在上下楼时,因为没有电梯,使用轮椅非常麻烦。

解决办法:受到平改坡的启发,设计一种能"平改坡"的楼梯装置。

设计思路:如图 9-0-8-3 所示,该装置的每级台阶由踏板、支撑杆和转轴组成,且每级台阶都可以进行拆卸或安装。转轴设计在每级台阶的外侧,内侧有一支撑杆,使用时,只要拿起支撑杆上的小把手,将其撑在台阶夹角上,就能实现固定和支撑踏板的作用。平时,它可以平铺在楼梯上,不会影响人们正常生活。遇到老人上下楼时,它就"变身"为斜坡,方便坐轮椅的老人上下楼。此外,在运输货物时,也可方便用小推车推上楼,省时省力。

3. 老年人居室安全智能报警系统。

问题:独居的老人可能会在无人知晓的情况下发生意外事故,因为得不到及时救助而造成伤害。

解决办法:利用智能技术设计一个老年人居室安全智能报警系统。

设计思路:报警系统使用单片机作为中央控制平台,运用物联网、传感器、手机移动互联等技术,能针对多种情况进行报警、提示。系统能够每天定时监测老年人的活动情况,在居室内老年人经常活动的地方设有报警按钮,实现及时救助。老年人在厨房做完饭后,系统会用语音提醒老年人"煤气阀关好了吗";老年人回家进门后,系统会发出"钥匙拔了吗"的语音提醒;老年人出门时,又会响起"钥匙带了吗"的语音提醒。此外,当燃气浓度超标或下雨时,报警系统可以自动开窗或关窗。

大显身手

由于身体机能方面的原因,老人在生活中会遇到诸多不便。你是否关注到这类问题,请提出你的解决方案。

问题	解决方案
老人比较健忘(忘记吃药,忘记东西放在哪里等)	
老人容易怕冷	
……	……

说明与延伸

思维训练答案:

1. 如图 9-0-8-4,O 是 CD 的中点,$AO+OB$ 为最短。

2. 把这个瓶倒过来,因为容量的刻度是从底部向上刻的,所以当瓶倒过来以后,立即就能看出这

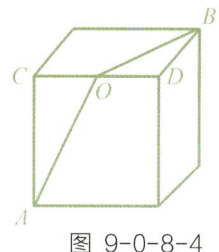

图 9-0-8-4

个瓶正放时上部空的地方有多少容量。因此也就知道了这个瓶最多能装多少液体。

3. 可以,如图9-0-8-5所示。

图 9-0-8-5

9. 公交车设施的改进

公交车是人们出行时常坐的交通工具。公交车上的设施(如扶手和逃生装置)是为了保护乘客的安全,但还有不完善之处。通过观察这些设施的作用和原理,列出希望改进的缺点,制定出具体的改进方案。

思维训练

1. 设计一个工件,使这个工件能分别紧密地穿过厚木板上的三个孔(图 9-0-9-1)。

图9-0-9-1

2. 不再用其他任何东西,怎样才能使纸的2/3放在桌面外而纸不落下?

3. 现有一张纸和一只乒乓球,如何仅用一把剪刀作工具,把乒乓球放在用纸做成的一件物品上,使乒乓球离桌面的距离最高?

他山之石

1.智能伸缩公交车把手。

问题:公交车行驶时通常不平稳,由于乘客高矮胖瘦不一,拉着统一的公交车把手,总是会有人重心不稳甚至摔倒。

解决办法:设计一款适合每个乘客的智能伸缩公交车把手。

设计思路:把手上设置一个热敏感应器,乘客握住把手,系统就可以将把手与乘客匹配。乘客的高矮胖瘦可以由公交车配置的感应系统感应到,例如在上车的车门上测量乘客的高度,上车的垫板则像体重秤那样测量乘客的重量。或者在5G网络和大数据中心的帮助下,乘客刷公交卡时,公交车就自动得到了乘客的身高、体重信息。系统经过精密的计算,自动调整公交车把手带的长短,让乘客轻松拉住把手(图9-0-9-2)。在车辆急刹车或者上下坡的时候,把手也会根据实际情况调整长短。这样

图9-0-9-2

一来，可以在很大程度上减少车厢内事故的发生，进一步保障乘客的人身安全。

2. 公交车可自动伸缩遮雨板。

问题：下雨天乘公交车，上车前要收伞，人就会淋到雨。

解决办法：设计一款加装在公交车顶部的可伸缩遮雨板，它能够在停车开门时自动伸出，关门行车时自动收回。

设计思路：用U型材制作遮雨板的轨道和定位支架，支架中间装有传动轴，遮雨板上安装有齿条。电机转动，通过传动皮带带动主传动轴转动，而主传动轴和遮雨板之间有齿轮齿条结构，控制遮雨板伸出或收回。在模型设计时可简化电机-皮带-齿轮-齿条结构，让电机带动舵机旋转，然后由舵机拨动遮雨板，使遮雨板沿轨道进行直线运动，实现伸出或收回的动作。在安装遮雨板时，调整轨道的水平角度，使落在遮雨板上的雨水流向车顶，最终通过车顶的排水槽排出（图9-0-9-3）。

图9-0-9-3

3. 新式公交车逃生装置。

问题：公交车起火事件时有发生，造成人员伤亡。

解决办法：设计一款新式公交车逃生装置。

设计思路：将固定车窗设计成外翻式，车窗外翻后形成滑坡，具有一定的缓冲功能，便于乘客逃生，避免乘客从车上跳下，造成摔伤、骨折等伤害。车窗上还安装了固定锁，该锁由电磁铁控制，连接到驾驶员的控制台上。车窗与框架间用热熔胶进行密封，热熔胶内包裹着电热丝，接通电源后，短时间内热熔胶软化，解除固定。控制开关同样连接在驾驶员控制台上。若车起火，乘客难免惊慌失措，不一定能及时反应，所以需驾驶员快速反应，按下按钮，就能立刻打开车窗让乘客逃生。

大显身手

公共出行的方式还有很多种，如共享单车、地铁等。不妨在乘公共交通工具出行时留心观察，有哪些给你或其他乘客带来不便的情况或设施？分析原因并尝试提出解决办法。

问题	解决方案
乘坐地铁时，往往出现人流量在各个车厢分布不均的情况，导致有的车厢拥挤，有的车厢还有空座位……	……

说明与延伸

思维训练答案:

1. 这个物体如图9-0-9-4所示。

2. 将纸的1/3处折成直角,紧靠桌面边缘把纸的1/3放在桌面上,2/3部分朝下放在桌面外。

3. 把纸裁成几个等腰梯形,并卷成许多个喇叭形纸筒,然后一个一个套上去。使喇叭筒不散开的方法是:用剪刀在纸筒相叠的接缝处上、中、下各剪

图9-0-9-4

开一个口子,然后把另外裁好的纸条穿进去。这样喇叭形的纸筒就不会散开了。

10. 应对雾霾的发明

秋冬季节容易出现雾霾,对人体健康产生危害。虽然市面上有各类空气净化设备,但目前这类设备的功能大多集中于室内的空气净化。因此可对人们外出时预防雾霾等问题开展设计。

思维训练

1. 如图9-0-10-1,怎样把它裁成三份才能拼成一个正方形?

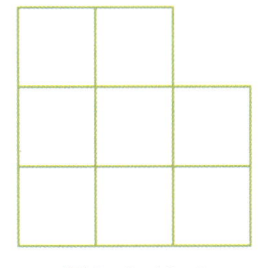

图9-0-10-1

2. 用三根长度分别为3 cm、4 cm、7 cm的小木棒(不能折断)能否搭成三角形?

3. 有两个数都是4位数,现知道一个数字是另一个数字的4倍,而且一个数字排列的顺序正好和另一个相反,请问这两个是什么数?

他山之石

1. 鼻塞式空气过滤器。

问题:雾霾天气,很多人也还是需要出门,这对他们的身体健康不利,特别是一些老人和小孩。

解决办法:受到耳塞的启发,设计一个既佩戴轻便,又能随时净化鼻腔内空气的鼻塞式空气过滤器。

设计思路:该鼻塞式过滤器采用轻柔的橡胶材质做成,里面加入纳米级过滤结构,塞在鼻腔内使用。它的外形完全贴合鼻腔结构,既不影响使用者外表美观,又不影响正常呼吸,而且还可以反复清洗(图9-0-10-2)。有了这样的鼻塞式过滤器,即使在空气不好的时候,也可以轻松出门。

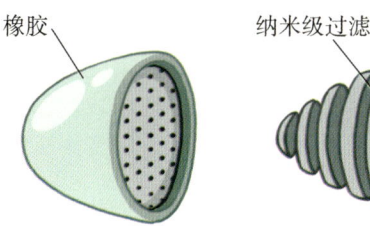

图9-0-10-2

2. 共享单车空气净化系统。

问题:城市雾霾严重时,没有相应措施来净化空气。

解决办法:城市中的共享单车每天使用规模巨大,可以设计一个安装在共享单车上的空气净化

系统。

设计思路：该共享单车空气净化系统由供电、储电、净化（过滤）三个部分组成。供电部分采用了太阳能和微型发电机双供电系统。车辆停放时将太阳能转化为电能，为电池充电，并驱动风扇，将有害的细颗粒物吸入过滤装置；在骑行时则由太阳能和微型发电机一起供电，即便是遇上阴雨天气，也能利用微型发电机快速将电池充满，以确保停车时持续净化空气。储电部分以可循环充放的大容量锂电池为主体。净化（过滤）系统由壳体、进风喇叭口、风扇、可更换过滤棉及防水网组成。

当单车停放时，由电池驱动风扇主动吸入空气进行过滤；当单车行驶时，则由进风喇叭口吸入空气。滤网采用静电驻极棉，能有效过滤空气中的细小颗粒，而且它成本低，更换方便。整个装置的进出风口都有防水、防尘网，起到防潮保护的作用（图9-0-10-3）。

3. 分布式室内空间空气质量检测系统。

问题：学校教室是人群相对密集的场所，教室里的粉尘、较高浓度的CO_2都会影响到教室内的空

图9-0-10-3

气质量。

解决办法：设计一个分布式空气质量检测系统，让师生随时监测室内空气质量。

设计思路：该检测系统利用Arduino UNO单片机作为整个系统的主控单元，悬浮颗粒物检测模块（$PM_{2.5}$粉尘传感器）、温湿度采集模块（DHT11温湿度传感器）、Wi-Fi无线传输模块等是测量单元，可将获取的测量参数通过液晶屏显示，也可以通过Wi-Fi信号传输到手机App上（图9-0-10-4）。

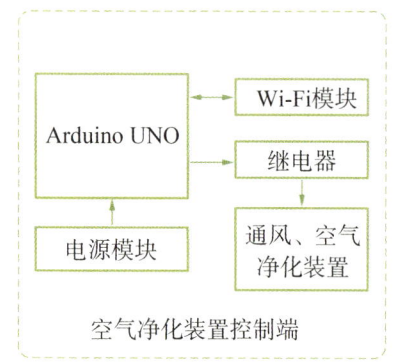

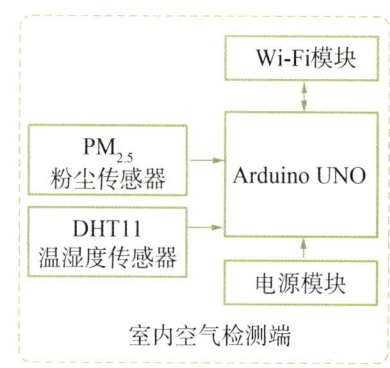

图9-0-10-4

主控板通过Wi-Fi模块接收来自各传感器的数据并进行判断。如果数据超过设定值（如室内空气$PM_{2.5}$为50%），主控板将通电的指令传递给继电器，继电器通电，开启安装在室内的空气净化器。直到室内空气中$PM_{2.5}$的数值低于50%，空气净化器才会自动关闭。本空气质量检测系统可将检测信息通过Wi-Fi传输至另行设计的手机App。通过手机App可以在线查看检测数据，并可远程控制空气净化器等硬件设备。

大显身手

雾霾天对你造成了什么困扰，你有什么解决的方案吗？

问题	解决方案
雾霾天无法进行户外体育运动	
雾霾天戴口罩,耳朵勒得不舒服	
……	……

说明与延伸

思维训练答案:

1. 如图9-0-10-5所示,沿虚线剪成三块即能拼成正方形。

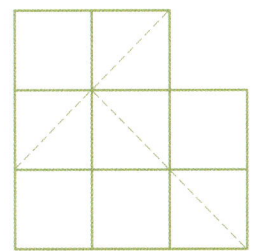

图9-0-10-5

2. 因为题中没有三根木棒必须首尾相接的要求,所以不仅可以拼成三角形,而且可以拼出无限多种(图9-0-10-6)。

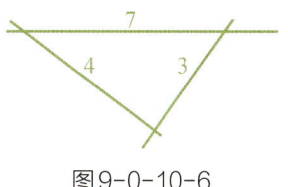

图9-0-10-6

3. 这两个数是8712和2178。

附：

创造发明技法

1. 缺点列举法。

缺点列举法是指通过发掘现有事物的缺陷，把事物的缺点——列举出来，然后提出改革或革新方案的一种技法。列举缺点，就是发现问题，而创造发明就是要解决现存的问题。每发现一个缺点，提出一个问题，也就找到了一个创造发明课题。

运用缺点列举法可分四步进行。第一步，定课题。课题要相对小一些、简单一些，这样比较容易成功。如果课题过大，则可以把它分解开来，就该课题的局部进行考虑。第二步，确定与课题有关的信息种类，如材料、功能、结构等。第三步，根据已确定的信息——列出缺点。第四步，针对一个或几个缺点提出改进方案。

2. 希望点列举法。

在创造发明活动中，希望是灵感的源泉，通过对课题的希望和理想，使问题的本来目的聚合成焦点，再加以考虑的技法，就是希望点列举法。

3. 特性列举法。

特性，亦称特有属性，是指某类对象都具有，而别的对象都不具有的属性。特性列举法是指对发明对象的特性进行分析，并——列举出来，然后探讨能否改进以及怎样改进的技法，亦称作"分析创造技法"。运用特性列举法进行创造发明的一般过程如下：

第一步，确定一个课题。一般来说，课题宜小不宜大。如果是一个比较大的课题，最好分成若干个小课题来进行。例如，汽车这个大课题可分成发动机、离合器、传动装置、制动装置、车身、底盘、车灯、轮胎等小课题。

第二步，将对象的特性全部罗列出来，并分门别类加以整理。一般事物的特性包括以下三个方面。

名词特性：全体、部分、材料、制作方法。

形容词特性：性质、状态。

动词特性：功能。

第三步，尽量从各个角度提出问题，以求得到众多的提示，并据此作出改进。

4. 联想法。

联想是否丰富、合理，是否具有创造性，将直接影响到一个人提出问题和解决问题的质量、数量和速度。联想法是指运用已有的知识和经验，从一事物想到另一事物，从一形象想到另一形象，从一概念想到另一概念，从一方法想到另一方法，从而找到事物之间的联系，启迪创造性思维的方法。按照反映事物之间关系的不同，一般可将联想分为三种类型：对比联想、相关联想、相似联想。

5. 逆向发明法。

沿着事物的相反方向，用反向探求的思维方式对现有产品或课题设计进行逆向思考，提出新的课题设计或完成新的发明的创造技法称逆向发明法。逆向思维方式一般可分为功能反转、结构反转、因果反转、状态反转四种类型。

功能反转是指从已有事物的相反功能，去设想和寻求解决问题的新途径，从而获得新的创造发明。

结构反转是指从已有事物的相反结构形式去设想和寻求解决问题的新途径。

因果反转是指从已有事物的因果关系出发，变因为果去发现新的现象和规律，寻找解决问题的新途径。

状态反转指人们根据事物的某一属性（如动与静）的反转来认识事物。

6. 组合发明法。

组合发明法是指按一定的技术原理，把某些

技术特征进行新的组合,构成新的技术方案的发明技法。

将某些技术特征组合起来之前,首先应当充分了解这些组合元素的原理、特征和功能,只有这样才能做到组合合理有效。组合发明法的类型,包括异物组合、同物组合、主附组合、重组组合。

7. 专利发明法。

善于和有效地利用专利文献,是人们进行创造发明的重要手段。从专利文献中,人们不但可以找到许多成功的途径,也可以找到许多失败的案例,甚至还可能找到许多潜在的、经过努力可以成功的线索。利用专利文件寻求创造发明的课题和设想,以及利用专利文献对课题的设计进行改进和完善的创造发明技法,称为专利发明法。

利用专利文献搞发明,实际上是一种寻找现有专利的知识空隙的方法,具体步骤如下:

(1) 确定初步课题。
(2) 专利文献调查。
(3) 评价。
(4) 找出专利文献的知识空隙。
(5) 增加新的知识、补充研究。
(6) 制定正式课题。

8. 信息交合法。

信息交合法是指运用信息、信息标、信息反应场以及通过对信息反应场的推演、分析、综合完成系列发明的技法。信息交合法建立在人类认识事物必须而且只能通过信息才能达到,以及事物在相互作用中会不断产生新信息的基础之上。信息交合法可分四步进行:

第一步,定中心。即确定要研究的信息,也就是零坐标。

第二步,划标线。即用矢量标根据"中心"的需要划几条坐标线。

第三步,注标点。在信息标上注明有关的信息点。

第四步,相交合。以一标线(如 x 轴)上的信息为母本,以另一标线(如 y 轴)上的信息为父本,相交合后产生新信息。

9. 检核表法。

检核表法是指根据需要解决的问题或者需要创造发明的课题,列出有关的问题,然后一个个来检查、核对、讨论,从中获得解决问题的方法和创造发明的设想。这是一种能够大量开发创造发明设想的创造技法。一般可以从以下9个方面进行检核。

(1) 现有的发明有无其他的用途,包括稍作改革可以扩大的用途?
(2) 现有的发明能否引入其他的创造性设想,或借用、代替?
(3) 现有的发明可否改变形状、制作方法、颜色、味道等?
(4) 现有的发明能否扩大使用范围,延长使用寿命?
(5) 现有的发明可否缩小体积,减轻重量或分割化小等?
(6) 现有的发明有无代用品?
(7) 现有的发明能否更换一下型号、顺序等?
(8) 现有的发明是否可以颠倒过来用?
(9) 现有的几种发明是否可以组合在一起?

创造发明的判断标准

1. 创造发明的新颖性标准。

一件发明必须同时具有新颖性、创造性、实用性(简称"三性"),才能成为真正意义上的发明。

我国专利法规定:"新颖性,是指该发明或者实用新型不属于现有技术;也没有任何单位或者个人就同样的发明或者实用新型在申请日以前向国务院专利行政部门提出过申请,并记载在申请日以后公布的专利申请文件或者公告的专利文件中。"

判断发明或者实用新型是否具有新颖性,只能取决于发明与现有技术进行比较的客观效果。非常重要的一点是,新颖性采用单独对比原则,只能以一份最接近的对比文件作为判断所申请的发明新颖性的依据,而不允许将若干份对比文件组合起来与之进行对比。所谓对比文件是指,以现有技术检索出的与发明内容有关的文献。可以利用对比文件记载的全部内容或者部分内容与所申请的发明进行比较。

在对比现有技术与所申请发明的过程中,可利用下列原则进行新颖性的判断。

第一,所申请发明的全部必要技术特征包括在已有技术中,并且目的、效果也相同,或者虽有差别,但这差别在客观上仍能达到同一目的和产生同一效果,则无新颖性。简言之,若现发明与原来已有发明的技术领域、目的和效果以及解决方案均相同,则认为该申请不具备新颖性。

第二,如果所申请发明的全部必要技术特征与现有技术有区别,则根据下述条件判断该申请是否具备新颖性:

(1)具体(下位)概念否定一般(上位)概念,一般(上位)概念不否定具体(下位)概念。

(2)无技术意义的内容不具备新颖性。例如,已有发明是"钢笔帽笔尖的下端装有一个向内突出的粗糙表面",则现申请的"钢笔帽笔尖下端装有一个向内突出的粗糙防滑表面"的发明就不具备新颖性。

(3)直接推论无新颖性。所谓直接推论是指现申请的发明中的技术特征,仅是所属技术领域的技术人员能直接明确地从对比文件中推论出来的。

(4)直接等同代换不具新颖性。直接等同代换是指,如果现申请的发明中的技术特征仅是将已有申请中的技术特征进行简单变换而并无实质性的变化。

2. 创造发明的创造性标准。

我国专利法对创造发明的创造性作出了这样的规定:"创造性,是指与现有技术相比,该发明具有突出的实质性特点和显著的进步,该实用新型具有实质性特点和进步。"

判断有无创造性的关键是了解"发明"或者"实用新型"有没有"实质性的特点"和"进步"。

"实质性的特点"是指,一件申报的发明作品与申请日以前就有的技术相比要具有非显而易见性。这是一件发明创造作品的质量标志。"实质性特点"应当反映出发明人在智力上的独到之处。因此,对于某一技术方案,如果不能直接从现有技术中得出或者推论出该方案中全部必要的技术特征,则称该技术方案具有实质性的特点。

"进步"是相对"现有技术"而言的。如果一个新的技术方案克服了现有技术的缺点和不足,则被认为"进步"了。

判断发明的新颖性时,应以一份对比文件(单一性)为准,但判断创造性时则不然,"现有技术"的范围要宽广得多。它包括:发明所在的技术领域;相邻的技术领域;更高的概括性技术领域。

由于创造性更多地依靠人为的判断,为了消除这种主观因素造成的差异,在长期进行创造性判断的实践中,已逐步建立起如下一些创造性判断的辅助性参考标志:

第一,首创性发明。这是一类全新的技术方案,开辟了全新的技术领域,与现有技术相比无疑具有创造性。例如,我国古代的四大发明及蒸汽机、电机、电灯、电视、激光器、原子能反应堆等。

第二,解决了技术难题。

第三,克服了技术偏见。技术偏见是指在某一技术领域中,长期以来存在着一种阻碍人们对该技术领域深入探讨和开发的误区。如果现发明克服了这种偏见,无疑具有创造性。

第四,取得了预料不到的技术效果。这是指一项发明只要同现有技术相比产生了"质"或"量"的变化,它就被认为具有创造性。

（1）组合发明。如果组合后在功能上相互支持,并取得了预料不到的效果,则有创造性。

（2）选择发明。这是指从许多公知的技术解决方案中进行挑选的发明。

（3）应用发明。这是指把一个确定的技术领域中已经公知的技术转移到另一技术中应用。

（4）要素关系变更的发明。这是指发明与现有技术相比,其形状、尺寸、比例、位置关系、参数有变化,或者省去一项或多项要素。

3. 创造发明的实用性标准。

我国专利法对"实用性"作出了这样的规定:"实用性,是指该发明或者实用新型能够制造或者使用,并且能够产生积极效果。"

对发明和实用新型的实用性的判断,一般不需要借助于对比文件,而是可以从申请文件本身的描述得出结论。判断的标准是可实施性、再现性和有益性。

可实施性要求发明人的发明必须已在实践中得到证实。只提出任务而无具体的技术方案,被认为不能实施,即无实用性。专利法所要求的实施是指产业实施。有些方法不能应用于产业,如医生的手术方法和医疗方法,必须因病、因人而异,因此不具备产业上实施的性质。但是医务人员用的医疗器械和设备是产业可实施的,具备实用性。

再现性是指必须符合客观的因果规律,可以实施到任意的重复次数。而且,这种重复必须是可靠的,而不是随机的。

有益性是指该发明能够产生积极效果。积极效果包括技术、经济、社会等方面的有益效果。技术效果是指能够带来技术优越性和进步。经济效果是指能够用尽可能小的消耗而获得尽可能大的经济收益。社会效果是指能够最大限度地促进社会发展,使人类得到真正的好处。

专利申请

1. 专利的材料准备及申报流程。

（1）提出专利申请。

一项具有新颖性、创造性、实用性的发明(包括实用新型)要取得专利权,必须向国家知识产权局提出申请。我国国家知识产权局设在北京,各省市设有专利代办处。发明人可将申请文件和相关费用交给当地的专利代办处,由专利代办处汇交国家知识产权局,也可以通过在中国专利电子申请网进行注册,通过电子申请的方式,进行申请文件的提交。经过审查,国家知识产权局对符合授权条件的专利进行公告,专利权自授权公告之日起生效,并颁发专利证书。

申请专利需要递交请求书、说明书、附图、权利要求书、说明书摘要等文件。专利文件是法律文件,它与一般性的技术文件有很大的区别。我国专利法对申请文件有非常严格的要求和规定。各种申请文件一律使用专利局统一制定的表格。这种特定格式的表格在国家知识产权局、各省市专利代办处及专利事务所均有供应。专利请求书是申请人向专利局申请授予专利权的一种文件,它的作用是启动审核该专利申请的法律程序。

申请日是专利申请最为重要的日期之一,专利法规定:"国务院专利行政部门收到专利申请文件之日为申请日。"在申请日以前公开的内容,均可以作为现有技术,评价专利申请是否具有新颖性及创造性。因此,在提交专利申请之前,对技术方案进行检索,能够有效避免出现新颖性及创造性的问题。在项目设立之前进行专利检索,能够帮助了解目前行业发展现状,制定相应的研发思路,规避侵权风险,避免了重复开发造成的资金及资源的浪费。

登录国家知识产权局的网站,就可以找到专利检索的选项,打开后,通过在检索框内输入关键词的方式,进行专利检索。在检索获取相关专利后,对相关专利的摘要进行解读,并查看相关的附图,能够快速有效地判断其技术方案的相关性。

对于关键词的总结,可以适当的取其上位概念,或者尝试其同义的关键词,从而扩大检索的范围,并且,可以尝试多种关键词的组合,避免检索中出现的瑕疵和遗漏。

（2）专利申报的流程。

发明:提交申请→国家知识产权局受理→缴纳申请费→初步审查→公开→实质审查请求及缴纳实质审查费(申请日起三年内)→进入实质审查→答复审查意见→授权/驳回。

实用新型:提交申请→国家知识产权局受理→缴纳申请费→初步审查→授权/驳回。

发明的初步审查仅是形式审查,对于创造性、新颖性、实用性的审查通常放在实质审查中,发明的实质审查请求可以在申请文件提交的同时提出,也可以在申请日起三年内的任何时间提出。实用新型的初步审查,会对新颖性及实用性进行审查。

2. 专利说明书的撰写。

我国专利法第二十六条对说明书的撰写作出了这样的规定:"说明书应当对发明或者实用新型作出清楚、完整的说明,以所属技术领域的技术人员能够实现为准;必要的时候,应该有附图。"

专利审查指南要求:说明书对发明或者实用新型作出清楚、完整的说明,应当达到所属技术领域的技术人员能够实现的程度。

说明书开头首先要写明发明名称。根据专利法实施细则第十七条的规定,发明或者实用新型专利申请的说明书应当写明发明或者实用新型的名称,该名称应当与请求书中的名称一致。

说明书应当包括以下组成部分:

（1）技术领域:写明要求保护的技术方案,发明或实用新型所属技术领域。所属技术领域是指直接应用的技术领域,而不是广义技术领域或相邻技术领域。习惯上,一般叙述所属技术领域的第一句话应用"本发明是关于……"或"本发明是用于……"作为开头。

（2）背景技术:写明对发明或者实用新型的理解、检索、审查有用的背景技术;有可能的,并引证反映背景技术的文件。这一部分要求申请人写明该技术领域中与本发明最接近的、具有参考价值的现有技术,并且引证反映该项技术的文件。要求通过分析指出其客观上存在的不足、问题或缺点,以便使审查员和公众了解现有技术大体的发展状况以及本申请与现有技术的关系,从而作出有否专利性的判断。

（3）发明内容:写明发明或者实用新型所要解决的技术问题以及解决其技术问题采取的技术方案,并对照现有的技术写明发明或者实用新型的有益效果。要解决的技术问题部分应以简明的语言进行客观而有根据的阐明,以社会对发展的客观需要为依据,并能够用所提出的技术解决方案来完成,用其技术特征来保证。

采取的技术方案应清楚、完整地写明发明或者实用新型的内容,以所属技术领域的普通技术人员能够实现为准。

有益效果是发明或实用新型的优点和积极效果。在这部分叙述中,申请人应该清楚和有根据地说明由构成发明的技术特征所带来与现有技术相比所具有的技术进步和积极效果。而这种技术进步和积极效果不应仅用泛泛而谈的减轻重量、提高质量、增加功能等来表述,还应该用具体的新的功能、效率的增加等来说明。

（4）附图说明:说明书有附图的,对说明书进行简略说明。

在申请文件中一般有附图,其中实用新型一定要有附图。申请文件有附图时,应当简要地说明附图的编号和名称。说明书附图应当使用包括计算机在内的制图工具和黑色墨水绘制,线条应当均匀清晰、足够深,不得着色和涂改,不得使用工程蓝图。附图标记应当使用阿拉伯数字编号。

（5）具体实施方式：详细写明申请人认为实现发明或者实用新型的优选方式；必要时，举例说明；有附图的，对照附图。具体实施方式可以看作是对权利要求书保护内容的技术支撑和详细说明。

说明书应该做到"清楚、完整、支持、实施"八个字。清楚，是指说明书的撰写要简洁、明确，使所属技术领域的普通技术人员容易理解。完整，是指说明书的撰写应有有关发明的所属技术领域，或者关于背景技术的描述；有判断发明的新颖性、创造性、实用性所需内容的叙述；有关于发明的目的、发明的优点和效果、技术解决方案以及实施等内容。支持，是指说明书必须支持权利要求书，权利要求书必须以说明书为依据。实施，是指说明书所叙述的技术内容能够由所属技术领域的技术人员实施或者再现，凡是不能用例行试验和分析得出的内容必须在说明书中说明。

3. 权利要求书的撰写。

我国专利法第二十六条指出："权利要求书应当以说明书为依据，清楚、简要地限定要求专利保护的范围。"在中华人民共和国专利法实施细则中，对权利要求书作出了更为详细的规定和说明，其要点有以下几个方面。

（1）权利要求书应当说明发明或者实用新型的技术特征，清楚和简要地表述请求保护的范围。权利要求书有多项权利要求的，应当用阿拉伯数字顺序编写。

（2）权利要求书应当有独立权利要求，也可以有从属权利要求。独立权利要求应当从整体上反映发明或者实用新型的主要技术方案，记载解决技术问题的必要技术特征。从属权利要求应当用附加技术特征，对引用的权利要求作进一步限定。

所谓技术特征，是指构成发明或者实用新型构思的一切具体内容。例如在发明或者实用新型构思中涉及的装置、设备、器具、机械、仪器、部件、零件、形状、尺寸、成分、方法、流程、步骤、条件、范围以及这些技术特征之间的相互关系。

权利要求书的书写首先是"前序部分"，要求说明发明或者实用新型所属技术领域以及现有技术中与发明或者实用新型主题密切相关的技术特征。其次是"特征部分"，要求使用"本发明（或者实用新型）的特征是……"或者类似的简明语言，说明发明或者实用新型的技术特征。

权利要求书书写的好坏直接关系到申请人的利益，写得好可以恰当地确定专利保护的范围，写得不好则可能得不到应该得到的保护，有时一词一句都可能引起争议，甚至失去保护。